U0495168

AMAZING

碌 

EVERYDAY

有 

SUCCESSES

碌碌有为

Chinese Society and People under Microhistory

微观历史视野下的中国社会与民众

| 上卷 |

人、日常和文化

王笛 著

中信出版集团 | 北京

图书在版编目（CIP）数据

碌碌有为：微观历史视野下的中国社会与民众：全2册 / 王笛著 . -- 北京：中信出版社，2022.10（2025.10 重印）
ISBN 978-7-5217-4761-4

Ⅰ . ①碌… Ⅱ . ①王… Ⅲ . ①社会发展史－研究－中国 Ⅳ . ① K207

中国版本图书馆 CIP 数据核字（2022）第 170628 号

碌碌有为——微观历史视野下的中国社会与民众（全 2 册）
著者：　王笛
出版发行：中信出版集团股份有限公司
（北京市朝阳区东三环北路 27 号嘉铭中心　邮编　100020）
承印者：　河北鹏润印刷有限公司

开本：880mm×1230mm 1/32　　印张：27.75　　字数：622 千字
版次：2022 年 10 月第 1 版　　印次：2025 年10月第 9 次印刷
书号：ISBN 978-7-5217-4761-4
定价：128.00 元（全 2 册）

服务热线：400-600-8099
投稿邮箱：author@citicpub.com

目　录

| 第六章 |

| 第七章 |

自序
观察中国社会的宏观视角和微观视角

本书和我们通常谈论的那种从宏观层面关注大人物、大事件的历史不同，它以一种微观的视角渗入中国社会的方方面面，关注普通民众创造的历史。我们先看看切入历史的这两种视角：宏观视角和微观视角。

对不同主角的选取，其实可以看作不同的观察历史的方式，也就是我们所讲的观察历史的宏观视角和微观视角。

我们先来看什么是宏观视角。

一个最好的例子就是我们从前在学校里学的历史课本，历史教科书的编撰就是按照宏观视角来切入的。翻看历史教材的目录，我们可以看到一系列诸如秦始皇统一天下、鸦片战争、中华人民共和国成立等大事件，偏重政治、经济、战争、国家政策这些大问题，或者与皇帝、宫廷、封疆大吏相关的大人物，这些是知识精英的历史，是英雄豪杰的历史。

中国的历史学传统也是以讲这种大历史为主，比如，我们熟悉的“二十五史”、《资治通鉴》秉承的就是英雄史观，记载的都是帝王将相，与普通人关系不大。现在畅销的各种历史学读物或者课程，大多也都是这种视角。在宏观视角下，历史学的意义是要为治理国家服务，在这些对历史走向具有决定性影响的“大事件”中，总结出经验教训和发展规律供统治者借鉴，也就是司马迁说的“究天人之际，通古今之变”。

大历史当然重要，那我们是不是只需要了解大历史就够了呢?

我们就要来讲讲反其道而行之的另一种历史：微观史。

微观史对历史的意义，就像在显微镜之下对细胞进行观察，侧重点不在宏观事件和精英文化，而在平凡人的日常生活。

它的特点主要有两个，一是关注普通人，二是有故事和细节。如果写一位大臣，比如曾国藩或李鸿章，写得再细也不能叫微观史，因为它研究的是上层人物。

很多人可能要问，普通人的历史有什么看点？大家会觉得微观史没有大历史那种惊心动魄的力量和意义，帝王将相的一个决定能影响一个国家百年的进程，普通人能做什么？普通人能创造历史吗?

一个小人物、一个小家庭，到底能够告诉我们什么？对我们理解中国历史有多大帮助？我认为，一个个平凡人的经历，可以反映整个时代的变化，我们可以从有血有肉的“小历史”中真实地感受大时代的转折。如果没有微观视角，我们的历史就是不平衡的历史、不完整的历史。

这里我要引入一个小人物。

她的故事在本书中会不时出现，贯穿我们整本书的多个主题。我们将通过一户民国时期的普通农家，看到中国社会的方方面面。

这个人物样本来自1944年燕京大学社会学系学生杨树因的本科毕业论文。杨树因于1943年暑假到成都附近做社会工作实习，并为她的毕业论文收集资料。在这里，她认识了40多岁的杜二嫂，也就是故事的主角。①

杜二嫂一家住在一个叫石羊场的地方，“场”就是市集的意思，所以石羊场就是一条开满商铺的街道。杜家从事的是传统手工纺织业，以加工生丝、售卖丝绸谋生。这样一个普通得不能再普通的农家，如何能成为我们洞察中国社会的一个窗口？

我给大家举个例子。杜二嫂是1900年前后出生的人，在1900年到1944年的这40多年时间里，宏观层面发生了许多改变中国历史的重大事件，比如义和团运动、辛亥革命、军阀混战、北伐战争、抗日战争等等。

在深入杜二嫂的生活后，我们会发现，这些事件几乎没有对她的人生产生直接的决定性影响。在之后的章节里，我们将会看到一个女性个体通过自己的努力，让自己的家庭经济条件越来越好，她自己从一个丝织佣工变成小型个体老板的过程。杜二嫂及其家庭的经历，是中国大历史的一部分吗？他们的个体人生与国

① 本书凡提到石羊场，相关内容皆出自杨树因的《一个农村手工业的家庭：石羊场杜家实地研究报告》，以后不再注明。

家命运之间有关联吗?

表面看起来关联不大，其实密切相关。四川的丝织业在近代不断受到洋货的打击，日渐衰落，但是抗战的爆发使洋货很难进入内地，给杜家这样的丝织户创造了非常好的商机。因此，国家的大命运便与个人和家庭奇妙地联系在一起了。

这只是杜家故事的一个侧面，我们在本书中还会由这户农家日常生活的不同侧面延伸到各个主题，深入了解丰富多彩的中国民众史。

如果把宏观视角和微观视角结合起来探索历史，我们会发现什么有趣的现象呢?

有时候，有些看起来毫无关联的事件却可以相互影响，这也是微观和宏观结合起来探索历史奇妙的地方。例如，有历史学家把 1815 年印度尼西亚爪哇岛坦博拉火山大爆发与清朝的衰落联系在一起。

历史上的 1815 年正是清朝嘉庆年间，印度尼西亚火山爆发对全球气候产生巨大影响，全球气温骤降。这一效应在第二年显现，在 1816 年这个“无夏之年”，灾荒席卷全球，而中国云南省许多地方居然在 7 月盛夏下起雪来，农作物颗粒无收，大饥荒席卷而来。

在粮食匮乏的背景下，罂粟从缅甸等地传入云南并普及开来。随着鸦片种植越来越广，大量耕地被挤占，随后又是一连串的自然灾害乃至动乱。这些单独的事件就像蝴蝶效应，最终推动大局势的走向。我们知道，清政府的崩溃以及中国之后数十年的混乱，鸦片是重要的推手。

虽然我对这样的因果关系还存有相当的疑虑，但是这种思路是很有意思的。这其实是告诉我们，有些看起来毫无关联的个体事件，有着隐藏的、内部的逻辑联系，这种联系可能会影响以后的历史进程。

在大多数人只关注宏观历史的时候，如果我们独辟蹊径，通过微观和宏观结合的视角进行观察，是不是能比别人多一层对历史的解释和认知呢？

但我们需要了解的是，微观视角的研究是有相当困难的。

困难的原因主要在于收集和解读资料方面。微观史诞生于20世纪70年代。在中世纪欧洲，教会权力很大，事无巨细都要管，有的审讯会持续好几年，留下了丰富的史料。特别是意大利，宗教裁判所留下了大量审讯记录。但在中国，很难找到类似记录。中国的历史从来都是由精英阶层书写的，并不重视对下层和一般人资料的记录和保存。

宏观和微观，大历史和小历史，不存在孰轻孰重的问题，只有将它们有机地结合在一起，我们才能看到历史的全貌。

引言
发现中国社会

任何事情都是有历史渊源的。

说到中国社会史，还是从我另一本书《袍哥——1940年代川西乡村的暴力与秩序》开始吧。

这本书开篇就是“杀女”的真实故事。民国时期四川农村的袍哥首领雷明远，竟然在众目睽睽之下，用枪对自己的亲生女儿执行了死刑！

初听到这个故事，你不觉得惊骇吗？为什么一个父亲要杀死自己的亲生女儿？

我在对这个事件背后原因的分析中，展现了乡村社会的暴力与秩序、一个秘密社会组织对乡村社会的控制、一个袍哥头目所遵从的道德准则、女性在社会和家庭中的地位等等，去回答更深层的社会问题。

女儿为什么会被枪杀？而这个杀死亲生女儿的父亲却没有受到任何制裁，甚至连最起码的打官司的麻烦都没有。你难道不想知道背后的原因吗？

其实，许多文学和影视作品也不同程度展示了真实的中国社会。例如，陈忠实的《白鹿原》便是一部20世纪陕西渭河平原50年社会变迁史。

族长白嘉轩一生娶过七个妻子，并育有三儿一女。鹿三是白家的长工，黑娃是他的长子。鹿家以鹿子霖为代表，他有两个儿子。

小说主要讲述了他们的下一代白孝文、鹿兆海、黑娃这一代人的生活。白孝文继任族长，黑娃在外做长工，认识了东家的小老婆田小娥。黑娃将她带回村后，激发了落后乡村人们的七情六欲。

黑娃离开村子后投奔革命，又成为土匪。鹿子霖、白孝文等都吸上了鸦片，在将家败光后，去异乡谋生。鹿三以儿媳田小娥各种所谓的“风流韵事”为耻，认为她就是祸根，秘密将她杀死。

小说中的各种人物和故事，其实是过去中国乡村的一个缩影。这个社会中的人，有的坚守传统道德，有的勤劳且自私，有的望子成龙，有的出现情感波折，有的投奔革命，有的被迫为匪，有的追求理想，有的舍生取义……

小说生动演绎了两个家庭的成员曲折的人生轨迹和命运归宿。浓厚的关中风情，展现的重大政治事件——土地革命、抗日战争、解放战争……在那片古老的土地上，上演了一幕幕惊心动魄的画面。

从白、鹿两家的故事中，我们能够看到什么？宗族、男女情欲、家庭、土地、雇佣关系、鸦片、家庭经济、道德规则、农村阶级结构、革命的土壤、个人的经历与国家命运，以及妇女的命运……

了解过去的中国社会对我们今天的普通人来说，有那么重要吗？

我可以肯定地告诉你：是的，真的很重要！

在现代化的今天，我们在一定程度上仍然生活在过去长期形成的社会行为和文化传统中，政治革命可以在短时期内完成，但是文化、传统、习俗、审美、信仰等，却是长期存在的。

过去对我们今天的人际关系、生活和饮食、教育和思想、思维习惯，一切的一切，仍然产生着明显或者潜在的影响。

一些社会弊病也有着长期的渊源，诸如黑社会、暴力、性别歧视、卖淫嫖娼、赌博诈骗等等，都可以在其中发现过去社会的影子。

还有今天的娱乐，像打麻将这样的全民活动是怎么开始的，为什么得到如此广泛的传播？这些问题都可以从社会史中去寻找答案。

又比如我们的父母为什么那么迫切地望子成龙？为什么在西方子女成人后，家长不再有抚养子女的责任，而父母老后子女也不用赡养父母？而在中国，为什么年迈的老人还经常承担起养育第三代的重任？

再举两个我亲身经历的例子。一个是我在美国教书的时候，有一次和两个美国同事吃饭，同事A告诉我，同事B的父亲是个好人，所以他用B父亲的名字来命名自己的宠物狗。在场的同事B觉得这一点问题都没有，还很得意。当时我就想，这如果发生在中国，会被认为是对父亲的最大侮辱。

另一个是我参加一个同事的追悼会，会上不少人都回忆与他相处的那些趣事，引发频频的欢笑声。我又想到，在中国，追悼会上笑是绝对不行的。过去的乡村甚至还要专门雇人哭丧。

这些例子告诉我们，不同的社会和文化有许多不同的社会实践。那这种不同是怎样产生的呢？

这就是社会史要回答的问题。

可以这样说：不了解过去，就不了解今天；不了解中国，也就不了解世界。

因此，这本关于中国社会史的书，旨在从不同的视角来观察中国人的生活，观察他们曾经存在的方式。

那么，什么是社会史？

本书试图用通俗生动的方式，讲述近代中国社会的各个方面，探讨它们的特征以及所发生的演变。虽然本书中的内容也涉及古代，但是主要讲宋元以来中国社会的方方面面，同时展示社会的演变。

本书主要针对对历史感兴趣，想了解中国的过去和今天，想从中获得知识和思考的朋友。

讲社会史，首先就需要回答这样的问题：社会史是什么？为什么要学习社会史？

法国年鉴学派代表人物、20世纪最杰出的历史学家之一费尔南·布罗代尔，把历史过程分为长时段（自然史）、中时段（社会史）和短时段（政治史）。

这本中国社会史，就是讲中时段的历史。中时段的历史不像长时段那么稳定，也不像短时段那么变化剧烈，而是在某种生态和自然环境下，社会和文化缓慢地演化，而这种演化最终会影响政治的运动。

按照布罗代尔的观点，如果我们只关注政治史，就只能看到大海表面的波涛，而不能观察到政治波涛下面更重要的潜流。惊天动地的事件常常发生在一瞬间，可它不过是一些更复杂的社会因素不断积累的总爆发而已。

我们平时看到的、学到的历史，大多都在事无巨细地研究帝王将相的一举一动、精英人物的一颦一笑，热衷于宫廷政治、朝代更迭……然而，我们只知道精英与帝王将相、国家与战争，是远远不够的。

研究历史就像拍电影，既要有全景，也要有中景、近景，尤其是要有瞄准细节的"特写"。这些"特写"不但可以为研究全景带来启发，往往也让人看到更真实的东西。

海面上的波涛往往由下面的潜流决定，所以我们要把历史放到显微镜下，仔细分析，只有听到普通人的声音，才能得到有血有肉的、更鲜活的、更真实的历史。

本书有以下几个特点：

首先，兼具学术深度和生动表达。我们不但能够从中了解最新、最前沿的对中国社会史研究的代表性成果，而且其中的生动事例还可以帮助我们对重要观点加深理解。

其次，兼具微观与宏观视角。本书涉及组成一个社会的宏观因素，例如人口、城乡、法律、教育、宗教等。但在这些宏大的框架之下，我尽量以丰富的细节、具体的人物、真实发生的事件作为例子，采用微观视角来说明大的社会，使历史变得有血有肉，展示中国社会的丰富多彩。

最后，多学科交叉。虽然本书是从历史学的角度来观察中国社会，但是我们所使用的材料和研究成果却囊括了文学、社会学、人类学、法学、经济学、政治学等其他多个学科。这样，从多学科交叉的眼光来看中国社会，视野更宽广，思考更清晰，知识更贯通，理论更深刻。

读者朋友，愿你和我一起，走进中国社会的浩瀚海洋，去发现中国社会的丰富多彩，去探索中国社会那些不为人知的秘密。

第一章

人口，是资源还是负担？

本章主要问题

1 如何从对人口发展的理解中，看到中国社会的变化？你的家庭或家族，有没有受到几次大的人口迁移的影响？对家族的追根溯源，对我们的身份认同有怎样的影响？

2 为什么中国出现了人口重心的南移，也就是说，哪些因素促进了人口的南迁？人口从北到南的迁移对中国社会产生了什么样的影响？

3 在中国历史上，几乎每一个时代都有移民现象，造成移民出现的主要因素有哪些？移民对经济和文化的发展有什么影响？在文学作品中，我们能看到历史上的移民现象吗？朝廷政策对移民起到了什么样的作用？那些民间传说在多大程度上反映了历史事实本身，从中我们能够发现一些有意义的东西吗？

4 为什么对移民运动存在不同的记载？如何看待历史记载中许多不同版本的移民故事或传说？族谱或地方志的记载，对我们思考地方精英和普通民众对历史记忆的构建有什么作用？如何在移民故事中体察移民的经历和心理呢？

5 为什么清初出现了“湖广填四川”这样大规模的移民现象，那些移民主要来自哪里？大规模的移民对四川社会和文化有什么样的影响？如何看待移民运动中的血缘、亲缘与地缘关系？在生活稳定之后，移民为什么还要不断地去寻找他们的根——他们祖先所在的地方？

6 在有限的耕地和自然资源之下，应该如何平衡人口的增长以及人类对自然资源的索取之间的平衡？清代后期的人口压力是如何形成的？出现人口压力的主要表现形式是什么？人口的快速增长给社会带来了怎样的问题？清政府是如何应对人口压力问题的？现代中国能够逃脱马尔萨斯人口论的宿命吗？

7 人口快速增长与战争之间的关系是必然的吗？战争在多大程度上毁灭了城市和乡村？战争给人口带来的极大破坏对社会产生了怎样长期的影响？为什么说太平天国运动是中国历史上最大的灾难？

8 无论什么样的政治体制，一定会有社会分层吗？影响社会阶层流动的因素有哪些？社会阶层的流动怎样改变了下层或者商人的社会地位？社会阶层的流动是必然现象吗？它对于社会是积极的还是消极的，或者两者兼而有之？

中国一直是世界上人口最多的国家

观察中国人口状况，从四川一个小乡场开始

俗话说，从一滴水能够看到大海，那么从一个小乡场看中国的人口状况，我们或许也能得到非常多的信息。

以民国时期四川华阳县石羊乡的人口状况为例，根据1943年人口普查数据，石羊乡全乡共有12400余人，其中女子多于男子，而且5岁以下的儿童占总人口比重最大，15~25岁的青年占总人口比重最少。

我们从中可以看到石羊乡人口的某些特点。

女子多于男子。从人口的性别比例来看，清代以来，四川人口就一直是男性多于女性，造成这一现象的一个很重要的原因是传统社会中溺杀女婴的风俗。

石羊乡的男女比例不同于传统中国社会的普遍情况，可能有两个原因：一是此地溺杀女婴的风俗相对来说比较弱；二是1943年中国正在经历抗日战争，大量男性走上战场，给人口带来的可能性创伤体现在男女比例的不平衡中，从而打破了常规。

5岁以下儿童占的比例很大，说明该地区小孩子很多。导致这种情况的原因除了中国“多子多福”的传统观念，还有可能是

此地在 1935 年之后有一个出生的高峰，这个人口出生高峰期也可能与战争期间大量人口入川有关——四川是战时接受内迁人口比较集中的省份。

有研究估计，战时，四川全省，包括成都、重庆两市，外来移民最多时有 100 万之巨。这些外来移民来到四川之后肯定会进行人口繁衍，从而出现生育高峰。

至于 15~25 岁青年比例最小，极有可能与抗战有关，大部分年轻人参军去了前线。

中国人口中，男女比例失衡是一个非常突出的问题。

男女比例失衡，受影响最大的当然是婚姻市场上的匹配，无论是男多女少，还是女多男少，在一夫一妻制的现代中国社会，都有可能触发婚姻危机。

但在传统中国，女性不属于纳税人口，经常被排除在人口统计之外，所以计算民国以前的男女人口比例，有时候就会出现非常荒唐的结果，比如清末四川的人口统计显示，全省 144 个厅州县，男性人口为 3139 万，女性人口为 1917 万，性别比例高达 1.63：1，比例失调之严重令人难以置信。这只能说明统计数据存在隐漏。

根据人口学家的研究，过去传统社会中溺杀女婴的习俗是造成女性少于男性的主因。当时人们不会把杀死亲生女婴视为谋杀。这种情况不仅在农民家庭中非常普遍，甚至在清朝皇室的低等贵族中也很常见。某些时期，低等贵族杀死女婴的可能性是高等贵族的两倍。

这种现象是婚姻市场导致的。首先，女儿出嫁需要“体面”的嫁妆；其次，女儿出嫁之后会离开父母，所以在传统的父权社会中，溺杀女婴是一种理性的选择。

在对清代杀婴的研究中，有学者研究指出溺杀女婴在长江下游最为普遍，尤以安徽、浙江、江苏为甚。

当然，这是针对普遍情况来看的，如果具体到某一个地方，女性人口多于男性可以看作是特殊历史原因造成的。

从石羊乡的人口特征中，可以观察到影响人口总数的重要因素。

我们在探讨人口总数的时候，不仅要对历史上的人口统计有所了解，还要对影响人口数量的重要因素做分析，比如出生率、死亡率、疾病、医疗条件、自然灾害、粮食产量、战争等等。我们从中挑选了三个相对来说较为重要的因素进行分析。

第一，人口特征与王朝更替带来的战争有关。一方面，由王朝更替带来的持久战争会造成人口锐减以及人口迁移；但另外一方面，经历过战争的蹂躏，新政权在建立后，往往都采取休养生息的政策，通过鼓励移民的方针和有利于经济发展的土地政策，为人口的恢复提供有利条件。

第二，医疗条件的进步对人口的影响也非常大。医疗条件和技术的落后是婴儿夭折率高的主因。到了18世纪后期，消灭天花的新技术也为降低儿童的死亡率做出了很大的贡献。早在康熙时期，太医便为皇室设立了儿科，要求皇家所有儿童在一周岁以后都要接种天花疫苗，而且宫廷还将这种强制性的接种扩展到所有八旗子弟。到18世纪中叶，北京登记人口中的一半以上在官府设立的医馆定期接受疫苗接种。

第三，土地的进一步开发和利用也是人口增加的有利因素。从宋代引入的占城稻到元朝之后广泛传播的高粱，再到明清时期的玉米、甘薯、马铃薯和花生等新作物，都为人口增加提供了条件。这些新引进的作物对土壤的要求不高，山地和林地都可以种植，正是这些新作物的引进为骤增的人口提供了必要的粮食来源。

以上提到的是对中国人口影响较大的三种因素，这些因素的变动都会造成人口在某个时期内的增减。在了解了本节中提到的中国人口的特征后，后面会在此基础上重点探讨人口迁移、人口重心南移，以及人口迁移的民间故事等。①

人口多，到底是负担，还是资源？

中国是一个人口大国，人口政策会影响这个国家的长期发展。如果人口政策的制定者没有长远和科学的眼光，只考虑当前，难免会犯错误，因为人口的增长和下降都是一个长期过程，所产

---

① 本节参考文献：杨树因．一个农村手工业的家庭：石羊场杜家实地研究报告［D］．北京：燕京大学，1944；王笛．跨出封闭的世界：长江上游区域社会研究（1644—1911）［M］．北京：北京大学出版社，2018；李中清，王丰．人类的四分之一：马尔萨斯的神话与中国的现实（1700—2000）［M］．北京：生活·读书·新知三联书店，2000；费孝通．乡土中国·生育制度［M］．北京：北京大学出版社，1998；程朝云．抗日战争时期人口内迁研究［M］．北京：中国社会科学出版社，2013.

生的问题只有经过相当长一段时间才会显示出来。

我们拥有世界上最多的人口，那么人口多到底是负担，还是资源?

这是我们经常感到困惑的问题。把人口增多当作负担还是资源，与我们所处的社会紧密相关。在以农业经济为主的传统中国社会，土地资源的开垦已经达到极限，当人口达到土地承载的极限时，超出的人口就成了负担。所以在农业社会中，从粮食供应方面来看，人口快速增长是一种负担。例如乾隆时期是人口快速增长期，从 1762 年到 1790 年，在短短不到 30 年的时间内，中国人口从 2 亿增长到 3 亿。这一现象导致的直接结果就是人均耕地面积持续减少，从人均 4 亩减少为人均 2.65 亩。根据当时的经济学家、文学家洪亮吉的推算，一个成年人一年需要的粮食是 4 亩地的产出，可见大多数人是无法果腹的。

但是进入工业社会，生产效率大大提高，土地不再是限制人口增长的重要因素，这时劳动力就成为工业经济发展的重要资源。改革开放以来，我国人口红利所创造的经济奇迹就是最好的证明。

人口中的年龄层分布是现代人口统计的关注点。在传统中国社会，因为人口与赋税制度关联，所以统治者最关注的是“纳税人口”，妇女和儿童在人口统计中被自动排除。

在 1916 年的人口统计中，年龄分组比较清楚，四川省的人口统计显示：1~15 岁的少年儿童，占人口总数的 28%；16~60 岁的成年人，占比 63%；60 岁以上的老年人，占比 8.8%。按照此次统计数据，每 100 个劳动年龄人口负担 58.3 个非劳动力人口，这也意味着社会负担相对较轻，劳动力充足，属于成年型人口结构。

在传统中国社会，养老方式都是以家庭为主，子女是父母养老的主要承担人，再加上鼓励生育的传统价值观念，所以无论老年人数多与少，都不会产生太大的社会性养老问题。

而在现代中国，根据 2019 年世界银行的预计，到 2050 年，中国 65 岁以上老年人口占比将会达到 26%，社会进入老龄化，劳动力是否充足将会是一个问题，同时也对当下中国的养老服务体系发出了挑战，老年人的养老、护理等成为社会必须关注的议题。

关于中国各个时期的人口总量，我们是“一头雾水”。

对于今天的人们来说，要了解历史上人口的数量及其变化，其实是一件挺困难的事情，因为中国历史上没有现代统计学这样的手段。

那古代统治者是怎么统计人口的呢？我们可以这样理解，人口的多少不会对统治产生绝对的威胁，人口所代表的纳税的多少才是统治者真正关心的。政府要根据一个家庭中的成年人口来征收土地税和劳役税，所以人口统计不是为了清楚地知道人口总数，而是跟赋税的缴纳联系起来的。

今天，我们已经感觉不到人口与赋税的关系了，但我们的文字中还是留存了“证据”。比如我们经常用“添丁”来表示家庭有了新成员，这个“丁”字就与赋税制度有关。所谓“丁”，就是纳税的人。

由于需要征税，政府需要了解人口的数量，于是留下了关于人口的记录。

虽然无法准确知道人口总数，但根据官方记载和历史学家的研究，还是可以做一下大概的估算。一般在王朝开端的时候，因为经历了战争，人口的损失比较大，统治者急于知道人口的真实数量以便收税，所以此时的人口统计相对可靠。比如明朝建立以后，朱元璋下令对人口进行统计。明清时期人口的统计依赖保甲制度，这个制度要求每户在门口挂一个保甲门牌，上面需要填写很多内容。比如各户的人口数目、年龄、性别，有的甚至还包括职业、财产、纳税数额等等。

过去，中国赋税一般有两大部分，一是按照田亩征税，即地税；二是按照丁口征税，即劳役。明中后期，张居正下令清丈全国的土地，全国实行“一条鞭法”的赋税制度，即把当时各种名目的赋税，包括劳役合并起来，折合银两征收。清朝雍正皇帝实行“摊丁入亩”政策，即把人头税并入地税。由于土地是唯一的征税对象，户籍的控制便削弱了。这两项政策都使得“交税”变得容易，尤其是允许一些家庭不用服劳役，直接交钱就可以，但这给人口的统计再次带来了不确定性。

一旦人口开始与赋税分离，人口登记就变得不再重要。

这就使人口统计可靠性下降，甚至出现荒唐的结果。以明朝绍兴府的记载为例，明朝初年的统计中，绍兴府人口总数已经超过了 100 万，但是到了百年后的万历年间，人口总数居然少了 30 多万。

不仅如此，在许多地方的记载中，因为女子和 10 岁以下的小孩不计入纳税人总数，且这种现象十分普遍，所以我们在人口统计中看到男女比例极度失调。

到了晚清和民国时期，现代的统计手段进入中国，同时当政者也意识到人口的重要性，所以在人口统计方面有了一定的进步。

从以上提到的传统中国社会的人口统计特征可以看出，统治者真正关心的是纳税人口的总数，而不是人口中年龄层分布、男女比例等可能引发社会问题的重要因素。

这也可以解释，中国古代的统治者和政府没有实行过人口限制政策，面对人口的骤增或者骤减，通常都是以移民政策来实现不同地区之间人口的平衡。比如后面会讲到的“湖广填四川”“山西洪洞大槐树”等移民事件，都是统治者的移民政策带来的。①

南强北弱？历史上从来如此吗？

回想一下近 40 年中国社会人口的流动趋势，与历史何其相

---

① 本节参考文献：王笛．跨出封闭的世界：长江上游区域社会研究（1644—1911）［M］．北京：北京大学出版社，2018；何炳棣．明初以降人口及其相关问题：1368—1953［M］．北京：生活·读书·新知三联书店，2000；李中清，王丰．人类的四分之一：马尔萨斯的神话与中国的现实（1700—2000）［M］．北京：生活·读书·新知三联书店，2000.

似，也是从北部向南部移动。很多人因为经济原因的驱动，从西部或者北方来到东南沿海打工，加上现代交通工具的出现，人口迁移成为一件很容易做到的事情。人口红利使得东南沿海省份经济发展强劲，与西部和北方形成强烈对比。

以 2017 年国家统计数据来看，地区生产总值最高的四个省分别是广东、江苏、山东和浙江，其中三个省份属于南方地区。在 2010 年的人口普查中，广东省内户口登记的流动人口占常住人口的 30%，与 2000 年的人口普查相比，10 年间，流动人口增长了 42.7%。毋庸置疑，人口的流入为地方经济发展带来巨大推动力。

那么历史上南方的经济与人口一直优于北方吗？

历史上有没有类似于今天人口大量流入南方这样的现象？如果有，为什么会出现这种现象呢？这种人口的大量流入会带来什么影响呢？

其实，中国古代经济文化的发展是先从北方开始的，黄河流域是中国古代的社会和政治中心。而对淮河、秦岭以南地区的开发，从汉末才开始。到了隋唐时期，北方也一直是中国发展的中心区域。

北方发展优于南方的原因在于，北方的农业种植条件比较好，是古代粮食生产的中心，比如关中地区，号称“沃野千里”，灌溉系统也比较发达；而那时南方地区因为山地较多，不适宜农业种植，南方的农田水利要到唐代日渐兴盛以后，才能为农业种植提供良好的条件。

中国社会人口南移的转折点是唐代的安史之乱。

这场战乱对人口的影响不可估量，大量人口南迁，从唐天宝年间到元和年间的五六十年，北方地区人口占人口总数的比例从 54.9% 下降到 29.4%，而南方地区人口占人口总数的比例从 45.1% 上升到 70.6%。宋代以后，南方人口所占的比例一直在北方之上。北宋时期，南方人口已经占 2/3 以上。

引起人口迁移的最重要因素，就是战乱。

历史上三次最大规模的人口南迁，都是因为战乱。除了唐朝的安史之乱，还有唐之前的西晋永嘉之乱，以及唐之后的北宋靖康之乱。这三场战乱的共同特点，都是汉族王朝统治式微，从而引发周边少数民族对汉族政权的争夺。

西晋王朝永嘉年间，在经历了因皇族争权而导致的数十年内乱后，统治阶层衰弱，经济残破，南匈奴建立政权并乘虚而入，三次进攻西晋，最终攻陷洛阳，俘虏了一批王公大臣，史称“永嘉之乱”。这是中国历史上第一次汉人政权被外族攻破，从而导致统治集团全军覆没的事件。

永嘉之乱后的“衣冠南渡”，就是在战争带来的政权变动之下，当时的士族和皇室后人共同迁移到南方较安全地带的过程。这里的“衣冠”便是指士族和士绅，因为只有他们才能峨冠博带、风度翩翩。

北宋的靖康之乱，同样是来自北方的女真族攻陷了京师开封府，掳走了皇帝、皇后乃至太上皇。这场涉及十万首都平民百姓的战乱，致使千万百姓只能往南方逃命，给人口分布带来巨大影响。

靖康之乱后的移民是三次移民中规模最大的一次。战乱以后的宋代，南方户口已经超过北方500万户以上，而且南方持续不断地吸引北方人口，可以说奠定了此后元明清时期人口结构的基础。自宋代以后，中国社会不再有类似于靖康之乱的战乱带来的大量人口迁移所造成的人口结构的变化。

靖康之乱以后，北方人口的南迁断断续续持续了一个半世纪。尤其是南宋朝廷迁往临安，也就是今天的杭州，使这座城市人口剧增，也带来了经济和城市生活的繁荣。

临安在13世纪已经成为人口最密集的城市，到1275年人口已超过百万。这个人口统计应该是相当准确的，因为当时政府规定每家每户必须在门口贴上一张户口清单。

根据《马可·波罗游记》的记载，清单上面要写户主、妻子、子女、佣人，以及饲养牲畜的数量。若家中有人亡故，必须将他的名字抹去，若有孩子降生，也必须添加上去。

在广东移民中流传甚广的珠玑巷的故事，也是源于靖康之乱引发的人口大量南迁。查阅广东一些家族的家谱和地方志，可以看到许多族谱记载着其祖先是从南雄珠玑巷迁来的。

南雄珠玑巷位于广东南雄县，这是北方移民从岭北入岭南后的第一个县，而珠玑巷位于南雄县北，是北来人口下山后进入的第一个较大的村镇。可以想象，大量风尘仆仆的移民，从北方逃难而来，在走了足够远的路终于到达安全的地方时，这个地方一定会给他们的逃亡生涯留下深刻的印象。

历史上南下广东的移民都是经过了这个地方，再四散到岭南其他地区的。经过很多代之后，他们的后人在修撰族谱时，已经对最原始的北方家乡模糊不清了，但南雄珠玑巷这个命运的转折点却成为代代相传的祖先记忆，所以许多族谱都是从南雄珠玑巷开始记载的。

人口重心南移不可避免地会对社会带来重大影响，尤其在经济方面。

首先就是农业的发展。因为饮食习惯的不同，北方移民把北方作物带到南方来种植，例如大麦、小麦、粟、荞麦等。

唐代以前，丝织业主要在北方，唐初还有政府官员派单身士兵到北方娶丝织妇，将丝织技术传到南方的传说。南宋时，由于北方工匠的迁入，江南的丝织技术也得到发展。高宗时的驸马濮凤自北方迁到今天的浙江省嘉兴市桐乡县濮院，也就是现在的桐乡濮院镇。濮氏在此经营蚕织，这里后来成为这一带著名的丝绸产地之一。直到今天，这里都是中国纺织品的加工和集散中心。

再者，以陶瓷业为代表的手工业取得重要进步。在历史上，北方瓷业一度凌驾在南方之上，定窑、汝窑、钧窑、官窑、哥窑是当时的五大名窑，除哥窑在学界没有确定统一的地点外，其他四大名窑都在北方。而到了南宋和元代，南方的景德镇超过所有北方名窑，成为陶瓷业的中心。

印刷业也是如此。宋朝时期，福建、浙江和四川是中国的三大刻书中心。在官刻和私刻之中，国子监所刻之书质量最好。靖康之乱后，从汴京迁来大量的民间刻书店，因此临安的刻书行业更为繁荣。其中，印经史书籍的荣六郎家非常有名。荣六郎家原来住在汴京大相国寺东，到临安后，其所刻之书上仍然都注明北宋时的原址。

临安成为当时的商业中心，是南宋时中国经济最发达的区域。在南宋前期就已经流传“上有天堂，下有苏杭”这样的俗语了。

北方人口的南迁不仅使中国经济重心南移，也使文化重心南移。

就思想文化方面来说，许多南迁的北方思想家对南方思想家产生了很大影响，所以才有“周东迁而夫子出，宋南渡而文公生”这样的评论，这里的“文公”就是指南宋理学大家朱熹。宋代以前，北方是理学中心，也是理学正宗，代表人物集中于洛阳。人口南迁之后，南方逐渐成为理学中心。在思想渊源上，北方理学家的思想对朱熹产生了深刻的影响，而且与朱熹一起讲学的学侣也有很多是北方移民。

在艺术方面，南宋时期南下的艺人不是只有汉人，还有许多女真人和契丹人。他们南迁以后，这种“胡化”了的文化，包括音乐、舞蹈、服装，开始传入南方并产生一定的影响。

例如南宋范成大在《次韵宗伟阅番乐》这首诗中所说的：“绣靴画鼓留花住，剩舞春风小契丹。”这里的“小契丹”就是当时流行的契丹族的一种舞蹈。从诗文中可以看出,“胡化”的音乐、舞蹈在民间十分流行。

人口南迁后，南方饮食文化方面也产生了变化。许多北方人直接在南方开饮食店，所以南方各地的北食花样繁多，许多南方人也愿意以面食为主食。受北方移民的影响，南方人也认为羊肉是非常好吃的美味。

与此同时，北方的生活方式也传入南方。冬天取冰藏于窖中，夏天取出喝冰水消暑，是北宋时北方人的生活习惯。南宋朝廷迁入临安之后，钱塘无冰可取，专门有“进冰船”从镇江运送冰块过来。这种生活方式促使临安市场一到炎热的夏天就有冰卖，南宋文学家杨万里《荔枝歌》中的诗句：“北人冰雪作生涯，冰雪一窖活一家”，便生动地描述了这种独特的买卖：到了临安的北方人知道对冰的需求，于是开始了卖冰的生计，而且这生计颇能赚钱，可以养活一家人。

南迁以后，北方移民也将北方的节日风俗带入南方，一些南方原来没有的庆祝活动开始在南方流行。例如，南宋时，临安的寺院也有了供应八宝粥的习俗。包括此后临安人有了吃素、接祖宗的习俗，也是因为南宋临安人多半是由汴京南渡而来，祖宗坟茔都在北方，无从祭祀，所以七月十五中元节的前三天要接祖宗，这才有了后来的杭州谚语：“七月十二接祖宗，西瓜老藕瞎莲蓬。”可见接祖宗的时候，正是秋天果实成熟的季节，西瓜、莲藕、莲蓬都摆上了供桌。

由此可见，人口南移不仅带来了全国经济中心、文化中心的南移，也对南方的艺术、风俗、生活习惯产生了很大的影响。北方人和南方人在不断的交汇融合中，共同推动了中国经济、社会和文化的发展。[①]

我们的祖宗从哪里来?

人口大迁徙:《桃花源记》里的人都是从哪里来的?

如果让大家畅想理想的生活方式，可能很多人会马上想到陶渊明的《桃花源记》，文中描述道：“有良田、美池、桑竹之属，阡陌交通，鸡犬相闻。其中往来种作，男女衣着，悉如外人，黄发垂髫，并怡然自乐。”后来，人们用“世外桃源”来比喻理想的生活和社会。

那么，“桃花源”真的存在吗?

我们知道陶渊明的《桃花源记》是一篇寓意之作，但实际上，这样的生活描述并非没有现实背景，而这个历史现实背景就与我们要讲的移民有关。

陶渊明通过《桃花源记》，展示了他乌托邦式的幻想。近代史学大家陈寅恪在《〈桃花源记〉旁证》一文中指出，其寓意实际上以中原地区的坞堡为现实背景。

---

① 本节参考文献：梁赓尧 . 中国社会史：第三版［M］. 台北：台大出版中心，2017；吴松弟 . 北方移民与南宋社会变迁［M］. 北京：文津出版社，1993；葛剑雄，曹树基，吴松弟 . 中国移民史：第四卷 · 辽宋金元时期［M］. 福州：福建人民出版社，1997；谢和耐 . 蒙元入侵前夜的中国日常生活［M］. 南京：江苏人民出版社，1995；国家统计局 . 中国统计年鉴 2018；国家统计局 . 广东省 2010 年第六次全国人口普查主要数据公报 .

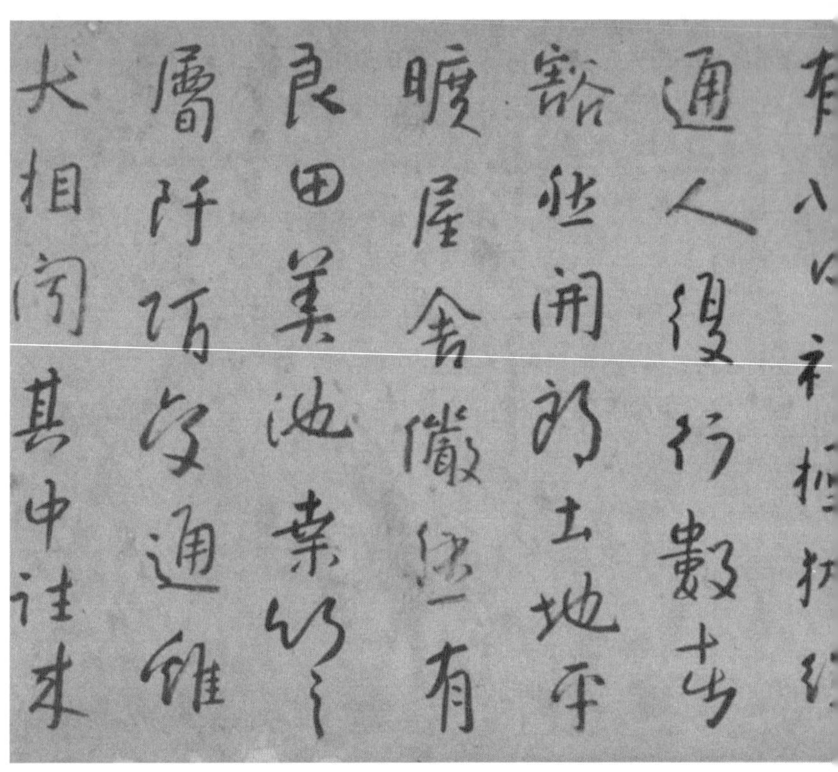

《朱耷行草书桃花源记卷》，清，朱耷，故宫博物院藏

魏晋时期的战乱所导致的移民，其中很大一部分迁往南方，但还有一些比较特殊，那这些不能远迁的居民该怎么办呢？为了逃避战争和自保，这些人通常会在附近找一处有山水之险的地方，建立坞堡，一方面凭借自然地理的有利位置阻止敌人的进攻，另一方面利用临近的土地和水源，开展农业种植、生产粮食，以维持生活。

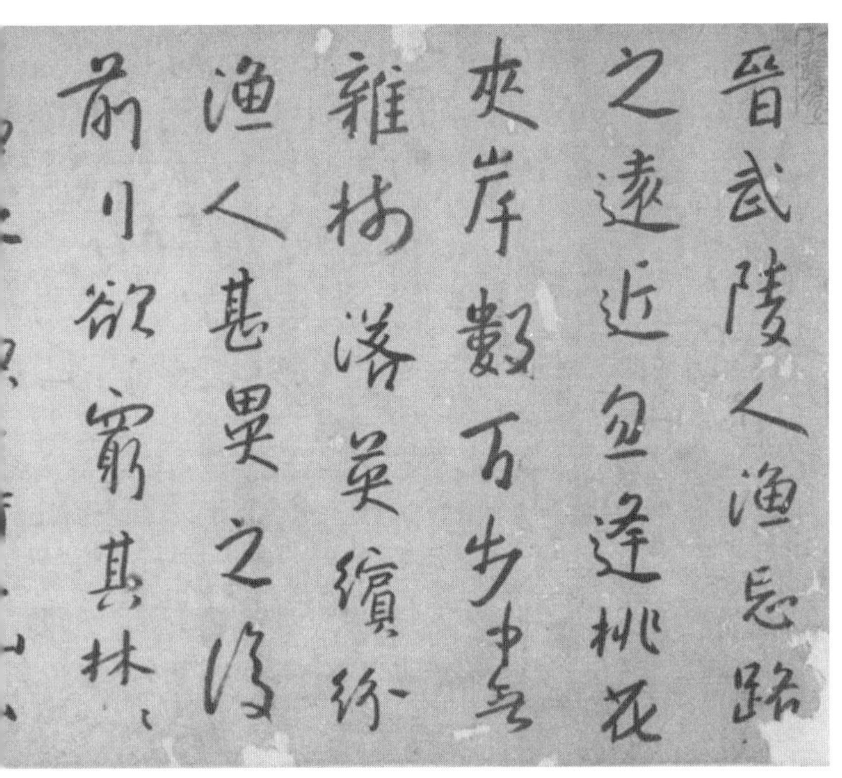

最典型的坞堡四面都是绝壁，只有两条险峻的小路以供攀爬，当地人避乱于此。众山包围的这个小小的坞堡，山上有林木，有蓄水，平地之上可以耕种、生存，人们生活于此可以达到自给自足的目的。坞堡与外界隔绝，里面相对安宁和谐的生活状况，与《桃花源记》里的描述十分接近。

坞堡在北方比较普遍，田园与别墅则在南方发展。东晋谢灵运的《山居赋》就曾提到在会稽郡始宁县经营别墅，“傍山带江，尽幽居之美”，可供消闲欣赏。“北山二园，南山三苑，百果备列，乍近乍远。”既有果园，也能从事农业生产，这种自给自足的生活方式，在南北朝时代成为士大夫的一种理想。

在战争的影响下，坞堡成为一种聚集生活方式，但是在没有“地利”可以利用的地方，更普遍的生存方式就是人口迁移。

唐朝对周边民族的态度比较开放，于是中原成为周边民族外迁的首选。一批又一批的周边民族成员前来中原朝贡、求学、经商，最后定居中原地区。

大量内迁的少数民族使唐代承袭了南北朝的胡化流风，许多作物、生产技术和工艺制品等从域外传入，例如菠菜、葡萄的种植，以及熬糖、酿葡萄酒的方法等等。

中唐诗人王建在《凉州行》里写的“城头山鸡鸣角角，洛阳家家学胡乐”便是当时胡汉交融景象很好的证明。

中原地区的服饰也受到少数民族的影响，《旧唐书》记载“士女皆竞衣胡服”，表明唐初胡服的流行。我们可以从一些记载中来看看胡服的实际样子。“以皮为帽，形圆如钵”，而且男子的胡服通常是长袍，在乘马时，把大幅方巾披在身上，遮蔽全身。而女性的胡服双袖窄小，她们还经常梳一种“堆髻”，这种在敦煌壁画中常见的西域发髻后来也成为唐代长安妇人梳发的流行样式。

五代十国至北宋统一前期，有后蜀、吴越、南唐等许多割据政权。北宋初期，南北统一，为了让周围各势力对宋朝统治者臣服，政府采取强制措施，将各国的王室、贵族、百官和部分民众从周边地区迁入北宋的都城开封一带。

随之而来的许多南方艺术家和手工艺人也进入开封，南方文化的北移促进了宋初北方文化的繁荣。

蜀锦是中国四大名锦之一，北宋初期，随着后蜀人口的北迁，朝廷以数百名锦工为基础，在都城汴梁建立了绫锦院。不仅如此，北宋丝织业非常发达，官方有一套相对完备的机构，包括文思院、染院、文绣院等等。其中，文思院负责制造宫廷所需的各种用品，文绣院负责刺绣，成都的锦院负责织锦，这些完备的工场具有相当规模，内部也有繁复的分工。

而绫锦院中来自湖州的工人把湖州丝绸的制作技术也带到北方，这种薄如蝉翼、轻似晨雾的绫绢，有"吴绫蜀锦"之称，来自全国各地的拥有不同丝织工艺的工人相互切磋，汇集了当时最发达的丝织技术。

从上面的描述中我们可以发现，在人口迁徙的历史中，人类的聪明智慧既可以产生"坞堡"这种利用地理优势而得以生存的迁移方式，也会在大规模的民族迁移中带来文化上的融合。

除了桃花源的原型"坞堡"，其实在人口迁移过程中，群体迁移、聚居的情况非常多，由此也产生了特定的人口迁移群体。我们主要来关注两个移民群体："客家人"和"山西洪洞大槐树"移民，了解国家主导的人口迁移过程会产生哪些社会影响。

靖康之乱（1126—1127）之后，北方人口大量南迁，进入江南和广东地区的人口非常多，客家移民就是其中一支。

我们从"客家"的名称中可以看出，作为外来人口的"客家”移民，最开始也是把自己当成了迁移地的“客人”。

一般认为，客家人原先生活在北方，为躲避战乱迁移到南方，主要分布在广东、福建、江西、台湾等地区。他们最早开始迁移的时期可以追溯到东晋，一直到宋元之际，都持续不断。

客家人拥有自己独特的语言和风俗，也是较早开发闽赣粤三省山区的先锋，具有相当大的势力。许多零散迁入南方的移民，为了可以在当地站稳脚跟，也有不少接受客家人的语言和风俗，最后也自称客家人。

明朝时期，由政府主导的大规模人口迁移带有非常强烈的政治色彩。这些迁移一方面与明初的两次迁都有关，另一方面也是战争的结果。

明洪武初年的移民也被称为“洪武大移民”。因为当时的京师南京所处的长江下游地区长期遭受战争摧残，人口急剧减少，所以需要移民来填补人口空缺。首都南京作为重要的行政中心，可以反映出移民的政府主导特征。

首先，朱元璋嘉奖了一批为他立下汗马功劳的将士，这样大批淮西籍将士成为移民南京的主体，这些人权倾朝野，构成了一类最为特殊的移民。其次，在移民中，明朝中央政府的各级官员和他们的家属占了相当大的比例。洪武四年，应天府在调查之后确定，南京的“公侯”达一千多户、官员上千，加上家眷、亲属，两者合在一起有两万多人，这些人都是移民。

“靖难之役”（1399—1402）是指燕王朱棣起兵反抗建文帝，从北京一直打到南京。这场历时三年的帝位争夺之战，不仅摧毁了“洪武大移民”的相当一部分成果，在南京附近的长江下游地区造成了一大批新的无人区，而且朱棣即位后，北京成为新的都城，也需要人口填补。于是，北京城及顺天府成为永乐年间的大规模人口迁入地。大批皇室成员、文武官员和将士又从南京迁到北京。这也是因为元末战乱之后，无论南京还是北京，原有的居民所剩不多，所以都城建设所需要的工匠、脚夫等劳动力都由移民来充任。

在移民浪潮中，来自山西的人最多。仅山西一省向京师输入的便有 8 万余人，加上河北、河南、山东输入的移民，总共有 230 万余人。

“山西洪洞大槐树”的移民故事就发生在这个时期，“若问老家在何处，山西洪洞大槐树，祖先故居叫什么，大槐树下老鸹窝”。这首流传甚广的民谣，其实就是移民历史记忆传承的符号。

山西洪洞大槐树的移民故事有非常多的版本，其中小脚趾指甲分瓣、解手等传说都非常有趣，展现了移民坎坷的历史。

传说当年官兵强迫移民，每登记一个，就在其小脚趾指甲上划一刀作为记号，防止他们逃跑。但也有另外一个说法：那些移民来到洪洞县大槐树下，难舍故土，士兵就在每人的小脚趾指甲上划一刀，说以后好认祖归宗，凡是小脚趾指甲上有裂痕或指甲分瓣者都是亲人。

解手一说是这些登记好的人的手被反绑起来，一个个地被一根绳子串在一起，押解上路。长途跋涉，有人需要小便，只好向官老爷报告：“老爷，请解手，我要小便。”次数多了，这种口头表达趋于简单化，“解手”就成了小便的代名词。

这些传说一方面说明了当时移民的强迫性，面对故土难离的乡民，只有严苛的移民制度才能保证，另一方面也通过具有传奇色彩的故事，展现了集体记忆的强大。

移民对区域文化和生活方式也产生了重大影响。

明朝以前，江浙地区文士风雅，唱和郊游之风盛行，有一种崇尚文学的氛围。这类文化活动与这一地区富商大贾的支持分不开。例如苏州的徐达左、松江的曹知白等著名富豪，他们周围聚集着不少作家和艺术家。这些文人雅士很多本身就是巨富，还有一些富豪成为文人艺术家的赞助者，为他们提供生存的基础，使他们有机会发展才能。

但朱元璋在立国之初，就对苏浙地区进行了全面整饬。他力图铲除这一地区由繁荣的工商业带来的生活方式，以恢复他理想中的古代淳朴风尚。

迁移苏浙富户就是在这一背景下展开的，当时迁移的苏浙富户有 25 万人之多。甚至吴中大富豪沈万三也受到沉重打击，被贬谪到云南边地。“柳条折尽尚东风，杼轴人家户户空。只有虎丘山色好，不堪又在客愁中”，就是对这种离家迁移愁苦的描写。吴中富户的外迁和贫民化使这一区域的文化发展失去了来自富豪的经济帮扶，对文化发展也产生了冲击。

语言方面，南方方言，尤其是南京方言，极大地影响了北京城中的语言文化。永乐时期，北京城的移民以从南京迁入的富户、工匠和官吏为主，南京话或江淮官话便成为明代官话的基础。

《利玛窦中国札记》记载，1600 年，利玛窦乘坐刘姓太监的船进京，到达临清时，太监因故先行，把在南京买的一个男孩作为礼物留给了神父，因为这男孩口齿清晰，可以教神父地道的南京话。而学会了南京话，在利玛窦看来，就是学会了中国话。这也说明明代的“京腔”就是南京方言。

战争既给人民带来了灾难和痛苦，也推动了不同地区人民的融合和交流。多民族的内迁曾给唐朝带来了极大的繁荣，但安史之乱以后，北方移民开始迁往南方，北宋末年的长期战争使北方移民纷纷南下，随后元末明初两次由政府主持的移民大潮都使中国的人口格局随着时间发生变化。这些变化既有少数民族文化对中原文化的影响，也有中原与少数民族的经济交流和发展，可以说影响了中国经济和文化的格局。①

“现无十世老成都”：四川人，你们来自哪里？

“大姨嫁陕二姨苏，大嫂江西二嫂湖。戚友初逢问原籍，现无十世老成都。”这是一首竹枝词，竹枝词是一种由古代巴蜀民歌逐渐演变而成的诗体，我们从这首竹枝词中可以了解到四川地

---

① 本节参考文献：陈寅恪.《桃花源记》旁证［J］.清华大学学报（自然科学版），1936，1；向达.唐代长安与西域文明［M］.石家庄：河北教育出版社，2001；吴松弟.中国移民史：第三卷·隋唐五代时期［M］.福州：福建人民出版社，1997；曹树基.中国移民史：第五卷·明时期［M］.福州：福建人民出版社，1997；吴松弟.中国移民史：第四卷·辽宋金元时期［M］.福州：福建人民出版社，1997；吴松弟.北方移民与南宋社会变迁［M］.北京：文津出版社，1993；梁赓尧.中国社会史：第三版［M］.台北：台大出版中心，2017.

区的人口特征。

这首流行于清嘉庆年间成都地区的竹枝词表明，成都其实是没有十世以上的老氏族的，那成都人或四川人都是从哪里来的呢?

我们就通过这首竹枝词，来探讨一下清朝初期非常著名的历史移民现象——“湖广填四川”。

明末清初的四川，人口总数迅速减少。

1644年，张献忠领导的农民起义军入川，建立大西政权。1640—1647年，与明朝军队和清军不断血战，加之战争中的滥杀无辜，以及饥荒、大旱、瘟疫等灾荒的大面积流行，可谓生灵涂炭。根据笔者的研究，全川清初只剩下区区50万人口。

50万人口是什么概念呢?我们以2010年的人口普查为依据，2010年澳门总人口为55万，也就是说，清初经历过多次战争的四川，所剩人口比今天澳门的总人口还少。通过这样的对比，可见清初四川人口衰减得多么严重。

为了恢复四川地区的人口和农业生产，有清一代，政府从湖广、广东、江西、福建等省招民垦荒。从清初的顺治初年到道光末年，移民四川的行动持续了百余年。

清朝政府为了鼓励移民入川，颁布了许多有实际利益的政策：准许移民入籍，移民所垦植的土地可以成为永久性产业，甚至移民的子弟可以参加科举考试等等，这些措施都为移民入川创造了有利条件。

我们可以从一份雍正十一年（1733）广东省的告白上看出移

民的反应。这份告白叫《往川人民告贴》，上面称："我等前去四川耕种纳粮，都想成家立业，发迹兴旺……我等进生退死，一出家门，一心只在四川……"可见，不少移民都决心通过入川的方法致富。

大量移民入川之后，他们一方面坚守原有的文化，一方面也要面对本地的竞争。

在农业作物耕种方面，因为玉米可以在比较贫瘠的山地生长，随着移民的盛行，自乾隆中期以来，玉米种植得以推广，玉米成为移民的主食，还成为酿酒的原料和养猪的饲料，并产生了以玉米种植为主、附带养猪的经济形态。

移民或携妻儿迁移，或兄弟同迁。他们从家乡出发，进入四川地区以后，开始时同乡之间相互依托，慢慢形成了同乡村落，随着人口繁衍，一个个家庭慢慢形成了一个个大家族。移民还坚守着自己的文化传统，保持原有的语言、风俗和生活习惯，在异乡重组了自己的社会关系。他们建立祠堂或宗祠，这意味着氏族移民的最后完成。

此外，还有一种移民聚居形式，就是建立具有极好防御作用的山寨。根据民国《云阳县志》的记载，当时位于巴蜀地区的云阳县有 233 座"寨"，其中规模最大的是涂氏的磐石城。

磐石城作为防卫设施，有石门、炮台、石垒等，根据族谱的记录，还有《寨约》。由此可知，一旦发生战乱，涂氏族人就上山据守。寨内常备水、武器、粮食等，周围是断崖，易守难攻。山寨之内，不允许族外人居留，假如有亲戚朋友等要临时在此避难，也要履行《寨约》，缴纳“寨费”等。

磐石城的山上建有宗祠，涂氏族人不仅在宗祠于清明及霜降之日举行春祭、秋祭等祭祀祖先的仪式，还要向族人宣讲唱诵康熙皇帝颁行的阐述孝悌、笃族等礼仪的规范十六条。

为了适应异乡的生存竞争，不同地区的移民建立了一些社会组织来维护自己的利益，其中最主要的就是同乡会馆。各省会馆有不同的名字，供奉不同的神，如福建人建天后宫、天妃宫，湖南、湖北人建禹王宫，广东人建华南宫，等等。

会馆不仅调节不同籍贯移民之间的摩擦和矛盾，还从事慈善事业。它们保护不同省份的商人和移民的利益，兼管消防、团练、济贫等公共事务。以重庆的云贵公所为例，每年都要在春秋两季祭祀关帝和南大将军，要为到重庆经商的同乡主持公道，甚至置办义地，专门安葬亡故的同乡，等等。

其次，会馆的商业功能也非常强大。以云阳县为例，贩卖的棉布都是由湖南商人由沙市运来的，烟草则是由福建商人运来的，盐的贩卖则是由湖北黄州移民把控。县城的福建会馆“天上宫”、黄州会馆“帝主宫”，其馆内事务都是由当地烟草商卢氏、盐商陶氏等主持，可见由特定的同乡组织独揽特定的商品或特定行业的情况是一个普遍现象。

在成都，来自外省的大批商人逐渐定居下来，开店营业，他们大多都专营某一种或者几种商品。随着人数的增加，他们建立了行会或会馆。对于移民来说，成都有更多谋生的机会，特别是对那些因自然灾害和土匪横行而背井离乡的人来说，这里安全得多。

在“湖广填四川”这项大规模移民运动中，湖北麻城孝感乡的移民传说流传最广。

很多四川人都声称祖籍是麻城孝感乡，这一点与山西洪洞大槐树移民非常相似。为什么来自湖北地区的移民那么多，而他们却宣称自己是麻城孝感人呢?

从四川雅安地区的几处祭文中，我们发现麻城孝感乡这个身份定位具有非常强的文化优越感。祭文中通常这样表述：祖籍湖北麻城的始祖呵护后代子孙，后人才能上学。祖籍湖北麻城与科举成功有非常强的联系，于是“麻城县孝感乡”便具有了身份与文化的表征。

有学者认为，湖广移民在所有移民中非常占有优势，他们利用地理交通的便利，成为移民潮的主流。而且在移民过程中，很多人对原来的家族来源情况不甚清楚，家谱可能在移民过程中丢失了，在新的身份认同中，便选择了麻城孝感乡。这不仅仅是一个从众的过程，同时也是一个身份选择的过程。当大批外省移民涌入四川时，身处异乡的移民基于生存竞争的需求，选择一个更有利的身份无疑是较为明智的选择。

新老移民之间的对立在城市里也很普遍。

由于明末清初战争的破坏，成都几乎很少有真正的本地人。自清初开始，通过不断移民，城市恢复了昔日的繁荣。地方文人吴好山写道：“三年五载总依依，来者颇多去者稀。不是成都风景好，异乡焉得竞忘归。”

他们在成都扩大经营，并由此与其他商人发生了竞争，也不可避免地引起了当地人的抵制。成都有一个广为流传的故事，可以增进我们对新老移民之间紧张关系的了解。

陕西人在成都立脚后，想建造一座会馆，但是成都人不喜欢这些暴富的商人，拒绝将土地出售给他们。后来经过多方努力，陕西人买到了一处低洼泥泞的土地。这块地开建前必须用石头和泥土来填平，但成都人不允许他们从成都就地取土，以此阻碍他们的修建计划。陕西同乡会只好号召所有陕西人从自己的家乡带回一袋袋干燥的土。两年内，洼地即被填平。

这个故事的真假无从考证，故事可能夸大了成都人与陕西人之间的矛盾。不过，这个故事的流传的确反映了存在于本地人和外来者之间经常不断的形式繁多的矛盾。

由于移民人口以青壮年居多，身体素质和生产技术都强于当地居民，移民人口的增长也比较快，所以形成了所谓的“客强土弱”的局面。本地人与外来移民之间经常发生暴力冲突。

当人口达到一定的饱和程度且繁殖非常旺盛的时候，由于资源有限，自然资源过度消耗，生态被破坏，土地与人口之间的压力也随之而来。

人满为患，人们无法依附足够的土地来生存，游民乞丐日益增多，社会不稳定因素也因此增加。可见，人口问题并非单靠移民政策可以解决，如何寻找人口与生活资料之间的平衡，是人类长期发展的重要课题。[①]

你家的家谱上记载了什么移民故事?

你家里还保存着家谱吗?如果有的话,那么在家谱的描述中,你的祖先是如何到达现在的定居点的呢?

发生在不同时期不同地区的移民运动,可以说是从比较宏观的视野去看历史上的移民现象,我们再提供与移民有关的微观视角,让个体从历史中显现出来。

历史上规模宏大、影响深远的移民运动,在正史中往往只有非常简略的记载,即使在地方志中,可能也只有只言片语,有时候甚至找不到直接的史料,那么当我们需要检视具体的移民故事的时候,家谱中的记载可能就会非常有用。

就像前面提到的南雄珠玑巷、山西洪洞大槐树、麻城孝感乡等地的著名移民故事,都是从相关的族谱记载中找到的。

---

① 本节参考文献:王笛.跨出封闭的世界:长江上游区域社会研究(1644—1911)[M].北京:北京大学出版社,2018;山田贤.移民的秩序:清代四川地域社会史研究[M].北京:中央编译出版社,2011;曹树基.中国移民史:第六卷·清民国时期[M].福州:福建人民出版社,1997;何炳棣.明初以降人口及其相关问题:1368—1953[M].北京:生活·读书·新知三联书店,2000;梁勇."麻城孝感乡":一个祖源地记忆的历史解读[J].学术月刊,2009,41(3):140–146;陈志刚.清代四川雅安"麻城县孝感乡"传说的兴起与传播[J].社会科学研究,2010(3):167–171;石泉,张国熊.明清时期两湖移民研究[J].文献.1994(1):70–81;吴佩林,钟莉.从移民的秩序看地域社会史研究——读《移民的秩序:清代四川地域社会史研究》[J].社会科学研究,2012(6):206–207.

“山东枣林庄”的“重新发现”就是依靠族谱完成的。

安徽凤阳府是明太祖朱元璋的故乡，当时的明朝政府对凤阳府至少组织过三次大规模的移民，但因为移民数量只有几万人，并不及前面三个移民故事有名。

安徽凤阳府有一个县叫作利辛县，即使是现在生活在这里的人，也有很多声称自己的祖先来自山东枣林庄。在1988年对利辛县的姓氏源流调查中，许多人声称，他们的祖先于明朝初年从山东迁来，而且来自山东枣林庄。但是研究者查阅历史资料都找不到关于“枣林庄”的历史记载。

面对这样的调查我们不禁要疑惑，有什么历史证据可以证明这种流传的说法吗？我们可以根据“枣林庄”这个线索，让今天利辛县的山东后裔进行一场寻根之旅吗？

这时候，族谱便发挥了作用。六安的一位山东移民后裔家中还保留着家谱，根据家谱的记载，枣林庄似乎位于兖州。有了这样一条有价值的线索，研究者便开始查阅兖州地方志，最后才发现，我们之所以找不到关于枣林庄的文字记载，是因为这个村庄也经历了巨大的变化。

洪武移民始于明初，到了明末，“枣林庄”这个名字就不再使用了。虽然在清朝的二百余年中又恢复了枣林庄的叫法，但后来清政府又一度把“枣林庄”改称安邱。在几百年的历史变迁中，枣林庄不断变换名称，虽然这样一个小小的村庄不被历史记得，但从这个小小村庄走出去的移民却把它的名字永远记在了族谱上。可见，仅仅是一个地名，我们也要依靠族谱的记载，才有可能长久地记得“根”在哪里。

我们从族谱中也会找到同一个故事的不同版本。

“罗贵传奇”是珠玑巷传说故事的一个版本，看到珠玑巷，我们就会知道这是发生在广东地区的移民故事，这正好印证了人们对移民记忆是不断丰富、添加、改动的。

根据族谱记载，当年朝廷要派重兵剿灭珠玑巷，但是这个重要的消息被预先透露出来，珠玑巷的民众提前知道了。在罗氏族谱中，这个密报消息的人，有的记载的是一个叫罗贵的人的妹夫，有的记载的是罗贵的女婿。

至于这个罗贵到底是什么人，他为什么可以通过这层特殊的亲属关系提前知道秘密，我们不得而知，族谱中没有记载。其实这也不难理解，一般家谱都是在家族发达之后，由后人来修撰，所以很多时候族谱里的“始迁祖”都只有一个名字，没有过多的头衔加身，这也是一种普遍情况。

大难当前，提前获取情报的罗贵为了解救珠玑巷民众，秘密召集村民谋划，最后决定南迁。于是，他成为族谱记载中珠玑巷民众的英雄。

为了报答罗贵的救命之恩，珠玑巷的其他姓氏宗族一同起誓，以后见了罗氏子孙，要以感激之情相待，即“日后见公子孙，如瞻日月”，可见对罗氏何等尊重，而且还强调珠玑巷移民中的各姓氏要世代友好。

上面这个简单的故事就是罗氏宗族族谱中记载的“罗贵传奇”，但有意思的是，我们再去看同一地区其他族谱的记载，便会发现故事的“出入”。

首先，其他族谱对“谁是密报者”的记载众说纷纭，刘氏族谱称是罗贵的姑丈，陈氏族谱称是陈家的女婿，还有其他族谱中直接去掉姓名，用“珠玑巷人”这种模糊的指代表达。

其次，其他族谱中对“秘密议事，筹划南迁”的主要负责人的记载也不相同，很多非罗氏族谱都没有突出罗贵的重要性。

最后，关于“众誓”的环节，非罗氏族谱中有关罗贵传奇的叙事，有意无意地回避了这个情节。其他氏族更强调宗族之间的和谐，而不是对罗氏宗族的格外尊重。

我们应该如何解释这种一个故事不同版本的现象呢？

正如有些学者所指出的，族谱中的移民故事与其说反映的是移民的历史，不如说反映的是移民的心态史。

所谓的移民心态，不仅是关于移民对“移民运动”的看法，更是关于如何在新的生存地更好地活下去，比如之前我们提到的“山西洪洞大槐树”故事中的“解手”“小脚趾指甲有两瓣”这样的逸闻，传递的都是对“移民运动”执行者的不满。

我们还能在族谱记载的历史深处感受到一个个平凡中国人富有温度的生活印记，下面这册族谱的记录便讲述了中国人寻根的生动故事。

有学者研究过光绪年间浙江松阳县一个叫石仓的地方，并发现了一本叫作《回闽路程》的账本，账本中记载着光绪年间石仓阙氏的六个人千里迢迢去福建的整个过程。他们为什么要从浙江去福建呢？去福建又是做什么呢？

我们可以从《阙氏宗谱》的记载中找到真相。原来，浙江石仓的阙氏是康熙年间从福建迁来的移民。宗谱记载，光绪年间，福建汀洲上杭的阙氏族人突然不远千里来到石仓，告知石仓的宗亲他们在福建的“祖庙”年久失修，无人经营，浙江的阙氏宗族如果有能力的话，可以回他们的老家修建祖庙。

于是，浙江石仓的阙氏族人从宗族中选了六个代表人物，让他们返回福建，修建祖庙。这一过程被完整地记录在《回闽路程》这本账本中。账本中详细记载了他们每天赶的路程、吃饭的餐馆，以及晚上住宿的地点、每天的交通费用等。

几百年前，远在其他省份的人因为祖庙的事情，便可以跨越千里，寻找宗亲，而迁移出来的宗亲可以凭借同一个姓氏和族谱中记载的“迁出地”，便决定举全族之力，回闽修建祖庙，可见人们对“宗族姓氏”的看重。

在这个意义上，祖庙可以被看成宗族共同体，所有的活动都强调子孙对祖先的责任，以祖庙为纽带，远迁他乡的移民后代仍然承担对于原乡远祖的“责任”，这种基于血缘责任的文化传统即使到今天仍有强大的生命力。①

---

① 本节参考文献：吴松弟．宋代以来四川的人群变迁与辛味调料的改变［J］．河南大学学报（社会科学版），2010，50（1）：91–94；葛剑雄．中国家谱的总汇 家谱研究的津梁——《中国家谱总目》评介［J］．安徽史学，2010（1）：126–128；曹树基，葛剑雄．中国历史上的移民发源地之五：山东枣林庄［J］．寻根，1997（5）；石坚平．民间故事、地方传说与祖先记忆——以广府地区族谱叙事中的罗贵传奇为中心［J］．广东社会科学，2013（4）：104–112；王媛，曹树基．回闽路程：香火堂与移民先祖之祭［J］．近代史研究，2014（4）：152–159；赵世瑜．祖先记忆、家园象征与族群历史——山西洪洞大槐树传说解析［J］．历史研究，2006（1）：49–64.

人口背后的大道理

四亿大关，人丁繁盛会带来怎样的社会影响?

道光二十年（1840），中国人口突破了四亿大关，达到了中国传统社会人口数量的最高峰。是什么原因促成了人口的剧烈增长，人口增长又带来了什么样的社会影响呢?

传统的中国人大都有“多子多孙多福气”的观念，家庭或家族的“添丁之喜”也是非常重要的庆祝活动。不过，统观社会全局，人口的快速增长给社会带来的影响是值得深思的。

由于明末清初的连绵战争和社会大动荡，顺治八年，全国人口不过 5300 万，康熙时超过了 1 亿，到乾隆时期人口达到了 2 亿 ~3 亿的规模。

17 世纪晚期的一首词，描绘了此时中国社会的情况：“屋鱼鳞，人蚁迹。事不烦，境常寂。遍桑麻禾黍，临渊鲤鲫。胥吏追呼门不扰，老翁华发无徭役。听松涛鸟语，读书声，尽耕织。”

这首词描述的是：百姓家家户户的房子连成一片，像鱼鳞一样密集，人也多得像蚂蚁一般，但是人们生活没有烦忧，边境沉寂没有战事；百姓家种植着稻禾、黍米，临近的池塘还养着鲤鱼、鲫鱼，生活非常恬淡安适，即使是胥吏也不会追着人上门打扰，白发老翁也不用负担徭役了，人们可以听到风吹过松林的声音，也可以听到林间的鸟鸣，读书的小孩声音洪亮，大人们耕地的耕地、织布的织布，各司其职。

是什么原因促使人口在这一时期的快速增长？

“老翁华发无徭役”，其实就是推动人口快速增长的一个很重要的因素——清朝政府的政策。清前期实行休养生息政策，轻徭薄赋，农民从土地上获得了更多的生活资料。

到康熙五十一年（1712），政府正式宣布“盛世滋生人丁，永不加赋”。从康熙晚年到雍正年间，政府在人口政策的基础上改革了税收政策，将土地税和丁税合二为一，也就是所谓的“摊丁入亩”制度，不再以人为对象征收丁税，这两项政策减轻了农民的赋税负担，人们不再为家庭人口的增长而负担更多赋税。再加上医药和医疗的改进，人口死亡率得以下降。

另外，美洲新作物，如玉米、甘薯、花生、马铃薯等引入中国，也在一定程度上解决了粮食问题。后面我们将有专题讨论外来物种引入问题，这里就不详细讲了。

人口迅速增多，到嘉庆年间，四川已经出现人满为患的现象。

清中期以前，四川是粮食外运大省，到嘉庆以后，粮食外运基本断绝，导致长江中下游地区米价大涨。这是为什么呢？

人口增长导致人均耕地减少。儿子均分财产是传统中国的遗产分配方式，这种遗产继承制度是一种有利于结婚成家、减少迁移、刺激生产、促进人口增长的制度，而且使土地不断分割成为一种必然。

以前文介绍过的阙氏家族为例，他们从福建迁移到浙江，开始了生存繁衍。在清代的150年内，阙氏家族的人口翻了近100

倍，在家族最鼎盛富裕的时期，人均拥有土地超过 11 亩，而当家族积累的田产不再增加，人口却迅速增长之后，到清朝末年，人均拥有土地不过 1 亩多，勉强维持温饱。这便是人口增长使人均拥有的土地不断减少的趋势。

乾嘉时期十分有远见的经济学家洪亮吉，在当时就对人口迅速增长引发的危机进行过分析：一必耕地和住房紧，二必引起物价上涨，三必大批人丁失业。

人均耕地多少才能维持一个人的最低生活水准呢？洪亮吉推算，江南平均亩产一石（清朝的“一石”差不多是 120 斤），据此可以计算“一岁一人之食约得四亩，十口之家即须四十亩”。这是日食米 1 升的最低生活水平。若要达到“食亦仅仅足”的程度，十口之家需要“食田一顷”。

笔者曾经讨论过四川在近代所面临的人口压力的程度，根据笔者的计算，按最保守的估计，同治年间人口总数的 12%，即约 400 万人没有基本生活保障；20 世纪初，人口总数的 29%，即 1200 多万人缺乏粮食。粮食如此短缺，就是当时社会混乱最根本的动因。

不仅农民如此，就连城市里的手工业者也面临失业的状况。苏州作为清代纺织工业区，是手工艺艺人的聚集地。但是由于物价上涨、民生艰难，那里的纺织业也受到影响。随后，无业之人成为流民，甚至乞丐。陈宏谋在江苏巡抚任内看到，各地乞丐大多是年富力强之人，都是因为无路谋生，才不得不乞讨。嘉庆元年（1796）北京城里一夜冻死乞丐 8000 余人，时人在文章中指出，“古之闲民十之一，今之闲民十之六”，可见“无田可耕，无业可守”的人非常多。

在此情况下，人口买卖、溺婴等现象不绝如缕。乾隆中期，甘肃平凉人卖妻儿，将他们装在木笼里放在驴背上，视同动物。5个月内，经城门而卖出的人口达6.7万余人，这种像贩卖货物一样贩卖人口的情况是很少见的，由此可见当时人口过剩的惨状了。

为了应付人口增长带来的压力，清政府也不断采取措施。

比如，从康熙七年（1668）开始，朝廷一直把关外之地列为封禁之地。

关外是清王朝的发祥地，禁止汉族百姓往这里迁移。禁区内禁止移民，禁止开垦田地，禁止采伐森林矿产，还禁止采掘人参、东珠等名贵品。清政府不仅以长城为界，限制关内移民，而且也禁止汉族移民进入蒙古地区。这些都是为了防止汉蒙接触、联合抗清。

到了雍正、乾隆时期，人口迅速增多，朝廷的禁令不得不松动。雍正初年颁发谕旨，允许人多田少地区的百姓迁移到曾经是禁区的边远地区去开荒，例如古北口一带的军事重地。乾隆以后，清政府出于民生考虑，也放松了限制。

那时候，迁入东三省的以山东人为最多。他们携家带口到达关外以后，建造窝棚居住，随后开始在附近土地开荒，第一年种荞麦，第二年种高粱等。可见人们被衣食所迫，不得不冒着触犯法纲的风险。

除了向东北移民，东南沿海地区的人们也大量迁移到台湾或偷渡到南洋。嘉庆年间，因害怕在海口被盘获，闽粤一带偷渡去南洋的人都先结队通过陆路到澳门，然后再通过外国船只前往南洋。据文献记载，嘉庆时期，只在安南一带，闽粤人就不下十余万。

虽然清政府为了缓解人口快速增长带来的压力采用了不同的措施应对，但在前现代的农业中国，人口发展的现象并未逃脱马尔萨斯人口论所描述的宿命。也就是说，在以传统农业为主的中国，人口没有节制地增长，土地可以承受的人口会达到极限，从而导致不断的贫困，并最终使人口死亡率不断上升。

正如洪亮吉所担忧的，土地开发及统治者的其他政策都不能彻底解决人口问题，对于人口快速增长，他抱着悲观的态度，看出社会迟早会因为人口的快速增长发生变乱。

在洪亮吉的《治平篇》人口论问世后的第三年，白莲教起义发生。经此大乱，人口增长的趋势稍有缓和，但人口压力依然很大，直到白莲教平定后 48 年，太平天国起义爆发，大量人口因残酷的战争死亡或消失。

经历过太平天国战争的汪士铎从天京（即南京，太平天国的都城）逃出，住在天京附近的村子。他调查了参加太平天国叛乱人数众多的原因，主要就是他们失去了生计，不得不铤而走险。他由此论断，当时是由于人口过剩才引发了太平天国起义。这样的说法可能有些片面，但在传统农业社会，人口压力最终将引起社会动荡，这是毫无疑问的。[①]

太平天国：人口过剩导致的人口大量消亡

清代产生的人口过剩是诱发太平天国运动的一个重要因素，而在整个战争期间，大量人口又随着战争消亡。下面我们就从人口的角度，来看一看太平天国时期人口所遭受的巨大损失。

太平天国战争从 1851 年洪秀全、杨秀清等在广西金田宣布起义开始，到 1864 年清军攻陷天京结束，历时 14 年。

太平天国战争爆发之前的中国社会，人口经历了从 2 亿到突破 4 亿大关的急剧增长，也几乎到达了土地可以承受的人口极限，产生了太多无法凭借土地获得温饱的农民，他们对政治制度不满，最终才揭竿而起。而太平军所到之处，贫困的农民大都热烈响应，这也最终导致了太平天国运动很快席卷大半个中国。

---

① 本节参考文献：曹树基 . 中国移民史：第六卷 · 清民国时期［M］. 福州：福建人民出版社，1997；陈权清 . 清代人口的增长与危机［J］. 湖南师范大学社会科学学报，1991（6）：54–58；王跃生 . 清代人口与粮食供应［J］. 学术交流，1992（4）；车群，曹树基 . 清中叶以降浙南乡村家族土地细碎化与人口压力——以石仓阙氏家谱、文书为核心［J］. 史林，2014（2）：58–65；何炳棣 . 明初以降人口及其相关问题：1368—1953［M］. 北京：生活 · 读书 · 新知三联书店，2000；罗尔纲 . 太平天国革命前的人口压迫问题［J］. 中国社会经济史集刊第八卷，1949（1）；王笛 . 跨出封闭的世界：长江上游区域社会研究（1644—1911）［M］. 北京：北京大学出版社，2018；李中清，王丰 . 人类的四分之一：马尔萨斯的神话与中国的现实（1700—2000）［M］. 北京：生活 · 读书 · 新知三联书店，2000.

太平天国战争对人口的影响主要体现在两方面。

第一是战争中残酷的杀戮造成交战双方人员大量伤亡，第二是主要战区的人们或被杀，或被俘，疾病饥饿等也造成大量死亡。

在战争前期，太平军除了军人，还有大量的随军家属。在武汉时太平军有约 50 万人，到攻打南京时已有 70 万人。人数如此之巨，一方面是因为其中还包括老年人、儿童、妇女等非战斗人员，另外一方面是因为太平军经过的地区，许多贫困无着的农民跟着他们揭竿而起，成为起义军的一分子。

还有被太平军掳掠来的平民，许多地方志中记载着有成千上万的男子甚至妇女被太平军掳走，仅咸丰三年（1853），据说被掠人口就达 30 万 ~50 万。这些人中的绝大多数都成为其后历次战斗的牺牲品。

即使是随军家属，最后也不免落于清军屠刀之下的命运。太平军定都天京以后，为了减少家属对军人的拖累，把队伍分成"男女馆"，男馆人口有 10 万，女馆人口约 14 万。在天京陷落、清军入城之后，清兵对城中居民进行屠杀，被杀人员就包括太平军男女馆中的十几万人。

1856 年，天王洪秀全与北王韦昌辉合谋杀害东王杨秀清，并置其全家徒党于死地，被杀的男女据说在两万人以上。

在这场运动中，长江中下游地区受创最严重，苏南、浙北、安徽、江西等地区或因为地理优势，或因为粮食充裕，始终是太平军与清军争夺的焦点。

战争给人口带来的极大破坏，充斥在大量的历史记载中。

江西省义宁县在咸丰五年（1855）时，曾对县城内人口及从四乡而来的难民做过一次保甲登记，人口总数为10万。但在随后的21天，义宁县发生了激烈的战争，县城失守后，城内的幸存者不足1万人。近百里内的溪水被染红，河道被尸体阻塞，那些尸体只能火化后埋入一个大墓，这座墓后被称为“十万人冢”。

战争中的杀戮是十分惨烈的。浙江文人王彝寿记载太平军：“有剖腹而饮其血者，有剁四肢者，有挖心而食者……种种惨状，笔不忍书。”

清军官兵的残酷不亚于太平军。使曾国藩的声誉大受诟病的就是他坚决主张将叛乱者斩尽杀绝。他为什么要推行这样的政策呢？曾国藩的《讨粤匪檄》就体现了一种强烈的保卫传统的意识，以“拜上帝教”为意识形态的太平天国运动是对儒家正统的颠覆，是一种“奇变”，所以要维护传统，必定要剿灭“异端”。

太平天国后期的中流砥柱李秀成在被俘后写的自传中回忆：如果曾国藩及其部将对讲广西话的太平军采取纳降而不是坚持一概杀戮政策的话，太平军早已自行解体了。

我们就来看一下对战争的具体描述。

清军围攻天京时，城中粮食久绝，军民以草根树皮为食。湘军攻入城中时，两军在城中进行了激烈的巷战。城内太平军十余万人，或死于湘军的刺刀，或聚众自焚葬于火海。

湘军攻陷天京后，那里成为人间地狱。曾国藩的幕僚赵烈文在进城后，对城中的景象瞠目结舌。他在日记中写道：尸体腐烂于街头，臭不可闻。湘军将尸体拖到路边，盖上碎土，这样才能有路可以通过。

在历史的记载中也渗透着个体的血泪。当时天京城里的儿童、老人等大都被屠杀，年轻女子的命运因为她们的价值而稍有不同。

攻入城内的湘军将数千名年轻女子掳掠出天京，其中有一个16岁、名叫黄淑华的女子留下了关于她个人遭际的记录。士兵上门，杀死她的两个兄长，后又杀死她的母亲及弟弟。黄姓女子悲痛求死，但士兵却大笑："予爱汝，不杀汝也。"

士兵把她绑起来，放上船，还乡回湖南。黄姓女子害怕自己成为仇人的妻子，把自己的遭遇写在纸上，然后找机会杀了士兵，之后上吊自杀了。这则记录在《象山县志》里的故事，一方面显示了天京陷落时城内无辜居民的大量被杀，另一方面也显示了个体在战争中的残酷命运。

战争间接带来的疾病和饥荒，也成为人口骤减的重要因素。

仅是在上海，到了1862年，就已经有150万人挤进上海县城和租界避难。霍乱也在这年5月开始出现，并迅速传播。疫情最惨烈时，租界一天死亡3000多人。霍乱通过通商口岸的船只从沿海进入内陆，在安徽的曾国藩的湘军也未能幸免，在皖南的湘军部队有六七成被传染。

同时，乡间的饥荒加剧。曾国藩在1863年6月8日的日记中写道："皖南到处食人。"

相似的记录也出现在其他湘军首领的报告中。1863年春天的皖中地区，本该是一片翠绿的稻田，但该地沿路连禾叶也看不见一片。

而对整个中国来说，太平天国运动爆发时的 1851 年，人口大约为 4.3 亿；而太平天国失败后，总人口减少了 7000 多万，损失了 1/6。

我们该如何评估这样的人口骤减呢？在这场战争结束近 50 年之后，苏州府，江南最富庶的地区，依然有 10 万亩良田处于荒芜之中，足见这场战争对人口的巨大破坏了。

这样的数字让人唏嘘。在前现代的中国，人口的大量增长势必会导致农民的生活日益无法保障，统治阶级和被统治阶级矛盾激化，最终导致大规模的起义。这样的史实对于时人而言是无意识和无法控制的，但对中国人口史的研究，则有着非常好的启示作用。①

---

① 本节参考文献：杨国强．义理与事功之间的徊徨［M］．北京：生活·读书·新知三联书店，2008；何炳棣．明初以降人口及其相关问题：1368—1953［M］．北京：生活·读书·新知三联书店，2000；曹树基．中国移民史：第六卷·清民国时期［M］．福州：福建人民出版社，1997；罗尔纲．太平天国史纲［M］．北京：商务印书馆，1937；李楠，林矗．太平天国战争对近代人口影响的再估计——基于历史自然实验的实证分析［J］．经济学（季刊），2015，14（3）：1325–1346；曹树基．太平天国战争对苏南人口的影响［J］．华东理工大学学报（文科版），1997（4）；曹树基，李玉尚．太平天国战争对浙江人口的影响［J］．复旦学报（社会科学版），2000（5）；裴士锋．天国之秋［M］．北京：社会科学文献出版社，2014.

古代中国的阶层是“开放的”，人们可以实现阶层的跨越

关于中国人口问题，社会的等级与分层是需要讨论的。

中国社会的等级思想很早就形成了，在一个人人生而不平等的社会，人的权利、义务、生活方式也必然会存在种种差异。我们在古装剧中看到的嫡庶有别、长幼有别、尊卑有别是有非常深刻的历史根源的。

在历史长河中，“士农工商”四民是有明显等级差异的不同社会阶层，这就是中国古代著名政治家管仲对“理想社会”的一种设计，那就是有秩序，有管人的人，也有被管理的人。

等级制度是中国古代社会一个非常明显的特征。

社会等级就像金字塔：统治者位于最高位，是金字塔的顶点，拥有最高的社会地位和政治地位；相关的宗室、贵族，也拥有自身的权力和地位；官僚阶层是接下来的下一层，人数也逐渐增多；到最后，人口基数最多的是平民。

其实平民之下还有贱民，例如广东的疍户，以船为生，永不上岸，是没有民籍的。除此之外，还有奴婢、妓女、优伶等特殊职业的人，他们没有普通平民应有的权利，有些时代的法律还禁止他们和平民通婚。

总体来说，中国社会的阶层是多元的，仅就官僚阶层来说，最高级别的官员和最低级别的官员在社会地位上是截然不同的。士农工商四民，以士为首，商人地位最低，四者地位有高低之分。

而且在多元的社会阶层中，它们之间也不是绝对分隔和对立的，而是可以流动的，例如上面提到的贱民并不是没有“翻身”的可能，雍正时期就曾几次下令解放他们，在法律上允许他们及他们的后代享有普通人所拥有的权利，经过三代还可以参加科举，从而参与社会阶层的上升。

教育是社会阶层流动非常重要的因素。

让我们先回到石羊场杜家的故事。杜家作为四川一个普通的农家，以手工业为主，从丝绸贸易中积累了相当的财富，不仅维持整个家庭的生活支出，也供养三个孩子上学，但农业生产带来的利益是相当有限的，故事中反复提到，是手工产品贸易使这个农业家庭变得富裕的。其中杜二嫂作为掌柜娘，她的家庭经济地位和社会地位都是通过财富体现出来的，而且高于普通农民或手工业者。

可见到了民国时期，随着西方带来的新的关于工业和商业的观念传播，传统中国社会观念中士农工商四民，农高于工、商这样的社会分层有了改变。

在杜家的故事中，杜二嫂有着比较长远的眼光和打算。为了让杜家的经济地位可以延续下去，在有了较好的经济能力时，她让三个孩子都上学，接受教育，而且还把大儿子送到空军学校。杜二嫂的这些安排其实还体现了传统中国社会希望通过教育来完成社会阶层上升的观念，这一点是经久不变的。

而财富可以让杜二嫂的孩子接受教育，并且在可预见的未来，实现下一代的阶层跃升。

除此之外，我们还可以看到，社会阶层观念的改变需要一个过程，因为杜二嫂还租种了几亩地，虽然在蚀本，但她依然把土地当作社会地位的象征，即使通过工商业获得财富，但对身为“农家”的杜家而言，拥有土地依然是其社会地位的象征。

在社会阶层流动中，教育起到的作用非常大。清末废除科举之前，教育与仕途的关系十分紧密。

只要做过官，即便退休了，也可过着士绅的生活，而且社会也承认他们的士绅身份，这也反映了官员与平民间严格而持续的区隔。

有学者在研究中国科举制度时发现，在科举考试中获得中高阶名次的人被称为“上层士绅”，在科举考试中没有获得中高阶名次的学子或者靠捐纳而得来功名的人被称作“下层士绅”。通俗来说，捐纳就是用银子买来功名，平民百姓也可以捐一些功名，但是“贱民”则不被允许捐纳，即使是对于靠捐纳得来低等功名的人，为了显示其荣耀和对其的尊敬，平民百姓还得尊称他们一声“老爷”。

士绅有专属于自己阶层的特权，家族祭祀时，也必须由有“士绅”身份的人主持，如果由平民身份的人主持，会被认为有失体面。

当时的法律也保障了士绅所享有的权利和威望。如果士绅犯罪，不会被上刑；如果一个士绅受到辱骂或殴打，那辱骂者或殴打者所受的处罚比他辱骂或殴打一个老百姓要严厉得多。法律规定“吏卒骂举人比照骂六品以下长官律杖七十”，而辱骂一般老百姓仅笞责十下。我们之前提到的徭役，也就是体力劳动，政府对士绅也是免除的。由于他们地位崇高、风流儒雅，教育使他们拥有地方领袖资格，当然也不需要他们从事体力劳动了。

除了教育和科举考试，财富也是影响社会阶层的重要因素。商人虽然在经济地位上高于其他普通民众，但在没有政治背景的情况下，商人的社会地位还是无法与官僚阶层相比。

在清代的传记中，有这样一个故事。华亭县（今上海市的一部分）有位叫张士毅的商人，致富后聘请当地著名的教书先生教他的两个儿子，可两个儿子在科举考试中考取的只是低阶功名，无法在实质上改变家庭的社会地位。直到嘉靖三十七年，次子中了举人，他和夫人才大喜说："乃今可出我于贾哉！"也就是"现在我们总算脱离商人阶层"的意思，可见商人阶层的突升不在于经济，而在于社会，考中高阶名次对家庭向上的社会流动有更重要的影响。

很多富有的商人通过买功名实现社会地位的上升。清朝前期，商人通过捐纳获得的都是低阶功名，例如监生、贡生等，但到清朝末期，更多的银子可以捐纳更高的功名。

富商有功名，其社会地位才稳固。《儒林外史》中有一个讲述扬州大盐商万雪斋的故事。万雪斋经常用奢侈浪费的方式招待著名文人雅士，他的财富让他成为地方官觊觎的对象。为了化解这种可能的危机，经过深思熟虑，万雪斋拿出一万两银子，买了一个边远的贵州知府缺，这个政府承认的官职可以让万氏立刻走马上任，使得万氏一门逃脱了临近的危机。作者吴敬梓在评价这个事例时用了一句中国俗语，也一语道破了中国社会分层的残酷现实："穷不与富斗，富莫与官争。"

阶层有向上的流动，也就会有向下的流动。

皇室宗室成员便是最明显的例子。皇室宗室人口的大量增加带来巨大财政负担，以宋朝为例，宗室在第五代的总人口已经达到3000多名，维持这些宗室男女的费用，成为国家预算中非常沉重的部分。

宋代，宋神宗启用王安石进行变法，其中就有重要的针对宗室的措施。比如削减宗室待遇，对五服以外的宗亲断绝宗室待遇，不再授予其高阶官职。不少无官的宗亲成为普通人，甚至也有不少陷于贫困者。

到了明代，宗室和贵族中，只有第一等、第二等亲王的嫡长子可以袭爵，其余的儿子受封较低爵位。正常情况下，不出几代，大部分皇室的后代都降为最低阶的贵族。清朝，贵族爵位分为十二等，降至最低等之后，不复承袭。

所以历史上既有杜二嫂这样的普通平民，通过获得财富提高了女性在社会中的地位，也有皇室宗亲因为人口增速过快，成为财政负担，社会阶层不断下降，甚至成为平民。社会分层作为社会秩序的一种表现，我们不仅可以从中看到政治制度，也可以通过不同阶层之间的流动看到社会的动态发展过程。①

---

① 本节参考文献：何炳棣．明清社会史论［M］．台北：联经出版社，2013；张仲礼．中国绅士：关于其在十九世纪中国社会中作用的研究［M］．上海：上海社会科学院出版社，1991；贾志扬．天潢贵胄：宋代宗室史［M］．南京：江苏人民出版社，2005．

本章小结

本章从四川石羊场的人口统计开始，主要讨论了中国人口的发展、南北人口的差异、人口大迁移，以及由于人口增长所产生的社会问题。

第一，传统中国的人口统计存在极大的缺陷。

在对中国人口的讨论中，我们知道古代的统治者需要征收按人头计算的劳役税，所以才有了户口统计。但是由于明代的“一条鞭法”和清雍正时期的“摊丁入亩”，人头变得不再重要，结果造成后来人口统计的质量不高。

第二，人口的迁移推动了不同地区人民的融合和交流。

历史上人口重心的迁移是与北方人口的三次大规模南迁分不开的。西晋永嘉之乱、唐朝安史之乱以及北宋靖康之乱导致大批人口迁移到南方，造成了全国经济重心的南移。

大移民也促使了文化重心的南移，对艺术、风俗、生活习惯、宗教信仰产生了很大影响。唐代，中原对周边地区的吸引力增强，大量周边民族成员前来中原朝贡、求学、经商。在宋代，许多南方的艺术家和手工艺人进入开封，南方文化在北方的传播为宋初北方文化的繁荣做出了贡献。到了明朝时期，由政府主导的大规模人口迁移也十分醒目。

移民运动在正史中往往只会有非常简略的记载，即使在地方志中，经常也只是寥寥数语，所以家谱的记载就特别珍贵，民间叙述与正史一同完成了对历史现象的社会建构。移民虽然在异乡重组了自己的社会，但在某种程度上仍坚守着自己的文化传统，保持原有的语言、风俗和生活习惯，建立祠堂或宗祠，保护本省商人和移民的利益，并参与消防、团练、济贫等公共事务。

第三，人口问题反映了社会问题。

人口迅速增多带来的最明显压力便是土地资源和粮食的供应不足。当人口增长达到土地承载的临界点时，土地和粮食便成为人口增长的最大限制因素，从而引起社会的不稳定，太平天国运动的爆发便是一个极好的例子，这场运动使中国人口损失了 1/6。

中国古代社会分层就像金字塔：统治者位于金字塔的顶点，拥有最高的社会地位和政治地位，相关的宗室、贵族拥有特权；下面庞大的人口按士、农、工、商来划分。其实中国社会的阶层是多元的，并非绝对分隔和对立，阶层之间是流动的，这种流动可能是向上的，也可能是向下的，其中教育和财富是非常重要的因素。

第二章

最根本的需求：衣食住行

本章主要问题

1 中国的服饰如何反映社会等级？国家权力在这种服饰等级中扮演怎样的角色？服装的等级是一成不变的，还是随着社会的发展而演化？为什么服饰可以发展出不同的功能呢？

2 服饰的流变可以反映社会发展的变化吗？如果回答是肯定的，那么服饰是怎样反映社会变化的？哪些因素可以影响服装风尚的流行呢？古代社会审美中对女性身体的控制可以反映什么问题？服饰的变化是否与政治联系在一起？

3 中国近代服饰发展演变有什么特点？如何看待服饰中所蕴含的政治意味或文化内涵？大众文化和流行文化对服饰的影响是如何产生的？与过去几千年的服饰流变相比，为什么近代中国在如此短的时间内，在服饰上发生的变化如此巨大，影响也更深？

4 一个国家或社会饮食习惯的形成受哪些因素的影响？为什么在经历了几千年的饮食变化之后，中国人还保留着主要的饮食结构呢？饮食可以反映出族群的特性或性格吗？

5 很多外来作物对中国饮食产生影响，那么引进的新作物被人们广泛接受的基础是什么？外来作物的引进和中国作物的“流出”这样的现象，可以作为文化交流的表现吗？新作物的引进在多大程度上改变了人们的日常生活、口味和饮食结构?

6 中国传统的烹饪方法是如何逐渐发展形成的?不同菜系的发展与其地理、环境、物产、文化、生活习惯等有什么直接和间接的联系?

7 居住环境在不断改变,家居空间发生了功能上的变化,为什么会有这些变化?从中国农村居住模式中,我们是否能够了解家庭关系、尊卑关系,以及传统文化?

8 建筑风格与人文环境有什么样的关系?从建筑风格中,我们能够看到政治、经济和文化的演变吗?古代修筑城墙的主要功能是什么?什么因素促使了城墙功能的转变?

9 交通工具发生变革的原因是什么?从郑和下西洋可以看出中国古代造船技术是非常发达的,为什么明朝之后造船和航海业并没有发生类似西方大航海时代的发展?

10 车、船、邮驿等工具都带有官方控制的痕迹,在这些交通工具的控制权从官方、商绅泛化到平民的过程中,中国社会发生了什么改变? 是什么促使了明清时期长江流域长途贩运的发达?长途贩运又如何改变了地区社会的发展?

衣：以貌取人？

服饰显示的等级和地位

人们的具体日常生活包括衣食住行、柴米油盐等等。说到衣着，古代中国不同阶层有着不同的着装风格。

在石羊场，燕京大学社会学系的学生杨树因在第一次见到杜二嫂时，说她挽了一个小髻，穿白色夏布短衫与黑绸裤。虽然民国时期对于衣着的等级规定已经消失，但杜二嫂的穿着却偶然地契合了古代中国劳动阶层在衣着上的风格。

《宋史》在“士庶服禁”中明确规定了平民在衣着颜色上，无外黑白二色；而且为了方便劳动，对襟短衣和裤子成为日常搭配；《清明上河图》中对劳动人民的描画也多是上衣不及膝，下穿裤子，脚下一般多是麻鞋或草鞋。

在古代中国，衣服最基本的功能就是遮身蔽体，方便劳动和生活。尤其是裤子于公元前 4 世纪传入中国北方，方便了人们劳动以及行军打仗。

衣服的另一个基本功能是御寒。古代社会的取暖方式很原始，柴和煤炭是最主要的热能来源，但因为煤炭稀少、昂贵，为了抵御严寒，人们把聪明智慧运用到衣服上，棉袄和皮裘成为御寒的主要手段。

《清明上河图》长卷局部，北宋，张择端，北京故宫博物院藏。从这幅绘画中我们可以看到北宋人民的穿着风格

衣着同样是社会地位乃至社会等级的体现。

无论是衣服的颜色、花纹，还是上面的佩饰，服饰上的种种细节都是由皇帝敕令规定好的，以满足礼仪的需求。官方修订的史书中会有专门的章节来规定服饰，从皇帝到大臣，再到平民百姓，都需要按照规矩来，不可逾越。我们经常说的“冠冕堂皇”其实就是用着装来代表身份地位的高低。

例如，龙纹是服装中最高贵、神圣不可僭越的纹样，虽然历朝历代龙纹的样式有所区别，但始终都代表着“普天之下，莫非王土；率土之滨，莫非王臣”的政治等级观念。

在清代，明黄色是神圣不可侵犯的，只有皇帝、太后、皇后可以使用，连太子使用明黄色的范围也是有限制的，要用次于明黄的杏黄，而普通皇子服饰为金黄色，亲王、郡王为蓝色和石青色。

不同品级的大臣，其朝服颜色也不同。宋朝在建立之初，因循唐制，规定了不同等级官员的服饰色彩：三品以上服紫，五品以上服朱，七品以上服绿，九品以上服青。平民老百姓只能穿黑色和白色。

除了颜色、花纹，许多珍贵的饰物也代表着等级、地位。文艺作品对此也有描述，比如《甄嬛传》中，华妃处处压皇后一头，以翡翠耳环适合年龄比较大的人为由想转送给皇后以此揶揄她，皇后却说自己刚得一副东珠耳环，不便再收她的。东珠这种产于宁古塔附近的珍贵原材料，清律法规定只能皇后使用。这样看来，皇后用自己的等级身份才保住了尊严。

宫廷中皇后、公主把饰物演化到极尽华丽奢侈之能事。宋朝时，贵族妇女的头冠最讲究用金翠珠玉做成种种花样，比如“王母队”就做成一大群仙女随同西王母赴蟠桃宴的式样，等于把一台乐舞搬到了头上。到明清时期，点翠成为风尚，用翠亮鲜丽的羽毛制成头饰，以显示身份的尊贵。

反观官方对平民百姓的衣着禁忌，阶层的区隔十分明显。明朝时期，民间妇女的礼服不能用金绣，平常的衣服也只能用紫绿、桃红或浅淡的颜色，像大红、鸦青、黄色等皇后或贵族妇女用的颜色，她们是禁用的。成化年间民间妇女不能戴宝石首饰，正德年间不许娼妓用金首饰、银镯子。可见，着装的规定与社会等级或分层紧密相关。

即使是同一个样式的衣着，不同阶层的人也有不同的穿法。

女性上衣下裙是传统的着装方式。从明朝正德年间开始，女性的裙褶渐多。张爱玲在《更衣记》中曾写道："裙上的细褶是女人的仪态最严格的试验，家教好的姑娘，莲步姗姗，百褶裙虽不至于纹丝不动，也只限于最轻微的摇颤……"这段细腻的描绘通过服装把上层社会女性的仪态展现得淋漓尽致。

男性着长衫的一般是官员、文人或商人，一般大众只穿及腰的短衫和裤子。此外，帽子或方巾等饰品以及脚上的鞋子也有等级差别。宋朝时，文人戴帽子，普通百姓裹各种头巾，只有和尚头上什么都不戴。草鞋、布鞋一般为劳动阶层所穿，方便劳作，靴子等多由士大夫所穿，陆游诗中就曾提到"归来脱靴靴满霜"。

从材质上来说，最好的衣服是锦缎制作的，有时候为显尊贵，就用金花织缎来做。明洪武年规定农民可以穿绸、纱、绢、布，但其实农民很少有穿得起绸、纱的，绝大多数农民只能穿棉麻布衣。比照士农工商这样的社会地位等级，明朝时商人虽然比农民富裕，有条件穿得好一些，但政治地位还比不上农民，明初规定商人不可以穿绸和纱。

在不同的朝代，一些独特的衣着饰品也显示着身份的高低与等级。例如明朝有一种暖耳，是百官入朝时御寒的东西，戴它需要一定时节、一定地位。一般 11 月天气日渐寒冷，皇帝赐百官暖耳，暖耳一般用狐皮制成，平民禁用。

当然也有一些特殊样式的衣物或装饰物，经历了时间，反而跨越了阶层。

女性的“比甲”就是其中一种，此物应该是背心的样式，在明朝特别流行。明代通俗小说中经常有关于比甲的描述：“上穿白夏布衫儿，桃红裙子，蓝比甲。”

清代时，只有畏寒的老妇人才穿长棉比甲，其他人穿得比较少了。到了晚清，只有男歌伶才在长衫外面加短背心。此后，比甲成为风尚，在满洲贵族使用习惯以后，“京样子”便流通全国，慈禧太后的一件大件背心还是由宫廷出样，苏州定织的。

宋朝时很多妇女常在额头和两颊间贴花钿。宋徽宗《宫词》中有“宫人思学寿阳妆”，记录了当时宫女效仿南朝宋武帝的女儿寿阳公主的情形。她在人日[①]那天卧于含章殿的檐下，梅花落在她的额头上，形成五出花朵，印记不能拂去，经过三天才洗掉，宫女们惊奇于其面妆之异，相互效仿作“寿阳落梅妆”。在宋仁宗皇后的画像上，我们也可以看到皇后额间贴着花钿的妆饰，可见化妆风格的流行并不拘泥于阶层。

衣服的功能是多样的，从最基本的御寒保暖、遮身蔽体到宫廷规定的代表社会身份的着装禁忌，既有实用价值，也有美学观

---

① 人日又称人节、人庆节、人口日、人七日等，在每年农历正月初七，是古老的中国传统节日。传说女娲在造出了鸡狗猪牛羊马等动物后，于第七天造出了人，所以这一天是人类的生日。——编者注

念。其中最突出的是等级身份观念在服装上的体现，我们通过服饰看到了社会体制，同时也看到有一些特殊的衣物经由时尚风行反而跨越了身份等级。[①]

不同朝代的“时装”是什么样的?

在中国古代社会，服饰、着装风尚发生过哪些重要的变化?用今天的话来说，看看不同朝代的“时髦服装”有哪些，以及它们是如何发生改变的。

从有历史记载开始，由商朝到春秋战国的前后一千年间，衣着服饰发生的变化十分明显，很多延续到了明清时期。例如，衣长齐膝似乎是一种通例，无论是统治者还是奴隶，都是这样的着装方式。丝和麻是上层人的专用衣料，并且有色彩，还要织绣上花纹，平民就是本色布衣。

此时衣服的等级和不同场合对应的着装已经出现，历史上称为周公制礼。

因为布匹是税额的一种，所以能穿上宽袍大袖的一定是有等级和尊严的人。珍贵狐皮、貂皮等，即使是猎户猎得的，也要上

① 本节参考文献：沈从文. 中国古代服饰研究［M］. 上海：上海书店出版社，2005；沈从文. 花花朵朵 坛坛罐罐［M］. 重庆：重庆大学出版社，2015；周锡保. 中国古代服饰史［M］. 北京：中国戏剧出版社，1986；谢和耐. 蒙元入侵前夜的中国日常生活［M］. 南京：江苏人民出版社，1995；张爱玲. 更衣记［J］. 古今，1943（12）.

交给统治者，不得随便使用或买卖。

对玉这种珍贵配饰的追捧出现在春秋战国，腰佩金玉是统治者和大臣客卿的标配，儒家学说用“玉有七德”来比喻做人的品格，在此影响下，有了“君子无故玉不去身”的说法。

另外，男子的头冠也成为引人注目的装饰，有的用轻纱做成，薄如蝉翼，有的用金玉做成，华丽无比，还有的像一个高高的灯台。

而社会风气也会随着权力人物的爱好而产生变化，比如齐桓公喜欢紫色的衣服，于是齐国人有时就全身穿紫衣；楚王喜欢细腰，许多宫女因此饿死，其他邦国也效仿，女子腰部多扎得细细的，于是有了后来蔡伸词中的：“嫋嫋一袅楚宫腰，那更春来，玉减香消。”

到战国时期，女子的妆扮延续周代，但意义已经发生重大变化。当时的成年妇女多戴金银戒指，并且在脸颊旁点一簇三角形胭脂，这样的妆扮根据周代宫廷制度而来。在周朝，金银环代表有无怀孕，胭脂记载月经日期，一望便知，但到了战国时期成为一般妆饰，其本来的意义发生了变化。

秦汉时期重新规定了服装的统一规格。根据文献记载，因为限制商人，规定他们穿鞋必须左右不同色。

唐朝时期，外来服饰对汉族着装的影响不可小觑，尤其是胡服的影响。

从汉到唐，胡人都喜欢穿戴尖尖的皮或毡的帽子。到唐代，汉人也开始喜欢穿胡服，相传这种帽子也出现在张萱画的武则天像上。到晚唐藩镇时代，从一件事情也能看出胡服的影响。裴度是晚唐重臣，有一次被刺客行刺，他从马上坠下，刺客随即刺向他的头，幸好他戴着高高的帽子，剑刺到了帽子上，裴度也因为戴着这种毡帽才幸不死。

在唐代的画作或陶俑上，都可以见到女人在肩背间披一幅长画帛，这种叫作“披帛”的衣饰十分流行。这种妆饰并不在“古制”里，而是唐开元年间流行起来的。这种纱帛一类的饰物非常飘逸，在今天的敦煌壁画“飞天”中还可以看到。

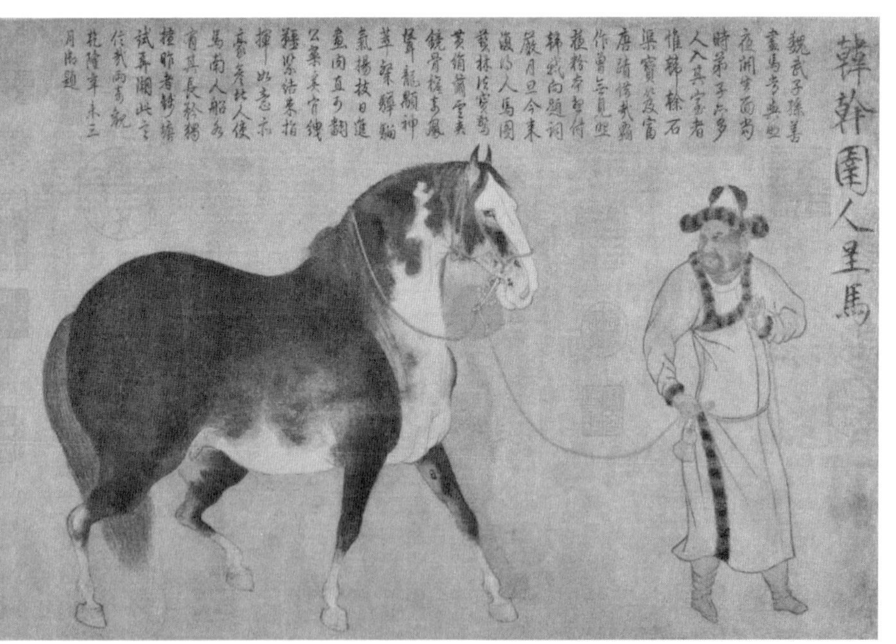

《清溪饮马图》，唐，韩干，台北故宫博物院藏。我们可以清楚地看到牵马人的胡服

《敦煌飞天》，莫高窟 3 号窟左壁左上角的飞天，敦煌博物院藏

宋代，一个重大的风气流变影响了之后服装的改变，那就是缠足。

自古以来，双足纤细就是对女性阴柔之美的要求之一，为了迎合这种审美，以小为美的女足逐渐发展出弯、软、尖等多重审美需求。宋代的缠足还未达到明清时“三寸金莲”的程度，而是“屈上作新月状”的弓形。根据出土的文物，宋代的袜子都是尖翘头的形状。不仅袜子，连女鞋都是尖翘头的。

宋代的男子着装，长袍宽袖依然是普遍的着装样式。男子的袖口非常宽大，里面可以藏一些小物件。有一个小故事可以说明大袖子的好处。《癸辛杂识》记载，有一个叫方回的老头耽于酒色，是个猎艳渔色之徒，为了曲意逢迎一个小婢女，每次到亲友家吃饭，都用荷叶把菜肴包起来藏在袖子里，回家之后给她。有一天他在回家的途中遇到一个朋友，作揖时一不小心荷包掉到了地上，一看原来是半只鸭子，过路的人看了无不大笑，而他自己不以为耻。

明清时期，纽扣开始被大量使用，这与对襟衣服样式的流行有很大关联。

明代的衣着样式变动较少，到了清朝，男性的马褂、马甲与女性马甲等多用衣襟的满族样式服装的流行，使得纽扣的使用也普遍起来。

清朝入关，男人被迫剃发留辫，女性服装有满汉两种不同的民族风格，汉人妇女的服装还保持着明朝的样子。到了清末，经过两百年的交融，妇女喜欢裤口宽大的大裤筒裤子。用张爱玲的话来说就是，极度宽大的衫裤有一种四平八稳的沉着气象。

接续宋时缠足的风气，明朝出现了“三寸金莲”的审美，文人士大夫对此种审美的推崇，促使缠足向极致发展。清初，康熙皇帝按照满族风俗，下令禁止女子缠足，违者要拿女子的父母问罪，但这并没有得到汉人的响应，以至于无法禁止。而汉族妇女在这样的风气下，无不受尽缠足之苦，所谓“一双小脚一缸泪”。

明代虽然在衣着样式上变动较少，但是其首饰却十分繁复，制作工艺复杂。这也证明了明代镶嵌细金工艺特别发达。

在明代的通俗小说中，关于当时民间金银首饰的名目有上百种，我们可以从其名称中想象首饰的样子：孤雁衔芦、双鱼戏藻、观音盘膝莲花座、寒雀争梅、孤鸾戏凤等等，繁多复杂，工艺成就很大。

明清时期，除了首饰的金银手工艺，衣着材质方面也有很大的发展。一方面，棉花种植已经遍及全国各地，棉花也成为普通百姓衣着的主要材料，尤其是长江一带盛产的一种棉花，由这种棉花织成的布经久耐用，在外销上十分有名，通称“南京布”。

另一方面，织绣手工艺也得到提高，珍贵材质的丝织品大量出现。例如，《红楼梦》中“晴雯补裘”中提到的用孔雀毛织成的“雀金呢”，还有来自英、法、意等国，后经苏杭仿织的天鹅绒、金貂绒、芝麻雕绒等。

有清一代，在服装发式上有一个有趣的现象是清朝入关和清朝灭亡都与头发有关。清初“留发不留头”，但到清末民初，在“驱除鞑虏，恢复中华”等民族主义的口号感召下，剪辫子和放足成为关注的对象，也成为一时风尚。

中国传统社会服饰的流变，一方面与社会经济的发展相关，手工业、种植业、丝织业等共同促成了在衣着材质、花纹上的发展变化，另一方面与统治者的喜好、法令规定，甚至与政治运动乃至革命等有关联。同时，衣着流变的历史也是与人息息相关的，杨贵妃的披帛纱、昭君出塞的昭君套，就像“六月里晒衣裳，是一件辉煌热闹的事”。回眸服饰的流变，也充满历史的温度。[①]

从旗袍到中山装：服饰的政治

中国服饰在近代发生的变化是前所未有的，可以说社会风气导致了服饰天翻地覆的改变，而且这个时期的服饰变化影响深远，在某种程度上，这些改变的印迹在今天的服饰上依然能够找到。

这种服饰的变化是从上到下的。1903 年，清政府派驻到德法的特使裕庚卸任回国，刚刚抵京，慈禧太后就在颐和园召见裕庚夫人及其两个女儿德龄和荣龄，并特别指示说要她们穿西式服装进宫，想看一看西式服装究竟是什么样的。由此可以看出，西式服装的影响已经初露端倪。

到了后来，一般民众甚至下层百姓的服饰也在发生变化。妇女穿洋装、烫短发，高领长袍搭配红鞋子，这样的装扮成为潮流。在晚清的成都，妓女经常成为引领时尚潮流的人，因此正派但穿着时尚的女子往往会被误认为妓女。据一则新闻报道，三位穿着

---

① 本节参考文献：沈从文．中国古代服饰研究［M］．上海：上海书店出版社，2005；沈从文．花花朵朵 坛坛罐罐［M］．重庆：重庆大学出版社，2015；周锡保．中国古代服饰史［M］．北京：中国戏剧出版社，1986；谢和耐．蒙元入侵前夜的中国日常生活［M］．南京：江苏人民出版社，1995；高洪兴．缠足史［M］．上海：上海文艺出版社，1995；张爱玲．更衣记［J］．古今，1943（12）；袁仄，胡月．百年衣裳：20 世纪中国服装流变［M］．北京：生活·读书·新知三联书店，2010；邱志诚．别样金莲：不同于明清的宋式缠足［J］．文史知识．2017（6）：78–87.

时尚、游劝业场的女子便被怀疑是妓女，引得一大群人围观，最后警察不得不叫来轿子把她们送回家。

在许多西方人的眼中，旗袍绝对是非常能代表东方女性神韵的着装样式。

旗袍这种流行于20世纪二三十年代的女装，不光能展现女性妩媚的身姿，其演变的背后也体现了社会思想的转变。

在张爱玲看来，在中国，自古以来女人的代名词就是“三绺梳头，两截穿衣”，上衣下裙的两截穿衣与旗袍样式的一截穿衣的区别似乎很细微，可是20世纪20年代的女性在男女平权之说的熏陶下，排斥一切女性化的事物，所以初兴的旗袍是“严冷方正”的，“具有清教徒的风格”，这便是女子蓄意模仿男子的结果。

之后旗袍的演化与最初从满族服装演化而来的旗袍有了很大的不同：一方面，增加了西式服装裁剪中装袖的工艺方法，使旗袍能够贴体，更好地展现女性曲线；另一方面，现代审美意识使女性乐于展现形体之美，出现了短袖甚至无袖、高开衩、紧腰身等多种变化。

1929年，国民政府制定《制服条例》，将旗袍确立为现代中国女性的“国服”。宋美龄一生都喜爱旗袍，当时的电影明星蝴蝶、阮玲玉等多次在杂志上呈现穿着旗袍的身姿，流行文化对大众服饰的影响也不可忽视。

民国男子的服装也产生重大变化，西装和中山装成为日常服饰。

尤其是作为“国服”的中山装，具有极强的政治含义。

作为反清革命领袖，孙中山深谙改革服装的政治象征意义，也将短发易服视为革命性的标志。他深感穿西装的不便，也觉得中国传统服装过于陈旧、拖沓，所以亲自致力于新服装的创制。而中山装自南京国民政府建立后，逐渐成为当时党政要员的首选服式，其中不乏追随“国父”之意。

在设计上，中山装具有非常强的象征性，折射出三民主义的理念：前衣襟的五粒扣子代表“五权分立”，四个口袋象征“国之四维”，三粒袖扣则表达“民族、民权、民生”三民主义，于是中山装成为“革命”在身体空间的象征符号，结束了中国几千年来袍服制一统天下的局面，它的流行也代表着服装平等化观念的出现。

西式服装的流行不拘于男女。西式女装的主要样式有连衣裙、职业女性西式上衣和短裙、呢制大衣、毛皮大衣、玻璃丝袜等。

到民国时期，上海的女时装店很多，徐志摩的夫人陆小曼和上海知名交际花唐英一起成立了“云裳”时装公司。时装店都是顾客到店选定衣料和样式，然后裁缝量体裁衣，缝制过程中还要试样，裁剪、缝制、熨烫等，都有严格的分工。

而民国男子的日常西服，面料多采用进口呢绒，纽扣有单排，也有双排，配以西式衬衫、西服背心穿着。民国时期许多知识精英喜欢西装样式，像邹韬奋、章乃器、蔡元培等从西方留学、受到西方影响的人物都喜欢穿着西装。

在新旧交替的时代，北京大学里留着辫子、穿着长袍马褂的辜鸿铭和留学归国穿着西装、剪短发的胡适之的形象，也成为那个时代在服饰上的缩影。

新式服饰的流行以及新商品的出现，创造了新的生活方式。

那些喜欢穿着流行时装的女子当时被叫作“摩登女郎”。“摩登”是英文“modern”的音译，以深受西方文化影响的上海开风气之先。“摩登”有现代的意思，也有新的、进步的意思，在这种意识的引领下，传统礼仪中的服饰也发生了变革，其中以婚礼服饰改变最为明显。传统婚礼中，新娘着大红色上衣和裙子，凤冠霞帔是通常的婚礼礼服样式。晚清民国时期随着基督教的传播，西式的基督教婚礼成为中国基督教徒的一种礼仪方式。白色婚纱在基督教中象征着爱情婚姻的纯洁与神圣，当西式婚礼和礼服成为一种时尚时，大家采用的并不是其文化含义，而是时装上的流行意味。尤其是 1927 年蒋介石和宋美龄的大婚，宋美龄的新娘着装给大众留下了深刻的印象。宋美龄穿白色长裙礼服，身后拖着银线绣花的白色长纱，手捧一束康乃馨。第二天的《申报》上，宋美龄着白色婚纱、风姿绰约的照片，令无数青年女子仰慕不已。此后，国内婚纱厂家相继建立，婚纱便在社会上广泛流行起来。

关于服饰的改变，很多文学作品或艺术作品中都有所体现。

在茅盾的小说《子夜》中，一开始就用了对比的方式：刚从农村老家来到上海大都市的老太爷在一系列现代文明的过度刺激下一命呜呼，他无法忍受女人的新式装束，这些装束不仅展现女性的轮廓，还露出胳膊、大腿，纱质的衣服更像是半透明的，让他直呼“万恶淫为首”。

成都民间画家俞子丹20世纪20年代创作的一幅画便描绘了这样一个女孩：她穿着一套流行服装，留着“最新式的”又短又卷的发型，在一辆人力车上挥舞着鲜花。

20世纪30年代的漫画杂志中也罗列过摩登女郎的“摩登条件”：深黄色纹皮皮鞋、雪牙色蚕丝袜、白鸡牌手套、电烫发等是基础必备的，更遑论巴黎的香水、口红，纽约的蔻丹、胭脂，就连咖啡和骆驼牌香烟都成为摩登的印迹。

这样的记载看似是物质发展带来的现代化刺激，但更反映了民国时期的中国在思想和文化中，传统与现代之间的冲突。

《摩登女郎》，20世纪20年代成都民俗画家俞子丹画

在中国社会发生重大变化的民国时期，服饰的流变随同经济的发展、社会风气的逐渐开通、思想的日趋解放，也发生了重大变化。无论是受西方男女平等思想演化来的旗袍、现代政治理念创造出的中山装，还是受西方现代文明影响产生的摩登时尚、作为西方宗教文化产物的婚礼服饰等，基本上都形塑了我们今天服饰的基本样式。①

食：人之大欲

柴米油盐：中国人厨房的必需品

柴米油盐是传统中国社会的日常必需品，它们是怎样提供的呢？

让我们先从石羊场的杜家开始，看看民国时期川西平原的普通农家如何吃饭、过日子。

在传统社会，食物的原材料都是自家种植收获的。杜二嫂也

① 本节参考文献：张爱玲．更衣记［J］．古今，1943（12）；袁仄，胡月．百年衣裳：20世纪中国服装流变［M］．北京：生活·读书·新知三联书店，2010；陈蕴茜．身体政治：国家权力与民国中山装的流行［J］．学术月刊，2007，39（9）：139–147；王笛．街头文化：成都公共空间、下层民众与地方政治（1870—1930）［M］．北京：中国人民大学出版社，2006；李欧梵．上海摩登——一种新都市文化在中国（1930—1945）［M］．杭州：浙江大学出版社，2017；连玲玲．打造消费天堂：百货公司与近代上海城市文化［M］．北京：社会科学文献出版社，2018.

租了地，用来种玉米和小麦，收获的粮食成为全家人的口粮，农作物的秸秆还可以当作燃料，用来烧饭取暖，可谓一举两得。

米是全家人的主食，早餐是米饭配煮青菜，自制的泡菜和辣胡豆瓣非常下饭。日常三餐都差不多，每隔九天或者十天，杜二嫂会买两三斤肉来改善生活，这叫“打牙祭”。

四五月春小麦收获了，会吃上一顿面；6月玉米熟了，餐桌上有黄澄澄的玉米；夏天，晚饭用稀饭代替干饭；冬天也会在饭里蒸胡萝卜……

今天，我们的食物结构跟四千年前还有相似的地方。

在中国农业社会早期，北方的旱地陆种作物，例如黍、稷、粟等耐旱且生命力强的作物，适宜在黄河流域生长；而长江流域高温多湿的环境，适合稻米的种植。

南宋时出现“苏湖熟，天下足”的谚语，这表明苏州及其附近地区成为南方稻米的主要产区。北宋时的南方税粮，经由运河运到开封，多时一年可达400万石，这也说明了北方所需的粮食仰赖南方的供应。

清朝，四川省的产米量居各省之首，“各省米谷，惟四川所出最多，湖广、江西次之”。

1728年，湖广总督迈柱在一篇纪事中说，当时武汉的大米主要来自四川，其次是湖南，湖广地区为清廷提供了大量的漕粮，以至于雍正皇帝曾称赞它是“清室之粮仓”。

早期的农村，饲养家畜以获得肉食，以养猪为主。

南宋的杭州城，每天要宰杀数百头猪，以备人们食用。在传统中国社会，人们不吃牛肉，一是因为耕牛是主要的劳动牲畜，是农夫最忠实的伙伴，二是因为牛肉的价格昂贵。

其他肉类食物也被划分了等级。在沿海或沿江地区，咸鱼是最常见的食品。对于下层民众来说，动物内脏也是经常吃的东西。而在达官显贵的盛大筵席上，鸡、鹅、羊、兔、鹿、鹌鹑等各种肉类显示了中国人对吃的精致追求。

在清代才子袁枚所著的《随园食单》中，光肉类就分了海鲜、江鲜、羽族、水族有鳞、水族无鳞五种，里面还有更详细的分类，外加对点心、小菜、饭粥、茶酒等不同种类食物的制作和品评，可谓将中国人食不厌精的特性展现得淋漓尽致。

根据《梦粱录》中的记载，南宋时的杭州出产的蔬菜非常多，牛蒡、茭白、芦笋等都是常见的，藕、菱角等季节性蔬菜也十分普遍，枇杷、樱桃、石榴、杨梅等水果更是应有尽有。西湖产的藕品质最佳，藕粉最晚在南宋也诞生了。

盐是人们日常生活必备的消费品。

从春秋时代开始，盐政给政府带来的财政收益非常大。而盐是不允许私人售卖的，必须得到政府允许才能专卖。

四川作为历代重要的产盐区，川盐的行销贩运直接影响着人民生计。在食盐难以贩运的地区，盐价高涨，比如湖北归州就是食盐难以贩运到的地方，贫民无力买盐，导致饮食清淡。

以盐为辅料之一的开胃小食也是人们熟悉的日常饮食，宋朝时的酒肆茶楼常备用盐和醋腌渍过的蔬菜或者盐豆。鲁迅笔下的孔乙己用来下酒的茴香豆也是用盐和香料腌制成的廉价小食。

除此之外，影响中国人味觉的重要物品是茶叶和甘蔗。

我们对味觉的感受，不外乎酸甜苦辣咸，但中国独有一种味觉叫作“甘”，这就是茶叶带给我们的。饮茶之风始于唐朝，到宋代时，福建所产的茶叶品质最佳，多属于贡品。饮茶之风并不局限于特定阶层，从王公贵族到平民百姓，饮茶的现象十分普遍。在12世纪，人们可在街头或市场上向小贩买茶喝，每碗仅一文钱。

相比盐这种必需品在传统社会家庭的普遍性，带来甜味的糖在传统社会则属于贵重物品。由于中国用甘蔗制糖的技术比较纯熟，所以糖的品质上佳且数量较高，这使得传统中国社会人们享用的糖比整个欧洲社会还要多。

南朝时期出现了甘蔗制糖术，到宋代又制造出了糖霜，也就是冰糖，甚至南宋还出现了专门讲炼糖的专著——王灼的《糖霜谱》。黄庭坚诗云“远寄蔗霜知有味，胜于崔浩水精盐”，可说明在宋朝时制糖技术已经很成熟了。

到明朝时，中国精炼的白砂糖在质量上居于领先地位，并且通过泉州从海路运出去贸易。清朝时期，糖已经进入家家户户，《清稗类钞》中不光详细描写了制糖的步骤，还讲到做点心加糖、炒菜加糖早已司空见惯，可见人们对甜味的接受，使喜好甜食成为一种传统。

在食物的烹制过程中，燃料也是不可或缺的。

柴和煤炭是最主要的燃料，其次还有一些柴草，类似芦苇等。对于平民而言，晒干的驴粪或马粪也可以当作燃料。

在北方漫长寒冷的冬天，取得可靠的燃料一直是个难题，农民必须种植大量小麦和高粱，其秸秆在晒干之后，就用作暖炕或做饭的燃料。20 世纪初的北京，平常人家将煤炭和黄土混合制成煤球，以此来取暖烧饭。这样的现象一直延续到民国时期，火柴、煤油等新的生火方式或燃料给人们的生活带来重大改变。在著名教育家、北大前校长蒋梦麟的老家，村民还是用最原始的方式生火，用钢刀敲击打火石，当一位村民从上海带回几盒火柴，村民们十分欢喜。

民国时期，随着新生活运动的推广，一些“精英”把中国人的生活方式与日本人相比，批评中国人太贪图对饮食的官能享受，日本人一天只吃一顿热饭，用冷水洗脸，但中国人每顿必吃热饭，每次洗脸都要花时间烧水。在这样的对比下，蒋介石曾大骂中国人贪图安逸，没有出息。当然，蒋介石的说法不免偏颇，但是饮食塑造了中国人的性格、生活方式，却是毫无疑问的。[①]

---

① 本节参考文献：孙隆基．中国文化的深层结构［M］．南宁：广西师范大学出版社，2013；罗威廉．汉口：一个中国城市的商业和社会（1796—1898）［M］．北京：中国人民大学出版社，2016；谢和耐．蒙元入侵前夜的中国日常生活［M］．南京：江苏人民出版社，1995；王笛．跨出封闭的世界：长江上游区域社会研究（1644—1911）［M］．北京：北京大学出版社，2018；梁庚尧．中国社会史［M］．台北：台大出版中心，2017；李孝悌．中国的城市生活［M］．台北：联经出版社，2005；季羡林．季羡林文集：第九卷·糖史（一）［M］．南昌：江西教育出版社，1998.

从辣椒到番茄：没有外来作物的引进，我们的餐桌会非常乏味

古代，外来作物的引进对中国饮食习惯、饮食文化产生了重大影响。

既然要探讨外来作物，我们可以先看看中国古代本土作物有哪些。《诗经》中记载了非常多的中国传统作物，既有蔬菜，也有水果，比如竹笋、葵、荇菜等等。传统水果也很丰富，例如“桃李不言，下自成蹊”“投我以木瓜，报之以琼琚”，这些诗句中提到的桃、李、木瓜都是传统水果。《诗经》对这些水果、蔬菜的描述，印证了传统中国种植的作物。

外来作物引进的第一个重要阶段，就是派遣张骞出使西域的汉武帝时期。

根据记载，张骞出使西域，带回了人们非常喜爱的葡萄。葡萄是原产于地中海沿岸的水果，在西汉之前传到西域，再由张骞带回内地，但直到唐朝才得到广泛种植，同时葡萄酿酒的技术也正式传入中国。

汉朝时，许多蔬菜也是从西域引进的。例如菠菜来自尼波罗国，也就是今天的尼泊尔；茄子原产于印度，大约在西汉时期引种至我国西南一带。最早对茄子的记载出现在西汉蜀人王褒的《僮约》里，这是一本记录了对奴仆各种约束规定的书，里面有很多关于奴仆劳动、生活的细节，文中“种瓜作瓠，别茄披葱”的“茄”，就是茄子。

中国引进外来作物的历史，经历了从汉朝丝绸之路传来中亚、欧洲作物，到明清时期从海路传来美洲作物这一过程，这些作物既包括当作主食的粮食作物，也包括日常不可缺少的蔬菜、水果，还有影响中国烹饪的调味料。

我们根据不同的食材、作物种类，来看一下外来作物的影响。

首先我们要说的是与“温饱”最为相关的“主食”。可以当作主食的粮食，一般都含有丰富的淀粉，让人吃了之后有饱腹感，从而提供劳动时所需的热量。

中国人以小麦和水稻为主要粮食作物，北方人吃面，南方人吃米。到了宋朝之后，中国的主食结构大大改变了。

宋代是外来作物引进的重要时期，其中最具革命性的创新是引进了越南占城稻。根据记载，“真宗深念稼穑，闻占城稻耐旱，西天菉豆子多而粒大，各遣使以珍货求其种”。成熟得快、耐受性强的占城稻，使得稻谷的栽培区域日益广泛，可在中国的整个东南地区种植。

高粱作为一种救济粮，也是果腹的食物来源。它先在非洲栽培，在公元前1500年传到印度，之后在公元1000年左右引进中国。高粱耐旱、耐热、生长期极短的特性，使得其在中国最干旱的农业地区和夏季短的地区均能很好地生长。

到明末，新大陆来的两种作物改变了中国人的饮食结构，一种是甘薯，另一种是玉米。这些作物经由西班牙人和葡萄牙人介绍，由归国华裔自马尼拉传入，当时的澳门成为重要输入港口。

甘薯在16世纪后半叶传入中国，到1594年已经广为人知，当时福建的地方官呼吁种植甘薯以防饥馑。

18世纪和19世纪，由法国天主教传教士引进的马铃薯也是人们在饥荒时节最容易得到的食物。因为它对生长条件的要求极低，在非常贫瘠、劣质的沙土中都可以生长，所以其重要性与日俱增。

有了主食，还要有佐餐的蔬菜。今天我们食用的很多蔬菜，都是引进的。接下来我们看一下这些蔬菜都是哪些。

隋唐五代时期原产于西亚的莴苣，进入中国，之后迅速普及。杜甫在《种莴苣》的序言中就提到秋天种莴苣的事情："隔种一两席许莴苣"。

蚕豆、丝瓜等蔬菜的历史记载，最早出现在宋朝。"数日雨晴秋草长，丝瓜沿上瓦墙生。"而蚕豆在记载中也称"佛豆"，四川称其为胡豆，杜二嫂家的胡豆瓣就是由非洲北部出产的蚕豆在宋朝时引入中国，一直流传在四川人餐桌上的。

还有我们今天普遍喜爱的番茄，是明末引入的新作物。此时引入的作物很多，而且名称都带"番"字，将形容词"番"与长期确定的本土作物名称连在一起，例如番茄、番石榴、番木瓜等。名称中被冠以"番"字的植物，极可能是在明末引入的，此后舶来的新大陆农作物名称含蓄一些，带"西"或"洋"字。

番茄最初只是为了居住在沿海地区的西方人而种植的，但由于口味好并且易于种植，结果大受欢迎，不断传播开来，从而使番茄在烹饪中被广为接受。

不少调味料和水果，同样来自域外。

魏晋南北朝时期，中原长期陷于“五胡乱华”的境地，饮食上的胡风还体现在胡椒这种调料中。《博物志》和《齐民要术》在记述胡椒酒、胡炮肉等胡人饮食时，都提到了胡椒的使用，说明作为调料的胡椒已有成品进入中原。

到了明朝时期，红番椒引进中国，这种全新的调味料不同于中国的生姜、大蒜、大葱等传统调味料，给人们的味觉带来全新的刺激。

辣椒也是外来作物的一种，最开始被江西、湖南、贵州等山区的贫民当作盐的替代品。在“湖广填四川”的巨大人口流动中，辣椒进入四川。到左宗棠率领湖湘子弟西征陕甘、收复新疆时，人口的流动造成了饮食习惯的交融，河南、陕西、甘肃和新疆等地也逐渐接受了辣椒带来的重口味。可以说，辣椒从明代引入中国，一直到现在都影响着中国人的味蕾。

一餐之后，还有必不可少的水果，为我们的味蕾带来锦上添花的感受。今天我们常见的很多水果，都是远道而来的。

例如我们夏天最喜欢的西瓜。五代时，西瓜从西域传入当时由契丹控制的西北边区，《新五代史》记载：“遂入平川，多草木，始食西瓜……”

唐朝时还有西方水果传入，“康国献黄桃，大如鹅卵，其色如金，亦呼金桃”。康国在今天的中亚。

除此之外，明清时期由东南亚引进许多热带水果，如番木瓜、菠萝蜜、芒果、无花果等。这些水果多栽种在台湾、广东、福建、云南等省，地方志中都有相应的记载。

外来作物的不断引进，以及在中国不同地域引种成功，并且得到迅速传播，使得中国人即使遇到了自然灾害，水稻、小麦等主要粮食作物歉收，还有容易获得的食物如甘薯、玉米、马铃薯等替代品。另外，在蔬菜水果方面，番茄、西瓜、黄桃、芒果等物种的引进极大地丰富了人们的味觉体验；在调料上，辣椒、胡椒等调味料的引入为之后中国不同地区发展出各自的菜系创造了条件。①

烹饪术争奇斗艳

我们来看看中国传统的烹饪方式和不同菜系。我们将从食物的保存、制作，饮食观念，以及烹饪的器材等不同方面，探讨烹饪方式的发展以及不同菜系的由来。

中国烹饪的起点是从火开始的。有了火之后，史前居民先后发明了烤、煮、蒸等几种烹饪方法。蒸煮的器具主要为陶器，烹制出的是粥、糜等食物。除此之外，还有烤、炙等方式，把石板烧热后，把食物放上去，采用这种方式烹饪的大多是肉类或者早期谷类食物。

到先秦时期，南北饮食方式产生了很大差异。北方以大型兽

---

① 本节参考文献：俞为洁．中国食料史［M］．上海：上海古籍出版社，2011；尤金·N. 安德森．中国食物［M］．南京：江苏人民出版社，2003；黎虎，主编．汉唐饮食文化史［M］．北京：北京师范大学出版社，1997；何炳棣．明初以降人口及其相关问题：1368—1953［M］．北京：生活·读书·新知三联书店，2000；壹宅壹院．国家辣椒地理．2019 年 1 月 1 日．

畜为主，有猪、牛、羊等，种类相对单一；南方更注重禽类和水产，肉类品种繁多，《楚辞》中就提到了九种禽类。相对于畜类来说，禽类的肉更瘦，异味少，所以楚地至今仍有“宁吃飞禽二两，不吃走兽半斤”的谚语。

中国很早就有煎、炸、炮、炖、烹、腌、烘、烙、烤等烹饪方法。

煎这种烹饪方式的出现有两个前提，其一是金属炊具的使用，其二是油在烹饪中的使用。此时的金属炊具应该是青铜器，湖北随州曾侯乙墓曾出土一个青铜炉盘，出土时盘内有鱼骨，经鉴定为鲫鱼，炉内有木炭，发掘者认为这个炉盘是煎烤食物的炊具。此时使用的油基本上都是动物油。油在烹饪中被作为介质使用，堪称人类食物加工史上一个重大的发明和进步。

在主食方面，汉朝时改进了石磨技术，小麦制作成的面食种类已经很多，统称为饼。但此时的饼都是用没有发酵过的死面做的，因此口感坚硬而且难以消化。到东汉中叶，面食发酵技术萌芽，酵法的发展极大地丰富了面食品种，改善了面食的口感和质量。

到唐宋时期，食物加工制作的各个方面都获得了极大的进展，面食进一步向南方普及。除了各种面食大饼，发酵馒头的种类繁多，此时馒头都是带馅的，《饮膳正要》记载有仓馒头、茄子馒头和剪花馒头。不带馅的是蒸饼，宋时避仁宗赵祯讳，改称炊饼，《水浒传》中武大郎卖的就是这种炊饼。

从炊具发展来说，烹饪的器具从陶瓷器到青铜器，再到铁锅，这些改变的意义也非常重大。铁锅的导热性优于青铜器，为利用油脂煎炒各种食物提供了可能。

再来看看调味料，南北朝时期，酱已经演化出许多不同的种类，但还不是今天的酱油。在唐宋时期，人们发明了专门用来调味的酱油，酱油与制曲工艺紧密相关，也就是利用微生物菌发酵，作为酿造前的工序，这在当时是非常先进的科学操作。

随着油菜、芝麻、葵花籽的广泛种植，先秦时期食用的动物油到南北朝时期由植物油替代。在随后的唐宋时期，菜籽油因其油质清淡，没有芝麻油那样特别浓烈的油香，成为非常适宜的食用植物油。

在此基础之上，随着金属炊具和植物油的普及，南北朝时开始出现炒菜。“炒”作为一种烹菜方法的名称首次记载于《齐民要术》，里面记载道：“炒鸡子法：葱白、下盐米、浑豉、麻油炒之，甚香美。”这道菜是历史记录中的第一道炒菜，此后“炒”便成了中国菜肴的最主要烹饪方式。

烹调因调配料、时令、物产、地域、气候等不同因素而产生地区差异。

即使是按照地域来分，也有很多分法。有一种四分法认为，清朝时期我国形成的四大菜系分别是鲁菜、川菜、淮扬菜和粤菜。

还有一种五分法，按较大的地域范围划分：北方类以北京为中心；中原类以郑州为中心；东部类以上海为中心，但较早时期则以杭州、苏州和南京为中心；南方类以广州为中心；西部类以成都、重庆和长沙为中心。

但无论是五分法还是四分法，基本上都是以中国东西南北四个区域为基础，这些区域具有各自的烹饪特性。因为较大地域范围包括了以省份为主的菜系划分，所以我们以大的范围划分为主，来看看不同区域的烹饪特征。

东部基本是长江流域下游及其北面和南面的沿海地区，主要包括山东、浙江、江苏、上海、安徽、福建、台湾等地，此地是陆地与水域的交会处，最擅长制作蟹、虾、水生植物、海草等。这里的人们用大量的油、醋、糖、甜豆瓣酱以及米酒来烹饪。醋在这一地区很受欢迎，镇江出产的醋质量非常高；酒精经过烹调会让食物带轻微甜味。

南方首屈一指的是广东烹调法，这是中国所有烹调法中经常被提到的最精致的一种。其特点之一就是对新鲜的强调比其他地区更突出，这一点尤其体现在对海鲜的烹调上。海参、墨鱼、鱿鱼甚至鱼卵都受到认真对待。广东菜对奇异“野味”也有保留。蛇肉是一种非常昂贵的特色菜，尤为出名的是蛇羹，其烹制工艺复杂，先热油烹炒，再上锅蒸，其后再连同高汤煮，最后才完成。

在北方地区的烹调中，最受喜爱的北京菜肴是涮羊肉，也就是蒙古人带来的火锅。环形的浅锅中盛满了原汤，锅中间是一个加了炭的烟炉，将切成薄片的食物在汤中迅速煮熟，然后蘸着调味汁吃下。

北方菜系中以面食为主，河南作为中国文明及烹调法的诞生地，其面食的制作水平相当高。在面条制作中，面条的长度不断增加，而且一根根面条不会粘连在一起，最后像发丝一样纤细，这样的面条制作表演使人叹为观止。

西部在中国是一个烹调加香料的区域。除了中国传统的花椒、肉桂等香料，17世纪传入中国西部的辣椒添上了登峰造极的一笔。辣椒和蒜取代了很多旧时的香草，但花椒、肉桂、八角、五味子、芫荽叶等均在菜肴中大量使用。

四川烹调就是其中的典型。在四川餐馆的餐桌上常常可以见到压碎的干辣椒、辣椒油以及豆瓣辣酱。在食材方面，因为四川河流湍急浑浊、湖泊很少，所以水生食物非常有限，豆制品成为主要的食材；再由于地理位置的原因，山里的物产更天然地呈现在餐桌上，竹笋、蘑菇和真菌之类在川菜中十分重要。

中国不同地区的地理环境、气候条件，以及作物出产的差异，使得人们在使用的烹调方式、调味品的选择、主食的依赖上，都产生了差异，从而也产生了多种多样的美味菜系，食物多样性的创造造福了中国人的味蕾。①

住：建筑的美学想象

田野、院落和茅草屋：农家的居住形态

中国传统的民居有着自己的特点。

---

① 本节参考文献：俞为洁．中国食料史［M］．上海：上海古籍出版社，2011；尤金·N.安德森．中国食物［M］．南京：江苏人民出版社，2003；黎虎，主编．汉唐饮食文化史［M］．北京：北京师范大学出版社，1997；冯尔康，常建华．清人社会生活［M］．天津：天津人民出版社，1990；陶文台．中国烹饪史略［M］．南京：江苏科学技术出版社，1983；王学泰．华夏饮食文化［M］．北京：中华书局，1993.

我们先从石羊场杜家的居住状况开始进行观察。民国时期的川西农村，杜家的住房条件可以说是普通农村的代表。

从建筑样式上来说，北面三间主屋，用于一家人的日常起居、工作，院子中搭建草棚，用来饲养牲畜。三间主屋中最大的当作机房，这里白天是工人们织绸的车间，晚上就变成了他们的睡房。另外两间的外间是厨房，兼作餐厅、佛堂，里间是杜家三代人的卧室，包括杜二嫂的婆婆杜四婶、杜二嫂的女儿和二儿子，以及她自己。

我在研究中，也注意到了川西平原的民居状况与前面提到的接近。综合作家铁流在自传性质的纪实性作品对家乡崇义桥的描述，此时成都平原乡下的房屋状况相对来说还算比较好的：院子呈品字形，有四间住房，外加两个横厅、一个下屋、一个装稻谷的仓屋，此外还有磨坊、牛圈、堂屋。院子四周是泥坯土墙，厨房特别大，灶台上有三口锅。

可见民国时期四川平原的农村民居与农业生产和自然环境的关系都比较近，以满足人的基本居住需求为主。

中国传统的农村民居是适应当地环境发展起来的。

在不同地区，农村民居会根据当地的气候特征、物产、地形等因素而有变化，但也有共同之处。

北方地区四季分明、冬冷夏热，需要在隔热和采光上考虑建筑的样式。所以北方的民居一般都采用广大的门窗，这样即使在冬季，日影偏斜也可以直接照入室内。两侧及后面建以厚墙，以隔绝寒气和热气，达到冬暖夏凉的效果。庭院多为方正，因为冬季寒风凛冽，屋子多建成单层，很少有多层的。

北方民居的建筑一般坐北朝南，北面是正屋，通常有三五间，庭院左右两边一般有两三间房子。卧室与厨房相连，因为灶头与砖炕有通道相连，这样在冬天才能保暖，但夏天有时会热得难以忍受，那时厨房会暂时移到庭院或空房里。窗户上一般糊一层薄薄的白纸，能够透过充足的光线，甚至阳光也能照进来。

而在温暖湿润的南方地区，山地特征使得建筑原料多倾向于竹木，而且为了通风和防潮，多层建筑比较常见。在南方农村，墙壁多用编竹抹灰做夹泥墙，在建筑材质上趋向轻简，多用木头、毛竹；因无须争取阳光，所以窗户面积较小，加上温暖、潮湿、少风，所以楼居之风盛行。

在潮湿的西南地区，云南民家住宅多是两层楼结构，墙壁多用砖石垒砌，然后抹上白色或黄色的石灰，屋顶用瓦覆盖。两层楼的结构使得民居的功能划分清晰，一楼的房屋为家庭成员的起居室，如卧室、厨房、客厅。二楼的房间功能不一，有祭祀祖先的堂屋、贮藏室和纺织间等。

当然，传统农村民居有其欠缺，主要表现在通风性能以及卫生方面。以石羊场杜家的居住状况为例，杜家的卧室在最里面一间，没有窗户，与外间相通的门是唯一的通风口，因此房间里总是黑洞洞的，尿桶总在散发着臭气。厕所卫生条件也非常差。粪肥作为传统的肥料，使得旱厕在中国农民家庭中必不可少。厕所一般都是露天的，建在庭院的某个角落。

平民教育家、乡村建设者晏阳初在民国时期的乡村建设运动中，就针对这一状况提出了相应的改革办法，还制定了“厕所规则”，内容包括每天洒扫一次，挑粪时间定于每天下午3时至5时，等等，将规则制作成木牌，钉在每家的厕所墙上，要求全体民众共同遵守，以此来改善农民家庭的厕所环境。

其实，家庭关系也经常体现在住宅上。

在北方冬季漫长的夜晚，全家人在父母卧室干活或闲谈，邻居来了也坐在同一张炕上，从而使父母的卧室成为家庭生活的中心。

结了婚的儿子和年轻妻子住在穿过厨房的房间里，房间内部不应让父亲或不是这个家庭成员的男人看到；成年女儿的房间一般在父母房间的后面，任何人不先经过父母的房间是不能进去的。

不仅如此，居住位置还体现家庭成员的等级关系。火炕和灶台相连的建造方式，使南北炕成为黑龙江农村传统住宅最显著的特点，十几平方米的房间内三面都是火炕，屋内所余面积很小，人们的日常活动多在炕上进行。

谁占用炕上哪一部分是有固定规则的。靠近锅台的炕头被认为是最好的地方，一般都是留给家里男性长辈的，他的妻子自然靠在他身边。往下就按辈分、性别、年龄来安排。通常，闺女或孙女睡在炕梢，因为她们地位最低，但这个位置也会多一点自己的隐私。

“长居左、幼居右”的居住准则也是家庭关系和等级的一种体现。人类学家林耀华按小说风格所写的家族史《金翼》，讲的是福建地区金翼之家的故事。房子由幼弟黄东林在经商成功后所建，当时长兄东明已经过世，但乔迁入新居时，还是按照惯例，长兄的长子占了左边最上方的厢房，而东林一家住在右边地位较次的两套厢房内。

随着时代的发展，空间格局发生变化，现在的居住空间更强调隐私，老人的权威下降，这使得父母并不一定会住在最“尊贵”的房间，甚至年轻夫妻与年老父母分开住也成为常态。

传统民居的宗教和祭拜功能也很明显。

除了杜二嫂家设置的佛堂等宗教祭拜，还需要留意民居中的祖先祭祀。在上文提到的云南地区，祭祀祖先的堂屋一般在二楼西边最中间的屋子，放置着祖宗牌位和其他牌位，人们每日供简单的果品。在农历七月十五的祭祖节，人们将祖先的牌位移至楼下的堂屋中，举行正式的祭祖仪式。

有些穷人家没有专门的祭祀堂屋，但也在家中摆设神龛。神龛上不仅供着祖宗的牌位，同时还供着孔子、关公、佛或者其他神灵，牌位都是按顺序安放，前面常常供有果品、香炉、蜡烛和鲜花。民居中的宗教祭祀功能显示了中国人的祖先崇拜情结。

从石羊场杜家、九里桥以及附近崇义桥的四川农村居住状况，再到中国北方、东南、西南等不同地区的民居建筑，我们既可以看到不同地区之间民居因地理环境、气候特征、物产等产生的差异，还可以看到传统民居在建筑样式、材料、功能等方面的共同特征，这些特征有些还包括了共同的欠缺之处。

除此之外，农村民居与农业生产有紧密关系，与家庭关系、家庭成员等级也有关联，祖先祭祀在民居中的设置也反映了人们的精神信仰以及祖先在家庭生活中的权威力量。[①]

骑楼、土楼和四合院：建筑的用途和风格

中国各地不同的建筑风格，背后都有着“人”的力量。它们代表着过去的人如何与社会环境互动，从而创作出不同的建筑风格。事实上，建筑风格反映了人们的活动及其社会特征。因此，我们不仅还原旧有的建筑风格，还试图去描绘过去平民的日常生活面貌。

首先，建筑往往与人们的生存环境密切相关。在川西平原，农民多住土墙茅屋，只有家境非常好的才有经济实力建砖瓦房。

如果说砖是建筑的必备材料，那瓦就是建筑的装饰材料。在古代，从瓦上雕刻纹路的繁简就可看出阶层的不同，富裕阶层喜欢在瓦上纹饰“长乐未央”等文字，而普通人家可能只用没有纹路的瓦片。

所谓“茅屋”，也并不都是用茅草建的，多数是用麦秆或者稻谷秆做屋顶，墙则是用田里的泥做的土砖砌成。这种茅屋，材料完全出自土地，而且建屋的劳动力都是亲戚和乡亲，因而花费

---

① 本节参考文献：王笛．袍哥：1940年代川西乡村的暴力与秩序［M］．北京：北京大学出版社，2018；郑大华．民国乡村建设运动［M］．北京：社会科学文献出版社，2000；梁思成．中国建筑史［M］．北京：百花文艺出版社，2005；杨懋春．一个中国村庄：山东台头［M］．南京：江苏人民出版社，2001；阎云翔．私人生活的变革：一个中国村庄里的爱情、家庭与亲密关系（1949—1999）［M］．上海：上海书店出版社，2009；林耀华．金翼：中国家族制度的社会学研究［M］．北京：生活·读书·新知三联书店，1989.

不多。而且这种茅屋冬暖夏凉。

其次，建筑还和安全紧密联系在一起。在中国南方，过去当地人和客家人经常为了自然资源、生产资料产生争执，双方不得不通过械斗的方式争夺所有权。

在经历各种动乱的情况下，客家民居往往反映出为生存而建构的防卫体系，这就是历史悠久的客家土楼。这种伴随着客家文化而出现的一种特殊的住宅建筑，具有坚固、周密的防御设施和功能，并且具有浓厚的宗族群聚色彩。

客家人的宗族性和聚居性，更反映在土楼内部的建筑之中。例

福建永定县的传统客家土楼

如江西燕翼围建于17世纪中期，“燕翼”取名自《山海经》中的“妥先荣昌，燕翼贻谋”，有深谋远虑、子孙昌盛的意思。整栋建筑呈方形，共四层：首层用作厨房、储藏室、厕所、浴室等，二层、三层用作居住，四层为机动，战时用于调动全围年轻劳力投入战斗。

正是其聚族而居的社会特征与围堡式的建筑特征，使客家民居在防卫功能上凸显了宅堡合一、住防合一的特点：在平时主事生产，在战时保家卫族。

早在南宋时期，杭州城市民居建筑已经非常成熟，多层建筑的建筑工艺已经非常高超，而且常见。一楼设置店铺、食店和小作坊，面朝大街开屋门是南方城市民居的典型样式。

成都居民的住所有公馆、陋室和铺面三种类型。公馆一般坐落在城北和城南，有围墙和门房，里面住的都是富户或大家族，巴金在《家》中对这种公馆有细致的描述。

沿街的房屋称为“铺面”，许多是底层作为店铺，二层作为住家。但铺面里亦有大量的一般住户。他们不用走远便可到街头市场购物，甚至许多日用品只要跨出门槛，在街檐下的货摊上便可买到。

不同于南方城市的多层民居，北方城市民居以北京四合院为代表。四合院一般坐北朝南，多为抬梁式木结构，这种结构是北方民居的主要形式。在房屋的屋顶通过三角形的木架，形成整个空间的骨架，这样的结构使得室内没有柱子、空间大，但是非常耗费木材。

建筑严格按照中轴对称布局，按东、西、南、北四面围合成一个院落，平面看起来似一个“口”字。住房的分配也严格按照居住者身份的尊卑来划分，正北的正房往往供长辈或家长居住，正房两侧的耳房供晚辈居住。

北京四合院的设计充分反映出当时人们对于家的想象。我们从老北京的俗语“天棚鱼缸石榴树，先生肥狗胖丫头”中就能闻到四合院的生活气息。四合院里住的一般都是富裕人家，天棚用来遮阳挡雨，鱼缸里养着游来游去的龙睛鱼，期盼“多子多孙多福气”的大户人家，多栽种石榴树也是求子的意思。家里除了主人，平时来往的还有专门收租记账的账房先生，院子里的肥狗跑来跑去，连日常做家务的丫头都是胖乎乎的，可见主人家待人待物不薄。这就是四合院的独特风景。

四合院最大的人文特点是“一家一户”，或独门独院。老北京的大小四合院都有这个特点，都以一家为主，住在院里的人只能是亲属，是以血缘关系为核心“一家一院”的家庭合院。

随着一些大家族的败落，有不少四合院逐渐出租给城市平民，因而成了大杂院，从而变成以地缘关系为纽带的“多家共一院”的邻里合院。

说起大杂院来，人们最熟悉的是老舍笔下的大杂院。大杂院首先是大，院内的住房多，大的有四五十间房，小的也有一二十间。其次是人多，每家每户都有五六口人，一个院百十来号人不算新鲜。住户中有手工业工人、做小买卖的、街头卖艺的、拉洋车蹬三轮的、店铺伙计等各种行业的人士。

而且，大杂院也不像四合院那样封闭。由于是独门多户，院子里的住户基本都互相认识，彼此之间也有一定的互动。这也反映出大杂院的开放性。

岭南地区的广州，城市民居建筑独树一帜。

近代广州是通商口岸之一，使得广州对外来文化保持了一种开放态度。骑楼建筑便是中西文化融合的产物，其中古典柱式、圆形拱窗、山花和女儿墙是西方古建筑的元素，花窗、砖雕、牌坊是中国传统建筑装饰。

20世纪初，骑楼建筑开始在广州出现。它们大都是2~4层，底部前端为骑楼柱廊，后面为店铺，两层以上为住宅。由于骑楼可以让行人在其间行走时避风雨，防日晒，特别适合岭南亚热带、热带气候条件。另外，骑楼内的店铺可以借用柱廊空间，便于敞开铺面、陈列商品以招徕客人。

“东山少爷，西关小姐”是著名的广州民间谚语，表示出入东山的多是达官贵人、官家子弟，而西关多是富商之家、千金小姐。而广州骑楼也可以划分为两个流派——西关骑楼和东山骑楼，正贴合了老广州“西富东贵”“有钱住西关，有权住东山”的格局。

观察不同地区的建筑风格，有助于我们理解当时的社会结构和风气。例如北京四合院到大杂院的演变过程反映出当时城市人口和家庭结构的变化，广州骑楼的建筑风格反映出当时中西交融的情况，客家土楼的聚集性和封闭性反映出当时社会的动荡和不稳定。[①]

城墙是安全的保障

中国传统城市的城墙不但反映过去中国的城市结构，也体现出当时城市居民对于城市功能的想象，以及他们的城市生活。

中国传统城市中最明显的建筑是城墙，中国曾有“旧城”约2500座，几乎所有城市都修建过城墙。

从城墙的功能来看，中国城墙的营建，一开始离不开军事防卫。

以北京城为例，作为元明清三代的都城，从内到外由宫城（即紫禁城）、皇城、内城、外城四道城池组成，是现存的面积最

---

① 本节参考文献：梁思成．中国建筑史［M］．北京：三联书店，2011；林永匡．民国居住文化通史［M］．重庆：重庆出版社，2006；张妙弟．中国国家地理百科全书［M］．北京：北京联合出版公司，2016；占春．民居 / 印象中国文明的印迹［M］．合肥：黄山书社，2016；赵爱华，蔡葩．骑楼百年之骑楼故事［M］．海口：海南出版社，2014；陆琦，唐孝祥．岭南建筑文化论丛［M］．广州：华南理工大学出版社，2010；舒济，舒乙，编．老舍小说全集［M］．武汉：长江文艺出版社，1993；潘安，郭惠华，魏建平，曹铁．客家民居［M］．广州：华南理工大学出版社，2013；刘幸．从四合院到大杂院［J］．山西建筑．2005，31（9）：8–9；陈惠芳，关瑞明．在生活中自然地交往——从大杂院谈起［J］．建筑学报．2005（4）：37–39；姚敏瑛．浅析广州骑楼与闽南骑楼风貌地域性差异［J］．中外建筑．2017（3）：70–73；唐孝祥，娄君侠．广州西关骑楼建筑的文化特色及其保护发展——以上下九骑楼商业街为考察对象［J］．小城镇建设．2008（1）：80–83.

大的城市防御体系。

围合的城墙将北京城50万居民保护起来。如果我们把城墙当作巨人的身躯，那么城墙上的城门就好像巨人的嘴，一个城市的生活脉搏都集中在城门的内外流动中。

城门在夜幕降临时关闭，在黎明第一个旅客赶着马车到达时缓慢打开。随后进城的乡下人越来越多，附近的商业和交通都跟着活跃起来。

我们来看看北京城几个重要的城门。北京城南城墙的正阳门，从前仅供皇帝出入，因此常被称为“国门”。北城墙的德胜门、安定门历来被视为北京最重要的防御城门，因为外来力量对京城的攻击一般都是从这个方向发动的。

东城墙的东直门也有“商门”之称，因为这里有用来运送大米的护城河，运送来的大米便储藏在东城墙下的仓库里，平日里人们在这里从事日常买卖。

西城墙的平则门（元朝时称谓，明朝改为阜成门），有安宁、公正之门的意思。据说，这里附近的居民经常被皇帝的诏令惊扰，所以平则门也有“惊门”之称。西城墙的西直门是仅存的未受铁路损害的城门，又称为“开门”，开放之门的意思，是晓谕之门，表示充分领悟了皇帝诏令的英明。

成都城墙的防卫功能也是十分明显的。1923年，美国奥柏林学院地理学家G. 哈巴特（George Hubbard）对成都城墙曾描述道：像大多数其他中国城墙一样，这个城墙并无特别之处，但这项工程代表着巨大劳力和材料的使用。从外面看，这是一座底面宽 4~8 英尺[①]、顶面宽约 2 英尺、高 30~40 英尺的墙，墙上有齿形缺口，即用来射击的孔。里面是第二道墙，有 30 多英尺高，两道墙没有连接为一体是为了方便士兵防守时卧倒。

哈巴特还注意到，成都城墙也是用石头和砖砌成，但以砖为主。内墙比外墙约矮 6 英尺，且顶部平滑。内外墙之间，土填至内墙的高度并呈一定的斜度，上面砌有石板和大块砖。墙的转角处真可谓一庞然大物拔地而起，外廓以石头和砖覆盖，外墙留有孔道以便射击和观察敌人。

城墙本身还具有划分城市居民不同身份的功能。

例如在 19 世纪前的澳门，城墙就具有分隔华人和葡人的用途，也因此在澳门形成了两种不同的街道风格和文化。在 19 世纪中叶，有人记录了澳门葡人城的建筑和街道干净且建筑技术高；而华人的居住区与葡萄牙风格截然不同，华人城附近有一个庞大的市场，有数条狭窄、肮脏和喧哗的街道，与葡人城的安宁、干净形成了鲜明对照，眼前的一切仿佛让他怀疑是否身处同一座城市。

同时，我在对于成都的公共空间的研究中，也说明了 19 世纪末的成都城市结构。成都城市布局的独特之处在于其大城之内另有两个小城——满城和皇城，而且这两个小城都有自己的城墙。一首竹枝词描述了从市中心的鼓楼眺望所观："鼓楼西望满城宽，鼓楼南望王城（即皇城）蟠。鼓楼东望人烟密，鼓楼北望

① 1 英尺 ≈30.48 厘米。——编者注

号营盘。”

满城坐落在成都西半部，为满营驻地和满人聚居处，据晚清文人傅崇矩的观察，满城的形状有如蜈蚣：将军帅府，居蜈蚣之头；大街一条直达北门，如蜈蚣之身；各胡同左右排比，如蜈蚣之足。那个时候的满城，“景物清幽，花木甚多，空气清洁，街道通旷，鸠声树影，令人神畅”。

成都城门通常在黎明开启、晚间关闭。关闭城门的时间随时代的推移也有变化，从傍晚 6 点半延到 7 点半，再延至晚间 11 点。1928 年以后，城门在夜间不再关闭 。

地理学家章生道曾研究中国城门的文化含义，指出东、南、西、北门分别与春、夏、秋、冬四季相联系，南门象征着温暖和生命，北门代表着寒冷和死亡，盛大的庆典和仪式总是在南门或南郊举行，北门或北郊往往与军事有关。

因此，清代城市中的城墙同时也起着族群隔离的作用，以免他们杂居在一起而发生冲突。但城市划分族群的功能并不是普遍现象，在多种族杂居的唐代长安，城内并不是以城墙来隔绝不同族群或不同身份的人，而是按功能来划分。[①]

---

① 本节参考文献：喜仁龙．北京的城墙与城门［M］．赵晓梅，佟怡天，译．北京：学苑出版社，2017；赵所生，顾现耕．中国城墙［M］．南京：江苏教育出版社，2000；沈承宁．中国古代城墙历史文化价值探析［J］．中国名城．2014（9）：48–52，72；董鉴泓．中国城市建设史［M］．北京：中国建筑工业出版社，2004；耿昇．西方人视野中的澳门与广州［J］．中国文化研究．2005（2）：108 121；王笛．街头文化：成都公共空间、下层民众与地方政治（1870—1930）［M］．北京：中国人民大学出版社，2006.

行：人们不再隔绝

桥梁：让连接成为可能

在中国传统城市结构中，桥梁也是其中一种重要的建筑。中国古代桥梁主要是凭着经验，以土、木、石等天然材料为主。从结构上看，桥梁诞生的顺序依次是木桥、石梁桥、浮桥、索桥，最后是拱桥。

早在夏商周时期就已经出现了浮桥、城门悬桥等桥梁，甲骨文中已经有“桥”和“虹”等文字，看上去就像一道拱桥。

桥梁发展的全盛时期在宋代。此时科学技术的成熟为桥梁发展打下基础。在土木工程领域，一个叫喻皓的木工写了《木经》，另一个叫李诫的人写了《营造法式》，这两本著作记录了桥梁早期的设计图样，以及各种建造试验模型。

我们以赵州桥为例，来看看古代发达的桥梁建筑工艺。研究中国科技史的李约瑟博士称，赵州桥让他感觉全世界没有比中国人更好的工匠了。

赵州桥是世界上首座敞肩式单孔圆弧弓形石拱桥，由李春设计建造，始建于隋朝开皇十五年（595），历时十余年完工。在1400多年的历史中，这座桥经历了多次水灾、战争、地震，但大部分主体仍然是隋代原物。

该桥由拱石构成，最大的拱石有65厘米长，大拱背上的小拱使桥处于“空腹”状态，减轻了桥身的重量，而且在洪水来临时能增加流量，利于大量水体流通。这样的设计是赵州桥能扛过

《清明上河图》(虹桥)

无数次灾难的“秘诀”。美国建筑专家伊丽莎白·莫斯克也曾赞誉赵州桥的结构完美地合乎逻辑。

除了作为建筑的实用功能，桥梁也在城市生活中扮演了非常重要的角色。

以大家都熟悉的北宋著名画家张择端的《清明上河图》为例，图中描绘出桥在当时一般人的日常生活中的作用。位于图中段的拱桥名叫“虹桥”，又叫贯木拱。整座桥由众多木头贯插成拱，不用一根柱子支撑便可以跨过河，这种结构是世界桥梁史上独一无二的。

我们在图上可以看到，虹桥上一位官员正在从北端过桥，有拉着车子从桥上下行的农民，也有不少船工在虹桥之下用撑杆撑着桥身，同时奋力地使船只过桥。这些都表现出当时建造桥梁的技术已经成熟，工匠师用日积月累的经验精确地判断出桥的承受力。

又如成都城为大河环绕，而且一条河横穿市区，因此桥梁成为交通必需，也成为城市景观的一部分。各种人物诸如小贩、季节性雇工、江湖艺人等三教九流经常聚在桥头，把桥头作为他们的市场和表演舞台。一些桥有着相当长的历史，如东门大桥和东门外的九眼桥都是宋元或之前的古迹。桥头、桥下的空地、沿河两岸都经常有人聚集，或作为交易市场，或用作娱乐场所。

傅崇矩《成都通览》记载，晚清成都有近200座桥，九眼桥“古名洪济桥，明名锁江桥，九洞，长四十丈，宽四丈，高三丈。乾隆五十三年始改名九眼桥”。一个传教士也描写过九眼桥：“那个九孔的红砂石桥曾被马可·波罗所描述。”

我查了《马可·波罗游记》，马可·波罗不仅描述了桥本身的面貌，而且还强调了它的商业价值：“这个城市被许多大河围绕，这些河流来自远山，从各个方向流向或穿过这个城市。这些河流的宽度从半英里到两百步不等，有的非常深。一个大桥横跨其中一条河，桥两边有石柱支撑木头盖顶，以红漆装饰，盖有瓦。整个桥面被整齐地隔开用作商铺，卖各种商品。其中一间屋最大，被官员用于收税和过桥费。据说官方从此桥每日即可收达百金。”

在明清时期，园林的出现赋予了桥梁更多“美感”的意涵。

例如北京颐和园的玉带桥，全桥用白色玉石琢成，桥拱是蛋形尖拱，就像骆驼高高耸起的驼峰，所以俗称驼背桥，在古石桥中曲线最为优美。玉带桥作为颐和园中的景色之一，与昆明湖相衬，两头有平沙长堤延长出去，十分有意境。

除了线条等造型艺术，桥梁的雕饰也非常发达。具有代表性的装饰包括华表、栏杆和神像雕塑。狮子是人们最喜爱，也比较常

卢沟桥狮子特写，Charlie Fong 摄

见的桥梁雕刻。这种艺术化的形象是借助狮子的威力，起到震慑洪水怪兽的作用。卢沟桥的石狮雕刻最为出众，不仅形态各异，而且数量非常多，这才有了后来的歇后语“卢沟桥的狮子——数不清”。

中国的桥梁不光是现实存在的，还是文学中的意象之美。无论是发生在西湖断桥之上的许仙、白娘子的浪漫故事，还是牛郎、织女一年一会于鹊桥之上，作为连接的一种象征，中国的桥承载着文学作品中美的寄托。①

双脚行万里：从轿子、鸡公车到人力车

在以人力为主的传统交通工具中，轿子最为流行。古代轿子曾有很多名称，如肩舆、步舆、步辇、担舆、担子等。宋代以后，“轿子”的名称才开始流行，并逐渐形成统一的叫法。

魏晋南北朝是肩舆发展的重要阶段，由于文化中心南移，原来流行于南方山区的肩舆开始在士大夫阶层广为使用。南方多雨、多山路，不利于车马通行，而肩舆轻便、简单，对于士大夫来说，既可以乘之游山玩水，又无车马的喧哗，是较为理想的交通工具。

唐代肩舆已经比较完备，大都是亭阁形式，有顶盖，唐后期出现了垂帘。轿夫四至八人不等。由于唐人仍然习惯于席地而坐，

---

① 本节参考文献：项海帆，等 . 中国桥梁史纲［M］. 上海：同济大学出版社 . 2013；唐寰澄，编 . 中国古代桥梁［M］. 北京：中国建筑工业出版社，2011；王笛 . 街头文化：成都公共空间、下层民众与地方政治（1870—1930）［M］. 北京：中国人民大学出版社，2006；王俊，编 . 中国古代桥梁［M］. 北京：中国商业出版社，2015.

肩舆多是平底，人在里面盘腿而坐，或跪坐。到了五代、宋朝以后，肩舆内的坐具发生了变化，高足凳、椅子开始广为使用。

在清末民初的成都，轿子仍然是主要公共交通工具，抬轿是一种最常见的传统职业。1916 年，成都有 490 多家轿行，如果按每家 10 乘轿子算，总数也接近 5000，可见从业人数之多。

轿子有各种类型，如："街轿"，即两人抬的轿子；"三班"，

三人抬轿，甘博（Sidney D. Gamble）摄于 20 世纪 20 年代

即三人抬的官轿。三人轿的杆要调整到适当的位置，以均匀分配重量。一般走了两百多步以后，轿子的重心从一个人调整到另一个人，这样抬轿者可以轮流休息。如果跋涉时间长，或是乘客太重，就需要四人轿。

轿夫的抬轿方式给外来客留下了深刻印象。

毫无疑问，抬轿子是一件非常辛苦的事情，但是轿夫们仍然可以通过炫耀他们的技能来获取欢乐。把乘客抬到屋檐一样高，很是威风，但也有危险，这种抬轿的方式叫“拱杆”，有“峨嵋俏”“鹰爪子”之分。

一位传教士写道，这个城市“到处是在任和退休的官员，他们坐在轿子里，飞快地在街头穿梭。轿子非常特别，因为长杆被弄弯，轿子的主体搭在弯杆顶部。抬轿时，这样的轿子被高高举起，越过人群的头顶”。

轿夫抬轿子，后面之人无法看路，遇到情况，全靠前面的人以行话提醒，这形成了他们独特的语言，一般是有节奏的押韵短句，充满幽默。这不仅可以帮助轿夫之间维持协调，而且可减轻疲劳。例如：当小孩子挡了路，领头的轿夫可能大喊“地下哇哇叫”，后面的轿夫就会回答“请他妈来抱”。如果遇妇女，则说“左边一枝花”，答曰“赶快让开她”。

有泥水洼时说“稀泥烂窑”，回答“踩稳莫跳”，或者“天上明晃晃”，回答“地下水凼凼”。

转弯时叫“狮子拐”，答曰“两边甩”。

道路危险时说“斜石一片坡”，回应“踩稳才不梭”。

地上有畜粪说“天上鹞子飞”，答曰“地上牛屎一大堆”。

这些语言真是幽默风趣，成为大众文化和下层民众活动独特而生动的表现。

富家一般有自己的轿子，“大班”即富人家长期雇用的轿夫。虽然他们的情况比在街上招揽生意的轿夫要好，但是仍受到歧视。

晚清傅崇矩所编的《成都通览》被称为清末成都生活的百科全书，里面描述的大班粗鲁轻率、冒犯行人，故意晃动轿子使乘客不舒服，从街边货摊上偷拿东西，甚至在雇主的地盘上打架，给主人“丢脸”。

除了轿子，木制独轮车也是成都平原最流行的交通和运输工具，上面为乘客搭有遮阳布，其形态看起来像一只公鸡，被普遍称为“鸡公车”。鸡公车由一人推行，可以运货和运乘客。

民国时期的成都，许多文人、知识分子出城后都坐鸡公车。抗战时期，叶圣陶在日记中多次提到乘坐鸡公车，他到崇义桥（抗战时期国学研究院所在地）去拜访历史学家顾颉刚。这些大文人并不是雇不起人力车，为什么乘鸡公车呢?

原来这种手推的独轮车适合成都平原崎岖的小路和田坎。叶圣陶日记也提到乘坐此车的感受：“行于阡陌上，两旁皆禾苗也。鸡公车低，推者在后，并不颠簸，在泥路上胜于黄包车矣。”可见，鸡公车看起来坐着不舒服，但是由于速度慢，故颠簸比较小。

另外一种在民国时期比较常见的交通工具是人力车，我们熟知的老舍所写的《骆驼祥子》中的祥子，就是人力车夫。人力车19世纪末从日本传入中国以后，于20世纪初在京沪等大城市流行开来，后来成为中国城市最常见的交通工具。

鸡公车，甘博（Sidney D. Gamble）摄于20世纪20年代

人力车夫是一个劳动强度大、收入微薄且社会地位极其低下的职业。在老舍的描写中，我们可以看到北平的人力车夫所面临的残酷社会现实。他们大多是从农村迁徙而来的劳动力，都是苦于无生计而以拉车为业，可见民国时期农村经济之衰落、农村破产程度之剧烈。

相比人力，交通工具对畜力的应用在中国北方更为普遍。在地区之间的贸易中，畜力交通工具更是必不可少。在许多缺乏廉价水运的北方内陆地区，大宗的日常用品和商品还是要靠大车、骡子、驴子运来。受康熙皇帝委托，负责地图测绘的耶酥会士曾经记载，在华北有“异常多的人”和“多得令人惊讶的驴子和骡子”在进行商品运输，给他们留下了深刻的印象。

晚清民国以来，中国传统交通工具也发生了重大变革，这与西方机械动力的引进有关。

晚清时期，成都人开始骑上了外国制造的脚踏车，由于来自外国，直到20世纪60年代，自行车在四川仍被叫作“洋马”。当时也有四川人仿造的脚踏车，但十分笨重，这种“山寨”脚踏车以铜板为轮子，重达一二百斤，需要四个人才能抬起来过门槛，当然是非常可笑的“仿造”了。

1900年，10岁的宋霭龄得到了一辆脚踏车作为生日礼物，她应该是最早拥有脚踏车的中国女孩之一。随后几年，脚踏车迅速铺开。两位西方学者在1909年乘坐骡车蹒跚地行经山西时，十分惊讶地看到一位地方士绅骑着脚踏车超过了他们。

可见，中国交通工具的变迁是随着社会的发展而日趋进步的。在新旧交融中，虽然有矛盾冲突，但更多的是改善了各个地区的交通，促进了经济和社会的进步。①

① 本节参考文献：杨懋春.一个中国村庄：山东台头［M］.南京：江苏人民出版社，2001；王笛.袍哥：1940年代川西乡村的暴力与秩序［M］.北京：北京大学出版社，2018；王笛.街头文化：成都公共空间、下层民众与地方政治（1870—1930）［M］.北京：中国人民大学出版社，2006；李孝悌.中国的城市生活［M］.台北：联经出版社，2005；何炳棣.明初以降人口及其相关问题：1368—1953［M］.北京：生活·读书·新知三联书店，2000；赵声良.轿子小考［J］.文史知识，1991（11）：52–56；王印焕.民国时期的人力车夫分析［J］.近代史研究，2000（3）：193–217.

“一驿过一驿，驿骑如星流”：前现代的中国通信

车、船和驿站是中国古代常见的交通和通信工具。它们的出现推动了中国古代的跨地区贸易和运输，改变了社会的发展和人们的生活方式。

车是人类最伟大、最重要，也是非常古老的发明之一。中国的车出现得很早，目前已出土的中国最早的马车是商代晚期的，距今已有3000多年的历史。

车作为一种器具，不直接用于农业生产，但它是重要的交通工具，它的出现使中国地区间往来时间减少，有利于地区之间的交流。比如我们今天说的“旅游”这个概念，就是有车之后，从乘车郊游延伸发展而来的。而且作为军事装备，战车数量还是春秋时期计算国家军事实力的指标之一，不过秦汉以后，战车逐渐由盛转衰，淡出战场。

车作为“礼文化”的载体，体现着传统社会的等级制度。

“礼不下庶人”在车文化中也有体现。在汉代以前，平民百姓不能使用两匹马驾的车，汉代更是规定商人不能乘马车。

同时，车文化与“士”阶层的崛起和孔子等人周游列国也是分不开的。孔子带着弟子，驾乘马车，用14年的时间，到过郑、齐、宋、卫、陈、蔡和楚等国。在这个过程中，他将自己对社会和政治的理想，散播于所到之处。孔子的精神和理念使得他超越了时间和空间，留存于中国历史之中。

不过从秦代以后，车发生了重大的变化，这些变化使春秋时

期流行的车文化逐渐瓦解。先秦之前，车大多指的是马车，到了汉代，牛车成为工农商等下民所用的交通工具，贵族依然沿用马车；而到了魏晋时期，人们无论贫富贵贱，都有乘坐牛车的；到了唐代，骡车、驴车也逐渐多起来；宋代之后，轿子逐渐流行起来，部分取代了车在历史上的地位。

船也是中国重要的交通工具。

早在商代，中国就已经发明了风帆，帆大大推进了船的前进速度，这是船舶推进动力的一次飞跃。此后，船的形体逐渐变大，“舫”作为并联的舟，使得船行驶平稳，而且装载重量变大。

汉代的造船业非常发达，有各种类型的船，官船包括战舰、斗舰、楼船等，民船有舸、扁舟、轻舟等。其中，楼船最能代表造船技术的高超。楼船，顾名思义，在船上起高楼。《史记》中记载一种楼船，高十余丈，有三层，每层都有防御敌人弓箭进攻的女墙，还有射击的窗口，可见汉代造船技术的娴熟。

此时，棹和橹的发明使用为船只动力提供了帮助。棹是一种固定在舷板上的长桨，有支点，形成一个杠杆，减少划动时需要的臂力，使船工效率增加。橹也是一种长桨，可以控制船舶航行的方向。手持橹柄，来回摇动，就可以对船产生连续的推动力，这也是船舶推进工具的重大发明。

唐代是造船业的繁荣时期，由于内河航运发达，造船工艺水平也日益提高。当时国内有许多造船基地，仅扬子（今江苏仪征）一地就有 10 个造船工场。水密隔舱在工艺上是最先进的，它位于船底，可以增强船的抗沉力，同时加强船体的横向强度和坚固性，从而容许船上有更多的桅杆和船帆，也更适合远洋航行。

明代是中国造船技术和航海技术发展的辉煌时期，造船厂遍布全国，南京龙江是首先发展起来的造船工业基地，郑和下西洋就以南京为母港，由太仓、崇明出发，至福建福州扬帆出海。

郑和下西洋乘坐的船非常巨大，其中最大的船长 44 丈，宽 18 丈，有 16~20 橹，光是造桅杆的木料都有十丈长。宝船气势宏伟，船上有官厅、穿堂、后堂等不同功能的建筑分区，雕梁画栋，载有水手、翻译、采办、工匠、医生等 27800 余人，这样巨大的船只组成的浩大船队在中国史上还是第一次。

车、船的发展，也促成中国古代通信网络——驿站制度的形成。

驿站是供传递军事情报的官员途中食宿、换马的场所，是中国古代重要的官方通信工具之一。这是一种以“接力”方式传递物资和信息的方法。

邮驿以服务军事情报的传递为主，一件文书要经过许多驿站、多次交接才能到达终点。为了保证邮驿制度的有效性，在传递过程中，每经过一道驿站，该驿站便有责任保证信息的安全，如果哪个驿站出了问题，会被追究责任，谁也逃避不了。

驿站在秦汉时期趋于成熟，设置了官方交通路线——驿道，驿传为要政。到唐朝时，驿站已经广布全国各地，正如诗人岑参在《初过陇山途中呈宇文判官》中写道："一驿过一驿，驿骑如星流；平明发咸阳，暮及陇山头。"

到了宋代，驿站已经发展出不同的等级，最高级的驿站可以充当"迎宾馆"，招待来自四邻的国家使节。驿站的这个功能一直延续下去，除了提供设备，驿站在明朝还负责护送外国使节。1420 年，波斯使节到达中国西北第一座城市肃州，肃州驿是西部边关通向北京驿道上的 99 座驿站中的第一座。驿站工作人员检查了他们的通关证件，此后他们便由这个驿站的人护送到下一个驿站，这样交替着负责送他们到达京城。

波斯使节在日记中记录了整个旅途。每天晚上，驿站供给他们每人一张卧榻，一套丝绸睡衣，还有一名照应他们的仆人；此外，每个成员根据身份不同获得不同数量的羊肉、鹅肉、鸡肉，以及米、面、酒、蜜，甚至还有腌好的葱蒜等，可见驿站在此时的发达。

然而，中国古代的驿递体系虽然发达，但不向民间开放。从功能上来看，它完全是为军事、政治和统治阶层服务，几乎不承担商业和社会职能。

至于商业的民间信息、物资传递，到了清朝才有较大发展。传递信息的有"火烧信"，即烧掉信件的一角；还有"鸡毛信"，即在信封口插一根鸡毛；这些标记都表示"火速""飞速"的意思。包裹的运送可以由镖局来负责，据说太平天国起义的领袖杨秀清、萧朝贵就曾经护送过运输的镖客。镖客一般都是武艺高强的人，由他们随行护送，在车上白天插镖旗，晚上挂镖灯，就是为了使盗匪有所顾忌不敢侵犯。

一直到19世纪末，近代西方邮政系统传入中国以后，邮政才开始向社会公众开放。随着中国近代邮政的逐渐建立和完善，传统邮驿制度存在的价值越来越低，大量的驿站闲置，已无实际价值，从而慢慢废弃。①

“客商”的旅行路线：物流的前世今生

中国传统社会始终推行重农抑商的经济政策，但中国经济和商业在明清时期发生了重大的变化，商业活动非常频繁，可以说这一时期是中国商业发展的重要时期。

在明朝之前，从事批发贸易的商人都会面临一个巨大的困难，那就是长距离运输。在交通运输系统不完善的时代，商业旅途要付出极大代价，经商途中被水淹死成为商人圈中相当普遍的事情。

到了明朝，地区间的贸易得益于交通系统的发展，商业从而变得活跃，沿海地区的农民享有廉价的水路交通，把荔枝、

① 本节参考文献：王俊．中国古代邮驿［M］．北京：中国商业出版社，2015；王俊．中国古代船舶［M］．北京：中国商业出版社，2015；秦国强．中国交通史话［M］．上海：复旦大学出版社，2012；余良明．中国古代车文化［M］．福州：福建教育出版社，2015；黄红军．中国传统交通运输习俗：车马、溜索、滑竿［M］．成都：四川人民出版社，1993；金秋鹏．中国古代造船与航海［M］．北京：中国国际广播出版社，2011；白寿彝．中国交通史［M］．北京：团结出版社，2007；王笛．跨出封闭的世界：长江上游区域社会研究（1644—1911）［M］．北京：北京大学出版社，2018；卜正民．纵乐的困惑：明代的商业与文化［M］．南宁：广西师范大学出版社，2016.

梅子及纺织品运送到其他市场，然后换回白米。商人发现，相比在本区域售卖，长途贸易更有利可图，于是长途贸易成为新的贸易模式。据广东某地的地方志记载，本地市场出售的槟郎、糖、油、蜡、竹叶等物品，“均不出于本土”，可见长途贸易已经兴起。

明清时期，长途贸易的发达与长江流域的水路交通密切相关。

我们先来看一下以四川为代表的长江上游地区。虽然四川是一个独立的经济区域，但清朝时，长江一线的东西贸易有了重大突破。

长江上游的四川地区向中下游提供了丰富的物资，形成了庞大的贸易网络。在横向上，长江中游的汉口承接四川等上游地区的物资，将其贩运到下游的江浙地区，同时江浙地区的物资也通过汉口进入上游市场；在纵向上，湖广地区的米、油、木材、茶叶也是汇聚在汉口，其中一部分货物北上进入华北，甚至北销至俄罗斯。这足以证明长江流域长途贩运对中国商业的影响。

从四川运出的货物以粮、盐、糖、油、山货为主，大都由支流集中在长江干流，通过汉口，运到中下游的两湖、江浙等地。我们以米和盐为例，看看清代四川长途贸易的繁盛。

清代四川产米量居各省之首，当时形成了以长江为中心的贩卖川米的交通路线，四川居首，江浙居尾，构成了全国性的米粮沟通网络。

在清代长途贩运的商品中，盐是最引人注目的一个，其量之大、面之广、与民生之密切、从事的商人之众多，非其他商品可以比肩。川盐之行销非常广，远销大半个中国。川盐分为引盐和巴盐。

清时国家对盐实行专卖，称引盐，贩卖盐者必须持有国家盐业专管衙门批验的盐引证明，方许以盐引规定的数量贩运经销。如在富荣盐场的引盐产出后，抬运至官仓暂存，过秤后，用篾包装，以力夫抬。

巴盐是川东地区巴国属地盐商品的统称，指巴国或巴人所产之盐。巴盐由篾笼装，以驼马运，到邓关以后，再改换长船分运至泸州、合江、江津、重庆等处。

川盐行销为四川省一项重要财政收入，依靠盐运为生之川民，更不计其数。盐运是清代四川省重要的经济支柱之一。

长江中下游的长途贩运也非常发达。

汉口作为全国贸易市场，是汇聚四川、江浙、湖广、山西等不同地域贸易的中枢，同时也是徽商、晋商、湖广商人的聚集地。

位于长江中下游地区的徽商大多从事长途贩运，徽商的“战绩”体现在盐、茶两项贸易中。

两淮盐场是全国最大的盐场，淮盐行销范围极广。大量记载表明，经销淮盐的商人主体是徽商。从明中叶到清中叶，他们几乎垄断了淮盐的销售。徽商把盐从淮扬地区贩运到汉口，由此再转运至各地。

徽商的长途贩运都是围绕长江中下游水域，他们也经营另一项重要的贸易物品：茶叶。长江中下游流域的汉口、浙江、上海、江西是他们的主要贸易路线。

据史料记载，雍正时期，汉口的商人中，徽商可以占到半数，甚至还有“哪怕你湖北人刁，徽州人要买断汉口的腰”的童谣，可见徽商势力之大。

晋商的实力也不容小觑。

晋商是山西商人的简称，有着悠久的历史文化传统。明清时期，晋商开始形成，利用政策扶持和独特的地理优势形成了商业群体。从清朝开始，晋商与清政府的关系较好，内务府采办毛皮的业务都是交由山西商人完成的。山西商人从事恰克图茶叶贸易，这种长达4300里的长途贩运艰巨无比，不过俄罗斯、蒙古等地对茶叶巨大的需求量，加上其售卖差价，使得长途贸易获利甚巨，山西票号的诞生和兴隆便是证明。

山西商人以经营茶叶、皮毛为主，通过张家口，将商品销往恰克图。早期文献中就有山西商人深入福建武夷山区采购茶叶的记载。山西商人从遥远的闽、浙等地贩运茶叶，然后将茶叶运往汉口，将汉口作为一个重要的中转站，再北上转入陆路，最后到达恰克图，转而销往蒙古、俄罗斯，贸易距离非常之长。

在远距离的贸易中，资金的安全和运输是不容忽视的问题，于是跨越不同商业地区的信贷业务快速发展，票号、钱庄中的汇兑业务随着贸易开展越来越发达。在票号发展的最初阶段，经营者几乎全是山西商人，其中最著名的是日昇昌，它在全国23个商业城市设立了35处分号，仅河口分号1853年总的收汇款就有

18 万两白银。

需要留意的是，长途贩运途中，商人会遇到各式各样的问题。长途奔波，最常遇见的就是抢劫，无论是在路上还是旅店里，都无法完全避免。明清档案中记载着许多商贩在长途贩运中被谋财害命的事情。

为了避免被抢，《士商要览》之类出门“小贴士”会详细介绍如何防范被抢，其中财不露白就是一项基本技能。许多人把钱分别藏在多处，除了身上带一部分，还隐秘地夹藏在货物里，这样有时候能让商贩躲过一劫。

除了旅途上的艰难险阻，商贩经商，四处为家。明代商客每次旅行都在半年以上。到了清代，这群流动人口使清廷对其充满戒心，例如嘉庆皇帝曾说，从商的小民轻易离开故土，远则千百里，这终究不是一种好的风俗，如果能开导这些小商小贩，让他们勤苦劳作，安土重迁，那就是政府的可贵之处了。可见，在重农抑商的传统农业社会，长期流动的商业人口对统治者来说是一种不定感因素。

这些区域间的贸易和长途贩运，证实了在中国仍然存在着发展的内在动力。经济在不断发展，城市化和商业化在持续进行，社会从未停止它的演化。①

---

① 本节参考文献：易江波．近代中国城市江湖社会纠纷解决模式：聚焦于汉口码头的考察［M］．北京：中国政法大学出版社，2010；李孝悌．中国的城市生活［M］．台北：联经出版社，2005；王笛．跨出封闭的世界：长江上游区域社会研究（1644—1911）［M］．北京：北京大学出版社，2018；陈争平．中国经济史探索：陈争平文集［M］．杭州：浙江大学出版社，2012；蔡鸿生．俄罗斯馆纪事［M］．北京：中华书局，2006.

本章小结

衣、食、住、行是人类最基本的活动，一是因为生存需要，二是人类发展的结果，三是由此创造了丰富的日常生活文化。这些活动往往从有文字开始便被记载下来了。下面是对本章内容进行的总结。

第一，服饰的演变反映了文化和社会的发展。

由商朝到春秋战国的前后一千年，衣着服饰发生了重大的变化，其中很多变化延续到了明清时期。此时，衣服的等级和不同场合的着装已经出现，历史上称为周公制礼。明代虽然在衣着样式上变动较少，但是首饰却十分繁复，制作工艺复杂。这也证明了明代镶嵌细金工艺特别发达。

中国传统社会中服饰的流变，一方面与社会经济的发展相关，手工业、种植业、丝织业等共同促成了衣着材质、花纹上的发展变化，另一方面，风尚由统治者的喜好、法令决定，甚至与政治运动和革命也有关联。

可以说，社会风气导致了服饰天翻地覆的改变，而且民国时期产生的服饰变化影响非常深，在某种程度上，这些改变的印迹在今天的服饰着装上依然可以找到。新式服饰的流行，加上新商品的出现，创造了新的生活方式，“摩登”一词成为时人，尤其是女性竞相追逐的目标。

在中国社会发生重大变化的民国时期，服饰的流变随同社会风气、思想解放、政治革命等也发生了重大变化。无论是受西方男女平等思想影响演化来的旗袍、现代政治理念创造出的中山装，还是受西方现代文明影响产生的摩登时尚、作为西方宗教文化产物的婚礼服饰等等，基本上都形塑了我们今天服饰的基本样式。

第二，饮食结构促成了烹饪风格的形成。

关于饮食，在中国农业的早期，北方的旱地陆种作物，例如黍、稷、粟等耐旱且生命力强的作物适宜在黄河流域生长，而长江流域高温多湿的环境适合稻米的生长。

影响中国人味觉的另外两种作物是茶叶和甘蔗。饮茶之风的盛行始于唐朝，到宋代时，福建所产的茶叶品质最佳，多属贡品。饮茶之风不限阶层，从王公贵族到平民百姓，饮茶的现象十分普遍。

“民以食为天”，饮食可以说是中国人的头等大事，孔子著名的“饮食男女，人之大欲存焉”，将饮食放在男女之前，可见对“吃”的看重。老子的“治大国，若烹小鲜”，也反映出“吃”与“政治”的重要关系。

外来作物引进的第一个重要时期，就是汉武帝时期派遣张骞出使西域，他从西域带回了各种有用的植物。宋代是外来作物引进的另一个重要时期，大量的物品通过不断扩大的贸易与朝贡使臣从南亚和东南亚带来。到明末，新大陆的作物经由西班牙人和葡萄牙人的介绍传入。外来作物的引进不仅影响了中国人的饮食结构，也丰富了中国人的味觉，提高了烹饪的技术和技巧。

烹调之间的地域差异最开始体现在南北方之间，后因调配料、时令、物产、地域、气候等不同因素，产生了更多的地区差异。对中国菜系的划分有很多种类，既有因城市而定的，也有按地域来分的。

第三，居住状况受气候和环境制约。

在不同地区，中国传统的民居会根据当地气候特征、物产、地形等因素的不同而有变化，但也有共同之处。川西平原的农村民居与农业生产和自然环境的关系都比较近，以满足人的基本居住需求为主。南方地区因为气候较温和，建筑趋向轻简，多用竹木等建造。而北方地区一般都采用大门窗，以便让阳光直接入室，建以厚墙，可以保温，冬暖夏凉。

农村民居不仅反映了农业生产关系，还体现了家庭关系。祖先祭祀在民居中的设置反映了人们的精神信仰，各地不同的建筑风格反映出当地居民的日常生活。南方土客冲突使得客家土楼充满了聚集性和封闭性；广州骑楼源于开放包容的文化，是中西文化交融的产物，也充分反映出广州高温多雨的气候环境。

而成都铺面房、北京四合院的设计都反映了商业和“家”的理念。铺面房是住家与店铺的结合，四合院住户以大家族为主。随着一些大家族在近代的败落，加上人口流动大和家庭结构的改变，不少破旧的四合院被改造成大杂院。

对中国人的城市生活来说，城墙一直极为重要，在汉语中，所谓“城市”，就是“城”和“市”，前者是城墙，后者是市场。城墙既代表城市，又代表城垣，城市居民住在城墙的包围之中，城墙也起着隔离族群的作用。

第四，交通的发展是人们交流的需要。

桥梁同时具备了交通、商业和娱乐的功能，桥头成为市民经常聚集的地方。在中国传统城市结构中，桥梁也是其中一项重要的建筑。中国古代桥梁主要是凭着经验，以土、木、石等天然材料为主，修筑了木桥、石桥、浮桥、索桥、拱桥等等。

轿子作为中国传统的交通工具，经历了一个长期的发展过程。古代轿子曾有很多名称，宋代以后才逐渐形成统一的叫法。在近代以前，轿子是中国最流行的载客工具。人力车在19世纪末从日本传入中国，20世纪初在京沪等大城市流行开来，后来成为中国城市最常见的交通工具。

晚清民国以来，中国传统交通工具发生了重大变革，自行车作为代步工具开始广泛使用。交通工具的改进也推动了道路的改进和扩展，这些发展也是经济和社会进步的结果。

车和船是中国古代重要的运输工具，它们的出现使得传统中国地区间的贸易更加繁荣。同时，它们也成为中国商业蓬勃发展的主因之一。唐代以后，造船技术不断发展，内河航运发达，在军事和经济方面的运用十分广泛。

驿站是官方控制的交通体系，是中国官方通信的重要工具之一，普通百姓无法取得和使用。驿站促进了区域间的互动和交流，直到西方邮政系统正式取代了驿邮制度，普通百姓之间的通信才开始缓慢地发展。

明清时期的中国不是一个封闭的社会，地区间的长途贸易和贩运已经出现，证明即使是在中国一个相对封闭的区域，仍然存在着发展的内在动力，而且社会从未停止演化。

明清时期的长途贩运是一个完整的系统，以长江流域为例，不同的地区形成了规模不一的市场。这些市场是区域间商品交易的重要媒介。在长江沿岸流动的商贩成为清代长途贩运的重要元素，在长期的经济活动中，他们形成了商帮，以后又出现了行会和秘密社会组织，以保护自己的利益。

第三章

社会的根基：农业

本章主要问题

1 中国传统种植业的发展变化与环境有什么关系，它对环境产生了哪些影响？

2 农村生活水平有很多衡量标准，怎样才能全面地衡量中国农村的生活水平，是否能够找到一种技术性的方法？

3 在西方经济进入中国之前，小农经济为何在国内可以保持稳定，但之后却面临着破产的威胁？如何看待中国传统的小农经济在受到世界经济的影响后所发生的改变？

4 传统中国的租佃关系和雇佣关系维持着小农经济的长期存在，它们各自扮演了怎样的角色？

5 如何看待人类对自然的改造？人类对自然的改造和开发怎样影响环境的变迁？对生态的开发都意味着破坏吗？

6 人类如何在自我生存和发展与自然生态的保护之间找到平衡？对中国环境史的研究可以给我们带来怎样的启示？

7 从大禹治水到明清时期长江流域的治水，水利建设和治理对中国政治体制结构产生了哪些重要影响？如何看待对水资源的利用中所反映出的政治、社会和文化？

8 传统中国面对自然灾害时，赈灾是政府主导的，而由政府主导的赈灾有什么利弊得失？应对自然灾害有消极方式和积极方式，哪些自然灾害可以采用积极方式应对，哪些不可以？你觉得科学技术对积极应对自然灾害的作用是什么？

9 根据都江堰与川西林盘形成的关系，思考都江堰灌溉系统对于川西人民的居住形态有什么影响？我们应该如何看待自然环境与百姓生活的关系？百姓的生活文化可以反映自然环境的特征，那自然环境是否有可能被人类所改造？两者之间的互动会产生什么结果？

10 为什么中国历史上总是存在争水的纠纷？从争水中我们能够看到中国传统社会的哪些问题？官方和地方势力在用水和争水上扮演了什么角色？二者对于民间社会产生了怎样的影响？除了用水和争水等议题，你认为在传统中国社会中，地方士绅在哪些方面发挥了作用？他们与百姓和官府的关系是什么样的？

农国的生活

黑土地，黄土地：汗水浇灌的种植业

中国是一个农业文明国家，非常重视种植作物、水利灌溉、田间管理，以及与农业相关的自然灾害的防治。

农业种植和生产与“农时”紧密关联。所谓“不违农时”，就是把握作物适宜的播种期和收获期。对农时的重视，促进了历法与气象学的发展。战国时期成书的《周髀算经》根据日晷的影长来确定二十四节气，用以指导农业耕作。

稻、麻、大小麦、豆类等，是中原地区最先开始种植的粮食作物。随着外来作物的引进，红薯、土豆等也进入种植业的范围。

除了粮食作物，蔬菜和水果也有很多。蔬果的种植要晚于粮食作物，较早种植的蔬菜有白菜和油菜。在蔬菜种植史上，水生蔬菜的栽培也是很有意义的事。《齐民要术》中首次记载了藕、菱角等水生蔬菜的栽培方法。

在新技术的培育下，宋元时期出现许多新的水果品种。例如柑有 8 种，橘有 14 种，橙子有 27 种，水蜜桃也是南宋时期培育成功的一个新品种。

除此之外，还有许多经济作物，例如棉、桑、蔗、烟、茶等，提高了人们的生活水平。桑、麻等商业性作物的种植使农村家庭的手工业得以发展，妇女以纺织为业，“机杼之声，达于四境”。

水利灌溉、田间管理、灾害防治等等，也都是种植业的重要组成部分。

中国农业种植从大禹治水的传说开始直到现在，都是在与洪涝旱碱等自然灾害做斗争的过程中逐步发展起来的，这决定了农田灌溉在农业技术发展史上有重要的地位。

中国农田水利建设出现虽早，但在人们的活动中心——黄河中下游地区，战国以前农田水利的重点是防洪排涝，战国以后农田灌溉才成为水利建设的重点，比较有代表性的就是郑国渠。郑国渠建在陕西省关中平原，由当时的韩国水工郑国主持建造，所以取名郑国渠。

郑国渠是古代中国最长的人工灌溉渠道，利用川泽和天然水道相结合的方式，将泾水带入平原地区，而且由于河水挟带大量淤泥，起到压碱和培肥的作用，可以将盐碱地改良为良田，使关中平原成为沃土。

除了大型水利工程，地下水灌溉也逐渐发展起来。到了春秋战国时期，农业井水灌溉已经相当普遍，井灌的普及其实也反映了此时中国北方地区地表水源的缺乏。

而在南方地区，水利灌溉发展较晚。隋唐时期，发明了灌溉工具龙骨水车，这是一般老百姓利用河渠灌溉的工具。宋元时期，随着经济重心的南移，东南地区的水利建设得到大发展，兴修水利和利用风力灌溉，在中国南方地区逐渐普及开来。

在南方地区的灌溉中，防涝技术在宋代以后得到发展。人们发明了开沟排水的防涝技术，因而水田也可以种植小麦这种旱地作物。而这一传统直到民国时期，在石羊场杜家还可以看到。

种植过程中，田间管理逐渐成为重要的组成部分。农耕除草出现于西周，到战国时期，成为与耕种并举的重要农事。“耘”的意思就是为农作物除草、培土，所以诸子著作中大多都是“耕”“耘”并提。

中国种植业非常重视施肥，汉代就开始使用人畜粪尿做肥料。明清时期，由于多熟种植作物的发展，对肥料的需求急剧增长。《知本提纲》所谓“垦田莫若粪田，积粪胜如积金”，反映了当时人们对肥料的重视。据统计，当时的肥料已有 11 大类，每类下又有几十种分类，总计 130 多种。

蝗虫给农业造成巨大损失。防治虫害的办法体现了人们对自然认识的变化。自汉代以来，政府对待蝗虫的主要思路是以德化治之，意思就是统治者用自己的德行感动上天，不要施灾于民。

例如贞观初年京畿出现旱蝗，唐太宗吓得赶紧下罪己诏。不过积极灭蝗的思想在唐代已开始出现，宰相姚崇身体力行积极灭蝗，促使政府于开元五年正式设置了专职捕蝗吏，从此在蝗虫治理方面，防、灭并举成为主流。

宋代时已经认识到治蝗要消灭虫卵，才能防患于未然。宋神宗熙宁八年（1075），政府颁布了世界上第一个治蝗法规《熙宁诏》。明清时期，防治虫害的药物种类也越来越多，硫黄、砒霜、巴豆、桐油等多种药物经常见于《天工开物》《农政全书》等农业著作。

种植业与农业工具的创新发展密不可分。

西周时期，已经出现了青铜制作的铜铲、铜犁等。战国中期以后，铁农具明显增多，主要有犁、锄、铲、镰等。

铁农具的使用和普及，具有划时代的意义。轻便、锋利的铁农具使精耕细作成为可能，促进了单位亩产的提高，从而提高了粮食总产量。北魏《齐民要术》中记载的铁农具只有30多种，而元代王祯《农书》里记载的农具已达105种。

魏晋南北朝时期谷物加工工具也不断创新。磨车、碾可以把谷物碾成米，还可以把米、麦等磨成粉，而且这些工具在此时开始利用水力推动。

机械化农具的引进是近代生产技术的变革。1880年，华北有农民用机器开荒。1915年，黑龙江农场先后购买了拖拉机、播种机和收割机用于种植业，生产率大大提高。

到明末，利玛窦等耶稣会传教士带来了西方科学技术，并将其运用于中国的农田水利建设。例如龙尾车这种提水工具，是利用西方的力学原理和工程知识制作而成的。龙尾车是旋水而上的螺旋式水车，根据清人记载，这种车“不须人力，令车盘旋自行，一日一人可灌田三四十亩”，可见这种工具的效率之高。清朝时，不少人试着制作龙尾车，但因造价昂贵、修理不便等原因，始终未能推广开来。

民国时期引进了西方灌溉机器，1915年常州开始生产小马力的抽水机，1924年进行抽水示范，当年机电排灌面积达2000亩。

中国农业种植出现比较早，并且经过长期的发展。粮食作物的耕种，蔬菜、水果以及商业性的农作物，不仅丰富了人们的生活，也改善了人们的生活。在种植过程中积累的田间管理知识、农田水利灌溉技术、农业生产工具的创造和发展，甚至与农业相关的历法、习俗、文化，共同构成了中国传统的农业种植，并且形成自己的特征。[①]

农村的先辈过着怎样的生活？

以农业为主的传统中国，农村的生活水平如何？农民的主要花费在哪里？

既然要看生活水平，通过比较才能看出优劣或者高下。有学者从不同方面对18世纪中叶中国和欧洲的农业经济和生活水平进行了比较。

从农作物种植和农业生产力来看，作物复耕制度和施肥等农业种植水平的提高，使中国粮食产量养活了异常稠密的人口，此时中国农民的生活水平是可以与西欧相媲美的。

更进一步看，在人均预期寿命、出生率、农业技术（特别是灌溉）、手工业技术等方面的比较中，中国农村的生活水平相较于西欧来说，并没有太大差距。甚至从糖、茶、烟、丝等生活消费品的消耗量来看，中国普通人的消费量有时比西欧还要高。

从大数据的分析中可以看到，鸦片战争之前，中国农村的生

---

① 本节参考文献：俞为洁．中国食料史［M］．上海：上海古籍出版社，2011；王笛．跨出封闭的世界：长江上游区域社会研究（1644—1911）［M］．北京：北京大学出版社，2018；梁家勉，主编．中国农业科学技术史稿［M］．北京：农业出版社，1989.

活水平还是不错的。值得注意的是，从鸦片战争开始一直到民国时期，西方资本和商品持续渗入，再加上战争的摧残，中国农村的生活水平开始下降，民国时期华北农村的社会学调查对此有所展现。

20 世纪 30 年代，美国社会学家甘博在对河北定县农村家庭的收入调查中发现，农作物平均为每个家庭带来 348 元的收入，但粮食的自用比例高达 76%，只有小部分出售。

除了农业种植，农村家庭收入的另外一个重要来源是家庭手工业。在南方，棉纺业和蚕丝业是重要的收入来源。在清末民初，年景好的时候，乡村纺织生产者甚至比从事农耕的农民挣得还多。

对 18 世纪江南女性纺织工的平均收入研究显示，女性纺织者的年收入比一个雇农或长工这样的男性劳动力还要高，这意味着没有地的劳动者很难养家糊口，而一个妇女（譬如寡妇）却能维持自己和几个孩子的生计。

上面的研究让我想到了石羊场的杜二嫂，她租种土地，获得的粮食几乎全部是家人自用，但她的家庭手工业作坊却可以让她供养婆婆以及三个儿女的教育。可见手工业，尤其是丝织业对农村生活水平提高的重要性。

除了上面两项，养殖也为农村家庭增加了少量收入。大多数家庭通过喂养猪和鸡来减少家庭肉蛋类食物的支出。除此之外，养殖少量的鸭、鹅、羊或者兔等家禽家畜，在补贴生活之外，多余的部分可以出售，获得少量收入。

家畜的多寡是衡量家庭生活水平的标准之一。这也导致男女在婚嫁之前，女方家庭秘密派人去调查男方经济情况的现象出现，其一就是看男方家是否有母牛或公牛，如果有，还要看有多大。也有男方为了促成婚事，就从邻居家借一头牛拴在门前，直到婚事定下来。

生活水平的高低还跟家庭生活的花费紧密相关。农业种植的花费占比非常大，在 40% 左右，包括地租、肥料、雇工、种子、赋税等，可以说是非常繁重的经济负担，其中地租是最重的一项。我在对川西平原上袍哥首领雷明远的研究中发现，即使在农村社会有比较高的社会地位，雷明远依然因为交不起地租而被地主收回土地，这成为他命运的转折，导致了家庭经济地位的极速下降。

在农村，饮食和住宿花费占的比重最大。根据甘博对华北家庭一年生活开支的调查记录，食物支出基本占家庭收入的一半，其次是房屋租金、燃料费用，再次是布料、衣服支出。

进一步观察食物，会发现其中还有差异。以北方农村为例，收入最低的人以甘薯为主食；稍微好一点的把甘薯和小米结合；再好一点的，食物中才会出现面粉，但还要搭配小米一起吃；只有最富裕的人家主食才是面食。

根据民国时期费孝通对江苏开弦弓村的经济调查，修建一所普通的房屋总开支至少 500 元，是相当大的一笔支出。这也足以理解在石羊场的杜家，虽然居住非常拥挤，但在大儿子结婚的时候，杜二嫂也只是租了隔壁一间房子作为暂时的新房，而不是另外修建房屋。因为盖新房对农村家庭来说是巨额开支，或者说根本承担不起。

礼仪开支在家庭支出中占有很高比重。一个普通的四口之家，几乎每隔五年就有一次礼仪活动，包括出生、婚嫁、丧葬等，平均每年开支约占全年支出的1/7。一个家庭如果在某年与婚丧嫁娶全碰上了，很有可能会入不敷出。

根据甘博的调查，以食物为生活水平衡量标准也体现在礼仪上，比如订婚时，男方家送的最主要的礼物就是用纯小麦粉做的花卷，而女方家把花卷送给亲戚、朋友和邻居，这样就表示二人正式订婚了。如果花卷不是精制的小麦粉做的，送礼者会受到严厉指责。

但也有特例，我们以杜二嫂家的婚礼花费为例。1947年，杜二嫂为大儿子举办婚礼花费了两万多元，当时为杜家工作的一个普通男络丝工的工资每年约为3200元。这样一对比，就反映了婚礼的隆重和铺张，婚礼的花费占家庭收入的比重相当之高。很显然，杜家能如此操办婚礼，是靠着从机房中赚来的钱，从中可以看出家庭手工业对家庭经济和生活水平的影响有多大。

在华北地区，普通农家主要靠种田满足衣食所需，对于结婚这种需要重大开支的事情，要等到棉布可以卖出一个好价钱的时候才有经济条件操办。可以这样说，手工业等副业在某种程度上决定了婚期。

全面探讨中国农村的家庭生活水平，其实是一件相当困难的事情，无论是利用数据对中国及欧洲农村生活水平做对比，还是通过社会调查去近距离观察小范围农村的经济状况，我们都无法给出一个全面、准确的统一标准答案，加之中国地理范围之广，地区生活习惯差异之大，都会产生不确定性。但从现有研究来看，晚清民国时期，在以农业为主的传统中国，农民的生活水平也随着时间、事件发生改变，绝大多数农民都挣扎在生存线上。①

农民的经济学：懂得经营就能生存并发展

租佃关系、生产方式、雇佣关系等也是农业经济和社会的重要方面。

中国传统农业社会生产模式，一直是农业和家庭手工业相结合的小农经济。小农家庭式生产方式主要依靠家庭劳动力，是为了满足家庭的消费需要，而不是为了追求最大利润。

不过，随着商业性农业的兴起，华北平原上经营式的生产方式也得到发展。经营式农业一般是指拥有土地 100 亩以上，而且

① 本节参考文献：章有义，编著 . 明清及近代农业史论集［M］. 北京：中国农业出版社，1997；杨懋春 . 一个中国村庄：山东台头［M］. 南京：江苏人民出版社，2001；王笛 . 袍哥：1940 年代川西乡村的暴力与秩序［M］. 北京：北京大学出版社，2018；Sidney Gamble, *Ting Hsien: A North China Rural Community*, Stanford University Press, 1968；费孝通 . 江村经济［M］. 上海：上海人民出版社，2007；彭慕兰 . 体面经济：中华帝国晚期的农村收入、非稳定性与性别规范［J］. 近代中国妇女史研究 . 2006，12（14）；彭慕兰 . 大分流：欧洲、中国及现代世界经济的发展［M］. 南京：江苏人民出版社，2004.

主要依赖雇佣劳动力来完成的生产方式。

中国农业社会可以从租佃关系和雇佣关系的角度进行分析。

租佃关系是针对土地所有权的，参与者可以分为地主、自耕农、佃农；雇佣关系是关于劳动关系的，参与者可以划分为雇用他人的地主、富农，以及作为佣工的长工、短工。

我们先来看租佃关系。佃农，也就是租种地主土地的人，每年以收入的固定比例缴纳地租，也就是分成制。决定缴租比例的因素除了土地大小，还包括地主向佃农提供的工具，例如牛、种子和其他生产工具等，有均分、四六分、三七分、二八分不等。地主提供得越多，佃农缴纳得越多。

地租很早以前是以实物形式缴纳，也就是交粮食。后来随着商品货币经济的发展，实物地租也向货币地租发展。清中期，重庆地区的实物地租与货币地租并行，货币地租占 30%~40%。

那佃农的生活水平如何呢？根据我的研究，在清前期的四川农村，五口之家一年需粮食 3650 斤，这些粮食需要 31 亩土地才能生产出，再考虑 1/2 交租，那么一户佃农最少需要租种 60 亩田才能维持基本的生存需求。

也正因此，佃农不仅佃田耕种，还要从事其他职业，比如手工业、小商小贩、佣工等。我在《跨出封闭的世界》一书中举了这样一个例子：乾隆年间，四川绵州李苇家计困窘，除了自己租佃土地来耕种，还要带领家里的孩子织布，偶尔出去给人当佣工，到 60 多岁才为两个儿子娶了妻。

佃农的比例非常高，以民国时期的四川为例，根据 1912 年的统计，全川佃农占农民的1/2以上。华北地区的数据显示，约1/4的农户没有土地，这些人便成为佃农。

相比于佃农，自耕农的经济条件更优越，一般拥有田地若干亩至几十亩，小规模个体经营。单纯的“力农”，也就是只从事农业生产是很难致富的。在四川地区，自耕农兼营买卖，获取商业利润，才有可能致富，但是真正能上升为地主阶层的只是极少数。自耕农要承担沉重的赋税，经济力量薄弱且不稳定，恶劣的天气和自然灾害都会使其破产，成为土地典卖者，最后沦为佃农或雇工。

除了租佃关系，雇佣关系在中国传统农业社会也非常重要。

20世纪前的雇农多是长工，雇主和长工间有紧密的纽带，长工几乎成为雇主家的一个成员，我们可以把《白鹿原》中白嘉轩和长工鹿三之间的关系当成一例。一些礼节体现着这种雇佣关系的特点，例如一年工作开始时，雇主通常宴请长工，要备有米饭或馒头，甚至有少许酒来款待；到了过年时，有些雇主会给长工三五元的红包。

但其实，清朝的法律规定使得雇工处于雇佣关系的弱势一方。比如：一个雇主殴打他的雇工，如果没有致伤，雇主在法律上不受惩罚；相反，如果雇工殴打雇主，虽不致伤，但也要受三年徒刑、加杖一百的惩罚。

到民国时期，雇佣关系有了一定的演变，因为农业商品化增加了就业机会，乡村人口流动性变大。这样的流动促使租佃关系从长期雇佣变为短期雇用。到20世纪30年代后期，雇用长工的合约多以一年为期，产生了“年工”这样新的称谓，以区别于“长工”。在这种情况下，雇佣关系中的许多旧日礼节也逐渐废弃不用了。

下面以一个经营式家庭农场为例，来看一下农业经济是如何“运作”的。

在 1937 年华北的一个村庄，一户姓董的人家有 128 亩地，地里的农活需要家庭中的两个成年男子和 4 个长工来承担。

128 亩土地中，有一半种棉花，这种商业化的农产品主要出售给市场，会有棉花商人来收购。剩下的土地主要种植粮食作物，以高粱为主，其后是玉米、大豆、大麦、蔬菜（多是大白菜）。粮食作物的收入主要用于一家 8 口人和 4 个长工的消费。

那董家对长工有什么要求呢？过去对一个长工一天的工作量，有一套不成文的标准，叫作“长工活谱”，包括 4 个人一日要耕种完 10 亩地，一个长工一天要锄 4 亩地等。4 名长工食宿都在董家，每天从黎明开始工作，到晚上结束，每年劳动近 300 天，可见劳动强度之大。那他们的所得呢？一个完全无产化了的长工，在自己的膳食之外，他的工资只够用于一个成年男子的口粮，不足以维持一个家庭。

另一方面，农产品带给董家的家庭收入很清楚，现金收入几乎全部来自棉花，少量的收入来自出售少部分粮食，出售棉花的收入使他能够不断增加自己的土地。可见在农业经济中，农业商品化给农户带来的影响。

以家庭手工业生产为主的自耕农，无法单靠农作应付生活所需，便纺纱织布，在市场出售，以弥补收入的不足，尤其是在以棉花和桑蚕为主的长江三角洲地区，基本都是小农一家一户作业。

可见，无论是棉花种植还是棉纺手工业，其收益远高于粮食种植。近代以来，随着门户的打开，中国农业成为世界商品市场的一部分，棉花这种经济作物的种植也受世界市场需求变化的影响。

19 世纪 60 年代，洋布、洋纱开始进入四川，作为棉纱的主要输入地，四川的棉花种植受到严重冲击。过去一些棉花产区开始改种烟草或红薯，这进一步导致家庭棉纺手工业的衰落，许多依靠手工业的小农家庭随之破产。

到了 20 世纪 40 年代的川西石羊场杜家，同样是以丝织业为生，经历了舶来品的输入以及沿海新式工厂的双重打击，四川的丝织业本已衰败，但恰逢战争时期，舶来品无法输入内陆，沿海工厂受到破坏，这才使得家庭手工业有了喘息的机会。杜家将四川绵州盛产的扁丝加工织成绸，这使得一个农村家庭几乎完全靠着家庭手工业存活下来。在世界经济和社会局势的双重影响下，中国的小农经济一方面逐步瓦解，另一方面也随着市场趋势发生着波动。①

① 本节参考文献：黄宗智．华北的小农经济与社会变迁［M］．北京：中华书局，1986；黄宗智．长江三角洲小农家庭与乡村发展［M］．北京：中华书局，1992；王笛．跨出封闭的世界：长江上游区域社会研究（1644—1911）［M］．北京：北京大学出版社，2018.

与天斗，与地斗

我们能够征服自然吗？还是生存环境的报复？

自然生态与农业紧密相关，我们将从中国的自然环境特征、人口增长对环境的压力、人类对自然生态的开发及其后果等不同方面来看中国的自然生态问题。

中国人在历史上一直不断试着改造自然、征服自然，争夺生存空间。中国环境的特别之处在于它的水系，东西走向有黄河、长江两条大河，南北走向有连接两条河的无数支流以及大运河。凭着庞大的水系，唐宋以来，历朝历代的政府控制了巨大而多样的生态地态，拥有完备的自然资源。

这些自然资源除了水、森林，还包括大量的木材、粮食、鱼类、纤维、盐、金属、建筑石材等等，还有大量的牧场和农田。650—1800年，中国是地球上生态最有弹性且资源最丰富的国家之一。

提到环境问题，大家可能会觉得这是一个现代社会的问题，但其实传统社会也存在对自然的破坏。对自然资源的成功利用，看上去似乎是人类的巨大胜利，但其实产生了严重的后果。人的活动和选择给大自然留下了深刻的烙印，人为活动造成了非常大的环境变迁，这主要体现在对森林和水资源的破坏上。

将森林变成耕地和牧场是文明的表征之一，但这个活动潜伏着许多危机。

森林是第一个被人们“盯”上的自然资源，人们砍伐森林用于耕种和定居，但更多是将其作为取暖、烹饪的燃料，还用于建造房屋、船只，这些都导致森林资源的巨大消耗。到11世纪，中国中东部地区可供燃烧的木材便已经面临危机。

隋唐时期，历史文献中已有不少对木材缺乏的记载，历朝政府设有专职官署，掌管木材供应。中唐时期，薪炭短缺日益严重，政府又多设了一个“木炭使”，由京兆尹兼任，可见这已是全国性的大问题。

柳宗元的诗文中已经有森林被毁的记录了：“虞衡斤斧罗千山，工命采斫杙与椽。深林土剪十取一，百牛连鞅摧双辕。万围千寻妨道路，东西蹶倒山火焚。”

北宋首都开封，千余年来周边林地尽被垦为农田，木材供应本已不足，加上村民常于冬季盗伐桑枝为薪材，太祖下诏“禁民伐桑枣为薪”，后来就演变为盗伐帝王及大臣陵墓区的林木。

北京从元朝时期开始作为首都，赶上了使用煤炭的时代，避免了木材荒。元明政府先后在北京附近的门头沟等煤炭区开挖煤窑上百座，所产之煤全部供给京师之用。即使如此，京师仍需要一部分薪材，北京附近的林区很快就被砍光，结果使得北方的风沙长驱直入，年年要遭受风沙之害。这样看来，北京的沙尘暴也不是从近代才开始刮的。

人口在清朝时期的成倍增长，也给森林环境带来巨大破坏。

在人口压力之下，传统农耕区的人们不得不外迁，去开垦山地。清代桐城派文人梅伯言的《柏枧山房全集》中，有一篇文章叫《记棚民事》，记述了一群擅自占地的“棚民”，游荡到长江南部的山区，并对其进行开垦，从而造成生态破坏。作者在结尾感慨棚民对当地环境的破坏，但人的生存与环境的保持不能“两全”。

对山地的大量开垦，短期内可以提供玉米等粮食，却也使耕地的生产力下降。更加不可忽视的是，没有植被保护的荒山秃岭，土壤相当贫瘠，遭到雨水冲击便泥沙俱下。严重的水土流失使得下游河川淤塞、水灾频发，给下游的农业造成很大损失。

森林的萎缩也给大量物种的栖息、生存带来影响。比如现在生活在中国西南地区的大象，在4000年前其实出入在华北平原。此后由于气候持续变冷和人类活动范围的扩大，在公元1500年之后，它们逐渐退却到西南地区。

农耕将茂密高大的森林变为低矮平整的耕地，从而破坏了大象的栖息地。为了保护农田的庄稼不被大象踩踏，人们开始驱逐、捕捉大象。此外，由于大象本身具有多重价值，例如象牙的装饰和工艺价值，象鼻是美食家的珍馐佳肴，大象也是战争、运输的绝佳工具，人们为了利用它们而开始对其进行捕猎。大象的“退却”在某种程度上显示了人类对环境的破坏。

与大象一样，犀牛的生存环境也受森林影响。犀牛的栖息地也是从华北不断退缩到长江流域，清朝时期再退到西南地区。

然而并不是只有大象和犀牛受到影响，环境的恶化、人为的捕猎使很多生物数量不断减少。以孔雀为例，它们在岭南曾非常普遍，但是在不断地开垦森林和捕猎中，人类不仅毁了它们的栖息地，而且还因为其十分美味对其大量捕杀食用，造成其数量骤减。

砍伐森林带来的环境破坏，影响较大、时间较长的应该是黄河水患。

黄河水患自古以来就比较严重。黄河由于多泥沙的特点，河道淤积，泛滥成灾。黄河中上游森林植被被破坏，被开垦成农田，水土流失促使输入黄河的泥沙增多，因为泥沙长期淤积，河床很高，甚至导致“河水高于平地”的情况，加剧了水患的严重程度。

北宋时期，黄河下游的农民尚设法引黄淤田，利用河中淤积的泥沙来改造盐碱土壤，变劣地为良田。到了明清时期，黄河中游的森林被砍伐殆尽，冲刷下来的泥沙毫无养分，只有黄沙。至此，黄河下游大部分河段成为“悬河”，无人再引黄河沉淤来肥田。

除了水的泛滥，干旱缺水也成为严重的环境问题。历史上山东是有名的以泉水灌溉农田的地区，鲁中地区在清初有 400 余泉眼，流出的泉水不但可以供给灌溉，而且注入运河以利漕运。到 20 世纪 20 年代，《历城县志》记载著名的 72 泉已经消失了一半。

不过，应该指出的是，在中国的江南和川西平原，生态平衡一直比较稳定。例如民国时期，虽然这些地区人口稠密，但由于气候、植被、土壤、土地的合理运用等因素，所以生态没有出现明显的恶化。

我在《袍哥》一书中，便这样描述过民国时期川西平原的春天：春天天气转暖，满眼新绿，茅屋掩映在竹林丛中。都江堰也开始开闸放水，自流灌溉系统把水直接送到田里，农民戴着大斗笠，穿着蓑衣，赶着水牛，在田里劳作，看上去是一幅天然的农家水墨画。

今天，由于城市的不断扩张，耕地面积不断缩小，水资源受到破坏，江南和川西平原乃至全国各个地区都面临生态问题，我们需要做出极大的努力才能遏制这种趋势的进一步发展。①

东方专制主义：治水与中国集权制度

水资源作为重要的生态资源之一，对传统的农业社会产生非常大的影响。作为农业社会的核心资源，研究水利工程的修建和使用对于理解中国社会有至关重要的意义。

在中国社会，试图把握这种资源的势力有很多，大到历朝历代的朝廷，小到农村村落，甚至宗族家庭。在对这一核心资源的争夺当中，形成了中国特有的水利政治、社会和文化。

中国的治水事业开始得非常早，“大禹治水”的传说就是最好的证明。

尧舜禹时期，洪水经常给先民带来巨大的破坏，大禹接续父亲鲧未完成的治水工程，治理了不少河流，但最大的功绩在治理

---

① 本节参考文献：赵冈．中国历史上生态环境之变迁［M］．北京：中国环境科学出版社，1996；伊懋可．大象的退却：一部中国环境史［M］．南京：江苏人民出版社，2014；刘翠溶，伊懋可．积渐所至：中国环境史论文集（上）［M］．“中央研究院”经济研究所，1995；王笛．袍哥：1940 年代川西乡村的暴力与秩序［M］．北京：北京大学出版社，2018；王笛．跨出封闭的世界：长江上游区域社会研究（1644—1911）［M］．北京：北京大学出版社，2018；彭慕兰．大分流：欧洲、中国及现代世界经济的发展［M］．南京：江苏人民出版社，2004.

黄河。《国语》记载，他首创了“疏川导滞”“会通四海”的疏导方法。

大禹治水的成功除了方法得当，还有很重要的一点，他不仅联合了自己的部落，而且将治水过程中涉及的地域划分为九州，实行区域管理与统治。有研究指出，这样的社会组织和管理促成了中国国家的形成。

除此之外，治理水患的工程极其庞大，要将不同的人员、地域纳入管理之中，这也导致了在划分九州之后，又建立了相应的官僚系统进行管理，而且制定了官员的业绩考核制度。

“大禹治水”看上去是关于治水的故事，我们也可以从中看出水利与政治组织、社会有极强的关系。

大型水利工程的实施涉及巨大的资源。

治水需要投入大量的劳动力和钱财才有可能完成，所以当我们探讨治水问题时，国家权力在其中的体现也不可忽视。

首先我们从水利修建的目的来看，国家是最大的受益者。在经历了南北朝的长期分裂之后，隋朝实现了统一。为了中央集权的稳定，位于北方的京都作为权力中心，亟须连接南北，而大运河在地理上和行政上的统一管理为此提供了方便，巩固了新王朝的统治。

此外，隋朝时，南方是粮食主产区，大运河的修建为获得南方的粮食和物资供养京师提供了便利，也加强了对南方地区的管理。

但大型水利工程需要组织大量的劳动力。以修建大运河为例，隋朝政府开凿大运河时，仅在黄河以北地区就动员了男女百余万人，几乎等于英国在14—16世纪全部人口的一半。

如果今天的人不理解百余万人的概念，那还有一个例子。据《资治通鉴》记载，单是开凿永济渠这一段，虽然被征用的男丁已经很多，但仍然不敷使用，便开始让妇女来服劳役。重役之下，百姓精疲力竭。所以，当时有人说应该把隋炀帝“大业”的年号解释为“大苦来”，也就是把“業”（“业”的繁体字）拆开来，这种解读也体现了人们所付出的沉重劳动。

兴修水利必然需要政府投入大量资金，政府官员对修建资金的贪渎便是权力集中之后的弊端。对资金的贪渎是从上到下层层盘剥，从工部发出金钱、物资，以支付匠人、工人等费用的时候，先扣除两成给衙役。管理仓库的官员监守自盗、以次充好，这都是常例。

到19世纪，掌管大运河与黄河整修工作的官员更是臭名昭著。按照冯桂芬的说法，每年用于修整两河的资金为五百万两银子，但最后实际用到工程上的，仅有此数字的10%~20%。那些不见了的银子，都跑进各级官员的口袋中去了。

水利工程经常反映出政治权力的博弈。

有研究指出，在中央权力与地方人民利益的博弈中，后者有时也能占得优势。

以明清时期湖北修建水利工程为例，一些地方权势人物对政府表示支持发展水利设施，但同时也会利用关系网做一些有利于自己的“变动”，例如改变河道使自家灌溉更方便，违禁建堤使自己获得更多的土地资源等等，甚至还会隐瞒以少缴赋税。

面对此种行径，地方政府是软弱无力的，即使了解其中的危机，大多数官员也不愿下令平毁那些违法的堤坝，甚至还保护它们。这是因为忌惮地方势力的强大，一旦引起他们的不满，可能引发更多的社会问题。

此外，我们可以看到持有不同立场的各方提出的治水方法也不同，治水方法之间的博弈其实也是不同权力方的博弈。

清朝时期，政府对长江流域湖北地区的水利修建和维修，在提出的治水策略上无法达成共识，在“筑堤”派和“疏导”派之间无法做出抉择。

代表中央政府权力的御史秉持“疏导”的方式，建议全面疏浚，并且把弃用的分水道重新疏通。但湖广总督直接提出此法不通，应该加固筑堤。而这种方式正是与上文提到的私人堤坝过多相联系的，加固堤坝可以防止水患冲毁由私人堤坝圈起来的土地。

虽然这只是其中一个争论点，但依然可以看到，至少在明清时期，国家水利的修建和维护并没有完全反映出所谓的水利集权政治，在地方水利官员的选择以及地方士绅所展现的势力来看，地方利益与国家利益处在不停的变动之中，既有矛盾也有平衡。

除此之外，我们还可以从最基层的水利职务中看到民间力量。

明清时期，山西晋水流域的当地水利组织，对于包括渠长、渠甲或水老人等的挑选，以及分定水程的水册、渠册的编制等重大事项，官府并不参与，由民间自己解决。这样的自主性，似乎与所谓治水而形成的国家集权主义政治的结论相矛盾。

水利建设中的非政府参与，在长江流域的湖北地区更明显。为了维护堤坝、水渠等水利设施，政府和官员会设置地方组织或个人承担起维修的责任，比如以维护与监管为任务的“里甲”是摊派的，加上大量的地主离开乡村，进入城市居住，只留下佃农承担超出其能力范围的维护和维修责任。

从大禹治水的神话到由于修建水利而形成政治结构及其在历代的变迁，都显示出了水利建设中涉及的国家政权与民众的关系。我们既可以自上而下看到，国家通过权力的实施产生了对普通民众的强制和威权，也可以从地方利益与国家利益的抗争中看到，不断形成的矛盾和平衡共同构成了中国传统水利制度的特征。①

如何面对自然灾害？

传统的农业中国饱受自然灾害的侵袭，无论是干旱、洪水，还是地震、饥荒，历史中记载的自然灾害数不胜数，其中不乏造成重大死亡和财产损失的严重自然灾害。

---

① 本节参考文献：卡尔·A. 魏特夫 . 东方专制主义［M］. 北京：中国社会科学出版社，1989；杨联陞 . 国史探微［M］. 北京：新星出版社，2005；气贺泽保规 . 绚烂的世界帝国：隋唐时代［M］. 南宁：广西师范大学出版社，2014；崔瑞德，编 . 剑桥中国隋唐史（589—906 年）［M］. 北京：中国社会科学出版社，1990；陈锋，主编 . 明清以来长江流域社会发展史论［M］. 武汉：武汉大学出版社，2006；梁家勉，主编 . 中国农业科学技术史稿［M］. 北京：农业出版社，1989；史念海 . 黄土高原历史地理研究［M］. 郑州：黄河水利出版社，2001；行龙 . 晋水流域 36 村水利祭祀系统个案研究［J］. 史林，2005（4）.

比如《明实录》中所记载的，嘉靖三十四年（1555）12月发生在山西、陕西、河南的大地震。地震时声大如雷，鸡鸣犬吠不止，又因为发生在寒冬腊月的夜晚，人们在沉睡中被地震吞噬。据载，此次波及三省的地震，有姓名记载的死者就有83万之多，何况还有许多"失踪"人口。

当时在山西做官的进士秦可大经历了此次大地震，并且写下《地震记》，详细完整地记录了此次大地震。地震发生时，万家房屋一起断裂，声音之大，像是万马奔腾，四野之外，全家被埋在地下而没有一人生还者不在少数。这样的灾害简直骇人听闻。

而灾害之后的惨状也是闻者伤心，见者流泪。先不说普通的饥寒交迫和死亡，灾害造成的"食人"现象才是最让人痛苦的。据不完全统计，1470—1911年，有"人相食"记载的县就有689个。

面对这些让人触目惊心的惨状，政府有何作为？

其实到了清代，政府已经形成了一整套完备的赈灾体系，即报灾、勘灾、审户、发赈，也就是地方政府上报灾情，随后中央政府派人勘察灾情、确定受灾人口，最后再实施给予钱粮和减免赋税等赈灾措施。

为了明确灾情的严重程度，以及最大程度上确保赈灾钱粮可以给到灾民，中央政府有许多条例规范官员的行为。

比如地方官在第一时间进行灾情勘察时，必须要及时和准确，否则便会受到处罚。而中央政府在进行第二次核查时，会精心挑选"钦差大臣"到灾区"视察"，有时候会派督抚亲自去勘察灾情。如果灾情是“百年难遇”，那皇帝派钦差大臣，甚至躬亲办理都是可能的。这都是为了保证给予灾民足够的赈灾粮款。

既然有完备的赈灾体系，为什么在最糟糕的情况下会出现“食人”现象呢?

首先，由于古代的交通不发达，延误灾情以及灾情商榷耗时过长时有发生。例如 1668 年发生在山东郯城的地震，从中央官员核查到确定赈灾数额和减免赋税数额，整整耗费了 18 个月才完成。

其次，救灾体制存在很多漏洞，通过名义上的赈灾而贪赃枉法的官员大有人在，上至地方大员，下至最低等的书吏。

虽然朝廷禁止地方官员将勘察灾情的工作交给书吏和衙役，但在“皇权不下县”的传统中国，地方县官必须依靠这些人才有可能完成紧急任务，因为县官不可能亲自到每家每户查访，交由手下的书吏来完成工作时，他们有可能会贪污，或者徇私舞弊。

很多时候，贪渎的地方官会把赈灾当作发财的机会。

据地方志记载，1833 年，直隶省卢龙县发生了严重的饥荒，负责粮仓救急的乡长把原本应该属于灾民的“谷票”送给了那些向他行贿的人。灾民领不到“谷票”，便没有粮食可以果腹。在发票的那天，超过一千名灾民聚众抗议，表达他们的愤怒。这件事情最后在当地士绅的调停之下才得到解决。

地方官员在赈灾过程中的“不法”行为比比皆是。例如：在施粥时，官员将高粱、米糠替代白米，更有甚者将稻壳、沙子、灰泥等根本无法食用的东西掺杂进白粥中；如果碰到天气炎热，即使白粥变质也要发放给灾民食用，让人不得不感叹“民生之艰”。

朝廷用来防治灾害的专项拨款，更是贪污的重灾区。有清一代，对水患的河防经费超过此前任何时期。道光、咸丰年间，用于防治水患的经费为四千万两白银，但是却发生奇怪的现象，防水患的开支越大，黄河决口的次数反而越多。这是为什么呢？

原因就在政治制度的“蛀虫”上。负责防治水患的河官将河防经费挥霍掉了。这些河官生活的奢侈被当时的文人记载下来，单是“吃”这一项，其奢靡程度就让人瞠目结舌。

一次宴席上，有一道菜叫作“豚脯”，味道鲜美，席间之人无不赞叹其美味。有一位客人起身如厕，经过厨房，看到数十条死豚扔在地上，便问原因。原来席间的那一碗“豚脯”，由这数十条豚背上的一片肉烧成，除去这一片精华，其余部分便废弃了。这位客人想到来此仅仅几个月，已经无意中杀死了上千条豚。几千万两的防水银钱就像这被弃之如敝履的豚一样，白白地浪费掉了。长此以往，怎么会不出现“食人”的惨状？

虽然政府主导的赈灾存在漏洞和隐患，但也并不总是“一无是处”。

下面我们以范仲淹为例，来看看如何用经济的方法来有效面对灾难。根据《梦溪笔谈》的记载，宋皇祐二年（1050），江浙一带发生大饥荒，此时范仲淹为杭州知州，负责发放赈灾粮以及安顿灾民的赈灾工作。

彼时的杭州已是一座经济繁荣的城市，杭州人热衷于郊游、划船和去佛寺祭拜。于是，范仲淹放开不许划船比赛的禁忌，让人们自由地泛舟湖上、出游宴饮；同时又召集佛寺的住持，让他们在此时以最低的价钱招募工人，大兴工程。

虽然看上去范仲淹的行为没有直接地“救济”灾民，但他的政令间接促使大量民众灾后可以“就业”，无论是做小商小贩还是成为工人，他们通过手工艺和劳动都可以在最短的时间获得经济收入。于是虽然发生饥荒，但并没有灾民逃荒外流，而且兴修的工程也使国家和民众同时受益。他的赈灾方式后来成为典范，并且被当作制度记载传承下来。

传统的农业中国饱尝旱涝等自然灾害，在面对这些自然灾害带来的损失时，政府形成了比较完备的赈灾体系，为灾民减少了生产和生活的压力。但隐藏在赈灾中的贪污腐败也使赈灾的行为事倍功半，中国历史上流离失所的灾民的身影从未断绝过。[①]

---

① 本节参考文献：宁可，李向军．清代荒政研究［J］．文献．1994（2）：131–143；邓云特．中国救荒史［M］．上海：上海书店，1984；史景迁．王氏之死：大历史背后的小人物命运［M］．上海：上海远东出版社，2005；瞿同祖．清代地方政府［M］．北京：法律出版社，2003；萧公权．中国乡村：论19世纪的中国控制［M］．台北：联经出版社，2014；沈括．梦溪笔谈［M］．北京：中华书局，2009；魏丕信．18世纪中国的官僚制度与荒政［M］．南京：江苏人民出版社，2002；康沛竹．荒灾与晚清政治［M］．北京：北京大学出版社，2002；李国祥，杨昶，编．明实录类纂：自然灾异卷［M］．武汉：武汉出版社，1993；李文海，夏明方，编．天有凶年：清代灾荒与中国社会［M］．北京：生活·读书·新知三联书店，2007.

水：文明和生命之源

“沃野千里，天府之土”：都江堰造就了人间天堂

天府之国，即川西平原，是中国内陆最富裕的地区之一，土壤肥沃，其水稻种植在长江上游地区居第一，稻米除了供本地食用，还大量外销。这样的富饶安乐离不开都江堰，它所提供的自流灌溉使这个地区在生态上成为一个高度稳定的地区，并使之成为中国农业最发达的区域之一。在都江堰灌溉系统之上，形成了川西林盘这种天府之国独特的农村居住形态。

川西平原即成都平原，过去民间也多称作“川西坝子”，意思是平坦的地形。川西平原主要是由岷江冲积而成，江水经过灌县都江堰后，河渠支流逐渐增多，形成完善的灌溉系统，为当地的农业发展提供了良好的基础。

都江堰是怎样修建起来的呢？

有文字记载，川西最早开发于战国时期。当时秦国的昭襄王为了富国强兵，很重视农业生产和水利建设，当蜀地纳入秦国的统治后，政府便派李冰到蜀郡去做郡守，以发展蜀地的农业生产。

李冰到蜀郡后，立即着手了解民情，随后便发现了岷江为川西平原带来的水患。岷江上游流经地势陡峻的万山丛中，一到川西平原，水速便突然减慢，夹带的大量泥沙随即沉积下来，经常淤塞了河道。每年的夏秋洪水季节，水流无法排泄，泛滥成灾，使得川西平原水害频发。而雨水不足时，岷江上游水源接近干枯，川西平原缺水灌溉又会引发旱灾。

于是李冰决定“改造”岷江。他将岷江水流分成两股：西股叫外江，是岷江的正流；东股叫内江，是灌溉的总干渠，引入成都平原。这样既可以分洪减灾，又可以引水灌田、变害为利，多余的水则向西随岷江主流进入长江。

岷江由山谷河道进入冲积平原，灌溉着灌县以东川西平原上的万顷农田，与纵横交错的沟渠组成了一个巨大的扇形水网，为平原提供了源源不断的水源，使得川西平原的农业日趋发达。

都江堰的修建，对于天府之国的形成影响重大。

在两汉时期，巴蜀地区未卷入全国性战乱，都江堰工程进一步完善，灌溉面积不断增加。川西平原在汉朝时已经成为重要的粮食生产区，诸葛亮曾在《隆中对》中提及，天府之国成就了高祖的帝业。

到唐代后期，以益州为中心的成都平原生态环境良好，人民安居乐业，社会经济仅次于扬州，故当时有“扬一益二”的说法。

元朝时期，意大利旅行家马可·波罗也到过都江堰。他在《马可·波罗游记》一书中说：“都江水系，川流甚急，川中多鱼，船舶往来甚众，运载商货，往来上下游。”可见当时的水系不但有利于农业的发展，而且还促进了川西平原各地区的水上交通和商业往来。

川西平原成熟的灌溉系统，形成了其独特的自然景观。

我在《袍哥》一书中描写过川西平原的自然景色：油菜籽深

都江堰

秋播种，一到春天，一望无际的油菜花，黄黄的延伸至天边。过了清明，天气转暖，春天的濛濛细雨是川西平原浪漫的景色，满眼朦胧新绿，竹林和房屋时隐时现。

深耕过的水田，黑色的泥土大块大块地翻了过来，白色的鹭鸶在田里忙着，寻找被犁翻出尚未从冬眠中完全苏醒过来的各种昆虫和泥鳅。这时，都江堰也开始开闸放水，自流灌溉系统把水直接送到田里，肥沃的田地在水里充分浸泡、发胀，在反复耙过以后，泥土变得又细又软，不久就可以插秧了。

川西平原的水田都不大，不规则田梗把田隔成小块，便于人们在上面行走，也便于蓄水。夏天，秧苗长得郁郁葱葱，农事不多，农民得到片刻的喘息。秋天是最忙碌的收获季节，田里一片金黄。农民用镰刀割稻，妻子和老人把稻秆扎成捆。孩子们则在田中捡稻穗。冬天的主题是休息和过节，人们赶场、赴庙会、过春节，享受劳作之成果。

除了稻麦和各种蔬菜，还有形形色色的经济作物，如烟草、茶叶、各种水果，另外还盛产麻、菜籽等，养蚕取丝也是副业。成都郊区的乡镇，是蔬菜的主要产地。种蔬菜的肥料，也主要取自城里运来的大粪和尿水。

这也证实了著名历史学家费正清所说的，如果从空中看中国的城市周边，可以发现越靠近城市，绿色越深；越远，绿色越淡。因为靠近城市的农村，得益于城市产生的粪便，得到充足的肥源，所以农作物长得更健康旺盛。

川西林盘也是成都平原与都江堰灌溉水系所形成的独特景观。

川西林盘是集生产、生活、景观于一体的独特复合型居住模式和农耕环境形态。农家住房为竹林、树木所围绕，所形成的一个个农村聚落单位，都体现了“田—林—宅”的空间景观模式。因此长期以来，“户有橘柚之园”“家家有流水修竹”的林盘，一直是“天府之国”最典型的直观形象，并一直延续至今。

林盘创造了一个良好的生态居住环境，其中所栽植的林木和果蔬等，为农家生产生活提供了多种原材料与农副产品；而农家耕地就在宅旁，出门耕作十分方便。随田散居的林盘是集生产、生活和生态为一体的复合型农村聚落形态，历史久远。

这样的随田散居和北方的农村居住形式有着很大的差别：前者是分散式的，房子就建在自家农田旁边；而北方是集结式的，农户聚集，家家户户相连，农田也大片相连。川西平原良好的气候环境、完善的灌溉系统，为农民随田散居提供了条件。

川西平原的灌溉系统不但形成了丰富的农业生态，还塑造出独特的生活方式，例如赶场对农民的生活便十分重要（这个问题在第四章会专门讨论）。这节讨论的水田、林盘和聚落分布的形态，既是一种生产方式，也是一种生活方式，是川西平原自然地理环境与水利农耕文明协调共生的结果，有十分强烈的地域特征。[①]

血与泪的争水史

中国传统社会中也存在用水与争水的问题。

想要有水可用，水利设施的建设和维护必不可少。中国古代水利设施的兴建和维护，是官民分工、协同实现的。官方负责大江大河等重大水利工程的兴建和维护，而民间则负责中小型水利工程的兴建和维护。

---

① 本节参考文献：王笛．袍哥：1940年代川西乡村的暴力与秩序［M］．北京：北京大学出版社，2018；王笛．跨出封闭的世界：长江上游区域社会研究（1644—1911）［M］．北京：北京大学出版社，2018；陈世松．大移民："湖广填四川"故乡记忆［M］．成都：四川人民出版社，2015；方志戎．川西林盘聚落文化研究［M］．长沙：东南大学出版社，2013；冯广宏．都江堰创建史［M］．成都：巴蜀书社，2014.

在古代，社会治理主要通过宗族自治、乡绅自治来完成。乡绅捐资成为古代中小型水利工程最主要的资金来源。某些水利工程，即便由官方出面，也需要乡绅捐资来克服资金的短缺。

如何“将水分而用之”成为一个问题。

官方和民间设立的一些社会组织起到了维护用水秩序的作用。例如“渠社”就是一种半官方半民间的组织：一方面，官府通过渠社来处理防水、维修渠道；另一方面，用水的村民要互助，管理挖渠、收渠租及浇水等事务。

在古代中国，并没有系统完善的水法体系，也就是说，没有专门管理水务的衙门。除了渠社这种半官方的组织，其实更多的用水问题是通过乡规民约来解决的。

造成这种现象的原因，便是农业用水的时效性很强，相邻关系又十分复杂，人与人之间基于乡土习惯而形成的人情关系，很难通过国家来立法做出明确的规定。

因此，与水事活动相关的“乡规民约”和用水组织，广泛地获得了官府与民间的双重认可，在农业灌溉乃至社会治理中发挥了重要作用。

据《汉书》记载，汉元帝建昭五年（公元前 34 年），南阳太守召信臣“为民作水约束，刻石立于田畔，以防纷争”，使当地用水秩序井然，效果非常好。

但乡规民约无法完全杜绝用水纠纷。

地方势力成为关键性的影响因素，它既可能公平地调解用水纠纷，也有可能造成更大的用水争斗。

有的乡绅调节用水纠纷，以上下游自然形成的强弱势地位为依据，上游水流多，便多照顾下游的利益，力求维护彼此利益格局的平衡，让矛盾各方都能接受。

但利用强大的宗族关系，发生争夺水资源的械斗的事情也不少。在中国东南地区，争夺水资源的械斗常常在不同宗族之间发生，既有把对方的田地扒开缺口，将水放入自家田地的个人行为，也有强势家族垄断附近水源，支配灌溉系统的集体行为。这些垄断行为通常会导致家族之间的世仇，甚至导致冲突升级为大规模的械斗。

我们可以从民间传说中了解争水的残酷和棘手之处。

中国传统民间有很多争夺水资源的故事。散文作家吴伯箫在其《难老泉》一文中记录了一个民间口述故事：几百年前，山西的农民经常为水争斗，天越旱，斗得越厉害。后来官府以调解纠纷为由，在潭边支起一口滚沸的油锅，放入 10 枚铜钱，根据双方从锅中取出铜钱的数量，确定双方的分水量。

为了给集体争取更多的水资源，来自北渠的一个姓张的青年冒死从油锅中取出 7 枚铜钱，于是北渠人获得了七分水量，但此人因烫伤过重而死。为了纪念这个来自花塔村的张郎，村民将其尸骨埋在了“中流砥柱”的石碑之下。

关于油锅争水的传说不止一个，洪山源神庙后的山顶上有座五人合葬墓，这五个人是谁呢？据传说，村落之间时常因争水而械斗，为了争水，每个村子都牺牲了很多人，于是不得已想了个办法。他们同样在一口盛满滚油的大锅中撒进铜钱，让各村好汉去捞，谁捞得多，谁分的水就多。结果洪山的五条好汉捞出了更多的钱，也因此送了性命，死后被葬在源神庙后的山顶上。这表达了村民对英雄的景仰。

在历史现实中，人们尽量避免直接的用水冲突。

村落之间用水、争水这样的“公关问题”，并不都是通过暴力来解决，更多的乡村通过更“温和”的方式完成，如以祭祀龙王之名，解决用水、争水问题。

在华北地区，闸会是控制灌溉系统的农村民间组织，不同的闸会之间因为对水资源的争夺和共享，会产生冲突或协作等不同的关系。

为了更好地商议合作用水的问题，在龙王圣诞之时，各个闸会同时聚集到龙王庙进行祭祀，顺便商量疏浚河道等事宜。在邢台地区的大贤村龙王庙，农历七月初一时，附近两县八个闸会的首领便聚集于此，由此可以看到龙王庙在闸会合作中的重要作用。

其实，这也反映了与水利有关的中国祭祀文化。敬奉龙王在清朝变得越来越重要，到了 19 世纪后期，朝廷不断发布上谕，敕封龙王。这样一来，龙王在国家承认的祭祀体系之中，从而维护了乡村社会关于水利设施使用的平衡。

在中国乡土社会中，用水冲突与争端一般情况下尽量争取在衙门之外解决，采用调停、和解的办法，这样能够减少诉讼支出，也不会因此牵扯精力、妨碍生产。家族中的族长、士绅等人更了解一件纠纷的原委曲直，较之官府裁处更能抓住问题的实质，从根本上合理地化解矛盾。

从中国传统用水和争水的议题来看，当中充满了农民、士绅和官方三者的角力和互动。抗旱防洪、预防和调解用水纠纷，就成为社会始终面临的问题，而这就必须构建合理的用水秩序。用水秩序的形成和有效运转是官民双方分工而又协同的结果，既需要官方建章立制、监察和调处，也需要民间各种社会力量的参与。

地方士绅在民间力量中扮演了重要的角色，他们必须合理化分配各村落所使用的水源，以此巩固自己在社区中的威望。当中包括订立乡规民约，捐款建造民间水利工程，乃至宗教祭祀活动。事实上，传统中国地方社会在大部分时间内较少受到国家权力的影响，因此地方士绅填补了国家与地方社会之间的真空。[①]

“仁者乐山，智者乐水”：水崇拜与江南水乡

传统中国社会非常重视水文化，水文化可以说是中国文化的母体文化。在中国的哲学体系内，水文化占有一定的地位，即使到 21 世纪的今天，我们依然信奉着“仁者乐山，智者乐水”“从善如流”之类的传统智慧。

除此之外，水文化还体现在水崇拜，以及依水而生的江南水乡意境两方面。这两方面恰好体现了水所具有的两面性：一方面，

① 本节参考文献：赵世瑜．分水之争：公共资源与乡土社会的权力和象征——以明清山西汾水流域的若干案例为中心［J］．中国社会科学，2005（2）：189–203；吕海涛，张凡，杨英法．论中国古代的用水秩序与水纠纷的调处机制［J］．河北工程大学学报，2017，34（3）：1–5；行龙．明清以来山西水资源匮乏及水案初步研究［J］．科学技术与辩证法，2000（6）：31–34；敦煌研究院文献研究所．敦煌民俗研究．敦煌民俗学会，1995.

水给人们带来生机和生命，还形成了独特的与水有关的自然生态环境和生活方式；但另一方面，水也会带来灾难，中国古代水灾频仍，人们对水的畏惧便转移到对造成水患和控制水患的力量的敬畏上。

我们先来看对水的信仰崇拜。

水被视为信仰崇拜的对象，但具体的祭祀对象却是与水相关的人或物。如古代认为江有江神、河有河伯，这些神灵掌管着水，所以要建祭祀江河的寺庙。

《史记》中记载着春秋战国时期“河伯娶妇”的故事，那时人们坚信如果不为河伯娶妇，河伯发怒，便会降下大水，淹没土地。人们不得不花钱为河伯买来美丽的女子，再将其投入水中。

除此之外，还有一些图腾动物，如龙、龟、鳖、犀牛等，这些形象多塑造在水边，对这些图腾的崇拜也很常见。其中最典型、最普遍的，是对龙王的崇拜。

中国传统乡村的农业生产经常受到天气变化的影响。因此，在渭河流域和其他北方降水较少的地区，农民经常会有祈雨的活动，祈求龙王让地方风调雨顺。

唐代诗人李约在《观祈雨》这首诗中，把当时乡村的舞龙祈雨描述得入木三分：“桑条无叶土生烟，箫管迎龙水庙前。朱门几处看歌舞，犹恐春阴咽管弦。”这首诗描写了天气炎热、旱情严峻，桑树的叶子枯落了，连土地都热得冒烟，人们吹奏箫管，在龙王庙前祈雨，但富人在自家的朱门前看着热闹，还害怕雨来了，管弦因天湿而发涩，发不出好声音了。

可见水对当时农村人民生活影响很大，农民经常为干旱而焦虑，因此类似的祈雨活动便成为他们生活中重要的仪式。

在中国南方地区，人们也因为惧怕水患而祈祷。

福建的灌口凤山祖庙流传着“大使公”战田螺精的神话传说：明朝时，灌口凤山庙正前方是一片汪洋，四周芦苇丛生，经常有人掉下水淹死。传说塘里出了田螺精，这只螺经百年修炼，吸取日月精华成了精，并发誓要发洪水毁灭阳界生灵。

他要求百姓送童男童女为祭品，最终搞得百姓背井离乡，不敢在此居住。有三义士见义勇为，要为民除害，但敌不过妖术，被淹死在塘中。供奉在二王庙的清源真君是李冰的次子，“大使公”便是闽台地区对清源真君的称呼。他听说了此事，前往此地镇住了田螺精。为表彰义士的英勇义举，清源真君把神灵附在三义士身上，让他们在凤山庙为三大使，永享人间香火。

在这个故事中，我们一方面看到了人们对水患的惧怕，并将惧怕具象成妖怪，而收服妖怪的神仙又是对与治水相关的人物的神化，这个故事真是非常有趣地反映了人们是如何惧水，又是如何利用崇拜克服恐惧的。

除了对水的崇拜，江南地区形成的独特的江南水生态景观和生活方式，是另一种水文化的表达。

江南地区的水文化享有盛名，主要包含吴越水文化与运河水文化两种。吴越水文化是古代最主要的水文化，早在春秋时代这里的治水工程就很发达。秦汉时代在江南开挖了不少河流，东晋时代水利工程规模更加扩大。

江南境内水网密布、河道密集，水田灌溉便利，捕鱼业发达，因此被世人称为“鱼米之乡”，成为全国最富庶的地区，积累了丰富的水文化底蕴。

小桥、流水、人家，这是人们对江南传统水乡市镇的典型印象。江南水乡市镇，都是依傍河流发展起来的。

历来人们对江南市镇河道桥梁的描写，往往是风格别致的“小桥”，而非高大雄伟的大桥。在人口聚居的市镇区，桥梁的密度相应提高，有数十甚至上百座桥梁。小桥流水，相映成趣，构成了最为独特的传统人文景观。

沿河展开的街市，与河构成一河一街、一河二街、有河无街等布局。临街一面，有很宽敞的屋檐，构成过街楼檐，雨天挡雨，晴天遮日，为来往行人提供方便。

便利的水道网络，促成了当地商业的发展。在各市镇的街区坊巷，酒楼茶馆遍布，娱乐场所繁多，不仅白天人流涌动，入夜也是熙熙攘攘。每逢节日，更是热闹纷腾。

清晨喧闹而傍晚寂静的江南市镇河道的两岸，“人家尽枕河”，居民们就依傍着小桥流水，过着充实安定的生活。

由此可见，江南地区居住与水结合的生活，成为地方文化和日常生活的标志。

另外，水还与中国人的意念和信仰结合在一起。

在中国的风水观中，水是一个重要的概念，例如有“风水之法，得水为上”的说法。“风水”的概念，人们一般认为由晋代易学家郭璞首先提出，他在《葬书》中写道：“气乘风则散，界水则止。古人聚之使不散，行之使有止，故谓之风水。”因此，中国人重视风水，其目的是找到有利于生存和发展的宝地。

风水说中讲究阳宅的建设要背山面水，人行道与水的流向要一致。这是因为背山可以挡风，面水可以怡神，道路顺着水流方向易于排水，少受水淹之患。

在自给自足的古代社会，一块风水宝地往往是一家一族居住、耕作后休养生息的独立场所，决定着小环境中一家一户的生产活动，所以水被看作财富之源。例如在徽州俗语中，民居“四水归明堂”“肥水不流外人田”，这些说法都反映出上述道理。

在中国近代，西化的精英在追求科学时，经常把风水与封建迷信联系在一起。中国传统的风水思想反映了人们对大自然的理解，也表现出当时人对居住环境和布局的认识，水是其中一项重要的元素。人的生命和生活离不开水，这体现在中国人的风水思想中，也突出了水与中国传统居住方式之间的关系。

其实，风水是中国大众文化的一个重要组成部分，反映了非常复杂的思想和文化因素，也包含了哲学、地理、景观、建筑、生态、心理等方面的思考，以及人们了解和顺应自然、利用和改造自然的探索。①

---

① 本节参考文献：涂师平．中国水文化遗产考略［M］．宁波：宁波出版社，2015；潘杰．中国水文化学研究［M］．武汉：长江出版社，2007；郑高萩．灌口掌故大观［M］．北京：中国文联出版社，2004；谭其骧．黄河史论丛［M］．上海：复旦大学出版社，1986；张耀南．水文化［M］．北京：中国经济出版社，1995；侯甬坚．渭河［M］．南京：江苏教育出版社，2010；蒋中崎．越剧文化论［M］．杭州：浙江大学出版社，2015；游宏滔，王士兰．江南水乡城市水文化探析［J］．上海城市规划，2007（6）：13–18.

本章小结

本章对中国农业发展以及农业对人民生活的影响进行了讨论，主要涉及农业和生活水平，对自然的改造和利用以及引发的环境问题，对水的控制分配以及产生的社会组织和文化，等等。

第一，农业的发展提高了人们的生活水平。

种植业与农业工具的创新发展密不可分。中国的农业工具一直在进行材质和形状的变化。金属农具，尤其是铁农具的使用和普及具有划时代的革命意义：一方面，金属农具的使用增加了可耕种的农田量，从而提高了粮食产量；另一方面，轻便、锋利的铁农具也使精耕细作成为可能，促进了单产的提高。

18 世纪中叶的中国和欧洲，从农作物种植和农业生产力来看，作物复耕制度和肥料的实施等农业种植技术，使得中国的粮食产量养活了异常稠密的人口，这一时期中国农民的生活水平是可以与西欧相媲美的。

构成农村家庭收入的另外一项重要来源是家庭手工业收入。在南方地区，除了农产品收入，家庭手工业，尤其是棉纺和蚕丝业成为收入的主要来源，在华北地区，经常要靠出售手工制品得到报酬。

中国传统农业一直是农业和家庭手工业相结合的小农经济。小农的家庭式农场的生产方式主要依靠家庭劳动力，是为了满足其家庭的消费需要，而不是为了追求最大的利润。近代以来，随着门户的打开，中国农业成为世界商品市场的一部分，国际需求的增加刺激了经济作物的种植，以及家庭手工业的发展，对中国农村自给自足的自然经济造成极大破坏。

第二，对自然的征服造成了环境的破坏。

中国人在过去的历史上一直不断试着改造自然、征服自然，争夺生存空间。森林和水资源一直是人们企图利用的重要资源。随着人口的增长，人们对自然的索取越来越多。

除了对耕种的过度使用以及对森林的持续砍伐，将木材作为燃料、建造房屋和船只等用途都导致森林资源的巨大消耗。这样一来，树木的成长已经赶不上砍伐的速度，木材资源越来越少。

对大自然的过度开发造成了严重后果，不但使森林面积萎缩，更重要的体现在上游的水土流失对下游产生的影响上，黄河是最明显的例子。更严重的是水资源流过陆地的时间缩短，从而造成地下水位下降，加上南方地区围湖造田造成的水体面积减少，进一步引发了自然灾害频繁发生。

水资源作为重要的生态资源之一，对传统农业中国社会产生了非常大的影响。水资源是农业社会的核心资源，理解水利工程的修建和使用对于理解中国社会有至关重要的意义。黄河水患的治理强化了中国专制统治结构，因为这有利于调配国家的资源用于重大的治理工程。

面对自然灾害，研究者区分了两种不同的应对方式：消极应对和积极应对。所谓消极应对，即灾难发生在人们没有准备的情况下，因此只能“善后”；积极应对则是针对某些地区频繁发生的灾害，提前做好准备工作。到了清代，政府已经形成了一整套完备的赈灾体系。

第三，对水的利用衍生出有关水的政治和文化。

水利工程的建成使得川西平原灌溉系统非常发达，农民可以随田散居，因此形成了分散式的聚居结构，形成了川西平原独特的农耕文化和社会结构以及生活方式。

用水秩序的形成和有效运转是官民双方分工而又协作的结果，农村的宗族扮演着关键的角色。用水冲突在中国历史上一直没有消失过，反映出当时平民、士绅和官府三者之间的互动。地方士绅在民间力量中扮演了重要角色，他们力图合理分配各村落所使用的水源，以此巩固自己在社区中的威望。

无论是中国传统生活还是哲学思想，都离不开水元素，它影响着古代人对于外界环境事物的理解。水影响了人们的生活，塑造了人们的性格，祭水等传统社会活动却反映出古代人们惧水的心理。中国传统的风水思想反映了人们对大自然的理解，也反映出当时人对居住环境和布局的认识，是中国大众文化的一个组成部分。

第四章

从集市到城市

本章主要问题

1 从集市的功能来看，中国北方集市和南方集市以及地方市场系统有哪些相同和不同之处？随着经济的发展，农村集市会发生怎样的变化？集市在地方社会网络中扮演着怎样的角色？

2 市场体系形成的主要动因是什么？中国的地方经济与市场是什么关系？按照经济对市场进行划分与行政划分是不尽相同的，那市场体系的划分与行政体系的划分区别在哪里，相同点又在哪里？

3 如何评价对农村社会管理和控制的几种力量的效能？为什么国家政权对农村社会有如此多的控制体系，但历朝历代依然多次出现农民起义或者叛乱？统治者是怎样利用大众文化来影响一般民众思想的？

4 传统中国有不同类型的工匠，这些工匠在技术习得和传承方面有什么特点？为什么传统中国可以出现如此多不同种类的工匠？为什么我们认为工匠是中国传统文化的传承者，今天应该怎样将他们的手艺保持和传承下去？

5 传统中国城市有各种不同的小商贩，他们在城市经济和日常生活中扮演了什么样的角色？他们对城市文化的发展起着怎样的作用？小商贩与商人一起构成了传统中国城市的经济，小商贩的多种多样是经济发达的表现吗？

6 近代中国商业发生了重大转变，商业发展与商人社会地位的变化有何关联？商人是否有机会提高他们的社会地位？为什么西方势力的入侵可以改变中国传统观念中“士农工商”的排序？如何评价西方势力对中国商人和商业文化的影响？

7 过去人们参加庙会的动机是什么？这些庙会活动反映出传统社会的哪些特点？是什么因素促成了传统庙会活动的蓬勃发展？

8 公共空间的含义是什么？中国城市的广场与西方城市的广场有哪些相异之处，它们各自代表了什么样的城市生活？公共空间中的地方文化如何表现出它们的持续性？国家文化的扩张对它们造成什么影响？

9 传统中国城市的街头是如何被市民使用的？如何反映出一个城市的商业和文化？街头是如何展示一个城市的日常生活及其特征的？街道除了由一般民众使用，地方精英是如何改造街头和地方文化的？

10 城市发展是如何影响市民的职业构成的？经济发展是市民结构的决定性因素吗？明清时期已经出现因为经济原因产生的移民现象，如何看待因城市化而产生的城市移民现象？城市中社会的各阶层和各种职业之间的关系怎样?

11 市民和城市共同体在市民社会中有怎样的功能和作用?城市的管理随着时间发生变化,城市共同体的作用是如何随着历史变迁而发生改变的?

12 无论是传统的社仓、善堂,还是新出现的消防、女子学堂,都是公共领域的内容,地方精英在传统公共领域中扮演了怎样的角色?领导公共领域的"权力"不断在士绅和政府之间转换,公共领域中的国家与精英有什么样的关系?近代中国城市的公共领域与西方城市的公共领域有何异同之处?

集市与交易

农民都有发达的生意头脑：去农村赶集

大体说来，中国最早的集市出现在魏晋南北朝时期，称为“草市”，在其后的发展中出现不同的名称，北方称其为“集”，南方称其为“墟”，西部则称其为“场”。无论用什么名称，这些初级市场的功能基本上是一致的。

这个话题我们可以从川西的石羊场讲起。

石羊场从名字上看就符合西部地区的称谓，“场”就是集市，就是农民的交易地点。石羊场就是民国时期农村地区最初级的交易市场。

石羊场其实只有一条街用作市场，街两边有商店，售卖一些日用品。到了赶场的日子，也就是每逢阴历的初三、初六、初九，附近的农民就会聚集到石羊场买卖农产品、家庭手工业品及日用品。

除了石羊场，附近还有琉璃场、白家场、簇桥等其他相隔6公里左右的农村集市。一般来说，场的势力范围在以6公里为半径的社区范围以内，因为往返6公里正相当于一日内的行程。

这些场的场期都是错开的，簇桥是阴历初二、初五、初八，白家场是初一、初四、初七。这样专门做买卖的人可以赶不同的场以维持生意，尽量扩大贸易范围。簇桥是附近最大的生丝市场，杜二嫂就是逢着赶场的日子去收购生丝。

有些地方还会举行特殊集市，一般持续三五天，不仅吸引来附近村庄的人，甚至吸引邻县的人。在这种大集市上，村民可以买到一般集市上买不到的东西，例如婚礼上用的装饰、进口皮货、特殊的药品等。

农村市场在地方上承担着非常复杂的功能。

基层市场的职能，首先是满足农民的贸易需求，他们要卖掉多余的粮食或物品，换取现金或其他更需要的东西。

在市场上进行交易的货物，大多数为当地的产品。特别是在那些人口较少、不很繁荣的市集，交易仅限于少数产品。例如在浙江处州，也就是今天的丽水，在明清时期，因多山、地广人稀，所以物产也较少，“自米、粟、鱼、盐、缕而外，他无异物”。

但是在一些比较富裕的县，特别是在广东南部，市集供应的货品远远超出了普通农民的简单需求。例如在1883年的南海县九江儒林乡，这里是有名的鱼米之乡，水网密布、田野广阔，加上温热的气候，自然物产丰富。这里“大墟”的规模极大，覆盖26条街道和小巷，交易品包括丝绸、布匹、蚕茧、家禽、鱼类等等，店铺总数超过了1500家。

市场上还有满足农民其他农业生产和日常生活需要的专业人员，例如铁匠、木匠、骟匠（即阉割牲畜的人）、理发匠及其他手艺人，甚至还有提供写信服务的人。有的则与礼仪紧密相关，如棺材匠以及制作葬礼上需要的纸扎品的匠人。

作为最普遍的经济活动，在集市上我们也可以看到一些与借贷相关的金融活动。商店的老主顾如果没有足够的现金购买，可以赊欠。村民通常在清明节、端午节和中秋节时付账，或年终付账。如果农民手头有了余钱，他们通常会存进亲属或朋友经营的店铺，收取利息。店铺把钱借给它们的老主顾，因而在某种程度上承担着银钱铺的功能。

基层市场与农民的娱乐活动息息相关。

农村市场是专业说书人、戏班子以及摆赌摊儿、卖艺、杂耍、卖膏药等各类人物的舞台。

大多数农民一生的活动范围不出周围若干集市。他们在那里发蒙和成长，集市上的庙会、迎神赛会、戏班的剧目，都塑造着他们的心灵和行为方式，也丰富了他们的生活。

集市也是重要的社交场合。集市内一般设有酒馆和茶社，是农民的聚会之所。那些平时因散居而消息闭塞的人，在那里接触各种信息，诸如当地新闻、官府政令、婚丧嫁娶等。

不同村的朋友和亲戚，平日难得见面，集市上的聚会代替了花费较多的拜访。农民回家后，向家里汇报他们的所见所闻。通过这种方式，村民相互间增进了了解。

我们可以从清末民初的历史记载中来感受集市的氛围。

人们通常早上结伴出门，出售多余的农产品，换来的钱用来购买其他生活必需品。他们可能碰到了邻村的亲朋好友，互相通

赶场，李约瑟（Joseph Needham）摄于1943—1946年的四川

告彼此的近况，也可能在茶馆中休息，听到了最近的时政消息。

如果碰到了特殊的日子，也许还有迎神赛会，还有前来凑热闹的说书人、杂耍艺人、巫师以及卖狗皮膏药的人。从清晨持续到日落的集市，满足了农民的多种需求，也成为中国农民生活的必要调剂。

一般大小集市设定了规则，如一旬之内有三场、四场乃至五场；规范市场风气，禁止任何“有坏风俗事端”，不许进行“结盟聚众”以及赌博等活动；还要设立交易规则，买卖货物由交易者“面议成交”，不许“奸商巨贾”把持行市；划定场区，如米粮区、牲畜区等，各有各的地盘；此外还要排解交易纠纷，如果发生争执，则“凭众理割”，以免“酿成事端”。

一些集市慢慢发展成为贸易活动中心。

随着乡村集市的扩张，它可以为临近更多村庄提供经济交易，随后演变成具有相当规模的中心市场。

商业性的店铺越来越多，被吸引到这里来消费和做生意的人便越来越多。长此以往，随着经济能力的提升和财富的聚集，大的村庄会慢慢往城镇方向发展。前面提到的南海县九江儒林乡的“大墟”就不仅仅是一个市集，而是一个小型的城镇了。

随着集市经济的发展，很多村镇的规模已经超出了“镇”的范围。景德镇为我们提供了另外一种超大型城镇的实例。

景德镇以生产瓷器而知名，晚清时期到访该地的人说它是一个极大的村庄，该镇的人口据称是将近 100 万。有一句俗语便证明了其人口数量之多：“景德镇日耗万担米、千头猪。”虽然在形式上这些村镇还是属于农村地区，没有并入城市，但是这种大型的镇因其商业经济的发展，已经不再是真正的农村社区了。

农民赶场既是一种经济活动，也是社会活动，是农村社会人们的日常行为之一，也是农村社会经济和贸易的基础。可以说，从集市、乡场、市镇到城市，是市场不断扩展的过程，反映了中国农村与城市的复杂关系。[①]

集散与流通：场、市集和城镇网络的形成

在传统中国农村，有三种不同的市场类型：基层市场、中间市场和中心市场。

基层市场就是农村最初级的交易市场，如上节中提到的场、市集、乡镇等，农民在这里可以买到自己无法生产的东西，同时也可以出售自己多余的产品，川西的石羊场可以看作其中一例。

中间市场在商品和劳务向上、向下的垂直流动中，都处于中间地位。中间市场所在的居民点被称为中间集镇。

中心市场通常在流通网络中处于关键地位，有重要的批发职能：一方面，接收输入商品并将其分散到下属区域；另一方面，收集地方产品并将其输往其他中心市场或更高一级的都市中心。

例如，四川广安主要产米、豆，临近的合州产炭，遂宁产盐，后两种产品都是人们生活必不可少的。通过相邻近的中心市场之间的交易，广安的中心市场可以买卖炭和盐，广安下一级的中间市场也可以在中心市场买到炭和盐，从而再转往最基层的农村市场。这样一来，即使是离中心市场最远的农村，人们也不会

① 本节参考文献：萧公权．中国乡村：论 19 世纪的帝国控制［M］．台北：联经出版社，2014；施坚雅．中国农村的市场和社会结构［M］．北京：中国社会科学出版社，1998；王笛．袍哥：1940 年代川西乡村的暴力与秩序［M］．北京：北京大学出版社，2018；杨懋春．一个中国村庄：山东台头［M］．南京：江苏人民出版社，2001.

缺少炭和盐了。

在晚清，作为县级政府所在地的城市往往是中间市场或中心市场，有时候府治也是中心市场。当然以上情况也不是绝对的，例如石羊场所在的华阳县，在 1949 年的时候有 8 个以上的中间市场、一个中心市场，但没有一个是在县城。

从功能上来看，不同层级的市场服务的人群也会有差异。

有些商品只有中间市场才提供，这些商品的销售对象是地方中上层，他们的生活方式也有别于普通农民，虽然说不上豪华，也要讲究许多。他们经常购买的食品、饰物和衣物，对农民来说太奢侈了，因而在基层市场是很难买到的。

他们是相对有钱的人，中间市场提供的放债和投资等金融活动，是基层市场无法比拟的。他们又是相对有闲的人，也只有在中间或更高层次的市场上，才有适合消磨几个小时时间的茶馆、饭铺和酒馆。

中心市场的参与者往往包括了那些拥有货栈的批发商。官吏与乡绅以及有地位的商人会在这里对地方重要事务进行磋商。

一般说来，一种经济中心上升到上一级中心，是商业发展、居民数量增加的结果，而从事农业生产的劳动力比重则会下降。

在地域范围逐渐扩大的经济区域内，城市出现并逐渐发展起来。中国城市的市场结构有自己的特征，城市商业中心的地位和作用取决于其所吸引、辐射的区域大小，取决于与城市发生流通地区的范围和流通量。

我们可以把清代城市的经济市场按不同的功能进行分类。

城市是商品的集散地，转运贸易是城市发展的重要条件，城市也成为联系各地市场的中心。从商品集散和流通方面来看，这些中心可以分为商业性城镇、集散市场和多功能高级市场。

有些城镇因为地理位置或者物产丰富而成为商业性城镇。例如汉州城水陆交通发达，嘉庆中期便有 30 多条水陆道路，邻近镇子来的船只、竹筏都在此聚散，因而药材、木材、粮食交易繁盛。

而什邡县虽然没有便利的交通，但本地盛产烟叶，附近乡镇的商人多来此购买，再转销外省或外县，所以商业繁荣。

集散市场比商业性城镇规模还要大，往往是在两省交界或是重要的交通枢纽。例如四川广元地处川陕要道，是两地来往必经之地，所以成为陕甘药材的集散市场。陕西产药百余种，由广元转销外省，甘肃的麝香也多集中在广元交易，促成了广元市场的繁荣。

多功能高级市场一般地理位置特别重要。

由于历史原因或所处的重要位置，一种多功能高级市场逐渐出现，这种市场由于商业的繁荣发展成为大都市。这种市场往往数量少但作用大。

处于长江与嘉陵江交汇点的重庆和川西平原的成都，就是这样的城市。它们虽然都属于地区的大都会，但经济地位还是不断变化的。19 世纪早期，成都是中心城市，但到了 19 世纪 20 年代以后，重庆成为长江上游地区贸易的主要中心。

重庆经济地位的变化与其地理位置有关，它是长江上游最重要的港口城市，是长途贩运的起始点，吸引了大量的商业性移民。它的繁荣会影响整个长江航运的兴盛。

其次，重庆是洋货输入西南的转运地，例如进口洋布，通过重庆进入整个长江上游地区，甚至云贵地区。它作为进口产品的转运枢纽的作用不可小觑。

而成都与重庆有着不同的发展模式。长江上游的成都是进口贸易的交接点，正因如此，洋货对成都市场没有形成很大冲击，石羊场的杜二嫂就是在这样的历史背景下，才有可能通过织绸养活全家。

成都商业的发展还有赖于城市手工业的兴盛。乾、嘉年间杨燮所做的《锦城竹枝词》中，有一首描写了成都一条街的丝织情景："水东门里铁桥横，红布街前机子鸣。日午天晴风雨响，缫丝听似下滩声。"这是当时成都手工业发展的真实写照。

我们还可以从更大的范围来看经济市场。

按照美国人类学家施坚雅的市场体系划分，晚期中华帝国大概可以分为九个主要的、人口密度较大的区域。

这些区域包括：东北、华北、西北、长江上游、长江中游、长江下游、云贵、岭南、东南沿海。在这些区域，基本上有一个大都会城市。从19世纪晚期的经济层级来看，以1893年的农业中国来说，基层集市有27000~28000个，但只有6个中心都会，分别是北京、西安、重庆、武汉、上海和广州。我们可以发现，晚清民国时期的经济中心与今天的经济中心相比，有许多是重合的。

无论是农村的市场体系、城市的市场体系，还是把中国市场作为整体，都可以从功能、区域范围、服务特征等几个重要方面的不同特质为出发点，看到市场是如何一级级上升的，从较小范围、较少的辐射人口到更大范围、更多的辐射人口、更多的贸易产品和服务类型，通过中间市场的上下流通，以及中心市场之间的货物转销，使得较边缘的农村地区也可以获得生活所需，也使得不同的市镇、城市在商业贸易的流通中展现出自己的地位和特征。[①]

县官、士绅和圣谕：乡村的管理与控制

农村社会中，谁是真正的领导者？乡村社会是被哪些权力所控制的？

实际上，农村社会中不同的权力交织在一起，共同起到了控制乡村的作用。

在帝制时期的中国行政体系中，知县是最低一级的官员，县衙门在县城之中，管理整个县的数十万人口，故而在一定程度上形成了国家权力的真空。

乡绅或者士绅，也就是通过科举考试获得了功名的“知识分

---

① 本节参考文献：王笛．跨出封闭的世界：长江上游区域社会研究（1644—1911）［M］．北京：北京大学出版社，2018；施坚雅，主编．中华帝国晚期的城市［M］．北京：中华书局，2000；施坚雅．中国农村的市场和社会结构［M］．北京：中国社会科学出版社，1998.

子”，也是居于领袖地位和享有各种特权的社会集团。士绅充当了政府官员和当地百姓之间的中介。他们代表了本地的利益，承担了公益活动、兴修公共工程、排解纠纷、组织团练和征税等多种事务。

士绅所承担的事务，许多是对政府有利的。

这些事务若非士绅担当，则须官吏办理。然而知县的幕僚和书吏太少，经费也不足，不能承办所有的地方事务。而且，知县还受到严格的轮换制度的制约，任职时间一般比较短，对地方情形不熟，难以处理好一切事务。因此士绅所做的事，经常是代政府而行之。

尤其是当国家政权受到冲击、官府的行政能力被削弱时，士绅的活动范围就不断扩大。太平天国时期的著名巡抚胡林翼就曾说过：“自寇乱以来，地方公事，官不能离士绅而有为。”

而且士绅作为本地的代言人，也经常代表本地人的利益。苏州士绅冯桂芬仰仗其他上层士绅的支持，不光写文章著书，而且多次与当地巡抚交流。这位巡抚在上报朝廷的奏议中也支持冯桂芬的立场，冯桂芬成功为本地一大片区域赢得了减免赋税的权利。

还有一些事例表明，即使是政府官员也对地方士绅敬畏三分，因为他们有能力让胡作非为的官员下马。清朝时期，政府官员觉得在四川省做官比较容易，因为四川省离京师远，叙州官员以“天高皇帝远”为利，在东乡大狱枉杀三千人，上级官员把持地方政事，百姓冤案无法昭雪。当时叙州人赵增荣在京师翰林院任编修，集合所有在京的同乡官员，将该事上呈监察院，最后使得真相大白。足见这些官员是出于同乡之情才凝聚起来办事的。

到了中华帝国晚期，乡村社会控制主要是靠保甲体系。

我们可以把保甲制度看作地方治安自治体系。现代社会的治安靠数以万计的派出所和警察这样的官方机构和政府人员来完成，但是在传统中国，地方上没有官方设置的“警察”，他们就要靠保甲制度维护治安。

这个制度是宋代王安石在1070年创立的。具体执行起来就是，每家每户要将家庭成员的名字登记在一块牌子上，每10户相邻的人家组成一甲，邻里之间有面目生疏、行踪可疑的人，立即报官究办。如果出现了失职，这10户要集体负责。它通过地方共同责任制，设计了一套有效的地方控制体系。

保甲组织体系要求各地居民自己进行管理，地方官员只是监督这一体系的运作，并不直接参与，这使得政府节省了大量的人力成本，不用增设官员就能对遥远的小村子进行统治。

但是保甲制度也使得居民成为潜在的告密者，居民告发他们中间所谓的违法行为，居民自己监视自己，从而使他们因害怕、相互怀疑，而不敢冒然煽动同乡起来反对政府统治。保甲制度作为统治工具，对政府在打击犯罪方面有极大的帮助，这种帮助体现在对人民的巨大震慑作用上。

除此之外，统治者还推行“宣讲圣谕”的办法，试图对人们进行思想控制。

清朝的统治者采用通俗说教的方法，即乡约宣讲体系，该体系可能是由顺治皇帝发明的，他颁布了“六谕”，要求臣民不要违背伦理道德，过一种平静的生活。圣训包括：孝敬父母、恭敬长上、和睦乡里、教训子孙、各安生理、毋作非为。

为了让臣民清楚了解六谕的内容，各州县都要任命一名乡约，礼部在1659年规定，乡约要在当地居民中超过60岁、名声卓著的生员中指定，如果没有符合条件的，那么60岁以上、名声好的平民也可以担任。

乡约一般每月初一和十五，在人口稠密的大乡大村宣讲，老人、里长、读书人都要参加。乡约除了要解说“六谕”，还要将邻里的善举恶行记录下来，甚至还建有“申明亭”，用来张贴圣谕，或者张贴违法犯纪、没有遵守孝悌之道的人的名字。

这些圣谕就是用儒家思想来教化人民，希望用这种方式来规范乡人的言行举止，至少使他们不要偏离国家所要求的行为轨道。

“讲圣谕”逐渐成为一项受欢迎的娱乐形式。

茶馆或商家经常邀请讲圣谕者。他们在茶馆里或店铺门前搭一个讲台，台上放一盏煤油灯和一壶清茶，讲圣谕者手持折扇，向听众宣讲康熙皇帝的圣谕十六条。他们通常赶场讲一整天，有钱人家会捐出三四百钱到三四两银子不等的钱，来支付相关费用。宣讲总是伴有焚香、点烛和烧黄纸的礼仪。

宣讲者经常用日常生活中发生的故事来解释道德准则，他们经常引用中国传统的励志故事，例如孟母三迁、岳母刺字等，以吸引更多的听众。在解释“和乡党以息争讼”时，宣讲者会详细地叙述邻里为了鸡毛蒜皮的小争端，如何升级打官司、最终导致破产的故事。

政府不希望人们将小事诉诸法律，因为统治阶层以儒家思想为主流价值观，以“礼”为核心的儒家认为这才是为人处世的信条。在面对民间纠纷时，士绅虽然没有司法权，但可以作为仲裁人进行调解。时人甚至断言，士绅解决的争端比知县处理的争端还要多。据说在中国说评书成为一种职业，便源于讲圣谕这一传统。一个民间故事是这样说的：在清初，地方官派人到茶馆去宣讲圣谕，为使圣谕能为下层人所理解，宣讲者要以生动的故事来讲述。如果有人在宣讲中睡着了，他们就用一个木块拍桌子，因此这个木块就叫作“醒木”。后来宣讲者逐渐发现，讲故事是一种谋生的好方法，他们中的一些就成为职业说书人。

讲圣谕的活动使我们从一个有趣的角度对大众娱乐和政治变化之间的关系进行观察。我们看到了统治者和地方精英是怎样通过灌输官方的思想意识来影响中国下层民众的。[①]

---

① 本节参考文献：张仲礼 . 中国绅士：关于其在 19 世纪中国社会中作用的研究［M］. 上海：上海社会科学院出版社，2002；萧公权 . 中国乡村：论 19 世纪的帝国控制［M］. 台北：联经出版社，2014；杜赞奇 . 文化、权利与国家：1900—1942 年的华北农村［M］. 南京：江苏人民出版社，2010；王笛 . 街头文化：成都公共空间、下层民众与地方政治（1870—1930）［M］. 北京：商务印书馆，2013.

说书，图片引自李弘《京华遗韵》

手艺人、小贩和商人

手艺人的表演：今天何处寻?

近几年来，我们经常从媒体上看到提倡工匠精神。中国的手工业者是传统社会中一个非常重要的群体，他们中有的身怀绝技，作为中国古代文化和文明的一部分，留下宝贵的遗产。即使是普通的工匠也有他们的历史与特征。

工匠中有相当大的比例从事丝织业。中国的家庭手工业虽然规模小，但从宋元时代开始就变得十分普遍。范成大在《夏日田园杂兴》中写道："小妇连宵上绢机，大耆催税急于飞。今年幸甚蚕桑熟，留得黄丝织夏衣。"

手艺娴熟的丝织工匠，也可以受雇于人。元末时期的杭州，有不少丝织工场，这些工场雇用丝织工匠，工匠每天有工资，家人全靠他们的工资养活。在不同的工场之间，有以较高工资争取优秀工匠的情形。

晚清民国时期，纺织是成都的"大工业"，在我们所了解的石羊场杜家的故事中，杜二嫂就是凭着将丝织成绸出售，从而使家庭富裕起来的。织绸的机器巨大，有一间大屋那么长，由于高过屋梁，所以得在地上挖一个一人深的坑来放置。不过此时的生产工具还是很简陋的，需要大量的人工协助不同环节的劳作，其中上机织绸这个环节是最复杂的，织绸师傅手脚并用都忙不过来。

丝织品的制作工艺各有不同，技艺的保护和传承也相当重要。陆游的《老学庵笔记》中就记录了亳州出产的一种轻纱，当地只有两家人拥有这种技艺，为了保护这种技艺不被外人习得，这两家人世世代代通婚，就是为了共守两家技术的秘密。

除了丝织业的技术比较成熟，制陶业也是匠人比较多的行业。

南宋晚期的景德镇制陶工场，已经分化出许多不同的工种，内部分工较为细密，专业化程度非常高。蒋祈在《陶记》中记载，有人负责制陶的形制，有人负责制陶的材料选择，还有人负责陶器上的花纹，秩序井然，分工合作。

在制陶手艺人的不同工作中，烧火窑匠最为辛苦，而且仰赖纯熟的经验和技艺。因为在烧窑的过程中，火候的大小直接关系到瓷器成品的色泽是否理想。整个烧制的过程需要昼夜观察，添柴不能间断，如果因为太过困倦忘记添柴，瓷器甚至有碎裂的危险。

清朝时期，在资质最好的官窑中，每个窑有两名烧火匠，每夜厂官会亲临窑边巡查，可见这个瓷器制作的最后环节是多么重要。开窑之后，如果器皿完美，工匠会得到厚赏，但如果质量不堪，则要根据质量不堪的程度来惩戒。

在成体系的手工业中，造纸业的工匠所掌握的技术也是非常发达的。

20 世纪 20 年代对四川造纸业的调查报告将造纸业奉为“四川伟大的手工业之一”。

造纸业涉及许多人的生计，更重要的是，传统中国的政府认为纸张对国家管理、考试和教育体系、大众启蒙具有核心作用。

同时，造纸是一项复杂、有精细劳动分工的高技能工艺。造纸匠人要经过 72 道“手脚”，造纸业的核心技艺流程表中列出来 20 道工序，每一道工序又囊括若干小的步骤。

我们可以粗略地把造纸的过程分为两个部分：首先是依据季节变化将竹子和其他纤维物做成料子。这是一项季节性工作，需要经验丰富的伐竹工人来完成，因为头年、二年、三年的竹子每年都要砍掉固定的一部分，才能确保它们来年继续再生。

其次，将这些料子做成纸浆，再将纸浆变成纸。这是一个全年都可以进行的工序，对工匠的技术要求也极高。就拿抄纸匠来说，他要在水槽中拖拽纸帘，单是将潮湿的纸张一张张分离，就需要高超的技术才能识别纸浆何时可以分离成纸。一个技术娴熟的抄纸匠一天下来，可以抄出数百张纸。

这种对技术有超高要求的手工业，工匠一般都是从父辈那里学习技艺，鲜有正规的教学。他们在小的时候是半玩半学，真正认真学习是从十五六岁开始。技术的真正习得需要多年的练习和浸润，需要极大的耐力。

如果家里不从事造纸业的小男孩要学习造纸技术，他的父亲要与经验丰富的抄纸匠接洽，以酒肉款待，希望他能收自己的孩子为徒。如果抄纸匠应允，孩子按规矩先在蔡伦的神位前磕头，因为蔡伦是造纸行业的祖师爷，然后再给师父磕头，行拜师礼。

学徒有三年期限，期满时，徒弟送师傅全套衣服，以此换得一整套工具。徒弟终身听从师父的教诲；即使出师了，如果徒弟对师父没有表现出足够的尊重，师父可以拿走纸帘上一个非常重要的工具，使他没办法继续抄纸。如果徒弟擅自拿走这个工具，师父可以责打他，他还不能顶嘴。

20 世纪三四十年代，技能娴熟的抄纸匠的工资是非常可观的，一个抄纸匠每天可以挣到五到十斤粮食，足够维持四口之家的生活。

还有许多与普通人的生活息息相关的小型生产作坊。

在传统的城市社区里，大多数居民都属于下层阶级，对他们来说，买新的日用品价钱不菲，这些修理旧物的手艺人对他们便特别重要。这些工匠几乎能修理任何东西：棉絮、瓷碗、铁锅、木桶、凉席、雨伞等等。

与小贩一样，他们也有招徕顾客的各种响器。例如，补瓷器和修米缸的手艺人带着由五块黄铜片组成的工具，这种工具叫作“金圭”，发出的声音很远都能听到。

这些专门修补日常用品的手艺人一般都拥有娴熟的技艺，例如弹棉花的匠人可以将陈年的灰色旧棉絮弹得又软又白；而经过铆匠修补的破碗，如果不从下面看，很难发现它曾经破裂过。

绝大多数的日常用品都可以经过手艺人制作出来，有了破损之后，可以修补之后再次利用。那些漆匠、篾匠、铁匠、磨刀匠、锡匠等手艺人的工作，也形成了一种街头“表演”。在他们工作的时候，总有人在一边围观。

中国传统手工艺行业中的纺织、制陶、造纸等手工匠人，他们的手工技艺不但与传统中国的经济和文化相关，还创造了独特的制作工艺流程，使得这些手工艺技术日臻完善。在城市的街头巷尾，各种与家庭生活紧密相关的手工匠的存在不仅便利了人们的生活，也形成了传统城市中独特的手工艺文化，为城市带来了活力。[①]

---

① 本节参考文献：王笛．街头文化：成都公共空间、下层民众与地方政治（1870—1930）[M]．北京：商务印书馆，2013；艾约博．以竹为生：一个四川手工造纸村的20世纪社会史[M]．南京：江苏人民出版社，2017；彭泽益．中国近代手工业史资料（1840—1949）：第一卷[M]．北京：生活·读书·新知三联书店，1957.

走街串巷的小贩：他们演奏了城市生活的交响乐

小商小贩是从事商业贸易的人群之一。1906年，美国传教士韦尔估计成都街头大约有150种不同的小贩，销售食物、日用品和装饰三大类商品。小贩们的资金很少，利润也有限，但是他们的生意可以迅速得到回报。他们不仅有应季的商品，而且可以根据买主的需要采买物品。老年人和不能做繁重劳动的妇女，往往以此为生。

小商小贩招揽生意的方式，让城市生活充满活力。

每天清晨，各种小商贩便登上了他们的舞台——街头，继而在都市生活的交响乐中，开始了他们一天的“表演”。小贩们的叫卖声是成都“城市之音”的重要组成部分。每一种小买卖都有其独特的叫卖方式。铜锣和铃铛是最常用、最能吸引人注意的工具，当它们发出声音时，居民们根据自己的经验，便会知道哪种小贩到了。

小贩们带着货箱，大声吆喝，吸引买主来看他们的玉器、针头线脑、蚊香和其他日用品。即使是类似的商品，小贩们也可以用不同的鼓声来加以区别：卖菜籽油的小贩敲一面半月形的锣，卖芝麻油的小贩摇晃拨浪鼓，卖豆腐的小贩敲一个一尺多长的空竹筒。

卖甜食、玩具和其他玩意儿的小贩，最受孩子们的欢迎。他们敲击一面直径大约为20厘米的黄铜锣，宣布自己的到来。那些经营刺绣和瓷器的小贩，使用的是直径比黄铜锣更小一点的鼓。

居民们能迅速辨认出不同小贩和手艺人的叫卖声。我们可以从一首竹枝词里体会到：“门外忽来卖货郎，连铃鼓动响叮当。婢供驱使娘弹压，挑拣全凭女主张。”

货郎图

小贩的货物和摊点都是城市生活的生动展示。

商贩们从早到晚在街头来回游走，成为市民日常生活中不可缺少的部分。

食品小贩到处摆摊设点——街角、人行道、寺庙或茶馆外，这些公共空地都是他们支起货摊做买卖的好地方。以美食闻名的成都，尤其是芳香可口的小吃，吸引着众多食客。清末，外国旅行者把卖小吃的摊点叫作“街头厨房”或“流动饭馆”。

那些街头食摊每天营业的时间很长，通常是从黎明到午夜，设备也很简单。普通人特别是体力劳动者，是食品小贩的主要顾客。路口有很多饮食摊为路人和苦力供应早餐，到这里吃东西的主要是轿夫、人力车夫和搬运工。在开始一天漫长而艰苦的劳作之前，他们需要一些暖身的食物。

20世纪40年代的《华西晚报》上经常出现“蓉市夜景”的漫画，里面描画各种各样的小贩，有卖木拖鞋、卖衣架子的，有卖蚊香的，更多的是卖各种吃食的：卖抄手和小面的、卖肥肠粉的，还有卖豆浆、烧鸭子的。这些食摊的设备都很简单，有的街头摊点摆放几张桌子和几条长板凳，但大多数顾客只能站着或者蹲着吃，人们并不以为不方便。

还有一些小商贩是地方特有的。例如只有在四川才能看到“装水烟”的。他们通常在茶铺、烟馆、酒店、戏院和集市上做生意，如果有顾客要吸烟，他们就把黄铜水烟壶和烟丝递上。

与水烟小贩一样，“烘笼”也是地方物质文化的一种。由于成都的燃料昂贵，所以成都平原的居民除了做饭从不生火，以节约燃料。在冬天，一些小贩出售暖手暖脚的烘笼。

烘笼是手工编制的竹器，里面是由土陶罐做成的小炭炉，炭炉里装有木炭或木渣，生着微火，以供取暖。暖手的“烘笼”是用手捂着，但是暖脚的篮子却是放在长袍下面。远远望去，用这些东西的人就像怀着孩子的女人挺着一个大肚子。这些东西简单又便宜，甚至最穷的人也买得起。

小商贩要有机灵的头脑寻找商机。

小商贩做的都是小本生意，为了确保生意顺利，他们不仅要勤劳，对商机也要有敏锐的反应。

传教士徐维理描绘过小商贩利用各种机会赚钱的情形。例如成都遭受水灾之后，洪水刚退，卖面条和豆腐的小贩就来了。即使战争也不能让小贩停下手中的生意。1917 年，成都街头的巷战尚未完全停息，小贩们就冒着生命危险，出来兜售食物和货物了，而此时街上的商铺还没有开张营业。

晚清民国时期，成都的茶馆非常普遍，生意也好。这里不仅人多，人们在此逗留的时间也长，于是许多小商贩利用茶馆的“人流量”做生意。茶馆中最多的是卖香烟和卷烟的小贩，其次是卖糖果的，也有人卖报纸。

为了吸引更多的顾客，一些小贩还练就了“绝技”。他们喜欢卖弄自己的技术，也为顾客提供了娱乐。例如，一个卖炒瓜子的姑娘很受顾客欢迎，因为她可以一把抓出顾客要求的瓜子数量。

虽然有茶馆的顾客抱怨小贩的吵闹，但事实上，许多小商小贩，像肉贩、卖小吃和蔬菜的小贩等，可以让顾客在饿了的时候随时有东西吃，用不着离开茶馆去填饱肚子。所以小贩与茶馆的关系很密切，符合互利的原则，既给茶客提供了方便，也促进了各自的生意。

20世纪初，政府也开始了对小贩的管理。

虽然大多数小贩都努力挣“诚实钱”，一些小商贩的行为还是引起了地方精英和政府的“反感”。

例如，有一些小贩雇人假装买货以诱骗顾客。特别是卖糖果和食物的，用诸如掷色子或抽奖的游戏来引诱过路人。这些做法被认为有欺骗性，于是地方精英们想方设法予以禁止。

20世纪之前的成都，地方官员并不直接控制市场。但在20世纪初警察设立以后，小贩在公共空间逐步受到限制。例如在1932年，政府在公园禁止乞丐和小贩，理由是他们在公园的茶馆里妨碍卫生，影响公共秩序。这个禁令不仅给顾客造成了不便，因为他们需要小贩提供各种小吃、玩具等物品，而且也直接让许多小商贩失去了生计。

后面虽然经过茶馆和公园的请愿，政府妥协，将中山公园的小贩限制在90人，但1937年，政府发起新生活运动，以需维持公共秩序为由，不再为小贩提供入园证，许多小贩的生计受到影响。

小商小贩在街头、公园、市场等公共空间的活动，极大地方便了居民的日常生活。他们与顾客的关系，以及他们独特的吆喝声和话术，给人们留下了深刻的印象。

无数平民以此为生，同时给城市带来了活力。我们可以想象，在传统中国城市，如果限制了他们的商业活动，多少人将失去生计？而如果城市中没有了小商小贩，日常生活将会变得多么不方便，城市景观将变得多么枯燥乏味？[①]

坐商和行商：商业文化丰富了城市景观

商业贸易虽然在历史上一直存在，但直到唐宋时期才日渐繁盛，市场不断扩大，贸易越来越兴旺。

尤其是南宋的杭州，有多重贸易通道：有国家控制的贸易，有大规模的内河和海上贸易，还有奢侈品贸易以及供应城市主要消费品的贸易。

内河贸易使长江两岸兴起了一些大市镇，这些大市镇后来又发展成为大城市。整个帝国的物产，从珠江流域、汉水流域到长江流域，均由商人们运输和经销。

海外贸易也空前重要，9 世纪时有广州这个大港。到了南宋，泉州和福州成为新的重要港口，除了中国商人，这里还有大量的叙利亚人、波斯人和阿拉伯人等等。

到了明清时期，商业兴盛，长途贩运兴起，小商小贩在短途商品流通中也扮演了重要角色。

长途贩运中，徽商、晋商、粤商、闽商、浙商等都是重要的角色。

在商业发展中，商人还发展出独特的文化。清代汉口的徽商

---

① 本节参考文献：王笛．消失的古城［M］．北京：社会科学文献出版社，2019；王笛．茶馆：成都的公共生活和微观世界［M］．北京：社会科学文献出版社，2010；李孝悌．中国的城市生活［M］．北京：新星出版社，2006.

就是一个非常典型的群体。徽商虽然擅长做生意，但更推崇文化。徽州人认为，自从朱熹出现以来，徽州文风日盛，于是发家致富的徽商更加推崇朱熹，朱子学说成为徽州商业文化的象征。因朱熹又被称为紫阳先生，许多地方出现了徽商建立的“紫阳书院”。

不仅如此，徽商还在紫阳书院中祭祀朱子。在异乡，朱熹成为徽州商帮的精神支柱。紫阳书院的建筑风格也沿用粉墙黛瓦的徽派建筑风格，在商业城市中独树一帜。

随着商业发展，传统的“士农工商”秩序也有改变。许多商人想尽一切办法使其子弟受到良好的教育，通过科举使家族的社会地位上升。在商人辈出的徽州和山西，商人的经济地位大大上升，即使是严格的科考制度，在此时也对商人阶层有所松动。

例如为盐商子弟设立商籍，使盐商子弟不必回原籍应考，并且为他们保留录取名额。明代只有山西商人得以享受这种优待，到了清代，商籍之法得到推广，徽州商人也被授予了这种特权。

不仅商人子弟进入仕途变得容易，商人也可以通过捐纳的方式取得官位，这些官位起先只是一个虚衔，后来可以进一步捐得实缺，例如广东十三行的商人大都拥有官衔。

西方力量的到来，刺激了近代中国新兴工商阶层的崛起。

鸦片战争前，广州是唯一的对外贸易窗口，著名的十三行就是专门与“洋人”做生意的机构。因为垄断了对外贸易，十三行商人曾是中国最富有的商人群体。

沟通外国商人和中国市场的买办，是晚清新兴的一类商人。随着通商口岸的增多，广东十三行的垄断地位被打破，买办商人兴起。买办商人源起于鸦片战争以前广东十三行的雇员，专代洋商买办食物、料理薪水等琐事，以后功能扩大，成为洋商所雇用的掮客、经理人或承包人，并且随着通商口岸的开辟而扩展到各地，取代了十三行的地位。

外商不了解中国的市场情况和语言风俗，必须借助买办的力量才能拓展商务。买办一方面为外国人做事，为外国产品在中国拓销助力；另一方面也有人在这个过程中学习到许多西方经商的经验，积累了许多财富，此后成为独立的企业家，甚至成为中国工业化的先锋。

譬如中国第一家航运公司轮船招商局的成立，就是唐廷枢、徐润和郑观应等买办的功劳。他们采用西方的办法经营，推出股份制，并且发行股票，同时与强大的西方轮船公司竞争。轮船招商局成为当时中国最重要的航运公司。

传统的士绅阶层也开始公开经营近代企业，出现了所谓商绅阶层。

明清以来，士绅和商人已逐渐有合流的趋势，我们前面讲到汉口商人组织了诗社并且出版了诗集，就是一种表现。士绅化名或幕后经商者很多，而且到清代晚期，纳捐制度的盛行也使商人能够用金钱买得功名。

西方商业实力的强烈冲击使得朝野开始重视商业，社会对于商人的评价开始上升，追求商业利益成为正当行为。于是士绅或为了理想，或为了利益，公开投身于商业的大有人在，其中最有名的是号称“北周南张”的周学熙和张謇。周学熙中过举人，做过道台，创办了开滦煤矿公司、启新洋灰公司等许多企业。张謇更是中过状元，还创办了纱厂以及盐垦公司。

文人办企业，如果说有什么特点，那就是他们信奉“实业救国”，非常重视现代职业教育。周学熙为了学习近代工业，曾到日本考察，并且在归国后创办北洋工艺学堂；而张謇开办了中国第一所纺织专业学校。

绅商合流成为当时的趋势，商人的子弟在接受新式的中学、大学教育之后，有许多继续投身于商业，成为民国初年商人的一大特色。这和从前商人子弟大多向往官宦之途已经大不相同。

20 世纪初，新商业文化开始在中国形成。

在西方影响下，全国各地纷纷开办商业劝工会和博览会。1906 年，成都举办了第一次商业劝工会。这次劝工会仿效外国博览会，按区域陈列摆放商品，其中还有休息和娱乐区。这些展品不仅要参与评比，根据评比结果颁发奖项，而且出售，销售金额颇具规模。

此后现代商城的雏形也开始出现，推动了新兴商业文化的萌芽。例如成都商业场，这里的所有商品都被要求明码标价，以减少价格欺诈，这在成都是前所未有的。商业场吸引了全省各地来的买卖人和消费者，商业日趋繁荣。

随之而来的是新的商业文化。1909 年，由改良人士周善培主持的四川劝业道发布公告，其中包括若干项改善顾客服务的规定，如热诚待客、清验存货、引导顾客货比三家等。公告要求店主不能回绝顾客开价，要礼貌地同顾客磋商，同时也要求他们更有耐心地对待顾客，甚至端茶上烟，这样才可以和气生财。

我们可以看到，西方经济势力在华的扩张催生出新的商人集团，新式商业兴起也促进了新商业文化的发展。[①]

经济与娱乐

"人山人海地做生意"：庙会的经济和文化魅力

庙会是集宗教、经济和娱乐为一体的定期举办的活动。既然是"庙"会，顾名思义，有着强烈的宗教气息。

在传统中国，对民间社会影响最大的宗教是佛教和道教。因此，既有佛教的庙会，也有道教的庙会。但民间宗教有一个特点，便是越下层的民众，信仰的宗教越混杂，佛道不分的情况十分普遍。而且神灵体系也十分复杂，很多地方性的神灵出了这个地界就不知名了。例如清代的直隶省，也就是现在的河北，有一个香

---

① 本节参考文献：李孝悌．中国的城市生活［M］．北京：新星出版社，2006；梁赓尧．中国社会史［M］．台北：台大出版中心，2017；谢和耐．蒙元入侵前夜的中国日常生活［M］．南京：江苏人民出版社，1995；王笛．跨出封闭的世界：长江上游区域社会研究（1644—1911）［M］．北京：北京大学出版社，2018.

火旺盛的庙，叫“麻郎神庙”，它既不属于佛教，也不属于道教。

而且，中国人经常持“临时抱佛脚”的态度，有事才到庙中求神拜佛，并不是怀着某种真挚的信仰。只要地方民众相信他们祭拜的神是“灵验的”，那人们便对这个神抱有根深蒂固的信仰。

庙会的由来与传统宗教活动中的驱鬼仪式有关。

这种被称为“傩祭”的仪式就是有人装扮成威猛的鬼怪形象来驱鬼，仪式被长期保存下来，后来也成为庙会活动中的一项内容。在清代民间记载中，庙会上的“百戏之舞”“跳舞讴歌”都是傩祭的延伸发展。

此后，庙会中的歌舞、戏剧经历了从“娱神”到“娱人”的转变。清朝时期的广东海阳青龙庙会上，锣鼓喧嚣，梨园奏乐迎神，花灯随神夜游，灿若繁星。

除此之外，庙会中隆重的祭神仪式也是必不可少的。例如清代的城隍庙庙会及迎神活动中，先要县官给城隍发去行文，因为许多统治者把城隍视为自己在阴间的对应物，所以县官也必须像对待“上级”一样恭敬地对待城隍。

北京的城隍庙庙会还有神像出游活动。城隍出巡时，前面有铜锣开道，还有清道旗、肃静和回避牌。随行者有的扮成鬼卒，手持刑具两旁保驾，有的扮成书吏衙役、童男童女，还有的扮成披枷戴锁的罪人。城隍出游非常像地方官在所辖区内的出巡，既是权力的展示，也有保护一方百姓平安之意。

庙会总是吸引大量人群，有些庙会可以吸引数千人参加。

《清明上河图》长卷局部，北宋，张择端，北京故宫博物院藏。我们可以看到画中热闹的街市

所以庙会除了宗教功能，对不少商人来说，还是做生意的好机会，也是小商贩和各种民间艺人赚钱的好机会。

当时人们对庙会是这样描述的：“赶庙会的商人，五行八作无所不有，衣食住行所需又无所不备。绫罗绸缎、金石古玩以及破桌烂凳、居家日常所用的盆碗刀勺、簸箕笤帚一应俱全。鸟市、露天饮食、各种杂耍的摊子更是好玩的地方。”

北京城隍庙庙市每月定期开放。明代小说《二刻拍案惊奇》中说：“京师有个风俗，每遇初一、十五、二十五日，谓之庙市。凡百般货物具赶在城隍庙前，直接到刑部街上买卖。挨挤不开，人山人海地做生意。”腊月中旬以后，各庙会全部换上过年用的东西，摆满对子摊、剪纸挂钱摊、年画摊、灯笼摊、爆竹摊、风筝摊等，年味十足。

定期的庙会是老北京市场体系的重要组成部分。其主要服务对象是城区的市民，也包括郊区的农民。因为买东西价钱便宜，还可以随心所欲地挑选，因此庙会深受市民和农民的喜爱。

庙会还是一种娱乐庆祝活动。

狂欢的氛围还放松了传统社会的限制和道德规范。有组织、有系统的戏剧表演，在庙会上最为常见。人们会在寺院天井处搭建一个临时的台子，再雇一个戏班子演出几天。

在北京，不少民间艺人按月轮流在庙会上表演。人们能够在这里看到平时并不常见的表演，如皮影戏、木偶戏、斗鸡等等。

有外国人还生动描述了当时澳门庙会中戏棚内部的状况：“中国人太喜欢看戏了，有的人找不到座位，就爬到了戏台的竹竿上。后面来的人则要比那些已经爬在竹竿上的人再爬高一点，这样竹架上像戏院里的包厢一样挤满了人。尽管他们需要使尽全力才能使自己停留在那危险的地方，但还是全神贯注地看戏。”

这些庙会活动对一般大众开放，寺庙越大，前来观看的观众越多。

正如杨庆堃所认为的，庙会的娱乐活动给民众提供了暂时摆脱日常劳作和道德约束的机会。

首先，庙会打破了传统中国社会中的性别隔离，在家受限制的女性经常有机会在庙会上与男性交谈和交往。许多在集市上出售手工艺品的妇女，利用讨价还价的机会与其他卖家和买家进行社交。

还有一些庙会活动，更是打破了日常生活的道德限制，赌博便是其中之一。赌博经常出现在庙会之中，而且是被允许的，因此吸引了不少民众参与。有部分赌博的收入甚至变成寺庙的收入之一。只有少数大型和管理良好的庙会才能成功地禁止赌博活动出现。

庙会娱乐活动对传统道德禁忌和限制的反抗，体现了学者赵世瑜所说的，“有着强烈狂欢精神的庙会和娱神活动，具有一种潜在的对日常的颠覆性和破坏性”。这些狂欢精神是人们情感宣泄的方式，被限制在法律允许的范围之内。

但总体来说，庙会中的活动也是凝聚社区的重要元素。

不管是在乡村还是城市，无论供奉什么神明，基本都是动员社区成员来完成，这些活动基于共同信仰和共同利益。例如有资料显示，1920 年中国北方的一次乡村庙会，是由该村 326 个家庭共同举办的，邻近乡村的村民一同参加了这次庙会。

这种地方社区性的庆祝活动促进了社区的稳定，表现了集体的共同信仰以及价值观，也反映出当时人民之间、地方之间的共同利益，了解这些地方性的集体活动能够让我们更好地理解当时中国的社会结构和文化。

在近代，传统的庙会慢慢由盛转衰。随着现代文明的传播，寺庙逐渐减少，新式娱乐场所和商场增多，加上战争破坏和交通革新等因素，传统的庙会走向衰败。然而，这并不代表庙会在现代中国完全消失，在现代中国的农村地区还能看到庙会活动。①

“文化搭台，经济唱戏”：从“勾栏”“瓦舍”到城市公共空间的形成

传统中国城市公共空间有不同形态，我们以“广场”为主，将公共空间延伸至庙会、勾栏和墟市等。

我们要厘清两个问题。第一，什么叫作城市的公共空间？第二，中国传统城市结构中，是否存在“广场”这样一种空间呢？

---

① 本节参考文献：C. K. Yang, *Religion in Chinese society: a study of contemporary social functions of religion and some of their historical factors*. Berkeley : University of California Press, 1970；韩书瑞 . 北京 : 寺庙与城市生活（1400—1900）[M]. 朱修春，译 . 北京：稻乡出版社，2014；王笛 . 走进中国城市内部：从社会的最底层看历史 [M]. 北京：清华大学出版社，2013；赵世瑜 . 狂欢与日常 : 明清以来的庙会与民间社会 [M] . 北京：生活 · 读书 · 新知三联书店，2002；李鸿斌 . 庙会 [M] . 北京：北京出版社，2005.

城市的公共空间指的就是城市中存在着的开放空间，是城市居民进行公共交往、举行各种活动的开放性场所，是为多数民众服务的。

我在这里特别强调的是“公共性”特征，就是它们的使用不具有权利限制，是对所有个体开放的，是城市的共享空间，而这些公共空间往往也塑造了城市的社会共同体。

在中国传统城市结构中，是否存在广场空间呢?

传统的研究认为，中国传统城市的空间形态以街道为主，而西方传统城市空间则以广场为主，认为中国传统城市缺乏广场型外部公共空间。

同时，也有学者认为中国古代城市空间的划分主要是基于国家政治权力，并非城市内部人们生活所产生的“自然的”和“必然的”结果。例如宋以前的里坊制便是政治权力方便控制人口的产物，中国城市没有自发形成的市民公共空间。

中国古代的城市结构中并无“广场”这一场所，所以我们讨论的是具有广场形态的公共空间。

传统中国具有广场形态的公共空间形态各异，而且种类繁多。

第一种是以传统寺庙、祠堂等建筑为主而展开的公共活动空间，如定期开放的庙会、寺院前的空地及其内部庭院。它们主要具有两种功能：一是宗教功能，如祭祀、崇拜活动等；二是市俗功能，即满足市民庆祝和娱乐等活动的需要，尤其以后者为重。世俗功能在宋代以前主要是佛家的文化表演，宋代最大的变化是广场新功能的产生，这便是庙会的出现，也是我们前面讨论过的主题。

庙会是地方的一项重要的集体活动。正如之前讲过的，庙会具有宗教、商业和娱乐等功能，而庙宇前的广场便是举行庙会的场所。

随着中国城市空间布局产生的变化，第二种新的公共空间也产生了。

宋代以前，中国城市采用里坊制，“里”和“坊”都是指城市市民的居住单位，坊和市是分开的，这意味着居住和商业是分开的。例如长安城里，里坊就像一个个方正的棋盘格子一样排列布局，有专门的“东市”和“西市”用来做市场，坊门在夜间是要关闭的，非常有利于政府对人口的管理。

宋代以来随着经济发展，坊市逐渐融合，《清明上河图》中沿街商铺的出现正是由于开放的街巷制取代了封闭的里坊制。这不仅给商业发展带来空间变化，也给民间艺术表演提供了新的空间，即宋代以“勾栏”为中心的“瓦舍”，导致了新型公共娱乐和商业集中式开放空间的产生。

勾栏，原是“栏杆”之意，民间艺人原先在交通要道旁的街旁空地上演出，后来逐渐用栅栏或绳子，把一定的空间围起来，形成了比较固定的演出场所，所以后来被称为“勾栏”。

勾栏的建造借鉴了寺庙戏台的一些特点，一般由戏台、戏房、神楼、腰棚组成。“文化搭台，经济唱戏”，随着勾栏的产生与发展，以勾栏为中心就自然形成了商业集市，进而变成了勾栏周边的繁华市场，也就是瓦舍，我们可以将其看作最繁华的商业街区。据《东京梦华录》记载，汴京中最大的瓦舍可以容纳数千人观看表演。

“瓦舍”的名字意味着“来时瓦合，去时瓦解”，是“易聚易散”的意思。描写南宋杭州社会的《梦粱录》中记载，瓦舍是士子庶人放荡不羁的场所，年轻人在那里流连忘返。当时杭州城有17个瓦舍，其中还有专门为西北军人娱乐招妓设立的瓦舍。

也有一些商业性的瓦舍，例如北宋东京最大的桑家瓦子，瓦子中多有卖药、卖卦、开设饮食点、剃头、卖画、唱曲等生意。

南宋临安的瓦子也都设有饮食点、酒楼和茶坊。开放性的城市空间与开放性的演出商业空间相结合，使得城市居民的娱乐生活大大丰富，进而促进了城市文化生活的繁荣。

第三种是明清以来会馆建筑所附带的公共活动空间。

会馆是商业发展的产物，是各省商人在经商地组织建立起来的同乡机构，既有经济职能，也有娱乐、福利职能。

大的会馆都附建有戏楼和观戏庭院，其中山陕会馆尤为典型。山陕会馆在各地多被俗称为“花戏楼”，因为那里只要有公开活动，就会雇戏班唱戏。

后来的会馆已打破地域乡籍的限制，对当地居民开放，成为当地大众性的文化活动。

同时“馆庙合一”逐渐向“馆市合一”转变，河南《汝南县志》描述会馆庙会活动是“俗人借会馆以为娱乐，农工商借会馆以为交易物”。这些资料都可以为我们还原出当时的生活、商业和娱乐，这些都是城市生活的重要元素。

第四种是与街道相结合的集市、墟市空间。

这种集中式公共空间的面积不大、数量很少，但往往位于城市中心地段。如成都街头的月市，人们可以在一年内参加 12 个月市。从灯市、花市到蚕市、扇市，每个月的“主打商品”都不同，有一首竹枝词描绘了月市的盛大：“灯市未残花市到，春风何处不相逢。”灯市过完下一个是花市，春天来临，数百花店设摊售卖各种奇花异草。

《西湖清趣图》（局部），描绘了钱湖门瓦舍等南宋临安的景色

这些与街道相结合的集市、墟市空间，往往位于城镇中心，从属于整个城市街道网络结构。其通常位于街道交会处，或在居住组群之间，往往是城市世俗公共建筑外部空间的“衍生品”。

虽然在中国古代城市中没有一处固定的地方叫作“广场”，但事实上它们却无处不在。这些公共空间的出现，反映出城市人民对于生活、商业、娱乐、宗教等功能的需求，同时也扮演、发挥着西方广场的角色和功能。

另外需要注意的是，虽然传统中国城市的公共空间满足了广场的经济、娱乐等需求，但其最大缺失就是市民政治，人们没有形成市民意识，没能组织起有效的公共团体来捍卫自己的政治利益，这是与西方不同的。[①]

街坊邻居的纽带：城市认同从这里开始

街道是中国城市中的另一类公共空间。

我们为什么要了解街道呢？街道是一个很好的观察对象，通过街道可以很好地了解中国传统的城市生活。街道除了是城市居民常常利用的公共空间，政府对于人们在街道上的日常生活没有太多干预，这就给予大众在街头活动的自由。

---

① 本节参考文献：王笛．街头文化：成都公共空间、下层民众与地方政治（1870—1930）［M］．北京：商务印书馆，2013；蔡永洁．城市广场［M］．长沙：东南大学出版社，2006；鲁西奇，马剑．空间与权力：中国古代城市形态与空间结构的政治文化内涵［J］．江汉论坛，2009（4）：81–88；林翔．中西方传统城市广场型公共空间比较研究［J］．福州大学学报（自然科学版），2009，37（1）：86–93.

提到“街道”，我们会联想到许多词，例如“街坊”“街市”“街头”“街头巷尾”等。这些词其实告诉我们，有关“街道”的历史不光显示位置与空间，而且经常体现出居住在这一社区的人之间，以及人与空间之间的关系，还能反映出社区的文化。

那人们在街道上可以做什么呢？

我曾经对成都的街巷做出如此描述：“住在街道两旁的人们在他们的门口和街边从事各种活动。如果他们有事找邻居，只要跨出门槛即可。不管是日常事务，还是紧急情况，他们都可以很快请到邻居帮忙。邻居之间一般的日用品也可以借进借出。如果哪位居民感到无聊，只要走出门就可以与邻居闲聊。”

这反映出城市的街与人民的日常生活密不可分，他们只要一跨过门槛就是街头，因此街道是他们最容易利用的地方，同时也成为居民之间日常交流的重要场所。

传统中国城市的街道，在很大程度上是属于行人的。城墙内的区域面积有限，街道都非常狭窄，房屋拥挤在一起，有些小巷甚至只能通过一个人。这一布局在很大程度上妨碍了稍微大一点的交通工具的使用。

这使得街道的主导权在普通市民手中，他们不需要害怕快速经过的马车会给他们带来危险。广州的街道有点像铺着石板的院子和过道，给行人提供了极大的便利。

下层众民经常把街道作为工作和商业场所。

例如，法国史学家谢和耐描述了 13 世纪的杭州，经常有不少人在街道上干一些粗活、担水、扫街等。

同时，街头还有数不清的各种类型的小贩，他们挑着担子沿街叫卖，或者在街头、市场摆摊。他们对这一带非常熟悉，知道所有人家的故事。

街道上还有算卦的，相面的，修补日常用品的，卖蔬菜、水果和各种小吃的。每一个行当均有它独特的叫卖声，或者干脆只敲木板、竹筒或金属片以招徕顾客。

街道上的传统商铺在西方人的对比中，更能显示其特色。19世纪一位外国人在广州时，看到街道上门窗都是敞开的、屋檐都伸出一截。他同时比较了当时巴黎和广州的街道：在广州的街道上，商贩们本着对顾客充分信任的原则，将商品摆出来给顾客看，让顾客随便挑选，顾客们享受着充分选择的自由，而在伦敦或者巴黎的商店里，这是不太可能的。

在广州，街道两旁的商铺内外都有醒目的题字。根据中国的传统，引用的大多是孔夫子的经典语录。商铺门口同时也保留了一些生意广告，如“概不二价”“概不赊欠”“概不退换”等。

市民也喜欢聚集在市场、街角、桥头以及庙前庙后找乐子。

这些地方对一般百姓，无论是居民还是外来者都没有限制。例如，我曾经描述过成都市民喜欢在街头巷尾打发时间，正如一首竹枝词所描写的：“呼郎伴妾三桥去，桥底中间望四川。”斗鸡、斗蟋蟀和各种儿童游戏等活动经常在街头或其他公共空地上进行。

除此之外，街道上还漫布着生活的气息。我们可以在澳门19世纪末的街道生活中找到更有趣的资料。街道上总是出现沿街叫卖，他们的声音都有自己的特色，从声音的大小、高低、缓快，已分得出是卖什么东西的。他们到来的时间每天都差不了多少，澳门底层人民甚至靠着这些流动小贩的声音来判断当时的时间，如听到叫卖豆花的，大概是下午 4 点了。

清中后期中国城市中出现了不少来自西方的旅行者和商人，他们为我们记录了街道上的日常生活。

如外国旅客看到中国人毫无顾忌地从家的窗户中伸出竹竿晾晒衣服。路过的居民对此都习以为常，但在西方人眼中这是不可思议的。

同时，街道也成为底层民众休息的场所，例如有美国人看到夏天中国人在街头乘凉："天黑后，我们看到他们东张西望，把垫子拿出来，扔到他们能找到的最好的地方，用石头做枕头，他们对枕头一点也不挑剔。"

中国人也喜欢一边在街上走路，一边扇风。外国旅客的日记对澳门人是这样描述的："的确，几乎没有见过路上任何一个中国男人或女人没有拿着扇子的，有些抬轿的中国人甚至一边抬着轿一边扇风。"

这些资料在很大程度上反映出当时城市人民的生活情况，街道风格往往反映出当时人民的生活习惯，也能反映出他们的日常生活与街道的紧密联系。

传统中国城市中的街头生活是非常多样的，当中很少看到政府对街道活动的控制和干预。也可以说，当时政府根本没有能力深入到地方社会中的街巷，这就给了街道使用更多的自由。

街道的自由使用有时候也成为城市精英对街道上人们进行抨击的原因。

他们经常抨击普通民众的街头生活是“不文明”的。以成都为例，精英阶层把街头的大众娱乐当作“丑恶”行为，认为他们的表演是“故作丑态”“俗不可耐”的下流表演。其他精英猛烈抨击迷信思想，无论是拜观音还是过年在家门上贴门神、奉财神、烧香敬神，都被改良者们讥讽。

因此，精英阶层经常把改造公共空间和公共生活作为他们的重要使命。为实现城市改良的目标，他们采取了两项策略：一是根据他们的构想来重新塑造城市空间，二是巩固他们对普通民众的领导地位。他们觉得西方的进步文明是中国学习的榜样，比如在车站、茶馆这样的公共场合阅读报纸就是精英们所提倡的公共行为。

这反映出地方士绅对于城市街道的管理，但是这些措施不同于政府的控制。在 20 世纪初警察出现以后，政府便尝试直接控制城市的街头了，对街道的管理和控制使得传统街道中的自由逐渐消解。①

① 本节参考文献：王笛 . 街头文化：成都公共空间、下层民众与地方政治（1870—1930）［M］. 北京：商务印书馆，2013；谢和耐 . 蒙元入侵前夜的中国日常生活［M］. 南京：江苏人民出版社，1995；托马斯 · 阿洛姆 . 帝国旧影：雕版画里的晚清中国［M］. 秦传安，译 . 北京：中国编译出版社，2014；托马斯 · 阿洛姆 . 晚清河山［M］. 秦传安，译 . 北京：中国编译出版社，2016；黄德鸿 . 澳门掌故［M］. 北京：作家出版社，2014；Rosmarie W. N. Lamas, *Everything in style : Harriett Low's Macau*. Hong Kong : Hong Kong University Press, 2006.

市民的城市

“精明的城市人”：市民是很复杂的群体

“城市”的概念是乡村世界的对立面，也意味着城市居民不同于农民。有学者对比过两者之间的性格差异：“农民虽然不受人鄙视，但却远不如城市人那样有流动性，比城市人要头脑简单，也更淳朴一点；而‘狡猾’的城市人占单纯的‘乡巴佬’的便宜已是自成一套。”

明清时期商业的发展不断促使城市化发展，由此看来，城市人的“精明”性格也许与经济属性相关。清代宁波城市居民中，有 4/5 是劳动者和商人，其余 1/5 为知识阶层；到了 20 世纪初，城区内 30 万人中，60% 从事商业，30% 从事农业，剩下 10% 为各种身份和职业的，例如文人、和尚、算命先生、医生、厨师等。可见，商业人口在城市市民中占比之大。

由于商人群体占市民人口比例比较大，我们再来细分一下。

店主是专门从事贸易的商人，例如在汉口，客栈、饭店这些固定性比较强的商人叫作“坐商”，而那些流动性较强的，例如专门来武汉贩卖茶叶的，就是行商，他们在贸易季节过去后会离开汉口。

店主作为一个群体，很多是定居城市十年以上的人，他们有的甚至成为社会名流，并且在城市中建立起家族网络。例如汉口有名的叶开泰药铺，与北京同仁堂、杭州胡庆余堂、广州陈李济堂，并称为“中国四大中药堂”，叶家于明朝末年移居汉口，经营药材生意，通过与当地妇女结亲，逐渐在汉口扎根。

摊贩占零售商人的比重也很大，但他们的社会地位不如店主。他们从农村采购产品或原料进行一些加工，聚集在城市中的各种“全日市”“半日市”“夜市”上。他们把席子铺在地上，把商品堆在上面销售。

摊贩作为一个群体，其社会地位和处境高于街头叫卖的小贩。小贩们用推车、篮子或者担子装着商品，诸如鱼、菜油、花生、蔬菜、小吃等等，每个人以其独特的吆喝声、铃声、铜锣声等，向人们宣布他们的到来。

城市市民中有相当部分的人从事运输行业。

城市的经济发展需要交通运输的保障，所以城市市民中有相当部分的人从事运输行业。

在靠近长江流域的城市中，船夫数量巨大。1891 年，海关报告估计每年有 16.5 万人在到达汉口的船上工作。

还有长途陆路运输者，受雇于大商人，赶着马车、骡子和骆驼等牲口，来往于各大贸易城市之间。城市中的“骡马店”，一般都是这些人集中居住的地方。

更有成千上万的本地搬运工，包括需要一定熟练技术的车夫、轿夫、码头工人，以及不怎么要求专业技巧的挑夫、扛夫等。运输工每天都在为生存挣扎，虽然终日劳作，仍不得温饱。

在城市市民中，还有大量的文人，他们从事不同的职业。

大量的士绅通过科举考试获得功名，他们或者成为官员的私人幕僚，或者在衙门中负责收税、治安等职责，低等功名的文人还会从事胥吏等地位较低的职业。

还有教书先生，他们虽然受人尊敬，但一般情况下并不富有，甚至清朝时期曾有文人讽刺说，那些在门上挂着的“塾师”招牌，有着吸引学生和赶走乞丐的双重作用，因为乞丐知道教书先生经常入不敷出。除此之外，城市中还有为数不多的群体，比如郎中、僧人等等。

1911 年编纂的《汉上消闲集》，包括了数百个来自全国各地寓居汉口的商人作品，他们属于同一个诗社。在汉口，有大量的诗社在商人之间盛行，来自各地的儒商在品茶饮酒之间吟诗作赋，这也使得他们兼具商人和儒者的身份。

城市中存在着许多失业人口和边缘人。

民国初年的调查显示，当时汉口固定人口中有将近 5000 个家庭处于失业状态，长期失业人口还在不断增加中。失业人群主要从事季节性工作，有的甚至整年没有工作，失业人数之众可以从军队征兵的数字中略窥一二。1880 年，当将与俄国开战的谣言传入汉口时，军队很快在汉口征到了 20000 多名士兵，可见在城市中身强力壮又无所事事的人数之多。

城市市民中还存在着大量的边缘职业者，这一群体包括卖艺者、乞讨者、拾荒者、卖唱者、妓女、算命先生、杂耍艺人等。

这些边缘性职业使城市文化生活更加丰富多彩。在市场或酒铺、茶馆等场所，活动着形形色色的艺人。汉口独有一种最显眼的职业，叫“唱婆子”，她们常常穿着黑色的衣服，涂着白脸，拎着竹篮子，打扮得像走街串巷的女裁缝。她们一般都在茶楼、酒馆清唱，供来此的商民消闲解闷。

在城市化过程中，来自农村的移民受到城市经济的吸引，纷纷离开农村到城市里发展，但绝大多数人在开始时都是从事社会地位较低的职业，例如店小二、街头小贩、流动剃头匠等。

职业的划分，往往也代表着社会阶层的划分。

一位西方传教士曾记载，许多外来的下层劳动者多使用方言，而本地区的居民则大多数能听懂官话。当一个人听不懂官话时，很可能意味着他的社会地位也不高。

城市中不同职业所带来的贫富差距，促进了城市阶层的形成。在城市阶层的划分中，处于最上层的是富商，次一级的是富户和“中人”，构成社会主体的是小商人，即所谓的“小户”“小家”“小民”，他们是社会的中坚分子，再往下一级是贫民。

上面我们提到的店主属于富户，只有极少数可以成为富商，小摊贩便是小民小户，勉强维生。极少数的富商也集中在茶叶、盐等大宗商品行业。19 世纪的汉口，从事区域贸易的盐商的财富都超过上万两白银，而普通的体力劳动者辛苦一年也挣不到一两银子。贫富差距显而易见。

在城市的社会阶层中，士绅阶层比较特殊。很多时候，士绅与富商阶层是无法完全分辨清楚的。因为商人在变得富有之后，总是尽力接受一些教育，这也使得相当一部分人通过科举获得合法的功名。而传统的士绅家庭，也会积极建立与商业家族的联系。

生活在城市中的市民以不同的方式参与到城市生活中，不仅有非常多的商业、同乡会等地缘组织，还有因城市的公共事业和福利而产生的公共组织，这些共同构成了城市生活。他们所建立的组织，在后面的章节中会具体讨论。①

从土地会到善堂：社会的管理不需要国家的介入

“市民社会”是来自西方的概念，许多历史学者在分析东西方不同的城市发展时，认为帝制中国并未形成市民社会，即城市和市民完全是在国家权力的控制之下，不可能实行城市自治。

但也有学者提出不同的观点。他们指出城市市民在观念上形成了“市民意识”，并以此为基础发展出各种社会组织，在城市发展、防卫、抵御外来侵害时发挥着超强的力量，而且当国家利益与市民利益发生冲突时，市民可以利用社会组织维护自身利益，从而形成国家政权之外的力量。

当讨论“市民社会”时，不可避免地要涉及“市民意识”的话题。

---

① 本节参考文献：罗威廉．汉口：一个中国城市的商业和社会（1796—1889）［M］．北京：中国人民大学出版社，2016；罗威廉．汉口：一个中国城市的冲突和社区（1796—1895）［M］．北京：中国人民大学出版社，2008；施坚雅．中华帝国晚期的城市［M］．北京：中华书局，2000；施坚雅．中国封建社会晚期城市研究［M］．王旭，等译．长春：吉林教育出版社，1991.

城市发展吸引了许多移民，他们对“城市市民”这个身份的认同程度代表了市民社会的形成程度。

在传统社会，检验城市移民的市民意识，最好的办法是看他们对埋葬地的选择。对于许多移居者来说，如果他们在城市中死亡，那么他们所在的同乡会会帮助把遗体运回家乡埋葬，“魂归故里”的重要影响甚至延伸到当代社会。但当一个人或家族决心在城市立足，他们会把逝去亲人的遗体埋葬在城外的墓地中，甚至在城外购买永久性的墓地，这是身份认同转变的关键点。

市民对市民身份的认同越高，他们的情感越倾向于客居地，参与本地事务和公共福利事业的可能性也越大。也就是说，他越喜欢这个地方，就越想为它做贡献。

在传统城市中，市民组织高度自治。

没有政府的介入，市民可以自由地、合适地开展城市生活。市民的自治与中国城市缺乏市政管理有关，清代最基层官僚机构只设到县级，衙门官员有限，无法满足辖区内庞大人口的需要。此外，随着城市经济的发展，行会、会馆、善堂等经济和社会组织也逐渐承担城市的部分管理事务。

在清代，成都划分为若干区，每区的事务都由非官方组织来管理。这些事务包括治安、街道清理、维修、节庆和慈善事业。居住在同一条街的人有一种特殊的情结，人们相互视为街坊邻居，经常互相帮助。正是在这样的邻里互动中，才形成了“远亲不如近邻”的邻里关系。

在成都，清明节的活动最能反映市民对社区的认同。一种叫作“土地会”的社区组织负责筹办清明节拜土地神的活动，而举办这些活动是为了“感恩邻里的安宁”。会首是由本街居民选举出来的，相邻的几条街共同承担费用，共建一个祭坛。

在清明节期间，土地会还组织居民清理阴沟、掏挖排水道。这项工作必须每年进行，否则在雨季将导致水灾。在国家权力控制下的城市社会，社区间的自治组织对保持公共卫生起到了重要作用。

会馆和行会这些经济组织是城市中最重要的社会机构。

行会中既有因为同业而产生的组织，例如茶业公所，也有因同乡地缘而产生的组织，例如各省的会馆。

正如前面所讲，城市中的外来移民为了在新的城市中立足，在同乡之间寻求帮助，便在那里建立起代表家乡利益的组织。1892 年汉口海关税务司的报告显示，有 11 个省在汉口有代表本省的会馆，甚至有的省在汉口有几个会馆。

会馆和行会不仅向那些贫困的成员提供食物、衣服之类的物资，还负责为去世的贫困同乡提供棺材与墓地。后来，这些组织逐渐发展到向城市提供慈善服务。

19 世纪 20 年代，盐商行会建立了汉口第一家“善堂”，向附近街区的穷人提供食物，这标志着当地行会以街区为基础的慈善活动开始走向制度化。从为同乡提供福利到关注整个城市的市民利益，这样的变化也反映出商人对城市身份的认同增强。此后，汉口涌现出近百家善堂，这些组织提供的慈善服务成为城市生活的一个组成部分。

不仅如此，会馆和行会等经济组织还负责城市建设。18 世纪，汉口的玉带河时常泛滥，山陕公所在靠近其地产的地方建了两座石桥，以供出入之用，这两座石桥后来又分别重建了两次。虽然公所无疑从中得到了收益，但也同样为饱受洪水灾害的街区居民提供了便利。

这些行会之间的联合使得它们提供的服务超出了社区的范围，扩大到整个城市。在清朝晚期，地方叛乱和秘密会社起事时，消防的职能更是扩大到城市治安方面。由八大行资助的消防队成为一个自治性的组织，直到清朝灭亡，这个组织一直是汉口主要的公共安全组织。

城市的共同体意识还体现在地方自我保护的安全系统上。

在辛亥革命和民国初年，当地方政府无力维持治安时，市民们就组织自卫。

1911 年叛军洗劫成都时，市民们坚守四个城门，堵截士兵运赃物出城。这时，哥老会，也就是川西平原非常常见的秘密社会组织，又叫袍哥，他们的各个公口在自卫活动中起了重要作用。他们组建民团，募捐筹款，守望相助。

为寻求自我保护，市民们以街道为单位组织了“团防”，其经费由各户分摊。团防还取代了过去警察的一些职责，例如搜查鸦片和武器。在 1917 年军阀混战中，成都先后经历川滇之战和川黔之战，战况激烈，甚至爆发巷战。一首竹枝词描写了人们的处境：“街头巷尾断人行，密密层层布哨兵。予取予求谁敢侮，无权抵抗是平民。”此时，在市民自卫方面，民团发挥了更重要的作用。

当时，一百多名街首上书，呼吁当局准予组织民团，以街道为单位进行防卫。每街雇用两名更夫，守卫街道两头并负责栅栏的开启，花费由各户分摊。若有窃贼或盗匪，更夫便敲梆子示警。

根据民团要求，警报一响，各户都必须派人上街抗击匪盗，不出力者将会受罚。为了防盗，入夜以后，每户挂的灯笼上要写明所属街道，守夜成为街道的日常事务。在最危险的时期，每街雇用十余个穷人看守，若有伤亡，街坊负责赔偿。

晚清时期，传统中国城市的市民不仅在城市生活中形成了市民意识，而且在社区和整个城市范围组建了许多自治的社会组织。这些组织不仅在城市建设、公共事务、社会福利等方面发挥了重要作用，而且在城市和市民遭受外部威胁时，能发挥更大的自卫功能，从而在一定程度上维持了社区安全和市民利益。[①]

公共领域：这不是一个西方的概念

在中国近代城市社会中，有三种不同空间：一是政府领域，

---

① 本节参考文献：罗威廉 . 汉口：一个中国城市的商业和社会（1796—1889）［M］. 北京：中国人民大学出版社，2016；罗威廉 . 汉口：一个中国城市的冲突和社区（1796—1895）［M］. 北京：中国人民大学出版社，2008；王笛 . 街头文化：成都公共空间、下层民众与地方政治（1870—1930）［M］. 北京：商务印书馆，2013；王笛 . 走进中国城市内部：从社会的最底层看历史［M］. 北京：清华大学出版社，2013.

其活动主体是官僚；二是私人领域，也可以称为个人领域，其活动主体是个人或家庭；三是介于两者之间的公共领域，其活动主体是城市精英或士绅阶层。这三个空间相互重叠、结合并相互作用，构成了一个社会的立体画面，从而使我们能更深刻地理解近代中国城市。

长期的经济发展和人口增长，促进了公共领域的发展，“公”与地方社区可以依靠自己的力量做许多事情。他们以地方“公共领域”的名义，进行了地方政府认为没有必要或者无法承担的许多地方事业。

清初和清中期，产生了早期的公共领域。

早期的公共领域包括社仓、义仓、义田、善堂、祠庙和会馆等公产和慈善组织，这些组织基本上被地方士绅控制。

社仓、义仓都是地方储粮的主要场所。当灾害发生、庄稼歉收而发生饥馑时，社仓、义仓便赈济灾民。社仓的社谷主要来源于地方士绅的捐献。

长江上游地区有许多庙、宫和宗祠，这些也是举办地方慈善活动的主要组织，如免费给人治病，当地方发生饥馑时开粥厂提供免费饭食给穷人。

除此之外，各种不同职能的善堂也是主要的福利机构。例如育婴堂、至善堂和天王堂，这些组织提供非常多的救济、资助。重庆地区在康熙时期建立的天王堂，在冬天分发棉衣给穷人，捐资修路，送药给无钱看病者，提供棺材给无钱安葬者。

还有一些特殊的民间福利机构，例如汉口的民办救生机构，就是针对政府的“不作为”而建立的。该机构负责辨认死者，通知死者家属，并把死者的随身物品还给家人等。

打捞一具尸体，每个船夫可以得300钱。为了激励救出更多溺水的人，救生机构规定，只要多救活一个人，就赏救生船船夫5倍的打捞价钱，也就是1500钱。善堂在成立的16年间，共营救了4000多名溺水者，打捞了近7000具尸体，可谓“功德无量”。

清后期新的因素出现在公共领域之中。

随着西方思想逐渐渗透进入中国，中国人的思想也发生着改变，地方公共领域因此也出现了新的变化：一方面，传统组织发生了演变，有了新的功能；另一方面，许多新的领域出现在公共领域之中。

例如，从清初以来，成都有许多书局印售历史、儒家经典和宗教书籍。在20世纪初，新式学堂的普遍建立推动了新书，特别是各专业教科书的传播，这促使成都出现了相对扩大的图书市场。

而在全新的公共领域，最明显的是女性在社会中的觉醒，以及由此产生的社会变革。1904年，女学会在重庆建立以“振兴女学”。之后，许多妇女师范和学堂建立。到1910年，整个四川省已有163所女学堂，有女学生5660名。这些女学堂明文规定禁止妇女缠足，到清末时，成都的女子中已有30%~40%不再缠足，时称“天足风行”。

城市的公共设施建设，主要由城市富商、士绅阶层成立的组织负责。

政府官僚体系在城市的公共设施建设方面发挥的作用十分有限。诸如路灯、搬运垃圾、供水、治安、防火等等，这些被西方人习惯看作市政当局功能的事务，从来就没有由相应的行政官员负责，反而由地方士绅领导市民去完成。

晚清时期的汉口，马王庙夜市这样拥有街灯照明的地方，都是经过街区慈善家、街道组织和商人的不懈努力才实现的。但人们装路灯的原因却非常“荒诞”，只因为担心不久前溺死的一位居民的鬼魂，一位富商才资助在黑暗的窄巷子中设立了路灯。街灯也是政府要求街区居民自行维护的。直到20世纪初，汉口才形成了较为广泛的照明系统，而当时负责这一工程的并不是官府，而是善堂组成的联合组织。

公共卫生方面也表现出同样的状况。在18世纪，清扫街道和收垃圾已经成为欧洲一些城市的市政服务内容，但在汉口，肮脏肆虐着这个繁荣的商业城市，尤其是粪便清理成为整个城市“避之不及”的工作。街道或社区负责雇用专门的粪夫，他们把粪挑到郊区农田里，农民会给他们一部分报酬，街道组织也会定期给他们赏钱。

另外，消防也是行会承担的另一项社区服务。行会经常捐赠土地作为火路、火道，用于防止大火蔓延，并供消防队员进入，方便居民逃离。

徽州会馆于1801年从江苏购买了两台救火车放置在会馆大门前，向广大街区提供消防服务。行会雇用专门的“消防员”，并向他们提供薪资，他们每次出动灭火还可以得到额外奖赏。

新公共领域扩张之时，一些传统公共领域逐渐衰落。

这是由于社会变迁，以及社会现代化的冲击造成的，新的商业组织和政府机构部分取代了原来社会组织的功能。

嘉庆时期，社仓开始明显衰落。自我管理的社仓转移到官方的常平仓，从而被官府控制，大量仓谷也不再用于赈济灾民。

祠庙的减少也是近代一个普遍现象。根据地方志的记载，四川绵竹县在康雍乾时期平均每十年修新庙 6~12 座，但到同治时期仅有若干次记载。一些祠庙还被改作避难所或者小学。这种变化实际是一种公共领域向另一种公共领域的转变。

在公共领域的扩张中，一些国家权力转移到地方士绅手中，也有传统公共领域的权力转移到政府手中。

根据成都《商会简明章程》，如果商人之间有商务纠纷，商会总理可邀全体会董去解决。1907 年，成都总商会建立了“成属商事裁判所”，在其建立后的两个月内，处理了 23 个商事案子。其中包括中外商人的案件，当时法国商人与重庆商人发生商务纠纷，法商在其驻重庆领事的支持下，拒绝巴县衙门的判决，但最后同意把这个案子转交商事裁判处理，可见其对商人影响之大。

晚清民国时期，随着政府职能的演变，有一些原来属于公共领域的活动，例如赈济和消防等，开始被官方控制。在成都，警察组建千人以上的消防队，警察总局规定各警察和士兵都有救火的责任。

从以上的讨论中，我们看到了公共领域的演变，有些传统公共领域随着社会的发展，已经不能适应社会的需要，但是有的从传统公共领域过渡到新的公共领域，在增加职能的同时，扩张了地方精英的影响。[①]

① 本节参考文献：罗威廉．汉口：一个中国城市的冲突和社区（1796—1895）［M］．北京：中国人民大学出版社，2008；王笛．街头文化：成都公共空间、下层民众与地方政治（1870—1930）［M］．北京：商务印书馆，2013；王笛．走进中国城市内部：从社会的最底层看历史［M］．北京：清华大学出版社，2013.

本章小结

本章主要讨论各种集市与交易、小商小贩、经济与娱乐的关系，以及公共领域的发展。从这些讨论中，我们可以了解从集市到城市的演变，各种人物依托市场和城市的谋生活动，以及城市的各种社会和经济组织及其活动。

第一，集市与交易是地方经济和社会的活动。

赶场是中国农民日常的经济活动，基层市场的职能首先是为了满足农民的需求而让他们交换产品。除了产品的交换和买卖，市集还具备娱乐、宗教和社交功能，有时还承担金融借贷等功能。

在传统中国农村，有三种不同的市场类型：基层市场、中间市场和中心市场，清代城市的市场还可以按不同的功能进行分类。城市是商品的集散地，转运贸易是城市发展的重要条件，成为联系各地市场的中心。这些中心可以分为商业性城镇、集散市场和多功能高级市场。按照施坚雅的市场体系划分，晚期中华帝国大概可以分为九个主要的、人口密度较大的区域。

乡绅作为一个居于领袖地位和享有各种特权的社会

集团，在地方农村社会中承担了若干社会责任。他们充当了政府官员和当地百姓之间的中介。保甲组织体系负责治安，里甲组织体系是主要帮助征收土地税和摊派徭役的税收体系。国家政权利用保甲、里甲制度，对农村社会进行治安、户口、赋税等方面的控制。

在帝制中国的环境下，乡约作为一种思想控制方式，对农民产生实质的道德影响。讲圣谕的活动反映了大众娱乐和政治变化之间的关系。我们看到了统治者和地方精英怎样通过灌输官方的思想意识来影响中国的下层民众。

第二，城市生活的繁荣依靠手艺人、小贩和商人。

在中国城市中，工匠占了相当大的比例。他们从事丝织业、制陶业、造纸等。家庭经营的手工业，虽然规模很小，但是十分普遍，是传统经济的基础，分化出许多不同的工种，内部分工细密，专业化程度高，主要依靠家庭技艺的传承，以及严格的师徒传承制度。还有很多手艺人带着工具在街头游走，在街头巷尾大声吆喝，招揽顾客。这些街头手艺人为居民的生活提供了极大的方便。

小商小贩是传统城市繁荣的表现。小贩们的资金少，利润有限，但是适应性强，为下层人民提供了生计。小贩们用各种各样的方式确保他们的生意顺利。街头、茶馆、公园等地是小贩经常出现的地方。20 世纪之前，小商小贩可以自由地使用城市公共空间，地方官员很少控制他们。

由于商业的发展，商人成为一个非常庞大的群体，不仅包含许多类型和行业，而且还衍生了许多与商业贸易有关的从业人员。近代以来，西方的商业制度、工厂制度与银行制度随着西方商人的到来而进入中国，刺激了近代中国新商人阶层的崛起和新商业文化的兴起，不仅产生了如买办这样的新商人，而且促进了士绅和商人阶层的结合。买办和商绅，成为清末中国新式企业经营者的两大来源，是不同于传统的新式商人。

第三，庙会、经济与娱乐是一体的。

中国传统社会的庙会活动不仅具有宗教功能，同时兼具商业、娱乐功能。庙会一般是由地方自发组织的活动，具有鲜明的地方宗教文化特点。庙会把集市和庙宇联系起来，提供了不同人群可以相遇且交往的时间和空间，也成为不同地区之间居民互通有无的重要场所。这些周期性的活动表现了集体的共同宗教信仰以及价值观，反映了一种社会共同体的集体认同，是地方社会的重要集体活动，影响深远。

公共空间是城市生活重要的一部分，传统中国的城市中存在着各种公共空间，人们在公共空间的生活是丰富多彩的，也反映出城市人对社区共同体的认同。传统中国城市中虽然没有像西方一样的广场，但是却有形形色色广场形态的公共空间，反映了传统城市日常生活的开放性，较少受到政府的监管，人们在那里进行宗教、政治、节日、商贸、娱乐等活动。

街道是中国古代城市中最广泛的公共空间，在历史的语境中，其含义远远超过其位置与空间，经常体现出人与人之间以及人与空间之间的关系。传统的城市街道较少受到政府的控制，与人民的日常生活密不可分。街道作为他们日常生活的场所，满足日常生活的基本需要，如消遣娱乐、商业活动、手工业活动和日常起居的需求等。这些都表达了他们对于城市街道的想象和利用。

第四，中国城市有着自治的传统。

在中国城市的研究中，有学者指出城市市民在观念上形成“市民意识”，并以此为基础发展出各种社会组织，这些组织在城市发展、防卫、抵御外来侵害中发挥着作用。会馆和行会在城市自治方面发挥重大作用，包括慈善、城市建设、消防等活动。它们提供的服务甚至超出了社区的范围。

城市中邻里和社区组织的活动强化了居住者之间的社会联系，各种自治组织承担着各种公共的庆祝活动。传统中国城市是一个高度自治的社会，从节日庆祝、公共卫生到慈善事务、道路维修等等，市民在由地方精英引导的非官方组织的社会中生活。

在中国近代城市社会中，有三种不同的空间：一是政府领域，其活动主体是官僚；二是私人领域，也可以称为个人领域，其活动主体是个人或家庭；三是介于两者之间的公共领域，其活动主体是城市精英或士绅阶层。这三个空间相互重叠、结合并相互作用。

地方士绅在公共领域起着重要作用，公共领域的扩张和发展也扩大了地方士绅的社会影响，甚至部分国家连司法权也转移到地方士绅手中。到了晚清民国时期，随着政府职能的演变，有一些原来属于公共领域的活动，例如赈济和消防等，开始被官方控制。可见，公共领域是随着城市发展而不断演变的。

第五章

文化的隐藏密码

本章主要问题

1 为什么中国传统日历要记录对人们生活的各种规范？日历怎样显示中央政权对民间社会的控制？民间流传的历法和吉凶思想主要反映国家意识还是地方人民的文化？

2 二十四节气最初是由于何种原因被发明的？它如何体现传统中国的民间生活和节日庆祝？二十四节气较多地反映了国家文化还是地方文化？传统中国社会靠什么来传递对自然的认识和农业知识？这些认识是如何反映中华文明的进步的？

3 是什么因素促使大众娱乐活动在古代社会蓬勃发展？地方精英和民众在大众娱乐方面有区别吗？戏曲、民间艺人的表演和杂耍怎样与下层民众进行互动？大众娱乐表达了正统的意识形态还是民众的思想？

4 地方性庆祝活动举行的基础是什么？为什么这些活动能够吸引大众的参与？它们怎样反映当时的社会结构与形态？这些地方性民间活动属于公有性质（官）还是私有性质（私）？还是有存在于两者之间的第三种性质？如果有第三种性质，那么这第三种性质的活动对我们理解中国社会有什么意义？

5 地方性的节日活动与国家组织的庆典活动，在目的和形式上有何异同，造成这种异同的原因是什么？国家庆典活动在中国传统社会中扮演着什么角色和功能？国家层面的庆典活动对一般人民生活有没有影响？国家层面的庆典活动是怎样表达皇权、政治控制乃至国家文化的？

6　在传统中国，婚礼礼仪为什么可以代替法律赋予婚姻的合法性呢？为什么人们认为在男方家举行的仪式才是婚礼呢？把新娘当作家庭的人力资源可以反映出婚姻的什么性质？婚礼在多大程度上反映了中国和地方的文化以及风俗习惯？

7　殡葬礼仪的变化可以反映出人们生死观念的变化吗？如何反映？葬礼对一个家庭和家族意味着什么？人们在葬礼的实践中获得了什么？为什么人们认为葬礼是非常重要的，葬礼有着什么样的文化意义？

8　中国古代的祭礼是如何反映当时人们的精神世界的？为什么上至皇帝，下至普通百姓都非常重视祭礼？祭礼的沿袭是否有利于社会秩序的稳定？祭礼是否有着地区差别，是否随着时间发生变化？

老黄历：神秘的权威

翻老黄历：日常生活没有它还真不行

试想一下，如果你穿越回了古代，第一时间肯定是想知道这是什么朝代、什么年份、是哪一天。没有手机，你如何获得这最平常的信息呢？那就要去找一本日历来看一看了。

中国很早就有了历法，司马迁的《史记》便有《历书》一章："太史公曰：神农以前尚矣。盖黄帝考定星历，建立五行。"也就是说，上古黄帝时期，历法就已经出现了。但我们目前能见到的最早的历书，是 1972 年山东临沂出土的汉武帝时期的竹简历书。

古代的皇帝为什么要研究、制定历书呢？

在传统中国社会，统治者称自己为"天子"，"观天象以知凶吉"成为统治者非常看中的事情。他们对于日月食、各种星象的发生非常警惕，并以此为祭祀、参行政事的标准，天文学为皇家所独有，也是统治话语权的一种表现。最早的历法、历书记载的是经年累月观察的"天文现象"。

统治者会在朝廷专设与天文历法相关的职位，进行天象的研究和预测，例如我们熟知的司马迁，他的职位是太史令，其主要职责是起草文书、记载史事、编写史书，还兼管天文历法、祭祀等事宜。

随着古人对天干地支的研究，历法中对于“岁首是哪一天”“一年有多少个月”“月首是哪一天”“今年是否有闰月”“哪一天是冬至”等重大的时间问题，都通过精准的测算和观察做出了解释。

古代的天文官还会针对特殊日期出现的特殊天文现象测算凶吉。例如《史记》中记载，齐景公三十二年（公元前 516），彗星出现在东北方向，景公和大臣都以为是不详之兆，群臣惊恐。除此之外，还有陨石和流星雨等现象，这些“异象”或被人们当作吉祥，或被当作凶灾，都被记录下来。因此，日历中会预测将要出现的天象，以及相对应的凶吉。

从周朝开始，统治者就把测算好的下一年的重大日期发给政府有关部门。到西汉时期，统治者也把这种历日的安排发布给老百姓，以历书也就是日历的形式流布于民间。日历为人们的生活、生产提供了一个统一的时间尺度，尤其是朝贺、节庆、祭祀等，对统一的中国传统文化形成起着重大作用。

那历书在传统社会中扮演了什么角色呢？

首先，无论是皇历还是民历，都是由朝廷颁布的。只有中央机构钦天监才能颁行历法。钦天监在中国古代承担观察天文、推算历法、授时的职责，历法显示了中央的权力。

例如，明朝时期，利玛窦在 1600 年进京的途中，随身携带的数学书被中国官方没收，因为在中国，数学计算是与天文测算紧密相关的。我们熟知的祖冲之，既是研究出圆周率的数学家，也是天文学家。与天文相关的一切，只有得到皇帝允许才能研究，私自研究是要被处死刑的。

其次，历法还能展现对外政治关系。例如，明朝藩属国琉球、占城等前来朝贡时，均会获赠皇帝御览历书一本、民用历书十本。中国皇帝向周边藩属国赠予历书的行为，可以反映出当时宗主国所颁行的历书具有领导周边国家的意义，即周边国家的历法要跟随宗主国的历法制度，具有浓厚的政治意涵。

日历中有大量关于行事宜忌的内容。

唐代雕版印刷术发展成熟，这使得大规模印刷发行日历成为可能。北宋的一般日历除了给出常见的月份、节气、节令等时间指示，还有年神方位图，“推小运知男女灾厄吉凶法”等等。

明清以后，皇历和民历的内容日渐复杂。仅钦天监就为皇族内不同身份的人提供了不同版本的日历，比如给皇上的皇上历、给太后的皇太后历，以及给东宫亲王的东宫亲王历。不同身份使用者使用的日历，内容也有差别。

供给社会大众的民历也超出了“明确时间”的范畴，成为“定吉凶、明趋避”的指南。这样的民历又被称为“通书”，大多数是由民间私印而成的。

比如某日历在十二月初一戊辰日中，写有几种不同的“宜忌”：“木马杀、虎中、伏尸。冲，壬戌人；胎，房床栖。”这些是什么意思呢？

“木马杀”，就是忌做寿木；“虎中”，也就是“庙中白虎”，忌修神庙；“伏尸”，也就是忌安床。

“冲，壬戌人”，与安葬有关，也就是壬戌年所生的人，忌在此日处理与丧葬有关的事宜。“胎，房床栖”，则是指胎神在今日位于房内的床上，提醒孕妇在当天要格外小心此处，以避免流产。

日历中这些禁忌可信吗?

有学者认为，日历反映了人们因为生活的不确定性而对择吉思想笃信不疑。日历中的卜凶吉是不具有科学意义的，不过也隐藏着人们生存的“经济头脑”。

例如在唐代，“亥日”是宜嫁娶的好日子，传入日本的早期历法中标注了四十二个“亥日嫁娶吉”的实例。

但是后来亥日成为“不宜嫁娶”的日子，这个转变发生的时间很难去考证了。敦煌出土的后唐和北宋的日历中，均出现了“亥日，不育猪及伐罪人”，完全不提及嫁娶之事，但明朝日历中明确记载了“亥不嫁娶，不利新郎”。可见，影响凶吉的是人们的观念，而不是日期。

既然有了禁忌，那如何破除灾害也成了一门生意。民间印刷通书的老板会顺便推销其他商品，比如推荐用祖传秘方七十二味药材制成的“济世仙丹”，该“仙丹”可以健脾、温胃、祛风、辟邪。

还有的印刷老板推荐自制的一种香，叫定时刻香，香上面标着记号，属于日用的那部分必须在黎明时点燃，属于夜用的部分在黄昏时点燃，香燃尽时就恰好是所择定的时辰。

这个时辰用来干吗呢？原来通书上有记载，想要知道新生儿生辰八字的人家必须预备这种香，生产之前点上香，孩子出生后把香熄灭，然后将剩下的香带到卖香的店铺，店家就可以回推孩子出生的确切时辰了。

中国传统文化讲求实用性，中国传统日历一方面服务于农业生产，同时又是人们日常生活方式的指导工具，甚少宣扬格物致知的科学求知精神。因此，中国传统的日历和历算并不完全以自然科学研究为目的。①

春天的初雷，惊醒了地下蛰虫

二十四节气与历法有紧密关系。

首先，二十四节气代表了人们的生活与自然变化之间的互动关系。这些自然现象包括季节、气候、物候等。

例如春分、秋分、夏至、冬至是反映季节的节气，将一年划分为春、夏、秋、冬四季。小暑、大暑、小寒、大寒等节气反映气温的变化，用来表示一年中不同时期的寒热程度。雨水、谷雨、白露、小雪等反映了天气现象，也表现出降雨、降雪的时间和强度。小满、芒种、惊蛰、清明则是反映物候现象的节气，其中小满、芒种与作物的成熟和收成情况相关，惊蛰用来指天上初雷和

---

① 本节参考文献：中国文物研究所．出土文献研究：第七辑［M］．上海：上海古籍出版社，2005；谭冰．古今历术考［M］．香港：三联书店，2013；黄一农．通书：中国传统天文与社会的交融［J］．汉学研究，1996，14（2）；黄一农．社会天文学史十讲［M］．上海：复旦大学出版社，2004；陈美东．中国科学技术史：天文学卷［M］．北京：科学出版社，2003.

地下蛰虫的复苏，预示春天的回归，形象而生动。

中国民间出现了很多围绕具体节气的民俗以及禁忌。

二十四节气是中国传统民俗文化的一部分，下面我们选取不同季节中的节气，来看一看不同的民俗。

首先，立春是二十四节气中的第一个，在传统中国也是重要的节日，意思是春风打破了大地严寒的局面。例如唐诗中就有“春风吹破琉璃瓦”“二月春风似剪刀”这样的诗句，这些诗句形容了春风的力度。

立春日民间有打春和咬春的风俗，打春就是打春牛，咬春包括吃春饼、吃春盘、咬萝卜等。打春和咬春又叫报春。现在偏远农村仍旧保留着这种古老的习俗：一个人手敲着小锣鼓，唱着迎春的赞词，挨家挨户送上一张春牛图。这张红纸印的春牛图被称为“春帖子”。送春牛图，意在提醒人们，一年之计在于春，要抓紧农事，莫误大好春光。

立春之后就是惊蛰。

在日历上，每年公历 3 月 5 日或 6 日为惊蛰，由于气候回暖，同时春雷声唤醒所有在冬眠中的蛇虫鼠蚁，家中的爬虫走蚁也会应声而起。“惊蛰”的字面意思便是春天的初雷惊醒了地下蛰虫。

所以古时在惊蛰当日，人们会手持清香、艾草、四角，以香味驱赶虫、鼠和霉味。久而久之，渐渐演变成驱赶霉运的习俗，亦即“打小人”的前身，这种民间风俗多流行于广东地区。

现在在广州或香港一带，依然能够在每年惊蛰看到一个有趣的场景：妇人一边用木拖鞋拍打纸公仔，一边口中念念有词地说着打小人的咒语。打小人的目的就是希望小人知难而退，借此抒发自己内心的不快。

立夏是夏季的开始。

立夏在古代也是一个颇受重视的日子，经历立夏、芒种、大暑，人们感受一年中最火热的季节。

江西一带有立夏饮茶的习俗，说是不喝立夏茶，夏天便苦难熬。江浙一带有立夏吃花饭的习俗，也有叫“吃补食”的。民间俗语还称“立夏吃蛋，石头都踩烂”，意思是立夏时吃鸡蛋，不仅可以增强体质，还可以耐暑。各地视情况不同，会有不同的习俗。

大暑是喜温作物生长最快的时期，也是乡村田野蟋蟀最多的季节，民间有些地区的人茶余饭后有斗蟋蟀为乐的风俗。大暑也是雷阵雨最多的季节，例如有谚语说“东闪无半滴，西闪走不及”，意思便是在夏天午后，闪电如果出现在东方，雨就不会下到这里；若闪电在西方，则雨势很快就会到来，想要躲也来不及了。

同时，大暑也是一年中最为炎热的节气，例如民间有“小暑不算热，大暑三伏天”“小暑大暑，热死老鼠”的说法，生动反映出当时人们对夏天的看法。

炎热的节气往往是疾病横行的时期，在浙江台州湾一带，有“送大暑船”的习俗。清同治年间，此地常有病疫流行，尤以大暑时节为甚。人们认为这是五位凶神所致，于是在江边建了五圣庙，更在大暑节气这一天，用特制木船将供品送至江口，意思很明显，就是送走瘟疫，祈求平安。

一到立秋，便说明炎热的夏天结束，已经转到了秋季。有一句谚语“立秋之日凉风至”，就是说一到立秋，就要步入凉爽的秋季了。

过去还有立秋迎秋之俗。每到此日，帝王们都会亲率文武百官到城郊迎秋。此时炎热已过，正是军士们勤操战技的好时光。

入秋之后，气温渐渐凉爽起来，民间的大众活动又重新活跃起来了。在立秋时节，尤其是在农历八月十五中秋节这天，流传着许许多多的民间习俗。

在陕西商洛竹林关一带流传着“摸秋”的习俗。这天夜里婚后尚未生育的妇女，在小姑或其他女伴的陪伴下，到田野瓜架、豆棚下，暗中摸索摘取瓜豆，故名“摸秋”。

习俗中有很多说法。摸到南瓜，易生男孩；摸到扁豆，易生女孩；摸到白扁豆更吉利，除生女孩外，还是白头到老的好兆头。按照传统风俗：这天夜里，瓜豆任人采摘，田园主人不得责怪；姑嫂归家再迟，家长也不许非难。

古时民间习惯以立冬为冬季的开始。

在古代，人们将立冬看作相当重要的日子。在这一天，皇上去郊外迎冬，并且赐群臣冬衣、矜恤孤寡。

冬至是冬天最重要的节气，因为临近年关，这时候家家户户置办鸡鸭鱼肉等，准备迎接新年，饮食方面比较丰富，所以又被人们称为“肥冬”。此外，人们都是欢欢喜喜地过新年，因此冬季还有“喜冬”之称，顾名思义就是欢喜的冬天。

另外，九九消寒歌也是节令民间歌谣。旧时，冬季来临，小孩子们常会吟唱这样的歌谣：“一九二九不出手，三九四九冰上走，五九六九沿河看柳，七九河开，八九雁来，九九加一九，耕牛遍地走。”

九九歌在唐宋时已经非常流行，尤其是在北方。北方冬季严寒，所以九九歌能够反映出人们对冬天的感受，并且体现了人们对于美好春天的渴望。

二十四节气不但反映了季节的变化，更体现了传统中国民间的生活。围绕节气中的主要节点，形成了众多与信仰、禁忌、仪式、养生、礼仪等相关的民俗活动，反映出传统中国大众如何顺应自然、依循自然时序生活。

中国传统社会是农业社会，二十四节气更是指导了传统的农耕生活。①

---

① 本节参考文献：范时勇．节气［M］．重庆：重庆大学出版社，2014；许彦来．二十四节气知识大全集［M］．天津：天津科学技术出版社，2013；彭书淮．二十四节气［M］．北京：中国纺织出版社，2007；龙晓添．多样的风土，共享的时序：广西二十四节气文化［J］．民间文化论坛，2017（1）：13–20；王加华．节点性与生活化：作为民俗系统的二十四节气［J］．文化遗产，2017（2）．

“不务天时则财不生，不务地利则仓廪不盈”：天时、地利、人和

“春种、夏长、秋收、冬藏”，在传统农业社会，气候变化与农业生产紧密相关。

二十四气节是根据黄河流域的自然气候特点总结出来的。它所反映的农事季节，虽然便于人们掌握农事活动，但并非放之四海而皆准。中国古代的农业思想“不务天时则财不生，不务地利则仓廪不盈”，便是提醒人们天时、地利都要掌控。我们就从二十四节气中挑选对农业生产至关重要的节气，来看看如何通过天时、地利获得农业丰收。

春天是农作物生长的季节。

立春是全年的第一个节气，非常重要。唐宋时期，“打春牛”的活动十分流行，这是一项官民同乐的活动，用今天的眼光来看，还有行为艺术的美感。在立春这天，皇帝在皇宫主礼，地方官在地方主礼，用泥土塑成春牛，还要在牛身上涂上彩绘，由人装扮成掌管草木生长的句芒神，鼓乐齐奏，句芒神鞭打春牛。迎春仪式代表一年农事的开始，寄托着丰收的渴望。

立春之前，老百姓都会到集市上争相买来“春牛”。《岁时广记》中记载，有的春牛制作精细，像猫那么大，旁边还有一个用泥塑成的乐工，正是“打春牛”场景的再现，富贵人家经常买来当作赠礼。

“雨水”时节对农作物生长也相当重要。此时是农作物生长

的重要时期，需要充足的雨水来滋润庄稼，于是春雨就显得尤为可贵了。例如我们经常听到的“春雨贵如油”“肥不过春雨”的说法，就再合适不过了。

《耕织图册》，清，陈枚，台北故宫博物院藏

春季还有一个节气叫惊蛰，传统民间常常将惊蛰的天气现象和农作连到一起。谚语“雷打惊蛰谷米贱，惊蛰闻雷米如泥”，说的就是惊蛰这一天打雷或者下雨，这一年的收成一定会好，生产的米像泥土那么平常，对丰收充满着向往。

但是有些地区忌讳惊蛰之前听到雷声，并总结出“惊蛰未到雷先鸣，大雨似蛟龙”，认为惊蛰前后打雷，这一年注定是一个水灾年。

清明前后，就是点瓜种豆的时节了。“植树造林，莫过清明”，清明一到，种庄稼最好的时节也来了。

立夏代表着夏天的到来。

这时气温普遍升高，农作物进入一个生长繁盛的季节。

但这不代表农夫在夏天就可以得到休息。不光农作物生长渐旺，田间的杂草也疯狂生长，这些杂草会夺取泥土中的养分，从而影响农作物的正常生长。农谚中关于这方面的描述很多：“夏至棉田快锄草，不锄就如毒蛇咬”，“夏天不锄地，冬天饿肚皮”。可见，锄杂草是这一时期农民重要的工作。

在夏天也有种植的活动，例如芒种是种植农作物时机的分界点，由于此时天气炎热，已经进入了典型的夏季，农事耕作都以这一时节为界。过了这一节气，农作物的存活率就越来越低，因此民间农谚“芒种忙忙种”说的就是这个道理。

在芒种，农民除了忙于种植，也会进行收割。芒种时节麦子已经成熟了，于是人们就在这个时节争分夺秒地收割田里的麦子。因为此时夏天天气就像小孩子的脸，随时变化，如果麦子成熟，没有收割到仓中，这时下一场雷阵雨，那么小麦的收成就会受到严重影响。所以便有农谚说："种在地里都是草，收回囤里才是粮"，"麦收如救火"，等等。这些农谚想必是经过了无数惨痛的教训总结出来的。

立秋是收获的开始。

立秋前后气温仍然较高，人们还盼着有"及时雨"。一些快速成长的作物在高温下非常需要水分，例如大豆、玉米、棉花、甘薯等，秋旱会给农作物造成损失。如果这时下雨较多，便会丰收。例如有农谚说"立秋三场雨，秕稻变成米""立秋有雨，秋收有喜"。

秋天虽然是作物成熟的季节，但过多的雨水也会影响收成，所以立秋还是有很多农业禁忌的。例如有农谚说"雷打秋，冬半收"，而"立秋晴一日，农夫不用力"。这是在说：如果在立秋日听到雷声，冬季农作物便会歉收；如果立秋日天气晴朗，必定可以过风调雨顺的日子。

处暑才是真正的收获季节，田间、果树上已经长满了成熟的果实等着人们采摘。这个时候，传统的乡村都会出现"谷到处暑黄""家家场中打稻忙"的景象。

为了庆祝收获的喜悦，人们还会举行隆重的仪式来祭祀农神，非常热闹。这些仪式既是答谢神灵，也是祈求神灵保佑能有个好的收成。

为了表达喜悦的心情，有的村庄白天敲锣打鼓绕着村寨游行以庆祝秋收；有些村庄还搭建了戏台，请戏班子来唱大戏。

立冬和冬至，农民进入休息憩养阶段。

冬季大地冰封，寒风呼啸。立冬是冬季的大节，在民间有“问苗”的活动，不同地区的农民到神庙卜问来年是丰收还是歉收，看看新一年的农事“运程”。“冬，终也”，人们还要在立冬这天杀鸡宰羊，这又叫作“补冬”，储藏能量过冬。

小雪之后，田间基本上已经没有什么农活，于是人们开始为过冬做准备，当然也得很好地照顾家畜，让它们顺利过冬。在严寒的东北地区，人们在家点起炉火、闭门不出。

人们常说“瑞雪兆丰年”。严冬的积雪覆盖了大地，可以保持地面及作物周围的温度不会因为寒流的侵扰而降得很低，为冬作物提供了良好的越冬条件。

同时冬天的积雪也可以待到来年春天融化，为农作物的生长提供充足的水分，所以便有“今冬麦盖三层被，来年枕着馒头睡”的农谚。

冬至是祭祀的节气，俗称腊祭，传统民间都会举行祭祖祭神仪式。不仅皇帝在这天要到郊外举行祭天大典，百姓在这天也要全族在祠堂聚会祭祖。

虽然农事与节气的关系是根据经验总结出来的，未必总是客观事实，然而在传统农业社会，农民经常要“看天吃饭”，气温和降雨往往是农业社会重要的影响因素，民间的谚语往往能够反映出农民的文化和观点。

时令、节气、农谚，作为传统农业生产的农时指针，在农耕生产中占有重要地位。农民经过长期的生产实践，将耕作经验以农谚的形式进行传播，这些农谚也在演变中不断得以完善。按照固定的节气进行一定的农事耕作活动，既反映了人们的耕作习惯，也在一定程度上反映了农耕文化的丰富多彩。[①]

娱乐与礼仪：融进文化血液

“斗巧争奇，渐趋淫邪”的地方戏：是改良，还是禁止？

在娱乐比较少的中国传统社会中，戏曲、民间艺人表演与杂耍这三类便成了大众娱乐的主流。我们可以通过这些娱乐消遣活动来了解人民的日常生活。

地方戏曲是当时大众娱乐的重要形式之一，北京人喜欢看京剧，河南人喜欢看豫剧，四川人喜欢看川剧，而越剧、昆曲的音乐相对优美抒情，我们选两个代表性比较强的来看一下。

在京剧出现之前，昆曲在戏曲艺术中成就最高。

昆曲起源于苏州，这里不仅人杰地灵，而且相当富庶。这也促使两淮、扬州的大盐商热衷于到苏州寻访昆曲戏班，重金招募伶人。《红楼梦》中就提到贾府为了新建的大观园到江南招募伶

---

① 本节参考文献：彭书淮．二十四节气［M］．北京：中国纺织出版社，2007；叶世昌．中国古代的农时管理思想［J］．江淮论坛，1990（5）：27–32；王加华．节气、物候、农谚与老农——近代江南地区农事活动的运行机制［J］．古今农业，2005（2）：52–61；王加华，代建平．农事节律与江南农村地区饮食习俗［J］．民俗研究，2007（2）：38–48.

人。经过盐商的追捧炒作，最风光的伶人身价可以被哄抬至上千两白银。

除了大盐商和贾府这种钟鸣鼎食之家，很难有家庭可以维持一个昆曲班子。维持一个昆曲班子，除了招募身价不菲的伶人，还要招募奏乐的琴师，搭建戏棚子，置办各种服饰、道具、行头；极尽奢华的大盐商会为伶人准备点翠头面，并从活雉尾巴上取毛作为翎子。

清朝中期，京剧逐渐形成。

京剧融汇了河北梆子、昆腔、秦腔等戏种的精华部分，经过提炼再加工，形成新剧种。京剧因为得到了皇家的喜爱，逐渐成为内涵深厚的国粹艺术。

1684 年康熙第一次南巡，当时的苏州织造祁国臣了解皇帝的喜好，安排康熙在自己家看戏，此后大家都知道了皇上爱看戏。在康熙随后的几次南巡中，官员在沿途每隔十里就设置张灯结彩的戏台，等待“迎銮”。

清朝的皇帝都很喜欢看戏。1793 年乾隆在承德避暑山庄接见英国马戛尔尼使团，为了表示清朝皇帝的欢迎，便邀请使团一起到清音阁看戏。历史上的相似之处有时候却显出一种讽刺。到了咸丰皇帝，1860 年英法联军攻打北京，咸丰出逃到承德避暑山庄，依然有心思看戏，看戏的地方就是当年接待马戛尔尼的清音阁。

皇室的娱乐风潮逐渐影响民间老百姓，北京的戏园子也多起来。我们今天说一部电影卖不卖座，这个“卖座”的说法就是从戏院来的。民国时期的戏园子是不卖票的，而是卖座。

戏园中的座位按区域收取不同的价钱，观众进门先领一张写有自己名字的红纸条，然后伙计把他带到想去的座位，把纸条粘在座位上，就表示这里有人了。在戏园子里不光可以看戏，还可以喝茶、吃糕点，甚至点菜，散戏后到柜台结账就可以了。

在华洋杂居的澳门，中国人也经常进行神功戏的表演。

这些戏曲充分反映出当时在澳门的中国人深受粤文化的影响。神功戏经常在庙会中出现，是为了感谢神明在过去一年的保佑，戏剧的形态几乎都含有粤剧的成分，用粤语来说唱。

20 世纪初，由于民间戏曲对大众影响深远，因此有不少地方精英分子利用戏曲来宣扬革命思想，在粤剧中添加了革命的元素。

当时有一个著名的广州粤剧戏班，由著名的小武生周瑜利和武生公爷领衔到澳门演出《说岳传》的《金兀术入寇中原》和《岳飞报国仇》两折戏。

由于演出的成功，澳门曾掀起一阵民族主义和爱国主义的高潮。学堂里的同学都废寝忘食地前往看戏，回到学堂谈论起来，不少人热泪纵横，把岳飞抗金和当时的反清运动很自然地联系起来。

民间艺人的出现，也丰富了大众娱乐的形态。

艺人在城市街头巷尾卖艺谋生，并非近代社会都市发展的产物，最晚在宋代就已经存在，只不过那时候称之为“打野呵”。

这些艺人只能在街头巷尾表演，却是影响大众最深的娱乐形式。

“小热昏”是杭州城里地地道道的民间曲艺，风趣幽默，受到老杭州人的喜爱。有着百年历史的小热昏只需要一面小锣鼓、一张长凳、一盏小煤油灯、一面广告旗，就可以开始表演了。

他们经常走街串巷，说唱杭州城里的逸闻趣事，因其说唱内容多讽刺时弊，为免麻烦，便戏称自己“热昏”了，意思是头热发昏满口胡言，不要当真。

晋东南一带流传的谚语就充分反映了中国历史上民间艺人的阶级状况与社会地位。他们被认为是“下九流”：“一流玩马二玩猴，三流割脚四剃头，五流幻术六流丐，七优八娼九吹手。”

正因为如此，我们对他们的研究不多。事实上，在现代戏院出现之前，他们是城市街头娱乐重要的组成部分。

除了民间艺人和戏曲的表演，杂耍也是当时著名的大众娱乐活动。

猴戏非常受大众的欢迎，至明清时已经非常盛行。猴戏艺人往往在每年秋收冬播之后到次年夏收之前这段时间外出表演，往往是三五人同行，带着三四只猴子。“一根扁担两口箱，猴子驮在肩膀上”，就是猴戏艺人的真实写照。他们走城市串乡村，每到一处就扎下摊子表演。

在“咣咣”的锣声中，猴戏艺人放长绳子，让猴子走上几圈，绕出一个不大的空场，这叫“晃场子”。他们面对层层的观众，总是要谦虚一番才开始表演：“小小锣槌七寸长，各样把戏里面藏。有人懂得其中妙，不是师父是同行。”然后，猴戏演员就粉墨登场。

在成都，这些杂耍和猴戏艺人基本上都是从河南来的，因为河南土地贫瘠，人多地少，人们难以靠土地维生，这迫使农民在一年中相当长的一部分时间到别处去找生计。他们各处游荡，通常在庙里、路边或是桥下过夜，白天在街上表演。

中国大众的娱乐形式——戏曲、民间艺人的表演，以及杂耍，是过去人们日常生活的缩影，也是大众文化的反映。许多地方娱乐形式在国家和地方精英的控制和打击下，在各种思想文化浪潮的冲击下，一个个地消失了，但有些却顽强地生存下来。这种文化和社会生活的持续性，是值得我们认真注意和研究的。①

爆竹对着赤膊的舞龙灯人身上发射：节日庆祝的快乐与痛苦

中国人是喜欢喜庆热闹的，在传统中国存在各种节日，既有

---

① 本节参考文献：王笛 . 街头文化：成都公共空间、下层民众与地方政治（1870—1930）[M] . 北京：商务印书馆，2013；王笛 . 走进中国城市内部：从社会的最底层看历史 [M] . 北京：清华大学出版社，2013；岳永逸 . 空间、自我与社会：天桥街头艺人的生成与系谱 [M] . 北京：中央编译出版社，2007；李山 . 三教九流大观 [M] . 西宁：青海人民出版社，1998；瞿明安，秦莹 . 中国饮食娱乐史 [M] . 上海：上海古籍出版社，2011；中国人民政治协商会议全国委员会文史资料研究委员会，编 . 辛亥革命回忆录：第二集 [M] . 北京：中华书局，1962；秋原 . 乱世靡音 [M] . 北京：新星出版社，2019.

民间大众通行的节日，也有宫廷独有的官方庆典，这些节日不仅是时间转换的标志，还表达了人们对生活的理解。在节庆中取一个吉兆，在庆祝活动中寻欢作乐，它们建构了中国人的生活和文化。

先来看在传统社会中最受大众喜爱的上元节。

在南宋的杭州，正月十四、十五、十六过上元灯节。这三天正是月圆之时，杭州城内的居民，每家每户在宅院的门廊上悬挂珠帘、彩灯、花灯，街上的店铺和巷子里也要张灯结彩，从城南到城北，方圆十几公里范围内，都是一片灯火通明。比较富裕的家庭还要请上笙簧琴瑟的乐队，清音缭绕，可谓“家家灯火，处处管弦”。

有历史学家称上元节有狂欢的性质。节日期间，城中的舞狮队、杂耍队和乐队随处游行，男女老少都喜欢看这种热闹。而且在这一天，女性也可以盛装出游，她们戴着珠翠，拿着手帕，提着灯。街上人山人海，人们一边观灯一边看舞龙、杂耍，热闹非凡。到夜半散场时，有人会提着灯笼来“扫街”，往往大有收获，捡到许多妇女遗落的耳坠子、花钿等饰物。

为了让宫廷中的嫔妃也感受到节日的喜庆以及民间的热闹，皇帝会下旨让京城拥有各种手艺的买卖人进宫，把各种好玩的新奇玩意儿卖给宫里的嫔妃。他们在傍晚入宫，由侍女负责挑选，竞相购买。妃嫔们出手大方，加上手工艺品做工奇巧，买卖人中甚至有“一夜暴富”的。

还有其他的地方性节日，也可以让全城的人共同参与。

这些节日的庆典风格，往往表现出独特的风俗习惯和文化背景。例如有一些节日庆祝可以帮助人们克服对疾病的恐惧。晚清时期的成都，有“舞草龙”防止病灾的节日，人们沿街游行，到庙里许愿，或者在寺庙和家里设置祭坛，祈祷一家人身体健康。对于舞草龙的人，各家各户要赠送烟和茶作为答谢。这逐渐成为独特的驱邪和祝福方式。

清代的成都还有一种叫“游百病”的活动。正月十六这一天，成都的民众都要参加，以此除病去灾。“游百病”要求人们一起登高以逃避疾病，但是成都没有山，市民们便登上城墙，因为人数众多，吸引了许多小贩、算命先生、卖打药者在城墙上摆摊卖货或拉生意。许多人参加这个活动，一来可以获得健康平安的祝福，二来去凑热闹，节日更显得喜庆。

还有一些节日，虽然是举国同庆，但各地庆祝的方式风格不一。

例如清明节、端午节的庆祝便各有特色。故宫博物院藏的清代画家徐扬绘的绢本《端阳故事图》，描绘了端午节的民俗活动。如“射粉团”活动，造粉团放盘中，“以小弓射之，中者得食”。画面中一女子手拉小弓，凝神专注，弦上之箭蓄势待发。旁观者神态各异，紧盯着弓箭。顺着弓箭的射击方向，前面花架上摆放着一个黄色的小碗，碗中盛放的是粉团。

另一幅描绘的是“观竞渡，聚众临流称为龙舟盛会”。江面上芦苇随风轻摇，划手们奋力向前，岸上的人顶着烈日观看。有人觉得太热，但又舍不得离开，或用折扇遮阳，或用蒲扇扇风。路过的人也被江面的竞渡所吸引。

端阳故事图

繫采絲

賜梟羹

觀競渡

採藥艸

这不同的画面内容，显示的是同一节日的不同庆祝方式，它们往往反映了地域文化和国家文化统一性和独特性共存的事实。

地方的节日庆祝，也经常受到精英的批评。

在春节期间，成都街头最盛大的活动莫过于灯会，而灯会中最热闹的是耍“龙灯”。这些龙灯用彩色的长布做成，有头有尾，由两人舞狮，十余人舞龙。伴随着爆竹声的表演现场总是人山人海，他们从一条街到另一条街，所经之处，观众往往投钱以示嘉奖，这个表演经常持续到半夜。

然而，这类活动也经常引来精英分子的批评。因为在舞龙灯的时候，不少观众经常故意把火炮朝向赤膊的舞龙灯人发射，使他们不得不忍受被灼伤的疼痛。著名作家巴金便借用小说中的人物批评道：“你以为一个人应该把自己的快乐建筑在别人的痛苦上吗？你以为只要出了钱就可以把别人的身体用花炮乱烧吗？”

除了无视底层人的痛苦遭到精英分子的批评，节日庆祝中的不良风气也经常成为被“鞭挞”的对象。

在赌博风气十分流行的澳门，农历新年时，赌博活动便成为澳门华人喜爱的街头娱乐之一，街道上出现不少赌摊，充满了摇摆色子的声音，还有不少小孩在赌摊前围观，甚至参与赌博。

除了赌博的不良风气，春节游行活动也成为媒体批评的对象之一。1883 年澳门春节的游行活动吸引了很多人，极为热闹。其中有一妇人手抱一个八个多月的婴儿，由于当时街道游人如织，在众人互相拥挤的情况下，婴儿竟被闷死。因此新闻报道者便批评这样的大众活动实属“有损无益”。

基本上所有的中国传统城市都会庆祝春节，不同城市的庆祝方法往往能够反映出该地区的特色。无论是成都街头的“耍龙灯”，还是澳门的街头赌摊和游行活动，都能够反映出城市人民的共同性以及集体性。

从全国的角度来看，端午节的庆祝活动是有统一性的，但从地域的角度来看时，就不难发现这些活动同时也反映出地方的独特性，这便是统一性与独特性共存的情况。

从以上资料可以看出，在城市中，节日庆典反映了宗教信仰，有的提供了娱乐，有的具有经济功能，有的为了防灾去病，有的与社会习俗相连。因此，公共庆典活动是培养城市市民身分认同最有力的工具之一。不管是城市还是乡村地区，社会共同体都利用节日活动去建构地方的团结和秩序。①

登基大典、万寿节和冰嬉：国家庆典为了什么？

国家层面也有庆典活动，这些活动反映皇帝地位、国家统治等内容。

在中华帝国的各个朝代中，最重要的庆典莫过于登基大典。它用于表明皇帝至高无上权力的合法性。从秦到清，2000 多年

---

① 本节参考文献：王笛．街头文化：成都公共空间、下层民众与地方政治（1870—1930）［M］．北京：商务印书馆，2013；谢和耐．蒙元入侵前夜的中国日常生活（插图本）［M］．刘东，译．北京：北京大学出版社，2008；汤开建，等编．鸦片战争后澳门社会生活纪实——近代报刊澳门资料选粹［M］．广州：花城出版社，2001.

间有 400 多位皇帝登基。他们在登上最高权力宝座时，通常都要举行极为隆重的登基大典。

因为皇帝是“天子”，所以“拜天”或“祭天”便是头等大事，成为皇帝“合法性”的证明。例如，明朝开国皇帝朱元璋在举行登基大典之前，先拜天，向天请示，问问自己能不能登帝位。结果在洪武元年正月初四，日光皎洁，天朗气清，朱元璋便相信这些现象正是上天向他做出表示：正式批准他当皇帝了！

他随即安排礼官引领文武群臣，登上早已筑好的钟山南郊祭坛，昭告天地，宣布正式就皇帝位。在仪式中，他主要告祀天地和社稷，以此来宣扬自己权力的正统和合法性。《明史》记录了当天告祀天地礼成，正式宣布朱元璋即位于南郊后，丞相率百官及地方耆老拜贺，大家一起高呼万岁。

在登基大典这样的重大事件中，除了主角皇帝，众多配角也必不可少。当天，众多甲士早已驻扎在午门外，一路列满了旌旗和仪仗，皇宫中响彻威严的鼓声，文武百官早已经穿好了整齐的朝服，站在午门外等着皇帝招他们入内封官朝拜。

随后，朱元璋在大典中引领百官进殿，并且宣布百官的官位，作为恩谢，百官需要行跪拜礼；之后，朱元璋继续册封皇后和皇太子，百官依旧需要行跪拜礼。这些仪式规范都是皇权的象征。

在封建制度中皇位继承多是父死子继，这也意味着先有先皇之丧，后有新皇登基，因此登基大典都是在国丧期间举行，此时歌舞升平是绝对禁止的。

待登基大典结束后，新皇帝仍要更换孝服居丧，本是举国欢庆的日子，气氛却显得沉闷，不过也有特殊的情况出现。

例如上文提到的朱元璋的登基大典，他是明朝开国之君，因此登基大典是大事，其中伴奏礼乐增加了不少欢乐的气氛。

清代嘉庆的登基大典也是一样，因为他的继位是乾隆皇帝主动禅让的，当时乾隆还在世，所以禅位大典和登基大典在同一天先后举行，加上这一天刚好是元旦，双喜临门使得庆祝的气氛更加隆重热闹。

清宫内务府《御茶膳房》档案记载了这一历史时刻皇帝活动的时间表：乾隆皇帝 0 点起床，0 点 25 分乘轿舆到宫中各处佛堂一一拈香拜佛，凌晨 3 点 45 分在乾清宫弘德殿用膳，凌晨 4 点，率皇太子前往奉先殿等处祭祖，早上 8 点禅位大典在紫禁城太和殿隆重举行。

禅位大典完毕，太上皇乾隆回到乾清宫接受嫔妃贵人行礼，在金昭玉粹宫同嫔妃们一同进早膳。嘉庆皇帝则退至保和殿更换皇帝朝服，重登太和殿举行隆重的登基大典。下午 1 点皇帝一家人聚集乾清宫，举行热闹非凡的节庆家宴，到此登基活动全部结束，大家各自回宫休息了。

此外，皇帝生日也是国家重要的庆典活动。

在清代，皇太后、皇帝、皇后的生日、元旦和冬至被定为三大节日。自乾隆开始，每年皇太后、皇帝、皇后生日期间，都要按例上演万寿节戏，向帝后祝寿。

清代皇帝和皇太后的万寿圣节期间，皇子皇孙、王公大臣、外藩使节都会进献贺礼贡品。京城西郊皇家园林至紫禁城几十里的御道，沿途搭建彩棚和点景，张灯结彩；城内更有不少临时搭建的戏

《冰嬉图》长卷局部，清，张为邦、姚文瀚，故宫博物院藏

台，演出贺寿的剧目。各地的耆老寿妇，也会获得赏赐，普天同庆。

乾隆时期的第一次万寿庆典，是在乾隆十六年的皇太后六十大寿，百官齐集于京师。当天皇宫内装设灯彩，每几十步就有一个戏台，每个戏台所演出的剧目都不同。

万寿庆典戏，每次都要连续演出数日，场面极为宏大。乾

隆时期的万寿庆典，各地戏班纷纷来京献艺，演剧活动盛极一时，更重要的是形成了各剧种的激烈竞争，有昆曲、京腔的此消彼长，后来又出现了徽班进京，这种相互交融加速了戏曲艺术的发展。

在清代，有一项运动性的庆典活动，名叫冰嬉庆典。

冰嬉庆典，也就是今天所称的滑冰运动。在清朝时，冰嬉运动被提升到了国家庆典的层面，甚至具有独一无二的战略地位。特别是乾隆皇帝当政时期，规定每年都要举办一次冰嬉庆典，这是国家规定的一项重要活动。

1754 年，冰嬉运动被正式定为“年例”和“国俗”，每年一次，在乾隆统治时期从来没有间断过，就连 1786 年乾隆生母仙逝治丧期间，也没有停止这项年例。因为他裁定冰嬉是肄武，不属于治丧期间应该停止的娱乐活动。

乾隆每年冬天都会择日入八旗兵营校阅冰嬉。而早在每年的十月，八旗军就开始为此做各种准备。每个旗首先挑选出冰上身手矫健者 200 名，再由内务府为他们专门提供和冰嬉有关的行头，如冰鞋、球架、弓箭等等。被挑选出的近 2000 名八旗子弟兵集中进行冰嬉运动训练。

冰嬉运动比赛一般持续两到三天。冰上竞速是最受关注的比赛项目，类似于今天的速度滑冰。参赛者的冰鞋上镶着铁制冰刀，他们在起跑处分组等候，终点是距离起跑处 1000~1500 米远的皇帝乘坐的冰床。冰床前，两名侍卫手拉着绳标，示意为终点。各组参赛者准备好之后，皇帝在冰床上亲自发令，参赛者并列起滑，相互超越，全速向终点冲去，比赛名次以冲线顺序排列。

皇帝每年的亲自参与，使冰嬉运动在乾隆时期被大力推广。每年冰嬉运动庆典都有数千人参加，活动前后持续数日，足见该项运动盛况空前。

登基大典、万寿庆典和冰嬉庆典等以国家为主导的庆典的对象当然不会是一般平民，而且其举行有着政治、军事、文化等各个方面的原因。例如皇室冰嬉运动的发展，是因为清朝强化民族意识的需要，同时作为八旗子弟传统的冬季军事训练科目，历来被看作保持与提升士兵战斗能力的一大法宝，因此这一类活动具有相当浓厚的政治意图。

传统国家层面的庆典活动反映了庆典活动与皇帝权力之间的关系。这一类庆典活动与我们之前提到的地方性节庆活动不同，主要不是满足宗教、娱乐、商业等需求，而是充满了政治色彩。[①]

一个礼治的社会：无礼寸步难行

婚礼：婚礼前母亲告诉女儿有关做妻子的一切，唯独不讲性

著名社会学家费孝通认为，传统中国社会是礼治社会，礼是社会公认的行为规范，这套与礼相关的行为慢慢演变成我们所谓的“仪式”，礼就是按仪式做的意思。传统中国社会的礼仪中，婚礼、葬礼和祭礼是最常见的三种。

---

① 本节参考文献：陈成国．中国礼制史：元明清卷［M］．长沙：湖南教育出版社，2002；马福贞．文化的信仰：中国传统文化讲座［M］．北京：人民出版社，2017；高换婷．嘉庆王朝［M］．北京：中国青年出版社，2009；梁宪华．清宫万寿庆典戏［J］．中国典籍与文化，2015（1）：134–138；费薇娜．清朝乾隆时期的冰嬉运动［J］．兰台世界，2013（1）：70–71.

婚礼是一个烦琐的过程，包括了议婚、订婚、结婚的全部礼仪程式。

我们先来看议婚。在传统中国婚礼中，媒人在议婚中担任的角色非常重要，除了介绍双方家庭相互熟识，还要把女孩和男孩的生辰告知对方家庭。他们会找算命先生请教八字是否匹配。这里有许多流传的俗语，例如“白马犯青牛，鸡猴不到头”等属相犯冲的说法，只有男女双方八字相配，才能订婚。

订婚之后、婚礼之前，男方要向女方送彩礼。彩礼越多，表示男方对女方越重视。通常男方会送给女方珠宝、衣料、钱和新娘用的其他东西。

同理，女方也要为婚礼以及新组成的家庭准备嫁妆。传统的嫁妆依据女方家的经济条件，分成四抬、八抬、十六抬、二十四抬等，无论多少，必须是双数。嫁妆里面有各种生活用品，比如脸盆、壶、家具等等，都讲究成双成对。

结婚当天是婚礼中最隆重的日子。

婚礼前几天，新郎家开始准备食物、筹集器皿、请厨师、装饰婚房等工作。他们还接受礼物和祝贺，邀请离得远的亲戚来住上几天。

在新娘家，母亲和女儿也忙于准备工作，但气氛却是悲伤的。母亲为即将到来的分离伤心，女儿内心则交织着希望、恐惧、焦虑和羞怯。

红色是中国婚礼的主色调，新人的礼服、婚房，红色的喜联、蜡烛、红灯笼都带来喜气洋洋的氛围。此外，鹅也是民国时期婚礼的吉祥物，有的地方娶亲的时候要抱一只鹅。这里的鹅其实是鸿雁的代替品，古人认为鸿雁忠贞、从一而终，所以用来象征男女的情感坚贞，但鸿雁难寻，只能用鹅来代替了。

在举行婚礼的当天早晨，新郎家派几个身强力壮的男子抬着装饰过的花轿到女方家，抬轿人一般是新郎的堂兄弟、表兄弟或朋友。

轿子到达新娘家时，一直在等待的新娘由她的哥哥或叔伯抱进轿子。新娘穿正式的红色结婚礼服，头上顶着一块红缎子做盖头。轿子用帘子遮起来，使路人看不见新娘。

婚礼中最重要的仪式莫过于拜天地。厅堂当中放一张桌子，上面放着献给天神和地神的祭品、一对红烛和三支香。新郎和新娘并肩站在桌前，先敬拜天地，再拜祖先、父母，然后夫妻对拜，最后拜客。仪式完成之后，新郎、新娘被送入洞房。

在婚房里，新郎要掀开新娘的红盖头，这对彼此都是非常重要的时刻，因为这很可能是第一次看到对方的脸。

我们还可以从经济学的视角分析婚礼。

首先是婚期的选择。民国时期有“正不娶，腊不订”的风俗，也就是正月里不娶亲，腊月里不订婚。因为正月很忙，从初一到十五都要过节，而腊月里忙着准备春节，定亲这样的次要仪式最好在农闲时候举行。

在石羊场杜家，婚礼定在腊月二十七，有两个原因。一是杜家一年的忙碌基本结束，家庭有时间和金钱举办婚礼；二是靠近年关，大多数人家的伙食都比平时好，那么杜家就没有必要开两次宴席了，节省了开支。

另外，新娘子对于婆家人来说，也是家庭新的劳动力。新郎是杜家大儿子有贵，但新娘并不是他的第一个结婚对象。有贵的第一个结婚对象，在她 7 岁的时候就接到杜家来了。这也反映了传统中国社会中，为了节省养育女孩的成本，女孩的父母有时会将其交给婆家人养育。这在某种程度上也是“养育成本”的转移，暗含了“嫁出去的女儿，泼出去的水”这样的传统观念。

对于婆家来说，结婚对象是重要的家庭人力资源。有贵的第一个结婚对象正是因为在杜家机房工作时爱偷懒，才导致杜二嫂将其与有贵的婚约取消了。

在结婚的第二天，杜二嫂已经给婚礼中的新娘安排好了在机房中的位置。不仅如此，新娘还成为整个家庭的劳动力。在婚后第二天，杜二嫂将全家人的脏衣服拿来给新妇洗，以备过年穿新衣。我们想象中婚礼的浪漫，让位于婚姻更现实的功用。

婚礼上的宾客也是社会关系的体现。

通常参加婚礼的宾客会给新郎家赠送各种各样的礼物，例如礼金、装饰婚房的饰物、送给新人的个人礼物等等。

新郎家会专门设置账房，负责宾客的礼金情况，礼物的价值或金额反映出双方的亲密程度。

新娘的娘家在婚礼前一天举办的典礼一般不太隆重，所交换的礼物也比较少。这可能是由于人们认为真正的婚礼是在新郎家进行的，而新娘家举行的只不过是一个告别仪式。

作为对宾客的回礼，新郎家要准备丰盛的宴席酬谢宾客。仪式之后男女老少在宴席上兴高采烈地吃饭、喝酒。新郎要提着酒壶，给每一桌客人敬酒，必要的时候还要给每位客人斟酒。

我们还需注意传统婚礼中强调子孙繁衍的特征。

例如新娘的衣服里要塞棉絮，因为“棉”与表示子孙绵延的“绵”同音；大枣也是常见的婚礼物品，入洞房后，新人要同喝一碗子孙汤，一般放几颗红枣，取意“早生贵子”。

虽然婚礼的重要性体现在生育和繁殖上，但这与性却毫不相干。女儿在婚前得不到性方面的知识。准备结婚时，母亲告诉她有关做妻子的一切，唯独不讲性。因为在中国传统文化中，性是一个禁忌话题。女孩也许从嫂子那里了解了一点，但这不常见，而且在体面人家受到严厉禁止。

一般婚礼在闹洞房中结束，闹洞房让年轻人有机会捉弄一对新人，四川石羊场的方言称之为“掌新房”。夜晚新房里烛灯明亮，挤满了来闹房的年轻亲戚和好友。玩笑有时候开得很出格，但一般是取笑新郎使他难堪。闹新房就是尽可能久地待在喜房中嬉笑打闹，使得新郎和新娘不能太早睡觉。

婚礼使男女的结合具有合法性，使男女双方成为真正的成年人，并且意识到家庭的责任，保持家庭的延续，从而完成对祖先和家族的义务。这些因素都使婚礼成为传统中国最重要的仪式之一。[①]

丧礼：传统的丧葬礼仪与其说是死亡仪式，不如说是生命的仪式

由于中国地域广大、民族众多，不同地域的丧礼会有所不同。但如果忽略其细节差异，传统葬礼有大致相同的基本过程，是传统礼仪中持续时间最长、最为繁复的一种仪式，有主要的程序和形式。

传统中国丧礼受儒家文化影响非常深，尤其是“事死如生”和“孝”的观念。

丧礼开始于死亡即将来临之前。我们将这一程序统称为入殓，即在死者气绝之前，将其衣服穿戴整齐，等其咽气。死者咽气后，将钱币塞入其口中，以布覆面，焚烧纸钱，家人在灵堂挂灵帏，放置供桌、纸盆等，并焚香点纸、叩头举哀。

入殓之后是殡，孝子应该按辈分、身份穿着孝服。传统的孝服分五服，所谓五服就是根据生者与死者的血缘关系的亲疏远近，穿不同的丧服。由此产生了五类血缘亲属关系，五服以外不再为

---

① 本节参考文献：杨树因．一个农村手工业的家庭：石羊场杜家实地研究报告［D］．北京：燕京大学，1944；杨懋春．一个中国村庄：山东台头［M］．南京：江苏人民出版社，2012；阎云翔．礼物的流动：一个中国村庄中的互惠原则与社会网络［M］．上海：上海人民出版社，2000；谢和耐．蒙元入侵前夜的中国日常生活［M］．南京：江苏人民出版社，1995；费孝通．乡土中国［M］．北京：中华书局，2013.

之服孝。五服中最重的一种是斩衰服，是血缘关系最亲近之人所穿，例如儿子为父亲、妻子为丈夫、诸侯大臣为天子等等。居丧守制的“三年服丧”就与斩衰服有关。

这是一种非常粗制的衣式，按儒家文化的解释，就是孝子表示对逝者离去的悲痛，表示要在丧期放弃世俗享乐，过清苦生活。

葬礼中也有非常多的讲究和禁忌，反映了“灵魂不灭”的宗教观。

死者的服装又叫装裹。所有的装裹，不论春夏秋冬都得用棉做成，禁忌用皮，据说是因为用皮之类的，死者下辈子会转世为牲口。所有的衣服也不钉纽扣，衣料也不能用缎子，因为“缎子”与“断子”谐音，“纽”与“扭”谐音，都是不利于后人的意思。

将死者移入棺内之后，一般要在死者手中放些钱币，民间有“左手金右手银”的说法，就是在死者手中放金银锞子，穷人家也要放些铜钱。又传说，死者到阴间去的路上要经过恶狗村，为保证死者顺利通过，要让死者带上“打狗棒”。“打狗棒”是用半尺长短的高粱秸秆做成的，上面安上一个用面粉做的小球。

为了让逝者的灵魂顺利往生，殡礼期间还要进行悼念、超度、守灵之类的仪式。孝子到城隍庙或土地庙烧香，为死者招魂，焚烧纸钱，或为男性死者设烟酒茶点，或为女性死者设梳洗器皿，意为送其上路。

在传统中国的葬礼中，棺材和纸扎冥器都有各自的讲究。过去在有钱人家，人到 60 岁其儿孙就会为其买或做一口棺材，里面装一个不倒翁，前面贴一幅红寿字，寄存在棺材铺或寺庙中，以备后用。因为主人还活着，所以这棺材叫“寿材”，讨一个长寿的吉利。

做纸扎冥器的店铺应有尽有，里面的东西是为逝去的灵魂准备的，除了车马、箱子这些常见的纸扎，店铺的手艺人还能根据主家的要求制作更复杂的，例如用彩纸糊一座两层楼，像古典宫殿式的“建筑”，气派非凡，让逝者在另外一个世界也可以过得很好。

出殡是殡礼的高潮，也是葬礼中耗资最大的仪式。

出殡的时间是由阴阳先生掐算出来的，长子打幡，次子抱灵牌，杠头招呼起灵，全体亲友高声举哀。

“摔盆儿”的仪式由长子完成，这是一种特制的“盆儿”，要一次摔碎。摔盆儿的人一定是死者的继承人，可以继承死者的遗产。

移棺送灵，有专门的杠夫负责抬棺，“用杠”就是用多少人抬灵柩，老北京民间对于用杠很有讲究。一个人抬叫“一挟”（一般用于小孩死后），两个人抬叫“穿心杠”，三个人抬叫“牛头杠”，四个人抬叫“工字杠”。以上都是小杠，三十二人以上抬称为大杠。

此外，社会关系强大的人家，沿途还有亲友设置的路祭。路祭是亲友对亡者的悼念，以及对家属的慰问，有的设置茶桌，也有的设置路祭棚，等灵柩来到桌前，亲自将茶端到孝子面前，请孝子喝水，孝子马上跪下，当作回礼。

出殡队伍中，在孝子前面有一个专撒纸钱的人，传说人死之后，走路要用买路钱，否则会有孤魂野鬼欺负他。为此在出殡途中，有专人拿着一叠叠的纸钱撒，撒纸钱以抛得高、散得广为最佳。

棺柩送至坟地，一般是家族墓地。坟坑早已准备好，灵柩到后，由阴阳先生拿着罗盘找山向，山向找好后，杠夫们将棺材朝北，用大绳将灵柩缓缓放入坑内。亲属们将花圈、挽联、纸房子等焚化，后填土掩埋，堆为坟丘。最后，孝子将引魂幡插在坟头，戴孝者依次叩头，葬礼就算结束了。

宴席是传统丧礼中不可缺少的重要程序。

凡是参加丧事活动的人，远亲近邻、亲朋好友都被一一请上席位，并按其身份地位排好座次。这种宴席是对众人前来吊唁和帮忙的报答与酬谢，同时对被邀请者来说，入席是给丧家面子，一般不能拒绝。

家族具体事务的商议解决，是丧事活动中不可缺少的环节，而这一过程通常也是在吃喝中完成的。这些事项通常包括老人、遗眷或子女的赡养、抚育，房地产和钱财物品的继承分配，殡葬费用的计算和分担等等。亲属们在酒足饭饱之时，似乎更容易达成某种协议。

葬礼也使得人们的身份认同和文化认同趋于一致。

人类学家阎云翔曾经提到，1960 年，他的父亲被指控为“资本家”，全家被赶出北京，遣送回父亲出生的华北村庄。作为“阶级敌人”，该村人员在日常生活中与阎家保持距离。

但在那年秋天，同族的一个 77 岁高龄的奶奶去世，根据当地习俗，阎云翔的父亲和他一起被邀请去参加葬礼。尤其是阎云翔的父亲，因为辈分较高，大多数人还需喊一声“叔叔”或“爷爷”，他又成了村民的亲属，而不是“敌人”。

阎云翔说，自己被扔进悼念的人群，跟着下跪、磕头，不再害怕曾经把他当“敌人”的堂兄。他虽然恐惧，但依然感受到葬礼的神秘力量，那就是他成了这个村子的一员。

葬礼是集体性的活动，是社会聚合的机会，传统的葬礼不仅使人们进行情感上的交流，在抚慰死者亲属的同时，也展示家族的团结。

传统的葬礼与其说是死亡仪式，不如说是生命的仪式。它并非有与无、存在与寂灭的界限，而是一种生命存在形式向另一生命存在形式的过渡。在死亡仪式中，诸多生的象征行为都表现了传统中国人所相信的生命不息不灭的价值意义。[①]

祭礼：“社”字就是把土地神化，即祭祀土地的祭礼

在传统中国社会，祭祀是国家政府的头等大事，也是民间老百姓不可缺少的活动。而且祭祀的对象非常广泛，上至天、地、五谷之神等，下至民间的灶王、祖先等。

---

① 本节参考文献：阎云翔．中国社会的个体化［M］．上海：上海译文出版社，2016；周吉平．北京殡葬史话［M］．北京：燕山出版社，2002；王夫子．殡葬文化学——死亡文化的全方位解读（上、下）［M］．北京：中国社会出版社，1998；郭于华．死的困扰与生的执着：中国民间丧葬仪礼与传统生死观［M］．北京：人民大学出版社，1992.

祭祀礼仪与人们的精神世界紧密相关。祭祀的产生与人类对自然的猜想有很大关联，当人们面临恐怖的自然灾害时，对应自然万物的神灵便成为最初的祭祀对象，比如风神、雨神、雷神等，都是处于传统中国农业社会中的人最自然的一种表达。

因此，祭礼对祭祀者有很高的要求，既要他诚心诚意地相信神灵的作用，也要在祭祀动作上体现这种虔诚。在原始社会中，人和动物都是靠双足的速度和力量存活的，而膝盖着地的跪的姿势既表示被捕获了，也表示降服。这是一种绝对恭顺的表示，从而以额触地式的跪拜成为最普遍的仪式之一。

为了表达对神的敬畏之心，丰厚的祭品在祭礼中也是必不可少的。

祭品是对神灵的供奉，人们把能生产出来的最好的东西奉献给神灵。在原始社会中，肉食是人类生存最重要的食物，同时也是主要的祭品。

最开始的动物供品，我们称为“牺牲”，其含义跟今天的用意出现了一些差别。“牺牲”这个词的原义，是指整只动物，比如牛、羊、猪等，用来指代用作祭祀的动物。其中又以牛的体积、重量最大，所以牛也成为最为重要的祭祀品。

酒在发明之后，也逐渐成为重要的祭品。这是因为酿酒需要耗费大量的粮食，所以能喝得起酒的人一定身份贵重，天子祭祀神灵，必然也要献酒。这个仪式要求专门掌酒的人来掌管祭祀供酒，可见对祭礼的重视。

在所有贵重的祭品中，有两种最特殊的祭品：人和血。

把人献祭给神灵，叫作人祭。这种以活人为牺牲的祭祀，在殷商远古时期比较多，很多时候是把女性献祭给男性或男性神灵。此外还有将儿童献祭的，因为儿童的纯净无瑕经常与长生不老的追求相联系。

此外，血在古代被视为具有灵魂、生命的意义，有时候会跟神秘力量联系在一起。血祭分为牲血和人血，其含义是把生命和灵魂抵押给神灵。我们熟知的歃血为盟的仪式，或许也跟早期的血祭有关，用这种方式表示自己的诚意和忠诚。

传统中国的祭礼可以分为国家祭祀和民间祭祀。

根据主祭人的身份、祭祀对象的不同，祭礼也有所不同。当天子作为国家祭礼的主祭人时，最常举行的是祭天仪式，天坛就是专门建造的举行祭天仪式的场所，用圆坛象征天，坛通常高数尺，四面都有台阶。

既然有祭天，也少不了祭地。中国人对土地的祭祀也非常久远，从夏禹时候起，土地就以社神的名义受到祭祀。“社”字从示从土，是把土地神化、以土代地，祭地即祭祀土地的仪式。

民间对土地的祭祀多在当地的土地庙举行，或者在家中的院子里为土地神立一个牌位。祭社是隆重而热闹的聚会，有歌舞娱神、唱戏酬神、喝酒欢乐等等。

祭社神之日叫作“社日”，老百姓在社日祭土地，也附祭谷神、天神。唐代诗人王驾的诗句“桑柘影斜春社散，家家扶得醉人归”，就是描写春社的情景。

到了清朝，祭社依然保留在地方的祭礼当中。鲁迅的《社戏》描写的就是清末浙江农村祭社活动中的唱戏酬神，四面八方的农民赶来看戏的情景。

祭祀天地之外，中国传统社会中的祭祖礼仪也是社会生活中的大事。

即使位高至皇帝，也要把祖庙的祭礼列为与祭天地、祭社

天坛祭天，图片引自李弘《京华遗韵》

并立的三大祭祀。民间的普通老百姓，大族修建祠堂、撰写族谱，小户设立牌位、论字排辈等，都是祭祖的重要内容。

民间祭祖的仪式由士绅和读书人来主持，他们谙熟礼仪程序，知道如何完成整个仪式。而且能参加祭祖仪式的人员也是有限定的，很多祠堂只允许受过教育和年满 65 岁的男丁参加祭祖仪式。仪式之后的祭品也是根据不同的身份分配的，老人会多分一些，士绅则以其取得的功名而得到额外份额。

祭祀祖先的祭肉带着祖宗的福德，进入本家和亲戚家，传统的“馂余之礼”就是这样产生的。所谓“馂余”，就是吃祖先剩下的食物，这是祖先留下的福祉。例如今天陕西省岐山县，仍然流行吃一种大锅汤面条的做法，这种面条即“臊子面”。研究称，这就是从周代沿袭下来的分祭肉之礼的遗俗。

中国古代的祭礼还与季节有关，其中最重要的就是春耕祭礼。

在传统农业社会，无论是农民还是皇帝，都盼望着丰收。清朝顺治十一年（1654），定于每年仲春亥日举行春耕祭礼。祭祀之前由户部、礼部的尚书与顺天府尹呈进农具和种子。当天，皇帝来到祭所，乐队奏乐、皇帝更衣盥洗，行三跪九拜礼，派大臣代为献上祭品，祝官读祭告文，祈求丰收。

这一套礼节性的仪式完毕，皇帝到耕地前朝南站好。户部尚书手拿耒耜，我们可以把它当作最原始的铁锹形的农具，然后府尹执鞭献给皇帝。皇帝接过来象征性地推三下，表示犁地，然后由顺天府尹捧来种子，户部侍郎播种，随后农夫盖上土。

此后皇帝便去观耕台坐下，看大臣们依次做出农夫耕田的样子，直到把预定的一亩田耕完，典礼官报告典礼成功，百官向皇帝庆贺。一般皇帝会赐酒给百官，赏赐布匹给农夫，祭礼便结束了。

如果说春耕祭祀是国家的主场，那么祭祀灶神便是家家户户必不可少的了。

祭灶日在腊月二十三或二十四日，以二十三居多。祭灶神之前，各家都要进行一次大扫除。送灶这天，在灶龛两旁贴上一幅小对联："上天言好事，下界保平安。"

祭灶的仪式在晚上举行，祭灶的食品是一种特质的麦芽糖，叫灶糖。因为灶神要上天禀报，所以用糖来使他多说好话。还要为灶神准备轿马，轿马一般由稻草制成，送灶时要在神龛前焚点香烛、元宝，以及这些准备的轿马，并在灶前祈祷。等这些物品燃烧完，礼仪就算完成了。

前文提到的几种祭礼，都是传统中国社会比较重要或常见的祭祀礼仪。上至天子，下至黎民百姓，大到一个国家以农业生产为主的祭祀祈祷，再到以家族为整体的祖先祭祀，以及以个人或家庭为主的祭灶仪式等，都反映了传统中国社会祭礼的丰富，以及人们对精神世界的想象。①

---

① 本节参考文献：杨福泉.灶与灶神［M］.北京：学苑出版社，1995；刘晔原，郑惠坚.中国古代的祭祀［M］.北京：商务印书馆国际有限公司，1996；张光直.美术、神话与祭祀［M］.北京：生活·读书·新知三联书店，2013；莫里斯·弗里德曼.中国东南的宗族组织［M］.上海：上海人民出版社，2000.

本章小结

本章主要讨论中国社会和文化中的农时和礼仪问题，其中涉及的黄历、季节以及相关的活动也与农业发展密切相关，而娱乐形式包括戏曲、民间艺人的表演等，人们日常生活中的婚礼和丧礼等是最重要的礼仪，而祭祀的礼仪则涉及家庭、家族和国家。

第一，农历关乎农时、农事与农人。

日历可以流传千年，可见人们对其的依赖程度。中国传统文化讲求实用性，中国传统日历既服务于农业生产，又是人们日常生活的指导工具，甚少宣扬格物致知的科学求知精神。因此，中国传统的日历和历算并不完全以自然科学研究为目的。

传统的二十四节气与人们的生活息息相关，不少重要的节日都是以二十四节气为根据，节气同时代表了人们的生活及其与四季之间的互动关系。春夏秋冬四季都有相对应的节气，这些节气为农业生产提供了重要指导，农民根据这些节气来决定播种、栽培等农事活动的进行。二十四节气与农业生产活动的关系密切，春种、夏长、秋收、冬藏便概括了农业生产与气候关系的全过程。

二十四节气不但反映了季节的变化，更体现了传统中国民间的生活。我们的先人围绕着二十四节气中的主要节点形成了众多与信仰、禁忌、仪式、养生、礼仪等相关的民俗活动，这些活动反映出传统中国大众如何顺应自然、依循自然时序生活。

时令节气农谚作为传统农业生产的农时指针，在农耕生产中占有重要的地位。按照固定的节气进行一定的农事耕作活动，既反映了人们的耕作习惯，也反映了一定的农耕文化。节气、物候、农谚、有经验的农民相互关联，共同组成一个农业生产体系，指导着农事活动的顺利进行。

第二，娱乐与礼仪经常联系在一起。

地方戏曲是大众娱乐的重要形式之一，这些戏曲的演唱方式充分反映出地方社会的文化与特色。民间艺人给人们提供了娱乐，娱乐也是相当大一批人的谋生手段。他们常常在街道巷尾出现，反映出地方的文化特色。精英和正统文化经常试图去改造大众文化，戏曲和民间艺人以及他们所表演的节目也是被改造的对象。

民众经常利用公共空间来进行节日庆典活动，这些活动大多与各种历史典故、传说、民间信仰、宗教仪式有关。它们有的提供娱乐，有的具有经济功能，有的防灾去病，有的与自然环境有关，有的与社会习俗相连。有些庆祝方式只是地方性的，但庆祝的节日却经常是全国性的，反映了地域文化的独特性和国家文化的统一性共存的事实。

皇帝登基大典的仪式十分复杂而且富有政治含义，这些仪式的规范都是皇权的象征，无非是在宣扬新皇帝至高无上的权力和地位，以及确立一种合法性。万寿庆典是清代重要的宫廷节庆，用以显示皇室的财富与地位；而冰嬉庆典则有强化民族意识和军事的需求。登基大典、万寿庆典和冰嬉庆典等都是以国家为主导的庆典。这一类型的庆典活动与我们之前提到的地方性节庆活动不同，它们不是针对宗教、娱乐、商业等需求，而是有着政治、军事、文化等各个方面的目的，是统治的需要，是皇权和国家的一种政治表达。

第三，婚丧和祭祖是民间的大礼。

传统中国社会是礼治社会，尤其是在乡土社会，礼治在社会秩序的维持上起到很大作用。礼是社会公认的行为规范，这套与礼相关的行为慢慢演变成通行的

“仪式”。

婚礼就是男女确立婚姻关系而举行的被社会认可的仪式。宾客也是婚礼中不可缺少的人物，显示着新郎家的社会关系。礼物的价值或金额反映送收双方的亲密程度。婚礼中最重要的仪式莫过于拜天地，传统婚礼中有许多礼节暗示着子孙繁衍，但其实结婚者在婚前得不到性方面的知识。因为在中国传统文化中，性是一个禁忌话题。

丧葬礼仪是传统礼仪中持续时间最长、最为繁复的一种仪式，流程包括入殓、到城隍庙告丧、亲友吊丧、守灵、出殡、下葬等。在葬礼中，有许多物品也是有讲究的，如孝服的五服等级体现了血缘亲属关系。葬礼体现着孝属的社会关系、家族关系，而且传递出人的文化认同、身份认同。此外，葬礼中体现的生死观也展现了影响传统中国人宗教价值观念的儒家文化和佛教观念。

祭祀既是国家的头等大事，也是民间老百姓不可缺少的活动，而且祭祀的对象非常广泛，上至祭天、祭地、祭五谷之神等由帝王所实行的礼仪，下至民间的祭灶王、祭祖先、祭各种民间宗教的神灵等等。“牺牲”一词最开始用来指代祭祀的肉用动物，还有的把人献祭给神灵，这叫作“人祭”；血也被用作祭祀，被视为会跟神秘力量联系在一起。酒也成为重要的祭品。土地以社神的名义受到祭祀，是把土地神化、以土代地，中国古代的祭礼与社稷祭祀紧密相连。

陆

第六章

民众的精神和物质世界

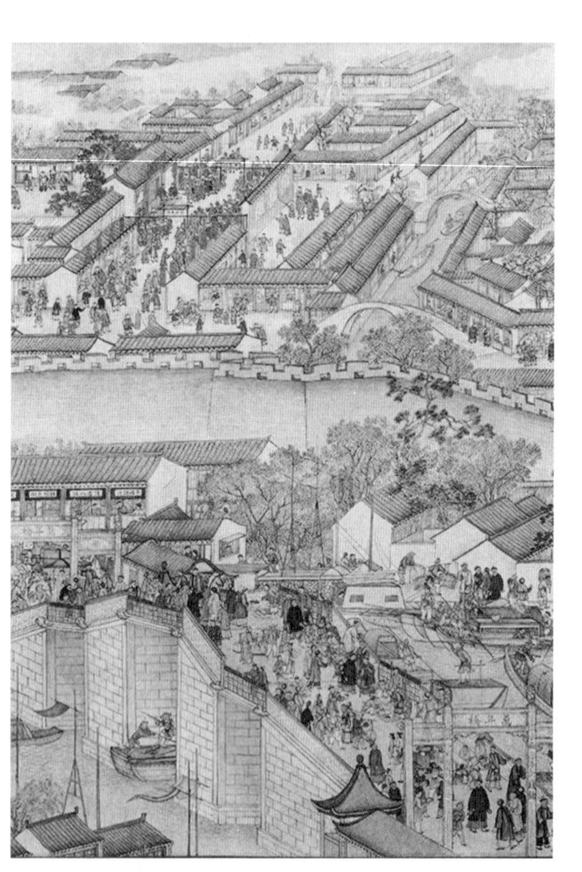

本章主要问题

1 风俗习惯的形成在多大程度上是受气候和生态影响的？风俗习惯的形成是一个长期的过程，它们是如何在日常生活中展现的？为什么会有“百里不同风，十里不同俗”的说法，这种说法是否反映了中国的实际状况？

2 对比我国南北方的风俗，可以看出不同的地理条件是造成其差异的因素之一。南方风俗的形成受什么因素影响最大呢？为什么不同的地理条件会产生不同的风俗呢？不同地区的风俗是历史发展的结果，为什么有的风俗流传下来，而有的风俗却消失了呢？

3 每个少数民族都产生了属于自己的独特风俗文化，这些文化产生的根源是什么？许多少数民族的风俗文化与流传下来的传说、故事相关，这些传说、故事可以反映出少数民族的社会现实吗？

4 街坊邻里之间的地缘关系是如何形成的？形成过程中的影响因素有哪些？地缘关系与血缘关系相比，它的特点有哪些？“社区”一词是如何从强调空间逐渐变成更强调社会、人际关系的？影响社区功能的因素有哪些？为什么城市社区在近代会发生巨大的变化？

5 为什么传统中国人的人际关系像以自我为中心的一圈圈波纹？这样的“差序格局”会发生变化吗？如何看待中国复杂多样的人际关系？积极或消极建立人际关系是一种应该受到推崇或贬斥的行为吗？

6 人们去茶馆的目的是什么？为什么有些地区的茶馆数量非常多？茶馆在社会生活中扮演着什么样的角色？为什么大众喜欢去茶馆喝茶和从事其他活动？茶馆能够为大众提供哪些其他公共空间不能提供的服务？

7 为什么茶馆能够吸引不同行业的人在里面谋生？茶客与谋生者之间的关系如何？为什么说茶馆是一个休闲空间，但同时也是一个市场？茶馆与一个城市经济之间的关系是什么？

8 中国的家具经历了怎样的变迁，中国家具变化的重要时间节点有哪些？为什么不同的社会阶层会对新家具有不同的接受度？为什么椅子会在中国逐渐流行开来？为什么垂足而坐的生活方式取代了席地而坐的生活方式？除了文中提到的社会阶层、地域、族群、宗教这些维度，我们还可以从哪些维度探讨家具的变化？

9 人们对收藏的态度经历了从个人兴趣到彰显社会地位的变化，这种观念的变化反映了中国社会怎样的变迁？为什么战争反而会促使人们重视收藏？中国历史上对收藏品观念的变化反映了社会怎样的变迁?

10 为什么麻将在中国成为跨区域、跨阶层的游戏?明末清初和清末民初士大夫和知识分子对马吊和麻将的攻击有什么不同?为什么马吊和麻将都没法彻底禁绝?

“十里不同俗”

“填仓”“洗三”“晒衣”：北方特有的风俗

中国传统社会的风俗既包括区域性的风俗，例如北方风俗或南方风俗，也包括对地方文化与全国文化之间关系的探讨。我们先来看一下北方的风俗。

中国传统社会的风俗，很多是与时节、节庆、历法紧密相关的，我们在前面讲过春节、立春等大家耳熟能详的节日和节气的风俗，再来关注一些大家可能不太熟悉的北方民间风俗。

“填仓”是北京的习俗。所谓填仓，就是把粮仓填满。

在北京，正月二十三为“小填仓”，正月二十五为“大填仓”，这是京师各大粮商米贩祭祀仓神的日子，一般人家也要买一些米面、煤炭来充实自家的生活储备。此外，全家人还要吃顿“犒劳”饭，一般是薄饼卷一类。

真正的填仓活动在农村，尤其是华北农村及京郊。民间流传的与此相关的谚语“填仓、填仓，小米干饭杂面汤”，指的就是平时农民生活水平比较差，在填仓节时吃顿小米干饭杂面汤，就算改善生活了。

填仓节的风俗活动在正月二十五的黎明开始，家家户户在院里或打谷场上，用筛过的灰撒出一个个大小不等的圆圈，象征着粮囤，然后在圆圈里面放些五谷杂粮，代表五谷丰登、粮食满囤的愿望。

二月二“龙抬头”对中国人来说也是很重要的。

这一天要“引龙熏虫”，人们点燃过年时祭祀用剩下的蜡烛，照亮房间的角落及墙壁，以驱逐蝎子、蜈蚣等毒虫。

基于中国人对“龙”的能力的无限想象，人们祈望龙可以带来丰收，可以驱除百虫，使人免于疫病，所以农历二月初二这天就尽量用“龙”来称呼食物和各种活动。例如吃饼说吃“龙皮”，吃水饺说吃“龙耳”，吃面说吃“龙须”，甚至蒸饼时还要在饼上做出龙鳞来，称之为“龙鳞饼”。就连儿童在这天理发也被称为“剃龙头”，妇女们在这天基本不做针线活，以免伤了龙眼睛。

二月二这天也是接“姑奶奶”的日子，娘家人来接女儿“归宁”，女儿在娘家住个十天二十天的。“姑奶奶”被接回来后，多以薄饼招待。在河北的一些地方，二月二这天，各家用面摊饼吃，名曰“咸食”。

农历六月初六本不是节日，但北方正值盛暑的气候，所以也催生了风俗。

此时万物容易霉烂受损，所以无论是皇室还是普通百姓，都会有晾晒、洗浴活动。天气晴朗的时候，皇宫大内的全部銮驾，包括辇舆、仪仗等，统统摆于殿外，使之通风。

就连銮仪卫的大象都要去洗浴，这也成为一大盛事。清朝光绪之前，紫禁城中有象房，象房归銮仪卫管理，这些大象可以表演节目，有的可以用鼻子发出铜鼓声。大象每年六月初六会被牵往宣武门外河洗浴，前来观看大象洗浴的民众非常多，后来因大象伤人，所以不再豢养。

民间也有说法，在此日晒衣衣不蛀，晒书书不蠹，家畜洗澡不生虱子。有的家庭为了酿造酱醋，专门于这一天五更初时，到井台汲水，用于酿造，据称用这一天的水做酱醋可以防霉。

农民在这一天去地里观察庄稼的长势，有谚语称“六月六，看谷秀”，就是这个意思。有的农民还把这天称为“虫王节”，在田间、院子里焚香祭拜，以预防虫灾，保证丰产。

七夕节，在民间又被称为“乞巧节”。

这一天，有少女拜银河、丢针的风俗。少女们在庭院里设供案，摆上各种时令水果、鲜花，她们自己也盛装打扮，在月下秉烛焚香，默默祈祷自己嫁个如意郎君。

祭拜完之后，少女们将平日缝衣或绣花用的针投入装满水的碗中，针会浮在水面上，如果水下有花朵、鸟兽的影子，或者细直如针形的图案，便是“巧”的象征，也就是“乞得巧”了。

除了节庆，北方风俗还有很多是与人生大事息息相关的。

当一个家庭有新生命诞生的时候，“洗三”礼是必不可少的。清朝《道咸以来朝野杂记》中记载：“三日洗儿，谓之洗三。”据说，“洗三”可以洗去婴儿从“前世”带来的污垢，使他今生平安吉利，同时，也有着为婴儿清洁防病的实际意义。

“洗三”之日，通常会有近亲来贺喜，多送给产妇一些油糕、鸡蛋、红糖等食品，或者小孩的衣服、鞋、袜等礼品。本家则用一顿饭来招待。

“洗三”的仪式一般由专门以接生、“洗三”为职业的中老年妇女完成，人们称她们为“收生姥姥”，也就是我们经常说的“三姑六婆”中的“稳婆”。“洗三”仪式通常在午饭后举行，设香案，供奉碧霞元君、送子娘娘等十三位神像。香炉里装满小米，当香灰插香用。再点燃一对羊油小红蜡，下面压着黄钱、元宝等。

准备好盛有槐条、艾叶煮过的水的铜盆，以及其他礼仪用品，收生姥姥将婴儿抱起，本家按照尊卑长幼带头往盆里添一小勺清水，再放一些钱币，称为“添盆”。收生姥姥有固定的祝词，你添什么，她说什么。例如：你添清水，她说“长流水，聪明伶俐”；添些大枣、桂圆之类的喜果，她说“桂圆、桂圆，连中三元”，以博本家和来宾的欢喜。

添盆之后，才开始给婴儿洗澡，这时也有固定的祝词：“先洗头，做王侯；后洗腰，一辈倒比一辈高。”洗好之后，把孩子包好，还要用一颗大葱在孩子身上轻轻打三下：“一打聪（葱）明，二打伶俐，三打邪魔。”再把葱扔到房顶上，寓意宝宝长大后聪明绝顶。最后要把纸钱在院中焚化，将灰压在炕席下，保佑大人、孩子平平安安。“洗三”礼虽然烦琐，却反映出孩子作为一个新生命，在家庭中受重视的程度。

童谣和俗语作为语言的流传，也是关于地方风俗的一种反映。

北方民间流传着许多与时节、耕种相关的童谣，例如“春打六九头，卖了皮袄，买个牛”，指的就是立春之后天气变暖，距离耕地期近，皮袄已无大用，卖了换牛，是因时制宜。

还有一些童谣反映出历法与自然现象的关系。例如“大儿小三，月亮露边；十七、十八，涮碗吊煞；二十正正，月亮出来一更更；二十二三，月亮落在正南边；二十八九，月亮出来一扭。”这首童谣描述的就是月亮在一个月的周期内，不同时期的形状变化。

还有一些童谣是与持家生活相关的，反映出人们对待生活的态度。例如：“多借债，穷得快。”“早起三光，晚起三慌。”“宁添一斗，莫添一口。”“爹有娘有，不如己有。”“穿不穷，吃不穷，算计不到，要受穷”等等，无一不表达农民的勤恳、努力持家，以及对待生活的智慧。

中国地域辽阔，虽然有许多共同的文化和习俗，但是各地，特别是南方和北方的文化和习俗也有明显的区别，下节将介绍中国南方的习俗。[①]

“荠菜马兰头，姊姊嫁在后门头”：从饮食延伸出的南方风俗

一般情况下，我们在地理上依据长江，把中国划分为南方和北方。两个区域因农作物种植、气候环境、地理地貌特征不同，

---

① 本节参考文献：丁世良，赵放，主编．中国地方志民俗资料汇编：华北卷［M］．北京：书目文献出版社，1989；常人春．老北京的风俗［M］．北京：燕山出版社，1990；富察敦崇．燕京岁时记［M］．北京：北京出版社，1961.

产生了相对独立、各有特征的文化和风俗。

相对于北方，南方是水稻的种植区，因此在主食选择上以米饭为主。由于气候温润，全年高温天气比较多，所以蔬菜、水果的选择比较多。又因多山岭，而且水系发达，基于此衍生的文化和风俗都带有该地区的特色。

我们先从南方人在春天喜食的野菜讲起。

周作人的散文《故乡的野菜》便描写了浙东地区春天生长、食用的野菜。浙东传唱的童谣“荠菜马兰头，姊姊嫁在后门头”，说明了荠菜的家常与普遍。荠菜是浙东人春天常吃的野菜，妇女、小孩各拿一把剪刀和一只篮子，便开始搜寻野菜了。

在民国时期的金陵，荠菜花不仅是吃食，而且在农历三月初三这天是妇女们佩戴的装饰品。《金陵杂志》中记载，三月三日为荠菜花生日，妇女们将花插戴在头上。有民谣这样解释人们为什么要戴荠菜花：“三月三，荠菜花赛牡丹，女人不戴无钱用，女人一戴粮满仓。”看来，这是在春天讨一个五谷丰登的好彩头。

清明扫墓有一种野菜，叫作紫云英。浙东人家在扫墓时用鼓奏乐，所以浙东的小孩时常随着乐声去看“上坟船里的姣姣”；请不起鼓乐的人家，便在船头上、蓬窗下摆放紫云英和杜鹃的花束，看到这些装饰着紫云英的小船，便知道是上坟的。

清明节的前一天是寒食节，相传是为了纪念春秋时期被焚山而死的忠臣介子推，各地的习俗都是灶头不生火，吃冷食。在南方很多地方，有吃青团的习俗，清朝袁枚在《随园食单》中就详细介绍过青团。青团一般是用清明时节长出的新鲜艾草做成汁液，混入糯米团中做成的，有浓郁的艾草香味。作为冷食的青团可以保存三到五天，满足人们祭祀和吃冷食的需求。

极具地方特色的食物给节日也染上不同的风俗。

南方的端午节，既离不开水，也离不开鸭子。生长于江苏高邮的汪曾祺也曾写过故乡的食物，在盛产鸭子和鸭蛋的江南水乡，它们成为端午节不可错过的美食。在高邮，端午节的午饭要吃“十二红”，就是十二道红颜色的菜，有红苋菜、油爆虾、咸鸭蛋等等。

这里的孩子还要挂“鸭蛋络子”。端午节前一天，由姑姑或姐姐用彩色丝线打好络子。端午一早，鸭蛋煮熟后，孩子挑一个淡青壳的，装在络子里，然后把“鸭蛋络子”挂在衣服大襟的纽扣上，也成为孩子的心爱饰物。

除了食物，南方发达的水系，使得端午节赛龙舟也成为别具一格的风俗。沈从文在《边城》中就详细描述过湘西的端午节。

十六个结实如牛犊的小伙子，带了香烛、鞭炮，同一个用生牛皮做成的高脚鼓，上面绘有朱红的太极图。

船只的样式也与平常的木船不同，又长又窄，两头高高翘起，船身还描绘着朱红的长线。每只船可坐十二到十八个桨手，一个带头的，此外还有一个鼓手、一个锣手。

到了河边，烧了香烛，把船拖入水中，各人上了船，开始燃放鞭炮，一边擂着鼓，一边像箭一样，迅速向下游飞去。

桨手以锣鼓声为节拍，两队中凡是把船划到前面一点的，可在终点领赏，有时候是一匹红绸布，或一块小银牌，显示出这一船合作的光荣。

赛过船之后，端午节的氛围还没结束。为了与民同乐，增加节日的愉快，还把三十只绿头大雄鸭，放入河中，鸭子的脖颈儿都系上了红布条子，善于泅水的人，可以下水追赶鸭子，谁把鸭子捉到，谁就成为这鸭子的主人，于是河中到处都是鸭子，到处都是追赶鸭子的人。

除了重大节日，江南还流传着一些与食物相关的成人礼仪。

例如在松江，也就是今天的上海，农历六月十九是观音菩萨的生日，凡是年满十三岁的姑娘，要在这一天举行做“收头”的仪式。

当天未来的婆婆在媒人的陪同下，将猪肉、面条和金银首饰送到未过门的媳妇家。姑娘家收到礼物后，要准备饭菜招待客人，并且把婆家带来的面条煮熟，分送给村子里的人，相当于告知邻里女儿已经成人。观音是救苦救难的菩萨，在观音日做“收头”，可以保佑姑娘一生平安。如果姑娘尚未许配人家，则由外婆家送肉和面条为姑娘做“收头”，但不送金银首饰。

男孩子的“成人礼”则要等到十六岁，举行“开关栅”的仪式，这个日子要由道士确定。开关栅的前一天，先在家中祭祖，告知祖先孩子已经成年。开关栅当天，请道士主持仪式，邀请亲戚一起参加，亲戚来时必须带一块猪肉当作礼物。

这一天，除了必要的供奉和供品，重要的是在供桌前搭“桥”，用凳子和竹子搭成龙门架，龙门架两头贴纸，两侧插旗，还要准备一只甏，也就是一个大坛子，倒扣一只彩色的雄鸡。

仪式开始后，先点香烛，道士念祷文，然后放爆竹。开关人在供桌前磕头，然后手持幡上“桥”，道士紧跟其后，边念边走，等到开关人下“桥”时，有人将甏敲破，这时雄鸡从甏里跑走，表示关栅已开。

在南方，还有许多与食物相关的商业风俗。

南方地区商业发达，使得许多商业风俗也与食物有关。比如初五接财神的祭品中，必须要有活鲤鱼，因为“鲤”跟“利”发音相近，是大吉大利的意思。小商小贩们用红丝线把鱼髻扣起来，称为“元宝鱼”，然后穿堂走向一家家“送元宝”，一边走一边喊：“张家老爷，元宝送来了！”有一首诗就曾描述过这种风俗：“三日新年息曳居，觅闲窗下觉颜舒。忽闻吉语听来切，元宝一双金鲤鱼。”

不光如此，商业里店铺和店员的关系，也是通过与食物相关的风俗来展现的。新的一年，开市之前的初四或初五晚上，按照规矩，东家老板要请员工吃酒，这既是“年酒”，也是“奖励酒”，还是一顿让员工提心吊胆的晚宴。

如果新的一年老板不打算再延聘哪个员工，就会在酒宴上说完好话，再对着大家伙感叹生意经营的不易，这时在被解聘者的碗里放上一个煮熟的鸡蛋，便是“滚蛋”的寓意了。虽然席上不露声色，但被解聘者心里明白，席间接受了东家的红包之后，就要卷起铺盖，离店而去。

南方的风俗除了与北方共同的节庆、历法的风俗，还有很多与地理环境和物产相关，例如野菜、咸鸭蛋、赛龙舟，也有跟成人仪式相关的，如“收头”“开关栅”。比较特殊的是南方的商业文化带来的风俗，例如祭财神、东家宴席等。[①]

“你骑过的马随你去了，它会保佑你的灵魂”：多样的少数民族风俗

少数民族有独特的民族习惯、信仰，其与汉族最大的不同是独特的婚丧礼俗。

中国社会的主体很早就进入父系氏族社会，但一些少数民族，并未随历史的发展发生大的变化，有些甚至还停留在母系氏族社会。

云南宁蒗县的摩梭人便是其中一例。母系氏族社会最主要的特征，体现在其独特的走婚习俗上。这里仍保留着“男不婚，女不嫁”的风俗，只要人们举行了成年仪式，就能进入两性交往的状态。只要两情相悦，男子便可以到女子家中走访，这里无所谓结婚或离婚。这里的走访，即男子在晚餐后到女方家访宿，次日清晨又返回自己家生产、生活。

因为没有婚姻礼俗，所以成人礼仪十分重要。13岁前的男女，受到风俗的保护，不允许进入婚恋生活。为了区别成年与否，在服饰上，儿童不分性别都穿长衫。

---

① 本节参考文献：欧粤．松江风俗志［M］．上海：上海文艺出版社，2007；徐华龙．上海风俗［M］．上海：上海文艺出版社，2009；沈从文．边城［M］．北京：北京十月文艺出版社，2008；汪曾祺．故乡的食物［M］．南京：江苏文艺出版社，2010；周作人．故乡的野菜［M］．北京：海豚出版社，2015.

到了 13 岁举行成人礼的时候，他们的服饰会发生变化。成人礼一般在每年正月初一举行，在成人礼之前的除夕之夜，将要成年的男孩、女孩按照不同的性别聚集在两处，载歌载舞，彻夜不眠，以此迎接他们的成年。初一早上，各自回到家中，在房间里的火塘边举行他们的成人礼。

女孩的成人礼由母亲主持。女孩要双脚踩着猪膘和粮食，手里拿着镯子、耳环、麻布等等；她的母亲为她祈祷以后有吃有穿、儿孙满堂，然后为她脱去长衫，换上衣裙。

而男孩的成人礼由舅舅主持，这也反映了母系氏族社会中，母亲家庭血缘关系的重要性。男孩也要脚踩猪膘和粮食，手拿银元和尖刀；之后，舅舅为他脱去长衫，改穿短袄和长裤，希望他以后勇敢坚强、生财有道。

在少数民族中，还有独特的求爱方式，其中就有“串”姑娘。

这是一种婚前社交、寻找恋爱对象的活动，在云南的佤族、拉祜族中很流行。以拉祜族为例，天黑以后，姑娘们一起去邻村，以歌声约会小伙子。如果小伙子避而不出，姑娘们会主动上前，把小伙子的衣服、被褥都浇上水，迫使他们出村相会。

他们围着篝火对歌、弹琴。小伙子找到中意的姑娘，会用草打个结送给她。对歌也是常用的方式，“东山坡上的姑娘，太阳照着的姑娘，如果你没有情人，就请你开口歌唱”，这样的歌声是用来试探姑娘是否有心上人的，在姑娘的对唱中，双方会了解彼此。

对歌这样的求爱方式，沈从文的《边城》中有很好的体现。故事里面的兄弟俩同时喜欢上了翠翠，为了得到少女的欢心，两兄弟在月夜里到山中去唱歌，两个人轮流唱下去，谁先得到了翠翠“对歌”的回应，谁就算赢得了她的芳心。

少数民族的丧葬礼俗也有别于汉族。

丧葬礼俗反映了他们的精神世界。鄂伦春人认为人死了之后，只是肉体的死亡，灵魂是不会死的，而且灵魂可以干预人世间的事，给活着的人带来吉凶祸福，因而对待死者不能马虎。人死之后先要请一位年岁大的人用清水或雪为其净身、穿寿衣。

鄂伦春族传统的葬法有很多，比如风葬、水葬和火葬。其中比较特殊的是风葬。风葬又叫树葬，选择四棵成对角的树，在距离地面 1 米多高的地方截断这些树，然后在上面搭木架放置棺材。

选择树的时候，要找枝繁叶茂的，绝不能找枯死的，否则会认为切断了死者与家人的往来，还会导致死者的后代衰败。成年人风葬之后还要进行二次葬，一般是在棺木自然脱落或风葬一周年的时候，将遗骨装入棺木或桦树皮做成的盒子，运往氏族墓地土葬。

猎犬和猎马在鄂伦春族的生活中有非常重要的作用，所以也有殉葬猎马、猎犬的习俗。一般都是由死者的亲人按辈分年龄，依次握住拴着马或狗的缰绳，萨满会在此时做祷告，“你骑过的马随你去了，它会保佑你的灵魂”，然后将马或狗杀掉，葬在墓旁。

藏族的天葬是更罕见的丧葬礼俗。藏族的出殡仪式也是在天亮前完成，将死者用白氆氇蒙上。死者的后人将尸体交给天葬师。家人不能到葬场，只有一两个好友前往。

到天葬场后，用桑烟将神鹰招来，如果尸体骨肉很快被鹰吃完，说明死者生前积大德，灵魂顺利升天。天葬完毕，同行的亲友以酒肉招待天葬师。

少数民族除了庆祝春节，还有自己的族年和盛大节日。

例如在四川、湖南、湖北三省交界的地方，土家族在每年农历七月初一都要庆祝自己的传统族年。

关于族年的来历，当地有一个民间传说。很久以前，土家族的一位祖先被迫去镇守边关，多年不曾返家。有一年他捎信回家，说正月初一可以回家过年。家里人在得到信后，四处奔走相告，邀请亲友在新年之际相聚。可是离家守边的人到次年七月初一才回到家里，于是家里人又重新准备酒菜，邀请亲友团聚。从此，七月初一的相聚成为传统，世代相传，成了土家族的族年。

三月街既是云南大理白族的传统节日，同时也是具有乡土风味的集市。在云南方言中，集市叫作“街”或“街子”。每年农历三月十五到二十,三月街在云南省大理城苍山最高的山峰脚下举行，为期六天。这里按照规划，搭起无数的货棚。

三月街的规模非常大，在出售的商品中，有出产于云南的竹器、玉器、陶器，甚至天麻、白药、三七等药材也应有尽有。大理苍山上出产的雪山“一枝蒿”、虫草、当归、党参，藏族人出售的藏红花、麝香、熊胆、鹿茸等名贵药材也很常见。

正如不同民族有自己的节日庆祝一样，少数民族也有自己的禁忌风俗。

很多风俗与妇女生育有关。满族妇女在怀孕之后，如果想要生儿子，就不准坐锅台，坐锅台就会生女孩；孕妇也不准参加婚礼和各种祭祀活动，更不准走进别人家的产房，否则生育的时候会难产，等等。

还有一些与生产生活相关的禁忌。广西瑶族出于宗教原因，通常禁食狗肉。猪肉和鸡肉虽然是瑶族主要的肉食，但主要是作为宗教活动和节日庆祝的祭祀供品。他们一般也不吃牛、马、羊等牲畜的肉，认为这些牲畜是有灵魂的。

这些少数民族多样性的风俗为我们提供了看待事物的不同视角。①

人际关系：见证生活的每个维度

“嘿，吃了吗”：看中国传统社会的街坊邻里

俗话说“远亲不如近邻”，可见邻里关系之密切，但邻里之间也有纠纷和冲突。中国社会中，无论是在城市还是在乡村，邻

① 本节参考文献：毛公宁，主编 . 中国少数民族风俗志［M］. 北京：民族出版社，2006；李竹青，主编 . 中国少数民族节日与传说［M］. 北京：北京旅游出版社，1985；严汝娴，刘宇 . 中国少数民族婚丧风俗［M］. 北京：中国国际广播出版社，2011.

里之间的关系都是很特殊的，值得我们加以思考。前文讲街道的时候，我们也提到街道有时候也体现着居住在这一区域的人与人的关系。

我们来看邻里之间的亲密关系。

住在城市街道两旁的人们，遇到事情可以请邻居帮忙，邻里之间一般的日常用品也可以借进借出。觉得无聊的人，还可以找邻居串门聊天，街边的住户基本不存在隐私，为了进出方便，朝向街道的门总是开着的。因此，街坊邻里之间信息也是易于传播的。哪家哪户有任何事发生，无论好坏，瞬间便可以传遍整个街区。

正是这样的亲密关系，给居民提供了一种安全感。在这种模式下，人们相互信任、相互帮助，共用一个院子的水井时，人们一边洗东西，一边聊天闲谈。家长有事出门，可以放心地把小孩交给邻居看管；上班的人经常把钥匙交给邻居，便于家人回来进门。

在成都，市民吃水要靠专业的挑夫挑。对于挑夫来说，挑水不仅是谋生的手段，而且是一种与邻里联系的途径。一位老成都人写道，他认识的一个挑水夫负责自己家附近的几十个家庭，总计一百多人的用水。

每挑一桶水，他便在主人家的水缸上画一笔，挑满五桶就是一个“正”字。到月底时，主人家按“正”字的数量付费。挑水夫和几十个家庭互相信任，从没有在支付问题上出现过混乱，可见邻里关系中的信任。

此外，邻里关系中隐私的缺失，经常把家庭问题延伸为公众事务。

正是因为邻里之间没有隐私，很多家庭的纠纷经常延伸到街头巷尾，从而把私人问题变成了公众事务。例如，一位被丈夫打骂的妻子跑到街上求助，邻居或路人就会参与调停。在众人的围观下，她就会讲述她的不幸，以求得邻居和路人的同情和支持。

街坊邻居对事件的参与和道德评价，在维持家庭和邻里和谐中起着重要作用。在成都，一个住在东辕门的凶悍妇女，经常辱骂她的婆婆，还与丈夫打架。邻居们同情她婆婆，群起为她婆婆打抱不平，强迫该妇女打扫街头卫生，以示惩罚。

邻里之间的关系并不总是和谐亲密的，没有隐私更容易引起摩擦和纠纷。

同样是在成都，邻居们经常挤在狭小的空间里，不仅没有隐私，而且容易引起摩擦。堆在屋外的杂物妨碍别人过路，或者对别人说三道四，都可能引起争吵甚至暴力斗殴。

在农村，相邻家庭之间的争吵经常是由孩子们的口角引起的。当两个家庭因为孩子发生争吵时，母亲们会在街上互相谩骂，她们的丈夫可能会打一架，然后一切就结束了。第二天，他们的孩子仍会像往常一样一起玩，大人之间可能会十多天不说话，但仍会像往常那样做自己的事情，渐渐就把冲突忘了。

但有时候，小事也会发展成非常严重的事情。比如，邻里之间有人为了一文钱而动手打架，其中一人用罐子砸了另一个人的头，等等。还有更极端的状况发生：有一天早晨，两个人吵架，邻居都认为这不过是一次争吵，而第二天却发现一家的家长被人杀死了。可见，营造良好的邻里关系是非常重要的。

街坊邻里之间的互帮互助是主流。

街坊邻里之间，有喜事要请邻居吃喜酒，生了孩子要给邻居送红蛋，有丧事还要请邻居来帮忙入殓、抬棺材等等。在这样的情况下，许多亲密的邻里关系甚至超过了家族之间的亲属关系。

对于邻里来说，相互帮助是社会责任和义务的体现。比如，在山东的台头村，结婚时，新郎家在邻里之间分发小麦粉做的花卷宣布结婚，并把发花卷当作参加婚礼的邀请。相应地，邻居也要送来礼物，主要是婚礼所需要的食品。

在葬礼上，邻居帮助建坟、抬棺材，或者在死者亲属哀痛时帮忙照料家事。邻居会把前来吊丧的客人分成几组，每个家庭用自己的费用招待其中一组。这些帮助都是自发形成的，同时也在邻里的互助中形成了家庭之间的特殊关系。

不仅是婚丧礼仪，其他活动邻居也是要出席的。例如小孩出生时，同一街坊的所有家庭都要送礼。小孩父母要记录下这些礼物，以便以后回礼。农村家庭在农忙时节需要帮手时，邻居也会来帮忙；在搬运、犁地、播种、收获、打谷等农业生活的各个方面，邻里之间也会相互帮助。在发生一些紧急情况，例如发生火灾、盗窃或突然生病时，邻居比住在远处的亲戚或朋友更有用，再一次展现了俗语常说的“远亲不如近邻”。

同一街坊的邻居之间，每个居民都期许着关系融洽、和谐的氛围。

相邻家庭的妇女会在门前闲谈，尤其是在夏天，女人们喜欢到树下呼吸新鲜空气。这种情形也非常像石羊场的杜家，杜二嫂和她的女儿、婆婆经常与邻居周大娘一起，在夏天的晚饭后到门前的草地上闲聊天，权当放松。

这些街坊的闲聊、聚会对小孩的影响很大，古时人们就已经认识到这点。“孟母三迁”讲的就是在孟子小的时候，他的母亲为了给他选择正派的邻居，而不得不三次搬家的故事。在这个故事中，孟母迁居的第一个地方，多数邻居在葬礼中当鼓乐的吹打手，孟子也跟着邻居学，但吹打手是个低贱的职业，孟母不得不搬走；他们迁居的第二个地方，邻居是屠夫，孟子和其他男孩便学会了玩屠宰的游戏，孟母认为这比第一个更坏，只能再次搬家。不得不承认，邻居对孩子成长潜移默化的影响是很大的。

邻里关系是中国传统社会关系中非常重要的一种，是血缘关系之外人们非常强调的地缘关系的体现。邻里关系的亲密性使附近居民彼此熟悉、信任，但同时邻里关系中缺少隐私的特征，使得家庭事务延伸成为公共事务，而且有可能造成邻里之间的摩擦、冲突。

不可否认的是，传统中国社会期待建设和谐融洽的邻里关系，从邻里之间获得正面、有益的影响，并且在邻里之间的相互帮助中完成人生中的大事。[①]

祭拜土地神：传统社区的人们是如何凝聚起来的？

我们将关注点从“邻里”延伸到“社区”，从社区的定义出发，来看一看在社区内举行的活动，以及社区内人与人之间的关系。

“邻里”和“社区”的概念相近，但也有差异。相对来说，社区的空间范围比邻里更大。“邻里”更接近于实际的空间，而“社区”与社会空间、人们的居住模式的联系更为密切。

“社”有两个基本的含义。在古代，社是祭祀土地神的地方。根据《礼记》的记载，每个地区的民众都有一个地缘凝聚中心，由此也出现了社神的祭祀，并且逐渐形成一定的地缘组织或部落。

祭祀同一个“社”的成员慢慢就变成同一个“社”的成员了。在这里，前一个“社”指的是社神，后一个“社”指的是社区或聚落的意思。

在今天，“社”是组织化的结构。它的含义发展成为“社会”和“社区”。更准确地说，中文的“社区”表示一个包含许多街道和邻里的区域，以及居住在其中的人们。

---

① 本节参考文献：杨懋春．一个中国村庄——山东台头［M］．南京：江苏人民出版社，2000；王笛．消失的古城［M］．北京：社会科学文献出版社，2019；王笛．街头文化：成都公共空间、下层民众与地方政治（1870—1930）［M］．北京：商务印书馆，2013；费孝通．乡土中国［M］．北京：生活·读书·新知三联书店，2013.

“社”最早可以代表祭祀活动。

社区就是通过祭祀的仪式庆典，将居住其中的人们联系在一起而形成的。在中国城市社会中，各种各样的庆祝活动是社区生活的重要组成部分，而负责庆祝活动的社区组织也相当重要。

这些庆祝活动首先是对神的崇拜。活动内容主要是祭神和组织表演，戏曲和木偶戏是常见的表演形式。

在清代，成都划分为若干区，每个区都有负责管辖该区治安的人，在“远亲不如近邻”的街坊“情结”的基础上，形成了共同体意识。

在成都，清明节的庆祝活动最能反映出民众对社区的认同。组织筹办清明节拜土地神的组织是“清醮会”，也叫“土地会”，不同于北方地区清明节以家族祭祀为主的习俗，土地会不是宗族组织，而是社区组织。

这些“会”几乎都是道教性质的，主办者认为他们的庆祝活动是为了“感恩邻里的安宁”。会首是由本街的居民选举出来的，这些庆祝活动也体现了一些地方共同体的“集体象征”。

清明节的庆祝活动一般要举行七天，每天从早到晚锣鼓声不绝于耳。一般来说，相邻几条街共同承担费用、共建一个祭坛。较富裕的街区还会放火炮，雇木偶或者皮影戏班子在街上表演助兴，并且以敬土地神的名义大摆宴席，其真实目的就是聚众热闹一番。

有一首竹枝词描绘了清明节庆祝的情形：“福德祠前影戏开，满街鞭爆响如雷。笑他会首醺醺醉，土偶何曾饮一杯？”

除了庆祝活动，社区组织在地方公共事务中也有重大作用。

在成都，清明节，土地会还要负责组织居民清理阴沟、掏挖水塘等实际工作。及时清理存积的雨水和废水，对成都市内环境至关重要。

民国时期，地方政府控制了社区的公共事务，清理的工作便无人管辖，导致许多阴沟、池塘年久淤积，甚至逐渐废弛，城市生态持续恶化。通过这样的对比，我们可以看出社区对本地公共事务的重要性。

社区组织在维护社区安全上的作用也很大，农村社区的防卫组织以家庭为单位，每家要出一名成年的男子负责夜间执勤。所有家庭的强壮男子都要登记，编入执勤的队伍。

不仅如此，防卫组织还要在村庄设置防线，村民知道如何安全地通过防线，但陌生人进入村庄就会落入陷阱。当有陌生人闯入，站岗的人便会发出警报，如果有人侵入，值班的人会使用步枪、炸药等武器进行防卫。

在清末的广州，以街坊、邻里、社区为主的团练组织，在维护城市社会秩序和社会治安方面发挥了重大作用。1884 年冬，广州西关兴隆街北，一家笔店的伙计勾结外匪，在该店纵火，图谋里应外合进行抢劫。第一次放火被迅速扑灭，第二次放火时尚未引燃便被人发现。接连两次放火，惊动了街邻、左右商铺。店东在街邻的帮助下很快查获纵火店员，将其送官究治。两次灭火的人，便是维持本社区治安的民兵。

广东海关的报告称，光绪以后，广州各街坊都采取了“紧张的自我防卫”，以街坊为单位，筹集经费自办警保，尤其是大户，必须维持一支队伍以保卫他们所居住的社区。

城市也是一个五方杂处的社会。

近代以来，上海的崛起吸引着四方人群，五方杂处的上海里弄中，来自不同地域、有着不同社会阶层身份的人生活在一起。

在这里，像西方大城市中以民族或种族聚集的社区几乎是没有的，而且以乡土为纽带的地缘关系社区也是很少的，这导致了社区邻里之间的社会关系很模糊。

从上海邻里之间相互的称呼中可以看出五方杂处的密度。如“老山东”“小广东”“亭子间好婆”“阁楼大大”“前楼爷叔”“后楼阿娘”等等，不一而足。

在里弄狭窄的居住空间中，邻里之间大大小小的纠纷恩怨时有发生。新中国成立初期担任上海市人民政府文化教育委员会主任的夏衍，曾经这样描述社区内的人际关系：“在过去，上海的居民是无组织的，人与人之间是带着敌意的，同住一所房子的人可以‘老死不相往来’”；“上海也是强横挟诈者占便宜、忠厚老实者吃亏的地方”。

在新中国成立初期，随着保甲制度的废除，为了重新控制位于不同社区的城市居民，新政府在不同的社区设置了居民委员会。某种程度上，它承担了原来“社区”的防卫、自治、维护社会秩序等功能。

当然，因为政治意识形态的原因，传统社区中的酬神、祭神等宗教功能也逐渐消失了，取而代之的是居民委员会所发挥的某些政治功能，进行法律政策的推广和爱国主义教育，甚至在更激进的时期，对社区居民的举报、批判成为居民委员会工作的重点。传统中国社会中的社区功能便被逐渐取代了。

我们从“社区”的文字定义出发，分别探讨了以社区组织为主的祭神活动，以及与社区治安、清洁等相关的实际功能。在“社区”的历史变迁中，近代中国城市中的居民委员会组织的出现，其实是对传统城市社区的一种替代，后者的宗教功能被完全取代，前者具有比较强的政治色彩。[①]

“你大姨家的姑娘的婶子家的侄媳妇”跟你是什么关系？

社会学家费孝通在分析传统中国社会的人际关系时，用了“差序格局”来表述。他形容中国人的社会关系、人际关系是以自己为中心的，就好像把一块石头丢在水里，水面上会出现一圈圈推出去的波纹，每一个人都是他所在的社会关系所组成的圈子的中心，圈子的波纹所推及的距离中心的远近，就是社会关系或人际关系的距离。

在关系之中，最重要的就是亲属关系。

---

① 本节参考文献：王笛．消失的古城［M］．北京：社会科学文献出版社，2019；王笛．街头文化：成都公共空间、下层民众与地方政治（1870—1930）［M］．北京：商务印书馆，2013；张济顺．远去的都市：1950年代的上海［M］．北京：社会科学文献出版社，2015；赵世瑜．狂欢与日常：明清以来的庙会与民间社会［M］．北京：生活·读书·新知三联书店，2002；贺跃夫．近代广州街坊组织的演变［J］．二十一世纪，1996（6）：37–46.

从生育和婚姻连接成的网络，可以推出大量与我们有关系的人，也就是我们俗语说的“七大姑八大姨”。网络中曾用“你大姨家的姑娘的婶子家的侄媳妇”这样复杂的关系来戏称中国亲戚波及之远。

在传统的男权社会中，一个成年男子最重要的亲属关系便是父母、兄弟姐妹、妻子、子女等，其次是由父母的亲属、妻子的亲属等构成的亲属关系中稍远的“波纹”，而这种波纹也会根据父母与其亲属的亲疏关系、妻子与其亲属的亲疏关系的不同而有所不同。

举个例子，在《红楼梦》中，贾宝玉对林黛玉说，他俩的关系是特殊的，跟他与薛宝钗的关系不同。这种特殊的感情，当然一方面来自作家的渲染，一方面还因为男权社会中的亲疏关系不同，林黛玉是“贾家”本家的亲戚，这是以贾宝玉为中心的亲属关系，而薛宝钗是王夫人的娘家亲戚，甚至还算不上是“王家”人，这之中当然“亲疏有别”了。

传统社会的亲属关系与儒家所强调的伦理是一致的，“君臣”“父子”“夫妻”等都为亲属关系的远近或“先后”做了规定。在曾国藩的家书中，大多数家信都是以“孙男国藩跪禀祖父大人万福金安”或者“男国藩跪禀父母亲大人万福金安”为抬头的，几乎没有直接写给自己妻子的信，可见在人伦关系之中，父子、母子关系是远远重于夫妻关系的，而在父子、母子关系中，又以前者为首。

当然这样的关系也是有变动的，根据阎云翔的人类学调查，随着家庭生活中权力关系的变化，长辈的地位不再比夫妻关系更重要。尤其是到了改革开放以后，在“婆婆与媳妇谁更重要”这样的难题上，许多男性背上了“娶了媳妇忘了娘”的“不孝之名”。

这反映了夫妻关系重要性的上升，也颠覆了费孝通认为的中国传统家庭关系以“父子为主轴、夫妻为配轴”的结论。年轻的夫妻开始追求小家庭的独立性，父母的权力受到了挑战。这也解释了现代社会中婆媳问题成为家庭中常见矛盾之所在。

除了亲属关系，地缘关系也是重要的人际关系之一。

在传统的社会中，每个家庭以自己为中心，也可以画出一个圈子，当我们把地缘关系的波纹一步步推远的话，可以看到地缘的范围包括邻里、社区、村落以及同乡关系。

齐邦媛的自传《巨流河》，描述了为东北流亡学生组建的中山中学随着日本侵略的加剧，从北平迁移到南京，再迁移到湖南的故事。在国家前途未卜的危难时刻，东北流亡学生的地缘关系使他们更能对彼此的遭际感同身受。

在湖南的农家祠堂避难时，恰逢元宵节的夜晚，他们燃起篝火，想到国破家亡，哭声弥漫，国文老师带领大家唱起《松花江上》，唱出了游子的漂流之痛。这样一种由地缘关系加上特殊的环境因素产生的特殊的思乡之情，正印证了传统中国非常注重地缘人际关系的文化基因。

在朋友关系中，传统中国人一直崇尚阮籍、嵇康那种“高山流水遇知音”式的境界。其实在人际关系中还有很多是无法准确定义的，他们之间的关系不是亲属，不算老师，不是朋友，但似乎又超越了所有，产生了特殊的人际关系。老舍先生在散文《宗月大师》中，便描述过这样一种特殊的人际关系。

老舍少时家贫，无法读书，有一位“刘大叔”乐善好施，带着老舍进了学堂，为他解决了上学的问题。他们都住在西直门，只不过一个家富，产业占了半条街，一个家贫，上不起学。这个刘大叔改变了老舍的一生，他的乐善好施、善良的精神始终影响着老舍。

没有血缘关系的养育也能产生浓厚的感情，进而形成特殊的感情联结。

在艾青的著名诗作《大堰河——我的保姆》中，他描写的“大堰河”就是自己的乳母，这首诗展现了旧社会对贫穷妇女的压榨，言辞间无不流淌着对乳母的回忆与思念。

这种特殊的关系也出现在康熙与他幼年时的保姆孙氏身上，而孙氏正是曹寅的母亲，也就是曹雪芹的曾祖母。孙氏是上三旗包衣，按理来说属于皇帝的家仆，但正是孙氏对幼年皇子玄烨的常年照料，使得玄烨与孙氏结下了深厚的感情。玄烨在成为皇帝以后，顾念旧情，给予孙氏许多特殊的照料，甚至当她的丈夫去世时，康熙皇帝亲自登门悼念，可谓是极大的殊荣。

此后，康熙皇帝在第三次南巡时，还专门召见孙氏，并且在正式场合称呼她为“此吾家老人也”，可见两者之间非同一般的情感。康熙对孙氏的情感，使得他对曹家有特别的“礼遇”，在江宁织造府生活的曹家在康雍两朝经历了家族的极端繁荣和迅速衰败，这样的特殊体验也促使曹雪芹后来完成了经典之作《红楼梦》。

有乐于交际的人，自然也有不乐于交际的人。

在有些农村，不喜结交关系的人往往被略带贬义地称为“死门子”，这个词语中的“门”与“走后门”中的“门”一样，就是专指私人的联系或关系。

这些被认为“没有任何关系”的人，有时候甚至被认为是“不会做人”的。“死门子”象征着这些人的无能和死板，也代表了他们在社会交往中对为人处世的无知。

“死”这样的修饰词，与“活”相对立，“活”代表着在人际关系网络构建方面的积极和能干，有灵活、活泼、朝气蓬勃的意思。“死”和“活”分别代表着死板与灵活、无能与能干，在社会交往方面的二元对立。从对“死”“活”等修饰词的应用中，可以看出传统中国人对人际关系构建的评断，在传统社会中良好的人际关系是受到推崇的。①

---

① 本节参考文献：阎云翔．私人生活的变革：一个中国村庄里的爱情、家庭与亲密关系（1949—1999）［M］．上海：上海人民出版社，2016；阎云翔．礼物的流动——一个中国村庄中的互惠原则与社会网络［M］．上海：上海人民出版社，2000；史景迁．曹寅与康熙：一个皇帝宠臣的生涯揭秘［M］．上海：上海远东出版社，2005；费孝通．乡土中国［M］．北京：生活·读书·新知三联书店，2013；齐邦媛．巨流河［M］．北京：生活·读书·新知三联书店，2010.

日常生活空间：不可思议的茶馆

“江南十步杨柳，成都十步茶馆”：为什么人们需要那么多茶馆？

茶馆过去是中国最重要的日常生活空间和信息中心。传统中国社会有许多茶馆，它们在历史上也不断发生变化。

喝茶是中国人日常生活的重要组成部分。中国人喝茶有着悠久的历史，正如民谚所称开门七件事“柴、米、油、盐、酱、醋、茶”，反映出茶在民间生活中的重要性。

在传统中国社会，人们追求在幽雅的环境中喝茶，文人骚客经常描写他们一边品茗一边吟诗作画的闲情逸致。

例如，清代画家郑板桥据称是“茶竹双痴”，他在作画时茶和竹是不可或缺的，其追求的理想境界是“茅屋一间，新篁数竿，雪白纸窗，微浸绿色”，然后“独坐其中，一盏雨前茶，一方端砚石，一张宣州纸”，这足以反映出当时文人墨客对茶的重视。

另外，喝茶的流行也与佛教有关。佛教传入中国后逐渐形成僧院茶堂饮茶的风俗，盛唐以后文人士子间流行以茶会友的雅集方式，品茗、清谈、吟诗，这些也丰富了中国传统的茶文化。

不仅上层的文人雅士，民间白丁也喜欢喝茶。这成为中国各地民间茶馆形成的条件。清代乾隆时期的诗句“秋阳如甑暂停车，驷马桥头唤泡茶”，便反映出茶馆的普遍。

我们来回顾一下茶馆的发展历史。

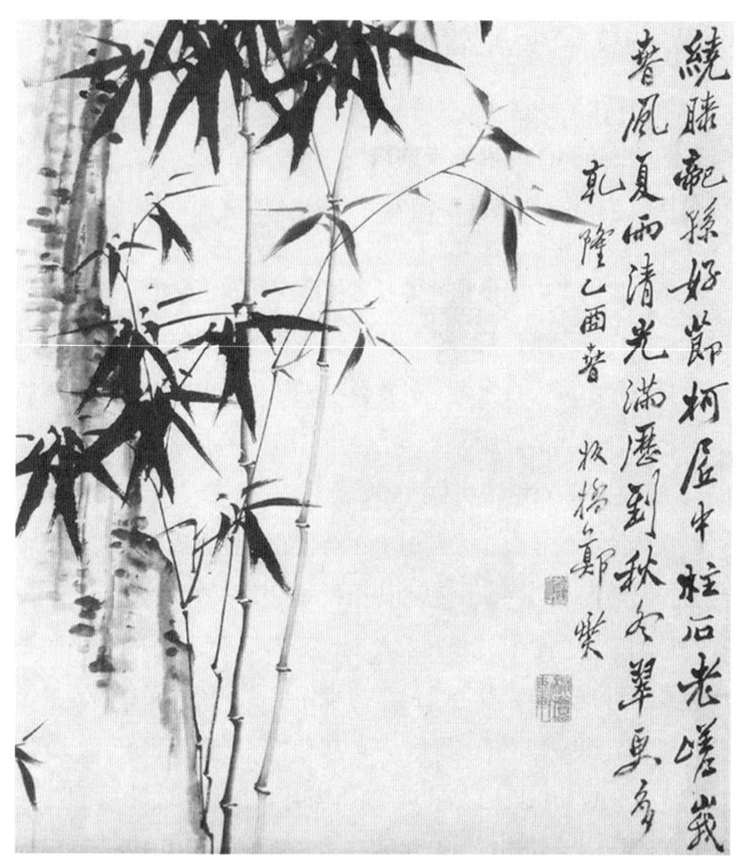

郑板桥画的竹

虽然中国古代记载了许多有关茶叶、茶叶生产、饮茶、茶文化的丰富资料，但对茶馆的记载多语焉不详。茶馆历史悠久，但其是何时、何地以及怎样出现的，则不得而知了。

我们今天所称的茶馆，其实有不同的叫法，因时间和地域而异，唐宋时称茶肆、茶坊、茶楼、茶铺等，明代以后开始称茶馆。

张岱的《陶庵梦忆》中就有茶馆之称，清代以后，“茶馆”逐渐成为习惯称呼。

从我们今天所找到的有关城市茶馆的资料中可以看到，茶馆的历史最早可以追溯到唐朝，但可能更早。根据唐人《封氏闻见记》的记载，唐代便有茶馆，只是数量较少，当时茶馆尚未与人们的生活发生密切的关系。

茶馆的重要发展时期在宋代。

《东京梦华录》中记载了宋代都城茶肆密布的盛况，而且宋代的茶肆已由城市普及到乡村集镇。

当时茶肆的营业机制比较完善，大多实行雇佣工作制，为招徕生意，还安排多种娱乐活动。因此从这一时期开始，茶肆不仅代表着人们用餐喝茶的地方，还慢慢发展成与人民生活和城市文化有着紧密关系的地方。

宋代时，城市商业经济高度繁荣，饮食商品化的程度也快速提高。在城市，官署、学舍、妓馆、瓦市等聚集地，但凡有人聚集之处，旁边皆有茶肆，这方便了人们饮食、歇息、娱乐。

《东京梦华录》《宋史》等史料记载，北宋开封城内的茶肆主要集中在商业区。这些商业区客流量大、商业繁华，自然成为商家经营茶肆的首选之地，那里大大小小的茶肆鳞次栉比。在北宋的汴京城中，茶肆集中的御街附近还形成了十分有名的“州桥夜市”。

明代的茶馆相较于宋代的茶肆更显雅致精纯，对水、茶与器具极为讲究，茶的种类也非常多。小说《金瓶梅》中多次提到了

《南都繁会图》(局部)，描绘了明代陪都南京城市商业兴盛的场面

人们吃茶的日常生活场景。例如潘金莲的邻居王婆就是开小茶馆的，卖梅汤茶、姜茶、合汤茶、宽蒸茶等，这些茶是由许多不同配料配合茶叶冲调而成，是明朝特殊的喝茶方式。

我们能够从反映明代后期南京商业盛况与市民生活的《南都繁会图》中，看出当时城市茶馆的兴盛。例如该图中绘有“茶食店”“茶社”“名茶发客”等招牌幌子。前二者即为茶馆，“名茶发客”为贩卖茶叶之店。

另外，明末白话小说《初刻拍案惊奇》里也描述秦淮河畔是“酒馆十三四处，茶坊十七八家”，茶馆数量甚至超过了酒馆。

事实上，在明清时，只要是人烟稠密之所，就会开设大大

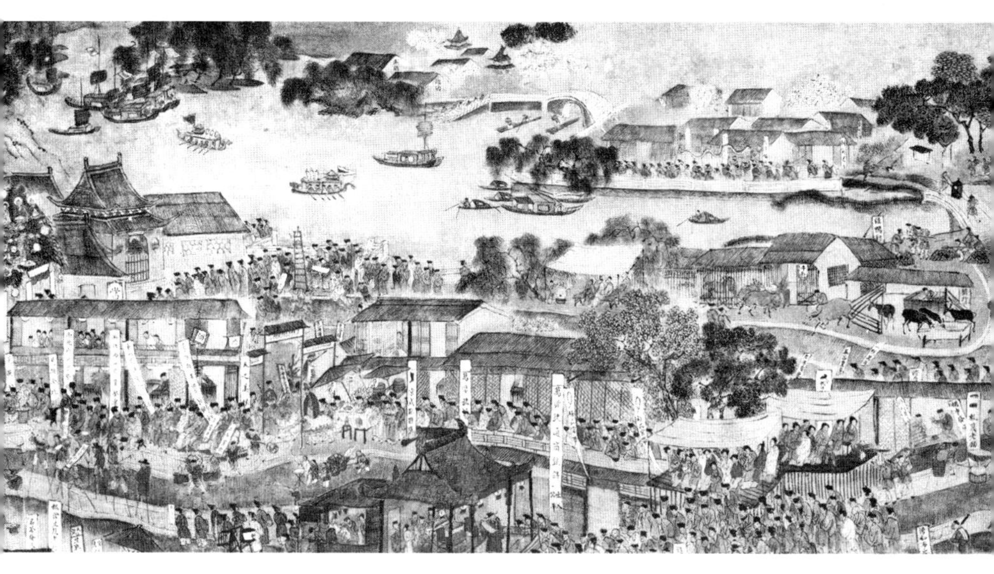

小小的各种茶馆。南方的南京、扬州、宁波、汉口、长沙、福州、广州等大都市，都有难以计数的茶馆，直到深夜仍然茶客云集、喧嚷热闹。

茶馆在清代最为兴盛，遍布于全国各地大多城镇的主要街道。例如在苏州的玄妙观一带，众多的茶馆、酒肆及小食店，门市如云。有记载生动地记录了当时的情况："城外西园城内观，趁闲趁闹尽嬉顽，可怜佛宇仙宫好，混却茶炉酒肆间。"其茶馆之多不言而喻。

传统社会中的茶馆是聚集众多人口的公共空间。

在成都，茶馆一般都临街，面向街的一面总是大开，便于顾客出入和观看街景，也使得街头的行人能一瞥茶馆内的风光，他们可能被茶馆中喧嚷的气氛所吸引，进而光顾茶馆。

茶馆更成为城市中著名的文化地景和标志。20 世纪上半叶，许多到成都的外省人和外国人，对成都的茶馆和茶馆文化留下了深刻的印象，他们的游记中常有许多生动的描述。

成都人则自己调侃说成都有“三多”，即闲人多、茶馆多、厕所多。李劼人也曾经这样描述过成都，“茶铺，这倒是成都城内的风景。全城不知道有多少，平均下来，一条街总有一家。有大有小，小的多半在铺子上摆上二十来张桌子；大的或在门道内，或在庙宇内，或在祠堂内，或在什么公所内，桌子总在四十张以上”。

在四川，庙会、市场、公园都是开设茶馆的最佳地点。左翼作家萧军 1938 年到成都，吃惊于茶馆之多，便不无夸张地感叹着“江南十步杨柳，成都十步茶馆”。曾经留学法国的国民党元老吴稚晖在 1939 年也称“成都茶馆之多，有如巴黎的咖啡馆”。

以成都平原为例，地理条件和运输条件为茶馆的繁荣做出了贡献，成都平原道路狭窄崎岖，因此很少使用畜力拉车，人们以扁担、独轮车（当地叫“鸡公车”）、轿子运货载客。

因此众多的苦力必须到茶馆喝茶止渴，恢复体力。在成都平原纵横交错的道路两旁，茶馆甚多，外面总是排着背货载客的夹子、独轮车、轿子，茶馆显然把生意放在了这些苦力身上。

茶馆是传统中国城市中重要的景观之一，深深地影响着城市生活。[1]

茶馆不仅仅是喝茶的地方，也是市民的“自由世界”

传统大众在茶馆里的生活如何呢?

1949 年 10 月，一个外国人坐在成都的茶馆里，并做出了以下的描述：“中国茶馆是一个非常好的设施，在那里你可以聊天，谈论政治，或是做生意。你可以理发，或刮胡子，甚至还可以坐在位子上让人给你掏耳朵。在夏天的几个月，也有人一边品茶，一边洗脚。”从他的描述中可见茶馆生活的丰富。

我们来看看人们在茶馆中如何打发时间。

普通人没有太多钱去进行高级娱乐活动，因此茶馆便成为他们仅有的消遣场所，有些人一天的生活都会在茶馆中度过。

从早上开始，一个人起来之后第一件事就是去茶馆，他们吃完了早茶以后，才回家洗脸、刷牙、吃早饭。由于很多家庭取得热水不容易，而茶馆整天都供应热水，于是不少睡眼惺忪的茶客会在茶馆一边喝茶一边洗脸，甚至有的人到了晚上在茶馆洗完脚才回去睡觉。这样的轻松自在，在今天的茶馆是不能想

---

① 本节参考文献：王笛 . 茶馆 : 成都的公共生活和微观世界（1900—1950）［M］. 北京：社会科学文献出版社，2010；李晓南 . 从城市公共空间的角度看今昔茶馆文化的变迁［J］. 社会科学辑刊，2004（1）：35–40；胡永弘 . 武汉的茶馆与茶馆文化［J］. 武汉史资料 . 1997（4）：128–131；刘凤云 . 清代的茶馆及其社会化的空间［J］. 中国人民大学学报 . 2002，16（2）：118–124.

象的。

有些茶客甚至把家务事都带到茶馆来做，这样喝茶、做家务都不会耽误。他们坐在茶馆里，听到小菜贩沿着街市叫卖，总会买一些豆芽，堆在茶桌上，一根一根撷着干净。差不多到了晚饭时间，他们就回家做饭了。

以上例子可以反映出传统中国人在茶馆里一天的基本生活，茶馆在传统中国社会扮演着重要的角色，是近代都市生活方式的表现。

人们在茶馆里的活动非常多样，其中最重要的是娱乐活动。

中国传统社会并没有像现代歌剧院一样专门表演戏曲的场所，一般民众如果想听戏曲，就会去茶园。顾名思义，茶园是茶馆和戏园二者的合称。

在民国时期，人们经常到茶园中边饮茶边听戏，茶园成了有闲人士的好去处，也正因为人们热衷于饮茶听戏，所以有“戏曲是茶汁浇灌起来的一门艺术”的比喻。

一般来说，茶园只是对买了茶、坐在茶馆里的听众收费，而许多聚在茶馆外面街边的人可以免去费用。成都人嘘称这些人是在听“战（站）国”。如果是在冬天，这些“战国”人士倒是比较受茶馆内顾客的欢迎，因为他们可以挡住外面吹来的寒风；而夏天则经常引起人们的不满，因为他们使茶馆的空气难以流通，坐在里面的人感到更加闷热。

传统茶馆的顾客往往受到较少的限制，可以自由地表达对表演的喜爱或厌恶，当满意台上艺人的表演时，他们会发出喝彩声。

在茶馆中，顾客还可以自由走动、聊天，从小贩那里买小吃。

茶馆不仅用来休闲，也是最好的社交场所。

在传统社会，一般民众家里没有会客厅，于是茶馆便成为人们的社交场所。在成都，熟人们在街上遇见，总是招呼对方说“口子上喝茶，茶钱该我的”。虽然这只是一种客气的说法，没有人会当真，却反映出茶馆会友和社交的重要性。

人们去茶馆不仅喝茶，也交流最近的新闻，传播小道消息。如果一个人几天没出门了，想知道这几天有什么事发生，便会先去茶馆。

成都有一句流行语，“少城一日坐，胜读十年书”，就是说在茶馆坐一天，可以从社会中学到非常多的东西。虽然这是夸张之词，但茶馆的确是一个了解社会的最佳场所。如果一个茶客没有谈话兴头，可以读书看报。在20世纪30年代，顾客可以花几分钱从小贩那里租报纸看，看完一份后，还可以与他人交换。

同时，在民国成都的茶馆中，你会发现一个非常有趣的现象，那就是“吃讲茶”，它是成都人在茶馆中解决纷争的一种民间流行方法。人们之间有了冲突，一般不是先上法庭，而是到茶馆评理和调解，这样茶馆便成为一个解决纷争的地方。

李劼人在《暴风雨前》这样描述“吃讲茶”情形：“假使你与人有了口角是非，必要分个曲直，争个面子，而又不喜欢打官司，或是作为打官司的初步，那你尽可邀约些人……相约到茶铺来……大家声势汹汹地吵一阵，由所谓中间人两面敷衍一阵，再把势弱的一方数说一阵，就算他的理输……将两方几桌或几十桌的茶钱一并开消了事。”这样冲突和矛盾就在茶馆喝茶的过程中化解了。

同时，茶馆也是为社区大众建立人际关系和网络的地方。

茶馆中有一种有趣的现象叫“喊茶钱”。这是当社区中有威望的领袖来到茶馆喝茶时，其他人都争先为他付茶钱，来赢得他的注意，付茶钱的人和该名社区领袖都能赢得“面子”，也加深了彼此间的关系。

正如四川乡土作家沙汀在《在其香居茶馆里》所描述的：“新老爷一露面……茶堂里响起一片零乱的呼唤声。有照旧坐在座位上向堂倌叫喊的，有站起来叫喊的，有的一面挥着钞票一面叫喊，但是都把声音提得很高很高，生怕新老爷听不见。其间一个茶客，甚至于怒气冲冲地吼道：‘不准乱收钱啦！嗨！这个龟儿子听到没有？……’于是立刻跑去塞一张钞票在堂倌手里。”

“喊茶钱”充分地表现了人与人之间复杂的关系。有些人“喊茶钱”只是为了顾及自己的面子，其实心里面根本不想付这个钱。

例如李劼人曾描述过以下的情景：一个人进了茶馆，付过茶钱之后，看到两个熟人也进来了，先是装着没看见，过一会儿才像刚看到他们一样，笑着跟他们打招呼：“才来吗？”他拿着钱向堂倌挥一挥手，叫道：“这里拿钱去！”而新到的那两个人也向堂倌说：“那桌的茶钱这里拿去！”堂倌知道双方都只不过是装样子，便叫道：“两边都谢了！”并没有真的去收任何人的钱。堂倌非常得体地按照双方都期望的方式处理了这个问题。

传统中国各地的“喊茶钱”，在许多时候已经变成了一种礼仪，大家只要把姿态做到就行了，至于是否真的需要对方为自己，或是自己为别人付茶钱，已经不重要了。

由此可见，传统中国的茶馆像一个社会的缩影，这里不单单

成都彭镇观音阁老茶馆，王笛摄于 2021 年夏

是居民生活的地方，也是社交、娱乐和社区信息传播的场所。[①]

敷脸、理发、掏耳朵：还有什么行当茶馆里不能做呢？

有不同群体在茶馆中谋生，他们大部分是一般民众，因此更能帮助我们理解传统茶馆在社区中的作用以及大众文化。

茶馆是一个三教九流会集的地方，这里最多的是茶客，他们在茶馆里或三五成群，或自斟自饮，还有堂倌以及一些专门来茶馆里做生意的人。

堂倌是茶馆里的服务员，是茶馆中最显眼、最忙碌的人。

他们几乎没有休息的时间，有一个顺口溜形容茶馆中的堂倌："从早忙到晚，两腿都跑断。这边应声喊，那边把茶掺。忙到团团转，挣不到升米钱。"这些都反映出他们在工作场景中的真实处境。

热情服务往往是堂倌的第一准则。当有顾客进来时，堂倌会立即招呼"某老爷请""某先生请"，带领其到位，问他们要什么茶，如果是熟客，甚至不用问就可以把茶端上来了。

---

① 本节参考文献：王笛．茶馆：成都的公共生活和微观世界［M］．北京：社会科学文献出版社，2015；王笛．袍哥：1940年代川西乡村的暴力与秩序［M］．北京：北京大学出版社，2018；瞿明安，秦莹．中国饮食娱乐史［M］．上海：上海古籍出版社，2011；杨树因．一个农村手工业的家庭：石羊场杜家实地研究报告［D］．北京：燕京大学，1944.

堂倌往往是用高声呼喊来回应顾客需求的，茶馆中一片喧嚣热闹，而当中经常会听到堂倌高声大喊：“茶来了！开水来了！茶钱给了！多谢啦！”堂倌的热情，使顾客有宾至如归的感觉。

同时堂倌还要能懂顾客的心理，如果想在茶馆中长期谋生，就必须学会看客人“脸色”，否则便很容易让客人反感，使自己丢了工作。例如堂倌经常会遇到这样的情况：一个客人走进茶馆，碰见他的几个朋友在喝茶，大家都会争先恐后地为新来者付茶钱。面对着许多只拿着钱的手，“收谁的钱合适”是非常考验“情商”的，一位聪明又了解顾客的堂倌就必须在短时间内观察出哪位客人是真心为他的朋友付茶钱，一旦收错了，会使得双方都丢了面子。

除了喝茶，还有不少人利用茶馆来谋取生意。

茶馆虽然是做生意的地方，但并不与其他生意人形成竞争关系，相反，还有不少行当与茶馆有合作关系，他们往往是“共赢”。这当中包括热脸帕和水烟袋服务、手工匠、擦鞋、修脚、掏耳朵、理发、算命等。

例如掏耳朵就很具成都地方特色，掏耳朵工匠依靠茶馆来招揽顾客，他们一手拿着工具，一手拿着一个可以发出独特声音的金属夹子，吸引顾客的注意，并穿行在桌子之间提供服务。

有人便诙谐地说，掏耳朵的人是在表演一种艺术，使人感到舒服，顾客则不在意他的工具可能传播细菌。

热脸帕的服务在茶馆中非常流行，提供这个服务的人往往有特殊的技艺，他们在十分拥挤的茶馆里，能够把毛巾扔给任何一个顾客，并从空中接住顾客扔回来的毛巾，甚至能够同时接住几张从不同方向扔过来的毛巾。他们有时候还会炫耀技术，用嘴去接，顾客看得开心，也会给他一点小费。

热脸帕的经营者必须付给茶馆一定的费用，作为使用茶馆空间和热水的报酬，当堂倌忙不过来的时候，他们还需要帮忙。

同时，在成都几乎每间茶馆都有一个算命先生，他们一般在特定的茶馆中兜售“本领”。一个算命先生一旦树立了声望，便不愁没有客人。这样，算命先生也为茶馆带来了客源。如在成都有一个叫“神童子”的算命先生，经常出没在少城公园，他只要一到茶馆，人们便争先恐后地请他为自己算命。

茶馆也是一处重要的商业交易市场。

石羊场杜家的掌柜娘杜二嫂，便要定期前往成都进行生绸买卖，而买卖市场就设在成都南门的茶馆里。不光是丝绸生意，还有资料称，成都各行各业百分之七八十的人都在茶馆里洽谈生意。

民国时期上海的茶馆更是形成了茶会。茶会便是商人在茶馆中进行商品交易的活动。这些商人在茶馆中做生意，也是茶馆里重要的消费者，尽管茶和点心都价格不菲，但是商人们毫不在乎。

在上海，抗战胜利后一些大茶馆对茶会的生意越来越重视。当时，青莲阁甚至不接待散客，而以茶会市场为主要经营方式。报刊记载，自米业临时市场搬离后，青莲阁马上被各公会包去。“青莲阁还是一个茶馆……可是你偶然去了，对堂倌说‘泡壶茶来’，堂倌就会回答你说：‘先生，对不起，此地不卖给零客’。”

茶馆也是劳动力市场。

许多劳工在茶馆里待雇。一般来说，同一行业的工人会聚在同一个茶馆里，雇主会知道哪里最容易找到自己需要的工人。如果某人需要雇一个木匠，会知道去哪一间茶馆找。

一般家庭需要有人修理房屋、搬重物，或婚丧需要帮手，也会到茶馆去请。由此可见，传统的茶馆的确为许多劳动者提供了不少工作机会。

因此，一些地方的工匠就干脆将茶馆作为工作之地，从事的工作有修理鞋帽、扇子、雨伞等，茶馆老板和顾客也对落在地上的纸屑、各种碎片和灰尘并不很在意，因为他们给茶客的日常生活带来了许多便利。

茶馆也是民间艺人谋生的地方。

由于高雅的茶馆租金较高，大多数民间艺人都喜欢在小茶馆中表演，为下层民众服务。人们可以欣赏各种曲艺表演，如相声、金钱板、评书、清音、杂耍、口技等等。

有少数比较知名的艺人会固定在某个茶馆中演出，而多数不怎么有名的民间艺人只好带着乐器走街串巷，哪个茶馆有听众，便到哪里演出，被称为“跑滩”或是“穿格子”。

这些人主要靠着茶客给他们的小费生活，茶客一般买了一杯茶，就不用另外买票看表演，因此观众会根据个人好恶，给这些“流浪的艺术家”一些小钱。

评书应该是茶馆中最吸引人的表演之一。民国时期那些有评书演出的茶馆被称为“书场”。每天下午和晚上，平时很清静的小茶馆便变得热闹起来，前面摆着一张木桌、一把高脚椅子。等屋子里的人渐满，讲书人会先清一下喉咙，把醒木在桌子上连敲三下，然后堂倌便大声宣布："开书啰！各位雅静！"然后整个屋子一下子便鸦雀无声，大家竖起耳朵等故事开场。

有的茶馆的茶钱包括了听评书的钱，付给讲书人一定的佣金，有的则是讲书人直接向听众收钱，一般是每晚两次。不过也有不少穷人和凑热闹的小孩站在茶馆门前听讲，茶馆和讲书人很难向他们收取费用。

在茶馆里，茶客和商人的互动反映了传统城市大众的生活方式。茶馆是一个非常重要的舞台，为我们展示了丰富的城市大众文化。①

物质文化的传承

家具家家有，历代各不同：从家具看中国物质文化的历史

"物质文化"包罗万象，家具就是和我们日常生活息息相关

① 本节参考文献：王笛．茶馆：成都的公共生活和微观世界（1900—1950）［M］．北京：社会科学文献出版社，2010；王笛．袍哥：1940年代川西乡村的暴力与秩序［M］．北京：北京大学出版社，2018；范春三，袁东旭．旧中国三教九流揭秘［M］．北京：中国社会出版社，1997；包树芳．茶馆中的商人与生意：近代上海茶会考察［J］．民国档案．2018（4）：52–59.

的物质文化之一。

我们先来观察一下石羊场杜家的家具。杜家的卧室中，有两张老式的大木床，大木床可以睡三四个人，占据了房间大半空间。此外，房内还有日常生活中必备的箱子、柜子。

另一间房兼具厨房和餐厅的功能，有一个有两口锅的大灶，还有碗柜和水缸。地上放着高大的神柜，上面有香炉、烛台和一个神龛。神柜前面放着吃饭用的大八仙桌。

总而言之，杜家的主要家具包括床、柜、箱、灶、桌、椅或凳。这些家具满足了人们的日常生活需要，是传统中国的主要家具类型。它们产生于不同时期，而且一直经历着不断的发展变化。

比如杜家的床、桌、椅或凳，唐朝以后才在中国广泛流传。在唐朝之前，中国的家具形式完全是另一副模样。

唐以前家具是如何发展的呢?

在远古时期，人们居住条件简陋，主要住在地洞或者棚屋里。由于房屋矮小，当时主要的家具就是“席”。“席”最开始是铺在地上，用以坐、卧，传统的席地而坐的起居方式由此而来。

到了商朝，开始出现用木和青铜制作的几、案、俎、床：“几”或用于放置杂物，或用于凭靠；“案”用于放置食物或作为礼器；“俎”则是砧板或者礼器；“床”自然是睡觉的床，不过当时的床腿很短。目前考古发掘出的商周家具往往是属于少数贵族的，商周时期大多数普通百姓用什么家具，目前我们还不太清楚。

战国时期，一种极具中国特色的家具——榻——出现了。榻比床更矮更小，与床用来睡觉不同，榻主要用于宴饮、小憩等。人们的起居方式由席地而坐开始转变为以床榻为主。

魏晋南北朝时期家具的变化与特定族群和信仰联系在一起。

我们今天离不开的椅和凳，此时由胡人从西域传到中原。当时来华的胡人不少是佛教僧侣，他们来到中原传教，也使得一些皈依佛教的汉人同时接受了椅子这种外来的坐具。坐在席和榻上，人们只能跪坐或盘着腿；而椅和凳则可以让人坐在上面，把双腿垂下来。

然而，椅和凳传入中原之后并没有被普通人广泛接受，只有靠近西域的西北地区和少数交通便利的大城市的一些汉人接受这种家具。“跪坐”这种让人痛苦的坐姿依然是合乎礼制的“正坐”。

不过，椅子的流行是一个缓慢的过程，在唐朝初期，椅子还被视为佛教徒的专属。佛教僧侣把椅子作为“坐禅入定”的工具。唐朝时许多僧侣竟然因此坚持不在床上睡觉，而在椅子上睡。比如开元年间的释处寂和尚四十多年都没有上床睡觉，一直坐在椅子上睡觉。

甚至有许多和尚是在椅子上圆寂的，比如著名的法显和尚就是如此，因此人们经常说和尚“坐化”。到了盛唐时期，学习、模仿胡人的文化、生活方式成了上流社会的时尚。不少达官显贵开始在家中置办椅子。同时，与椅子配套的桌子也流行开来。这一时期，传统的“席地而坐”的生活方式受到了挑战。

社会上层流行的家具逐渐向社会中下层渗透。

到了宋朝，椅子完成了“世俗化”的过程，不再被视为僧侣的专属。桌、椅、凳已经成了普通百姓家中的标配。“席地而坐”过渡为“垂足而坐”由上层阶级开始逐渐普及至平民百姓。在宋朝，传统的、和席地而坐的生活方式配套的“几”“案”几乎从普通人的生活中消失了。有趣的是，宋朝富人家反而爱用“几”和“案”。但他们所用的“几”“案”也和传统的形制不同，而是加高加大，方便匹配椅子使用。

到了明清时期，“榻”从老百姓的日常生活中消失了。只有达官贵人、皇亲国戚才会用“榻”，一般百姓只用椅子。与此同时，桌椅的种类日益增多，一些至今仍被使用的经典桌椅造型开始出现了，比如我们前面提到过石羊场杜家的八仙桌。

从明朝到清朝中期，家具的形制已经基本确定，但还是有一些变化。比如明朝上流社会使用的高档家具往往造型简朴，而清朝的高级家具则往往雕刻上复杂精细的花纹。

在明朝，中国家具的材质也有了新的变化。

在宋、元及明初，中国的家具用的是榆木、松木、楠木等中等硬度的原材料，但是到了明朝，红木家具开始兴起。据说，中国红木家具可以追溯到郑和下西洋时期。郑和下西洋，带去的是中国的丝绸和瓷器，带回来的主要就是红木，因为红木分量重，正好做压舱之用。一些能工巧匠用这些木质坚硬、细腻、纹理好的红木，制造出较前代更坚固、更美观、更实用的家具，明清家具制造业由此空前繁荣。

“红木”不是泛指所有红色木材，也不是一种木材，而是当前国内红木用材约定俗成的统称。明式家具以黄花梨木为主，其次为紫檀；清式家具以紫檀木为主，其次为黄花梨木、花梨木、酸枝木等。最初，红木做成的家具和工艺品供宫廷享用，后来红木大量输入，逐渐发展到民间。

明清古典红木家具的名贵，贵在原木的珍稀，更贵在精湛的工艺。德国学者古斯塔夫·艾克在《中国花梨木家具图考》中，总结了红木家具工艺的三条基本法则：非绝对必要，不用木销钉；尽可能不用胶粘；任何地方都不用铁件。红木家具的造型和工艺，显示出人文家具和艺术家具的特点。

到了晚清、民国时期，中国的家具又有了许多新变化。

首先，沙发等西洋式的家具传入了中国。其次，一些新材料，比如玻璃，开始在家具中使用。再者，一些西洋审美风格也被应用在家具上。最后，采用先进的加工工艺和工业化加工流程的近代家具工厂开始出现。

然而，正如我们前面讲到的，这些新鲜事物往往只存在于开风气之先的沿海地区和大城市，在内地的农村，绝大多数村民都和杜家一样，还在用着传统的明清式家具。

从家具的变迁我们可以看出，中国社会的物质文化一直在不断变迁，往往是社会上层先开始接受外来的新鲜事物。有时候，新的物质文化与特定的族群、宗教信仰有关。外来的物质文化往往在大城市和重要国际商路沿线传播得更快。[①]

苏东坡的玉带藏在镇江金山寺，后面有着古董收藏的故事

收藏是一个有趣的现象，和中国历史中的很多重要的主题有关，比如宗教、战争、消费社会。收藏和宗教，特别是佛教有着极为密切的关系。

北宋哲宗年间，苏东坡被贬官到杭州。在去杭州的途中，他路过镇江，便去拜访了金山寺的好友——佛印和尚。

当苏轼进入金山寺的时候，佛印正在准备给众僧人讲述佛法。看到苏轼进来，就想拿他开个玩笑，佛印说道："你来干什么呢？我这里没有坐的地方。"机智的苏轼马上回答道："让我暂且借用你的'四大'来坐禅吧。"

"四大"就是佛教宇宙观中组成世界的基本元素——地、水、火、风。佛教认为，世界万事万物都是由这四大元素组成，人的身体自然也是。苏轼所说的"四大"指的就是佛印的身体。换句话说，苏轼的意思是"不如让我坐在你身上好了"。

佛印说："好啊，那我现在说一句话，如果你答不上来，就得解下你腰上的玉带，留在寺里。"所谓玉带，是一种挂着许多块玉石的皮质腰带，在当时是非常值钱的，苏轼欣然同意。佛印

① 本节参考文献：翁同文 . 中国座椅习俗［M］. 北京：海豚出版社，2011；李宗山 . 中国家具史图说［M］. 武汉：湖北美术出版社，2001；古斯塔夫 · 艾克 . 中国花梨木家具图考［M］. 北京：地震出版社，1991.

和尚马上问："本僧四大皆空，你能坐在哪儿呢？"苏东坡答不上来，只能乖乖把玉带送给佛印。直到如今，镇江金山寺还收藏着苏东坡的玉带。

实际上，像金山寺一样收藏藏品的寺庙，在中国历史上可以说是数不胜数。除了这则故事里面所说的玉带这种世俗藏品，带有宗教意涵的藏品，比如佛教造像、佛教经书、佛教绘画、佛教碑刻，都是寺庙收藏的大宗。可以说，中国古代的佛教寺庙也是佛教博物馆。

寺庙除了是收藏品的博物馆，还主持收藏品的交易。比如在宋代首都汴梁城，收藏品交易成了相国寺庙会的重头戏。笔墨、书籍、文玩、字画、碑帖是庙会中被争相购买的藏品。

到了明清两朝，庙会的收藏品交易就更兴盛了。北京著名的古玩店铺聚集地琉璃厂，就是发源于琉璃厂内火神庙的庙会。清朝乾隆年间编修《四库全书》的时候，为了搜集图书，编书者甚至去琉璃厂买书。此外，北京慈仁寺、隆福寺的庙会上，也经常能见到有人贩卖古书字画。

收藏和战争也有紧密的关系。

很明显的一点是，战争会破坏收藏品。我们都很熟悉宋代的赵明诚、李清照夫妇。他们两位都是宋代杰出的文学家，也是宋代重要的收藏家，收藏了许多古籍、字画和青铜器。

北宋靖康元年，北方的金人入侵宋朝，攻陷了首都汴京，这就是历史上有名的"靖康之乱"。赵李夫妇从本来居住的青州逃往南方，带着 15 车各类贵重收藏品去了建康，也就是今天的南京。而留在青州的藏书、古画，全部毁于战火。

两年后，赵明诚病逝，而宋金两国仍然交战不休。李清照便携带家藏的各类文物辗转流亡于江南各地。他们夫妇收藏的绝大多数文物，或是在流亡途中损坏，或是遗失、下落不明。赵李夫妇的故事不是个例，在中国历朝历代的无数战争中，不知有多少宝贵的收藏品毁于战火。

不过，战争虽然破坏了许多文物，但也同时刺激人们重视文物的保护，比如敦煌莫高窟的藏经洞。这个洞里面藏有大量的文物，包括儒释道的经卷、书，以及各类绘画、碑帖、佛像等艺术品。

为什么藏经洞里面藏有这么多的文物？这很可能与战争有关。北宋时期，新疆地区有一个喀喇汗国。10 世纪时，这个国家的汗王皈依了伊斯兰教，此后他率军攻克了新疆的佛教中心于阗，于阗的佛教艺术品被大肆破坏。紧接着，该国又向宋朝提出要攻打西夏，敦煌藏经洞的产生很可能就与此有关。

有学者认为，这个消息传到敦煌的僧人那里，他们为了避免寺庙收藏的宝贵藏品被破坏，就将藏品藏入“藏经洞”里面，然后封闭洞口。如果没有战争的刺激，也许这些僧人不会这么重视保护文物。

收藏与消费社会也密不可分。

“消费社会”是法国社会学家、哲学家鲍德里亚提出的。鲍德里亚认为，在当代社会，人们消费的不是物，而是符号，对于符号的消费区隔了社会的各阶层，这便是消费社会。这也解释了为什么人们更愿意买带有大牌标志的商品。

像这样通过对符号的消费来达到区隔身份地位的现象，其实不仅仅存在于当代社会，在古代同样也有。

在明朝以前，收藏家们出于个人的兴趣爱好进行收藏，比如之前提到的赵明诚、李清照夫妇，他们收藏了很多商周时代的青铜器，并且将家中所藏青铜器的铭文都拓印了下来，作为研究古代历史的素材。

但是到了晚明，情况变了，在社会上，收藏古物已经成为身份地位的象征。收藏古物意味着一种高端的品位。在明代，商周青铜器依然是热门的收藏品，但人们已经不太在乎青铜器上铭文的学术价值，而仅仅想通过占有这些青铜器来彰显自己的身份地位。

比如明朝权倾朝野的内阁首辅严嵩，他在失势之后被抄家，抄出来的青铜器竟然有 1127 件之多。然而，他从来也没有去拓印这些青铜器上的铭文，也没有想着用这些铭文来做学术研究。

然而，像青铜器这样罕见的古物，毕竟不是所有人都能消费得起的。庞大的中下层士绅也需要一些收藏品来彰显他们的身份地位。于是在明朝中后期，本朝的瓷器，比如成化年间的瓷器，也成了热门的收藏品。

这也促进了明朝的收藏品高度商品化。一个庞大的收藏品交易市场逐渐形成。收藏品的交易很是频繁，比如名画《富春山居图》在 1570 年至 1669 年曾八次易主，也就是说几乎每 12 年《富春山居图》就要被交易一次；董其昌的名画《江山雪霁图》，从

1595 年到 1642 年，每 9 年左右就被交易一次。

从收藏的历史我们可以看出，收藏行为与战争、宗教、消费社会息息相关。战争一方面破坏了许多藏品，但同时也刺激人们重视收藏。佛教寺庙一方面收藏了很多藏品，另一方面其举办的庙会也成为收藏品的交易大会。在明代，收藏品成为一种彰显身份地位的文化符号。①

麻将牌小乾坤大：小小的麻将有大学问

麻将的前身是“马吊”，在明末清初时已十分流行。清朝初年，有一本名叫《照世杯》的小说，里面记载了一个叫作“马吊学馆”的地方，里面有书房、厅阁、亭子，处处都有人在打马吊。不仅如此，这里还有专门的师傅教人打马吊，师傅在高台上“授课”，台下弟子分坐两行，就像寺里住持给和尚讲经一般。

师傅平时教学的教材是《牌经十三篇》，还有更详细的和教材配套的《十三经注疏》，他的学生学成后都成了马吊高手。这个故事可能有夸张的成分，当时未必真的有“马吊学馆”。不过在明末清初，确实是有很多人痴迷马吊。

马吊是纸牌。麻将有万字牌、筒（饼）牌、索（条）牌三种主要牌型，而马吊除了这三种牌型还有“十字牌”，也就是

---

① 本节参考文献：蓝翔，李雪梅．收藏史［M］．南宁：广西民族出版社，2000；李雪梅．收藏史话［M］．北京：社会科学文献出版社，2012；柯律格．长物：早期现代中国的物质文化与社会状况［M］．北京：生活·读书·新知三联书店，2015.

“二十万”“三十万”一直到“九十万”“百万”“千万”“万万”。而且马吊上绘有人物图画，在“十字”“万字”这两种牌型中，每张牌上都绘制了一位梁山好汉。玩法上，马吊是三对一，而不是四家各自为战。

人们沉迷于马吊游戏，不少人对马吊持批评态度。

首先就是来自士大夫阶层的批判。他们主要从两个角度来批评马吊。其一，马吊这种游戏源自底层，士大夫阶层的人不应该玩这种低级游戏。更进一步说，士大夫不能屈尊降贵和普通百姓或是自家仆人一起玩马吊。

《明史》的主编张廷玉的父亲就曾经告诫子孙，不能玩马吊，“纸牌入手，非吾子孙”。康熙年间的江宁巡抚汤斌下令禁止印造马吊，认为玩牌时“主仆混淆，上下无分”。汤斌应该是想通过禁止马吊来避免破坏社会等级秩序。

可是，官员不顾尊卑而与仆人玩牌的情形还是存在的。乾隆十六年在北京的四川会馆中，有九位牌友因玩牌被捕。其中既有会馆的工人，还有位高权重的工部郎中。马吊实际上成为一种跨阶层的游戏。

其次，一些士大夫认为，马吊和明朝的灭亡有着某种联系。比如明末清初的江苏太仓文人吴伟业和王育就认为，马吊游戏中的术语“闯”“献”“顺”其实分别预示了“闯王”“张献忠”“大顺”政权的出现。至于马吊牌上绘制的梁山好汉其实也预示着天下大乱、匪盗频出、明朝将亡。这种将王朝的毁灭或衰落归咎于某种流行文化的现象，在中国历史上曾多次出现，并非孤例。

麻将的起源众说纷纭，比较可信的一种说法是，麻将是结合了马吊的牌型和骨牌的形式而形成的一种游戏。麻将大致在清中期以后才出现，在清末基本形式确定下来。

关于麻将的发明人，历史上有这样几种传说。第一种说法是，有一位淮南盐商喜欢玩马吊，但马吊被两江总督陶澍禁止。于是盐商就把马吊牌上的梁山好汉图像改为陶澍及其妻子儿女。此后，改版的马吊逐渐演变为麻将。

第二种说法是，麻将是清朝初年的江苏太仓看管粮库的兵丁发明的。管粮库的官员为了激励兵丁捕捉偷吃粮食的麻雀，发给兵丁筹码作为计算捕雀酬劳的工具。筹码上面刻有象征钱数的符号。于是，这些兵丁就用这些筹码来赌博。久而久之，就形成了麻将。

这些传说都不太可信，目前没有确凿的证据能证明到底是谁发明了麻将。不过这些传说也反映出一个事实，那就是和马吊一样，麻将也是起源于江南地区的。

麻将自江南地区起源后，迅速传播到全国各地。

在清末，奉天巡警局总办曾经公开承认，奉天人很喜欢玩麻将。经贸发达的广东和政治中心北京就更不必说了。

虽然在清末麻将已经传播到全国各地，不过主要还是流行于市镇，在农村的传播就晚了一步。鲁迅的小说《阿Q正传》就反映了这一现象。话说阿Q去到城里后，发现城乡文化差异很大。在乡下，人们只会玩“三十二张的竹牌”，而在城里面，用阿Q的说法，麻将“连小乌龟子都叉得精熟”。

麻将的迅速传播也使它成为社会各阶层共同参与的游戏。底层老百姓沉迷麻将者数不胜数。清末最有权势的政治人物慈禧太后也很爱打麻将，甚至有外国公使夫人为了讨好慈禧，仿照麻将的形式制作了一套扑克牌给慈禧。此外，清末很多文人士大夫也热衷于玩麻将，打得一手好麻将是清末官场必备技能。

在晚清时，有一些知识分子试图改造麻将以收“启蒙”大众之功效。比如《警钟日报》上就有一位作者提出，应该改革麻将的玩法和牌型：将“红中”“发财”“白板”改为“专制”“立宪”“共和”；将“东”“南”“西”“北”改为“农”“工”“商”“兵”；一筒到九筒改为九个亚洲国家，并注明政体，比如一筒改为“中国专制”，二筒改为“日本立宪”；以此类推，万字牌改为九个欧洲国家，索字牌改为九个美洲国家；梅兰竹菊、春夏秋冬等花牌改为地球牌、五大洲牌、五大洋牌，以及“汽船”“铁路”“电线”“印字机”“氢气球”等新发明。

玩法上，作者采用一种新的方式来计算番数。比如两张“专制”牌不算番数，两张“立宪”算一番，两张“共和”算两番。这表达了作者对共和的渴望，对专制的痛恨。这位作者的想法很有新意，但在当时的社会条件下，这种新式麻将并没有推广开来。不过类似这种希望通过改造流行文化来启蒙民智的行为在中国近代历史上也是数不胜数。

总之，麻将和马吊都是跨区域、跨阶层的全民游戏。并且，这两者都是从江南地区发源，逐渐传播到全国各地。受到全民追

农家乐里的麻将局，王笛摄于 2003 年 10 月 25 日

捧的麻将在知识分子看来不但混淆了社会阶级的分界，而且与明朝衰败的命运相关联，所以抵制麻将的尝试不断出现，也有知识分子将政治愿景寄托在麻将上，对其进行改造，但最终还是失败了。①

① 本节参考文献：戈春源．中国近代赌博史［M］．福州：福建人民出版社，2005；郭双林，肖梅花．中华赌博史［M］．北京：中国社会科学出版社，1995；王笛．消失的古城——清末民初成都的日常生活记［M］．北京：社会科学文献出版社，2019；陈熙远．从马吊到麻将——小玩意与大传统交织的一段历史因缘．“中央研究院”历史语言研究所集刊．2009：137–196.

本章小结

本章讨论中国民众的精神和物质世界，从风俗、人际关系、日常生活以及物质文化等方面，来观察中国人的文化在地域上乃至不同族群间的区别，充分显示了中国精神和物质文化的丰富多彩。

第一，风俗是地方文化最突出的表现。

传统中国社会的风俗，很多是与节气、节庆、历法紧密相关的，也有与人生大事、持家生活相关的，反映出人们对待生活的态度。南方和北方，因农作物种植、气候环境、地理地貌特征的不同，形成了相对独立、具有不同特征的文化和风俗。南方是水稻种植区，因此在主食选择上以米饭为主，再加上南方多山岭，而且水系发达，基于此衍生的文化和风俗都带有该地区的特色。

与汉族不同的是少数民族独特的婚礼风俗。中国社会的主体很早就进入父系氏族社会，但一些少数民族并未随着历史的发展发生剧烈的变化，有些还停留在母系氏族社会。少数民族的丧葬礼俗也有别于汉族，而且这些丧葬礼俗都反映了他们的精神世界。在婚丧礼俗之外，还有许多特殊的节日风俗，有些与新年有关，有些与特殊的宗教信仰有关。

第二，处理人际关系是日常生活的一部分。

在传统的中国城市，“街”“街坊”“街道”等词汇发展出了“邻里”“邻居”等概念。这些词语，除了空间位置，有时候也体现着居住在这一区域的人与人的关系。而“邻里”又和“社区”的概念联系在一起，通常来说，“邻里”更接近于实际的空间，而“社区”与社会空间、人们的居住模式的联系更为密切。相对来说，社区是比邻里更大的空间范围。社区的功能是通过祭祀等庆典仪式，将居住其中的人联系在一起，在社区居民之间形成凝聚力。

社会学家费孝通在分析传统中国社会的人际关系时，用了“差序格局”来表述。他形容中国人的社会关系、人际关系是以自己为中心的，就好像把一块石头丢在水里，水面上会出现一圈圈推出去的波纹，每一个人都是他所在的社会所推出去的圈子的中心，圈子的波纹所推及的距离中心的远近，就是社会关系或人际关系的距离。此外，地缘、朋友和师生关系也是重要的人际关系。

第三，茶馆是重要的社会交往空间。

喝茶作为中国人日常生活的重要部分有着漫长的历史，茶文化是中国传统文化的重要象征之一。加上城市商业的发展，传统中国城市中出现了不少茶馆。茶馆最早可能出现在唐朝，在明清时期有了较大发展，在清代最为兴盛。在江南的城市、在西部的成都，茶馆更成为城市中著名的文化和日常生活的标志。

茶馆在地方社区中扮演了重要角色，不仅是日常生活的地方，也是娱乐和社区信息传播乃至社交的场所。因此茶馆的生活形成了一种独特的茶馆文化，这种茶馆文化往往能够反映出传统中国的大众文化和生活。茶馆本身也是一个市场，不少商贩在那里谋生，一些行业在特定的茶馆进行交易，形成了茶馆的专业市场。

茶馆与地方人民的生活息息相关，是一个追求休闲活动的场所，人们在那里具有平等使用公共空间、追求公共生活的自由，我们能够从茶馆和茶客的互动中看出传统城市大众的生活方式。

第四，对物质的追求提高了人们的生活品位。

中国社会的物质文化是不断发展的，这种变化过程往往是社会上层先开始接受外来的新鲜事物，而后新的物质文化逐渐扩散到社会中下层。新的物质文化有时是由外来族群带来的，同时可能与特定宗教信仰联系在一起。外来的物质文化往往在交通便捷的城市和重要国际商路沿线传播得更快。

宗教，特别是佛教和收藏的关系十分密切。一方面，佛教寺庙收藏了很多藏品，比如佛像、佛经、法器等等。另一方面，寺庙举办的庙会也成为收藏品的交易大会。比如宋代相国寺举办的庙会中，就有很多人交易古玩字画等各类藏品。在明代，收藏品进一步商品化，收藏品交易非常频繁。越来越多的人不再是出于个人兴趣，而是为了彰显自身的身份地位而收藏。

明清时期，上至帝王将相、下至贩夫走卒，马吊逐渐发展成为跨区域、跨阶层的全民游戏。马吊从江南地区发源，逐渐传播到全国各地，后来演变成为今天的麻将。清末民初的知识分子则认为打麻将是一种恶习，败坏了中国人的心性。这两个时期的政府都试图取缔麻将和马吊，但最终还是失败了。清末的知识分子，还试图通过改造麻将来启蒙大众。但在当时的社会条件下，新式麻将并没有推广开来。

第七章

信仰的无穷力量

本章主要问题

1 传统中国的主流宗教和西方的主流宗教，两者在功能上有什么相同之处和不同之处？为什么中国没有形成组织化的宗教团体？多神崇拜对中国宗教的积极影响和消极影响分别是什么？

2 在佛教发展史上，历代统治者对佛教采取不同的管理措施，政府为什么要对僧侣进行管制？如何看待统治阶级与宗教的关系？ 在传统中国社会，佛寺虽然是宗教建筑，但为什么发展出了宗教功能之外的其他功能？统治阶级为什么要对宗教进行管理和控制？

3 不同于佛教，道教是中国的本土宗教之一，为什么道教在不同的历史时期会发展出多个不同的流派？不同流派的道教徒各有不同的崇拜神明，与佛教相比，道教为什么没有形成统一的神明谱系？

4 为什么道教不同流派之间的教义相差很多？道教是宗教，道家是学派，道家理念是怎样与道教相融合的呢？

5 帝王追求长生不老在传统中国社会非常普遍，出现这种现象的原因是什么呢？中国古代与化学相关的炼金术、炼丹术为什么没有发展成为现代科学呢？

6 民间为什么会发展出一系列大众宗教？像财神、妈祖、石敢当等信仰是如何影响人们的日常生活和精神生活的？

7 从伊斯兰教在中国的发展历程来看，其可以在中国社会生存和发展的原因是什么？伊斯兰教和以前的回教是两个不同的概念，伊斯兰教与回族的关系是什么？如何看待伊斯兰教徒的汉化？

8 对中国人来说，为什么基督教教义不如佛教教义更容易让人接受？不同于佛教这种外来宗教对中国历史产生了长远的影响，基督教直到近代才对中国社会产生了影响，这些影响包括什么？如何评价这种影响？

9 历史上形成的“三教同源”是宗教间相互冲突又融合的过程，你如何看“三教同源”？中国历史上很早就形成了儒、释、道鼎足而立的局面，可以把“儒学”看成“儒教”吗？

佛在山中还是佛在心中？

“南朝四百八十寺”：佛就在人们的日常生活中

传统中国社会的宗教非常多，既有主流宗教，例如佛教、道教、伊斯兰教，也有各式各样的民间信仰，例如妈祖、财神等。对于中国人的宗教信仰，有两种看似非常“矛盾”的观点。

梁漱溟曾说过，世界上宗教最微弱的地方就是中国，最淡于宗教的人是中国人，而民国时期的宗教最式微，民国时期的人也最淡于宗教。

事实真是如此吗？其实，你如果留意中国城市或农村的大街小巷，就会发现，在中国广袤的土地上，几乎每个角落都有寺院、祠堂、神坛和拜神的地方。

例如我们在石羊场的杜家可以看到，杜二嫂和她的婆婆都是信仰佛教的，在家中设有神龛，经常念经拜佛，还在每年七月的盂兰盆会做法事，人们跪着念经，超度亡人。这也说明，其实宗教在中国社会有强大的、无所不在的影响力。

在宗教力量中，佛教是一种非常强大的力量。印度佛教传入中国，是中国历史上的一件大事，从魏晋南北朝到隋唐时期，佛教在中国吸引了非常多的信众，日渐兴盛。

“南朝四百八十寺，多少楼台烟雨中”，就是留存在诗中的证据。其实何止“四百八十寺”，根据研究，南朝宋、齐、梁、陈的佛寺总数在 9000 座以上。

那佛寺在中国是如何建立起来的呢？

《洛阳伽蓝记》中提到，在北魏时期，社会上下各层级，从王公贵族到庶士豪门，都热衷于施舍财物，以供佛寺的建造，这是促成宏伟的庙宇接连不断出现的原因之一。

还有更重要的原因，那就是统治阶级对修建佛寺的支持。统治者不仅会赐予上百亩的田地给佛寺，而且还会给予免税、免役的特权，这样佛寺就拥有足够的劳动力来经营自己的田产了。

隋代以来，政府在每个县都修建了官寺。由政府出资修建的佛寺一般都会有田产，僧人通过田产经营不同的事业，其中社会福利事业是非常重要的一项，比如救济贫弱，还承担一些医疗工作，甚至动员信众修桥铺路、挖井等，以造福邻里。

但随着佛寺田产的增加，负面情形也会出现。例如，有研究者认为，中国历史上的典当行业起源于南朝时期的佛寺，正是因为佛寺在经济上的繁盛，它们才有能力进行放贷等经济活动。

比如到了唐朝，佛寺将信徒施舍给寺院的财物回转求利。《太平广记》中曾提到，信众去化度寺“施舍钱帛金玉，积聚不可胜计”，佛寺的放贷范围非常广，燕、凉、蜀、赵都有人前来借贷，这些放出去的钱都是“高利贷”，有的利率甚至高达 50%，绝对是一笔收入颇丰的“生意”。

既然佛寺的兴盛与政府有关联，那必然也受到政府的管控。

统治阶级掌握着庙宇的兴建、神职人员的任命以及僧侣的管理。以非常信奉藏传佛教的清朝统治者为例，礼部作为重要的中央行政机构之一，其部分功能就是管理宗教。

其具体功能表现在审批庙宇、寺院、教堂、尼姑庵的建造，不允许私自建造，民间有意愿建造的，要上书督抚提出申请，得到允许才可以营建。

那管理的效果如何呢？我们来看一组数据：清朝初年，敕建的官方寺庙有 12000 多座，而私建的寺庙则有 67000 多座。也就是说，所有的寺庙中，有 84% 是没有经过政府正式批准的，可见政府对宗教的管理并没有律例中表述的那么有力。

佛寺作为佛教的建筑，也是佛教礼仪的实践地。

佛教的节日给人们参访佛寺提供了机会。佛教有两个重大节日：一个是四月初八的佛诞节，也称为“浴佛节”；另一个是七月十五的“盂兰盆节”，石羊场杜二嫂在自己家举行佛教礼仪就是在盂兰盆节。

佛寺是佛教信众实践礼仪的地方。通常情况下，大众进入寺院都是去“进香”的。他们点燃一炷香放在佛像前的香炉里，双手合十，然后恭敬地叩拜，并且向佛祖默默祈祷。

人们向佛祖祈求的事情都非常具体，例如喜得贵子、金榜题名、路途平安等等。在跪拜祈祷之后，最好再向寺院捐助一小笔现金，也就是所谓的“香油钱”。

此外，佛教还有许多与中国传统殡葬礼仪相关的功能，比如

洛阳龙门石窟

为死者超度、做法事、周年祭奠，开办火葬场、陈尸所，甚至提供寺院墓地等等，这些礼仪有许多是在寺庙完成的。

除了佛教礼仪，佛寺还承载着非常强烈的文化属性。

例如很多学子在参加科举考试时需要一个安静的地方读书学习，寺庙就是非常好的选择。这里安静、宽敞，而且为来客提供寄宿。尤其对于远道而来到京城参加会试的学子，北京的寺庙可以提供不太昂贵的、可以负担得起的食宿。

寺庙也给旅行途中的学子们提供了栖身之所，《西厢记》中的张生便是在普救寺中遇到了莺莺，才有了他们的爱情故事。

寺院中还有非常多的藏书，虽然大部分是佛经，但也有非佛教书籍。黄宗羲的朋友仇兆鳌，曾经升任到侍郎的官衔，他在准备科举考试时，就曾在寺院中学习。每当学习累了休息时，他便到藏经楼读读佛经，聊作放松。他后来声称，在佛寺学习的经历，使他相信儒、佛有共同的思想旨趣。

随着越来越多的文人、学子青睐寺院的环境，到了明清时期，北京和南京大多数文学聚会、同窗聚会和社交聚会都在佛寺中举行。

在文化属性的带动下，寺院也成为文人讲学的地点。例如王阳明就是在寺院讲学，而且让他的学生也住在佛寺，“夜无卧处，更相就席，歌声彻昏旦”。

寺院的环境吸引许多文人慕名前往，但为了减少佛教与俗世的接触，统治者也曾下令禁止这种交往。例如明朝开国皇帝朱元璋就曾制定条文，禁止低等功名的士绅和考生无故进入寺院。但统治者的禁令与人们逐渐接受的佛教观念相抵触，禁令成为一纸空文，人们依然喜欢利用寺庙的空间进行各种不同的活动。

作为传统中国社会中最具影响的宗教力量之一，佛教从汉代传入中国，经历魏晋南北朝至唐宋时期，达到全盛阶段，无论是从佛寺数量，还是影响人数上来说，都蔚为大观。佛教在中国的发展离不开统治者的支持和管理，也为民间大众提供了相契合的人生信仰。除了参禅拜佛，佛教的文化属性也是其与士人阶层密切相连的表现，是佛教“本土化”的成功例证之一。[①]

僧侣的世界：“奸道淫僧”还是“高僧论道”？

杨庆堃在研究中国社会中的宗教时，认为中国的宗教分为分散性宗教和制度性宗教，佛教就属于制度性宗教。其重要特征就是佛教思想、佛教仪式和组织都是在虔诚的、专门的神职人员的努力下有系统地发展的，佛教的这些神职人员就是我们本节要讲的僧侣。

佛教的发展离不开政府的支持，自然，佛教和僧侣都要接受政府的管理和控制。

从魏晋南北朝时期，统治阶级就发展出对僧侣进行管理的度牒制度。

这个管理制度在不同的朝代有些微不同，但有两点基本不变：第一，由政府来任命僧官对僧侣进行管理；第二，僧人必须在政府中登记僧籍，才算获得政府的批准，得到政府颁发的僧人身份证。这个证件就叫度牒，体现着僧侣的“合法”性。

度牒上一般都写着僧人的名字、所属寺院，其在外出时携带，以备检查。僧侣的一举一动，都要向住持报备，住持再上报

---

① 本节参考文献：卜正民．为权力祈祷——佛教与晚明中国士绅社会的形成［M］．南京：江苏人民出版社，2005；梁赓尧．中国社会史［M］．台北：台大出版中心，2014；杨庆堃．中国社会中的宗教：宗教的现代社会功能与其历史因素之研究［M］．上海：上海人民出版社，2006.

给地方官府，僧人不得越级给官府打报告，否则就要受罚。

严格来说，僧人必须遵守国家法律。我们看到《西游记》当中，唐僧取经，每经过一个地方，都要取得当地官府的通关文书，但其实在唐代，他去印度求取真经，要靠偷渡才行，而不是电视剧中所演的像“官方”外交。

那政府是如何选拔住持对僧侣进行统一管理的呢？在宋代，寺院住持由两种不同的制度产生，一种叫十方制，一种叫甲乙制。十方制即由官府全权决定，甲乙制则是师徒传承。由官方建造的“五山十刹”的寺院，住持的地位最高，必须由皇帝敕命派驻，这种住持其实跟高级官僚没什么区别了。

那普通人想成为僧侣要经过什么过程呢？

我们还是以宋代为例，要想当僧侣，就跟科举考试一样，要层层选拔。首先要当童行，也就是带发修行，诵经拜佛，能不能做童行政府都是有相关规定的，涉及年龄和其他资质。

做童行之后剃度就成为沙弥，想成为一名合法的僧人，还得通过政府的佛经考试，获得度牒的资格；之后还得参加受戒仪式，受戒要到政府规定的戒坛，这里有政府专门派来的戒师；受戒之后，政府还要发给戒牒作为证明。这就是从普通人到僧侣的完整过程了。

就像《西游记》中描述的那样，唐太宗为玄奘送行时，御赐他袈裟和钵，政府会对僧侣进行赏赐，例如赐予紫衣、师号，以表尊崇，这些“赏赐”往往成为僧侣争取的目标，想要获得赏赐的僧侣必须要有官员的推荐，这也导致有些僧人以贿赂来取得，可见佛教以及僧侣受统治阶级的影响非常深，他们自身的独立性不足。

那度牒制度在长期的发展中，一直维持着政府强有力的控制吗?

正式获得官方度牒的僧人毕竟是少数,“在俗僧道”是大多数，这些人长期处于“见习僧人”的身份，有的甚至终其一生。他们虽然削发出家，却是没有僧职、没有度牒的和尚，在外出云游经过村庄时，最容易被村民当作“妖道淫僧”而遭到驱逐或指控。

我们在孔飞力的《叫魂》中可以一探究竟。清朝乾隆年间，江南发生了一场“叫魂案”，牵涉的地域范围非常广，人数也非常多，其中就有和尚。没有度牒身份外出化缘的和尚，被村民当作施展“叫魂”妖术的术士，被官府缉拿关押，甚至在刑讯中不堪酷刑而死去，这其实也展现了发展到清朝时期的度牒制度，已经出现很大问题。

大量存在的“见习僧人”也要想办法活下去，他们居住在寺庙以外，拥有自己的财产，有的甚至还娶妻生子。他们既不受宗教纪律的约束，也不服从国家的控制管理。例如在清朝，这些游离于政府管控之外的和尚，因为与妇女私通，被政府称为“淫僧”，受到乾隆皇帝颁布的律法的严惩，对有“藏奸、敛财”等恶劣行径的，处以“立刻杖毙”等惩戒。这些现象就是政府对僧侣管理“失控”的表现。

佛教的僧侣要严格遵守宗教思想、戒律。

佛教所推崇的“出世”“隐逸”思想在传统知识分子阶层产生很大影响，“谈经论道”的哲学思考也使得一些僧侣具有非常强的文化性。

1637 年，历史上出现了第一例进士成为僧侣的案例。这个法名叫作道雄的僧人，曾经在官场致仕，最终遁入空门，虽然我们现在无从得知具体是什么原因促使他从世俗世界走入空门，但有一点可以肯定，从晚明以来，政治上的混乱、官场上的结党营私，使得相当一部分有理想的文人不得不挂冠而去，书画家董其昌也是其中的一位。甚至当时的人还给这种隐退、过起僧侣生活的行为创造了一个术语，那就是“选佛”。

在晚明时期的文学作品中，茶、诗和寺院独特的环境，共同构成了僧侣的文化特性。例如下面这首诗：“春愁如海夜如年，茶鼎分泉手自煎。白发老僧同听雨，就床相伴佛灯眠。”

很多寺院种有最好的茶树，而且有最好的泡茶的井水。茶和佛教之间的联系非常古老，饮茶可以为僧人的禅定提供“能量”，许多世所公认的茶艺大师，以及最优质、最罕见的茶的种植者，也是僧侣。慕名而来的文人把这些僧人称为“茶侣”，这才有了佛教世界和士绅文化的结合。

在寺院生活的僧人，其文化品位还体现在上流僧人在文章、书法、诗歌和绘画等文化艺术的造诣上。

晚明时期的僧人见月读体，以作风景画和观音像而闻名。有一天，他在寺院遇到一位藩王，藩王踏雪而来，想作一幅“独钓寒江雪”的画，但是思虑再三，仍未能落笔。见月读体便对这位自诩为艺术家的藩王说，善于作画的人，下手要不假思索，这样才能得其神，思虑再三的，恐怕就去了天然之妙趣。

藩王听了不悦，便要他一试，见月读体握住画笔，一挥而成，藩王称赞他为高士，此后二人成为朋友。

与此相似的历史记载还有很多，佛教和中国传统文化的结合便体现在这些僧侣身上，这在某种程度上也折射出佛教这种外来的宗教信仰能在中国发展繁盛的原因。①

善男信女：一个人数虽多但松散的宗教群体

在石羊场的杜家，杜二嫂是一位非常虔诚的佛教信徒。她每天晨起诵经、礼佛，而且终生吃素，还有一个法号叫作善元。

杜二嫂信佛缘于她曾经生了一场大病，吃药没有任何作用，佛教徒邻居劝她也信佛，因为杜二嫂家的织绸生意免不了杀生，而这样的“孽障”要通过诵经拜佛才能消弭，所以杜二嫂就开始了她的信仰之路。

杜二嫂的经济地位使得她有能力举办佛堂和法会，例如九月十九的观音会、七月十五的盂兰盆会等等，从而使杜家成为石羊场佛教信徒的聚集地。

盂兰盆节的法会有四天，在这四天中，周围村庄的信众便来

---

① 本节参考文献：孔飞力．叫魂：1768年中国妖术大恐慌［M］．北京：生活·读书·新知三联书店，2014；梁赓尧．中国社会史［M］．台北：台大出版中心，2014；杨庆堃．中国社会中的宗教：宗教的现代社会功能与其历史因素之研究［M］．上海：上海人民出版社，2006；卜正民．为权力祈祷——佛教与晚明中国士绅社会的形成［M］．南京：江苏人民出版社，2005.

到杜家。佛教徒们白天跪着念经，晚上做法事，非常热闹，男女老少都来观看，每天晚上到12点才散。有一个值得注意的现象是，来石羊场敬神的信徒几乎全是妇女。

早在明清时期，虔诚信仰佛教的女性要比男性多。

女性的佛教信仰往往会影响男性，最著名的例子就是明朝万历皇帝的母亲慈圣太后，她对佛教的信仰非常虔诚，常常迫使她的儿子捐赠礼物给她喜爱的僧侣和寺院，而且还要下旨昭告天下。

另一则例子是前面我们多次提到过的晚明文人张岱，他的母亲是虔诚的佛教徒，并且对张岱产生了强烈的影响。张岱81岁时还清楚地记得母亲念诵《观音经》的情形，而且母亲还许愿在她有生之年反复念诵三万六千卷，以感谢观音菩萨的大慈大悲。

因此，甚至有人提出“佛教是女性的宗教，或者佛教是女性性别领域的宗教”。在明清时期，妇女常常成群结队在节日去寺院烧香，这是一种司空见惯的景象。

但也有反对妇女参访寺院的文章，指责妇人以烧香拜佛为借口，“嬉戏于僧道之室”。在晚明的小说中，经常出现放荡僧尼的故事，男权社会对此的焦虑导致了社会上排斥妇女私自参访寺院，甚至在明朝时期，妇女被禁止捐赠寺院。

是什么观念吸引普通人成为信徒，并且定期参加佛教活动呢?

这一点我们可以从现存的劝募文中看出。所谓劝募文就是劝信众募捐的文章，佛教的“因果报应说”成为大多数劝募文用的普遍说法，因为它建立在佛教心理学基础上。

《法华经》等佛教经典中明确指出，捐赠支持寺院就是创造业报的功德。这种“捐赠抵消孽障”的行为联系，成为中国佛教向在俗信众呈现的中心价值。

明朝文人李曾为南京栖霞寺的修复写过一篇劝募文。文中写道，财富是一个人前世的孽报，如果有人贪心不想布施财富，那么财富就会对来世产生负面影响。这种说法与杜二嫂信奉佛教的原因有不少相似之处。

佛教提供的信仰世界，为生老病死的人间疾苦提供了最终的救赎道路，只有弃绝罪恶、多修善果，才有可能使个人在生死轮回中得以解脱。

在传统中国社会中，普通的佛教信众一般都是有求而来。

不少人是多种神明共同供奉，佛道不分。对于那些并未成为佛教徒的普通信徒来说，“许愿灵验”成为他们烧香拜佛的理由。疾病痊愈、家财兴旺、生育男孩等等，都是信众比较常见的愿望。

除少数佛教信徒修功德、吃素、念佛，多数信徒在寺庙进香时，会把附近所有的神龛和庙宇祭拜一下，以示诚意。

这种宗教崇拜多样化的现象在中国传统家庭中随处可见。比如我们走进一户人家，门上的门神保护家宅，挨着门的地方摆放着供奉土地爷的供桌，土地爷保佑全家平平安安；在更虔诚的家庭里，还会供奉观音菩萨或其他佛像。对信众来说，供奉如此多的神明并不相互矛盾。

信众每年都要在寺庙的庙会进香朝拜。

以“灵验”出名的寺庙，能吸引来周围几十公里的信众。寺庙里人头攒动，焚烧香烛、纸钱，烟雾缭绕。在寺庙大殿的祭台前，善男信女们成排跪着，向神明祈求所愿，说着感恩的话。

有的村子甚至还会组织进香团，代表同村人来进香。他们穿戴鲜艳，带着行李和祭品，为了表示虔诚通常都是长途跋涉。一路艰辛终于到达寺庙时，他们就会把带来的祭品供奉给神明，参加祭拜仪式。

祭拜仪式结束之后，如果时间太晚不便返程，进香的信众就会在庙里或者附近为香客支起的棚子里过夜。第二天早上启程时，他们会买彩色的大纸花别在衣服或帽子上，以此作为好运和来过庙会的象征。

虽然是以村之名组织的进香团，但实际上，传统中国社会中的信众并未与任何寺庙或道观建立有组织联系。任何人都可以进入一个寺庙烧香拜佛、许愿，不受任何限制。在进行完宗教仪式之后，进香者一般给僧人香油钱，这种方式使信徒与僧人之间互不相欠，也没有发展出进一步的关系，这也导致了大部分寺庙无法与信徒联系起来，形成有组织的体系。

我们可以来对比一下。欧美社会基督教教会中信徒的组织团体是基督教教会功能强大的重要原因，那种信众与宗教团体的依附关系是对宗教关系的认同，同时还是社会和经济关系中的身份标识。而在中国传统社会中，信众通常都是独自或以家庭为单位到寺庙烧香，寺庙成为发展朋友关系或信众关系的场合，但并没有发展出专门的信众组织，同样也没有常规的宗教集会活动，发展出群体身份认同以及信众之间的凝聚力。

传统中国社会的佛教信徒会在重大节日进香礼佛，但由于信众大多是多神崇拜、佛道不分，影响了中国信众团体组织的形成。[①]

神秘的道山

神仙方术、官方宫观：思考自然与人的关系

道教是中国土生土长的宗教，源远流长。早在战国时期，原始道教就开始发展了。

虽然道教的开端甚早，但其创始并无确定的说法。

有的道教信徒相信道教是老子创立的，这位春秋时期的思想家被道教神化了。其实道教的第一部经典《太平经》产生于东汉，汉代才是道教的初创时期。

道教的发展与当时楚国崇尚巫术有关，也与中原地区盛行的神仙方术有关，这两者可以算是汉代道教发端的源头。可以说，道教是将中国古代民间信仰与原始宗教活动聚集在一起的一种宗

---

① 本节参考文献：杨庆堃．中国社会中的宗教：宗教的现代社会功能与其历史因素之研究［M］．上海：上海人民出版社，2006；卜正民．为权力祈祷：佛教与晚明中国士绅社会的形成［M］．南京：江苏人民出版社，2005；谢和耐．蒙元入侵前夜的中国日常生活［M］．南京：江苏人民出版社，1995；庄孔韶．银翅：中国的地方社会与文化变迁（1920—1990）［M］．北京：生活·读书·新知三联书店，2000.

教。这也导致道教在不同的历史时期有不同的流派出现，并且有各自不同的“信仰”。

道教所崇尚的五行相生相克和卦术是其主宰思想之一，企求长生不老、成为神仙，也是道教的重要内容。

道教有非常多的流派。

汉代的五斗米道、太平道，魏晋南北朝时期的上清派、灵宝派、丹鼎派，唐宋时期的太一道、混元道、全真道、净明道等等，道教在教义、仪式等方面经过了不断的发展和改造。

我们非常熟悉的《射雕英雄传》中的王重阳、丘处机等，就是道教的重要人物，而且他们真实存在于历史中。宋时陕西人王重阳在终南山修道，创立了全真派，但此时的全真派不被统治者认可，直到元初，王重阳的弟子丘处机被元太祖召见，此后全真派才成为合法教派。

宋元时期，修炼内丹成为道教的风习，据说对延年益寿非常有帮助，而且修炼的方式是单独传授，这也使道教的修炼增加了非常多的神秘色彩。

到了明清时期，道教的演变日益走向世俗化、民间化，像此时的黄天教、三一教、长生教、八卦教等民间教派都与道教有或多或少的联系。

那道士如何进行修炼呢？

道教尊崇的神灵谱系有大批神灵，总数达3600位，这个名单有不同的层级分类，从众多的帝君、天尊到真君、星君、真人，他们属于宇宙中某个特定位置或世上某个区域，具有不同的功能。

我们可以把流传下来的《上清天心正法》看作一本修炼手册，它告诉修炼的道士，也就是未来的法师，要重复一项基本的实践，即从三光（太阳、星星、月亮）吸气一千天，来获得他所要求的力量。

此外，他还要学习文字记载中的大量法术，类似于咒语、各类手印、符箓等等。修炼的法师可以通过这些学习，帮助大众通过自我修炼获得力量，造福人类，那么他死后就可以成为“仙家”，甚至成为更高的真君，位列天庭。

道教圣地武当山

这些咒语、符箓既具有起龙（即防水灾）、招雨、催生、治疼痛、治瘟疫等非常实际的功能，也具有驱邪，例如追复生、追魂还体、向天庭递交奏章、审判犯罪的鬼魂等非常抽象的神秘力量。

魏晋南北朝时期，也是道教快速发展的时期，道士修炼的道场发展也很快。

例如一些道士在山中修炼，依洞修筑居所，他们称之为馆，或者叫精舍。等到有名气之后，皇帝派人恭请其下山，为他们修建居所，这些居所也叫作馆，即把他们当作宾客相待的意思。例如，宋明帝为陆静修修建崇虚馆，为孔灵产修建怀仙馆，等等。

道教中的上层人物受到统治阶级的供养，在道馆中授徒传教。因为入馆学习的道徒可以不向官府缴纳赋税、不服徭役，所以道馆发展很快，在南朝时遍布江南的名山大川。

建在都市中的道馆，经济上主要靠朝廷供给和贵族富豪的施舍供养，地方上的道馆则需要地位较低的道士从事劳动。

我们在唐代道教的经典中可以看到道馆的建筑样式，一般以南北中轴线布设房屋，这可以看作中国道教宫观建筑的雏形。其中最重要的是安置香炉，香炉的外观和火焰代表了一座山峰和道士修炼的净化通道。

在道教的发展历史中，宋代是一个至关重要的时期。

道教的发展离不开统治者的支持，尤其是宋徽宗对道教的信奉和支持，才使得茅山上清派发扬光大。

宋真宗是较早支持道教的皇帝，他做梦得知，宋朝皇帝的祖先是道教最高神明玉皇大帝和黄帝的化身，于是斋戒净身、举行仪式后，宋真宗宣称真的看到了玉皇大帝和黄帝。

这虽是历史记载，没人知道他是否真的看到了神仙，但却奠定了道教在宋代的发展地位。为了尊崇“圣祖”，宋真宗在开封修建了一座盛大华丽的道观，命名为玉清昭应宫，整个道观有2160间屋子，可以说是当时非常宏伟的建筑了。

继宋真宗之后，宋徽宗也是道教的坚定支持者。刘混康是茅山上清派第二十五代宗师，他对道教的信奉和修炼，影响了宋徽宗对道教的态度。宋徽宗在茅山修建了一座宫观——“元符万宁宫”。朝廷为此划拨了大量资金，并且御赐了非常多的礼物，使得道观的声望大大提高。

元符万宁宫的修建历时两年半，宋徽宗为每座建筑都亲自题写了匾额，整个建筑群有四百多间房屋。根据地方志的记载，工程竣工时，鹤群聚集于宫观上方，这样的吉兆为许多人亲眼所见。

为了支持宫观的长久发展，宋徽宗还让人留出了闲置的土地，以备将来发展，并且发放了大量配额的度牒。

出于对道教的信仰，宋徽宗下令各州都要修建寺、观各一座，因为当时的年号是崇宁，便将官方的道观取名为“崇宁观”，这些道观除了布道，还要负责举行皇帝的诞辰庆典。此后，这些道观的名称根据宋徽宗的诞辰，相应地改名为天宁观。

这使得相当多的道观被赐予名号和匾额，同时也给予它们相当的认可和特权，例如赐予度牒、免收赋税、划拨土地、受官府保护等等。

有些宫观的规模非常宏伟，当时的官员何执中曾撰文赞美一座有 369 间殿堂的天宁观，宋徽宗御赐这座道观一部道经、十顷土地、每年两道度牒及亲笔书写的两块匾额，这些御赐的礼物使道观名声斐然。

宫观在皇帝诞辰时，对普通百姓开放三天，百姓和官员都会前去上香，祈祷圣上万寿无疆。礼部为此还专门派官员前去道观，参加皇帝诞辰的仪式。在统治者的倡导下，道教和道观在宋徽宗时期得到飞速发展。[①]

驱鬼、炼丹、阴阳采补：道士所呈现的虚幻世界

我们如何来定义道士呢?

道士不仅仅是道教的信仰者，更是道教仪式的专家。通常情况下，根据教派的不同，道士们遵循的法则也不同。例如起源于江西龙虎山的正一道教，道士们都过着“拖家带口”的婚姻生活，靠普通老百姓雇用他们驱魔除鬼，以及帮人看病为生。

不同于正一道教，茅山派道士讲究的是一种僧侣式的生活秩序，并且花非常大的精力潜心研究经典。在师徒的代代传承之间，他们通过仪式、冥想以及切身的体验，追求着身体的净化，祈求

① 本节参考文献：梁庚尧 . 中国社会史［M］. 台北：台大出版中心，2014；王斯福 . 帝国的隐喻：中国民间宗教［M］. 南京：江苏人民出版社，2018；伊沛霞 . 宋徽宗［M］. 南宁：广西师范大学出版社，2018；韩明士 . 道与庶道：宋代以来的道教、民间信仰和神灵模式［M］. 南京：江苏人民出版社，2007；任继愈 . 中国道教史［M］. 上海：上海人民出版社，1990.

着人生的升华。

宋元时期，全真教快速发展，也宣扬僧侣式的禁欲主义，从酒色财气到基本的食、色、睡，都被视为生死之根，要求修行之人全部摒弃。全真教的道士修行要尽量减食、省睡、断色欲。

追求上的分化使得在12世纪和13世纪时，道士之间出现相互矛盾的倾向。有的道士更侧重玄奥神秘的科学，比如炼丹术以及与驱鬼相关的“醮”这种仪式；另一些道士更强调苦修的戒律，通过控制欲念使身体得到净化，最终把握长生不老和得道升天的超能力。

他们还把苦修的方式发展到极致，著名的道士马钰修道时每日只吃一钵面，并且誓死赤足。我们非常熟悉的丘处机在修道时也是如此“苦行”，每天只吃一餐，“昼夜不寐者六年”。

有一首全真教道士作的《正宫》散曲，可以让我们了解他们的生活方式和精神风貌：“撇了是和非，掉了争和斗，把俺这心猿意马牢收。我则待舞西风两叶宽袍袖，看日月搬昏昼。千家饭足可求，百衲衣不害羞，问是么破设设遮着皮肉，傲人间伯子公侯。”

还有一部分道士是以驱魔为业的。

道士作为普通人与灵界沟通的媒介，通过“醮”这种仪式来进行驱魔。有“醮仪”的记载中，很多是通过书写来完成与上天的交流的。比如说用来避害、驱鬼的道教神符上，经常有朱红字符，上面印着咒语和“急急如律令”几个字，这就象征着要下令驱逐鬼魅，以求天地人事的平安和谐。

“醮”是一种年度性的道教节庆纪念活动，地方会组织“醮会”，印刷年历，其中显示一年中最重要的时刻，还有算命用的天宫图，即应该避让哪些灾星等等。

在举行庆祝活动的几天，有各式各样的仪式活动，例如迎请神明塑像的游行、设置祭坛进行祭礼、去水边放灯等。放灯的活动是为死者的灵魂做功德，每一盏灯都被放在一座纸房子中，这些房子的门上都贴着对联，表示死者的灵魂离地狱很远。

“醮”的纪念活动中也有道士驱鬼的仪式。这种仪式非常像舞剑的戏剧。装着净化神水的碗以及宝剑，是仪式上不可缺少的物品。在仪式开始时，道士一般都会念一长串咒语，以此来召唤四方神明。水一般都会由道士吸进去之后再喷出来，以表示净化的作用。

驱鬼的仪式中，道士通常会把写有“鬼”字的神符放在米桶上，表示把魔鬼固定在那里；然后用剑在“鬼”字上水平画五道线，再垂直画四道线，表示像一张网一样把“鬼”捉住；随后用剑画一个“嵬”字符，表示把鬼镇压住，最后把宝剑直立插入米中。

不同的仪式有不同的步骤，但是都有代表“净化”的意味。

当统治者热衷于道教时，他们与道士的关系也不寻常。

例如我们前文提到过宋代皇帝和道士的交往，从中我们可以分析出道士的哪些东西引起了统治者的兴趣。

道士刘混康在宋朝京城的精英圈中非常有名，不仅拜见过王安石、蔡卞等人物，而且通过修行来的能力获得了皇帝的认可。

《茅山志》记载，有一次，宋哲宗的孟皇后喉咙里卡了一根针，宫廷里的御医全部束手无策，刘混康应诏入宫。他用一张纸条，在上面画了奇形怪状的文字，制成了一道神符，随后孟皇后便把针吐出来了。宋哲宗为表感谢，宣布要在茅山为刘混康修建一座道观。

宋徽宗即位后，刘混康不仅经常与皇帝讲解《老子》《易经》，两人还经常探讨道教的其他经文，例如《度人经》《清净经》等，道教所呈现的神仙世界、哲学精神，成为双方探讨的内容之一。

刘混康擅长制作神符，蔡卞称他曾用上清符水治疗病众，病人服下之后就痊愈了。所以宋徽宗有时也会向他索要一些特殊的神符，放在小口袋里，系在腰上随身携带。

这些神符大多是安神、压惊和治疗“百病”用的，有时候他还把这些神符赐给那些生病的人。

从宋徽宗和道士刘混康的交往中，我们大致可以了解，宋徽宗对道教的热忱是基于为国家祈福、为民众治病等方面，所以他们的关系相对来说是“无碍于国家”的。

一些追求长生不老、炼丹术的皇帝则走火入魔。

也有一些皇帝与道士的关系，给国家发展带来了负面影响。历代帝王服食金丹死者无数，都是因为道士认为金丹可以祛病延年，甚至可以让他们成为长生不老的神仙。有明一代的皇帝崇信最深、对其影响最大的就是服食金丹，所以明代帝王因求药而死者最多。

明代第一个吃丹药致死的皇帝是仁宗，此后的皇帝虽然不崇信道教，但是迷信丹药的功效，例如武宗，他不崇尚道教，但是多次引道士入大内，修炼房中术。

此后的世宗非常相信道教的阴阳采补之说，相信丹药祛病延年的功效，于是许多道士以进贡仙方为说辞，以期获得世宗的恩宠。明朝皇帝的荒淫无度，不可谓与道士无关。

世宗作为明代最崇尚道教的皇帝，受其宠遇的道士最多，有道士以房中术获得一品官员的恩遇，道士在皇帝的支持下“加官晋爵”在这一朝不在少数。

皇帝过度信任道士的超能力，就在国家存亡、危在旦夕之际，崇祯皇帝还请来道士设“醮”，期望获得神灵的庇护，应诏的张真人在祷辞中祈求“国家绵久，万子万孙”，却依然避免不了亡国之祸。

后世有人将“万子万孙”解释为，止于万历子万历孙，可见这一解释是对明朝皇帝对道士的宠信和依赖的嘲讽。

从道士所遵循的不同修行法则、道士所做的道教仪式，以及统治者与道士的不同交往方式带来的不同后果来看，道教不仅深刻影响着传统中国社会中的普通人，也对不同时代的政治产生了影响。①

---

① 本节参考文献：王斯福．帝国的隐喻：中国民间宗教［M］．南京：江苏人民出版社，2018；伊沛霞．宋徽宗［M］．南宁：广西师范大学出版社，2018；韩明士．道与庶道：宋代以来的道教、民间信仰和神灵模式［M］．南京：江苏人民出版社，2007；任继愈．中国道教史［M］．上海：上海人民出版社，1990；杨庆堃．中国社会中的宗教：宗教的现代社会功能与其历史因素之研究［M］．上海：上海人民出版社，2006；谢和耐．蒙元入侵前夜的中国日常生活［M］．南京：江苏人民出版社，1995；庄孔韶．银翅：中国的地方社会与文化变迁（1920—1990）［M］．北京：生活·读书·新知三联书店，2000.

讲物质不灭：道教的哲学与科学

说到道教的哲学理念，就不得不提到道家。道教和道家其实在最开始是两个不同的概念。道教是宗教，道家是学派。

作为宗教的道教经历了从杂乱的民间宗教，到相对统一的、得到统治者支持的官方宗教的历程。道教在发展的早期，以符水治病这样的低层次宗教活动为主要内容。

道家学派是以老子、庄子为代表的，强调人的本性、清静无为，注重对“玄之又玄”的“道”的人生追求。老子的《道德经》、庄子的《庄子》等是道家学派的经典著作。

在汉魏时期，虽然有的道教奉《老子》为经典，但并没有依此而建立宗教哲学体系，葛洪的《抱朴子》甚至还贬斥老庄的书为空泛无物之谈。可见在发展初期，杂糅民间宗教而成的道教，并没有建立完整的宗教哲学理念。

从什么时候，道教开始遵奉老子以及道家思想为哲学体系呢？

魏晋南北朝时期是中国宗教发展的特殊时期，因为该时期佛教和道教的发展都十分强盛。两个宗教的发展，一定会带来相互之间的激烈竞争。

南北朝时期，佛教兴盛，几乎压倒道教，佛教与道教的矛盾相当尖锐，在佛教哲学的刺激下，道教的信奉者必须要发展出自己的哲学体系，以与佛教哲学相抗衡。

于是道士们开始想方设法寻找道经，他们想到了什么方法呢？一方面，他们承袭了魏晋时期的玄学之风，杂糅了大量佛经、玄学气息浓厚的道经；另一方面，他们也要找到与佛教哲思的“差异化”路径，于是选择了老子和道家。他们神化老子，将他尊为教主，用注疏的方式重新诠释老庄的道家经典，慢慢组织起了道教的宗教哲学。

到了唐朝，遵奉道家思想为道教宗教哲学的行为发展至巅峰。当然，这与唐王朝三百年的统治中，道教始终得到扶植和崇奉有关。唐太宗李世民利用老子姓李，攀附与老子同宗，尊称老子为“圣祖”。不仅如此，统治者还将《老子》的清静无为思想作为治国的理论依据之一，《老子》一书被尊为“道德真经”，成为道教的首经。此时，道教和道家已经慢慢融合了。

道教哲学体系中重要的哲学理念有哪些呢？

我们可以来看一下道教经典中的阐释：人是从虚无自然中演化而来的，在诞生之初十分清净，等到长大，形成自己之后，过多的欲念很容易导致灾患的累积，所以才会有三灾九厄、十苦八难、生老病死；人死之后灵魂进入幽牢，继续受诸多苦恼。

人生之中，富贵财物、祭祀鬼神都不能长生保命。作为自我的主宰，只有遵守道教的戒律、积善修行，才是福报的捷径。可见，“净化”的哲学观念不仅存在于道教驱魔的仪式中，也是道士修炼所秉持的重要法则。

此外，道教对“心”的理念阐释也值得关注。道教认为人的思想意念都是从属于人心的活动。经文曾说：“一切之中，心难驭也。”才有“教人修道，即修心也；教人修心，即修道也”这样的说法。因此调心摄意的修炼成为道教七百二十门要戒的宗旨，也是无上法师的专修功夫了。

保持本心不动，不受外部刺激而随意产生欲念，保持内心的安宁、意念的守一，才能“常合长生”“长乐常住”。

道教对统治者另一个最具吸引力的地方，便是它所宣扬的长生成仙的修炼愿景，于是帝王开始寻求各种灵丹妙药。唐玄宗为了长生成仙，曾派人到嵩山等地熔炼长生仙丹。

“还丹、金液”之术，对长生升仙至关重要。

葛洪的《抱朴子》中记载了“还丹、金液”之术。那“还丹、金液”到底是什么呢？道教中的炼丹术与传统中国社会的科学有什么关联呢？

“丹”的本意是指丹砂，用今天化学的视角来分析，就是由硫和汞所组成的暗红色矿物质。火炼丹砂，可以得到白色的水银，再继续熔炼，水银又变成了氧化汞。这种从红色到白色，最后又变成红色的变化，使得炼丹的人觉得不可思议，所以炼丹术士也把丹药称为“还丹”。这个奇妙的变化过程让炼丹术士相信，服食仙丹之后，丹的性质也会转移到人体，人就能成仙，永远不老。

金液更是一种贵重的物质，是设法溶解黄金之后形成的液体。黄金作为贵重金属，化学性质十分稳定，而且耐氧化和腐蚀。黄金溶液非常难以制作，这种难以得到的珍贵属性使得术士相信，黄金入火淬炼但不消失，埋入地下也会永远不朽，所以人服用之后，也一定会不老不死。

根据李约瑟的研究，道教熔炼丹药和金液以求长生不老的愿望，也与其所信奉的“物质不灭”的观念有关。制造永不毁灭的黄金和丹药，成为那个时代具有意义的文化所在，此后几百年在中国传统社会中传播。

由此也发展出道教的特殊理念。

金属的生锈和腐蚀，就是它们所患的“病”，和会死的人所患的病一样。炼丹术中所用到的“金”和“丹”，是所有金属中的“灵丹妙药”，可以使金属具有不会败坏的性质，当然也可以使人具有不会败坏的性质，让不完善的事物变得完善。

在道教炼丹仪式中，除了对金属化学变化的研究，还有对自然植物的提取。例如一种叫作“炼丹合杀鬼丸法”的炼丹术中提到，它含有不少于二十种成分，除了辰砂、硫和砷等化学物质，还有五种果实或种子、七种植物的根茎和四种动物，制作出的是像香一样焚烧的东西，孙思邈保证它可以杀死每一种阻碍炼丹术士工作的小鬼，据说还用来清除人精舍中的魔鬼。无论它是否能杀死魔鬼，有一点是毋庸置疑的，大量的刺激性有毒物质会给人的身体带来中毒的迹象。

道教术士对“香”的提炼，也可能是使人迷幻的原因。这种烟熏和净化的仪式在道教仪式中不可或缺，道家经典《无上秘要》中记载，香中有一种叫作“麻黄”的植物，其对心理方面的影响早在汉代就已为人知晓。

道教与道家理念融合产生了道教的宗教哲理，崇尚自然、清静无为，也坚信物质不灭。这些哲理反过来也影响了道家信奉者希望利用长生术来达到长生不老的愿望，而道家炼丹术中对金属物质、自然植物的提取，也与传统中国社会中的科学发展有关。[①]

芸芸众生的信仰

招财进宝，日进斗金：财神的历史

除了佛教、道教这些宗教，中国历史上还有很多不成体系，但是却被民间广泛接受的信仰，比如财神、妈祖等等。

财神是中国民间信仰里面一个非常独特的存在。实际上，“财神”不是一个神，而是一系列神。关于这一系列财神的分类也很多，比如文财神、武财神，在江南地区特别流行的五路财神，还有一些我们可能不太熟悉的散财童子等等。我们能从对不同财神的崇拜中发现中国人关于金钱和财富的不同想法。

中国人相信“取财有道”，所以也非常重视关乎如何取财的“德”。

除了大家比较熟悉的财神，其实还有一类比较“小众”的财神，比如散财童子。什么样的人才能被奉为神明呢？通常是那些在灾难来临时，对人们慷慨解囊、救助穷苦人的有钱人。

---

① 本节参考文献：李约瑟．中国之科学与文明：第十四册·炼丹术和化学［M］．台北：台湾商务印书馆，1982；任继愈．中国道教史［M］．上海：上海人民出版社，1990；马克斯·韦伯．儒教与道教［M］．北京：商务印书馆，1999；金正耀．中国的道教［M］．北京：中国国际广播出版社，2011.

有一个散财童子叫刘海，也是因为“慷慨”的品德，被奉为神明。他的形象是一个脖子上挂着铜钱的胖乎乎的男孩，而且他的画像经常被店家、店铺供奉起来，甚至当作门神贴在门上，以此来祈求财运。

从被“神化”的角度看散财童子，我们会发现，“慷慨”是人们非常看重的品德之一。

除了“慷慨”，还有许多不同的道德标准。

比如文财神比干，他本来是一位商朝的历史人物，妲己要用他的七巧玲珑心来做药引治病，于是纣王就宣比干进殿，要挖他的心。没想到比干自己把心挖了出来，放到地上，一言不发就离开了大殿。原来姜子牙早就算准纣王会要比干的心，事先给比干吃了一颗丹药，所以没有心也能活着。

比干离开了朝廷，来到民间，广散钱财，成了一位财神。因为比干没有心，所以无偏无向、办事公道，受到商人们的追捧。从这个故事我们可以看出，人们在比干身上寄托了对于公平的渴望。在现实的生意中，人们经常会遇到不公平的情况，因此民众渴望有一位公平公正的财神。

还有一位特殊的武财神关帝，他既是中国的战神，又是财神。

关羽被神化的历史非常久，比较重要的一个时间节点是宋代，此时的晋商中开始出现关帝信仰。关羽的老家是解县，这个地方在今天的山西省。解县在宋朝出产盐，最开始当地人将本地出生的关羽作为保护盐业生产的神来崇拜。

到了元朝，经营盐业生意的晋商势力逐渐扩大。他们在各地经商的时候都会修建关帝庙，并且在庙里表演戏剧，甚至还有一些戏剧就和关羽有关。这时，普通老百姓就从这些戏剧中接触到了关帝信仰，关帝信仰就这样渐渐普及开来。

到了明清时期，特别是在清朝，晋商开始跟朝廷合作，经营票号生意。晋商的生意越做越大，晋商的关帝信仰也传播得越来越广。最后，关羽逐渐从晋商的保护神变成被普遍信奉的财神了。

宗教信仰中的关帝，因为忠诚、勇敢、善战，被敬奉为战神，又因为他的慷慨和公正，足以掌管钱财的分配，而成为财神。正是因为关羽的个人特质，所以财神关帝要求人们发财后依然保持正直与善良的品性。

从财神形象的变化，我们能看到社会经济、财富观念的变化。

赵公明变成财神的过程十分复杂曲折。“赵公明”这个名字最早出现在东晋干宝所写的《搜神记》。在这里面，赵公明不但不是财神，反而是一位鬼将，手下掌管着很多索人性命的鬼。甚至在南朝梁人陶弘景的《真诰》中，赵公明是一个瘟神。

这样一个死神、瘟神，怎么成了财神？这与明代的《封神演义》有很大关系。姜子牙的封神榜中，赵公明被封为玄坛真君，掌握奖善惩恶的权力，他还有四个助手帮助他完成工作：招宝天尊、纳珍天尊、招财使者、利市仙官。我们能从名字中看出，他们都是与财富相关的神仙，赵公明从而成为财神。

门神，王笛收藏

到了清朝，赵公明的形象有了一个更加有趣的变化。清代顾禄所写的《清嘉录》记载，民间以农历三月十五日为赵公明的生日，因为赵公明被认为是穆斯林，所以祭祀赵公明的时候，用牛肉不用猪肉。很多学者认为，古代西域的穆斯林通过陆路和海路来到中国做生意，他们一般都非常有钱，所以在中国留下了穆斯林很有钱的印象。这也成为赵公明被认为是穆斯林的原因。

从瘟神赵公明到财神赵公明，中间应该有一个转换过程。可能元代或者明代有一些民间传说能够抹平这两者之间的矛盾。很可惜，我们迄今为止还没找到类似的故事。不过像这样恶神变成善神的情况，在中国古代的民间信仰中是屡见不鲜的。

比如我们上面提到的五路财神。

五路财神由最开始的五通神变化而来，民间对五通神的崇拜从宋代开始就有记载。

虽然是后来成为财神，但五通神最开始是以“恶神”的形象出现的。不同于前面提到的英雄式的财神，五通神最开始被看成卑鄙贪婪和欲望的代表，他们不仅欺凌弱者，而且以诱拐女子、害女子生病、夭折等作为交换条件获得财富。由于这是对恶神的崇拜，后来官方禁止民间祭祀五通神。

到了 18 世纪之后，商业的发展和商人群体的兴起使得财神崇拜兴盛起来，人们对物质财富的看法也发生了改变，五路财神逐渐取代了五通神成为拜财神的主神。人们净化了五路财神的渊源，将原来恶神的形象转化为新的正义的形象。这样的转变也反映出人们财富观念的转变，获得财富不再依靠与不义之神的交易，而是靠正直、头脑、勤奋等品质。

总的来说，“财神”这一系列神，是中国民间信仰中非常普遍而又特殊的存在。无论是比干还是关帝，这些财神的传说故事都显示了人们在追求财富过程中对某些道德准则的追求，比如公平、和谐、正直等等。

需要注意的是，有些财神的形象经过了复杂曲折的变化，比如赵公明、五路财神，这些从恶神到财神的形象转变，其实反映的也是人们财富观念的变化。[①]

世俗化的民间信仰：妈祖与灶王爷

妈祖，又被称为天后，是东南沿海地区比较盛行的民间信仰，尤其是在福建和台湾最受人们重视。

我们先来看一下妈祖的原型，可以确定的是，妈祖的原型应该是一位在北宋时期真实存在的历史人物。许多历史记载显示，这位女神生于福建福田湄洲沿海的一个林姓的人家，记载中称她名叫林默，这户人家以航海为生，她在还是一个小女孩的时候，就展现出了神奇的超能力。

明末清初的《天妃显圣录》记载，有一天，林默的父亲与哥哥坐船渡海，突然，狂风大作，波涛汹涌。这时候，林默正在织布，忽然闭上了眼睛，灵魂出窍，同时手拿着梭子，脚踏着织布机的轴，很紧张的样子。母亲看不明白怎么回事，赶紧把她叫醒了。林默醒来，手中的梭子掉在地上，哭着说："我爸倒没事，可是我哥哥死了。"

后来，有人报信，说林默的父亲乘船在惊涛骇浪中张惶失

① 本节参考文献：渡边义浩．关羽：神化的三国志英雄［M］．贵阳：贵州教育出版社，1995；吕微．隐喻世界的来访者：中国民间财神信仰［M］．北京：学苑出版社，2001；韦思谛．中国大众宗教［M］．南京：江苏人民出版社，2006；杨庆堃．中国社会中的宗教：宗教的现代社会功能与其历史因素之研究［M］．上海：上海人民出版社，2006.

措，快溺水了。突然，有一股神秘的力量稳住了船，并且让哥哥的船靠近了爸爸的船。可是，没过一会儿，哥哥的船却翻了。原来，林默闭眼的时候，灵魂飘到海上，一手稳着哥哥的船，用脚稳住了爸爸的船。不料，妈妈把林默一叫醒，她手上的梭子掉了，没稳住哥哥的船。这便是记载中出现的林默还没有成为妈祖时的奇异故事，显示出与沿海渔民险中求胜生存状态的极强的关系。

林默的一生非常短暂，当地人相信她的灵魂具有引导水手在风暴中安全回家的超能力，而且经常有在远洋遇险的渔民说，他们曾在风浪中看到她的身影，随后便逢凶化吉了。从此以后，中国沿海便流传着妈祖解救遇险渔民的传说，各地也开始建供奉妈祖的庙宇。

妈祖从地方信仰到正统宗教信仰的转变，离不开政权的大力支持。

妈祖的信仰是在10世纪左右出现的，最开始在福建莆田地区，许多人把她当作渔民、水手和海运商人的保护神。到了12世纪，官方认为有必要把妈祖当成沿海安定的象征，于是把她纳入官方的崇拜体系当中。

从民间女神到官方女神的转变，体现在对妈祖的诸多称呼中。比如她曾因为对国家做出具有某种特殊功效的贡献而被皇帝敕令表彰，这些封号有“灵惠妃”“天妃”“护国庇民普济天妃”等等。到了清朝，为了进一步加强北方政权对南方沿海地区的统治，乾隆皇帝将“天后”这一崇高、隆重的称号赐予妈祖。

统治者作为有宗教话语权的人，不仅将尊荣赐予宗教，而且让宗教实际地为政权服务。

在康熙皇帝实行迁海令、将南方沿海居民往内陆撤离时期，天后作为社会稳定和安宁的一种象征，被当地老百姓所接受。在有关天后的记载中，这位女神不仅保持了保佑渔民出海顺利的超能力，而且成为一位有进攻性的神灵，可以打击破坏社会秩序的恶人，镇压、剿灭海盗，成为安定社会的神灵形象。

在今天的城市里，灶王爷已经不多见了，但是在农村地区，有时候还可以看到灶王爷。俗语"二十三，糖瓜粘"，说的就是到了农历腊月二十三祭灶的时候，人们用糖瓜供奉灶王爷，希望灶王爷吃了糖，到了天上能跟玉皇大帝多说说好话。灶王爷报告的善恶行为，直接影响这个家庭获得的奖赏或者惩罚，所以在普通人家，一年到头祭祀灶王爷是很普遍也很隆重的仪式。

在上古时期，灶台还没有出现，人们用火直接烤食物。那时候还没有灶神，只有火神。据说火神祝融和炎帝教会了人类使用火，后来的灶神就是从火神发展而来的。祝融和炎帝就是中国最早的灶神，传说炎帝牛首人身，而祝融是兽身人面。

在汉朝，灶神的地位很高，连宫廷之中都会祭灶。根据《史记》的记载，汉武帝为了延年益寿，开创了天子亲自祭祀灶神的传统。在西汉时期，就已经出现了我们今天熟悉的灶王爷到天上报告人间罪恶的传说。因此，那时候祭祀灶王爷的仪式就很隆重，要用狗肉祭祀灶王爷。延续至今的腊月祭灶的习俗也是汉代出现的。

汉代以后灶神的形象也越来越人格化、世俗化，变成了人类的样子。《史记》说灶神是一个美女，穿着红衣服；东汉的《五经异义》说灶神是夫妻二人；唐朝的《酉阳杂俎》说灶神姓张，名单，有老婆和六个女儿。从这些记载可以看出，灶神已经不是远古时期半人半兽的形象，原始的带有动物崇拜色彩的火神转化成了主管家庭灶台的灶神。其实，这也反映出人们生活方式的变迁，人们从在户外使用火烧烤食物到普遍在室内用灶台烹饪食物。

在唐朝，掌管人类命运的“司命”神与灶王爷合二为一。人们在祭灶的时候开始有了“醉司命”的习俗，也就是用酒和酒糟给灶王爷上供。这个习俗后来一直延续到近现代。之所以要“醉司命”，是希望灶王爷喝个酩酊大醉，好让他上天给家里人多说好话。

明代时，祭祀灶王爷的方式出现了较大变化。以前都是用肉祭祀灶王爷，明代之后，民间只用素食祭祀，不过宫廷里面还是用羊肉祭祀。在清朝，宫廷对灶王爷十分重视。祭灶的时候，太后亲自率领宫中女眷摆设祭祀用品。而民间普遍认为灶王爷上天之后，没有神仙在人间监督世人了，因此可以百无禁忌。很多人就选择在腊月二十四结婚，因为这一天不会不吉利。

妈祖和灶王爷作为民间信仰中比较流行、为大众所熟知的神灵，与人们的日常生活相关。无论是保佑渔民顺利出海的妈祖，还是进入厨房、向玉皇大帝汇报人间善恶的灶王爷，都是从日常生活中演化而来。这一方面显示了中国民间信仰的世俗化，另一

灶王爷，国家图书馆藏

方面也是政权对两种神明的官方承认和祭祀，显示出政权与宗教的息息相关。[①]

镇百鬼、厌灾殃：泰山石敢当

泰山石敢当是一个人呢，还是一件物呢？

其实对这个问题的回答，也反映了研究者对“泰山石敢当”原型的探讨。关于“石敢当”最早的文字记载，出现在西汉史游所作的《急就篇》中，所谓“师猛虎，石敢当，所不侵，龙未央”。不过，《急就篇》是一本启蒙读物，其主要作用是用来教人识字，所以这些文字的本意是很难考证的。

唐代颜师曾解释“石敢当”的含义，“石”指姓氏，“敢当”即所向无敌，也就是一个姓石的所向无敌的人。由此可见，最开始人们是把“石敢当”当作一个人来看的。

这也与许多流传在泰山附近的民间传说故事相符。比如《泰山民间故事大观》就记录了关于石敢当的故事：在泰山地区，有一个叫石敢当的人，他是一个算命先生，性格勇猛，好打抱不平。他曾经为附近镇子上的一户人家镇妖除魔，逐渐有了名声。他威名远播，妖怪都十分害怕，索性逃到了福建，于是福建人又请石敢当去当地驱妖。石敢当在福建驱逐了妖怪，妖怪又跑到了

① 本节参考文献：徐晓望．妈祖信仰史研究［M］．福州：海风出版社，2007；杨福泉．灶与灶神［M］．北京：学苑出版社，1996；韦思谛．中国大众宗教［M］．南京：江苏人民出版社，2006；杨庆堃．中国社会中的宗教：宗教的现代社会功能与其历史因素之研究［M］．上海：上海人民出版社，2006.

东北。妖怪跑得太快，他捉不住，便想了一个办法，叫人们找石匠在石头上刻上“泰山石敢当”的字样做成石碑，妖怪看到石碑就会害怕，就不敢来了。

这个民间故事里虽然把石敢当当作“人”，但从人到物的转变，与另一类研究不谋而合。

许多研究者认为，石敢当是古代灵石崇拜的遗俗。

许多文献资料记载，凡是刻着“石敢当”的物件，一般都是石质材料，有出土于莆田地区的唐代石刻铭文表明：石敢当，镇百鬼，厌灾殃。可见，石敢当是用来驱鬼除灾的。有学者认为，“石敢当”应这样解释，即“有石可当其冲也”，也就是镇于家舍门前直冲之处，用来消灾解难的。

我们再来看一下古代的灵石崇拜。东汉应劭的《风俗通义》中记载着一个故事：在一个墓碑的旁边，设立着一个有灵力的石人，一个恰巧经过的村妇抚摸石人的时候，头疼病居然被医好了，此后人们便把石人当作辟邪治病的崇拜对象。

把“石敢当”和“灵石崇拜”比对来看，会发现两者有相似之处，以石为灵物，具有辟邪祛病的超能力；所不同的是，石敢当被放置在家中镇宅，而灵石用来镇墓。有人根据两者的材质以及功效，提出石敢当风俗与古代灵石崇拜遗俗有关。

需要注意的是，在文字资料的记载中，出现“泰山石敢当”的时间较晚。也就是说，唐代的石碑上只会刻“石敢当”，不会在前面冠以“泰山”二字。

“泰山石敢当”是怎么来的呢?

这还要从泰山崇拜说起。泰山崇拜早在春秋战国时期就已经出现了。《春秋公羊传》就有周天子祭祀泰山的记录。帝王祭拜泰山被称为封禅。到了秦汉时期，帝王封禅行为开始具有更多的意义，不仅被视作与上天的沟通，还具有了“求仙”、追求“永生”的色彩。

从唐代开始，历代帝王不断给泰山加封，提高泰山的地位，并且不断举办封禅活动。到了宋代，官方对泰山的推崇达到了顶峰。泰山的神灵化过程为民众的泰山信仰的繁盛奠定了基础。

不仅历代政权对泰山进行“神化”，民间也出现了“泰山治鬼”的传说。西汉时，人们将泰山之神当作阴间的主司，人死后魂归泰山，接受冥间官吏的管束。到了晋代，泰山之神有了正式的名字，叫作“泰山府君”，这一名字最初出现在干宝的《搜神记》中。

《搜神记》中还记述了这样一个故事。有一个叫作胡母班的人，帮泰山府君送了一次信。送完信之后，他又给泰山府君报告了送信的经过。泰山府君说:“我以后想办法报答你。”泰山府君说完，胡母班就去上厕所了。

忽然，他看见自己已经死去的父亲戴着刑具在服劳役。像他父亲这样的人还有几百个。父亲说:“我死后很不幸，被罚做工三年，现在已经两年了。你现在受到泰山府君赏识，不如你给我求求情，我想去当个土地神。”于是，胡母班向泰山府君求情，泰山府君答应了他。可见，泰山府君被认为是主管阴间众多鬼魂的神灵。

随着泰山信仰影响力越来越大，佛道两家为了争取更多的信徒，也争相把泰山之神纳入自己的神灵体系中。尤其是佛教中的地域观念与泰山治鬼民间信仰的结合，让“阴司”的观念在民众中越来越流行。

于是在宋金时期，带有通天、求仙、治鬼、地狱观念内涵的泰山信仰与镇邪压鬼的石敢当结合在了一起，变成了泰山石敢当。今天，我们能找到的最早刻有“泰山石敢当”字样的石碑，就是于金代雕刻而成的。

明清以后，“泰山石敢当”就更为流行了。

这种流行体现在石敢当信仰跨出泰山的地域范围，在全国广泛流传，尤其是在东南沿海的福建、广东。跟随着东南沿海的海外移民路线，石敢当信仰还传播到了海外。琉球地区和日本的鹿儿岛县、宫崎县这些古代中日商贸的必经之地，都可以见到石敢当的影子。

到了民国时期，许多关于泰山石敢当的文字记载出现在各地的地方志当中。各地民俗大量记载了在居民家宅当冲处，于门前立一石以抵挡煞星，这种石就是石敢当。此外，也有人在门额上钉一块虎头匾，上面写“泰山石敢当”，以起到镇宅的作用。

讲到这里，大家对泰山石敢当应该有一个比较清晰的认识了。对于这种民间信仰，既有研究者将他当作一个逐渐被神化的人物，是一个勇猛且可以驱魔的人，也有研究者将其当作古代灵石崇拜的遗俗。不过无论是哪种，石敢当镇宅驱鬼的功效一直是人们所追求的。

石敢当信仰在唐代出现，随着泰山信仰的流行以及历代政权不断对其加以神化，在宋金时期，带有通天、求仙、治鬼、地狱观念内涵的泰山信仰与镇邪压鬼的石敢当结合在了一起，最终变成了我们今天熟悉的泰山石敢当。①

宗教的冲突与融合

商人带来的信仰：伊斯兰教在中国的传播轨迹

伊斯兰教在中国旧称回教，产生于阿拉伯，在唐朝传入中国。唐朝时期，中国与周边各国的交流频繁，那时中国人习惯上称阿拉伯为大食，这个名称一直沿用到元朝建立之前，经历唐宋两代。这个名称的使用时间可谓不短。那在伊斯兰教传入中国的过程中，谁起到了重要的作用呢？

伊斯兰教应该是信奉伊斯兰教的大食商人传入中国的。唐宋时期，中国有非常多的大食商人，他们通常聚居在政府允许的几个都市，例如广州、扬州、泉州等。

这些人有多少呢？据说黄巢起义时，广州的穆斯林、基督教

---

① 本节参考文献：叶涛 . 泰山石敢当源流考［J］. 民俗研究，2006（4）：161–194；陶阳，徐纪民，吴绵 . 泰山民间故事大观［M］. 北京：文化艺术出版社，1984；吕继祥 . 石敢当初探［J］. 民俗研究，1989（2）：39–44.

徒、犹太教徒被杀的共有 12 万之巨。可见到唐朝时，大食人在中国是具备一定规模的。

而且在中国的大食商人一般都比较阔绰，唐代小说中多记载大食商人的故事。例如有一个大食老者，用十万缗来换取一颗明珠，只因这颗明珠是遗落在外的国宝。一缗就是一贯钱，相当于 1000 文铜钱，可谓价值不菲，由此可见大食商人的富有。

在有关广州的地方记录中，还提到了大食人独特的习俗，《萍洲可谈》中曾写道，“广州蕃坊，番人衣装与华异……受戒勿食猪肉”。这句话便描述了在广州穆斯林聚居的地方，这些人不仅穿着与中国人不同，而且还有不食猪肉的特有习惯。

有学者试着分析伊斯兰教最开始是如何传入中国的，可能有两种方式。

第一，因为大食人在中国比较阔绰，他们的行为也许会吸引中国人的注意，他们迥异的宗教生活也会成为人们关注的重点。

第二，大食人在中国做生意，也需要中国人来帮忙，很有可能双方的交往日渐深厚，大食的宗教也逐渐影响中国人。

中国最早记载大食伊斯兰教教法的是唐朝时期杜环写的《经行记》，杜环曾经在军中做“书记员”，也就是做记录的工作。不幸的是，他因兵败被大食所掳，后来更是在大食生活了 12 年。《经行记》就是他回国之后，根据以前的笔记整理成的一部书。

伊斯兰教是一神信仰，造物主是最高的存在。其礼拜仪式也非常多样，日常的礼拜要每天五次，分别在一天中的不同时间进行。

还有七日举行一次的聚礼，相对来说更隆重一些，穆斯林要集中到清真寺里，由宗教领袖来领导进行。礼拜日对他们来说也是放假的日子，不做生意，只是放松一天。

对于穆斯林来说，时间最长的礼拜在伊斯兰教历 9 月间，要进行一整个月的斋戒。在这一个月中，日出之后、日落之前，都不允许饮食。但是在夜间可以进行正常饮食，肉类也不禁忌。

在伊斯兰教历 12 月还有一次重大的典礼，叫“宰牲”，顾名思义，就是穆斯林要亲自宰杀一只羊，或者七个人共同宰杀一头牛或一只骆驼，宰杀完的牲畜肉要分成三份，一份留给自己，一份送给亲友，最后一份送给穷人。宰牲典礼的目的是让人们懂得牺牲，牺牲自己的私欲，遵行宗教的正道。

元代，“回回”开始取代“大食人”，成为伊斯兰教信仰者。

元朝是由蒙古族建立的帝国体系，与西亚的联系更多。不同于唐宋时期，元朝到中国的大食商人没有限制，可以在各大都市居住，所以人数也较以往更多。《明史 · 西域传》中便曾提到“元时回回遍天下”，可以佐证元时回回之多。

同时，元朝实行等级制度：第一等人是蒙古人；第二等人是色目人，其实也就是西域人，回回占这里面的大多数；第三等人才是汉人。所以，元代回回的政治地位也高于普通汉人老百姓。这也促进了伊斯兰教在元朝时期的发达。

明朝是伊斯兰教在中国发展的特殊时期，一方面明朝皇帝对回族人加以“礼遇”，因为明朝的开国功臣有很多都是回族人，例如常遇春、胡大海等，而且在明初的军队中，回族军官和士兵相当多。南京城内还有敕建的清真寺，我们熟知的“郑和下西洋”故事中的郑和就是穆斯林。

但是另一方面，明代统治者却深忌外族。《明律》规定：“凡蒙古、色目人，听与中国人为婚姻，务要两厢情愿，不许本类自相嫁娶。违者，杖八十，男女入官为奴。”这条严厉的禁令，就是禁止外族内部自相通婚，而外族与汉人的通婚，实际上加速了外族的“汉化”。

所以到了明朝，穆斯林虽然人数众多，但除了信仰之外，在衣着、语言方面，已经与汉人无异。

伊斯兰教传入中国的过程，也是双方文化互相影响的过程。

伊斯兰教所带来的阿拉伯历法、阿拉伯医药对中国的影响比较大。虽然中国很早之前便发明了夏历，知道一年有 365 天，用春、夏、秋、冬代表四时，并且细分了二十四节气，但是每岁的“岁差”造成历法不够精确，于是从唐朝开始，中国也曾采用过伊斯兰教的历法。元朝时，负责天象立法的司天监，设有专门的“回回司天监”。

另外，阿拉伯医药也通过伊斯兰教进入中国宫廷。元朝时，皇室的健康职责除了由太医院负责，还设立“广惠司”和“回回药物院”，广惠司的职责是制作御用的回族药物以及药剂，并且将药物布施给侍卫以及京城中的孤寒者。“回回药物院”是后来设立的，与广惠司相互独立。

除了历法和医药，穆斯林在文坛也负有盛名。例如诗人丁鹤年在元朝衰亡之际，宁愿过着艰苦的生活，也不肯做明朝的官。这样的思想使他成为一个更"成功"的诗人，因为他遭遇国破家亡之痛，诗词凄恻感人，充满忧国之心。

伊斯兰教在与中国传统文化的交流中，对中国历法、医药、文化等不同方面产生了影响。[①]

三教同源？宗教冲突和融合

在西方的宗教历史中，因不同宗教意识形态的差异发生过影响重大的"圣战"。不同于西方，传统中国社会虽然既有重要的制度性宗教，例如佛教、道教、伊斯兰教，以及唐代传入中国的基督教，也有很多分散性的民间信仰，比如妈祖、财神等，但并没有因为宗教之间的意识形态差异而产生重大战争冲突。

中国宗教之间的关系比较特殊。

汉代以后形成的佛教、道教、儒家鼎立的局面，可以说是既相互矛盾，又相互融合的过程。

从矛盾的一方面来说，传统政权一直以来都将正统儒学当作统治基础，儒学是最高的"国家意识形态"。早在东汉时期，儒家学者便用儒家的伦理纲常来责难佛教，我们熟悉的唐代诗人韩

---

① 本节参考文献：白寿彝．中国回教小史［M］．银川：宁夏人民出版社，2000；傅统先．中国回教史［M］．银川：宁夏人民出版社，2000；马以愚．中国回教史鉴［M］．银川：宁夏人民出版社，2000.

愈也是以此立场“反佛”的。不过需要说明的是，即使思想上有差异，儒家的“反佛”基本也只是在“说理”的立场上，远远谈不上大的冲突。

再来看一下道教与佛教的冲突，其中比较有代表性的是发生在 845 年的唐武宗“灭佛”。唐代的皇帝大多信奉佛教，但也有少数信奉道教。到了唐武宗时，他因想要获得“长生”而信道教，即位之后，不光敕封道士，而且敕建道观。

当时寺院经济对地主阶级的经济利益造成了很大损害，再加上统治者个人不喜佛教，唐武宗在他信任的两个道士的煽动下，下决心“灭佛”。虽然说佛道冲突不是唐武宗“灭佛”的最主要原因，但依然可以看到不同宗教之间的争斗。

其实，这既是宗教之间的冲突，也是宗教与政权的冲突。

宗教与政权的冲突最具代表性的就是历史上的四次“灭佛”，即公元 446 年、574 年、845 年、955 年佛教受到迫害的四个灾难性时期，也被称为“三武一宗灭佛”，上面提到的唐武宗“灭佛”是其中一例。我们再来看更具代表性的中国历史上第一次“灭佛”。

北魏太武帝拓跋焘是中国历史上第一个“反佛”的皇帝。有趣的是，太武帝最开始是信佛的，但后来在他的谋臣崔浩的煽动下开始信奉道教。太武帝“灭佛”的原因，一方面是寺院经济的威胁，另一方面便是崔浩等借助朝廷的势力来打击佛教。

宗教与政权的冲突，反映在统治者捍卫儒家正统地位而排斥其他宗教。宋朝，以儒学为基础的统治王朝建立以后，统治者愈加捍卫儒学的正统地位。

宋徽宗曾下诏，要求寺庙改变儒、释、道三圣神像并列的做法，将原本设置在一起的佛祖、老子、孔子像分别搬离。孔夫子的塑像被移至书院，而佛教和道教的神像被安置在各自的寺庙或道观中。

宋徽宗这道诏令的出发点是他反对将儒学与其他宗教混在一起崇拜，这样做玷污了儒学正统思想的纯洁性。

在思想观念方面，儒学与其他宗教的矛盾体现在哪里呢？

上面提到反对佛教思想的韩愈，他曾写过一篇《谏迎佛骨表》。当时唐宪宗信佛，要迎请佛祖释伽牟尼的一节指骨，韩愈针对皇帝的行为上谏。他先表明了对儒家思想中“君臣父子”的忠诚、孝道思想的维护，直指佛教让人“弃君臣，去父子”，破坏了社会关系和家庭结构，这个观点也成为后世儒家学者对其他宗教“口诛笔伐”的理由。

反宗教的人认为，宗教组织对宗族结构的破坏是最明显的，出家人就是“离弃家庭的人”，作为宗教的信仰者，他们抛弃亲族关系，便不再具有其他社会身份，是对宗族完整性的破坏。这也是许多中国人最开始无法接受基督教的原因之一，基督教徒拒绝祭祀祖先，与中国传统儒家的“祖先崇拜”形成非常大的冲突。

为了维护宗族体制，统治者会制定相关的政策，例如清朝法律中有相关规定：凡道士、僧尼，要拜父母、拜祖先；同时禁止寺院、道观收留未成年人，除非他们失去父母或者无家可归。这些政策都在一定程度上维护了宗族理念和制度。

其实不同的宗教之间，也有相互融合。

孔子的英文翻译是 Confucius，其实这最开始是一个拉丁文名字，是由在中国肇庆建立了第一个天主教会的利玛窦和罗明坚神父创造出来的。

作为来华的传教士，他们在了解了中国本土文化的“儒学”正统之后，便开始适应性地建立与中国主流思想价值的关系。为了在两种文化中找到连接的桥梁，他们把孔子当成圣人、精神导师，在中国人中传播了一种被人遗忘的古老的宗教福音。

他们在翻译儒学经典时，称孔子已经在他的时代认识到只有一个上帝，维护教义与维护孔子的圣人之道是具有共性的，因此他们也自称为“儒生”。

利玛窦的著作《基督教传入中国史》和《天主实义》，进一步对孔子做了解释，赋予“孔子”一种近乎教父的意义，把孔子形容为古代中国一神论的先知，这是一种宗教而非哲学上的意义。这是当东西方两种思想价值观念最初产生碰撞时，为了理解而产生的有趣现象。

除了基督教，佛教在经历四次“灭佛”之后，也开始吸收儒家和道教的思想。

宋代的一些名僧把佛教的“不杀生、不偷盗、不邪淫、不妄语、不饮酒”的五戒，与儒家“仁义礼智信”的五常做比较，将佛教戒律向儒家道德准则靠拢，以期获得“正统性”。

不仅如此，更有名僧将“孝”纳入佛教教义，称“天地与孝同理，鬼神与孝同灵”。如此一来，祭拜神明也要用“孝”来求，孝也成为佛教的“大道”了。

此外，佛教也接受道家思想的影响。例如，有高僧像道长一样入深山修习苦行，以期长生不老，还有名僧要大修“内丹”，等等。

因此，宋明以后,“三教同源”的说法越来越流行。既有“门墙虽异本相同”的说辞，又有“孔子、老子是佛祖化身”的说法。可见，儒、释、道三家相互融合的现象也是在历史中不断发展而来的。

儒学的正统地位使得佛教在发展过程中有过诸多“磨难”，宗教之间利用政权来相互竞争的现象也比较常见。不过在持续的冲突中，儒、释、道三教也出现了不同程度的融合，相互之间的协调维护了各自的发展。①

“上帝”是怎样降临神州大地的?

基督教传入中国的历史分不同的时期，每个时期具有不同的特征。我们先从唐代、元代的两次传入开始，试着分析其两度中

① 本节参考文献：郭朋．中国佛教思想史：上卷·汉魏两晋南北朝佛教思想［M］．福州：福建人民出版社，1994；郭朋．中国佛教思想史：中卷·隋唐佛教思想［M］．福州：福建人民出版社，1994；韦思谛．中国大众宗教［M］．南京：江苏人民出版社，2006；杨庆堃．中国社会中的宗教：宗教的现代社会功能与其历史因素之研究［M］．上海：上海人民出版社，2006.

断的原因。明清时期是基督教在中国的快速发展时期，也是我们关注的重点。

基督教在唐朝传入中国时，被称为景教，属于基督教的一派，因为多是波斯人、大秦人信仰，所以基督教教士又被称为波斯僧、大秦僧。

当时的盛唐，用一种包容的态度对待周边各民族及其宗教信仰。最早到大唐传教的波斯僧，受到唐太宗的礼遇。在他到达长安时，太宗派房玄龄率仪仗到西郊去迎接贵宾，可见仪式之隆重。这一事例，还专门刻在了景教碑上，为后世铭记。

大唐皇帝不仅在长安城为景教建立了寺庙，而且从碑文记载来看，景教的流传甚广。当时全国分为十道，也就是十个行政区域，景教碑文记载“法流十道，寺满百城”，可见景教普遍传于全国各地。

但好景不长，从武则天时期开始，一直到唐玄宗时期，由于统治者对宗教的“兴趣”发生转变，所以景教在道教、佛教的排斥之下，呈现衰微之势。一直到武宗时期，朝廷开始禁绝外来宗教，景教逐渐在历史中没落。

基督教再次出现在中国历史上，已经到了元朝时期。

元朝时，国内基督徒被称为“迭屑”，这是波斯语，意思是“敬畏神的人”；基督教各派被统称为“也里可温教”，这是蒙古语，意思是“有缘人”。

景教虽然在唐朝时期衰落，却种下了在元朝复起的种子。景教在唐代被禁绝之后，在边疆地区仍然保持一定的势力。

有研究称，成吉思汗的家族中，有许多人是基督教信奉者。例如成吉思汗的儿子拖雷的妻室中就有人信奉基督教，忽必烈的母亲也是基督教徒。

基督教与元朝的频繁交往，不是基于宗教传道，而是因为当时西方正在经历基督教抵抗伊斯兰教的战争，鉴于蒙古国日益增强的国力，教皇想要拉拢元朝皇帝帮助其对抗伊斯兰教。

教皇曾多次派教士去参见蒙古大汗，此时不光是基督教想要拉拢蒙古大汗，伊斯兰教、佛教等各宗教都会派人去觐见大汗，想得到统治者的支持。但由于成吉思汗对任何宗教都没有偏好，所以基督教没有获得成吉思汗的支持。

直到元世祖时，基督教才获得允许在中国布教，当时约有6000人成为基督教教徒，接受洗礼。后来的传教士都是通过海路来到中国，所以沿海一带成为受基督教影响比较明显的地区，尤其是泉州、广州。

中国社会与基督教传教士的交流在明朝达到新高度。

明朝，基督教在中国飞速发展，这时候我们耳熟能详的利玛窦出场了。利玛窦在到达中国之后，有非常明确的目标，那就是不要冲撞冒犯，要先与有文化修养的阶层建立友谊，然后再进入朝廷。

与利玛窦一起来到中国的传教士罗明坚对中国的等级社会有清晰的认识，他觉得皇帝与基督教在中国的传播有极大关联。

本着这样的想法，利玛窦最开始是以哲学家、学者的面貌出现在中国文化阶层面前。这种谨慎的策略，使利玛窦在文人阶层

MATTHEVS RICCIVS MACERATENSIS, QVI PRIMVS E SOCIETA
ESV EVANGELIVM IN SINAS INVEXIT OBIIT ANNO SALVTIS
1610 ÆTATIS 60

利玛窦

中获得了认可和友谊。他所传播的数学方面的知识，以及带来的西洋奇异物件，例如钟表、玻璃棱镜、宗教画等等，吸引了非常多的知识分子。

利玛窦为了了解中国，谦虚地学习中国的文化。

利玛窦不仅会说汉语、写汉字，也熟知儒家经典。在中国文人眼中，他是值得结交的朋友。利玛窦曾经在书信中提到，许多文人热衷于邀请他做客，他都没有可以自己支配的时间了，以至于他有一天忘了做弥撒。

但是，基督教的教义与中国儒家思想发生冲突是不可避免的，比如中国人“敬天”，“天命”是非常高的存在，而基督教信奉上帝，如何让中国人理解上帝，并且不与“天命”相排斥呢？

为了让中国文人能更好地接受基督教，利玛窦尝试从中国儒家经典的伦理道德中找到与基督教教义的相似之处。例如他曾经用秦始皇焚书坑儒来解释为什么中国经典中缺少了关于“天堂和地狱”的描述，因为秦始皇导致中国经典没能全部流传下来。

虽然这些附会的解释获得了时人的关注，但也使中国文人越来越强烈地批评这种“歪曲”的巧合。在利玛窦死后，传教士与文人的友谊逐渐变成中国文人和官僚阶层对基督教的怀疑和仇视。

我们很难去定义这个时期基督教在中国的传道是否成功。利玛窦就曾说道：“在中国，大家很少关注拯救灵魂的事。”文化之间的阻隔很难使中国人归化上帝，即使有受洗的中国人，也都是与传教士有长期接触的文人，是他们在某个科学领域的弟子。

基督教在中国得到比较广泛的传播和民众的认同，是在清末民初。经过两次鸦片战争，西方列强不仅在经济上对中国进行掠夺，基督教也趁机光明正大地进入了中国领土。

基于这样的背景，基督教在中国人的眼中带上了“民族侵略”的色彩，“洋教”受到中国人的仇视。但在列强的大力支持下，基督教这一时期在中国的发展盛于历史上任何一个时期。

晚清民国时期的基督教有一个明显的特征，就是在中国妇女中传播较快。西方传教士也把在中国妇女中扩大影响、发展信徒当成一项重要工作。

基督教为什么会得到中国妇女的“青睐”呢？

一个最实际的原因就是中国的基督教徒可以获得资助，有的教会不光会给慕道者发放津贴，还会强迫清政府给信教家庭额外的“福利”。社会上把因为经济原因加入基督教称为“吃教”，这种情况在灾荒年景更明显。显然，这些经济福利对贫寒人家，尤其是孤儿寡母有非常大的吸引力。

还有一些中国女性，受惠于基督教的教会福利事业，比如医院、育婴堂、孤儿院等等，她们作为受益者，以感恩戴德的心理看待基督教，成为教徒。

除此之外，基督教所创办的女子学校、提供的女子教育，为众多中国妇女提供了受教育的机会。我们熟悉的金陵女子大学是专门的女子学校，还有一些其他学校也开始招收女生。可以这样说，中国近代早期的职业妇女，大都来自教会学校。

从发展早期的唐、元时期到发展迅速的清末民初时期，基督教与中国社会、中国文化价值的碰撞也是东西文化碰撞的一种体现。[①]

---

① 本节参考文献：郑永福，吕美颐．近代中国妇女与社会［M］．郑州：大象出版社，2013；德礼贤．中国天主教传教史［M］．北京：商务印书馆，1934；杨森富，编．中国基督教史［M］．台北：台湾商务印书馆，1984；谢和耐．中国与基督教：中西文化的首次撞击［M］．上海：上海古籍出版社，2003.

本章小结

本章集中讨论中国人的信仰问题，认为这是一个复杂的系统，是长期形成的，也是中外不断碰撞和融合的结果，特别强调了佛教、道教、大众信仰、伊斯兰教和基督教对中国的发展以及对中国人信仰所产生的影响。

第一，占主导地位的信仰竟然是外来宗教。

在中国，几乎每个角落都有寺院、祠堂、神坛和拜神的地方，宗教在中国社会有强大的、无所不在的影响力。统治阶级对修建佛寺的支持，也成就了佛教在中国社会中地位的发展和稳固。佛寺作为佛教建筑，当然也是佛教礼仪的实践地。统治者发展出对僧侣进行管理的度牒制度，由政府任命僧官对僧侣进行管理，僧人必须要在政府登记僧籍。

僧侣要严格遵守宗教思想、戒律，不受世俗生活模式的约束，佛教所推崇的“出世”“隐逸”思想在传统知识分子阶层产生很大影响，“谈经论道”的哲学思考也使得一些僧侣具有非常强的文化性。

普通的佛教信众一般都是有求而来，而且不少人是多种神明共同供奉，佛道不分。在明清时期，虔诚信仰佛教的女性要比男性多。而且女性的佛教信仰往往会影响男性。这种宗教崇拜多样化的现象在中国传统家庭随处可见。对信众来说，同时供奉若干神明并不相互矛盾。寺庙成为发展信众关系的场合，但并没有发展出专门的信众组织、群体身份认同，以及信众之间的凝聚力。

第二，道教的仪式渗透进人们的日常生活。

道教是中国土生土长的宗教，早在战国时期，原始道教就开始发展了。楚国崇尚的巫术和中原的神仙方术，可以算是汉代民间道教发端的源头。道教是将中国古代民间信仰与原始宗教活动聚集在一起的一种宗教，这也使道教在不同的历史时期有不同的流派出现，并且有各自不同的信仰。

道教中的上层人物受到统治阶级的供养，在道馆中授徒传教。因为入馆学习的道徒可以不向官府缴纳赋税，不服徭役，所以道馆发展很快，在南朝时遍布江南的名山大川。在道教的发展过程中，宋代是一个至关重要的时期，尤其是宋徽宗对道教的信奉和支持。统治阶级的支持对道教的发展起着非常关键的作用。当统治者热衷于道教时，他们与道士的关系也不寻常。

道士不仅是道教的信仰者，更是道教仪式的专家。通常情况下，根据教派的不同，道士们遵循的法则也不同。他们通过仪式、冥想以及切身的体验，追求着身体的净化，祈求着人生的升华。道士作为普通人与灵界沟通的媒介，往往通过“醮”这种仪式进行沟通。据记载，有很多与上天的交流是通过书写来完成的。“醮”是一种年度性的道教节庆纪念活动。

第三，大众信仰是民众精神世界的一部分。

在佛教和道教之外，地方的民间信仰也支配着人们的行为，诸如财神、妈祖、灶王爷、石敢当等。财神是中国民间信仰里面一个非常独特的存在。实际上，“财神”不是一个神，而是一系列神，可以分成两大类型：正财神和偏财神。18 世纪之后，商业的发展使得财神崇拜兴盛起来，人们将原来恶神的形象转化为新的正义的五路财神，这样的转变也反映出人们财富观念的转变。

妈祖的原型应该是一位在北宋时期真实存在的历史人物。妈祖信仰是在 10 世纪左右出现的。到了 12 世纪，官方认为有必要把妈祖当成沿海安定的象征，于是把她纳入官方的崇拜体系当中。灶神是从火神演变而来的，祝融和炎帝就是中国最早的灶神。传说炎帝牛首人身，而祝融是兽身人面，但是汉代以后灶神的形象越来越人格化、世俗化，变成了人类的样子。这也反映出人们生活方式的变迁。

关于“石敢当”最早的文字记载，出现在西汉史游所著的《急就篇》中。石敢当是驱鬼除灾的。从唐代开始，历代帝王不断给泰山加封，提高泰山的地位。到了宋代，这种官方对泰山的推崇达到了顶峰。随着泰山信仰影响力越来越大，在宋金时期，带有通天、求仙、治鬼、地狱观念内涵的泰山信仰与镇邪压鬼的石敢当结合在了一起，变成了“泰山石敢当”。

第四，伊斯兰教和基督教在中国也有着深远的影响。

在唐朝的时候，伊斯兰教从阿拉伯传到中国。唐代，中国与周边各国交流频繁，那时中国人习惯称阿拉伯为“大食”，这个名称一直沿用到元朝建立之前。伊斯兰教应该是信奉伊斯兰教的大食商人传入中国的。伊斯兰教传入中国的过程，也是两个文化互相影响的过程。其中，伊斯兰教所带来的阿拉伯历法、阿拉伯医药对中国的影响比较大。

在中国历史上，虽然宗教之间有冲突，但没有因为宗教信仰的不同而爆发战争。传统政权一直以来都将儒学当作统治基础，儒学是最高的“国家意识形态”。宋明以后，“三教同源”的说法越来越流行，儒、释、道三家相互融合的现象也在历史中不断地得到发展。

基督教在唐朝传入中国时，被称为景教，属于基督教的一派，多是波斯人、大秦人信仰。直到两次鸦片战争之后，基督教才光明正大地进入中国。晚清民国时期的基督教有一个明显的特征，就是在中国妇女中传播较快。西方传教士也把在中国妇女中扩大影响、发展信徒当成传教的重点。

AMAZING 碌碌 EVERYDAY 有为 SUCCESSES

Chinese Society and People under Microhistory

微观历史视野下的中国社会与民众

| 下卷 |

家、群体和法律

王笛 著

中信出版集团 | 北京

图书在版编目（CIP）数据

碌碌有为：微观历史视野下的中国社会与民众：全2册 / 王笛著 . -- 北京：中信出版社，2022.10（2025.10重印）
ISBN 978-7-5217-4761-4

Ⅰ . ①碌… Ⅱ . ①王… Ⅲ . ①社会发展史－研究－中国 Ⅳ . ① K207

中国版本图书馆 CIP 数据核字（2022）第 170628 号

碌碌有为——微观历史视野下的中国社会与民众（全 2 册）
著者：　王笛
出版发行：中信出版集团股份有限公司
（北京市朝阳区东三环北路 27 号嘉铭中心　邮编　100020）
承印者：　河北鹏润印刷有限公司

开本：880mm×1230mm　1/32　　印张：27.75　　字数：622 千字
版次：2022 年 10 月第 1 版　　印次：2025 年 10月第 9 次印刷
书号：ISBN 978-7-5217-4761-4
定价：128.00 元（全 2 册）

目　录

捌

第八章

家族是中国传统社会的基石

本章主要问题

1 宗法制度的核心价值是什么？历代帝王所实施的宗法制度有什么意义和功能？为什么宗法制度在传统社会中能历久不衰？官方和地方的宗法制度分别有什么好处和坏处？

2 族权和父权在中国传统社会盛行的原因是什么？它们是如何反映当时的社会结构的？它们与国家权力之间的关系是什么？近代，族权和父权在地方的影响力减弱的原因是什么？

3 本章既提到了雷明远式的父权特征，也提到了《广东南海县志》记载的宗族权力的特征，两者之间有什么关系？

4 为什么在传统社会会出现乡绅这样的群体？他们在地方上扮演着什么样的角色？他们为什么这么重要？为什么由皇帝直接任命的官员无法直接管理地方的一切事务？这反映出当时怎样的社会形态？

5 乡绅是国家权力与地方百姓的中间桥梁，为什么政府要让乡绅承担这样的功能和责任？乡绅一直是传统中国社会的一个特殊群体，这个群体是什么时候消失的？为什么会这样？

6 从内容看，族规既涉及全员的宗族祭祀，也涉及家庭和个人的财产和生活秩序。为什么族谱的编撰对宗族的发展至关重要？为什么有的宗族有族规，而有的没有？

7 族学在宗族的发展过程中扮演了怎样的角色？族学是如何在历史中消失的？近代教育使得教育从家庭、家族的责任转变为社会的责任，这样的转变带来什么影响？

8 宗族在清代发展迅速，到民国时期逐渐衰落，为什么宗族对族产的控制和投资方式没有更长久地发展下去？族产最初是为祭祀祖先而设置，这也是其最重要的功能，为什么以祭祀祖先为主要功能的族产会发展出多种经济效益呢？

9 中国传统社会以父子关系为主轴形成了家庭关系，这种家庭关系是如何形成的？为什么父子关系是主轴，而夫妻关系或母子关系不是？近现代以来，以父子关系为主轴的家庭关系逐渐向以夫妻关系为主轴的家庭关系发展，为什么会发生这样的变化？如何看待这种变化带来的影响？

10 兄弟关系在婚姻之后可能会发生重大改变，如何看待兄弟关系因妯娌关系而发生改变？本章既提到了“兄友弟恭”的和谐关系，也提到了兄弟之间的竞争关系，你觉得怎样的兄弟关系是适宜的？

11 中国的大家族为什么要聚族而居？这样有什么好处？在带来好处的同时，这种生活方式又会导致什么弊端？妾的地位会对妾的心理以及妾所生孩子的成长造成什么样的影响？

12 为什么“乡约”这样的族规在宗族内部能够有效运作？宗族

的族规会不会有一些不适应现代化的缺陷？为什么几千年来中国的乡村都是以自治为主，而到民国时期却出现了国家权力向基层的渗透？民国政府为什么要改变清朝时的基层治理形式？

13 在传统中国社会，宗族作为自治力量的一种，发挥了重大作用，在近代跟随中国的国家命运也不断发生变化，为什么宗族的命运与国家命运相关联？

14 《红楼梦》中描写的明清时期的宗族和《家》中描写的民国时期的宗族有什么不同？为什么会有这些区别？《家》这部小说还讲述了传统宗族的什么特点？除了新思想的冲击，宗族在民国时期还面临哪些危机？为什么在民国时期出现了很多知识分子反抗宗族的情况？

不容小觑的宗族力量

宗法与国家：血缘关系是权力结构的基石

宗法制度是一种以血缘关系为基础建立起来的家庭、家族组织法则。了解宗法制度可以让我们对传统中国的家庭、家族，甚至国家权力的架构有深刻的理解。

西方社会以个人为本位，人与人之间的关系好像一捆柴，几根成一把，几把成一扎，几扎成一捆，条理清楚，呈团体状态。

中国乡土社会以宗法群体为本位，人与人之间的关系是以亲属关系为主轴的网络关系，人与人之间的相处离不开家族和血缘。

这就像把一块石头扔到湖水里，以这块石头（也就是个人）为中心，在四周形成一圈一圈的波纹，波纹的远近可以表示社会关系的亲疏。中国传统的亲疏观念是以血缘和宗族关系为基础，这就是前面已经提到过的费孝通所说的“差序格局”。

人们往往会区分出“私”与“公”之间的差别，即前者是跟我有关的，而后者是跟我无关的，这是因为传统社会氏族和宗法制度的盛行。家族内部是具有封闭性的，或者说是有排他性的，这也大大影响了中国社会中人与人之间的互动。

那宗法制度是如何形成的呢？

宗法制度始于西周，在其指导下，周武王姬发既是国家的君主，也是整个姬姓宗族的大家长，并且以此双重身份来统治天下。

宗法制度在一开始就是周天子自己家族里的一套“家法”，其中我们最熟悉的是宗法制度的核心——嫡长继承制，即正妻所生的长子为法定的王位继承人。西周一开始就确立了“立嫡以长不以贤，立子以贵不以长”的嫡长继承制，从而进一步完备了宗法制。

周天子的这一套“家法”，内容大致是：周天子自称“天子”，为全天下的大宗；“天子”嫡长子以外的其他儿子被封为诸侯王，诸侯王对天子而言是小宗，但在他的封国内是大宗；诸侯王的其他儿子被分封为卿大夫，卿大夫对诸侯而言是小宗，但在他的采邑内是大宗；从卿大夫到士也是如此。

因此，整套“家法”对血缘关系进行了严格的范畴区分，不仅标志着父系宗族的成熟度，也把这套制度纳入等级制国家的整体发展之中。

血缘是宗法制度维持的基础，血缘的亲疏远近会影响个人在宗族的地位。在国家层面上，宗法制度是用父系血缘关系的亲疏来维系政治等级、巩固国家统治的制度。

这套“家法”的核心就是稳定，假如一个青年男子的母亲是正妻，他又是长子，那他就理所当然地会继承父亲的地位和财产，而不问才能如何；如果他的父亲是周天子，那他就是下任周天子，拥有最“纯正”的血缘。

我们提过历代皇朝都是“家天下”，就是最高的权力往往集中于一个家族手中。在家族里，父亲扮演着最崇高的角色，其次是他的正妻和正妻所生的长子，然后是二儿子、三儿子……以此类推。

在家族和宗族中，男性的地位高于女性，直系子孙的地位高于旁系子孙，中国古代的皇室和平民家庭就通过这样的关系形成了一套明确而稳定的阶级制度。在家族中，地位高的人往往掌握更多的权力。

当然，随着周王朝的覆没，这一套“家法”也逐渐衰落，但背后的宗法制度却保留下来，就是古代中国“由家族而国家，国家混合于家族”的以家族为本位的“家天下”的政治模式。

随着专制皇权的日益集中，皇帝成为皇族中唯一的族长，无论在家族政治还是在日常生活行为的规范上，宗法制度的精神与运用成为皇帝控制皇族最有力的工具。

清代的统治者为了划分宗族内的封爵等级，维护宗室、爱新觉罗宗族之间的团结，稳定皇族各支派的袭封秩序，定期分配俸米和俸银，以及其他方面的利益和权力，建立了玉牒制度，清楚整理记录了皇族的成员。

八旗兵入主中原之后，统治者更加重视宗法的严肃性。顺治九年（1652）建立了宗人府，主管宗室人员的活动情况。以后历代都做了许多规定，力保宗室特别是皇室至高无上的地位不受侵犯。

玉牒是管理皇族、确定封爵等级、承袭关系、获得婚丧嫁娶之赏赐、领取俸银俸米数额，以及分配其他方面的权力和利益的最根本的记录和依据。

另外，宗人府作为玉牒的编纂机构，其首要职能便是“修族谱以联疏远”，必须保证“记录宗室觉罗与皇帝的血缘关系，分清亲疏远近及尊卑上下”，否则会受到法律制裁。由此可见，玉牒还规范了其他皇族成员的权力，限制他们的自由，保障皇帝的地位。

为了增强清代宗族的势力，统治者当然很好地运用了这一组工具，以维护宗室血缘关系的神圣不可侵犯。每年除夕前一天，皇帝都要在太庙举行祭祖活动；还有皇帝东巡，康熙、乾隆都亲自到长白山祭奠，这既是为了笼络皇族内部成员，也是为了张显其皇家风范、笼络汉人。

从基层看，中国社会是乡土性的。在小农经济社会中，家庭是乡土社会的基本单位，农民是乡土社会最基本的成员，种地是他们最主要的经济行为和谋生手段。

因此在中国传统农耕社会，由血缘维系的宗法制度根深蒂固。中国古代宗族是一个封闭的血缘团体，氏族活动主要围绕着家族开展。他们往往通过氏族祠堂的修建、祭拜祖先等活动，使氏族成员获得归属感、同源性和亲切感。因此，类似的宗族活动往往同时影响着官方与地方社会。

总的来说，宗法制度的传播是创造出传统社会中父权、族权和皇权的重要因素。一个家庭以父亲为首，他是一家之主，这是父权；一个宗族以男性族长为首，他负责管理宗族中的一切事务，这是族权；一个国家以皇帝为首，这是皇权。

不管是父权、族权还是皇权，血缘继承是关键，它有效地选出下一代领导者，也因此对传统地方社会的秩序发挥作用。

地方上的绅权常常被大家族垄断，因此他们都与宗法制度息息相关，我们也因此观察到宗法制度在维护社会和政权稳定方面的重要性。[①]

族权与父权：掌握生杀大权

传统社会中的族权和父权在地方社会上分别扮演重要的角色。那什么是父权呢？我们先看一个真实的历史事件。

1939 年在成都附近的“望镇”，住着一户雷姓人家，家族的男主人名叫雷明远。他有一个女儿叫淑清，和家里雇的年轻裁缝一起做衣服。两人在一个屋檐下朝夕相处，时间久了，关系越来越密切。

我们无法知道他们的关系发展到什么地步，反正流言开始传播，有人甚至还传说他们干过有损名誉的事。流言传到了雷明远耳中，他暴跳如雷。雷大娘感觉事情不妙，偷偷放走了淑清，她和裁缝逃到成都，但雷明远发誓要将这对恋人活捉严惩。

这位父亲最终将他的女儿和裁缝绑回望镇，并且要在河滩上对他们施行枪决的惩罚。乡亲们知道父亲要杀死亲生女儿，很多人都不敢出来看这一幕令人悲痛的场面。

雷大娘看着女儿被亲爹杀死，但她和所有乡亲都无能为力，

① 本节参考文献：费孝通．乡土中国［M］．北京：人民出版社，2008；林耀华．金翼：中国家族制度的社会学研究［M］．庄孔韶，林宗成，译．香港：三联书店，1990；钱杭．关于宗法制度形成的条件问题［J］．上海社会科学院学术季刊，1990（1）：145–151；赵彦昌，李国华．从清代玉牒看清代的宗法制度［J］．满族研究，2007（1）：79–85.

因为他们都知道父亲是家族中最重要的支柱，也是地位最高的人。女儿在这个时刻也不抱生存的希望，她了解父亲，知道他维护面子、名声与权威，这些比她自己的生命还重要。最后，“砰”的一声枪响了，正式完成了这一场“行刑”。

这个父亲杀死亲生女儿的悲惨故事，被写石羊场杜家调查的杨树因的同学、燕京大学社会学系的女大学生沈宝媛记载下来。我根据沈宝媛的记载，写了《袍哥》这本书。

一个国，皇帝就是家长；一个族，族长就是家长；一个家，父亲就是家长。这些人对他们属下的成员，有着惩罚之权，甚至生杀大权。

在中国，族权和父权在维持社会秩序上，经常扮演着法律的角色，甚至取代了法律。家族也在维持社会治安上起着重要作用，因此政府在一般情况下，都不会干涉家族行使家法，这就造成了私刑的普及化。雷明远的例子非常明显地反映出父权制度对家庭个体的影响。

比父权范围更大的是族权。

宗族是中国传统农村的社会基础，许多村落都是同姓单一家族村落或亲族联合村落。宗族作为一种亲属组织，是通过血缘组织起来、具有高度凝聚力的群体。

宗族最大的特征就是建有全族人所供奉的祠堂。祠堂有非常重要的意义，是宗族的社会、政治和经济中心，其不同功能也是族权的不同表现。

祠堂最主要、最明显的作用是祭祀祖先，对共同先祖的感念让族人产生身份认同。祖宗遗留下的族规家训与他们赞扬的观念、态度、道德等，都要通过族长的训诫流传下来。

祠堂也是解决宗族内外大小事宜的地方，也被称为宗族内部控制的法庭和机构。大如官府往来、乡民械斗，小到个人犯法、家庭政治、支派冲突，都需要族长或族中长辈解决。

一般来说，宗族事务越多，宗族领导者的位置就越重要，权力也就越大。除了宗族内部的管理，族长还要负责一些与政府相关的“政治”事务，例如分配各家各户的纳税份额、帮助政府收税、参与地方公益事业的捐赠，以及地方赈济粮食的发放。

除此之外，族长还要负责族产的管理，这项经济职能是族长权力的重要体现。宗族的收入包括房屋和土地租金、投资管理等等。

族长一般是宗族内年龄较大、辈分较高的人，有着个人才能。社会与经济地位也同样重要，大多数情况下，一个宗族内的士绅，也就是通过科举考试取得过功名的人会有优先权。

首先，我们从宗族的财产方面看族权。

研究中国华南地区宗族的学者曾表示，宗族其实是一种经济组织，拥有祠堂、祭田和祖茔等族产。祭田一般是由族中的一些富人捐献的，官员和士子非常乐意捐钱或者土地给自己的宗族。例如南海县有一村民叫康国器，从赤贫起家，1870年署理广西巡抚。他一退休，就捐钱修祖坟、建新祠堂，并且购置祭田。

族产还有可能是用宗族内大多数人共同捐献的钱购买土地或者投资得到的产出或者利润。前面我们讲市集的时候就提到过，某些宗族大户看到市集“收益甚好”，集资来开办市集。

祠堂和祖茔是祭祀的场所，一般由族长来主持，祭田的产出一般作为祭祀的费用，是宗族组织的经济基础。族长有权力安排分配祭田归哪家人种植，种植祭田的人要用土地的收入去支付照顾祖先坟墓和常规祭祀的开支。种植田产的收入可以让本族中贫困人家的子弟接受教育，如果他们能够科举高中获得官位，也会反过来促进族人的共同利益。

对宗族财产的控制和分配，不但使宗族的财力进一步扩大，还使宗族内的族人受惠。

宗族内谷仓的粮食会用于救济族中年老和贫困的人，例如江苏江阴的杨氏宗族，拥有 1000 亩之多的祭田，所得的部分收入会用来购买粮食和衣物，每一个年老或者贫困的族人都有权分到一份，没有再嫁的寡妇、孤儿和丧失了劳动力的人也可以获得。

甚至有时候宗族也成为族人“资金周转”的借贷组织。广东南海陈氏宗族就有一个明确的规定，想要借贷的族人可以从祭田收入中借钱。上面提到的杨氏宗族在太平天国起事时期，抵押祭田，将钱借给需要帮助的族人。甚至有记载表明，富有的宗族帮助族人纳税。可见作为经济组织的宗族，其力量不仅可以使整个宗族受益，也会使族内家庭受益。

其次，宗族的权力还体现在对秩序和道德的维护上。

根据族规或宗规，儿子要孝敬父母，妻子要忠于丈夫，兄弟要和睦相处，懒惰、奢侈浪费、赌博、吵架以及犯罪行为都是宗族禁止的。通奸、不孝敬父母，被视为严重犯罪，不仅会受到驱逐的惩罚，甚至会被处死。

例如，《南海县志》中记录了一个19世纪的案例。有个年轻人沉湎于赌博，当母亲责备他时，他怒而殴打了自己的母亲，族中一名德高望重的士绅下令将他处死。可见，宗族代替了法律来维护族内秩序。

对于触犯族规的族人，他所受到的惩罚有公开训斥、鞭打、罚款、驱逐、处死等等。实施这些惩罚当然是不用经过政府同意的，没有人认为宗族族长按照族规杀死一个人是违法的，就像上面我们提到的雷明远杀死自己的女儿一样，父权、族权很多时候是大于法律的。

不管是雷明远的故事还是广东《南海县志》中记载的故事，我们都可以从中看到中国传统社会中族权和父权的威力，它们是维护地方社会秩序和稳定的压舱石。在地方社会中，它们的影响力远比政府的影响力大。①

"绅为一邑之望，士为四民之首"：乡绅与绅权

除了宗族和家族在地方社会扮演重要的角色与功能，乡绅与

① 本节参考文献：萧公权．中国乡村：论19世纪的帝国控制［M］．台北：联经出版社，2014；林耀华．义序的宗族研究［M］．北京：生活·读书·新知三联书店，2000；科大卫．皇帝和祖宗：华南的国家与宗族［M］．南京：江苏人民出版社，2014；徐扬杰．家族制度与前期封建社会［M］．武汉：湖北人民出版社，1999；王笛．袍哥：1940年代川西乡村的暴力与秩序［M］．北京：北京大学出版社，2018；陈璞平．家族在村管理中的作用初探［J］．民俗研究，1988（1）：55–57.

绅权也很重要。乡绅一方面把持着大宗族，另一方面也在地方上发挥着比宗族和家族更大的影响力。为什么是乡绅充当重要角色，他们在地方上有什么权力？他们为什么能够获得这样的权力？

中国传统的封建王朝都是“家天下”，就是由同姓的家人来做皇帝。但俗话说得好，“天高皇帝远”，皇帝大部分时间都是不会离开皇宫的，那他靠什么来维持对地方的控制呢？

当然是在各地通过科举选拔人才，任命他们为不同级别的地方官员。他们由皇帝亲自任命，权力来自皇帝，因此算是皇帝在地方上的耳目。

不少人就认为中国封建王朝是一个中央集权的时代，皇帝可以掌控一切，从中央到地方，都由皇帝来管理。皇帝一声令下，所有地方官员都必须完全听命于皇帝。皇权凌驾于一切，皇帝相信自己的权力无处不在。

然而实际的情况是，少量的官员要管理大量的平民，再加上地方官员都是外地人，对当地民情不熟，这无疑大大增加了管理的难度。

因此这些地方官要寻找在地方上有威望、熟悉当地民情的一群人，来协助他管理地方或村落中的事务，这一群人就是我们这一节所讲的乡绅。

我们在这里谈到的乡绅，指的是卸任的官僚或是现任官僚的亲属，也包括有功名的地方儒士、有威望的商人，甚至受过教育的地主。

他们是一个群体，是在中国传统社会中具有一定地位、发挥一定功能的一个阶级。他们和地方上的平民不同，是官方与民间的一个中间群体。

那乡绅的权力有哪些呢?

一般具有乡绅身份者必须有某种官职，或具有功名学品、学衔，这种身份会给他们带来不同的特权和程度不等的威望。

乡绅与一般村民不同的是他们掌控了乡村的教育和财产权，他们中的大部分都参加过科举考试并取得功名。即使是最小的功名，也会让乡村中的普通老百姓“刮目相看”，他们是“知识”的“垄断者”。

同时，乡绅知书达礼，懂得地方上的一切规矩。清代，一个农民从生到死，都会与乡绅发生或多或少的联系。无论是办满月酒、结婚酒还是丧事酒，都得有乡绅在场，他们指挥着仪式的进行，如此才不致发生失礼和错乱的情况。在村落聚会吃饭的时候，他们坐在首席，还要接受主人家的特殊款待。

绅权是一种地方权威，是对一个地方社区的领导权力。

地方上的乡绅一般被视为可以与地方官平起平坐的人，因此人们相信，“绅为一邑之望，士为四民之首”。乡绅在地方上比一般百姓拥有更多的权利，例如：与百姓不同，乡绅可以自由见官；当拜见官员时，他不必行平民百姓必须行的下跪礼。

有权力的乡绅甚至无惧与地方官发生冲突，清朝乾隆年间安村就有这么一个故事：当时安村的领头乡绅姓郎，是一个秀才，也是本村最大的地主，有一年村中发生了水灾，房屋被淹，倒塌的很多，郎乡绅向县官报灾，县官亲自坐着八抬大轿下乡来勘查。

勘查的结果认为灾情并不严重，这触怒了郎乡绅。他说县官居然如此糊涂，就着人把县官的轿子打坏了。县官只好在极为难堪的情况下溜出了安村。因此乡绅在代表本地利益时，往往会与官吏发生争执。

然而在大部分情况下，地方乡绅都会与官方合作共同治理。例如清代陕西有一位举人名叫柏景伟，他从未入仕，但因为是读书人，所以在当地声望很高，在本省的各类事务中极为活跃并富有影响。他甚至还与地方官员有密切的书信来往，官员们往往都向他请教。

乡绅的称呼也与一般人不一样，为了显示荣耀和被尊敬，老百姓一般都会称有功名但没有官职的乡绅为“老爷”。例如在《范进中举》中，范进中举后，虽然没有官职，但已经可以算是地方的乡绅阶层。当得知他中了举人之后，他的邻居，甚至岳父都纷纷改称他为“老爷”。虽然这只是小说，但是生动地反映出当时乡绅在地方上的地位。

在地方上，乡绅还有一项特权：参加某些地方或官方礼仪。例如，只有乡绅才可以参加文庙的官方典礼。另外，当家族祭祖时，只有身份为乡绅的成员才可以主持祭祀礼仪。

事实上，大量乡村事务的管理权都在乡绅手中。地方上修路造桥、开河筑堤和兴修水利都离不开他们的支持和领导。

除了官方和社会赋予的权力，乡绅往往还会获得各种特权。

其中之一便是免去刑罚。如果一个地方的绅士犯了罪，他不会被上刑；如果他所犯的罪行很严重，而且必须惩治，先要革去其乡绅身份，然后才能对他做出处置。

因此有一位西方人评论说："吸引人去获取哪怕最低一级功名的是，有功名者可以不受刑罚。"这里有一个有趣的故事，清代嘉庆年间，一个知县向一名乡绅用刑，抽手掌四十下，对另一个乡绅扭耳朵，结果引起其他生员（即取得科举入学资格的士人）的不满，他们以集体罢考来抗议。

乡绅还有免服劳役和少交赋税的权利。例如在明代，民众最为劳役所苦，有人曾夸张地说，一个有二十亩田地的中农家庭，要是出不了一位秀才，一轮到服役，这一家便会立即破产。

清初，不仅乡绅享有少交税的权利，他的族人也会跟着沾光。而且，当时的乡绅还可以免去一定额度的田赋。这些优惠都有利于他们累积财富。

作为一个具有领导地位和特殊声望的社会上层集团，乡绅的权力很大，这对地方产生了不利影响。例如，村庄的乡绅不仅掌控着地方上的基础建设，还负责向村民征税，这就给了他们偷税漏税，甚至中饱私囊的机会。①

---

① 本节参考文献：费孝通．中国士绅：城乡关系论集［M］．北京：外语教学与研究出版社，2011；吴晗，费孝通．皇权与绅权［M］．天津：天津人民出版社，1988；张仲礼．中国绅士：关于其在十九世纪中国社会中作用的研究［M］．李荣昌，译．上海：上海社会科学院出版，1991；张仲礼．中国绅士的收入［M］．费成康，王寅通，译．上海：上海社会科学院出版，2001.

宗族的管理也是一门学问

祭祀祖先、勤于耕读：族规与实施

前面我们提到过为了纪念祖先，宗族在发展初具规模、建立祠堂之后，必然重修族谱。大多数族谱中都会有专门的章节来明确族规，族规是凝聚一个宗族不可缺少的力量。

我们一般可以把族规分成三种类型：祭祀祖先、宗族财产和生活秩序。

在对宗族祖先的祭祀中，最重要的是对开户祖和始迁祖的祠堂祭祀。这种宗族合祭是整体性的活动，让族人追根溯源，意识到彼此之间的血缘关系。所以宗族往往规定，祭祀祖先应该族人合祭，而不应该分祭，分开祭祀祖先危害非常大，提议分祭者会使祖先"灭祭"，有分裂宗族的危险，要究治惩罚。

我们以湖北黄冈刘氏宗族的"家训"为例，来看一下族规包括哪些内容："宗族一旦繁盛，必被人忌惮，族人富贵之后，要相互保全，把彼此视为一体，有无相济，患难相恤，忧乐相共，过失相规，这样才能和气致祥，将家族保存延续下去。"看来，宗族之间的宗亲必须时刻相互依靠、相互帮助才能生存下去，而族规就是联系彼此的纽带。

族规中的财产制度，一般是针对家庭财产，而不是族产。人们在观念上认为，家庭的所有财产都归功于祖先，出卖祖业被视为不孝，是祸及子孙的行为。家庭财产在人们的理想中只能扩大，不能减少，这在《白鹿原》中也有反映：白家分家之后，白孝文把田地、房子逐一卖出，被族人视为“卖祖”的反面教材。

在对家庭财产进行分配和继承时，族规成为依据。例如亲族对家庭财产的转让有一定的干涉权，而祖业的出卖，亲族有优先购买权，“凡出卖产业，须先尽亲房，亲房不买，始能卖于外人”。

而且在财产继承权方面，有时候族规与朝廷的法律是相违背的。比如：大清律法规定，异姓义子、女儿和女婿是有财产继承权的，但是没有继嗣权，即无法写入族谱，死后不能进入家族墓地、神位不能设置于家族祠堂；然而有些宗族的族规却允许没有男嗣的家庭，其女儿有继嗣权。宗族所赋予的族内女性的继嗣权，在某种程度上可以认为是保护了女性的权利。

诸子均分的财产分配制度也要按照族规，在亲族的监督下完成。父亲不可以偏爱其中的某个儿子，否则负责监督的长辈可以重新分配。即使是小妾、婢女所生的孩子，也要按照这样的族规，获得属于自己的继承权和土地。

为了让宗族中的一个个家庭延续下去，族规中还有关于“兼祧制度”的规定。在湖北的麻城县，这种制度非常风行。宗支零落的家庭，一子常常兼祧数房，为了让每个分支以后都有子孙延续香火，这个负责兼祧的男子通常要为每一房娶一个媳妇。

当然，很多族规也出现了对于兼祧数目的限制，“不得承祧四房”或者“不得兼三房四房”的规定也是比较常见的。

与生活秩序相关的宗族族规，大多是与传统儒家的教义相统一的。

《白鹿原》这部巨著就描写了陕西白鹿原上白姓和鹿姓两姓几代人之间的恩恩怨怨，以白嘉轩为族长的白鹿原宗族便是传统儒家思想的代表。

书中这样描述经过整修的祠堂：“五间正厅供奉着白鹿两姓列宗显妣的神位，每个死掉的男人和女人都占了指头宽的一格，整个神位占满了五间大厅的正面墙壁……”

祠堂中除了神位，还设置了学堂，“东边三间夏屋居中用土坯隔开来，一边作为先生的寝室，一边作为族里官人议事的官房”。

在这间官房当中，召开过很多次重要的宗族会议，主要是商量宗族和村庄的未来，例如如何对抗土匪的抢劫、旱灾、国民党的征税，以及如何抗日。作为族长的白嘉轩，连同宗族中的长辈，或者其他有权威的人，在近代中国的几个转变中，用开宗族会议的方式领导宗族和村庄在困苦中挣扎。

白鹿原宗族的族规和乡约没有太大的分别，后者是教民以礼义，以正世风，而前者是立身立家的纲领。族长白嘉轩把乡约贴在祠堂的墙上，要求族人熟读、背诵，按照乡约的要求做人行事。

违背乡约的情况视轻重而定，小说中对白孝文“通奸”的惩处则显示了宗族族规的严厉。在读完乡约和族规后，白嘉轩拿起一把用酸枣棵子扎成的刺刷，扬起来抽过去，带刺的刷子可以将人的脊背瞬间划出一条条的血沟。为了更加突出族规的严苛，在改编版的影视剧中，族规规定每个族人都必须拿着刺刷抽打违规者！可以想象其惨烈程度。

除此之外，族规也强调勤俭的生活意识和长幼尊卑的伦理关系。

对浪费、奢靡、懒惰、荒废正业的惩戒在族规中都有所体现。一些宗族的族长、长辈对浪荡子弟严惩不贷，甚至监督族人的生活作息。尤其是在春天耕作的季节，如果有族人没有早起，族长和宗族的长辈一定会斥责他。

族规也通过伦理关系，确定长幼尊卑这样的秩序来管理族人，反对家长对孩子的溺爱与纵容。有族规这样规定：子弟语言违拗，父母溺爱宽容，族长必须指出并惩治，告诉家长不可以为了孩子而犯戒。

宗族对族规的实施，主要体现在惩罚上面。除了前面提到的斥责、笞打等措施，在族权膨胀的时期，宗族还可以根据不同的族规来实施许多惩罚，例如活埋、戴枷、沉塘、除族籍、没收财产、滚荆棘条、打竹枝条、吊打、罚跪、游街示众、打耳光等。

需要说明的是，并不是所有宗族都有族谱或族规。在西南地区的云南，很多宗族并没有会议以及族规。违反了乡俗的人会受到他们父母、家庭，或者宗族内长辈的惩罚。对于女性在“通奸”方面的惩罚，要么由她的父母来完成，将其痛打一顿，然后锁在家里；要么将她悄悄许配给外地的男人，而宗族成员知道之后，往往也是睁一只眼闭一只眼。

此外，宗族的族规未必像其所规定的那样严格实施，尤其是随着近代以来反对传统儒家思想的呼声越来越高，以及传统家族形式的瓦解，宗族的族权出现一定的衰落，族规也成为一种“摆设”。就像《白鹿原》中被炸毁的祠堂所象征的那样，传统儒家社会的象征物祠堂、宗族、族谱，已随着时代的发展成为遥远的存在。[①]

宗族就是一个使钱生钱的“公司”？

族产是全族人共有的财产，由两部分组成：一部分是不能用作生产的东西，例如祠堂的器具、桥梁、族谱等等；另一部分是可以用作生产的东西，例如祭田、屋子、园林等等。我们这里讲的族产主要是指后面一种。

宗族的财产是怎么来的呢？一种常见的形式就是号召族人共同筹集宗族基金，例如在广东的小榄，麦氏宗族族谱中记载，该宗族的第一笔款项就来自族人的自筹资金：1520 两白银。

那大家都捐多少呢？我们可以从一些族谱的记载中窥探一二。广东有一廖氏宗族，嘉庆年间为了修建祠堂，便发动廖氏宗族所有男丁一起来捐资。

该族出了一个捐资章程，其中有一条，要求宗族成员首先要点算自己的资产，然后按总资产的 1% 来捐。而宗族中比较富有的人，还会另外向祠堂捐地，这样交换而来的利益就是，他的分支始祖的神主牌位就可以安放在祠堂里。

不仅如此，捐资者还可以获得更多权利。虽然全族“合食

---

① 本节参考文献：林济 . 长江中游宗族社会及其变迁——黄州个案研究（明清—1949 年）［M］. 北京：中国社会科学出版社，1999；陈忠实 . 白鹿原［M］. 北京：人民文学出版社，1997；许烺光 . 祖荫下：中国乡村的亲属、人格与社会流动［M］. 台北：南天书局有限公司，2001.

合祭”祖先是一种沿袭下来的制度，但随着人口增多、田产减少，就导致不是所有人都有权参加宗祠的祭祖仪式。一般情况下，户长、年过花甲的老人、读书人、有科举功名的人，才有资格参与祠堂祭祖，并参加合食。这种参加祭祀的权利，也是通过捐赠金钱或土地获得的。

就像是“利益交换”，这些捐款者可以获得一定的利益，比如他们及其子孙可以获得冬至祭祀的权利，并且可以在祭祀完成之后分得一块祭肉。

这种宗族内部的资金募集有时候会扩展到临近的同姓大宗上。同姓宗族要建立合族祠，就需要各个不同的分支来捐派，这个动员的范围更大。例如乾隆年间，广州的蒋氏要建立合族祠，动员了附近五个府的 123 个同姓支派，可见其募集资金数额的巨大。

族田作为主要的生产资料，是最重要的族产。

族田又可以按用途分为两类。一类叫“书灯田”，从名字来看，这个族田应该与读书人有关，所以“书灯田”所产生的财富是用来奖励宗族中的读书人的，尤其是在他们考取了功名的时候。

上面提到的族规，其中有一条是本族人出卖田产，要优先卖给同族之人。根据这个族规，很多族人要出卖土地，宗族会接手。这样的话，宗族就慢慢积累了自己的族田。

有的祠堂给予中试者花红，也有的对贫困族人中的读书人给予补助。例如有祠堂规定，“府县院试，每试给卷价银五钱，终场者给银一两，会试给资斧银十两，乡试给资斧银二两五钱”。

可见取得的功名越高，得到的奖励就越多，姑且可以将其看作家族给学生发的“奖学金”。

还有一类叫“祭田”，顾名思义，是提供祭祖活动费用的。祭田制度是与祠堂制度相连的。最早提倡设置祭田的是朱熹。根据朱熹的观点，先人死后，将他财产的二十分之一作为祭田，作为祠堂祭祀的费用。

不过到了明清时期，祭田的来源也有变化。随着祠堂设置的日益普遍，参与祭祀的族人越来越多，由子孙捐助的田产也越来越多。清代的广东地区，大宗族的祭田甚至可以达数千亩，就连小宗族也有数百亩。祭田增多之后，增加的收入主要用来赡养族亲。

宗族的祭田可以让族人轮流耕种，而负责耕种的人家，便要负责提供祭祖的费用。当然，也可以租给外人耕种，但是要本着宗族成员优先的原则。

轮值耕种祭田的人家，在九月祖先墓祭以及正月祠堂祭祀的时候，需要预备祭品，还要为本族人筹办酒席，这种制度习俗也叫“轮年”。这种制度会使族内贫困的子孙受益，使得他们可以通过种田维持生计。

除了祭田，墓田也是族产的一种。

关于墓田的记载，最早可追溯到南北朝时期。因为传统中国人非常在意墓地的风水，所以这项族产也是非常重要的。

墓祭的时候，所有族人都要到祖先的坟上去祭拜。有时候，墓祭节会持续十天，每一天人们只扫一个墓，按照从远到近的祖先的顺序，逐日祭拜。

根据宗族的大小，祖宗的墓地也不同。例如广东南海县的区氏宗族，族谱中曾记载，宗族有 13 处墓地，而且哪块墓地分给哪个分支，都是在族规中写好的。

在福建、广东地区，随着宗族的扩大，族产也逐渐增多，这带来一定的风险。两地械斗的风气与族产争夺有密切关联。尤其大宗族，为与其他宗族争夺土地，经常展开大规模的械斗。

丰富的田产收入为参加械斗的族人免除伤亡的后顾之忧，甚至族长会承诺将亡者的神主牌位奉入祠堂之中，这种种行为都鼓励了族人好斗的风气。

那宗族是如何利用族产，让钱生钱的呢？

最常见的方式就是让暂时不用的银子生利息。例如南海县的黄氏，为了修建宗祠，让每户捐资，总共筹得 350 两银子，但是祠堂还没有动工。于是，族人先把这笔钱以 12% 的年利息拿出去放贷，等到动用这笔钱的时候再取出。

还有一种称为“股份制”的方法，即在发展得非常繁盛之后，宗族会定期招股“捐募”基金，集资的基金会用来购买田产，甚至购买直接产生经济效益的渡口等设施，然后根据这些收益，捐募者可以得到相应比例的分红。招募股份的方式就像今天的扩大投资，增加资金规模。

宗族募集来的资金不只用于祭祖花销，更重要的是投资赢利。例如在乾隆年间的东莞，手织麻布的生意非常好，于是有人就想办一个“布墟”，也就是布匹交易市场。他们发行了两百股，利用集资的形式买了三块地，将其改建成露天市场，很多宗族都认购了“股份”。“股份”的收益来源于店铺和小贩的租金，按照不同的股份来抽取红利。

宗族族产具有不同形式，其由来也不同，宗族在发展繁盛之后通过放贷生息、募集股份等方法投资赢利。由此可见，宗族不仅是基于血缘关系的共同体，也是经济共同体，同族人员通过各种方式不仅让祖先得到祭祀，而且让族人获得更多经济收益。[①]

族学：老祖宗提供奖学金的教育机构

我们先讲一个小故事。

故事就是《红楼梦》中的“顽童闹学堂”。贾宝玉带着秦钟到自家的家族学堂上课，虽然是贾家的族学，但到这里来读书的人却很混杂，除了贾家的子孙，薛蟠也来这里读过几天书，而且和贾宝玉起争执、大打出手的，还有一个姓金的学生。那族学到底是什么呢?

《红楼梦》中对贾家的这个“学堂”有做介绍，说是贾氏家族的始祖设立，为的就是让贾氏家族当中没钱上私塾的弟子可以进入族学学习。

---

① 本节参考文献：林耀华．义序的宗族研究［M］．北京：生活·读书·新知三联书店，2000；莫里斯·弗里德曼．中国东南的宗族组织［M］．上海：上海人民出版社，2000；科大卫．皇帝祖宗：华南的国家与宗族［M］．南京：江苏人民出版社，2010；林济．长江中游宗族社会及其变迁——黄州个案研究（明清—1949 年）［M］．北京：中国社会科学出版社，1999.

那贾氏家族的“学堂”是如何运营的呢？首先，族中有官爵的人，都要给族学提供银两，薪俸多的人要多给，薪俸少的人就少给，像宝玉家这样的钟鸣鼎食之家，必然是族学资金的主要“支持者”。

贾氏家族族学中聘请的是年高有德之人，也就是贾代儒为塾长，他与贾宝玉的祖父是同一辈，可见其在族中的资历。

在族学中学习的，既有本族人，也有许多亲戚的子弟。像上文当中提到的金姓学生，就是贾家的远房亲戚，因人情来往能到族学中学习。

族学是与祠堂、族产、族谱等同样重要的一种宗族的实体，是宗族建设的必要内容。宗族创办族学的主要方式就是开办私塾，并且用族规规定相应的奖学、助学制度。

族学创办的目的就是让宗族子弟获取知识，参与科举考试，以此光宗耀祖，最终提高宗族的社会地位。

在很多族谱中可以发现族学的相关内容，例如要求本族子弟6岁开始上学识字，10岁接受私塾老师的教育。

读书是一件奢侈的事情，因为这意味着一个“劳动力”的丧失，而家庭其他的劳动力必须补充这份不足。读书是需要投资的，于是宗族便发挥了重要作用。

如果是名门望族，对本族子弟读书事业的支持是非常有力的。例如他们会专门设置学田，作为支持子弟学习的专门经费。

有了资金的支持，才可能聘请名师，提供宗族子弟奖学金、膳食、参加科举考试的津贴等等。在休宁县吴氏的族规中，我们可以看到宗族具体可以提供哪些经济上的支持。

首先是膳食、笔墨、图书、交通、住宿等费用，还有一项“膏火”费，指的是在以油灯为主要照明设备的传统社会，夜晚读书所耗费的“灯火”钱也是家庭的重要开支。

等到可以出去参加考试，还提供往返的旅途花销。此外，还有薪水发给子弟，好让他们拜师访友、往来应酬。

在传统社会中，好的塾师首先要言传身教，要对学生的品德有积极的影响。德才兼备并且有功名的老师是最受人尊敬的。

尊师重教也体现在族学当中。除了聘请老师的薪金，宗族还要准备膳食“补贴”、各种节仪时送的礼物，更富裕的宗族甚至还会准备迎送夫马的银钱。

学习也是循序渐进的过程，最开始学的是《小学》，后边分别是“四书”“五经”。小说是绝对不允许进入课堂的，不仅不能看，见到还要立刻焚毁，甚至连诗词都是让学生分心的。

本着科举取士的目的，族学所教授的内容与考试内容完全一致，其余都是无用之物，甚至被认为是“有毒之物”。

宗族对科举取士的子弟有非常丰厚的奖赏，对不同等级的功名有不同的激励，等级越高，奖金也越高。普通生员的奖励是四两白银，举人会试和进士殿试的奖励均为十两白银。

而且宗族越富有，给予的奖励越多。有的家族奖励进士六十两白银，如果升为翰林院学士，按照进士的奖励标准再加六十两，不可谓不丰厚。

族学的发展是与近代中国的教育改革相关联的。

清末和民国时期，也是族学发展的兴盛阶段。义学也是族学的一种，所谓的“义学”，就是由大豪绅捐助，在该豪绅宗祠内创办的学校。例如光绪三十四年（1908），黄州的大豪绅刘维桢在刘氏宗祠内创办青藜义学，通常的规模是一名教师和二三十名学生。

到了晚清时候，清政府推行新式教育，各宗族又把义学的名字改为“学校”，成为新形式的族学，宗族义学纷纷挂上了初等小学的招牌。

1927 年，南京国民政府成立以后，强推近代族学，鼓励各地宗族用祭祀产业兴办近代族学。湖北省各县甚至建立了督学视察制度，督导各地族学的建设。

湖南省也是如此。1930 年，湖南各地清查各族祭田，并劝令宗族建立近代族学。所谓的“近代族学”，采用了近代的教育制度和教育方法，尤其是淘汰了旧的私塾先生以及四书五经等教材。

需要指出的是，在教育改革的最初，这些旧式的教师和教育内容并没有完全摒除。有些祠立小学还是聘用私塾老师，课程也是四书五经。不能否认，近代族学的发展对于普及乡村初级教育起到了非常大的作用。

望族族学发展完备，而较小规模宗族的族学却难以持续发展。

望族的族学，因为有持续的资金支持，能保障小学的教育设施以及优质的师资。比如昌黎韩氏的族学由乡绅韩梓舟创立，这位乡绅在教育界颇有声望，而且崇尚和熟悉新式教育。他清理族产，建立新校舍，还购置图书。

不仅如此，这些发展完备的族学有着较高的教学质量，课程非常齐全。以浠水县的周氏族学为例，不仅有国文、算术、英语、历史、地理、自然、体育、音乐等课程，而且还有铜鼓、铜号、风琴等当时少见的乐器，被当时的乡人称为“洋学堂”，声誉很高。

相比之下，规模较小的宗族所创办的族学，其形态、规模都无法与之相比。大部分宗族都处于经费不足的状况，学生的规模也比较小，通常以宗祠为校舍，并无更多的教学设施。

族学在近代社会虽然发生了变化，但毋庸置疑，作为传统社会的一种教育类型，对农村教育起到了非常大的作用。一方面，它补充了国子学、府州县学等官学名额严重不足的情况；另一方面，它使宗族村落成为地区文化教育的中心。

值得注意的是，即使到了今天，海外的华人宗亲仍会有奖学的规章和实践。作为宗族的一种变异，宗亲虽然不是宗族，但依旧传承了对追求知识文化的鼓励。[①]

---

① 本节参考文献：冯尔康 . 清代宗族的兴学助学及其历史意义［J］. 清史研究 . 2009，73（2）：1–13；林济 . 长江中游宗族社会及其变迁——黄州个案研究（明清—1949 年）［M］. 北京：中国社会科学出版社，1999；曹雪芹 . 脂砚斋评石头记［M］. 北京：东方出版社，2006.

家庭关系：映射出社会形态

父子：男人的世界

说到家庭关系，首先就要看一下家庭当中的父子关系。为什么从父子关系开始呢？因为在中国传统社会中，家庭关系的主轴就是父子关系，而不是西方的夫妻关系。

这与中国传统社会的男权性质有关，一个没有儿子的家庭，会让绝大多数人认为是“断了香火”，即家庭和家族无法延续，而一个只有孤儿寡母，没有父亲的家庭，也会让人觉得这家门户“无所依傍”，很难发展得好。这些传统的观点都印证了父子关系是家庭最重要的关系。

那传统中国家庭中的父子关系有哪些特点呢？

这种关系首先体现在父亲对儿子的绝对“掌控权”上。例如按照儒家伦理规训，儿子必须要孝顺侍奉父母，父母亡故以后，服丧是儿子应尽的义务。

为什么我们现在还把男子娶妻称为“娶媳妇”，而不是“娶妻子”？因为“娶媳妇”是以父母的名义而娶亲的，“娶妻子”是以儿子的名义娶亲的，如此看来，我们惯用的叫法其实也暗含了父子关系的重要性。

所以，父子关系的重要性也体现在传统社会对儿媳妇的要求上。例如在云南的喜洲，如果妻子与公婆发生争执，丈夫必须不问缘由地与父母站在一边；同样，儿媳妇的第一责任是孝敬公婆，其次才是服侍丈夫。

丈夫如果死了双亲，那必须表现得悲痛欲绝，但如果没有了妻子，即使再痛苦伤心，也要时刻谨记儿子对父母应尽的“孝道”。

“父慈子孝”是传统社会对美好的父子关系的一种理想化概括，但绝大多数父子关系中，父亲的严厉与儿子对父亲的惧怕是最典型的，这种典型莫过于贾宝玉与其父贾政的关系，儿子见了老子，就像老鼠见了猫。在家庭中，父亲的威严以及权威，不容置疑地要求儿子顺从于他的意志。

需要注意的是，父子关系中其实也强调了儿子对家庭的重要性。

这体现在民间普遍存在的求子活动上。云南地区每年农历六月二十四是“火把节”。在节日的晚上，云南各地的村子里，居民们用稻草和竹子扎成大火把，将这些火把设置在村子各处。火把的顶端是一个用纸做成的斗，这个斗是一种称粮食的工具。

等到活动开始的时候，村子里的男女老少就会聚集在火把的周围，一个成年男子通过梯子爬到高处，把火把点燃。等到火把烧到顶端，上面的大斗将要落下来的时候，众人一拥而上，开始抢这个斗。

为什么要抢这个斗呢？据说，谁能够在空中接住这个斗，谁家就能在来年抱上儿孙。来抢斗的很多是新婚夫妇，甚至一些有钱人家花钱雇人来抢斗。不难想象，抢斗的过程很有可能引起斗殴。这样的节日盛况，反映的便是对“儿子”的需求。

还有一种特殊形式的父子关系——过继。

过继一般是指收养与自己有血缘关系的男孩。在传统社会中，上了年纪而又没有儿子的父亲是非常苦恼的，甚至连隔壁邻居也会对他产生同情。在云南的喜洲镇，家中无子的父亲越是势力大、越是富有，就越容易成为别人嫉妒和同情的对象。于是，他会从父系家族中收养自己兄弟或堂兄弟的儿子作为养子，也就是让其过继给自己做儿子。

很多人会认为养子不如亲生儿子那样亲，养子对养父也不会像对待亲生父亲一样。很多时候，养子不仅得不到父子情感上的满足，甚至可能做不到共同生活，负责对养父母基本的照料。

当然也不会全都如此。史学家萧公权幼年丧母，父亲常年在外奔波，于是便将其过继给伯父。他在回忆录中分别提到过他与养父、生父的情感。

养父对他非常严苛，管教非常严。萧公权八九岁的时候，还很淘气，经常嬉闹跑跳，养父便严词谴责他说："这样没规矩，不像个斯文人，将来只好去抬轿。"但是养父知道他读书用心，也会称赞他，不惜重金请名师教他读书。

在巨变的时代，养父也多为他的未来考虑。他曾经替萧公权捐官，打算等到萧公权 20 岁送其进京就职。但之后辛亥革命爆发，萧公权向他表示想考取新式学堂，他经过考虑，还是亲自送萧公权到上海去投考学堂。

萧公权与亲生父亲的关系也很独特，虽然对父亲知之甚少，也几乎没有共同生活的经历，但他 12 岁父亲病逝时嘱咐："无论读书经商，总要脚踏实地，专心努力去做。以后成家立业，要看重家庭，看重事业。”这临终的嘱咐对他也产生了很大影响。

由此可见，由于“过继”而产生的父子关系相对来说更加复杂，但也不可否认，一个无人照拂的孩子在过继之后，可能会受到两个父亲的正面影响和爱护。

父子关系不是一成不变的，“父权”式微在近现代之后越来越明显。

人类学家阎云翔在东北农村进行研究时，一位 74 岁的老人说，1949 年以后，农村最大的变化有两个：一是“爷爷变孙子”，二是“妇女上了天”。这第一个变化，虽然只是象征性的说法，但却指出了父子关系的改变。

在农村家庭当中，由父辈来掌控家庭财产、资源、决定权的情况逐渐变少了，即使是由老一辈当家做主的家庭中，也有一半父母承认，他们管不了儿子、儿媳妇了。

父子关系的改变可以从婆媳关系中得到印证。在传统社会中，儿子是与父母站在一边的，这样才能体现他的“孝顺”，但到了 20 世纪八九十年代，父母开始抱怨儿子不向着他们，结了婚的儿子通常都是无条件地支持妻子。

他的研究反映了费孝通所观察的以“父子关系为主轴，夫妻关系为配轴”的传统中国家庭形态的式微，夫妻关系逐渐取代了父子关系，成为家庭关系的主轴。

父子关系的变化还可以从家庭居住空间的改变中获得启示。在东北，20 世纪 70 年代以前，靠近锅台的炕头是最好的地方，都是给家里男性长辈留出来的；但随着 80 年代后期新居的改造或扩建，很多长辈被“迁移”出新居，只得住在破旧的老房子里，或者即使留在新房子里，他们的居住空间也不再是最好的位置，年轻的夫妇占据最好的东屋。

可见近代社会以来，父子关系从传统的父亲掌握权威、对儿子继承香火的看中，转变为儿子成为家庭的主导者，夫妻关系超越了父子关系，成为家庭关系的主轴。这反映了在现代化的过程中，家庭结构的改变。①

夫妻：社会的最小组织单元

前文提到，传统中国社会家庭关系中，父子关系是主轴，夫妻关系是配轴，下面我们就来看看夫妻关系的特征，以及在家庭中发挥的作用。

我们可以先从语言的角度发现夫妻关系的特征。在中文中，“妇”从“伏”中引申出服从、忍受、甘当配角的意思。所以，妻子就是服从和协助丈夫的。

“妻”是从法律上对妻子的概念称呼，既然是妻，就不是妾，那么她就在社会上享有和丈夫相同的地位和声誉。“妻”也就是“齐”，代表着平等。这种法律上的身份，其实也意味着女子在结

① 本节参考文献：阎云翔．私人生活的变革：一个中国村庄里的爱情、家庭与亲密关系（1949—1999）［M］．上海：上海人民出版社，2016；杨懋春．一个中国村庄：山东台头［M］．南京：江苏人民出版社，2003；费孝通．乡土中国［M］．上海：上海人民出版社，2006；萧公权．问学谏往录［M］．长沙：岳麓书社，2017；许烺光．祖荫下：中国乡村的亲属、人格与社会流动［M］．台北：南天书局有限公司，2001.

鲍文渊妻节孝坊，安徽省歙县郑村镇棠樾村

婚之后是没有自己独立的身份的，她的身份来源于她的丈夫，必然就归属于她的丈夫。

在传统中国社会，对妻子的别称还有“室人”和“内人”。把妻子称为“室人”有两层意思，第一是指男子结婚时得到的与妻子共处的房屋，第二是指他的妻子与这个居室有特殊的关系。男子代表全家，妻子只与卧室有关联。

将妻子称为“内人”，这个“内”同样是指内闱里的那个人。这是一种贬低人的表达方式，因为这个称谓使妻子变成“内”，成为一个私人的世界，而这个私人的世界是由男子支配的。这个称谓还强调了男女关系中的内外之别，非常符合“男主外，女主内”的传统家庭观念。

“男不言内，女不言外”是夫妻关系中非常明显的特征。

这里的男、女、内、外有相互补充、共处之意，也就是通常说的男主外、女主内。女人应该终日留在内闱之中，不要擅自进入男子的领域。但相反的是，男子很少被告知不要介入妻子的事，这也显示了夫妻关系中的不对等。

两性的严格区分即使是在夫妻关系中也不得松懈。上层家庭的妻子如果对丈夫的活动感兴趣，只能躲在屏风后面听丈夫与客人谈话，绝对不允许加入其中。

恪守规则的妻子往往备受赞誉，甚至大书特书。宋朝时的一位妻子，陪着当官的丈夫和儿子住过许多地方，但无论是西湖还是“南阳百花洲，金陵小金山”，她从未想过去看一看，这样的行为便受到了赞赏。

在中国旧式的家庭中，绝大多数婚姻都是由父母安排的，两个年轻人在举行婚礼前互相不认识，所以新婚夫妇之间要有一段时间的调适才能慢慢适应。年轻的丈夫不能过多地提起妻子，也不能在家庭聚会中赞扬妻子。

同样，年轻妻子也要避免表现出对丈夫的爱。贤惠的妻子白天与婆婆或小姑子一起干活，晚上必须等到所有家庭成员都休息了，才能回到自己的房间与丈夫待在一起。妻子在提到丈夫的时候，通常不用他的名字或者“我的丈夫”，而是用代词“他”；如果丈夫外出回家，妻子也不能当面向他问好，而是根据婆婆的指示，为丈夫准备热水和茶饭。

在中国传统社会，夫妻关系还有特殊的表现形式，例如近亲联姻。中国外婚制原则虽然禁止同姓堂兄妹结婚，但并不禁止与姑姑、舅舅和姨母这类亲戚的子女结婚。即使在现代，这类婚姻也还存在。

《红楼梦》中也多次出现近亲联姻，例如王熙凤嫁到贾家之前，王夫人是她的姑姑，在她嫁入贾家之后，王夫人既是她的姑姑，也是她的婶娘，二人既有婆家的亲属关系，也有娘家的亲属关系。

更近的血缘关系联姻体现在贾宝玉和薛宝钗的婚姻上，两人的母亲是亲姊妹，贾宝玉和薛宝钗结婚之后，薛宝钗和王夫人便是媳妇和婆婆的关系，算是亲上加亲了。假如贾宝玉与林黛玉成亲，贾宝玉的父亲与林黛玉的母亲也是亲兄妹，这也是近亲联姻的体现。

那近亲之间的联姻是谁提出来的呢？

在《红楼梦》的两则例子中，毫无疑问是王夫人的主意，王夫人让自己哥哥的女儿嫁给了夫家的侄子，又让自己妹妹的女儿嫁给了自己的儿子。那为什么她会这样选择呢？

通常女人喜欢近亲之间的通婚，是因为女人会由于进入陌生家门而焦虑，无论是妯娌、儿媳、侄媳，女性之间的亲属关系相对来说比较复杂。来自娘家或者与自己家庭有关的人家的女子，总是比陌生女子要好相处的。同样，以新娘母亲的角度来考虑，如果女儿即将嫁过去的人家有自己熟悉的女性亲属，便会对女儿日后的处境更放心一些。

"上门女婿"也体现了一种特殊的夫妻关系。当一个男人成为上门女婿时，夫妻关系也不同于社会上流行的模式了。

"上门女婿"就是我们通常所说的入赘。大部分家庭招上门女婿，是因为家中没有儿子继承家业，又不愿意过继养子。

这种婚姻对于男人而言是丢面子的事，然而许多男人"不得不"去做上门女婿，是由于家境贫寒。

随夫的婚姻对于一个女人来说，是逐渐适应转变的过程，所以"上门"对于一个男人来说，也是一个要逐渐转变适应的过程。

在入赘这样的婚姻关系中，"上门女婿"的地位与中国大部分地区的"媳妇"地位相同。夫妻关系似乎不是家庭主要的"矛盾"所在，丈夫没有了夫权，完全受制于岳母。

通常情况下，岳母会嫌弃女婿是"没有本事的，吃闲饭的"，二人相互猜忌、滋生不满，影响家庭关系的和谐。

"举案齐眉"是中国传统夫妻关系的理想模式，虽然这个成语表示的是夫妻之间相互的敬重，但把托盘举到与眉毛齐高的却是妻子，享用托盘中饭菜的是丈夫，这样的理想关系也暗含着夫妻之间的不对等。

那应该如何看待传统中国家庭中的夫妻关系呢？

沈复的《浮生六记》中，有一部分专门记录了他与妻子芸娘的“闺房之乐”。沈复打破内外有别的男女关系，让芸娘女扮男装与他一起逛庙会，夫妻之间情感融洽。

但在一夫多妻制的传统社会，即使是这个被林语堂称为“中国文学史中最可爱的女人”的芸娘，也无法避免与其他女人分享一个丈夫的命运。作为妻子，大度的美德让她专门留心为丈夫选择合适的侍妾。这些矛盾和复杂因素，或许能阐释传统中国家庭夫妻关系的一些特征。

从夫妻关系中“妻从于夫”的特征，以及近亲联姻和“上门女婿”两种特殊的婚姻形式，可见传统中国家庭中夫妻关系的构成形式是比较复杂的。[①]

兄弟：人格与行为

所谓“兄弟如手足”，在传统中国家庭中，兄弟关系也是非

---

① 本节参考文献：沈复．浮生六记［M］．北京：人民文学出版社，1999；杨懋春．一个中国村庄：山东台头［M］．南京：江苏人民出版社，2003；费孝通．乡土中国［M］．上海：上海人民出版社，2006；伊沛霞．内闱：宋代妇女的婚姻生活［M］．南京：江苏人民出版社，2010；许烺光．祖荫下：中国乡村的亲属、人格与社会流动［M］．台北：南天书局有限公司，2001.

常重要的组成部分。

兄弟关系是父子关系的延伸，但并不从属于父子关系。人们认为“兄弟本是同根生”，所以理想的兄弟关系是互相帮助，甚至在必要的时候“长兄为父”，长兄需要负担幼弟的抚育之责。

那兄弟之间的关系有什么特征呢？在儿童时期，兄弟是玩伴，地位差不多是平等的。虽然他们会打架，但并不会影响相互的情感。

在慢慢学习儒家礼仪之后，兄弟关系便脱离了最“天真、自然”的状态，有了一定的约束。在中国家喻户晓的“孔融让梨”的故事，就表达了兄弟之间的谦让和融洽。“兄友弟恭”，就是说哥哥要对弟弟友爱，而弟弟则要尊敬哥哥。

总的来说，兄弟在结婚之前，大部分时间的相处还是融洽的。对于他们来说，父亲是一家之主，在父亲的指挥和带领下，虽然他们偶尔有冲突和竞争，但还是保持着合作、互助的良性关系。

兄弟关系的转折，往往发生在他们各自结婚之后。

当一个原生家庭分裂成多个新的小家庭之后，矛盾也会随之而来，如妯娌之间的关系会直接影响兄弟关系。

妯娌之间的相互关系，以及下一代孩子之间的关系，都可能促使兄弟关系走向恶化。如果父母不能充当公平的仲裁者或者调解者，家庭很可能会破裂。

这样的例子不胜枚举，我们耳熟能详的周氏兄弟，周树人

（即鲁迅）与周作人，就是最好的例子。

两人在青年时期，在文学方面相互影响和鼓励，“弃医从文”的鲁迅也非常鼓励弟弟周作人从事文学事业，到日本留学。在日期间，两兄弟又一起翻译日文或西方文艺作品，同吃同住同学的两兄弟建立了非常深厚的感情。

1917 年，兄弟二人到北平，当时正流行传染病猩红热，周作人突然发起高烧。这急坏了鲁迅，他四处借钱、延医买药，后来找到一位德国医师，才发现周作人不过是出疹子，而不是被传染猩红热，他才放松下来。

1919 年，鲁迅在北平西三条胡同购买了房屋，把母亲连同两个弟弟及其家眷接来同住。当时，鲁迅的两个弟弟周作人和周建人都有子女，他很喜欢侄儿们，视如己出。

兄弟二人的不合正是在这同住的过程中产生的，而此事与周作人的日本妻子有很大关系。在兄弟二人不合的诸多原因中，有一个格外引人注目，就是周作人的妻子告诉丈夫，鲁迅对其有“非礼”的举动，而周作人听信了妻子的话，于是兄弟之间的不合便越来越严重。

此后，鲁迅搬出了这个大家庭。两人共同的朋友许寿裳说，自此之后，两人不合，一改从前“兄弟怡怡”的情态，以至于鲁迅想取回原来家中的藏书都被周作人拒绝。

兄弟虽然出于一对父母，但实则也是竞争关系。

这种竞争更多地体现在家产的争夺上，兄弟分家对原生家庭带来的影响也是巨大的。

在传统中国的农村，流传着许多劝谏兄弟不要相争的诗："九世同居张公艺，子孙世代家不分；同胞手足须和妻，相帮相处能起来；不要三心共两意，莫听妇人背后言……打虎必须亲兄弟，上阵还须父子兵。"

但这些劝谏诗的流传也从侧面反映出，兄弟相争的现象很多。例如大多数人熟知的历史史实，三国时期的曹植所做的七步诗，"煮豆燃豆萁，豆在釜中泣，本是同根生，相煎何太急"，足见手足相残的历史之悠久。

另一个著名的兄弟相争的案例是唐太宗李世民发动的"玄武门之变"，当时还是秦王的李世民与太子李建成明争暗斗，在唐高宗李渊的偏袒之下，太子占上风，李世民搏命一击，在玄武门发动政变，杀死了自己的兄长李建成，以及支持太子的四弟齐王李元吉。

大家很熟悉的是清朝时期的"九龙夺嫡"大戏，为了至上的皇权帝位，兄弟死的死，囚禁的囚禁，即使是最终坐上龙椅的雍正也在后世的不断揣测下，无法为自己正名。而今天如此多的清宫剧选择该事件以及人物，也正是因为有各种"戏说"和"想象"的空间。

除了与生死相关的权力争夺，普通人家的兄弟之间的竞争也无处不在。在传统中国的农村地区，财产按照均分的原则，分给每一个儿子。一般情况下，在最小的儿子结婚之后，或者在父亲去世之后，才有分家的可能。

父母为每个儿子准备同等份的家产，从现金、土地到房屋，很多时候父母本着"养儿防老"的观念，会对他们寄予养老希望的儿子格外“优厚”一些，这样做其他儿子知道之后会觉得不公平，不仅伤害了父子之情，也伤害了兄弟之情。

当然，“手足情深”也是可以延续一生的。

不是所有的兄弟关系都像上面所列举的那样，夏济安和夏志清两兄弟便是最好的例子。在1947年到1965年间，兄弟二人通信600多封。在已出版的《夏志清夏济安书信集》中，我们可以看到，在时代的动荡背景之下，夏志清在耶鲁读书，直到博士毕业，后又进入美国的大学当老师，夏济安从北平撤离到上海，再到香港、台北，命运的颠簸在信中一览无余。两兄弟虽然分别漂流在外，与父母分离几十年，但是靠着单薄的信纸，相互鼓励、相互支撑。

在往来的通信中，他们谈文学、谈理想、谈政局，也非常“接地气”地聊电影、歌剧、明星，夏志清恋爱结婚生子，夏济安一次又一次向弟弟诉说对婚姻的恐惧。很难想象，在半个世纪之前，没有现代先进的通信设备，在半个月一次的航空信件中，兄弟之间没有丝毫的距离感。

虽然夏济安是哥哥，但当时台湾地区的经济水平远低于美国，夏志清理解哥哥的清贫，于是从读博士开始，每个月给家里面汇款100美元，那是他奖学金的三分之一，而且几十年从未中断过。他们彼此从未清晰地划分对父母的养老责任，是兄弟之间的体恤和相互帮助，才使得一个家庭在动荡的年代依旧顽强地“存活”下来。

总之，“手足相残”和“手足情深”是兄弟关系的不同面向，也展现了传统中国家庭中兄弟关系的复杂性。[①]

文学中的宗族角色

红楼遗梦：女性如何在传统宗族中生存

下面通过三部小说《红楼梦》《家》《白鹿原》来进一步观察中国的大家族和宗族的历史。我们先从《红楼梦》开始，因为书中多涉及女性人物，所以可以重点探讨大家族中的女性地位。

一般来说，在中国传统的大家族中，往往是辈分最高的男性家长权力最大，这就是我们前面提到过的“父权家长制”。然而，《红楼梦》里面的贾家似乎不是这样。

在《红楼梦》的贾府里面，最具权威的人物是贾母。

贾母是贾府年纪最长的人，她是贾政的母亲、贾宝玉的祖母。她在贾家可以说是拥有最高的权威。

《红楼梦》第三十三回“手足耽耽小动唇舌，不肖种种大承笞挞”中，宝玉因私下结交忠顺王府的戏子，又被贾环告状，还

---

① 本节参考文献：许寿裳．鲁迅传［M］．北京：九州出版社，2017；许烺光．祖荫下：中国乡村的亲属、人格与社会流动［M］．台北：南天书局有限公司，2001；杨懋春．一个中国村庄：山东台头［M］．南京：江苏人民出版社，2003；阎云翔．私人生活的变革：一个中国村庄里的爱情、家庭与亲密关系（1949—1999）［M］．上海：上海人民出版社，2016；王洞，主编．夏志清夏济安书信集：卷一［M］．台北：联经出版社，2015.

因金钏投井之事，被贾政狠狠笞打，就连王夫人来劝都无济于事，惊动了贾母。

贾母来了，贾政马上换了一副嘴脸，对母亲躬身赔笑；面对母亲的斥责，贾政马上下跪；等到贾母因心疼宝玉落下眼泪，贾政马上承诺再也不打儿子了。最终，是贾母的绝对权威救了宝玉。从这个桥段我们可以看出，贾家真正的一家之主其实是贾母。

为什么贾母会在贾家的大家庭中获得至高权威呢？

中国传统宗族讲究女人要“三从四德”，所谓三从就是“未嫁从父，既嫁从夫，夫死从子”，那贾母为什么没有“夫死从子”呢？

我们千万不能把贾府的这种现象当成中国古代社会的普遍现象。《红楼梦》的作者曹雪芹是一位旗人。虽然在他这一代，曹家已经在南方生活很久了，但他的家庭归根结底无法摆脱一些满族旧俗。不同于汉族的“男尊女卑”，女性在满族文化中的地位比较高，满族先民崇拜的萨满教中有很多女神，这都反映出满族人对女性的尊重。

事实上，在满人家庭里面，女性和男性的地位是相对平等的。满人入关以后，虽然很多生活方式都有所改变，但这种女性在家庭内部地位比较高的情况依然存在。

曹雪芹写《红楼梦》在很大程度上是借鉴了自己家里的情况，“贾家”在很大程度上也是以“曹家”为原型的。因此贾府女性掌权这种现象，只能反映清代旗人家庭的状况，不能反映普遍的情形。

女性在宗族中的真实地位，更准确地体现在妾的身份上。

贾家人口众多，除了门当户对的正妻，买来的妾、填房丫头数不胜数。例如好色的贾赦曾动心思想纳贾母的大丫头鸳鸯为妾，在鸳鸯的拼死不从以及贾母的动怒之下，贾赦才找了另外的丫头做妾。

贾政有一妻两妾，正妻是王夫人，两妾是周姨娘、赵姨娘，其中赵姨娘是出场比较多的人物。她虽然为贾政生了女儿探春和儿子贾环，但家庭地位依旧非常低微。

比如说，贾政和王夫人一起吃饭的时候，周、赵二人是不能上桌的。贾府举办家庭宴会，不论是寿宴还是节日宴会，妾都不能上桌吃饭。

妾每月只能从贾府领到二两银子，只能使唤两个丫鬟。这个待遇还不如她们的女儿好。她们的女儿也可以领到二两银子，外带很多丫鬟。

除了家庭地位和物质条件差，妾对于所生的子女也是没有管教权的。

比如探春虽是赵姨娘所生，但并不称呼其为娘，而是直呼其“赵姨娘”，她所受的教育和养育都是由正妻王夫人负责。《红楼梦》中多次提到赵姨娘不满探春的所作所为，说她不帮自己人，反而偏帮外人。

至于贾环与赵姨娘的关系，在《红楼梦》第二十回中，我们可以看出庶出的儿子比“姨娘”的身份也高贵许多。贾环和宝钗、香菱、莺儿三个人赌博。贾环赌输了就要赖，要抢莺儿的钱。莺儿不高兴说他当爷的没体面，没想到却伤了贾环的自尊心，贾环哭了起来。此时，宝玉走进房间，看到贾环哭哭啼啼，就说：你本来是来玩的，既然不开心，不如去别的地方寻开心就是了。

于是，贾环回到了赵姨娘房里。知道了原委的赵姨娘斥责贾环说："谁叫你上高台盘去了！"这里说的"高台盘"就是高级、上等场合的意思。说白了就是，你这个庶出的孩子，不要和嫡出的孩子随便玩。

恰好此时王熙凤路过，在窗外听到赵姨娘这么说，隔着窗户驳斥她，大意是贾环还是小孩子，他做错了什么轮不到姨娘教导，老爷、太太才是真正有权力教导他的人，况且他即使是庶出，也是贾家的主子，而赵姨娘却不是。这番话让赵姨娘一声也不敢吭，可见戳到了她的软肋上。

从这个故事我们可以看出来，赵姨娘的地位真的很低，连教训一下自己的亲生儿子都要被人指手画脚。而且从辈分上讲，王熙凤比赵姨娘小一辈，但因为王熙凤是明媒正娶的正妻，又是贾家的当家人，辈分小也有训斥赵姨娘的"资格"。

那正妻在大家族中一定能生存得好吗？

正妻的地位与丈夫的地位紧密相关，比如同样出身名门，作为正妻的李纨和王熙凤，两人在贾家的地位并不相同。

对于寡妇李纨来说，即使她为贾家生下了第四代长孙贾兰，依然没有当家的权力，因为她的丈夫贾珠早逝，所以这对母子处于非常特殊又"落寞"的地位，他们的出现会提醒王夫人、贾母曾经失去优秀的嫡出长子、长孙，而孤儿寡母绝不可能代替贾珠为贾家光耀门楣。失去了丈夫的妻子只能依靠幼小的儿子长大以后获得功名、地位来为自己“正名”。

再来看王熙凤，她的丈夫贾琏虽然是贾赦庶出的儿子，但因为她是王夫人的侄女，便从王夫人手中得到了管家的权力。从某种程度上看，如果贾珠还在世的话，管家的权力很有可能是属于李纨的。王夫人没有把权力交给自己的儿媳妇，反而交给了自己的侄媳妇，其中的母系血亲关系战胜了父系婚姻关系。可见，即使是同样出身的女性，她们的生存地位既与其丈夫在宗族的地位紧密相关，也与她们本身的宗亲关系有关。这也让我们从另外的角度看待传统社会中的“亲上加亲”，这样的婚姻关系有利于巩固宗族中既得利益者的利益。

从《红楼梦》来看大宗族中女性的生存地位，会发现女性生存的不同境遇：有如贾母般的最高权威者，但这种情况只是满族家庭的特殊情况，不能代表汉族宗族家庭。女性普遍的地位还是体现在妻妾的身份不平等，以及家族中女性地位与其丈夫地位的关系上。在以男性为主体的宗族家庭中，女性作为其附属品的地位是无法改变的。[①]

巴金小说中的大家族：新旧两代人的冲突

巴金“激流三部曲”的第一部《家》，反映了激烈变动的大

---

① 本节参考文献：曹雪芹．红楼梦［M］．北京：人民文学出版社，1996；俞平伯．红楼梦研究［M］．上海：复旦大学出版社，2004；萨孟武．红楼梦与中国旧家庭［M］．长沙：岳麓书社，1988.

时代是怎样冲击传统大家族的。

巴金的小说《家》写于20世纪30年代，讲述了民国初期成都一个姓高的大家族中发生的故事。高家的最高权力者是高老太爷，他有四个儿子，分别是高克文、高克明、高克安、高克定。在高家的第二代中，长子高克文在小说开始的时候得瘟疫死去，克明是一个正派人，但克安、克定是两位典型的纨绔子弟，吃喝嫖赌抽，无所不为。

故事的主角是高老太爷的三个孙子——觉新、觉民、觉慧，他们都是高克文的儿子，是受到五四新思潮不同程度影响的新青年。从这些新青年对旧的家族制度、道德、秩序的反思和反叛中，我们能看到民国时期大家族的衰落。

宗族和大家庭的危机很多时候源于第二代的腐化和堕落。

就像《红楼梦》中贾家先祖打下江山，后代子孙不学无术，无论是求仙学道还是骄奢淫逸，都注定了家族繁荣无法延续。小说《家》中的第一代高老太爷也是苦出身，靠着读书取仕、做官之后才慢慢积累了财富，使家族成为远近闻名的望族。

不幸的是，在第二代中，长子先于高老太爷去世，家族继承的重担只能移交到长孙和其他儿子身上。但其他儿子要么不学无术，只是一味伸手向家里要钱，坐吃山空，要么虽然接受了新式教育，但胆小怯懦，无法成为家族的领导者。于是，大家族发展到第二代已经有难以为继的趋势了。

高老太爷的四个儿子都结了婚，而且有自己的孩子，甚至高家的第四代也诞生了，但大家庭聚族而居，每个家庭的开支都依靠高老太爷的积蓄，四世同堂、看似繁华的大户人家，坐吃山空的命运不可避免。

例如高克定在外金屋藏娇被妻子发现，告到老太爷那里时，老太爷问他："你晓不晓得你吃的、穿的、用的是从哪儿来的？"克定回答："都是爹给的。"老太爷继续问他："那么你懂得坐吃山空的话吗？"可见，老太爷面对荒淫无度的儿子，除了重重责罚，也无能为力了，他已经预见到家庭以后的衰落。

《家》中的第三代显示了对传统家长制的反思和反叛。

觉新、觉民、觉慧三兄弟分别从不同的程度反映出对传统家族制度的反思。

大哥觉新是新时代和旧传统的矛盾结合体。作为长孙，他遵循家长制的作风，为了祖父的媒妁之言，放弃了表妹梅，娶了家里安排的瑞珏。这是他痛苦的根源之一，但他无法反抗，直到他的祖父去世，因为按照传统风俗，怀孕的瑞珏不能在家生产，否则会给死者带来"血光之灾"，于是在祖父葬礼期间，瑞珏不得不搬到城外，最后难产而死。觉新这才彻底觉醒，意识到是旧家庭道德秩序葬送了他一生的幸福。

觉民和觉慧受新思潮影响更深，他们上了新学堂，接受新的价值观，小说中多次提到五四时期风靡一时的杂志，如《新青年》《新潮》等，可见五四时期的价值观，例如个人自由、独立、平等，已经由北京、上海等大城市传播到西南内陆。这些新的价值思想成为他们反对传统宗族的武器，面对祖父安排的婚礼，觉民毅然逃婚，最终与两情相悦的表妹琴走在一起，从而避免了觉新式的悲剧。

到了觉慧这里，虽然他没有经历过恋爱，但目睹兄长的妥协和反叛，目睹丫头鸣凤被逼着给年长自己几十岁的老头做小妾而自杀，目睹家族长辈的荒淫无度和大家庭对人的束缚，终于勇敢地走出没落的大家庭，在新的社会中寻找出路。

值得一提的是高老太爷死前的妥协。

作者巴金实际上是想用高老太爷的屈服和死亡来象征旧中国的宗族和大家庭必然走向灭亡。高老太爷在病重之际，让觉新把觉民找回来，并且承诺不再提之前的婚事，这样的安排似乎是行将就木的旧家庭制度的妥协，而高老太爷的死，直接让聚族而居的大家庭四分五裂为小家庭，没有了最高权威者对子孙的“庇佑”，也不再有家庭对个人的束缚和限制。

实际上，在五四运动时期，随着新式学堂在各地出现，新思想渐渐传播。像高家这样的故事不在少数，觉新、觉民、觉慧三兄弟的不同遭际，面对旧式家庭的不同选择，非常有代表性地反映出传统社会中“父慈子孝”“三纲五常”的价值体系逐渐失灵了,“个人自由”至上的新思想让强调家族荣誉的传统陷入了危机。

最后，我们从巴金的亲身经历来还原旧家庭面对新思潮时的真实情况。

巴金曾说过，他的家人是小说中部分人物的原型，当然，小说不是历史，巴金对人物进行了再创造。为了突出新旧价值的矛盾，巴金把小说中的高老太爷描绘成一个非常传统、保守、顽固、专制的人物。但事实上高老太爷的原型，巴金的祖父是一个非常开明的人。

巴金的祖父在清末时期就将巴金的叔叔送到日本留学，因此我们可以看出巴金的祖父是比较开明的，对知识也持有开放的态度，所以我们才在《家》中看到了高克明这个人物形象，他也留学日本，是当地的大律师，相信这也是巴金借鉴了其叔父的人物原型。

小说中描写老三高觉慧最终在高老太爷死后逃离了家庭，以此展现新旧两代人的决裂。可是事实上，巴金家族没有这种决裂。巴金和他三哥确实曾经离开老家去上海读书，但这是得到了家里的支持的。甚至后来巴金违背家里的意愿，不去学一些能挣到钱的实用学科而学了文科，家里也还是给他钱。

虽然小说中惨烈的故事没有发生在巴金家族，但作者也承认“这部小说埋葬了若干令人伤心断肠的痛史”。他看到过自己的堂妹缠足时悲惨痛哭的模样，看到过女性被逼着嫁给大户人家做姨太太的情形，记得小时候姐姐给他读的《列女传》中女人们对那些陈腐观念的可笑臣服。这些人物的思想和命运最终凝结成他小说中的情节，让我们看到传统家庭的专制。

历史上的真实情况和小说戏剧冲突化的描写终归是有所不同的。不过，《家》这部小说里面描写的那种新旧交替时代的矛盾冲突，却反映了新旧两代人之间的冲突，是“五四”之后一大批从家庭出走的新青年的真实写照。①

---

① 本节参考文献：巴金．巴金全集：第 1 卷［M］．北京：人民文学出版社，1986；刘志荣．文学的《家》与历史的“家”［J］．复旦学报（社会科学版）．2009（6）：35–47.

白鹿原上的恩断情仇：风雨飘摇中的宗族与国运的起伏兴衰

《白鹿原》这部记述了从清末民初一直延续到抗日、内战时期故事的小说，以白鹿原上的白、鹿两姓大家族两代人的故事为线索，为我们展现了西北关中地区村落宗族与国家命运相互纠缠的关系。

西北关中地区的白鹿村里有两个大家族，一为白家，一为鹿家。历史上白、鹿两家曾经是属于同一宗族的两个分支，所以共享一个祠堂。白家和鹿家既是相互依存的亲族关系，又是相互竞争的同乡关系。

白家主事者是白嘉轩，他把朱子家训当作持家做人的根本，腰杆挺得笔直是他为人正直、正义的特征外化。鹿家的主事者是鹿子霖，他奉行自私贪婪、只为己不为人的行事准则。两人不同的性格特征使他们在国家与宗族存亡之际，做出不同的选择，也有各自不同的结局。

故事从清末剪辫子开始，新军起义、交农事件、自然灾害、抗日战争、保甲制度，一直到解放战争，这些与国家命运紧密相关的大事，也与白嘉轩结婚、生子、发家的一生相互纠葛。

在国家的动荡之中，西北乡村的大家族也风雨飘摇，从祠堂建立、议事、成立族学，到经历祠堂被毁坏，乡约不再对村民有道德约束力，传统宗族的命运与国家命运也不可避免地联系在一起。

我们在前面讲族规的时候提到过《白鹿原》中的乡约，乡约这类民间自发制定、执行的行为规范，是维护宗族内部基本秩序的重要工具。而类似《白鹿原》小说里面描述的乡约这样的族规、家训，正是通过在宗族内部反复讲授，让一代又一代的村民接受的。违背类似族规、家训的人，要在祠堂里面受到惩罚。祠堂的地位在宗族中至高无上，很少有人能撼动祠堂和族长的威权。

“乡约”除了是一种族规，也是一种官职的名字。

清朝灭亡、民国成立以后，县令改为了县长。同时，县政府开始改变清朝的旧办法，在乡村设立正式的政府机构“仓”，仓下面又有政府机构“保障所”。保障所的主官就是由县政府指派的“乡约”。

注意，这里我们说的“乡约”是官名。鹿子霖当上了“乡约”。他趾高气扬，自以为可以压过白嘉轩一头。因为鹿子霖作为乡约依靠的是县政府的任命，管着十个村庄的税务工作。他觉得自己的权力已经超过族长白嘉轩了。这其实可以反映出民国时期国家力量对乡村宗族社会的渗透。

鹿子霖的背后是国家的力量，而国家权力又通过类似鹿子霖这样的基层官僚渗透到了乡村。于是，在乡村社会，宗族和国家权力就发生了冲突。宗族是用类似乡约这样的民规来维持传统秩序的，而政府依赖的则是官定的“法规”。

更重要的是，国家权力渗透到农村，意味着马上要清查土地、户口，征税。可以想象这样征收的税额会比清朝时还高。鹿子霖这类由官方指派的官员，他们不会顾及乡亲的利益，为了完成长官的任务，要求族长们“牙口得放硬点”。这样宗族和政府就发生了利益冲突。那么，宗族面对这种情况，就完全无力反击吗？并非如此。

在族长白嘉轩的领导下，白鹿村村民展开了轰轰烈烈的抗争。

这个抗争，就是前面提到的交农事件。白嘉轩让教书先生写了几封鸡毛信，送到各村的族长手里，发动各村族长把村里的男人组织起来，等到收税的日子一起冲进县城。

果然，到了交税的日子，包括白鹿村在内各村的老少爷们都冲到了县城，但此时县城的四个大门都关上了。于是，村民们用一根大木头撞开了城门。这时候，城墙上响起了锣声，一个人敲着锣说“县长向大家见礼”。说着，县长出现在城墙上，跪下来给大伙磕头、作揖。打锣的人宣布，取消收税。

这次抗争以村民的胜利而告终。可以看到，在这次抗争运动中，宗族起到了至关重要的组织作用。事实上，在民国时期类似这样的官民冲突中，宗族有时候确实能起到组织村民、抵抗官府的作用。

国家权力向基层社会的渗透不是一帆风顺的，在宗族势力的抵抗下，有时候会遇到阻碍。话说回来，整体而言，民国时期宗族的势力还是在逐渐衰退的，而国家对基层社会的控制力则逐渐增强。

祠堂遭遇的毁坏也成为国家命运的缩影。

在小说中，祠堂第一次遭遇大规模的破坏就是在交农事件之后，农民作为一种新的政治力量进入人们的视野。小说中，黑娃在交农事件胜利后意识到反抗的力量，他在共产党员鹿兆鹏的介绍下，参加了农民协会。

在获得关于“一切权力归农协”的思想启蒙之后，作为反叛者的黑娃，在白鹿原首先做的就是打破祠堂所代表的宗族权力。他打碎了写着“仁义白鹿村”的石碑，推翻了写着乡约的墙壁，在祠堂又打又砸，试图用新的集体组织农协所代表的权力去代替旧的宗族权力，甚至在祠堂前的戏楼上公开刀铡地主。

虽然农协不久之后便失败了，黑娃不得不逃命，但祠堂的毁坏与农协的建立可以看成新旧两种权力的交锋，显示了中国新的政治力量的出现。

为了强化宗族命运与国家命运的紧密联系，在电视剧《白鹿原》中，祠堂遭受的另一次毁坏就是被日军敌机轰炸，炸弹虽然落在祠堂里，但非常意外地没有炸开，白嘉轩向族人宣布这是因为祖先的保佑。

即使如此，也无法避免国民党军官鹿兆海的身亡，作为抗战英雄的他，葬礼破格在祠堂中举办。族长白嘉轩不但动用族产筹备葬礼，而且动员族中青年为葬礼出力。儒家思想中强调的忠勇大义精神与为国捐躯结合在一起，成为宗族与国家紧密联系的一次展现。

虽然小说中的时间线到中华人民共和国成立为止，并没有点明白鹿原祠堂最后的命运，但代表新的政治力量的集体毫无疑问将取代传统的旧宗族秩序。①

---

① 本节参考文献：陈忠实．白鹿原［M］．北京：人民文学出版社，2012；许子东．当代小说中的现代史［J］．上海文学，1994（10）：73–80；袁红涛．宗族村落与民族国家：重读《白鹿原》［J］．文学评论，2009（6）：85–89.

本章小结

本章把讨论的焦点放在中国传统的家庭和家族、家庭关系以及文学经典中关于家庭和家族的描述上。我们看到了宗法和家族主宰人民生活的制度，对中国政治、社会、经济和文化都产生了非常大的影响，这些影响主要表现在宗法与国家机器的结合、宗族严格和全面的管理、家庭关系的等级制度等方面。

第一，宗法不仅是家族制度，也是政治制度。

宗法制度在一开始就是周天子自己家族里的一套“家法”，当中我们最熟悉的是宗法制度的核心——嫡长继承制，即正妻所生的长子为法定的王位继承人。血缘是宗法制度维持的基础，血缘的亲疏远近会影响个人在宗族中的地位。在国家层面上，宗法制度是用父系血缘关系的亲疏来维系政治等级、巩固国家统治的制度。

一个家庭以父亲为首，他是一家之主，这是父权；一个宗族以男性族长为首，他负责管理宗族中的一切事务，这是族权；一个国家以皇帝为首，这便是皇权。村落是由宗族结合地缘关系结成的社会生活共同体，是在家族的发展中自然形成的，为了协调村民关系、维护村落利益，形成了一套管理体制，由此产生了族权。

乡绅作为一个具有领导地位和特殊声望的社会上层集团，推进和管理着众多地方和宗族的公共事务。他们的功能广泛，其中包括监督公共事务的财务、兴建和运作，组织和指挥地方团练，建立和管理地方和宗族的利益。乡绅通常拥有较一般平民更大的权力，这与他们的地位和威望有关，也使他们累积了众多的财富。

第二，族产和族规在地方稳定中起着重要作用。

族规是凝聚一个宗族不可缺少的力量。为了宗族内部的稳定与和谐，一般的宗族都会定期召开会议，根据族规来决定大小事务。宗族财产有一种常见的形式，就是号召族人共同筹集宗族基金。这些基金一般用于宗族的日常祭祀、维护，还用于举办各种各样的宗族活动，以彰显自己宗族的地位和力量。

宗族一般都有族田，族人轮流耕种，而负责耕种的人家要负责提供祭祖的费用。除此之外，家族还有共同的墓地。宗族通过族产获得收益的方式有很多，可以让暂时不用的银子生利息，可以出租族田，可以招股捐募基金，还可以集资购买田产，进行投资。

族学是与祠堂、族产、族谱等同样重要的一种宗族实体，是宗族建设的必要内容。宗族创办族学的主要方式就是开办私塾，并且用族规规定相应的奖学、助学制度。而族学创办的目的，就是培养宗族子弟通过获取知识，参与科举考试，以此光耀门楣，最终提高宗族的社会地位。

第三，家庭关系是中国社会最基本的关系。

以父子关系为主轴的家庭关系，首先体现在父亲对儿子的绝对“掌控权”上，儿子必须要孝顺侍奉父母，父母亡故以后，服丧是儿子应尽的义务。父子关系也强调了儿子对家庭的重要性。父子关系不是一成不变的，“父权”式微的现象在近现代以来越来越明显了。以父子关系为主轴的家庭关系，逐步让位于以夫妻关系为主轴的家庭关系。

传统中国家庭中的夫妻关系是不对等的，“男不言内，女不言外”是夫妻关系中非常明显的特征。这里的“男、女、内、外”有相互补充、共处之意。当然，在中国传统社会，夫妻关系还有特殊的表现形式，例如近亲联姻以及上门女婿，这类模式也会改变常规的夫妻关系。

兄弟关系是一种动态的关系，充满着不确定性。兄弟在结婚之前，大部分时间的相处还是融洽的。兄弟关系的转折很有可能会发生在他们各自结婚之后，当一个原生家庭分裂成多个新的小家庭之后，矛盾也会随之而来。如果父母不能充当公平的仲裁者或者调解者，家庭很可能会破裂。兄弟关系实则也是竞争关系，这种竞争更多地体现在家产的分配和争夺上，兄弟分家对原生家庭带来的影响是巨大的。

第四，文学作品中的家族其实就是历史的反映。

中国的大家族普遍以聚族而居的方式存在。比如《红楼梦》里的贾家就是如此，贾府人口众多、四代同堂，许许多多小家庭聚在一起居住，组成一个大家族。从《红楼梦》中我们可以看到，在旗人家庭中，女性地位相对较高。满人入关以后，虽然很多生活方式都有所改变，但是女性在家庭内部地位比较高的传统依然存在。在中国的宗族里，妾的地位很低，远远低于正妻。

巴金的《家》揭示了在“五四”时期中国城市家庭中的代际冲突。年轻的一代人受到“五四”新思潮的影响，对旧的家族制度、道德、秩序开始进行反思和反叛，大家族逐步走向衰落，犹如那个旧的社会一样。小说最后高老太爷死前的妥协象征旧中国大家庭必然走向没落的命运，而一大批新青年竭力挣脱旧家庭束缚的举动则反映了一个新时代的开始。

在农村，家族也同时发生着剧烈的变动。《白鹿原》里面描述的“乡约”这样的族规、家训，正是通过在宗族内部反复讲授，从而让一代又一代村民接受的。宗族自治的秩序，在民国时期很快就受到了来自国家的挑战。民国时期，政府通过基层官僚将国家权力渗透到了乡村。在乡村社会，宗族和国家权力就发生了冲突。国家权力向基层社会的渗透并非一帆风顺，而是遭到了宗族势力的顽强抵抗。

玖

第九章

“法制”国家，但不是“法治”国家

本章主要问题

1 传统社会法律的儒家化体现在以礼入法和法律中的忠孝规范上，这些特征对社会发展有哪些利弊?

2 帝制中国的法制体系中，官员在自己的辖区内集行政权、司法权和监督权于一体，这种制度是否能保障法律的公正实施?

3 清代采取的从县、州府到省、中央刑部这样逐级上报的司法体制，有何利弊?清代统治者更加重视刑律而忽视户律，这样的倾向性会导致什么后果?

4 对巫术的禁忌也体现在清代法律中，为什么清代统治者会对超自然力量的巫术心存畏惧?

5 从清代法律对犯罪嫌疑人、衙役、州官、县官的不同惩罚中，可以看出法律的什么特点?清代法律中对犯罪嫌疑人、衙役和地方州官、县官的惩罚条例，有哪些至今还在沿用?

6 传统中国社会，在法律规定的刑具之外，还有许多非法刑具的使用，为什么会出现这种情况?

7 《儒林外史》描写了几次涉及违法的文人行为，在人情与法律之间，人们经常选择前者，为什么会出现这样的现象?《儒林外史》虽然是一部小说，但我们在了解与法律历史相关的问题时，依然可以借助小说这一文学样式来完成，那么我们应如何看待文学与历史的关系？

8 除了亲属网络和社会网络，大乡绅还能依靠什么势力来维护自己不受法律制裁的特权地位？既然民间普遍通行表亲联姻，为何《大明律》和《大清律例》还要禁止表亲联姻？“七出”的规定，反映了中国古代法律的什么特点？

9 在中国古代的文学作品中，除了清官，还有谁能够帮助老百姓“主持公道”？中国古代的“清官文化”体现出了古代社会的哪些特质？

10 除了执行“严刑峻法”，“威刑主义”在中国古代还有哪些表现形式？中国古代事实上对死刑的复核比较严格，但戏剧里面特别喜欢表现拿出尚方宝剑直接将犯人“就地正法”，为什么会这样？

法律从何而起?

从儒法之争到法律的儒家化：法律的制定从何出发?

我们会陆续涉及法律的起源、发展、制定、实施，先从法律的起源和制定来看法律是如何产生的，以及它遵从怎样的标准成为规范人们行为的准则。

法律是最高统治者强制制定的、人们必须服从的准则。与法律对应的重要概念是“刑”，也就是针对身体的各种惩罚。相对来说，“刑”的概念比“法”更普遍，中华民国成立之前，与法律制定和实行相关的政府部门一直被称为“刑部”，所以普通人的法律意识认为“法”就是“刑”。

这样的认知观念与法律起源的学说有关。其中一种学说认为“法律既是对人类道德的背叛，也是对宇宙秩序的破坏”，所以人们对法律保持着怀疑，甚至敌对的态度。与其他文明古国将法律视为神圣不同，传统中国社会将法律视为破坏和惩罚。

传统中国法律的发展大致分为两个阶段。

首先是从公元前6世纪开始，这是中国最早的法典产生时期，经历春秋战国、百家争鸣，到汉代确立儒家思想为正统。

这一时期对法律最重要的事件便是“儒法之争”，也就是儒家和法家对法律不同看法的争论。儒家和法家都认为法律以维持社会秩序为目的，其分歧在于如何达成稳定的社会秩序和理想社会。

儒家思想认为人有贵贱之分，不同阶层的人应该各司其职，亲疏、尊卑、长幼是社会秩序的基础，这样的等级秩序需要礼作为维持社会差异的工具。礼仪的功用就在于借助不同的礼仪，来显示尊卑贵贱的分别，所以孔子说："安上治民莫善于礼。"

法家则认为社会秩序之维持在于法，有功必赏，有过必罚，这样的客观标准不能因人而异，其所提倡的"骨肉可刑，亲戚可灭"与儒家提倡的"以亲亲为人之本"不相容。

其次，儒家强调道德感化的力量，认为其可以是维持社会秩序的工具。如果人们的恶行都能以道德感化，那社会就不再需要法律。所以儒家推崇德治，不主张法律制裁。

法家的立场与儒家完全相反，反对人制，强调法制。它不相信依靠一二人的力量可以转化社会风气，道德不属于法律的范畴。因此法家主张重刑，只有重刑才能让人畏惧，不敢以身试法。

法家和儒家关于法律的争论主要体现在以上两点，儒法之争也为我们提供了看待法律的不同视角，到汉代"罢黜百家，独尊儒术"，法律逐渐开始儒家化。

从汉代到明清时期，儒家化是中国法律的基本特征。

我们可以从礼与法、孝与法的关系来看中国法律的儒家化。以礼入法是儒家思想中关于"礼"的观念的实践，这也是传统社会中经常把"礼法"并置成词的原因。

与礼所倡导的贵贱、尊卑有序相适应，法律规定的刑罚根据罪犯与受害人之间社会身份的不同而不同。前面我们在讲士绅阶层的特权时举过一例，即仆人打士绅要被笞打六十，而士绅打仆人则不受罚，这即儒家倡导的“礼的原则”。

除了因身份不同而刑罚不同，更高等级的人也拥有更多法律特权。比如，“八议”制度就是适用于某些人的特别审判程序。“八议”的对象主要是皇家子弟、前朝帝王的后裔、功勋卓著的官员，以及高级官员及其亲属。

根据八议制度，没有皇帝的特别批准，其适用的成员可以不受逮捕、审讯、刑讯等，即使这些人被证实犯罪，也可由皇帝做主从轻处罚，比如从死刑、流刑、徒刑等重大刑罚降为罚金、降级、革职等。

由于儒家关于礼的思想也涉及家庭中的父子、尊卑、长幼等秩序，所以法律对此也有相应规定。根据尊长优于卑幼的原则，《大清律例》规定父母殴打儿子不负法律责任，而儿子殴打父母，无论是否造成伤亡，均要判处斩刑。

根据男尊女卑原则，妻子殴打丈夫要杖责一百，丈夫殴打妻子却不受罚；只有在丈夫殴打妻子致残，并且妻子上诉至官府的情况下，丈夫才会受罚，但也只杖责八十。这些都是以礼入法的体现。

除了以礼入法，法律的儒家化还体现在法律中的忠孝规范上。

“孝”是儒家家庭价值观的核心概念，早在《唐律》中，“孝”

就已经占有重要地位。例如我们非常熟悉的“丁忧”制度其实就是法律明文规定的,《唐律》就规定官吏在父母去世时需辞官为父母服丧27个月。

唐代律法中甚至还有离奇的一条，适用于所有人，即任何人不得在为父母服丧期内生育孩子，否则要处以一年徒刑。可见要为父母尽孝，需得放弃人的诸多欲望。

除此之外，法律中还有一个重要制度体现了“孝”的原则，即“犯罪存留养亲”制度。也就是说，对于被处以死刑或长期徒刑的罪犯，如果其父母年老或有病，而罪犯又是其唯一的儿子，那么法律允许对该罪犯减刑，让他可以留在家中侍奉父母。

到了乾隆时期，这一制度变得更为宽泛，只要罪犯是家庭中唯一的男性继承人，即使父母双亡，他也可以留在家中，供奉父母灵位，延续祖宗香火。法律上对“孝养”的宽容在今天看来是非常不可思议的，它之所以能在传统社会长期存在，主要是因为儒家思想在法律制定方面起主导作用。

中国古代强调“天人合一”的哲学观，道家哲学认为自然是由阴阳、五行相互作用而成的，人类社会与自然世界也是相互关联的，任何一方的失衡紊乱都会导致另一方的不安定。

因此，在社会中突发重大的自然灾害时，例如洪水、地震等，统治者会用特赦的方式来减少由此带来的秩序失衡。此外，哲学观念还体现在行刑时间的安排上。法律案件的审理、处罚、停审都按照“月令”来执行。

“秋冬行刑”成为历朝以来的惯例，夏至和冬至禁止执行刑罚。这是因为夏至和冬至是十分重要的日子，代表着阴阳的相互转化，为了不干扰宇宙秩序，夏至与冬至前后数天内，政府的活动应暂时停止，刑罚活动自然也包括在内。[①]

官员集行政权、司法权和监督权于一体：法律的编纂与施行

公元653年编纂的《唐律》是现存最早的法典。唐朝以后，虽然不同朝代有不同名称的律法，但基本都是仿照《唐律》的条文以及体例结构。

直到1397年，明代法典《大明律》编成，才在体例结构上打破了从《唐律》沿袭而来的惯例。这个变化很重要，因为明清六百年间，都是以《大明律》为蓝本来进行国家法制治理的。

《唐律》按照不同的职属和职责，总共分为十二章。第一章"名例"是十二章之首，相当于现代的刑法总则，规定了刑法制度和基本原则。其余十一章则按照以皇权为中心的社会关系性质进行有序组构。

例如第二章"卫禁"和第三章"职制"都是以保护皇权的国家守卫和国家官员为主要约束对象；再往下的"户婚""厩库""擅兴"，则是保证国家赋税、徭役、士兵来源，以及官有财产不受侵犯；接下去的"贼盗""斗讼""诈伪""杂律"都是对危害社

① 本节参考文献：瞿同祖．中国法律与中国社会［M］．北京：中华书局，1996；D. 布迪，C. 莫里斯．中华帝国的法律［M］．南京：江苏人民出版社，2010.

会秩序行为的惩罚；最后的“捕亡”和“断狱”属于诉讼法律，是保护实体法施行的程序法。

《唐律》中的十二章也可称为十二目，《大明律》将十二目细化，增加到三十目，又进一步将三十目分到七门之中。这七门包括“名例”以及以中央六部名称命名的六门，即吏、户、礼、兵、刑、工。

《大明律》之所以做这样的结构调整，是因为中央政府六部在职能上涉及人们的各种活动，因此以六部的名称作为法律的名称，能够包容法律的各种条文规定。

需要注意的是，传统中国社会的法律非常重视刑法，《大明律》中的大部分条文都归于“刑律”名下，而“户律”名下的法律条文则非常少。

传统中国社会没有私人的法律执业者，司法权力高度集中在统治阶级手中。所有的法律案件都是由基层行政机构——州、县、府来处理。不过，法律事务只是县令、知州或知府工作内容的一部分。他们并不具备专业的法律知识，也没有接受过审判训练，因此需要雇用师爷等通晓法律的人来协助他们。按照法律规定，除了个别轻微案件，大部分案件都应该由基层行政机构逐级上报。

府的上一级为省，设立巡抚或总督为行政长官。除此之外，省级还设立了专门的司法机构按察使司，按察使的地位比总督或巡抚的地位低，其对案件的处理意见须获得总督或巡抚的批准。它是专门分管司法的机构，定期直接向中央的刑部汇报。当然对于重大案件，总督或巡抚在获悉后也应立即向刑部汇报。

中央的刑部是最高一级的司法机构，主要负责案件的审理并判决。此外，中央的司法机构还有大理寺和都察院，大理寺负责复查死刑的案件，都察院相当于法纪监督机关。它们并称为“三法司”，其中刑部的权重最大。需要注意的是，司法机构对死刑案件非常重视，已经判了死刑的案件还需要由刑部上交大理寺，再由大理寺上呈皇帝，皇帝批准，死刑才能生效。

地方发生的重大案件是如何处理的呢？

为了更好地理解司法审理流程，我们以孔飞力研究的“叫魂案”为例，来看看地方发生的重大案件如何经历整个司法体系。

1768 年，也就是乾隆三十三年，在中国山东、浙江、安徽等地，陆续谣传发生了剪人发辫的妖术行为，许多被怀疑实施妖术的和尚、道士、乞丐，甚至石匠等人，被民众扭送至县衙，并被冠以实施妖术企图害人性命的罪名。

不同于一般的刑事或民事案件，统治阶级将“妖术”看作对其统治正统性的威胁，对该行为的刑罚也相当严重。所以知县在接到奏报之后，只能上报知府，同样，知府也觉得案情重大，上报省府按察使，并由按察使上报刑部。

需要注意的是，案件的证人、被告等也要由案发地押解到省府、京城进行审理。虽然大部分省市离京城较远，解送当事人进京的情况并不多见，但“叫魂案”非常重大，乾隆皇帝非常关注，不同地区的许多人犯还是被押解到京城进一步审理。

经过京城中大臣们的联合审理，被押入京的人犯供词堆积如山，而且大多与原来的供词互相矛盾，屈打成招的情况确实存在。

最后在经过三个月审理后，活着的犯人都被无罪释放了。最高级的判决从皇帝下发到刑部，再一级级往下发回直到县令。

这里想要强调的是，案件的发生地，即第一级别的基层行政机构也是刑罚的最终执行地。“叫魂案”中的人犯被无罪释放，如果换成其他有罪的刑罚，这些人犯最终要被押解回县级行政机构接受处罚。

传统社会的司法体系存在许多特点，下面进行一些总结。

孔飞力在分析“叫魂案”时称，清朝帝制下，政府机构的官员在自己的辖区内是集行政权、司法权和监督权于一体的，这是古代中国司法制度的核心。乾隆皇帝在意识到“叫魂案”给社会统治带来动荡不安的后果后，便对各级行政官员施压，而儒学出身的行政大员不具备专业的法律知识来应对来自上级的政治压力，所以只能用刑讯逼供的方式获得自己想要的结果，并以此来取悦皇帝、完成政绩。

这样做导致一个无中生有的妖术案件谣传至大半个中国，百姓惴惴不安，皇帝怀疑自己的统治权受到威胁，而经历所有司法程序的当事人最终被释放，更显得传统中国社会司法制度的荒谬离奇。

另外，中国诉讼史中的一大特色是，法官断狱无论是故意失察，还是无意失察造成错判，都要负相应的责任。设立追究法官责任的制度是为了保障法律得到公正的实施，防止官员滥用职权危害民众的利益。

这一特点自秦以来就存在，秦朝让判决不公的官员去修筑长城。到唐代，与此相关的惩罚更详细。明清沿袭唐律，根据官员所犯过失之大小，可以对其处以斩刑、绞刑、徒刑、杖责等不同等级的惩罚。[①]

刑事是"重事"，民事是"细事"？清代律法中的刑事与民事诉讼

帝制中国的法律更注重刑法，而与民事相关的民法相对来说比较少。这是因为刑事案件，如人命、强盗、窃盗、犯奸等，极大危害了社会统治秩序；而民事诉讼主要与土地、债务、婚姻和继承相关，涉及的是个体的财产，从国家的角度来看，它们都是细事，所以中央政府不关心，主要由州县官来"自理"。

正是因为国家意识形态认为民事诉讼不重要，所以地方县官在处理民事诉讼案件时，总是像父母处理孩子之间的争执那样，以调解为主，用道德教化子民，让他们明白道理，而不是都依法判案。这也非常符合地方官员"父母官"的名称特征。

虽然民事诉讼案件不在国家重点关注范围之内，但不可忽视的是，在清代的州县，民事诉讼案件占据了县衙处理案件总数

① 本节参考文献：张梓太．论《唐律》篇章体例结构的完备性［J］．学海．1993（2）：59–61；陈顾远．中国法制史概要［M］．北京：商务印书馆，2011；D. 布迪，C. 莫里斯．中华帝国的法律［M］．南京：江苏人民出版社，2010；孔飞力．叫魂——1768 年中国妖术大恐慌［M］．北京：生活·读书·新知三联书店，2016.

的三分之一。也就是说，尽管官方认为其不甚重要，它却与人们的日常生活息息相关。对于老百姓来说，与私有财产，例如土地、婚姻、继承相关的事务虽然琐细，但因为事关切身利益，所以都是大事。

同样，对于州县基层地方官员来说，一州一县之中，重案是很少的，一年可能也没有几起，而民事诉讼的琐细案件则非常多，需要花费大量的时间和精力。

其次，因为民事诉讼案件中，国家和政府强调“情、理、法”三个因素，也就是在动用法律之前，尽可能用情理的方式处理案件，所以基层官员的正式诉讼审理与民间的非正式调解两种处理方式并存。民间的非正式调解一般是由有威望的人或者宗亲中辈分高的老者来担任第三方调解人。

在正式开堂之前，知县会收到状词，并在状词上留下批语，这个批语代表着知县对此案的态度。对民众来说，上诉乃是不得不为之的行为，所以他们在事先了解了知县的态度后，也会采用民间调解的方式来解决争端。

因此，如果在知县审理的过程中，民间调解成功了，那案件就会在官方那里停止。所以，两者是相互影响的。

清代的民事诉讼包括田地买卖、债务问题、婚姻案件、子嗣继承家产等。

其中，关于土地纠纷的案件非常多。根据清代的户律，“盗卖田宅”涉及土地的所有权问题，“威力制缚人”涉及租佃关系，“典卖田宅”涉及土地所有权的转移。

例如，子孙卖祖遗祀产及义田属于“盗卖田宅”范围，祀产和义田属于集体所有，个人出售便属于盗卖。在巴县的一个案件中，田氏兄弟控告其堂兄砍伐祖坟上的杉树，县令判定其属于“盗卖田宅”，勒令其堂兄归还木料。

“典卖田宅”案件中，最重要的是要在买卖契约中写明“绝卖，不准赎回”。如果文契中并未写明，则三十年后原来的卖家可以赎回其田宅。

除了土地纠纷，婚姻案件也是民事诉讼的重点，婚姻契约、买卖妇女成婚、通奸等都包含在内。在婚姻契约相关部分，法律禁止弄虚作假、违背婚约，还规定了男女双方在什么情况下可以提出离婚，以及妻子的一些违背婚约的行为该受何惩罚。

例如，法律禁止各种通奸行为，如果已婚女子通奸，则从重处罚，从杖责八十加到九十。因为从清代政府的角度看，已婚妇女通奸乃是双重犯罪：既触犯了有关性关系的法律，也违背了婚约。

与户律相比，刑律包含的范围更大一些，谋反、杀人、斗殴、盗窃、欺诈、贩卖亲属等都在此列。

统治者对危害国家秩序的行为非常敏感，相关的法律规定也相当多。加入秘密宗教组织从事反政府行为被划归为“谋反”，犯谋逆大罪的主犯要被处以凌迟极刑，其父、兄、弟、子，甚至兄弟之子，16 岁以上的，都要处以斩刑；而其母、未出嫁的姐妹、妻妾、女儿，甚至儿子的妻妾、女儿都要没官，成为有功之臣家里的女婢。其刑法可谓相当严峻。

刑律中还有一类涉及家庭的刑事案件。

例如谋杀祖父母、父母，丈夫将有罪妻妾殴打致死，或者殴杀儿子等涉及人伦之案件，刑律对不同身份的罪犯有不同的规定。

清代法律对家庭中的长辈往往很宽容。对于杀死儿子的父亲，采取宽大处理原则。如果父亲无正当理由杀死儿子，对他的处罚只有杖责六十；而子孙如果谋杀父母、祖父母则属于十大恶罪之一，会判凌迟处死。

同样在夫妻之间，如果“夫殴死有罪妻妾”，大清律法对丈夫的处罚是“杖一百”。这里的“有罪”大多数情况是妻妾顶撞、辱骂丈夫的父母，丈夫一怒之下杀了妻妾。而妻子如果殴杀丈夫，则要被处以斩刑。

还有一点需要注意，对丈夫殴杀妻或妾的处罚也是不同的：殴杀妻子，丈夫判绞监候；而殴杀妾，丈夫仅判徒刑三年。这些足以反映出帝制中国的法律强调长幼、尊卑的等级秩序。

刑律中还有比较特殊的一类，即涉及妖术、巫术的案件。

在十大恶罪中，有一项“采生折割人”，就是出于某种妖术的目的，摘取活人的耳目脏腑或者分割人的肢体。犯此重罪的人，将被处以凌迟极刑，以示严惩。

在一个案例中，有一老者吸食女婴精髓，前后共十六人，导致十一个女孩毙命。虽然在本案中，老者并未采生折割人，但吸食精髓导致死亡这种涉及妖术的行为还是让官府比照“采生折割”之罪名对其进行了惩处。

涉及刑律的超自然妖术或巫术行为，是统治者非常重视和关注的，虽然该案中的案犯并未真的“采生折割”，但因其巫术导致的死亡是让统治者更畏惧的。就像前面提到的剪人发辫的“叫魂”巫术一样，相较于巫术对个体造成的危害，统治者更关注的是巫术所引发的对社会秩序的威胁。[①]

体罚和酷刑

罪犯、衙役、州县官：违法就要受罚

从地方政府的法律执行，可以看出地方政府对与法律相关行为的惩罚、地方监狱以及私刑的使用。

我们说的惩罚，不仅包括对违法犯罪者的惩罚，还包括法律规定中对没有尽到职责和义务的地方官员和衙役的惩罚。

前面我们提到过，传统中国社会最基层的执法机构是州县衙门，法律赋予州县官基本的法律权力，他们是集检察官、法官、警察和验尸官职责和权力于一身的。这种权力首先体现在对越级告状的“惩罚”上。法律规定那些越过州县而直接诉讼到上一级衙门的行为是违法的，对于违法者，可以处以杖五十的惩罚。

地方州县衙门在审理案件时，刑讯是常用的方式。法律许可

① 本节参考文献：D. 布迪，C. 莫里斯 . 中华帝国的法律［M］. 南京：江苏人民出版社，2010；瞿同祖 . 中国法律与中国社会［M］. 北京：中华书局，1996；黄宗智 . 清代的法律、社会与文化：民法的表达与实践［M］. 上海：上海书店出版社，2001.

的刑讯手段包括鞭笞、掌嘴、压踝等。法律还规定所有刑讯器具必须符合法定规格和形状，必须受上级衙门的检验并加烙印，禁止官员制作法律规定之外的刑具。

前文提到的“叫魂案”中有一个叫明远的和尚，他在化缘时因当地村民控告而被扭送到官府。州县官为了得到明远和尚的证词，便对他进行了刑讯审问，先是让他跪锁链三日，其间用夹棍夹了一次手指，随后连续审问他两天两夜，在此期间不允许他打盹，只要他稍微闭上眼睛就立刻呵斥他醒来。州县官看明远和尚已经经受不住刑罚，就暂停了审问，两天以后犯人就死了，可见当时的审讯手段还是比较严酷的。

我们再从更微观的视野看看这些审讯惩罚对嫌犯的身体伤害。上面提到的压踝骨用的是一种踝骨夹棍，这种木质刑具由三条直棍子组成，外面的两条是当作杠杆来用的，当外力通过杠杆原理对内部施压，受刑者的踝骨会受到挤压，甚至被完全压碎。可见在法律规定的刑罚之外，嫌疑人和罪犯都会受到额外的惩罚。

法律规定对未能及时尽责，甚至渎职的衙役也有严厉的惩罚。

虽然掌握司法权的是地方政府，但往往州县官手下的衙役、仵作等人员才是具体的执行者。法律也规定了对他们违反职责行为的惩罚。

仵作是职业验尸员，为了尽量避免他们拿出不全面或者虚假的验尸报告，法律规定如果验尸报告中的死因有错，仵作将会被杖八十。

在后期抓捕嫌犯的过程中，办案衙役也要承担相应责任。在盗窃案中，未能在期限内逮捕嫌犯归案的衙役将会被问责，而且延迟时间越长，惩罚越严重。一个月内未能捕获盗贼，捕快将被鞭笞十；两个月，鞭笞二十；三个月，鞭笞三十。这种惩罚方式在当时十分盛行。

为了能督促衙役办案以及对懈怠的行为进行相应惩罚，还出现了许多滑稽可笑的法律规定。比如，办案衙役在规定期限内没有抓到嫌犯，法律规定州县官可以把衙役的家属拘禁起来。

需要注意的是，衙役不属于“国家公职人员”，他们的地位通常很卑微，收入也很微薄，所以在执法过程中经常会出现“索贿”的情况。

上面提到的“叫魂案”中，萧山县衙的蔡捕役因向和尚索贿不成，栽赃他们是剪人发辫会妖术的“妖僧”，从而把他们抓进了监牢。后来东窗事发，蔡捕役被审讯招供，称是自己作弊。最后，他被打了一顿，并戴枷示众，还被官府以渎职罪开除。

地方官要谨遵法律规定以避免受到惩罚。

地方案件中包含了民事案件和刑事案件，中央政府相对来说更重视刑事案件，所以对刑事案件中州县官员的违法行为会有非常严厉的惩罚规定。

首先是对延迟尽责的惩罚。对于地方杀人案件，法律规定，州县官必须在受害者被害现场或发现尸体之初亲自验尸。如果有地方州县官没有按规定执行，将会受到降职或调职的处分。

因为他们的延迟而导致尸体发生严重变化，那么州县官将被处以杖六十之刑。在现场验尸完毕，州县官必须立刻向上级呈交一份详细报告，延迟提交报告也要受到惩罚。

对于杀人案来说，验尸结果确定后，州县官必须在法律规定的期限内破案并抓捕罪犯，相对来说这个期限是比较紧的。例如对于犯杀人罪的重犯，如果在六个月内未能破案，州县官将会被罚停薪留任；如果在一年之内还未破案，则要官降一级或者调任，而他们未完成的任务将成为下一任官员的职责。

而对于盗窃案，超过六个月未能破案，州县官将会被罚俸半年或一年；如果在延期一年之后仍未破案，经济惩罚进一步加重，罚俸一年或两年。

此外，更严酷的惩罚来自对案件的错判。

这种错判来自两方面：一是“失出”，即应该被重判的罪犯因州县官失误而被轻判；二是“失入”，也就是应该轻判或无罪的人被判以重罪。

《大清律例》规定，州县官故意枉法判决一个无辜的人某种刑罚，被查明后，该州县官要受相同的刑罚。最严重的情况是州县官故意判无辜人以死刑，并且死刑已被执行，这种情况州县官也应受到死刑的惩罚。

在传统中国社会，地方司法审判中的惩罚不仅规定了对犯罪嫌疑人或罪犯的惩罚，还规定了行使司法权的地方州县官的职责，以及违背职责的惩罚。作为地方法律执行过程中的具体执行者，衙役、仵作、书吏等也有相应的责任，违背职责或者渎职都是法律所禁止的。

严厉的惩罚看上去是维护法律的威严，但审讯过程中的严酷刑讯手段经常导致犯罪嫌疑人还未招供便惨死，而为提高衙役办事效率拘禁其家属的规定更是荒谬，这些都是法律惩罚不当的代表例子。[①]

手铐、脚镣、传染病：传统中国社会的监狱

清代，县、府、省三级，每个级别都有自己的监狱。在县比较多的省份，监狱总数有三十座之多。每座监狱可以容纳八九百犯人，每天都有犯人进出。

监狱都有高大、坚固的围墙，围墙上有瞭望塔观察周围动向。从进入大门到关押犯人的牢房要经过三道门，每道门都是关闭的，并有人把守。经过三道门时也会经过县官、书吏、捕快、衙役居住的房间，他们守卫监狱，防范意外发生。

死囚的监牢和普通监牢是分开的。进入监狱之后还要再经过三道铁门才能到死囚的监牢。除了死牢比较特殊，一般监狱中还设有女监。监牢中一般还会有一个庭院，白天囚犯会被带出来放风。

监狱的防卫很坚固，监牢内和监牢外都有巡逻的人，他们一般手提灯笼和锣，来回走动时彼此打招呼。守卫每晚分为五班，如果被发现失职或者打盹懈怠，将会受到严惩。

---

① 本节参考文献：孔飞力．叫魂——1768 年中国妖术大恐慌［M］．北京：生活·读书·新知三联书店，2016；瞿同祖．清代地方政府［M］．北京：法律出版社，2003.

犯人一般要戴着脚镣和枷锁，沉重的负担压坏了他们，等到白天把枷锁解开时，他们的皮肉早已积满瘀血并且麻木了。白天他们可以解除束缚，以便干活，皇帝会赐给死囚一些米粮，足够他们在行刑之前存活。

不过对于旗人和皇室宗亲来说，他们总能获得优待。例如旗人进监狱免枷号，而且宗室犯罪也不得锁禁锁拿。这也体现了我们之前说的儒家文化倡导的尊卑秩序。

法律还规定了监狱的一些制度，其中最重要的是点视。也就是监狱内各监牢的门早晚封锁，并由当值狱官点视，若忽略了该项而导致囚犯走脱，从官员到狱卒都要被问罪。

以上这些只是对清代监狱的概括，下面我们选取两个不同的视角来展现监狱中的细节。

首先，囚犯在监狱中面临来自环境和狱卒的威胁。

一般的监狱环境比较恶劣，房屋低矮、狭窄、阴暗、潮湿。方苞的《狱中杂记》描述了康熙五十一年京城刑部监狱。他发现在恶劣的监狱环境中，犯人的集中看管非常容易造成传染病的流行。刑部监狱分设了四个老监，每监又分五个牢房，看管犯人的狱卒住在正中那间以方便管理。

除了中间狱卒的房间有天窗可以透气，其余四间牢房没有窗户。加上关押的犯人在二百人以上，到了晚上，犯人大小便都在监牢里解决，空气浑浊，气味相当难闻，寒冬时传染病流行，得传染病的犯人就越来越多。

新来的囚犯在七八十人共同关押的监牢里，还面临身强力壮的老囚犯的威胁，他们长期在压抑的环境中，对新面孔有非常强的攻击性。

犯人的糟糕状况还与狱卒、小吏的索贿有关。进入大牢都要戴上手铐脚镣，这些重压使犯人痛苦不堪。为了解除枷锁，向狱卒行贿是普遍流行的潜规则。而狱卒也会根据囚犯的家庭财产情况来决定索贿的数额，通常从几两到十几两白银不等，拿到钱以后他们就会分赃。

除了狱卒，刽子手也经常向死刑犯的家人索贿。凡是判处死刑的案件已经上奏的，刽子手就等在门外，叫他的同伴进去勒索钱财。如果犯人被处以斩刑这种极端刑罚，刽子手既可以让他一刀毙命、免去痛苦，也可以在砍去囚犯四肢之后让他依然活着，这取决于家属是否有能力满足刽子手的索求。

其次，囚犯在监狱中的遭遇经常造成刑罚之外的伤亡。

因为囚犯的人数众多，政府为囚犯每天只提供两碗小米粥，这导致他们营养不良、体弱多病。对老者来说，这种情况更不利。他们或死于饥饿，或死于寒冷，或死于刑罚带来的重伤。

正因为这种绝望的境况，监狱中的犯人自杀的很多。他们宁可丧命也不想继续挨板子。自杀的方式通常是上吊，监牢里没有房梁，他们就把绳子挂在插在墙上的棍子上。

囚犯自杀或因其他原因死在监牢里，他们的尸体也无法得到善待。按照法律规定，尸体要被放在班房里静置三天，等着老鼠去啃。

三天之后，地方官员带着书吏、衙役前来，拿绳索套住尸体的脚，并把尸体拖到监狱的后门。官员命令手下拿一根铁头棍猛打尸体的屁股三下，打完以后，书吏便写证明：该人犯因某罪死于监狱，经正式检查确认死亡。当上峰来检查时，地方官员可以把这份证明当作自己尽职尽责的表现。

不过，也不是所有犯人在监狱中都过得潦倒不堪。

山阴县有一个姓李的人，因杀人而下狱，入狱之后与狱卒内外勾结，每年都能弄到几百两银子与狱卒平分，可谓坐着监狱发了大财。有一年偏巧碰到皇帝大赦，这个姓李的人出了狱，在外面住了几个月之后发现生活很无聊。他有个同乡失手杀了人，被判长期蹲监，他替此人承担了罪名，又进监狱重操旧业。

一些比较大的地方监狱，还设有果园、菜地和鱼塘，甚至大到有街道和市场。犯人可以在里面售卖许多东西，可以是食物，或者是监牢里的生活必需品，很多人以此为生。监牢一天只提供两顿粥，他们赚来的钱可以让自己吃得更好一些。不过，这些毕竟是少数，绝大多数囚犯在监狱中的生活都十分悲惨落魄。

作为关押罪犯的地方，清代政府在县、府、省均设立了不同级别的监狱。监狱的设置一般以高墙阻止犯人逃跑，其次将女性罪犯和死刑犯分开关押。普通罪犯的牢房通常环境恶劣，饥寒和流行病成为致死的重要因素。

除了恶劣的环境，掌管监狱的不同身份的官吏都会利用自己的职权对囚犯进行索贿，当索贿不成时，他们会变本加厉地对待囚犯。这也导致了监牢内自杀情况的出现。虽然我们在史料中也发现有的囚犯利用自己的计谋或能力在监狱谋生，但绝大部分囚犯在监狱中的生活是极其糟糕的。[①]

五毒备尝，肢体不全：监牢中的私刑

法律规定的刑罚之外，还有私刑。

前文我们提到过，为了让犯罪嫌疑人招供，地方官员可以动用法律规定的一系列刑具对犯人进行刑讯。在明朝，常用的刑具有枷、杻、索、镣。索就是铁绳、铁链，长一丈。镣有三斤重，用于防止充军的罪犯在押解途中逃跑。这些刑罚对罪犯来说已经非常痛苦难忍了。

刑具按是否符合法律规定，可以分为合法刑具和非法刑具。对于非法刑具，虽然历来政府都是明令禁止使用的，但根本无法杜绝，尤其是在天高皇帝远的州县，私刑的滥用是无法避免的。

对犯人来说，法律规定以外的私刑带来的伤害更为严重。

比如明朝有一种立枷，又叫站笼。这种刑具的实施方法是让罪犯头套重枷，这种枷重一百五十斤，犯人昼夜直立于木笼之内。在极端重压之下，罪犯几天内就会死去。

比较有代表性的惨烈私刑出现在明朝的东厂之中。东厂有特权，可以不经过法律程序就抓人，并且设有自己的监狱来刑讯犯人。在这种情况下，东厂特务不会按照法律规定的刑罚来对待

---

① 本节参考文献：方苞．方望溪全集［M］．上海：世界书局，1936；D. 布迪，C. 莫里斯．中华帝国的法律［M］．南京：江苏人民出版社，2010；C. R. 博克舍．十六世纪中国南部行纪［M］．北京：中华书局，1998.

犯人。

厂卫特务在审讯时经常使用大量法外酷刑，受刑人往往“五毒备尝，肢体不全”。我们来挑其中比较骇人听闻的私刑来看看其残酷性。

比如一种私刑叫作刷洗，即在囚犯身上泼开水，之后用铁刷刷去皮肉，囚犯经历的痛苦可想而知；还有一种叫钩背的刑罚，即用钩子穿过犯人的背将其钩起来悬挂在某处；还有一种叫红绣鞋的私刑，就是用烧得通红的烙铁烙脚面。诸如此类的私刑非常多，以至于人们谈东厂色变，把东厂的监狱看作人间地狱般的

夹手指，清代的酷刑之一

存在。

需要说明的是，厂卫特务对囚犯实施的私刑虽然不在法律条例之内，但因为法律赋予了厂卫额外的司法权，所以厂卫动用私刑并不算违法行为。

狱吏还会巧立名目将非法刑具换个名称使用或者不断制造新刑具。

比如有一种叫作柙床的非法刑具，清朝法律明确规定禁止使用。这种刑具极其残忍，其制作样式非常严密，犯人在其上，头上有掀头环，脖子中间有夹颈销，腰间有拦胸铁索，腹部有压腹木梁，双手有铁环固定，双腿有铁锁镣绑紧，双脚困于匣内，整个人都被紧紧捆缚固定。

囚犯平躺在柙床上，上面盖有一块木板，板上有密集如刺猬的刺一般的三寸长钉，距离囚犯身体仅两寸，囚犯不小心触到便会被刺伤。四面则像鸟笼一样，捆缚其中的人，四肢僵硬，手足不能伸曲，肩背不能反侧，身体遭受的痛苦只能默默忍受。

正是因为这种刑具太残酷，清律规定在监狱中使用柙床者，官革职、杖一百、流三千里，吏卒杖一百、革役。于是地方州县衙门将与柙床类似的刑具称为大镣，以避免自己出现“违法”的情况。

《清史稿》中还记载了清代地方县衙制造的五花八门的刑具。例如山西平遥县衙有许多律例规定之外的刑具，押解刑具有立枷、站笼、刑车、木驴等，拘系刑具有颈槛、竹手铐、铁鬼衣等，这些都是地方县衙广泛使用的私刑用具。

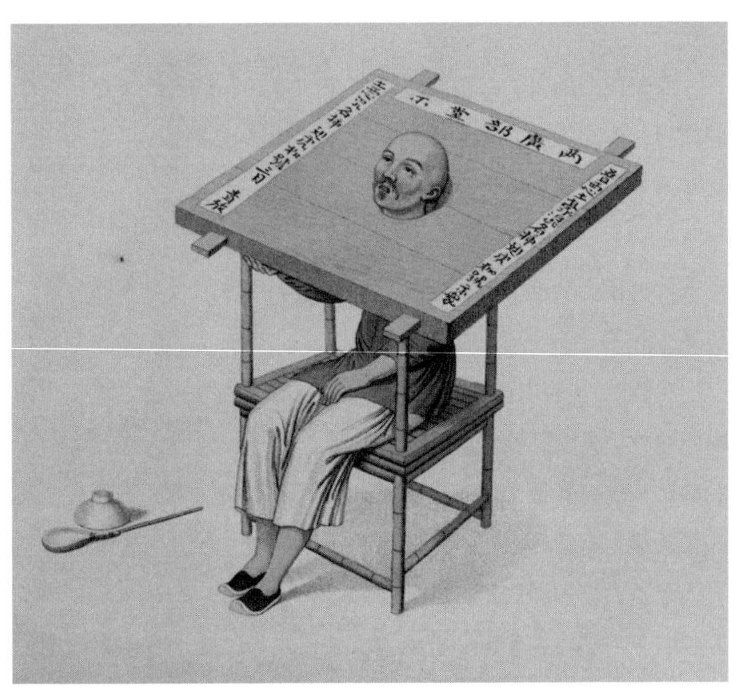

枷锁，清代的酷刑之二

创造酷刑是为了更大程度地让囚犯痛苦。

比如莫言的长篇小说《檀香刑》中，曾经多次出现对罪犯的极端惩罚，除了法律规定范围之内的腰斩、凌迟，还有新花样，例如“阎王闩”“檀香刑”。这些私刑是为了惩罚“罪大恶极”之人而创造性产生的。

在小说中，咸丰帝身边有一个叫小虫子的太监，偷偷倒卖了咸丰帝的七星鸟枪。咸丰帝龙颜大怒，决定要好好惩罚这个小太监。按照宫内慎刑司对偷盗的惩罚，可以提供的刑罚有打板子、五马分尸等等，咸丰帝觉得这些惩罚太普通，不能消解心头之恨。

于是，小说中的京城首席刽子手余姥姥为了替皇帝“分忧”，想出了一个新的酷刑“阎王闩”。余姥姥知道咸丰帝痛恨小太监有眼无珠，于是迎合皇帝的心意，让小太监在受刑中脑浆崩裂、眼珠崩出，以解皇帝心头之恨。

跟阎王闩比起来，檀香刑更是惨不忍睹。小说以1900年八国联军侵华和义和团反抗斗争为背景。孙丙因妻子被德国人欺负，一怒之下杀死了一个德国人，很快整个村子被德国人报复。

孙丙毅然到义和团去请求援助，并带领一支队伍袭击了正在修铁路的德国人。德国人反过来又围剿孙丙，最终孙丙被活捉。作为对反抗德国和清政府行为的惩罚，德国人决定用最残酷的

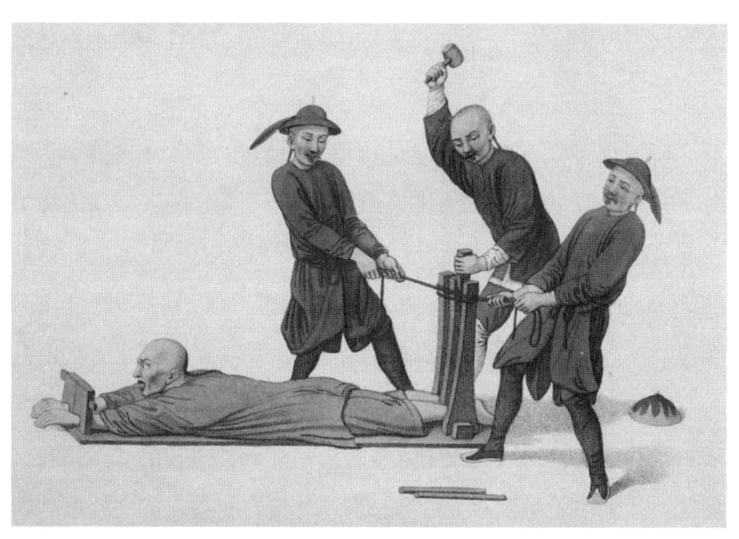

老虎凳，清代的酷刑之三

“檀香刑”来处死孙丙。

小说详细描写了行刑的过程。将檀香木做成宝剑的形状，并且放到香油里煮，让檀香木沾染食物的味道，刑具要三五天的时间才能准备好。行刑要从犯人的谷道（也就是肛门）一点点打进身体里，直到从喉咙处穿出。

因为刽子手的“技法高超”，檀香木经过身体内部却不触及重要器官，犯人可能经过极其痛苦的几天也不会死去。这种刑罚比干脆利落的杀头更令人煎熬，掌握生杀大权的皇帝或官员指定囚犯在刑罚之下要撑足多少天，如果还不到日子但犯人即将死去，刽子手还会给犯人喂参汤来吊命，直至他们看到自己身体腐烂生蛆。

虽然我们无法想象这些超出法律规定的惩罚带给囚犯的痛苦到底如何，但毋庸置疑，这些刑罚已经超出了人性范围内对“惩罚”的定义。这些私刑越是展现其残酷严苛，也越多反映传统中国社会私刑的“泯灭人性”。

在传统中国社会，法律是统治者进行阶级统治的重要工具。对于被统治阶级，统治者非常强调其应该遵纪守法，反抗统治者的行为将会招致法律规定中的极刑，甚至法律规定之外创造的新私刑。无论是合法还是非法的惩罚，强调的都是服从和顺应。

统治者在某种程度上默认的私刑，或者在某种极端案例中所鼓励的私刑，是对囚犯或犯人绝对统治权和处置权的体现。我们在这些死刑中看不到对人性的悲悯，相反，这些血腥、残酷、严苛、花样百出的死刑是统治性质的反映，“普天之下，莫非王土”，统治者主宰和专政传统中国社会的一切。[①]

文学中的法律

人情还是法律？《儒林外史》中的“违法”现象

为了更好地理解明清时期的法律，我们选取古典文学作品中与法律相关的内容进行一些讨论。我们先从《儒林外史》这部讽刺小说中的法律案件开始分析。

《儒林外史》中出现了大大小小不同的法律案件八十多起，既有寥寥几笔带过的，也有当作章回标题重点去写的。这些案件既有刑事案件，例如谋反、诈骗、行贿，也有与个人财产相关的民事案件。因为《儒林外史》是以文士写文坛，所以我们将关注点放在与文人相关的法律案件中。

虞博士是小说中公认的贤者，以文人的理想形象出现。不过，这位德高望重的文人却因为在科场中对考生格外“宽容”而被人津津乐道。其实从法律角度来看，这是非常失职的刑事案件。

故事是这样的：虞博士在一次监考中发现一个考生夹带经文

① 本节参考文献：张凤仙，编．中国监狱史［M］．北京：群众出版社，2004；常杰．明清州县监狱制度研究［D］．天津：南大开学，2009；莫言．檀香刑［M］．杭州：浙江文艺出版社，2020.

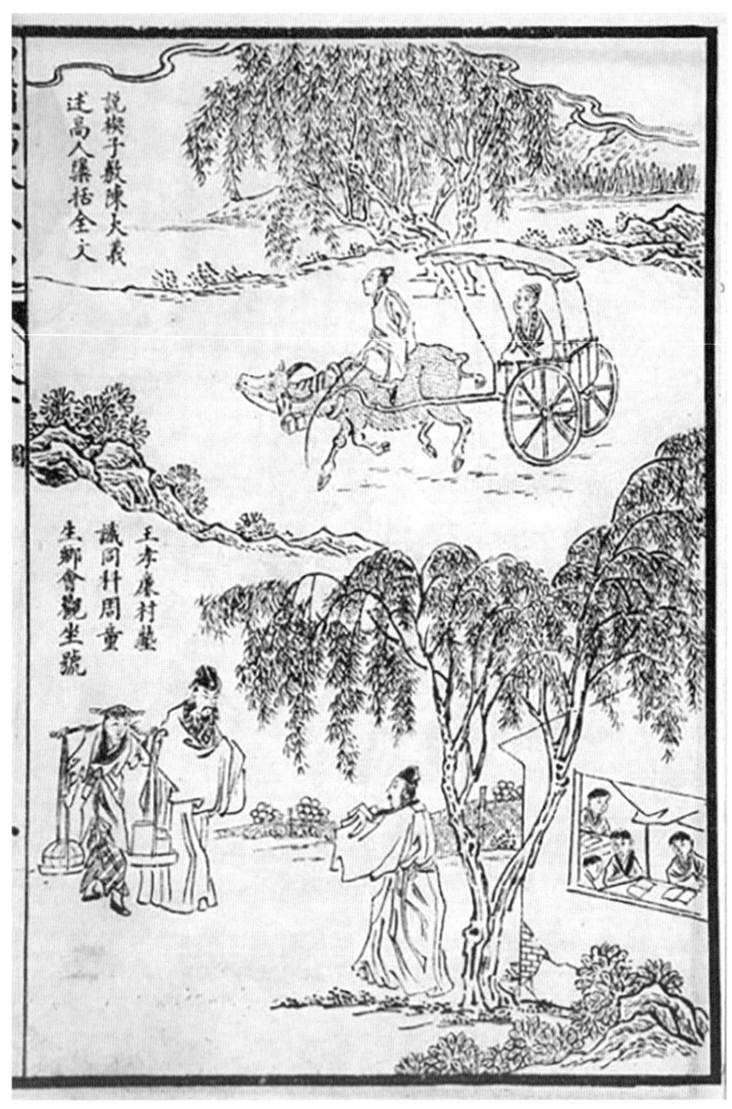

《儒林外史》插图

作弊，他不但没有上报，反而在其他监考官询问时替考生打掩护，最后考生侥幸成功。事后考生来感谢他，他不承认有此事，还把这种否认编造成不求回报的理由，由于这样的“奇事”在文人圈中流传开来，他也成为“大好人”。

小说中对这种现象的描写，无疑反映了当时科场中作弊的普遍性，不光考生作弊，监考官也有失职现象。按照当时的律例，科场之上监考官失职要处以重罪，最严厉的刑法包括斩决。不过在当时的“世风”之下，法律往往流于一纸空文。

在小说中，另一场科场作弊案便没那么容易逃脱了。

第十九回中，有一个叫潘三的人找文人匡超人替一个童生当枪手代考。潘三是布政使司的一个小吏，被捕的官方文书中称他借着这个小小的官职，“把持官府，包揽词讼，广放私债，毒害良民，无所不为”，可以说是个交际广泛的巨贪小官。

不过，潘三想出来的代考法子却是很妙。他买通了考场上的班房，让匡超人扮成班房的人先混进去，值班站岗。等到月黑风高，学道出来点卯，那童生点完之后没有归号，而是悄悄站在黑影里。匡超人看到他之后便跟在他身后，两个人偷偷换了衣服和帽子，匡超人回号里作答，童生去站岗。匡超人答完出去，童生也从班房出来了。此事神不知鬼不觉，后来这童生高进了。

大概是潘三所做恶事太多，最后被人告发，抚台大人亲自下令来县里拿人，潘三便被下了大狱。可见，潘三被抓并不主要与科场作弊有关，而且科场作弊虽然普遍，但很少是在考试现场被抓的。无论是对于考生还是对于监考官，有关科场作弊的严厉法律所起到的警示作用并不大。

在基层法律案件审理当中，县官们的“渎职”现象也比比皆是。

第四十回写到一个叫沈琼枝的女子，她的父亲沈大年是常州的贡生，将她许配给扬州富商宋为富为妻。谁料这富商娶了沈琼枝做妾，沈大年发现上当便一纸诉状将宋为富告到江都县衙。

这知县看了诉状当场指责宋家豪横。不料宋家打点了之后，第二天知县马上改口，称沈大年的讼词含混，不准开堂，又将沈大年称作“讼棍”，押回常州。

嫁到宋家的沈琼枝并不知道其父身上发生的事。她接不到父亲的消息，又不愿在宋家做妾，便计划逃走，还将房里的金银器皿、衣服首饰带走，去南京避难。

宋为富人财两失，便到官府以盗窃罪控告沈琼枝。按照律例，沈琼枝应被处以“杖六十，徒一年”。于是，江都县派人到南京逮捕沈氏。话说沈琼枝在南京与南京城里的知县有过一段传奇的相遇经历，沈氏的才情颇为这知县青睐。这段际遇为后面沈琼枝的刑事案件带来了转机。

等到差役把沈琼枝押解到江都县，一封来自南京的秘密书信也被送到了江都县知县手上。原来这南京的知县和江都县知县有同窗之谊，他希望江都县知县看在老同学的情分上关照沈琼枝，不要按律例办案，还希望他能开释沈琼枝和她的父亲，让他能重新择婿。可见这两位知县作为执法者，知法犯法，将人情和法律混为一谈，甚至在大多数时候，人情都胜过了法律的效力。

小说中也提到了高级官员凌驾于法律之上的情况。

小说第三十四回提到，有一个叫庄绍光的文人，出身书香世家，文名远播，被举荐给皇帝。他在进京的路上遇到一个叫卢信侯的文人。两人引为知己，相约南京再见面。

庄绍光蒙皇帝看重，得了御赐的马，甚至皇帝还在南京赐了他园子，一时京城里九卿六部的官员如过江之鲫，纷纷来拜会。等他回到南京，卢信侯来拜会，谈笑间下人惊慌禀报，说中山王府派了几百士兵将园子团团围住，要拿卢信侯。原来这卢信侯私藏禁书被人告发，京城的官府认为他有用武之谋，便要抓他。

对庄绍光来说，把朋友交出去有违情谊，但官兵已在门前也无法推诿。他便想了一个主意，告诉总兵说卢信侯明天自己会投监，回头又对卢信侯承诺，说他只需进去几天，包他可以出来。

原来等卢信侯投监之后，他动用了朝廷中的人情关系，让刑部发出文书，把卢信侯放了，这还不算，还将告发的人问了罪。

小说中寥寥几笔带过，并没有讲明他如何找人情关系，也没有说明将告发的人问了什么罪。就像小说中的人并未发觉自己“违法”一样，在传统中国社会，为了人情动用关系改变法律处罚是一件惯常的事。

“刑不上大夫，礼不下庶人”，这样的等级秩序体现在法律当中，律法便不再是统一标准的刑罚，而是处处皆有可“通融”的地方。

当然，在人情与法律的较量中，并不是所有文人都选择人情。《儒林外史》中也曾描写过秉公执法的县令。因为我们还是延续《儒林外史》对文人世界的讽刺这个主题，所以选取的多是文人或官员在法律实施过程中的“渎职”行为。[①]

欲望的世界：从《金瓶梅》看中国古代法律中的犯罪问题

古典文学作品《金瓶梅》中也有许多案件反映了中国古代的法律与社会。

根据《金瓶梅》小说的设定，西门庆这个人在小说前期成了一个官员，叫作“山东提刑所理刑副千户”。这个职位是作者虚构的，不论是《金瓶梅》作者所生活的明代，还是《金瓶梅》故事背景所设定的宋代，都没有这个官职。不过，根据小说的描写，这个职位是主管审理司法案件的。

在西门庆审理的官司中，有一件有关通奸的案件，这个案子是这样的：有一个叫宋得的人，给人家当了上门女婿。宋得的丈母娘死了，宋得的老丈人就续娶了一个年轻的姓周的太太。一年之后，老丈人也死了。周氏年纪比较小，耐不住寂寞，在死了老公之后，就跟宋得通奸了。

周氏对家里的婢女态度不太好，有一天骂了婢女两句，这个婢女为了报复女主人，就开始传闲话，把周氏跟宋得通奸的事情传得街坊四邻尽人皆知。结果，街坊报官了，西门庆接下案子，判宋得、周氏两人绞刑，并且给周氏的婢女判了拶刑。

这里的“拶刑”，就是用一种叫作“拶子”的刑具来行刑。

---

① 本节参考文献：余其宗．法说儒林外史［M］．北京：中国财富出版社，2014；顾鸣塘．《儒林外史》与江南士绅生活［M］．北京：商务印书馆，2005.

《新刻绣像批评金瓶梅》第 4 回插图

“拶子”就是用几根绳子把五六根小木棍穿起来。用刑的时候，把犯人的手指夹在木棍两边，然后拉扯绳索使木棍向中间挤压犯人手指。力气越大，手指受到的压力也越大，最严重的可以将犯人的手指骨头夹断。拶刑通常适用于女性犯人。

这个案子看起来简单，却可以让我们了解明代的两条法律。首先是关于通奸罪。

通奸在传统中国社会属于重罪，触犯了《大明律》中的

“亲属相奸”律。在中国古代，长期占据思想领域统治地位的儒家思想，极为重视家族内部的伦理秩序。历朝历代的法律都将乱伦定为重罪。明代的法律规定，乱伦发生在亲属关系越近的人身上，刑罚就越重。如果一个男性跟堂兄弟的妻子乱伦，那么按照《大明律》，要打一百板子，坐三年牢。

岳母比起堂兄弟的妻子，属于更近的亲戚，与岳母通奸刑罚更重。关于和岳母通奸，《大明律》中没有明文规定。根据一部解释明代法律的书《明律笺释》的解读，这种情况下，应该判“绞刑”。西门庆判处周氏和宋得绞刑，这在明代是一个合理合法的判决。

该案的原告是周氏的邻居，那么传出主人闲话的婢女到底有没有罪呢？其实按照刑法，这个婢女没犯什么大罪。

不过，如果这个婢女不是单纯传闲话，而是直接把周宋二人的奸情报告官府，那她就犯了重罪。在明代，就算主人犯了罪，奴婢也不能告发。如果告发主人就是犯了“奴婢告主”之罪，犯这种罪的人依《大明律》要打一百板子，判三年徒刑。很显然，这条法律是为了维护儒家思想所强调的尊卑秩序。

《金瓶梅》这本书，除了在我们刚刚提到的周宋两人通奸这个情节提到了奴婢，许多其他章节也都花了大量笔墨去描写奴婢。这本书总共写了800多个人物，其中有100多个是奴婢。比如说西门庆，他在当官之前就已经“呼奴使婢”。他当了官之后，家里的奴婢更多，书中明确点出姓名的已有30多人，没有点出姓名的还不知道有多少。

在明代，蓄养奴婢是一件非常常见的事情。不过，按照明代的法律，只有官员才有资格蓄奴，平民蓄奴是违法的。《大明律》规定：“庶民之家，存养奴婢者，杖一百，即放从良。”也就是说，平民百姓养奴婢，要打一百板子，同时这些奴婢还要被释放，令其重获自由。

而且，就算是官员，也不能养太多奴婢。按照《大明律》的规定，一品官养奴婢不得超过十二人，二品官不超过十人，三品官不超过八人，超过了这个数额就是犯罪。西门庆不过是一个地方上的小官，养的奴婢数量甚至超过了一品大员所能拥有的限额，而且他在当官之前也养奴婢，也没人管他。

事实上，明代法律中的这两条关于蓄养奴婢的规定，在明朝中后期以后已经形同具文，没人去执行了。明代中后期以后，商品经济不断发展，社会的流动性大大增强，很多人发财致富，但也有很多贫苦的农民破产了。在这种情况下，破产的农民中有很大一部分，要么是自己沦为了奴婢，要么把子女卖了，让子女当奴婢来换钱。

在明朝，奴婢的法律地位十分低贱。主人可以任意殴打奴婢，只要不打死，就没罪。即使打死奴婢，主人也并不会被判处死刑。根据《大明律》：如果奴婢犯了罪，主人没有报官，滥用私刑，私自杀死了奴婢，主人要被打一百板子；如果奴婢没罪，主人却杀了奴婢，那么主人得被打六十板子，服一年徒刑。

如果奴婢得罪了主人，事情就没那么简单了。别说杀死主人，奴婢哪怕骂了主人一句，就要被判绞刑；殴打主人，不论打伤没有，都要斩首；如果杀死了主人，就要凌迟，与“谋逆”同罪，是最重的刑。所以奴婢造主人的反，受到的刑罚就和普通人造皇帝的反一样。

通过《金瓶梅》中出现的官司以及一些与法律相关的社会现象，我们可以看出中国古代社会极为重视家庭内部的伦理秩序。无论是亲属相奸还是奴婢告主，与之相关的律法都体现了儒家思想中的伦理和尊卑秩序。[①]

葫芦僧乱判葫芦案：从《红楼梦》看中国古代的法律

《红楼梦》的主要内容虽然是以生活在贾家的金陵十二钗和贾宝玉的故事为主线，但也可以看出以贾家为主的四大家族的相互交往，还涉及一些法律现象以及相关的判案，比如“葫芦僧乱判葫芦案”。

说起“葫芦僧乱判葫芦案”，就不得不提贾雨村。贾雨村是林黛玉的启蒙老师，也正由于这一层关系，他带着林如海的手书，在把林黛玉送到贾府之后，便与贾政攀上了交情。不久，贾政给贾雨村谋了应天府的缺。

他上任之后碰到的第一个案子就是冯家带着诉状状告薛蟠，说薛蟠抢了冯家买来的一个叫英莲的女孩，并且还仗势把冯家的冯渊打死了，于是冯家来状告薛蟠。

这贾雨村初来乍到，并不知道薛蟠与贾家的关系，对这桩命

---

① 本节参考文献：姜守鹏.《金瓶梅》反映的明代奴婢制度［J］. 史学集刊.1990（4）：22–27；胡世凯.《金瓶梅》中法律制度丛谈［J］. 吉林大学社会科学学报.1991（6）：45–50.

案非常气愤，马上就决定要把薛蟠抓来。他身边的一个差役却阻止了他，把做官的“护官符”告诉贾雨村：

“贾不假，白玉为堂金作马。阿房宫，三百里，住不下金陵一个史。东海缺少白玉床，龙王来请金陵王。丰年好大雪，珍珠如土金如铁。”这四句诗说的正是金陵的四个大家族——贾、史、王、薛，薛蟠正是薛氏家族的人。

这四家皆连络有亲，一损皆损，一荣皆荣。贾雨村在清楚了“护官符”四大家族的关系后，以他的聪明自然一想就知道贾政为什么为他谋得应天府的缺。于是他修书给贾政，表示令外甥的人命官司不必过虑。这个案子就糊弄过去了，薛家赔了一些钱，冯家也没说什么。

按照大清律例，人命官司致死者，要处以“死罪”，而在权势的压力之下，枉法成为常情。此时贾家权势正盛，对比第一百回，贾府败相已现，此时薛蟠酒后失手打死人，为了这桩人命官司，薛姨妈上下打点了几千两银子，还是不中用，最后薛蟠依然被定了死罪。可见，《红楼梦》中县官执法的依据跟原被告双方的势力有关。

《红楼梦》中提到的许多自杀事件的处理也与贾家的权势相关。

在《红楼梦》中，宝玉调戏金钏儿被午睡中的王夫人察觉，王夫人不仅打了金钏儿，还反口说金钏儿想要勾引宝玉，这直接导致金钏儿含羞赌气自尽。听到这个消息，王夫人心中不安，这不安反映的就是金钏儿的自尽与贾家的“威逼”是有关系的。

传统中国社会的法律规定，威逼之下致人自杀的情况要承担法律责任。而在《红楼梦》中，只是多打发了几两银子，把自杀者安葬了，便是对一条人命的处理了。

除了金钏儿的自杀，因为贾家的权势淫威而自杀的还有许多，而且多是女性。例如因与贾琏通奸被凤姐羞辱而自杀的鲍二媳妇，以及想要逃避成为贾赦小老婆的命运，在贾母死后不得不自杀的大丫鬟鸳鸯。

按照清代法律，鲍二媳妇和贾琏之间的关系应该是和奸，意思就是男方为主动者，女方为被动者。按照这样的规定，鲍二媳妇的自杀与贾琏脱不了干系，依法应判处贾琏“杖一百，徒三年”。而在小说中，无论是被权势所逼，还是被权势羞辱，这些人明明是“受害者”，最终却无辜丧命。

贾府败落被抄家的命运再次反映了传统法律制度中的“八议”制度。

前面我们讲传统中国法律的特征时提到，儒家思想中的等级秩序也体现其中，尤以“八议”为代表。面对触犯法律的特权阶层，皇帝会“体恤”功臣，网开一面。《红楼梦》中的情节可以说完全符合“八议”制度。

“八议”之中有一条是“议功”，贾家的老太爷们靠武功封爵，属于开国功臣，贾府大门上的“敕造荣国府”就是最有力的说明。所以在后面写到贾家落罪被抄家时，反复提到了“主上悯恤”“念功臣后裔不忍加罪”等话语，皇帝的顾念使得犯下枉法官司的贾家人等最后还是被从轻发落，只是革去官职。

《红楼梦》这部书，讲的内容可谓是五花八门、无所不包，但其中最重要的主轴还是与爱情、婚姻有关的内容。

通过《红楼梦》，我们来看看清代与婚姻相关的法律制度。

《大清律例》规定，“娶嫁皆由祖父母、父母主婚”。也就意味着，子女对于自己的婚姻没有自主权，只能听父母的。

在传统社会的婚姻当中，表亲联姻是常见现象，无论是林黛玉还是薛宝钗，贾宝玉与她们都是表亲。现代观点认为亲戚之间结婚属于乱伦。其实，《大明律》和《大清律例》中也有规定，表亲不能结婚。不过，民间这种表亲之间结婚的情况实在是太普遍了，导致这条法律形同虚设。因此，清代又增设法律条文，允许表亲结婚。

为什么表亲之间要结婚呢？在中国古代，婚姻，尤其是一些豪门大族的婚姻，主要是为了巩固自身的政治地位和社会地位，因此讲究“门当户对”。可是，门第越高，能够“户对”的家族也就越少，因此最高层的名门望族只能互相之间反复联姻，形成了亲戚套亲戚的复杂关系。如果他们一定要规避表亲结婚的话，那就为寻找结婚对象制造了巨大的困难。

《红楼梦》里面，除了描述结婚，也有“离婚”的案例。在清代，只有丈夫能提出离婚。而且清代法律规定，只有满足了“七出”中的一种，才可以离婚。

《红楼梦》里，王熙凤就满足了“七出”中至少两个条件。首先，王熙凤“无子”。王熙凤和贾琏结婚后没生儿子，只生了一个女儿。其次，王熙凤“妒忌”。她嫉妒丈夫贾琏的妾尤二姐，所以把尤二姐跟贾琏的孩子堕胎了，而且还逼死了尤二姐。王熙凤嘴比较快，似乎也可以被认为是搬弄是非。因此，贾琏最终休了王熙凤，按照清代的法律，也是合理合法的。

《红楼梦》不但刻画了家族的衰落悲剧，还聚焦个体命运。其中的人物、故事都反映了当时的法律现象以及法律的执行情况。无论是畏于权势而枉法，还是仗着权势而行凶、威逼他人，并且逃脱了法律的制裁，甚至当时社会一些常见的法律现象，都为我们了解明清时期的法律提供了详细的信息。①

经典中的三个“大案”

六月飘雪：窦娥的悲剧

《窦娥冤》是元代著名作家关汉卿的名作。在这部剧中，窦娥的身世催人泪下。她 3 岁丧母，7 岁时由父亲“抵债”卖给蔡婆婆做童养媳，婚后两年丈夫身亡，只能与婆婆相依为命。

故事在张驴儿父子出现时发生转折，这一对流氓父子强逼婆媳二人嫁给他们父子，坚贞的窦娥誓死不从。张驴儿本想毒死蔡婆婆，结果却意外毒死了自己的父亲。恼羞成怒的张驴儿恶人先告状，正好又碰上了贪官桃杌，不但对窦娥上刑，还要刑讯蔡婆

① 本节参考文献：李放．论《红楼梦》中所反映的法律问题［J］．吉林大学社会科学学报，1992（1）：72–77；尹伊君．《红楼梦》的法律世界［M］．北京：商务印书馆，2014.

婆，为了不让婆婆遭受痛苦，窦娥最终认罪。

故事的高潮发生在窦娥被处以死刑之时。她不甘被冤，以三桩誓言强调自己的无辜：热血沾白练、六月飞雪以及家乡大旱。最终，窦娥的冤屈在父亲“荣锦归来”之后得以昭雪。

首先，窦娥的冤情与中国古代的审判制度和刑讯制度有直接关系。

在古代，没有现代化的侦查、搜证手段，因此物证往往不容易取得。于是“口供”，也就是犯罪嫌疑人的口头认罪，就变得非常重要了。

窦娥案件的核心是毒害张驴儿父亲的真凶到底是谁。因为没有直接证据，双方的争辩成为判官的主要依据，而谁的话更让人相信将会影响判案结果。在无法取得“铁证”的判案中，“言之有理”则是衡量准则。

因为死者是张驴儿的父亲，而儿子毒杀父亲的可能性在古代是非常小的。在张驴儿的辩护中，他利用伦理道德的逻辑让普通人在没有直接证据的情况下更倾向于同情他、相信他。所以这个案件一开始就不利于窦娥，再加上窦娥自己也承认了，张驴儿父亲喝的汤是她做的，这进一步将案件推向不利于自己的境地。

在窦娥挺过了刑讯逼供后，桃杌就用蔡婆婆的刑讯结果来检验窦娥是否无辜。窦娥为了婆婆免受皮肉之苦，无奈之下翻供，承认自己有罪。窦娥行为的前后差异超出了普通人的理解范围，人们不太轻易相信窦娥救人的逻辑，也就是不相信窦娥是为了救没有血缘关系的人而牺牲自己的性命。

其次，审判制度中的有罪推定也是值得我们思考的。

与英美法系国家法律中的无罪推定不同，传统中国法律以有罪推定为根据。所谓的有罪推定就是先假设被告嫌疑人是有罪的，然后再努力搜集证明他犯罪的证据，如果被告拿不出有力的证明自己无罪的证据，那法律就认定他是有罪的。

所以，一旦张驴儿设陷阱想要陷害窦娥，而窦娥自己拿不出证据来证明自己无辜，她被法律认定为有罪的可能性是很大的。

同样，如果被告无法提出证明无罪的证据，那他的案件在初审之后，是没有可能上诉的。正是因为这样的法律规定，彻底断绝了窦娥利用司法程序洗刷冤屈的可能。

而且“有罪推定”一开始便把被告放在了有罪的位置，这也导致了犯罪嫌疑人的口供如果前后一致，法官对其的相信程度比较高；如果前后口供不一致，那很容易被判定为说谎。这一点在窦娥的前后供述中都有涉及。

不过，不论犯罪嫌疑人是清白的，还是确实犯了罪，他们都会倾向于不认罪。所以窦娥即使承认了汤是她做的，也没有承认她毒死了张父。

这时候，刑讯就成为判官的手段了。

《窦娥冤》故事里面的桃杌很草率地用刑，想要屈打成招。其实这种做法是违背元代法律的。

根据《至元新格》的记载，对犯人用刑逼供，必须满足三个条件。第一，必须是重罪的嫌犯。窦娥被怀疑犯了杀人罪，这一条按说是符合的，但后面两条就不符合了。第二，必须证据确凿。在窦娥的案件中，桃杌还没看证据就直接上刑，这完全是不合法的。第三，用刑的事必须写成文字材料，并且由主管官员签字。这一点桃杌也没做。

而威胁刑讯逼供蔡婆婆成为导致窦娥承认杀人的直接原因，可见刑讯是很有可能造成冤案的。此外，古代官员不按照法律去执行的情况是很普遍的。换句话说，法律文本和执行之间其实是有很大落差的。

那么在这样一种情况下，老百姓往往觉得正义无法得到伸张。因此，中国古代的很多文学艺术作品都喜欢去描绘“清官”“青天大老爷”，希望他们能够匡扶正义、主持公道。

故事里窦娥的父亲窦天章就是这种“清官”的典型。值得注意的是，窦天章的职位是“两淮提刑肃政廉访使”。他的官位比桃杌高，这才使得他有可能去给窦娥翻案。

实际上，这反映了中国老百姓的一种普遍心理。就是说，我的顶头上司，本县的县官可能是一个贪污腐败、昏庸无能的坏官，但是县官的上级，更有权力的人，可能是清官。只要他们来帮助我，我就能沉冤昭雪了。这样一种希望上面的“青天大老爷”来为自己主持公道的想法，不仅仅存在于古代，哪怕是在当代也依然存在。

不过《窦娥冤》中的“清官文化”还是有特殊性的，我们应该看到窦天章之所以会为窦娥伸冤，主要是因为他们是父女关系，如果换了别人是“两淮提刑肃政廉访使”，那窦娥能不能伸冤就不一定了；或者即使窦天章依然是这个官职，碰到了别的命案能不能公平判案都是值得思考的。

从元代戏剧《窦娥冤》看当时司法制度中的审判制度，无论是在没有直接证据的情况下法律更看重口供，还是有罪推定对被告的不利，这些都直接导致了窦娥的悲剧。

在执法过程中，官员缺乏法律素养经常会导致法律条文形同虚设，刑讯逼供便是非常普遍的情况之一，这导致人们对公平正义的清官形象的渴望。在这部戏剧当中，也是作为高级官员的父亲窦天章最终才为窦娥洗刷了冤屈。①

由金钱引发的悲喜剧：十五贯

《十五贯》是浙江昆剧团在 1956 年上演的一出昆曲。这部昆曲改编自传统曲目《双熊梦》。《双熊梦》是明末清初的戏剧家朱素臣根据冯梦龙编纂的《醒世恒言》中的一篇小说《十五贯戏言成巧祸》改编的。

《十五贯戏言成巧祸》只有一条故事线，而《双熊梦》则是双线叙事，添加了很多人物情节。浙江昆剧团改编的《十五贯》砍掉了《双熊梦》的一条故事线，但《双熊梦》所添加的另外一些情节和人物被保留了。

这里只介绍浙江昆剧团所改编的《十五贯》，至于《双熊梦》和《十五贯戏言成巧祸》的故事，感兴趣的读者可以自己查阅。

---

① 本节参考文献：苏力．窦娥的悲剧——传统司法中的证据问题［J］．中国社会科学，2005（2）：96–108；徐忠明．《窦娥冤》与元代法制的若干问题试析［J］．中山大学学报，1996（S3）：190–198；苏力．法律与文学：以中国传统戏剧为材料［M］．北京：生活·读书·新知三联书店，2006.

《十五贯》的故事是这样的：

无锡县有一个卖肉的酒鬼，叫尤葫芦。他的妻子在嫁给他之前是个寡妇，并与前夫生有一女，女儿名叫苏戍娟。

妻子在嫁过去之后没多久就死了，而尤葫芦也是穷困潦倒，靠借钱过日子。幸而尤葫芦妻子的姐姐很仗义，不仅请他喝酒，还借给他十五贯钱，让他做生意谋生。

尤葫芦拿到钱，醉醺醺回了家。他跟女儿开了个玩笑，说这钱是把她卖给别人做丫鬟而得来的。女儿信以为真，为了避免被卖，马上离家出走，准备投奔姨妈，也就是前面出现过的她母亲的姐姐。尤葫芦也没管女儿，倒头就睡，把十五贯钱放在了身边。

苏戍娟离开家，却忘了关门。一个叫娄阿鼠的赌棍准备去找尤葫芦赊点肉，没想到进门一看，尤葫芦睡着了，身边还有十五贯铜钱。他准备偷钱时，尤葫芦醒了，于是两个人打作一团。慌忙中，娄阿鼠抄起一把斧头砍死了尤葫芦，拿着钱跑了。

街坊邻居发现尤家响声大作，纷纷赶来，发现尤葫芦已经死了。娄阿鼠这时也趁乱跑来尤家，并误导街坊邻居，说苏戍娟为了跟情人私奔，杀了父亲，拿走了钱财。众位邻居兵分两路，一些人去报官，一些人去追赶“凶手”。

这时候，苏戍娟迷了路，遇到了一个叫熊友兰的年轻人。她前去问路，熊友兰说他们同路，可以同行。结果被尤家的街坊邻居追上，并认定是苏戍娟杀了父亲，熊友兰就是奸夫。他们还发现，熊友兰身上有十五贯钱，就更坐实了二人是奸夫淫妇。

无锡知县审理尤葫芦被杀一案时，片面地认为，一定是苏、熊这对奸夫淫妇杀了尤，便屈打成招，把二人定为死罪。这个案子从无锡县上报到常州府。常州知府认为无锡县没判错，又上报到巡抚周忱那里。周忱对于本案也无异议，将苏、熊二人定为死罪。

一般死刑都是秋后问斩。到了行刑那天，监斩官苏州知府况钟来监斩，把他们带到刑场，准备五更时分行刑。但苏、熊二人不断求情喊冤，况钟觉得事情蹊跷，决定暂时先不杀两人，等查明真相再说。况钟找到巡抚，请他授权自己去无锡县查案。最后，况钟查明了真相，发现了真凶是娄阿鼠，还了苏、熊二人清白。

这个故事反映了很多中国古代法律中的复杂问题。

首先，这个故事具体地体现了中国古代司法文化中的“天人合一”思想。《十五贯》中，苏、熊二人是要五更天斩首的。五更也就是我们今天所说的凌晨3点到凌晨5点。

之所以选择这个特殊的时间，是因为古代执行死刑的时候有着繁复的禁忌和规定。比如，隋唐时规定，每逢月初、月末、各类节气等日子，都不能执行死刑。

在明朝时，规定更为严格，从立春以后到秋分以前，都不能执行死刑。在可执行死刑的月份，每个月又有十天的禁忌日，不能执行死刑。

这些都是古人“天人感应”思想的体现。古人认为，人类生活和自然环境之间有着某种神秘的联系。春夏主生发，秋冬主刑杀，因此要在秋冬执行死刑。

这个故事还涉及审级制度的问题。

《十五贯》中提到了无锡县、常州府、巡抚的“三审定案”，这其实不符合史实，有可能是作者的艺术处理。明清时朝，朝廷对死刑案件非常重视，在经过知县审判、知府复核后，要交给提刑按察使复核，然后再交给巡抚。有时候巡抚不一定管事，直接交到刑部，刑部复核并呈报皇帝，最后皇帝批准了才能执行死刑。

所以执行死刑光“三审”是不行的，至少要从知县、知府、提刑按察使到刑部，四个审级的官员都同意才算定案。清朝的情况跟明朝差不多，但巡抚的审判权变得更重要，在提刑按察使和刑部中间，一定要经过巡抚。

此外，昆曲《十五贯》与小说《十五贯戏言成巧祸》有一个很大的区别。在小说中，尤葫芦的对应人物是刘贵，而苏戍娟的对应人物是陈氏，主要的人物关系从父女改为丈夫和妾室。

无论是女儿还是妾室，都反映出男权社会中女性地位的低下。

中国古代，卖女儿虽然违法，但在底层社会很常见，官府很多时候不会插手。但卖妾就不一样了，穷人一般没有妾，有妾的都是社会地位较高的人。他们卖妾按照法律也是违法的，但其实官府基本也不管，而且妾的交易在明清时期是公开和普遍的。可见法律条文中的规定，并没有真实地保护女性的权益。

所以，放在《十五贯戏言成巧祸》这个小说的故事背景中，妾陈氏对于“被卖”的恐惧比起女儿的身份会更加严重，把戏言当真的情节也更可靠。妾室的卑微地位，让她们往往没有安全感。

昆曲《十五贯》的主要情节是传统中国社会法律的特征、司法审判制度，以及男权社会在法律条文中的体现。[①]

包龙图打坐开封府：铡美案

《铡美案》是一出更具代表性的戏剧。根据我们目前能看到的材料，“铡美案”的故事诞生于明朝万历年间。明朝万历二十二年成书的《包公案》中已经记录了陈世美的故事。到了清朝的乾隆、嘉庆年间，“铡美案”的故事已经登上了戏剧舞台。

“铡美案”中有两个与法律有关的主要人物，一个是包公，另一个就是最终被他用龙头铡处死的陈世美。

在古代,“公”是一种尊称，包公的名字叫包拯，是宋朝官员。在历史的叙事中，作为一个政治人物，包公以品德和性情成为传统中国社会清官的榜样。清正廉洁、公平公正、爱民如子等都是包公人物的特征。

而陈世美则是宋代官员中的另一种典型。作为家境贫寒的读书人，他一朝高中，便抛妻弃子，娶了公主当驸马。妻子秦香莲在走投无路之时，听说包公铁面无私、刚正不阿，就去找包公寻求正义。

包公召来陈世美与秦香莲对质。虽然陈世美百般抵赖、拒不认罪，但包公认为证据确凿，决定判处陈世美死刑。此时皇太后

---

① 本节参考文献：王世德.《十五贯》研究［M］.上海：上海文艺出版社，1981；唐景.论明代死刑制度［J］.求索，2010（1）：217–219；陈宝良.正侧之别：明代家庭生活伦理中之妻妾关系［J］.中国史研究，2008（3）：123–144.

和公主一齐赶来，施加压力给包公。面对压力，刚开始包公劝秦香莲和解。秦香莲失望地表示原来传闻如包公一般的大清官都免不了官官相护。最终，包公摘下了自己的乌纱帽，以示决心，不顾太后和公主的压力，拿出了御赐的尚方宝剑，并请出龙头铡，铡死了陈世美。

这就是“铡美案”的故事情节，虽然里面有戏剧夸张的成分，但也展现了传统中国社会的某些法律特征。

虽然包公是历史上真实的人物，但我们今天熟悉的包公形象是经过明清时期的文学或戏剧渲染而来的。可以说是公案小说和戏剧的流行，使得包公的形象不朽。

为什么公案小说或戏剧在传统中国社会有如此大的影响力呢？首先，这与传统中国的行政设置有关。地方官员是所谓的“父母官”，负责百姓之间的诉讼事宜，可以说是与平民百姓最接近的官员，所以这些故事让百姓听起来非常亲近，传播起来也更容易。

其次，公案小说或戏剧有非常强的情节冲突，容易引起人们强烈的爱恨情感。直到今天，我们在碰到“负心人”这样的语境时，还经常用“陈世美”来指代。此外，公案小说或戏剧中经常出现精彩的剧情反转，加上充满智慧的侦探断狱情节，成为百姓喜闻乐见的文学样式，进而传播了包公的文学形象。

包公的形象也是典型的“清官文化”的代表。

我们在讲《窦娥冤》的时候也简单提到了“清官文化”，不过其中的清官并不是戏剧中的主角。包公则不同，这出戏剧的情节设置在很大程度上都是为了凸显包公的高风亮节。

不过，我们要重新看待权力的分配。包公之所以可以不顾压力斩杀陈世美，最主要的是因为他有尚方宝剑。根据民间传说，尚方宝剑是皇帝赐予包拯的，象征他可以代表最高皇权做决定，也就是所谓的“先斩后奏”。

因为清官的权力还是来自皇权，因此清官固然是照顾普通百姓的，同时也必然是维护皇权的。这一点可以在京剧《铡美案》中体现出来：包公在控诉陈世美罪状的时候，除了抛妻弃子，还有一条更重要，即陈世美隐瞒了自己的婚姻事实，构成了欺君之罪，这才是更致命的罪过。可见，包公虽然违逆了太后和公主的意思，但还是以维护君权为出发点的。

需要指出的是，清官与“威刑主义”密切相关。

“威刑主义”是中国古代司法普遍存在的一种现象，大概意思就是通过暴力和恐吓的方式让老百姓害怕。这样可以增加法律的权威，迫使老百姓服从。

“威刑主义”的典型代表就是“刑讯逼供”。虽然在“铡美案”里面，包公没有刑讯逼供，但是在其他“包公戏”里面，包公经常采用刑讯逼供的手段，以此显示清官的刚正不阿。

除了“刑讯逼供”，“威刑主义”还体现为“严刑峻法”。也就是说，即使是死刑和其他比较残酷的刑罚，也要坚决执行，不能存有宽仁之心。包公坚决要杀陈世美，就是如此。

不过我们应该了解，戏剧舞台上的清官特征到现实生活中就会不同。晚清小说家刘鹗曾经说过这样一句话，充分反映出“铁面无私”的负面效果：“赃官可恨，人人知之；清官尤可恨，人多不知。盖赃官自知有病，不敢公然为非；清官则自以为我不要钱，何所不可，刚愎自用，小则杀人，大则误国。”

这就是刚愎自用的清官的危害。在无法做到“断案如神”的情况下，他们即使判错了案子，也往往因为自己的清廉，而相信自己的判断一定是正确的，所以他们对社会的危害也未必比贪官小。

除了“清官文化”，《铡美案》剧情与真实的司法程序也有出入。

包拯有皇上所赐的“尚方宝剑”是斩杀陈世美的关键，不过这种现象在宋朝是不可能出现的，因为到了明朝，“尚方宝剑”才首次出现。明代的戏剧《铡美案》其实反映的是戏剧创作时代的法律特征。

此外，即使到了明清时期，尚方宝剑也是给武将的。因为武将带兵在外，“将在外君命有所不受”，他们来不及事事都向皇上汇报，碰到紧急时刻必须立刻杀人，只有皇上特赐的权力才可奏效。因此，《铡美案》中的文官包拯，处理的多是普通老百姓的地方案件，并没有特殊情况需要特殊的权力，皇帝大概率不会赏赐他“尚方宝剑”。

我们最后来梳理一下在古典文学作品中社会特征和法律特征的表现。清官是百姓非常渴望的圣贤人物，他们在文学作品中往往成为经典的代表，其中尤以包公的文学形象最为流行；与清官相对的是贪官，他们无视法律，违法乱纪、刑讯逼供、潦草断案、畏惧权势而屈服的比比皆是。

另外，法律的执法程序问题也值得我们思考。县、府、巡抚三级审判是最基本的审判程序，遇到死刑案例需要进一步上报刑部，皇帝才有最终裁决权。至于地方官员到底有没有“尚方宝剑”代替皇帝行使生杀大权，戏剧与现实也是矛盾的。直到明清时期这种特权才产生，而且往往都是授予武官，不是戏剧中的文官。这也反映出文学创作者对百姓心理的熟悉，让受害者获得最终的正义才是绝大多数平民关心的。①

---

① 本节参考文献：徐忠明．包公故事：一个考察中国法律文化的视角［M］．中国政法大学出版社，2002；徐忠明．包公杂剧与元代法律文化的初步研究（上）［J］．南京大学法律评论，1996（3）：107–117；徐忠明．包公杂剧与元代法律文化的初步研究（下）［J］．南京大学法律评论，1997（1）：107–117；傅日晶．试论宋代司法制度的发展［J］．学术探索，2006（3）：105–108.

本章小结

中国从先秦时期便产生了法律以及以法律来管理国家的思想，并逐步形成了一整套法律、惩罚和司法体系。古代中国可以被视为一个“法制”国家，却没有能成为一个“法治”国家，“人治”始终占据主导地位。本章讨论了早期法律思想，法律的产生、发展及其运用，以及文学作品中描写的执法情况。

第一，儒家思想对中国法律有着直接影响。

儒家思想认为人有贵贱之分，不同阶层的人应该各司其职，亲疏、尊卑、长幼是社会秩序的基础，这样的等级秩序需要“礼”作为维持社会差异的工具。儒家强调道德感化的力量，认为道德可以是维持社会秩序的工具。我们可以从礼与法、孝与法的关系来看中国法律的儒家化。与礼所倡导的贵贱、尊卑有序相适应，法律规定的刑罚根据罪犯与受害人之间的社会身份的不同而不同。除了因身份不同而刑罚不同，更高社会阶层的人拥有更多法律特权。

在传统中国，司法权力高度集中在统治阶级手中。所有的法律案件都是由基层行政机构——县、府来处理。

不过，法律事务只是县令、知州（或知府）的工作内容的一部分。府的上一级为省，设立巡抚为行政长官。除此之外，省级还设立了专门的司法机构按察使司，它是专门分管司法的机构，定期直接向中央的刑部汇报。

刑部是最高级的司法机构，主要负责案件的审理和判决。中央的司法机构还有大理寺和都察院，大理寺负责复查死刑的案件，而都察院相当于法纪监督机关。它们并称为“三法司”，其中刑部的权重最大。需要注意的是，司法机构对死刑案件非常重视，已经判了死刑的案件还需要由刑部上交“三法司”，再由“三法司”上呈皇帝，皇帝批准后死刑才能生效。

第二，刑法和惩罚系统非常完备。

帝制中国的法律更注重刑法，而与民事相关的民法相对来说比较少。这是因为刑事案件极大地危害了社会统治秩序，而民事诉讼主要与土地、债务、婚姻和继承相关，涉及的是个体的财产。从国家的角度来看，民事都是细事，所以中央政府不关心，主要由州县官来“自理”。传统中国社会最基层的执法机构是州县衙门，法律赋予州县官基本的法律权力，他们集检察官、法官、警察和验尸官的职责和权力于一身。

虽然民事诉讼案件不在国家重点关注范围之内，但在清代的州县，民事诉讼案件占据了县衙处理案件总数的三分之一。也就是说，即使官方认为其不甚重要，它却与人们的日常生活息息相关。对于老百姓来说，与私有财产，例如土地、婚姻、继承相关的事务虽然琐细，但却与他们的切身利益息息相关。

在传统中国社会，法律是统治者进行阶级统治的重要工具。对于被统治阶级，统治者非常强调其应该遵纪守法，反抗统治的行为将会招致法律规定中的极刑，甚至法律规定之外“创新”而出的私刑。无论是合法还是非法的惩罚，强调的都是服从和顺应。刑具按是否符合法律规定，可以分为合法刑具和非法刑具。对于非法刑具，政府历来都是明令禁止使用的，但根本无法杜绝。尤其是在天高皇帝远的州县地区，私刑的滥用是无法避免的。

第三，人情在执法过程中起着重要作用。

在传统中国社会，为了人情动用关系改变法律处罚是一件惯常的事。“刑不上大夫，礼不下庶人”，这样的等级秩序体现在法律当中时，法律就不再是统一标准的刑罚，而是处处皆有可“通融”的地方。在当时的“世风”之下，法律往往流于一纸空文。执法者知法犯法，将人情和法律混为一谈，甚至在大多数时候，人情都胜过了法律的效力。

按照明代法律，官员养奴婢有限额，庶民不得养奴婢，不过这条法律在明代中后期成为具文。明代中后期以后，商品经济不断发展，社会的流动性大大增强，很多人发财致富，但也有很多贫苦的农民破产了。在这种情况下，破产的农民中有很大一部分，要么是自己沦为奴婢，要么把子女卖了，让子女当奴婢。奴婢的法律地位十分低贱，主人可以任意殴打奴婢。

从小说《红楼梦》可以看出，以贾家为主的四大家族的相互交往。在第四回“葫芦僧乱判葫芦案”中，借着初到官场的贾雨村对薛蟠打死冯渊的官司的判案，我们可以看出贾家势力的强大。贾家的老太爷靠武功封爵，属于开国功臣，所以在后面写到贾家落罪被抄家时，反复提到了“念功臣后裔不忍加罪”等话语，皇帝的顾念使得犯下枉法官司的贾家人等最后还是被从轻发落。

第四，古典文学作品是中国古代司法的生动记录。

中国古代存在着一种“清官文化”，这从《窦娥冤》《十五贯》《铡美案》中反映出来。因为现实生活中存在大量冤案，中国老百姓有一种普遍的心理，就是渴望“清官”来主持正义、主持公道。清官的权力来自皇权，因此清官也维护皇权。正如《铡美案》中所显示的，“尚方宝剑”是皇帝赐予包拯的，只要拿出尚方宝剑，他就可以先斩后奏了。

没有了皇帝的授权，“清官”也就没有这么大的能量了，因为权力还是来自皇权。因此，“清官”固然是受普通百姓欢迎的，但同时也必然是维护皇权的。所以，那些所谓的“清官戏”，其实经常只是代表了中国人的美好愿望，而那些所谓的“清官”也是专制机器的一部分，是为皇权或者所谓“好皇帝”唱赞歌的一种工具而已。

拾

第十章

游离在社会边缘的人群

本章主要问题

1 镖局在清朝出现，反映了清代中国社会、经济发展的哪些特征？明朝形成的武术流派，哪些现在还在、哪些失传了？那些延续至今的武术流派，有什么特点？

2 从东汉到民国，有哪些政治、经济、社会因素导致了海盗的兴起？汉朝时期的海盗和明清以来的海盗，在活动范围、行为模式方面有哪些相同点和不同点？

3 传统中国的娼妓文化为什么会跟文人相关联？传统中国社会的娼妓行业跟政府政策的关系如何？娼妓是古老的行业，在历史上沿存许久，娼妓行业的存在与文明社会有必然的关系吗？在近代，政府和社会对妓女采取了什么样的控制措施？

4 乞丐在社会中扮演怎样的角色？无论是恶丐还是侠丐，人们对待他们的态度会随着时间而发生改变吗？

5 为什么在传统中国社会会出现各种各样的江湖人物？江湖社会会随着社会的变化而消失吗？各种江湖人物的故事，哪些是传奇，哪些是真实的历史？这些江湖人物所形成的文化有哪些特点？他们和社会中的其他人群有着什么样的关系？

6 中国古代历代朝廷对赌博的态度有哪些变化，为什么会有这些变化？为什么唐朝会出现“博弈分类”？为什么中国古代很多关于禁赌的法律在地方上得不到贯彻执行？为什么对赌博的严厉打击不能长久持续下去？

7 在赌博方式上，文人士大夫和老百姓之间有什么区别？赌博业对社会和政治的影响体现在哪里？

8 鸦片在唐朝就传入中国了，但为什么直到清朝才成为一个危害广泛的现象？中国的鸦片种植有什么特点？为什么从清末到民国，鸦片都没有禁绝？为什么西南少数民族地区鸦片种植非常普遍？从清中期到清末，中国鸦片贸易有什么变化？

9 为什么人口买卖在中国历史上一直存在？促成人口买卖的动因是什么？中国古代的人口买卖有什么特点？为什么女性成为人口买卖的主要受害者？人口买卖对社会有什么负面影响？

在社会上混，还是要靠实力

武行天下：镖局

在中国，长途保镖行业的起源很早，但镖局的起源比较晚。保镖行业的兴起与官方驿站有关系。早在唐朝时期，就有遍布全国的官营驿站。当时经常会有一些官吏在全国各地流动，传递文书和物资，官营驿站的主要功能就是负责往来官吏的住宿。

官吏长途跋涉，有时候会经过一些不受官府力量控制的边疆地区，或者是人烟稀少的荒山野岭。在这些地方如果遇到歹徒，很可能阻碍官吏传达信息和物资，甚至官吏也可能被杀。这时候，保镖就派上用场了。从唐宋至元明的四朝官府，都会雇一些会武术的武林中人，让他们在路上保护官员的安全。

不过，此时的保镖还不同于后来产生的镖局。这些做保镖的人往往都是“个体户”，并没有形成组织。

保镖集团——镖局到清朝才出现。

关于镖局的起源，有两个传说。一种说法是在清初，著名的反清志士顾炎武、傅山和戴廷栻，召集了一群武林人士，组建了镖局。因戴廷栻是山西人，这三位义士经常在山西会面。他们以山西商人从事长途贸易需要保镖为名义，召集武林人士组建镖局，实际是为了伺机组织反清斗争。

另一种说法是，乾隆时期，山西的武术家，有“神拳无敌”之称的张黑五有意开设镖局。因为普通人是没有权利直接上奏皇帝的，所以张黑五请求达摩王转奏乾隆皇帝，请求乾隆皇帝同意他开设镖局。后来乾隆同意了，张黑五就开始在北京兴建了第一座镖局“兴隆镖局”。

这两个故事可能都不是真的。蒲松龄的小说《聊斋志异》中已经提到过镖局，由此推断，镖局的起源应该不晚于蒲松龄写成《聊斋志异》的康熙二十八年，也就是1689年。

虽说这两个故事可能是编造的，但它们反映出来的一个现象就是，镖局与山西人存在重要关系。之前提到过，在清朝时期，山西商人从事跨省甚至跨国的长途贸易。长路漫漫，贼人不少。他们确实需要一些保镖来帮助他们护送货物及银两，这个需求就是镖局出现的重要原因。事实上，一些镖局也确实是山西人开的，也许山西的商人更相信本地的镖师吧。

镖师应该具备哪些武艺才能呢？

老舍先生在小说《断魂枪》中，描写了一个叫沙子龙的镖师。从他对过去镖局的描述中，我们可以想象一二。

“枣红色多穗的镖旗，绿鲨皮鞘的钢刀，响着串铃的口马，江湖上的智慧与黑话，义气与声名，连沙子龙，他的武艺、事业，都梦似的成昨夜的。”

镖局出镖要插上自己家的镖旗，镖师们拿着钢刀护卫拉着货物或白银的口马，遇到了江湖上的强盗要能知道黑话，也要有应对的智慧，这就是小说对镖师的简略描写了。

其实，作为镖师，要掌握三项基本技能，即武功、春点、医术。

初入镖局的镖师先要学习腿法和拳脚功夫，而后学习使用刀剑、棍棒等兵刃。此外，走镖分为两种，一种是陆路上的旱镖，一种是靠船来押运物资的水镖。为了走旱镖，镖师必须学会骑马作战。为了走水镖，镖师必须学习水上功夫。镖师之所以叫“镖师”，正是因为他们需要学习使用飞镖。实际上，使用暗器也是镖师必学技能。

光有一身功夫还不足以成为一个合格的镖师。镖师行走江湖，必须要学会“春点”，也就是江湖黑话。走镖时，遇到强盗，镖师不会马上就动手，先要用“春点”来跟对方“盘道”。如果每次走镖都要打打杀杀，这样的镖局是做不长久的，与强盗搞好关系是镖局长期经营的必备条件。

“人在江湖飘，哪能不挨刀”，跌打损伤是镖师经常遇到的。因此懂得治伤的医术也是镖师必不可少的技能，有的镖师甚至本职工作就是医生。《清稗类钞》就记载了广东一个叫洪浚业的医生，擅长使用暗器，因此商人经常聘请他做镖师。

再厉害的镖局和镖师，到了清末民初也衰败下来。

老舍先生在短篇小说《断魂枪》中，用对往昔世界充满乡愁的笔调，点出了镖局衰落的原因。

老舍先生认为，导致镖局衰落的重要因素有两个。一是以火车为代表的现代化长途运输技术，取代了镖局镖师所惯用的马和骆驼。在有火车这种快速、安全、相对廉价的交通工具之后，镖局提供的服务显得性价比过低了。

二是以现代化枪支为代表的新型武器的出现。这些武器取代了镖师引以为傲的拳脚功夫和冷兵器。

老舍的想法是很有道理的，这两者确实是镖局在清朝末年走向衰落的重要原因。虽然在清末走向衰落，但是民国的时候还是有一些镖局存在的，尽管它们的业务量已经大大减少了。毕竟，传统的消亡是很慢的，而且在民国时期，全国不通火车的地区还很多。

还有另外两个导致镖局衰落的重要因素。

实际上，对镖局而言，可以说是“成也晋商，败也晋商”。前面我们讲到了晋商在清朝中后期建立起经济组织“票号”，有了票号以后，长途汇兑变得很容易，只需要一张票号的汇票，商人就可以在许多大城市汇兑白银，再也不用大老远地运输大量白银。而镖局的主要业务其实就是“银镖”，也就是押运白银。有了票号，“银镖”的业务量自然而然就大幅度萎缩了。

另外，以电报为代表的近代通信技术传入中国，也是导致镖局衰落的一大因素。前面我们讲驿递系统的时候提到过，近代通信技术使传统镖局的业务萎缩。因为镖局有一个业务叫“信镖”，也就是押送信件，有了快捷、相对廉价、方便的电报，“信镖”自然越来越少了。

总的来说，保镖行业随着经济发展的需要，历经唐宋元明清的发展，从护卫官方驿递系统脱离出来，形成了私人性质的武装团体——镖局。镖局的出现起源于山西商人的长途贸易，长途货物运送、白银运送、信息传递成为镖局的主要业务，但此后山西商人开设的“票号”使得白银的异地汇兑非常便捷，镖局的业务受损，外加近代技术的引入，如火车、枪支、电报等，这些技术逐渐取代了传统的镖局业务，使得镖局最终在民国时期衰落下去。[①]

“外练筋骨皮，内练一口气”：武术和门派

武术团体是中国社会中的另一武装团体。

中国的武术文化历史悠久，早在先秦时期，兵家就与武术联系密切，二者都是技击的运用。《孙子兵法》也十分强调战士的选拔与训练，此时的战士多用剑。

而到了秦汉时期，尚武的传统使得人们更加重视武术，古时的武术常以武舞的形式出现，例如我们熟悉的“项庄舞剑”就是其中的一种，除了剑舞，还有斧舞、钺舞等等，虽然动作随意，但出现了进攻、打斗等强烈的攻防动作。

武术在传统中国的使用，可以分为两种：一种是普通人抵御外来侵害的技能，或者强身健体的大众娱乐；另一种是统治阶级的工具，训练和培养军事人才。

古代频繁的战争让人觉得习武非常重要，南北朝时期少林寺

---

① 本节参考文献：孔祥毅．镖局、标期、标利与中国北方社会信用［J］．金融研究，2004（1）：117–125；吉灿忠．同兴公镖局考［M］．北京：人民体育出版社，2013.

武装力量的出现，便是长期抵御战争侵害的结果。

唐宋时期的武举制度强化了人们的尚武传统。到了两宋时期，官方颁布规定，加强禁军的武术训练，无论是箭术还是刀枪，对于武艺的训练和考核都有相当严格的标准。

明代是中国武术发展的重要时期，此时中国的武术体系正式成形了。

在明朝，各种武术器械以及拳法，形成了风格不同的大量流派。明代抗倭名将胡宗宪的幕僚郑若所写的《江南经略》记载：当时的拳法流派有十一家，包括赵家拳（相传由宋太祖赵匡胤创立）、南拳、北拳、西家拳、张飞神拳、猴拳等等；棍法流派有三十一家，包括左手少林、右手少林、大巡海夜叉、小巡海夜叉、双头棍、连环棍等等；刀法流派有十五家，包括偃月刀、双刀、钩刀、手刀等等。可谓武术百家，各有所长。

明朝中期以来，东南沿海地区不断受到倭寇侵扰，因此明朝人十分重视日本刀和日本刀法。抗倭名将戚继光在练兵的时候就教士兵日本刀法。明代的刀术吸收了日本刀法的精华，又将其与中国传统刀术结合起来，产生了新的刀法流派。

明朝末年已经有了“内家拳”和“外家拳”的说法。黄宗羲在《王征南墓志铭》中讲道，像少林拳这种强调主动进攻、大开大合的拳法就是“外家拳”，而“内家拳”据说是张三丰所创，以后发制人、以静制动为特点。

到了清朝时期，武术团体与民间宗教的关系变得十分紧密。

在中国历史上，底层民众一直有着信仰民间宗教和秘密结社的传统。这些民间宗教、民间社团往往成为反抗朝廷、官府起义的组织者。到了清朝，政府担心这些民间组织搞“反清复明”，严厉禁止民间教门和秘密结社。不过，政府对民间武术管得不是很严。

早在清初顺治年间，朝廷就下令允许民间保留火炮和盔甲之外的各种武器。到了清末光绪年间，直隶总督裕禄还在奏折中讲农民“练习拳棒，自卫身家，原为例所不禁”。在这种禁教不禁拳的环境下，民间社团发展出“秘密传教，公开练拳”的策略。

于是，许多民间秘密会社和宗教便借着练拳的名义，开展会社活动或者宗教活动。例如乾隆年间的清水教起义，其宗教头领王伦的干儿子张百禄精通八卦拳，以传授八卦拳为掩护，替王伦招募信徒。还有嘉庆年间的天理教领袖冯克善就是一个精通梅花拳的拳师。他曾经在河南、山东、直隶等地教人梅花拳，后又组织起民间宗教。因为武术和宗教结合了起来，许多拳术也染上了神秘的色彩。清末的“义和拳”组织，就宣扬练拳可以让人神灵附体、刀枪不入。

到了民国时期，武术宗师和流派应该是最为人们熟悉的。说起民国武术和不同的武术流派、武术团体，可能很多读者马上就想到了与霍元甲、陈真、叶问相关的电影。比如，王家卫导演的《一代宗师》便从南北不同武术门派之间的切磋，来讲述民国时期武术宗师所秉持的武术精神。虽然关于这三位的电影很精彩，但未必能够反映清末、民国时期武林的真实情况。

民国时期武术的发展和军队、政治有着密不可分的联系。

民国时期武术团体的这一发展趋势与一个叫马良的人有关。马良于清末出生在一个武术世家，跟师父平敬一学过少林拳和摔跤术。他参加了清朝的军队，并在军队中传播自己结合摔跤术和拳法而创造出的一套功夫。1911 年辛亥革命之后，他已经当上了协统（相当于现在的旅长）。在带领军队驻扎山东潍县时，马良召集武术名家编写了一部教材《中华新武术》。

进入民国时期，马良依然在军队任职，到处游说政府官员推广武术教育。1914 年，马良在济南创办了武术传习所，培养武术教学人才，将他们派往各地。北京、天津、上海、江苏等地的一些学校和军警开始把《中华新武术》列入课程。1917 年，民国政府正式把马良创制的武术教育列为军警的必修课。

民国时期，各地区都成立了和马良的武术传习所类似的武术社团组织。其中最出名、最重要的要数国术馆了。国术馆创始人张之江也是一位习武的军界人士。他是河北盐山县人，小时候练过太极拳、八卦掌，1901 年参军。民国时期，他曾经担任国民军总司令。

1927 年，张之江退出军界，就任南京政府委员，并邀请蔡元培、于右任、冯玉祥等政府要员，在南京成立了国术研究馆。后来，国民政府宣布给该馆提供经费，并将该馆纳归政府指导。1928 年，国术研究馆正式改名为“中央国术馆”。

1929 年，国民政府下令，全国各地都要开设国术馆。馆长由当地行政长官担任，或推举德高望重者担任。到 1933 年，已经有 25 个省市设立了国术馆，形成了一个几乎遍布全国的国术馆系统。

国术馆主要的工作就是招收学生，培训武术。中央国术馆除了开设面向未成年人的少年班、青年班，还有培养武术教育人才和专家的师范班、教授班；除了教授形意拳、太极拳、八卦掌等中国传统武术，还教授拳击等外国格斗技术。

民国时期武术的发展和军队、政治有着密不可分的联系，在中央政府的提倡下，各地均出现了学习武术的热潮。

总的来说，中国武术传统比较久远，但在明朝武术体系才基本成形，各种武术器械以及拳法形成了风格不同的大量流派。清朝，在“禁教不禁拳”的环境下，民间社团发展出来一种“秘密传教，公开练拳”的策略，武术与民间宗教相结合。武术及其发展出来的文化，成为中国文学和影视作品创作的精神食粮和丰富素材。当然，我们也应该意识到，中国武术在流传的过程中不可避免地加入了极大的传奇色彩。①

横行在波涛之上：海盗

中国沿海有影响非常大的另一武装团体：海盗。

中国历史上，有史可考的海盗最早出现于东汉安帝年间。汉安帝刚刚即位，全国各地分别出现了地震、水灾、旱灾等自然灾害，继而出现了饥荒，有些地方甚至出现了人吃人的情况。然而，

---

① 本节参考文献：国家体委武术研究院 . 中国武术史［M］. 北京：人民体育出版社，1996；郭裔 . 晚清民国时期的广东武术［M］. 广州：华南理工大学出版社，2013.

官府却不作为，没有赈济饥民。

这时候，山东沿海地区的张伯路就率领一支三千余人的部队，在沿海地区和海上反抗官府。官方史书称他们为“海贼”。汉安帝得到消息后，派御史庞雄前去镇压。

朝廷多次派兵围剿，形势渐渐开始对张伯路不利，他开船带着部队逃到了辽东半岛附近的一个海岛上。但海岛上可耕作的土地比较少、缺乏粮食，他最终还是返回了山东，结果被官军击败。张伯路被杀，海盗势力最终被瓦解了。

中国历史上的海盗可以分为两种类型，反抗官府型和劫掠财物型。张伯路的海盗武装就是典型的反抗官府型。东晋末年的孙恩、卢循，明朝初年的方国珍，都是如此。当然，这两种类型的海盗也不能截然两分，他们之间也可以互相转化。

劫掠财物型的海盗，也是在东汉时期出现的。

根据目前学界的考证，最早的只抢劫财物、不以反抗官府为终极目的的海盗出现于东汉灵帝年间。灵帝熹平二年，浙江杭州湾有一个叫胡玉的海盗抢劫了商人的财物。

不过，从汉朝一直到唐朝，史书中关于海盗的记录其实并不多。这或许是因为编纂史书的人不是很在乎海上事务，也可能是因为当时沿海贸易还不是很发达，所以海盗的数量确实不多。

面对海盗，政府采取率兵攻打和招安两种方式。比如，《水浒传》里面宋江最终被朝廷招安了，而且带着梁山好汉去攻打方腊。宋朝官府对于海盗便采取“时剿时抚，以贼攻贼”的策略。

在南宋时期，有一支海盗势力以郑广、郑庆两人为首领。他们主要是为了劫取财物，不想真的推翻朝廷，朝廷一招安，他们就从了。郑广、郑庆都被封为“保义郎”，手下的海盗和船都被编入军队。宋朝朝廷曾经调拨部队供二人指挥，以攻打其他海盗势力。在海战中，郑广“屡建奇功”，但是因为他做过海盗，还是受到同僚的冷落和歧视。

有一天，郑广为了发泄胸中愤懑，当着许多同僚的面，念了一首自己写的打油诗：“郑广有诗上众官，文武看来总一般。众官做官却做贼，郑广做贼却做官。”可见，以贼攻贼的方式也不是没毛病。

到了明朝时期，倭寇作为一种海盗，对东南沿海的影响很大。

明朝建立之初，虽然消灭了元末方国珍在东南沿海地区建立的割据政权，但他的余党还在。而此时日本处于“南北朝”时期，南北对峙的两个政权各有一个天皇，自认正统，都企图消灭对方。南北双方战争不断，海盗在日本横行。日本的海盗和方国珍的余党结合起来，不断袭击、骚扰东南沿海地区。

朱元璋为了解决沿海倭寇问题，采取了“海禁”政策，严禁中国人与外国人进行贸易，禁止出海。这种措施虽然看起来可以断绝倭寇的经济来源，但其实收效甚微。永乐皇帝（明成祖）采用了一种比朱元璋更开明的政策，他并不片面禁止对外贸易，而是把海外贸易纳入国家的管辖之下。

这时候，日本的南北两个政权也被室町幕府统一。明朝和日本的室町幕府合作，共同打击海盗。最终，在双方的联合打击下，倭寇越来越少。

然而明朝中期以后，一方面，中国沿海地区的居民越来越不满官府对海外贸易的控制，大量沿海居民开始从事走私贸易活动；另一方面，日本进入了动荡的战国时代，很多中国走私商人开始跟流亡的日本浪人结合起来，一边从事走私贸易一边在海上抢劫，甚至袭击沿海州郡。这些人也被当时的明朝政府称为“倭寇”。其实，明朝中后期的倭寇绝大多数都是沿海地区的中国人，日本人只占倭寇总数的十分之一左右。

16 世纪末，明朝一方面派遣胡宗宪、俞大猷、戚继光等将领加强东南沿海的防备，另一方面在 1567 年放松了海禁，这样一来，商人可以不必走私而从事合法的海外贸易，他们就丧失了变成海盗的动机。

此时在日本，丰臣秀吉基本上统一了全国，剿灭了日本的海盗势力。在国内外因素的共同作用下，东南沿海的倭寇又沉寂了下去。

通过明朝倭寇势力的消长，我们可以看出，倭寇的兴起与灭亡和海禁政策以及日本的政治局势有着密切关系。

清末，随着沿海地区对外贸易的发展，海盗势力又兴起了。

道光三十年（1850），在福建地区经商的瑞典人雇的小船就曾经被海盗朱茂科袭击。小船所携带的洋钱被全数夺走，清政府派兵搜捕，抓获了朱茂科。

因为海盗威胁外国商人的利益，所以当时外国政府多次督促清政府加强防务，严抓海盗。有些国家，比如英国还派军队在中国沿海地区巡航，以搜捕海盗。

清政府也会派遣一艘军舰巡逻从江苏吴淞到广东的整个东南沿海地区。但是，海盗还是屡禁不止。这主要是因为中国的海岸线漫长曲折，官方的力量不足以在每时每刻覆盖全部的沿海区域。

不过清末以来，已经没有倭寇那种大规模的海盗组织，所有的海盗组织都是小规模、分散化的。当然，这些海盗组织也主要以劫掠钱财为目的，无意颠覆国家政权。

类似这样的小规模海盗组织在民国时期不仅没有消亡，反而发展壮大了。民国时期，《申报》报道了大量跟海盗抢劫有关的案件。仅 1921 年一年，《申报》就报道了 18 起海盗抢劫案。

事实上，海盗抢劫案件肯定比报道的数字还多。民国时期海盗猖獗的一个重要原因是：军阀兴起，很多散兵游勇逃出军队，加入了海盗势力。

总的来说，海盗是传统中国社会历史比较久的一个武装团体，中国历史上的海盗可以分为两种类型——反抗官府型和劫掠财物型。明清时期是海盗对中国沿海产生重大影响的时期，倭寇的兴起与灭亡和海禁政策以及日本的政治局势有着密切关系。到了清朝末年，开放通商口岸以后，对外贸易的发展又给海盗势力再兴创造了可乘之机。①

① 本节参考文献：安乐博，王绍祥 . 中国海盗的黄金时代：1520—1810［J］. 东南学术，2002（1）：34–41；松浦章 . 中国的海贼［M］. 北京：商务印书馆，2011；上海中国航海博物馆 . 新编中国海盗史［M］. 北京：中国大百科全书出版社，2014.

挣扎在社会底层

秦淮妓院和八大胡同：是堕落还是风流？

妓女、乞丐和江湖游民是城市中被边缘化的三个群体，先来看妓女和中国青楼文化。

妓女在中国历史悠久，无论是明清时期的秦淮妓院，还是民国时期妓院密集的北京八大胡同，都显示了这个行业曾经的发达和繁荣。

以秦淮妓院为代表的南方青楼文化往往带有“浪漫主义”色彩。明朝时期的秦淮妓院相当有名，其中既有政治因素，也有江南文化以及江南文人的影响。

根据《板桥杂记》的记载，明太祖朱元璋在南京建立了花月、春风等十六楼作为官妓之所，将犯罪大臣的妻女打入其中。所以明初官妓中的妓女，有许多是大家闺秀。明初的官妓之所以只允许商人进入，严禁官员进入，一方面是为了繁荣经济，另一方面是为了杜绝官场的腐化。

秦淮妓院此后虽然不如明初那么繁盛，但秦淮河附近的南市、珠市的妓院依然保留下来。秦淮河的两岸，一边是倩影摇摇、门庭飘香的妓院，一边是供科举取士的贡院，雅妓与文人乘小舟游秦淮河，小舟内丝竹歌舞不绝于耳，成为一时之风尚。

明末是中国士林社会生活相对开放的时期，那时官妓十分流行，逛妓院并不是严重的道德问题，很多儒生甚至把结交高级妓女当作一种时尚。

秦淮胜迹图壁画（局部）

例如明末文人冒辟疆，不仅与秦淮名妓董小宛相交，还娶她为妻，《影梅庵忆语》记录了两人的闺房之乐和爱情生活。

很多时候，妓女会与文人甚至民族大义联系在一起，比如《桃花扇》中的李香君。李香君是明朝末年的名妓之一，娇小玲珑，被人称为“香扇坠”，是一个既有侠气又聪慧的女子。她与名士侯方域相爱，但遭奸人陷害，被逼嫁与他人。李香君以死相抗，血溅桃花扇，足见其侠义之气。

进入清代以后，明代妓院逐渐废弃，昔日盛况不再。太平天国战争后，曾国藩到过夫子庙，提出筹办花船以恢复繁荣，妓院也随之兴盛。有游客在夫子庙题诗一首："荼靡开罢绽红榴，底事秦淮作胜游。两岸河房添好景，石栏杆外竞龙舟。"

相比于南方青楼文化的浪漫，北方的青楼文化更趋近"现实"。

在北京，妓院分四等。一、二等妓院内陈设豪华，妓女年轻漂亮。为了哄骗妓女多接客、多挣钱，老鸨给她们好吃好喝，打骂也少些。可是这些妓女一旦年老色衰，门庭冷落，悲惨命运便立刻降临。

三、四等妓院房屋摆设较差，妓女长相一般，年龄也大些。老鸨常用毒打等手段，逼妓女接客挣钱。下等妓女最苦，白天黑夜都要接客，挨鞭子、跪搓衣板、饿肚子是家常便饭。老鸨打她们的时候，口里还会咒骂着："妓女是摇钱树，不打不落钱。"

妓女和妓院的关系有两种：一种是卖给妓院，挣的钱都归老板，其中有的有一定年限，有的终身失去自由；另一种是没有写卖身契的妓女，她们一般不遭毒打，但挣的钱要跟老板分账，妓女所得极少。

除此之外，还有一种土娼，大都隐蔽于胡同深处，门前挂着招牌，内行人能识得标志，大体是窗户上贴剪纸，或者挂一红灯笼。老舍先生的《月牙儿》中便描述过一对母女逐渐沦落为暗娼的悲惨生活。

故事中的"我"是一个 7 岁丧父的女孩，母亲为了养育女儿，不得不以做暗娼为生。女儿接受了教育，不齿于母亲的行径，但长大之后，依然无法改变自己的命运，在社会上处处受人压迫，无以为生，最后也不得不走上做妓女这条谋生的道路。

妓女现象背后，经常涉及人口贩卖的问题。

人口拐卖活动无论在城市还是乡下都非常普遍，女人一旦落入这些人的魔爪，下场非常凄惨。

也有不少是穷人由于各种原因，将家里女人典当的。与卖妻卖女不同，家里人把女人典押出去从事娼妓业，就好像是把女人的身体当作一种经济资源去开发，就像典当衣服或其他有价值的东西一样。

为了改变妓女的处境，“废娼”成为清末民初的改革目标，以“拯救妇女于孽海”。地方当局会开办“济良所”，收容妓女，教她们自尊、识字、计算，希望把她们转变成“正经娴媛”，寻找另一种谋生方式。

1909 年的成都，六十多名妓女进入了济良所接受从良教育。为了开始新的生活，她们中的三十人选择了结婚。据报道，这些妓女颇知悔悟，逐渐改变了她们的生活方式。具有讽刺意味的是，尽管社会歧视妓女，但是仍有很多男人有兴趣与她们结婚。

20 世纪二三十年代，国民政府发动的“废娼”运动轰轰烈烈，尤其是以南京秦淮河为首的传统妓院区，成为国民政府首要的改造区。在当时精英的眼中，秦淮河是一条“污秽”的河流，许多人认为娼妓的存在是人类的奇耻大辱，是社会上的病态现象，不是文明国家应有的状态，所以娼妓是最严重且迫切需要解决的问题。

“废娼”运动没能解决妓女的问题。

因为真正想要从良、从事正当职业的妓女，依然面临着许多障碍。政府勒令妓女到工厂做工，能嫁人的允许其自由婚配，其中的老弱妇女送到救济院留养。但政府缺乏足够的财力、物力与收容所来完成这项工作，不仅老鸨百般阻挠，妓女主动投靠救济院的也很少。关键是在禁娼之后，许多人转为私娼以歌女的身份在茶社、旅社继续卖淫，所以禁娼效果不如人意。

即使离开这个行业，社会对这些妇女的道德谴责也不会消失。那些离开妓院已经结婚的人仍然保留着“前妓女”的名声。例如，成都一个妓女从良后在巷子里开了一家铺子，生意很好，但一次有人在店里调戏她，双方大起冲突，导致其中有人受伤。事件发生后，邻里们“共同议定”，让她迁店。

不可否认的是，有些女人是自愿成为妓女的。杨老三是晚清成都的一个名妓，她从良结婚后，她丈夫倾其所有也无法养活她，她就重操旧业。她的丈夫为此十分恼火，甚至与她的客人发生打斗。

这些妇女的行为告诉我们，即使同属于边缘群体，每个人的处境也是不同的。在一般人看来，妓女是受男人迫害和蹂躏的弱者，但实际上她们成为妓女的原因各不相同，生活方式也有很大差别。

可见禁娼和废娼的问题，并不仅仅涉及妓女，更涉及女人是如何沦落到这个行业的背后根源，如贫穷、人口贩卖、对妇女的歧视等。如果没有从根本上解决这些问题，自然也无法根除妓女这个群体和卖淫活动。[①]

“乞儿行好事，皇帝做媒人”：乞丐的传奇世界

城市中还有另一类边缘群体：乞丐。乞丐是指那些以乞讨钱物为生的穷人。俗话说，“民以食为天”，当人衣食无着，又无以为生，便出现了行乞的现象。

唐朝时，中国的乞丐群体基本上源于穷人阶层，是本来意义上的乞丐。经过宋、元、明、清，乞丐的成分变得越来越复杂，恶棍无赖也间杂其中，甚至形成了所谓的“乞丐王国”，也就是民间所称的“丐帮”。

传统中国以农业为主，当天灾人祸同时出现时，首先落难的就是农民，其次才是城镇贫民。农民们在灾难中无以为生，只能携妻带子踏上背井离乡之路，以寻求其他生路，这就造成了一大批人靠乞讨为生。

至于恶棍无赖夹杂其中，跟社会风气有关系。徐珂在《清稗类钞·乞丐类》中表达了对乞丐的厌恶，觉得他们懒惰成性，不

---

① 本节参考文献：贺萧 . 危险的愉悦：20 世纪上海的娼妓问题与现代性［M］. 南京：江苏人民出版社，2003；王笛 . 街头文化：成都公共空间、下层民众与地方政治（1870—1930）［M］. 北京：商务印书馆，2013；《文史精华》编辑部编 . 近代中国娼妓史料［M］. 石家庄：河北人民出版社，1997；陈蕴茜，刘炜 . 秦淮空间重构中的国家权力与大众文化——以民国时期南京废娼运动为中心的考察［J］. 史林，2006（6）：40–52；张耀铭 . 娼妓的历史［M］. 北京：北京图书馆出版社，2004.

愿另谋生计，甘愿乞讨为生；但后来经过反思，觉得是社会没有给他们提供应有的教养之道，才造成了他们无以为生。

这些乞丐通过不同的乞讨方式获得生活所需。

红白喜事是乞丐最喜欢参与的。他们专门向举办红白喜事的人家讨赏，所得数额的多少，依办事的门户大小不一。

同时，乞丐还为红白事充当夫役，会再得一部分佣金。乞丐之间划有地盘，不可越界到别的地面上去讨赏，这也成为一种行规。

还有一些以身体残疾为行乞资本，向路人哀告讨钱，其中有盲人、跛子，还有的以畸形身体获得同情。这类行乞的残疾人，有些畸形身体是人为造成的，施虐者强迫他们借此行乞并从中获利。

除此之外，骗乞也非常普遍，类似行医卖药、算卦，带小孩、老人或病人行乞等等，有种种伎俩。

普通人眼中的乞丐是什么样的形象呢？

通常，大多数人认为应该帮助乞丐，但也有部分人认为乞丐是恶丐，只有极少数人会将乞丐与侠义联系在一起。

对于施舍者来说，乞丐是过去人们行善的救助对象。迟子建的小说《伪满洲国》，描述了一家乐善好施的当铺主人，每年除夕夜都会给乞丐们发年货。

乞丐们在除夕夜领年货的时候，也有自己的讲究。他们换下破衣烂衫，将自己收拾得稍微体面一些，领完年货之后，主人还叮嘱他们去别人家讨饭时，不要被放出来的狗给咬了。这样善意的提醒，也传达出乞丐的艰难处境。

但在晚清时期广东的某些地区，也有乞丐群体是横行乡里的恶丐。敲诈是恶丐常用的手段，他们甚至借助死尸来达到目的。

如道光年间，在安定县，有恶丐看到路边有饿死的乞丐，便以死亡原因不明为由，敲诈附近居民。因为人命关天，加上采证困难，无法证实其死因，附近居民只能“自认倒霉”。恶丐们正是利用这个谁也不愿招惹的麻烦来讹诈居民的。

文学作品和历史记载中，也有乞丐的侠义行为。

明朝著名的文学家、戏曲家李渔，曾写过一个叫《乞儿行好事 皇帝做媒人》的故事，讲述了乞丐的“义举”。

故事中有一个人，散尽家财帮助穷人，最后沦落为乞丐。即使乞讨来的钱，他也给予更需要之人。为了不辱没先人，他给自己起了一个诨名叫“穷不怕”。为了救助一个被官绅霸占的少女周氏，他被恶势力上告到朝廷。最后状子递到了皇帝跟前，皇帝还了他清白，并且为“穷不怕”和周氏做了媒，让他们成了亲。皇帝为了表彰“穷不怕”的义举，对其赏赐丰厚。

这样一出戏文，不妨看成是作者李渔对乞丐侠义行为的肯定，也是对这个群体的尊重。

乞丐的故事很容易让人想到他们的传奇性，例如金庸笔下武功高强、正义侠气的丐帮帮主洪七公。那丐帮在历史上真的存在吗？丐帮的帮主都是如此传奇吗？

丐帮大约形成于两宋时期，有学者推断，两宋经济的繁荣促使许多社会团体出现，丐帮就是其中的一种。既然乞丐也是一种职业，我们可以把丐帮看作一个行业的“行会”。有一句俗语叫“作田要交粮，讨米要入行”，说的就是入了丐帮，乞丐才能天经地义地在地界内讨饭。

明清时期，随着秘密会社的发展壮大，丐帮也发展较快，甚至在京城出现了特殊的丐帮——“黄杆子”。“黄杆子”是对沦为乞丐的八旗子弟的称呼。“黄杆子”是高级丐帮，因为“身份尊贵”，他们平时不出来沿街乞讨，而是在端午、中秋、春节这样重大的节日，去店铺讨钱。

店铺的伙计还要把钱举过头顶，恭敬地交给他们。如果有店铺不给钱，他们便聚众到店里，从开店坐到闭店，致使店家无法营业，最后只能拿出更多的钱来打发了事。

到了民国时期，社会动荡，丐帮向“民间会党”发展。此时的丐帮不是传统意义上的“侠义”，而是一种强势的团体力量。上海丐帮经常以保障社会治安为由，向商户收取“丐税”。

到了20世纪初，人们对待乞丐的态度又有新的变化。

人们不但认为乞丐是造成偷盗、抢劫等社会不安定的重要原因，而且他们衣衫褴褛的形象是对城市“文明”的诋毁，因此改造乞丐在清末成为一种趋势。

在清末民初的成都，警察对乞丐的清除和治理进一步加强。据当时的一名传教士描述，一项新的规定授权警察可以逮捕任何一个在街头流浪的人。那些无家可归的人被送到了教养工厂，被遗弃的小孩被送进孤儿院。

那些坚持在别人家门口乞讨的“凶丐”，成为警察的重点收容对象。警察把旧日的寺庙和粥厂改建成教养工厂，安置乞丐，强制他们劳动。在这些工厂里面，乞丐不仅可以学习劳动技能，还接受教育。

地方精英以社会治安、城市形象为由，甚至高举改善穷人处境的大旗，对乞丐进行改造，但乞丐们会“领情”吗？其实许多乞丐并不欢迎这种变化，乞讨的自由让许多乞丐认为“要上二年三年饭，给个县长也不换”，迫使他们短期内改变已习惯的生活方式，自然会引起他们的抵制。

乞丐作为一个特殊群体，无论成因如何、人们对其态度如何，都一直存在于历史当中。任何人为的“改造”和“治理”，试图将他们在社会上消灭，都将是徒劳的。[①]

前面是“笑傲江湖”，后面是血雨腥风：游民的传奇

江湖游民也是社会的边缘群体。

在传统社会中，“三教九流”是对社会阶层的粗略划分，我们说的“江湖游民”就是这中、下九流里的。他们包括风水先生、

---

① 本节参考文献：王笛．街头文化：成都公共空间、下层民众与地方政治（1870—1930）［M］．北京：商务印书馆，2013；曲彦斌．中国乞丐史［M］．北京：九州出版社，2007；迟子建．伪满洲国［M］．北京：人民文学出版社，2004；倪根金，陈志国．略论清代广东乡村的乞丐及其管治——以碑刻资料为中心［J］．2006（2）：52-59；卢汉超．叫街者：中国乞丐文化史［M］．北京：社会科学文献出版社，2012.

剃头匠、鼓乐吹手、戏子、杂耍班子等等。

所以“江湖游民”作为下层群体之一，其构成是非常复杂的，很多时候他们被称为“江湖人士”或“跑江湖的”，也被许多外国人称为“居无定所的人”。正是因为居无定所，所以他们一定要有赖以为生的“绝技”。

最常见的江湖艺人，通常身怀不同的“绝技”。

他们经常在街头或其他公共场所表演。清末的北京城，天桥是民间艺人的集散地，活跃着数以千计的江湖艺人。他们多是流民，其中许多是旗人，清亡没有皇粮吃了，缺乏谋生技能，不得不走上天桥谋生。还有一些拳师、保镖等，没有雇主，但会一些功夫，便到天桥去闯荡。

他们在街头巷尾谋生，表演的节目能吸引下层市民的关注。大多数杂耍演员是妇女和女孩，她们表演得最精彩的节目是“蹬坛子”“爬梯子”。在“蹬坛子”的节目中，三张桌子重叠在一起，垒成一个高台，杂技演员仰卧在最上面的桌子上，脚蹬一个巨大的酒坛。这样的游戏看上去很惊险，精彩的表演能赢得观众的喝彩。

江湖游民操持的技艺有时候与地域相关。

发生在这些人身上的故事也不乏传奇的色彩。河南新野县以耍猴艺人而闻名，那里许多人的家族从明清时期就开始了耍猴表演。关于这些从农村出去的耍猴人，在当地村民的口述历史中，唯一记得的最早开始耍猴的人是一个叫张西怀的农民。他生

街头杂耍，引自李弘《京华遗韵》

于 1908 年，十几岁便开始耍猴。民国时，他曾到过中国的香港和台湾，也到过越南、新加坡等地。1945 年日本投降后，他从香港回来，入境时以“汉奸”罪名被捕。

一个没有任何权势的小民，只能被动接受这个结果。不想，命运却出现了转折。在广东的监狱等待被枪毙时，有一天张西怀在牢房用豫剧唱腔唱猴戏，无意中被一位河南籍上校军官听到了。这位军官或出于同乡之谊，或出于对江湖游民生活不易的感慨，把他从枪口救下，并且安排他回到新野老家。这位江湖艺人的传奇故事反映了江湖的奇特，也反映了江湖游民并不是“笑傲江湖”的大人物。

跑江湖卖艺的游民经常会跟一些帮会势力纠缠不清。因为他们要在江湖上混，再加上传统社会江湖游民社会地位非常低，于是帮会势力经常压榨他们。

从晚清到民国时期，政权更迭频繁，社会动荡不安，地痞流氓对江湖艺人的压榨十分严重。相声大师马三立曾回忆他在天津南市卖艺的经历：头一天没等到观众打赏，当地混混就来敲竹杠，实在没钱打点，最后竟被混混们抽大嘴巴子。

天津南市和北京天桥这种艺人集中的地方，流传着一个术语叫“飞帖打网”。这是说，初来乍到的艺人会收到来自地头蛇的帖子，声称要交个朋友，如果艺人懂“行规”，那就乖乖上交保护费，如果不交就会有人天天来闹场子。

这就导致有些江湖艺人主动去拜码头、交保护费，或者直接加入黑帮，以换取保护伞的庇护。

江湖游民经常与“恶势力”混杂在一起。

这导致很多人认为这些游民是不可信的，许多民间流传的欺诈故事都与他们有关。在社会上，“跑江湖的”名声通常不好，经常被认为是以蒙骗为生。

晚清成都文人傅崇矩在《成都通览》里，揭示了这些游民通过“诈骗”来谋生的秘密，描述了六十多个关于江湖骗子骗术的生动故事。他们惯用的手法有“假装邪术”“诡秘法”“包取功名”等等。

例如一个经常表演的术士，旁边挂一面幌子，上面标明传授法术及其价格，声称他有“三十六大变”和“七十二小变”的本事，可以把皮带变成蛇，把鞋子变成兔子，把树叶变成鱼，等等。他最受欢迎的法术是用纸币或硬币来“生钱”。他将感兴趣的人带到一家僻静的茶馆，等钱到手之后，就告诉受骗的人怎样用鸡血或类似的东西来供奉钱币四十九天，便会生出更多的钱。

只要这类人在街头出现，人们便会迅速围上来观看。当然，大多数人只是看热闹而已，不过一些人偶尔也付钱给他们。虽然人们不一定相信他们的把戏，但无疑从他们的表演中获得了乐趣。

当然，并非所有的江湖人都进行欺骗。

许多被叫作“江湖郎中”的民间中医是真有医术的。在成都，医生被分为“摆摊”“跑街”“坐轿”三种类型。前两类郎中经常为穷人看病，有时甚至提供免费诊断。

对于老百姓的小病微恙，许多中草药贩就能告诉他们用什么药。成都是中国西部的药材集散地，许多人通过做药材生意谋生，甚至发财。一些药贩被叫作“卖狗皮膏药的”，他们经常将一块黑色的药膏贴在患者的痛处或伤处。

这些卖药人喜欢吹嘘药效，虽然能因此吸引不少顾客，但由于经常夸大其词而名声不佳。乃至在今天的汉语中，经常称那些自吹自擂的人为“卖狗皮膏药的”。

算命先生也是在公共场所受欢迎的江湖人物。

几乎在每条街上或者茶馆里都可以看到他们的存在。算命先生经常在街角和街沿摆摊，或聚集在城门洞下面，也有许多人在街头徘徊寻找顾客。流行的算命方法包括玩牌、算卦和拆字，算命先生还帮人选择黄道吉日。

那算命先生到底算得准不准呢？成都有一个外号叫“神童子”的算命先生，在茶馆揽生意，找他算命的人非常多。据说他曾给一位高官算命，说出此人身上某处有个胎记，于是官员觉得他算得准，他的名声也越来越大。后来有人披露，这个算命先生是偶然在澡堂看见了那个官员的胎记，并不是“算出来”的。可

街头算命，引自李弘《京华遗韵》

见，算命这件事也是有“玄机”的。

江湖游民是传统中国社会的边缘人群，游离于国家和地方政权之外，以自己的江湖规则为准绳，并不受正统道德观和行为准则的约束，从而形成了特别的文化和生活方式。要了解传统中国社会，就必须了解江湖。其实，许多秘密会社的成员也被认为是江湖人物，他们的故事下文会有专门的介绍。[①]

诱惑：金钱、鸦片和人口买卖

博一博，赌徒命运的跌宕起伏

麻将作为一种娱乐活动，其流行的主要原因是经常与赌博联系在一起。赌博的历史非常久远。

在春秋战国时期，最流行的赌博方式是六博，但六博的玩法已经失传了。根据目前能够看到的材料，六博应该是一种掷色游戏，就是利用投掷色子或者其他工具来决定棋子能走几步的棋类游戏，类似于我们今天熟悉的飞行棋和大富翁。

当时的诸子百家里有一些思想家是很反对赌博的，最典型的就是法家学派的李悝、商鞅等人。他们在魏国和秦国主政时都推

① 本节参考文献：王笛．街头文化：成都公共空间、下层民众与地方政治（1870—1930）［M］．北京：商务印书馆，2013；马宏杰．最后的耍猴人［M］．杭州：浙江人民出版社，2015；迟子建．伪满洲国［M］．上海：译林出版社，2018；秋原．乱世靡音［M］．北京：新星出版社，2019.

行了一些严厉的禁赌政策。

秦朝对赌博的管控比较严，但到了汉朝，政府对赌博的管制就比较宽松了。在先秦时期，参与赌博的主要是男性。到了秦汉，许多女性也开始参与赌博，甚至当时有的女性将赌博工具作为嫁妆。

赌博在社会中兴盛与否，似乎是有某种规律性的。

历朝历代，但凡进入朝代中末期，时局动荡，政府能力不足，对社会疏于管理，赌博都会兴盛；到了新兴朝代的初期，统治者都会严格治理赌博。社会承平的时候，虽然法律规定赌博是不合法的，但这些法律都没能得到很好的执行。

北宋初期，对赌博的处罚非常严厉。依据宋太宗的诏令，在京城开赌场者要被斩首。宋真宗年间，一位叫肖玄的学子中了进士，但因为之前犯有赌博罪，最终还是被革除功名并流放。到了北宋末期和南宋时期，政府的管制放松了，赌博在社会上大行其道。

元朝也是如此，元代初期和中期对赌博的处罚很严。元代一些地方政府为了禁绝赌博，采用了一些前朝没有的新措施。比如当时江西行省规定将赌徒居住的门外墙壁用红泥粉刷，这个手段本来是用来惩罚盗贼的。到了元代后期，朝廷就放松了对赌博的管制。

在某种程度上，甚至可以说赌博深刻地影响了中国的政治。

比如晚唐开始流行的彩选，就是后来人们所说的“升官图”

游戏。辽朝的皇帝辽道宗在晚年时倦于政务，就用彩选游戏来选拔人才，提拔游戏中的获胜者。由这种方式选中的人管理国家，对政权势必是一种威胁。

还有斗促织（即蟋蟀），最早出现于唐代，宋朝时广泛传播开来。南宋末年的丞相贾似道十分痴迷斗促织，甚至在蒙古军队围困襄阳的时候，依然和妻妾玩斗促织。由于经验老到，他还写了一本研究促织的书《促织经》。玩物丧志的赌博游戏与王朝灭亡的关系看似遥远，实则不然。

斗促织在明朝更加一发不可收拾，明代宣德皇帝就是一个著名的斗促织爱好者。他曾经密诏苏州知府进贡一千只蟋蟀。清代蒲松龄还根据宣德皇帝喜爱斗促织的故事写成了一篇小说《促织》。

这篇小说讲的是明代宣德年间，朝廷每年都要向民间征收蟋蟀。陕西华阴县有一位穷苦的读书人叫“成名”，因为交不上蟋蟀几乎要自杀。后来他得到一个巫婆的帮助，找到了一只非常漂亮和健壮的蟋蟀，但儿子在偷看时不小心把它拍死了。儿子觉得自己闯了大祸，担心受罚，竟然跳井自杀了。

意外的是，儿子的魂魄走进了蟋蟀身上，蟋蟀奇迹般地死而复生。成名把儿子变成的蟋蟀交给了朝廷。这只蟋蟀十分强悍，斗败了所有对手。成名也飞黄腾达。过了一年多，本来死去的儿子复活了，他说他变成了一只蟋蟀。

这个故事当然不是真的，不过皇帝的喜好居然让百姓无法生存，只能变成蟋蟀才有可能“成名”，也是时代的悲哀。

清朝的赌博也发生了新的变化。

清朝前期，虽然皇帝颁布了大量反对赌博的谕旨、条例，但民间赌博仍是屡禁不绝。清朝的相关法律规定得非常严细，比如鼓励赌徒自首，自首可以免罪，而且可以将当天赌场各赌桌上一半的赌资奖励给自首者。

有些赌徒钻法律空子，输得血本无归才去自首。清廷于是补充了一个条例，规定全输光了才去自首的不算自首。清朝时期，虽然有时候在短时间内能够在京城或者某些特定地点禁绝赌博，但是长远来看，在全国绝大多数地方，赌博始终存在。

清朝流行的赌博方式除了之前就有的马吊、弈棋、彩选、斗戏等等，还出现了一些新型的赌博形式，比如闱姓、花会、麻将等。鸦片战争之后，扑克、赛马、转轮赌等西洋赌博方式也传入中国。

闱姓起源于广东，赌法是押猜哪些姓的士子能考中，奖额很大。因为赌本小、奖金多，闱姓吸引了大量赌徒。不少上层人士觉得闱姓和科举有关，似乎比牌九、斗鸡高档，也趋之若鹜。

闱姓的盛行妨碍了科举制度的正常运转。不少赌徒通过买通考生或考官的方式作弊，让自己押中的考生上榜，让自己没押的考生考不中。

清代，“博弈分离”的趋势出现了逆转。

唐朝时期出现的“博弈分离”让围棋成为远离赌博的高雅行为，但到了清朝，围棋不再被人捧为“高雅游戏”。清初曾有一句流行语，“快棋慢马吊，纵会也不妙”。

实际上，围棋已经成为和马吊一样的普通赌博工具。清代出了许多围棋国手，如黄月天、徐星友、周西侯等等，他们都是靠下棋赌博来维持生计的。

鸦片战争之后，赌博业的兴盛与国家经济有密切关联。为了应对战争赔款、兴办洋务、编练军队等不断增多的开支，清朝中央和地方官员往往公然允许一些赌商经营赌业，再对其征税以筹款。

比如张之洞担任两广总督的时候，为了增设兵工厂、重修炮台，便允许广东香山县的大乡绅刘学洵来办闱姓。到了民国时期，虽然赌博对社会有许多负面影响，比如有些赌徒因为赌博而家破人亡，甚至走向犯罪之路，但辛亥革命以后还是有很多地方军阀允许赌博并用抽赌税的方式来获得财政资源，赌博业成为当权者难以放弃的资金来源。

从赌博的历史我们可以看出，中国历史上不同朝代的朝廷对赌博的态度很不相同。就算一个朝代的不同时期，对赌博的管控力度也不一样。此外，我们还可以看出在中国古代，法律条文和法律的执行是两回事，法律禁赌，但不一定得到执行。中国历史上不同的社会阶层对不同类型的赌博方式也有不一样的偏好。①

---

① 本节参考文献：戈春源. 中国近代赌博史［M］. 福州：福建人民出版社，2005；郭双林，肖梅花. 中华赌博史［M］. 北京：中国社会科学出版社，1995；刘力. “为诸善举”至“迹近赌博”：近代社会变迁中晚清彩票业的流变［J］. 中国社会经济史研究，2014（1）：70–77.

吞云吐雾：鸦片使社会沉沦，家庭破碎

鸦片在中国的历史，是惨痛和屈辱的历史。那么，当时的中国是怎样堕入鸦片灾难的深渊的呢？

晚清有一部小说叫《黑籍冤魂》，作者是彭养鸥。这部小说记叙了广东的一个吴姓家族，世代抽鸦片、卖鸦片。清朝道光年间，这个家族出了一个叫吴瑞庵的人。

他从小学过几句洋文，在洋商那里做过跟班，很会讨外国人欢心，于是外国人就让他做了垄断鸦片贸易的大买办。从此他大发横财，可是街坊邻居觉得他的钱来之不义，瞧不起他。

他便请了个经理帮他打理生意，自己则花钱捐了个官。他一开始是在浙江做绍宁道台，这个差事虽然可以让他从对外贸易上面捞钱，但事情太多，耽误他吸鸦片，这让他很烦。

于是他捞够了钱，就让巡抚给自己调职。巡抚给了他一个闲差，从此以后，他整日整夜躺在床上抽烟，公事一概不问，一律交给幕僚胥吏。

他衙门中的幕僚、跟班、衙役一干人等见他抽鸦片，一个个也跟着学会了，整个衙门被搞得和烟馆一样乌烟瘴气。

有一天，仆人给他拿了一份公文让他看。他躺在床上一边抽鸦片一边看，一不小心，烟灯把文件点燃了。他连忙把火扑灭，但还是烧毁了一大半。最后，因为这件事，他的官也丢了，只能回家做个普通老百姓。

小说作为文学作品，肯定有夸大的成分。但这个故事也反映了晚清官僚阶层沉溺于抽鸦片的社会现实，让人不得不思考鸦片

对近代中国政治的影响。

鸦片早在唐朝就传入中国了。

罂粟最早是在唐代，由阿拉伯商人引入中国西南地区的，此后在中国只有零星的栽种。在9世纪初的记载中，鸦片作为一种止咳药在长安的药铺中出售。此后云南地区从印度引入罂粟，后罂粟由云南传入四川，再传入陕甘地区。

明朝李时珍所写的《本草纲目》中也记载着鸦片有治病的功效。徐霞客在《徐霞客游记》中记载他在贵州贵定县见到了罂粟花，称罂粟花丰艳不减牡丹、芍药。这一时期人们对鸦片的需求

1846年广州抽鸦片的教书先生

量很少，即使栽种罂粟，也只是在家庭院落内，供人们观赏。由此可见，清朝以前的中国，主要还是把鸦片作为一种药物而非毒品使用。

罂粟使用的实质性变化发生在清朝中晚期，从鸦片种植再到鸦片贸易，这种艳丽的红花让中国的命运也发生改变。

鸦片的大规模种植技术最先从英属印度传入云南。1875 年，云南有三分之一的耕地被用于种植罂粟。后来，鸦片向北传入了四川、甘肃、陕西、山西等地。

值得一提的是，一开始鸦片是在少数民族地区种植的。由于交通不便，当地处于封闭状态，地方势力可以一手遮天，朝廷很难管控。

而且少数民族地区的社会经济状况比较落后，有大量廉价劳动力。种鸦片的收益比种粮食高很多，一般情况下，一两烟土的价格约等于十斤大米。每户农民如果能种上三亩鸦片，就可以温饱有余了。

鸦片价格高的时候，比如在民国初年，甚至与同等重量的黄金价格接近。于是，很多少数民族地区的经济结构转而依赖单一的鸦片产业。

清末新政时期，清政府严格禁烟，罂粟种植大幅下降。但辛亥革命之后，各省军阀为了筹集军费，允许甚至鼓励农民种植鸦片。有的军阀还强迫农民种植鸦片，通过对鸦片课税，获取大量收入。可以说，从清朝中晚期直到民国覆灭，罂粟在中国的种植是非常普遍的。

在第二次鸦片战争之前，中国的鸦片主要来自进口。外国商贩将鸦片运到沿海地区的海面上。然后，中国中间商开小船到外商的船舶旁边与他们接洽并交易鸦片。这就规避了地方政府的监督。

中间商在买到鸦片之后，将鸦片卖给零售商，零售商再卖给瘾君子们。大体上鸦片是在沿海地区进口，然后逐渐辗转卖到内地。

第二次鸦片战争之后，鸦片的种植开始本土化，中国的鸦片实现了自产自销。全国范围内形成了一个大的运销网络。

鸦片通过水路运往长江中下游和沿海地区，不仅供本地使用，还通过陆路运往西北和青藏高原地区。同时，云南地区的鸦片还销往外国，如越南、缅甸等地。

从事鸦片贩卖的人员很复杂，从上流社会的官僚到社会底层的土匪、黑社会，三教九流无所不有。有些人是职业烟贩，形成了庞大的商业组织，控制着区域贸易网络。

他们甚至经营鸦片对外出口业务。这些人有的像我们一开始讲的故事中的主人公吴瑞庵一样，成为外国鸦片商的代理人，大发横财。

此外也有一些非职业烟贩，他们来自社会各界，有太监、衙役、举人，甚至还有寺庙的僧人。也有一些人本来经营小本生意，看到卖鸦片赚钱便兼营鸦片。许多鸦片贩子自己也吸食鸦片，以贩养吸。

清朝中期以后，抽大烟的烟民在全国各地都很普遍：不仅沿海地区有，内陆地区也有；不仅城里人抽大烟，农村也有人抽；不仅男人抽，女人也抽。从宗室到地方上的县官，再到普通老百姓，社会各阶层都有人吸鸦片。

鸦片的主要成分是吗啡，吸食鸦片让人镇定、注意力集中，感到无忧无虑，从而缓解压力，但长期吸食会降低人体免疫力，过量使用可以造成急性中毒，甚至引起呼吸停止、致人死亡。

中国晚清以来发展出了一套独具特色的“抽大烟文化”，从烟土到烟具都是有讲究的。烟土中的最上品是云南出产的云土，其次是贵州和四川的烟土。烟具十分复杂，包括烟盘、烟枪、烟钎、烟灯、打烟石等等。

其中最基础的就是烟枪和烟灯。烟枪是用于吸烟的，烟灯是用来加热鸦片便于吸食的。烟枪的讲究非常多，不仅有竹制的，还有用名贵木材和犀牛角制作的，烟斗有陶的、瓷的、铜的。还有的烟枪上面镶嵌金银，并雕刻了各种图案和诗句。当然，这些高级烟具只有上层社会才消费得起。

从鸦片的历史我们可以看出，鸦片很早就传入中国，但在清朝才出现大量抽大烟的现象。直至民国时期，鸦片越来越普遍，种植、贩卖、吸食，成为严重的社会问题。[①]

---

① 本节参考文献：卜正民，若林正．鸦片政权［M］．合肥：黄山书社，2009；赵华．晚清鸦片社会流播问题研究［M］．杭州：浙江大学出版社，2016；朱庆葆，蒋秋明，张士杰．鸦片与近代中国［M］．南京：江苏教育出版社，1995；况浩林，杨丽琼．近代我国少数民族地区的鸦片毒害问题［J］．中国经济史研究，1986（4）：131–142.

卖身为奴：他们何时能够再见天日？

《庄子》中有这样一个故事。战国时期，楚国有一个叫子綦的官员，他有八个儿子，其中一个叫梱。

子綦让梱出使燕国，不料在半道上强盗把梱给掳走了。这些强盗看梱身体壮实，可以当奴隶卖，又怕他逃跑，就把他的一只脚砍了。这伙人把梱卖到了齐国，当时的齐康公见梱身体壮实又很聪明，就把他买下来，他终身跟随齐康公。

从《庄子》中这个人口贩卖的例子可以看出，早在春秋时期各诸侯国之间就有人口贩卖的行为，而且人的劳动力价值是人口买卖中非常看重的因素。

被买卖的人口既有男性也有女性。被买卖的男性人口主要被充作田奴、家奴、工奴和商奴等劳动力。

田奴，顾名思义，就是在庄园主的田园中从事耕作的奴隶。家奴，也被称为仆役，从事各种杂役，比如煮饭、打扫、喂狗、看管财物等等，汉朝的大将卫青就曾经是一个家奴。

工奴和商奴就是替主人从事工商业的奴隶。汉朝有一位窦太后，她是汉文帝的妻子、汉武帝的祖母。她的弟弟窦少君在四五岁的时候就被人贩子拐卖，经过十多家的转卖，最后卖到宜阳烧炭做工奴。

中国历史上被买卖的人口主要不是男性而是女性。这反映出女性在中国古代处于十分弱势的地位。女性被买主买走后，主要是作为奴婢、姬妾、妓女。

在高利贷、苛捐杂税、田租、徭役、自然灾害、战祸的催逼下，许多农民破产，不得不将自己的女儿或者妻子卖出去。长期处于贫困的地区，甚至产生了一种偏爱生女孩的生育性别偏好，因为女孩更容易卖出去从而获利。

根据宋代《东京梦华录》的记载，京城汴梁的下层市民不重视男孩，但对女儿则爱护有加，等到女儿长大就教她各种技艺，以备学成之后把女儿卖了换钱。

我们在前面关于“妓女”的章节中曾经提到过，妓女的现象与人口贩卖是紧密相关的。明朝著名的小说《警世通言》就记载了这样一个女性被不断贩卖、被社会污名的故事。

北京一个叫苏三的妓女，幼时因家贫被父亲卖到妓院，后又被老鸨卖给山西的马贩子。马贩的妻子与人通奸并毒死了丈夫，嫁祸给苏三。正妻贿赂知县，苏三屈打成招被判了死刑。小说让她最后碰到了在妓院时的情人王公子，而此时他科举高中，恰好到山西做巡抚。在王公子的帮助下，苏三沉冤昭雪，最后也嫁给了王公子。

事实上，和苏三一样被父母卖做妓女的女人，在明清时期数不胜数。她们完全丧失了人身自由，老鸨有权将她们二次转卖，只不过她们的悲惨命运里很少出现救人于危难的“王公子”。

在清朝的广东，甚至乡村集市中也有定期开设的人口市场。卖身为奴的人，在自己的头发上插上一根草，作为准备卖身为奴的标记。

人口市场上大致有两种交易类型。一种是官府向私人购买或者出售奴隶或奴婢。宋朝以后，官府卖出的人口主要是被抄家的罪人的家人。根据同治年间《户部例则》的规定，被抄家的罪犯的家属由官府卖到人口市场,《红楼梦》中贾府被抄，家奴便被朝廷公开售卖。

还有一种私人之间的人口交易，大多是灾荒年景，很多贫苦人家卖儿卖女，这时的人口价格就更低了。清代的《内务府大库档案》记载，康熙二十年，直隶、山西遭遇灾荒，一个小孩只能卖数百文铜钱，而壮劳力也只能卖一两或者二两银子。

在人口市场上买卖人口，需要以专门经营人口买卖的“牙侩”作为中介。在五代、北宋时，“牙侩”受到政府的保护。买卖人口的契约，如果只有“牙侩”和买卖双方签约，被称作“白契”。如果“白契”上盖了官府的红印，则“白契”变为“红契”，这也意味着卖身者进入官方的奴籍。因为被买卖的人口主要是女性，从事人口买卖交易的中介也主要是女性，她们也被称为“牙婆”。

人口买卖可以分成三种类型：和卖、略卖和掠卖。这三种类型也成为中国古代的法律术语。和卖，也就是人口买卖双方经过互相协商达成交易；略卖，就是通过威逼利诱手段把人买来然后再转手卖出；掠卖，就是通过绑架掠夺人口再转手卖出。上面提到的“牙侩”参与和卖，人贩子主要参与“略卖”和“掠卖”。

人贩子早在秦朝就已经出现。魏晋南北朝时期，人贩子极为猖獗，不仅拐卖平民百姓的妻子儿女，甚至连皇亲国戚也敢卖，比如西晋惠帝的女儿临海公主在首都洛阳被攻陷后，被人贩子卖到了南方。

在清朝，有些人贩子甚至形成了犯罪团伙，这些团伙作案的人贩子有时还和官府合作。比如清朝康熙年间，就有这样一个案例：山东淄川、利津两县的农民仇衡和刘耀闾两人因家乡遭遇饥荒，带着家人外出逃荒，不料想，在逃荒途中遇到了以巴天容、巴世忠为首的人贩子团伙。人贩子哄骗他们说，想雇他们种地，于是带他们进了北京。人贩子团伙写了假的卖身契，把这二十几口人关了起来，想要将这些人转卖给他人。仇、刘二人想方设法逃了出去，报了官。没想到巴氏贩卖团伙受到了旗人贵族噶齐哈的保护，官府也对人贩子无可奈何。

可见，那时的政府不仅参与官方的人口贩卖，而且在私人的人口拐卖中，有时也默默地充当"保护伞"的角色。

从人口买卖的历史我们可以看出，人口买卖的现象在中国出现得很早，并且长期存在。这个由于贫困、愚昧和社会不公等因素造成的社会现象，直到今天在个别地方仍然存在。无论是男性被充作劳动力，还是女性被当作家庭的所有物"自愿"出售，背后反映的都是普通百姓丧失对"自身"的决定权。①

① 本节参考文献：马玉山．中国古代的人口买卖［M］．北京：商务印书馆国际有限公司，1997；毛蕾，陈明光．中国古代的"人牙子"与人口买卖［J］．中国经济史研究，2000（1）：126–133.

本章小结

本章主要讨论了中国历史上的边缘人群，如走江湖的人、练武艺的人、乞丐、妓女、赌徒、卖身为奴者等等。他们多生活在社会的底层，为了生存，练就了各种本领。正因为这些群体的特殊和神秘性，所以他们被排斥在主流社会之外，然而却创造了丰富多彩的边缘文化。

第一，武艺在古代中国是生存的一种手段。

从唐朝开始，唐、宋、元、明四朝的官府都会雇一些会武术的武林中人，在路上保护他们的安全。而镖局起源于清朝，晋商的长途货运是促使镖局出现的重要因素。武功是镖师的基本功，他们还必须学习江湖黑话“春点”，治伤的医术也是镖师必不可少的技能。以火车为代表的现代化长途运输技术、以现代化枪支为代表的新型武器、票号的长途汇兑业务，以及以电报为代表的近代通信技术等因素，都造成了镖局的衰落。

中国武术的各种器械以及拳法，形成了风格不同的大量流派。明朝末年已经有了“内家拳”和“外家拳”的说法。清朝，由于武术和宗教结合了起来，许多拳术染上了神秘的色彩。民国时期武术的发展和军队有着密不可分的联系，国术馆曾经在全国各地普及。

中国历史上的海盗可以分为两种类型，反抗官府型和劫掠财物型。到了宋朝，不论是单纯抢夺财物的海盗，还是反抗官府的海盗，都变得越来越多。明中期以后，很多中国走私商人开始跟日本人勾结，一面从事走私贸易，一面在海上抢劫。到了晚清，随着沿海地区对外贸易的发展，海盗势力又兴起了。这时的海盗组织规模小、分散，主要以劫掠钱财为主。民国时期，海盗发展壮大，其猖獗的一个重要原因是军阀兴起，很多散兵游勇逃出军队，加入了海盗团伙。

第二，中国一直存在着一个贱民阶层。

妓女在中国历史上是长期存在的，无论是明清时期的秦淮妓院，还是民国时期北京的八大胡同，都显示了这个行业曾经的发达和繁荣。妓女和其他底层民众一样，在历史上并没有留下太多自己的声音，我们只能通过外部的人，对她们进行分析和了解。许多人认为娼妓存在是社会的病态现象，不是文明国家应有的状态，所以娼妓是最严重且迫切需要解决的问题。从20世纪初开始，各地展开了妓女改造运动，提出了各种解决这个问题的办法。

乞丐在长期的生存挣扎中，发展了不同的乞讨方式。他们有着不同的角色和形象，虽然大多数乞丐处于十分可怜的境地，但也有自己的组织“丐帮”。人们对待乞丐的态度也是复杂的，不少人表达出对乞丐的怜悯同情。到了20世纪初，人们对待乞丐的态度又有新的变化，不但很多人认为穷人和乞丐是造成偷盗、抢劫等社会不安定现象的重要原因，而且他们衣衫褴褛的形象是对城市“文明”的损害，因此改造乞丐成为一种趋势。

在传统社会中，“三六九等”是对社会阶层的粗略划分，其中下层社会又可以分成所谓的“七十二行”，分属“十六门”。江湖游民作为下层群体之一，是非常复杂的人群，很多时候被称为“江湖人士”或“跑江湖的”。虽然江湖上有许多仗义的侠客，但是很多江湖游民经常与“三教九流”混在一起。还有算命先生、风水先生，也满足了人们精神和日常生活的需要。那些江湖的卖艺人在街头巷尾谋生，他们的表演给下层民众带来了娱乐。

第三，中华文明发展过程中也滋生了许多弊病。

这些弊病包括本章所讨论的赌博、吸食鸦片以及人口贩卖。从赌博的历史我们可以看出，中国赌博史上一个重要的转折点是唐代，围棋逐渐和赌博相分离。在新朝的初期，统治者都会颁布法令严格治理赌博，但只要进入朝代中末期，时局动荡，政府能力不足，对社会疏于管理，赌博都会兴盛。法律条文和法律的执行是两回事，法律规定禁赌，在地方上却不一定得到执行，从而导致赌博屡禁不止。

鸦片在唐朝就传入中国，但从唐朝到明朝一直被作为一种药物使用。由于英国走私鸦片，清朝社会才大量出现抽大烟的现象。鸦片的种植在第二次鸦片战争之后实现了本土化，种植面积极大增加，并在全国范围内形成了一个大的运销网络。从事鸦片贸易的人非常复杂，有专业贩卖，也有兼职贩卖，太监、衙役、儒生甚至僧人都有参与。鸦片的吸食也非常普遍，涉及社会各界，无论贫富都深受其害。

人口买卖的现象在中国出现很早。早在春秋战国时期，人口买卖的现象就已经出现了，并且一直存在。被买卖的男性人口主要被充作田奴、家奴、工奴和商奴。但是，中国历史上被买卖的人口主要是女性，她们被卖后，主要是作为婢侍、姬妾和妓女。人口市场和人口贩子也在中国历史上一直存在，“牙侩”在人口市场中扮演了重要角色，他们参与的人口贩卖被称为“和卖”。中国古代的人口买卖还有另外两种类型，即非法的“略卖”和“掠卖”，这两种形式受到国家的控制和打击。

第十一章

江湖和庙堂的对立

本章主要问题

1 在传统社会中，统治者倡导的是社会主流价值，即“正统”，而不被政权所容的秘密宗教团体所提倡的价值被称为“异端”，如何看待“正统”与“异端”之间的关系？白莲教从南宋初期兴起，历经元明清三代，发展迅速、组织庞大、信徒众多，如何看待白莲教的发展？为什么历代政权采取禁止的措施，但白莲教依然在民间盛行？

2 如何看待关于义和拳的多个起源？山东地区的许多传统与义和拳最终的产生有何关联？秘密教门既不是单纯的宗教组织，也不是单纯的农民革命组织，如何看待秘密教门性质的复杂性？从宋元到明清时期，促进秘密教门发展的历史背景有哪些？

3 为什么秘密会党的起源很难查证？“反清复明”是天地会起源说的一种，显示了对当时清朝统治者的反抗，他们与后来推翻清朝统治的革命者有何异同之处？无论是哥老会还是天地会，秘密会社在清代迅速发展，其原因何在？

4 在民国时期的四川，袍哥的势力范围非常广泛，人们为什么愿意加入袍哥，他们能得到什么？袍哥虽然也是哥老会的成员，但民国时期的四川袍哥与晚清时期的哥老会有很大不同，这些不同体现在哪里？

5 在秘密会党和秘密教门中，经常会发现一个组织拥有多个起源解释，为什么会出现这种情况？秘密教门和秘密会党都是晚清民国时期重要的社会组织，两者有何异同？即使是同一个会党，在不同的历史时期也会呈现不同的特点，甚至出现名称上的变动，如何看待这种现象？

6 民国时期的上海，青帮大亨将帮会势力与政治势力相勾连以获得生存，这与晚清秘密会党反政府的性质极其不同，如何看待这种变化？秘密会党从清代一直延续到民国，它们为什么会有这么顽强的生命力？

“叛乱”动摇了清王朝的根基

白莲教：正统下最大的“异端”

秘密宗教团体是传统中国社会中的一种重要组织。从宗教的角度来看，许多秘密会社与佛教、道教，以及大量的民间宗教有关；从政治的角度来看，秘密会社经常是农民起义反抗政权统治的组织，是对政权的一种潜在威胁，所以许多秘密会社被政府称为“异端”，被政治权力所不容。

尽管秘密会社经常遭到禁止，但在民间却流传不断，可见秘密宗教团体可以在信仰上给予信徒一定的支持。不过，这种信徒甚广的秘密宗教团体如果被别有用心的人利用，很容易成为社会动乱的根源。

明清时期的秘密宗教团体以白莲教为主，其组织庞大、信徒众多，而且发展出许多分支流派，所以我们以白莲教为切入点，看看传统社会中的秘密宗教团体。

白莲教的起源与佛教十分紧密。在佛教的净土宗中，除了信奉阿弥陀佛的信徒，还有不少信奉弥勒佛的信徒，后一支被称为弥勒教。弥勒佛是未来佛，弥勒信仰认为佛祖涅槃之后，世界陷入黑暗，罪恶从生，到弥勒佛现世，世界重放光明，人人平等，没有差别，成为极乐世界。

白莲教的前身就是南宋初年苏州一个信仰阿弥陀佛的沙门茅子元创建的佛教团体，被称为“白莲宗”或“白莲菜”。所谓的“菜”即信仰阿弥陀佛的人，必须严禁荤酒的意思。

相传茅子元有一天在“禅定”时悟道，此后便与修习了二十多年的净土宗决裂，创立新的教派，自称“白莲导师”，成为异端教派的教主。他创建的白莲宗不要求信徒出家，信徒可以娶妻生子，服饰也与百姓无异。参加白莲宗的多是乡野小民，不过其发展迅速，引起官方注意，很快便被官方以“吃菜事魔”为由而禁止，茅子元也被流放，但白莲教会仍然在民间秘密流传。

到了元朝末年，天下大乱，白莲教会利用当时的民族矛盾大力发展，并且吸收了弥勒信仰，以“天下大乱，弥勒降生”为号召，组织民众进行反元斗争。此外，这时的白莲教还吸收了摩尼教的信仰，以“明王出世”拯救世人于水火之中的号召获得大量信徒。

韩山童是元末白莲教起义的领导者，早在他祖父的年代，他的家人便是白莲会的信众，信仰弥勒降生，而其子韩林儿号称“小明王”，是从摩尼教的“明王出世”理念而来。可见白莲教的产生与发展，与弥勒信仰、摩尼教信仰有紧密联系。

元末的白莲教起义影响甚广，明太祖朱元璋在参加反元起义的初期，在郭子兴手下，而郭子兴在名义上臣属于小明王韩林儿。日后朱元璋势力壮大，断绝了与白莲教的关系，但仍有学者指出，朱元璋建立的新朝代以“明”为国号，也可说明明朝建国与白莲教的关系甚深。

明清时期，白莲教的“宗教”意味越来越小，而“叛乱”意味越来越大。明清时期统治者继续禁止白莲教，于是明清两代的统治者成为继元朝之后白莲教的反抗对象。无论白莲教以“弥勒降世”还是“明王出世”为号召，白莲教起义的乱世可谓代代有之。

明清时期，白莲教发展壮大，产生了许多派别分支。总的来说，白莲教各派的教义多是劝人为善，并且传授健身静养功夫，教授气功运气，或与拳棒武术相结合。

白莲教的组织以教主为尊，教主有父子、兄弟传承的，也有师徒相授的。传教的方式大多是一传十、十传百，通常市集这种人群聚集的地方是传教的好场合。

教徒对教主十分尊敬，不仅要每日礼拜，还要供奉金钱。教主则以诵经念咒的方式治病救人、消灾去难，来使信徒臣服。

白莲教的经文是在晚明时期才出现的，受其他教派的影响，白莲教开始编辑经卷，内容多是用一些民间通俗故事，甚至戏曲的戏文等宣扬所吸收的佛教、道教理论。

其中“真空家乡，无生父母”这八字真诀是白莲教的中心思想：真空家乡，即教派所肯定的彼岸世界，是所有人的来处，亦即归处；无生父母，即教派信仰的神是所有人的父母，后来逐渐用“无生老母”代替“无生父母”。这八字真诀以彼岸世界否定现实世界，用极乐世界与弥勒救世来吸引贫苦大众皈依。

需要注意的是，在白莲教日后的发展中，许多分支流派启用了新的名称，例如青莲教、闻香教、清茶门教、天理教、八卦教等等。这些分支名目繁多，皆是因为要避开朝廷对白莲教的清剿，但都认同八字真诀以及弥勒降世等教义。

许多学者在研究白莲教的时候通常把关注点放在“白莲教起义”这种反抗性质的活动上，一方面可以看到明清社会中白莲教信徒，亦即普罗大众的生活状态，另一方面也可看到当时的统治者在政治、军事上的行为和利弊。

嘉庆八年（1803）闰二月二十，北京城发生了一件让人震惊的“刺杀案”，内务府一个叫陈德的厨子在神武门谋刺嘉庆皇帝。事情败露之后，陈德拒不吐供，所以当时只把刺杀案当作个人恩怨、偶然事件。

直到数年之后天理教教主林清在京城举事失败，才得知当年的陈德是一个天理教教徒。虽然没有直接证据显示陈德刺杀案与天理教直接相关，但作为一个平民百姓，有勇气刺杀最具权威的皇帝，其反叛性格应与秘密教派的教义有关。

另外，我们还应该注意白莲教中的女性形象。在白莲教教徒中，女信徒人数众多，其中还有许多寡妇。她们在入教后习医，治病救人，成为传教的主力。白莲教中还有许多女首领：“一枝花、十七八，能抵千军万马。”这些女性形象都与传统社会中主流价值观倡导的女性不同，在某种程度上对女性来讲也是一种解放。

在“正统”和“异端”两极对立的传统社会中，秘密宗教团体虽被冠以“异端”的名字，被官方禁止，却在民间大行其道，起义迭起。秘密宗教团体所具备的宗教性以及反叛性是值得我们从不同方面思考的。[①]

降神附体、扶清灭洋：义和拳的起源与发展

长期以来，西方习惯将“义和”翻译为“正义和谐”。义和拳的“义”显然是指中国武术中英雄好汉非常看重的义气，代表着正直、忠诚的品质。“和”可以理解为“和谐”或者“团结”，曾有传教士把义和拳翻译成“联合起来的拳民”。

那“拳民”又是什么呢？义和拳最早发源于山东，山东人以勇猛著称，有尚武的传统，习武练拳十分普遍。山东市镇的集市上，经常有拳师展露绝技。

比如明末清初的时候，山东流行梅花拳，“梅花拳”的名字来自拳民活动最集中的季节，也就是春天庙会上的拳术表演。早期的拳民并非“邪教”，而是以强身健体为宗旨，要练习拳、刀枪、棍法等。不过，梅花拳在流传十几代之后，便与义和拳有了很大关系。

关于义和拳或者拳民的研究表明，早期义和拳还没有和秘密宗教有关联，只是一些恶棍从事一些赌博、酗酒等不良活动。

不过，山东的异端宗教活动历史悠久，前文我们提到白莲教起义活动，山东就是白莲教发展的“重灾区”，甚至许多起义事

---

① 本节参考文献：梁庚尧．中国社会史［M］．台北：台大出版中心，2017；秦宝琦．中国传统社会中秘密教门与其他社会群体的关系［J］．清史研究，1997（2）：45–56；喻松青．明清白莲教研究［M］．成都：四川人民出版社，1987.

件就发生在山东。五花八门的民间信仰、异端宗教、拳术在该地混杂发展。

例如1774年清水教王伦起义，王伦原来是衙门的衙役，后来在山东寿张县靠行医赚钱。他提倡的宗教以节食和练拳著称，可见秘密宗教运动和练拳许多时候是杂糅在一起的。

1813年，八卦教的一支离卦教在被官府镇压之后一直默默无闻，一名教徒想恢复原来的教门，发现有人将习武纳入秘密宗教中，将教民分为文武二教派，文教念咒运气，功夫深厚的时候可以见到“无生老母”，而武教则教演拳棒技艺。如此一来，习拳便被当成一种吸引人加入秘密宗教的方法。

义和拳的起源并不十分清楚，因为它与各种民间宗教混杂在一起。

许多人认为梅花拳是义和拳的“前身”，当梅花拳发展到赵三多的时代，其历史背景也发生了巨大变化。随着国内传教变得合法和自由，天主教及教士积极吸纳农村教民，教民的利益受到外国人的保护，而这些利益有时是通过损害本地拳民的利益实现的。比如政府强拆本地寺庙，将该地划归洋教建教堂之用，诸如此类。长此以往，教民与拳民、本地人的利益摩擦越来越多，双方的争斗也越来越多。

有一个有趣的历史记载，可以从中看出教民与拳民的紧张关系。光绪年间，白莲教在山东一带非常活跃，县官派人捉拿白莲教信徒。此时，天主教传教士也在国内传教。为了吸纳教民，神父告诉大家，只要愿意加入天主教，保证大家平安无事。于是，

义和团进京，图片来自《小巴黎人报》

几名白莲教信徒加入了天主教会，这样就没有官兵敢逮捕他们。当然，这只是非常小的案例，不过也反映了洋教和义和拳比起来更有吸引力。

据说，身为梅花拳首领的赵三多多次因拳民受洋教欺压而愤愤不平，想带领拳民反抗，但又害怕矛盾激化后使得整个梅花拳受牵累。于是有人提议他单独行动，但不能用梅花拳的名义。最后，他给反洋教的拳民组织起了一个新名字，就是义和拳。而义和拳以“扶清灭洋”为口号，也显示了拳民与教民之间不可调和的矛盾。

还有一些学者认为义和拳与白莲教有关。

白莲教虽然是异端秘密宗教，但教内有练习拳棒的传统，我们前面提到过的清水教王伦，他就练习拳术。较早出现的义和拳史料，便是与王伦有关的。

有关王伦起义的官方档案中，还留下了官方判定的义和拳起源的推测：关于义和拳起源的记叙中，有一个叫李萃的人，他师从李浩然，传授白莲教，后来将教名改为义和拳。

当然，还有学者主张义和拳并非源自秘密宗教，而是由团练发展演化而来。团练即民团组织，是一种在官方倡导之下建立的村庄防卫组织。

这都是关于义和拳起源的不同分析。不过，无论义和拳起源于何处，有一点是毋庸置疑的，当天主教教民与拳民一再发生利益冲突，一个称为“义和拳”的广泛的反教联盟便出现了。

义和拳的宗教仪式包括民间宗教常见的念咒、喝符、烧香，希望以此祛除疾病，或者获得超强的能力。

比如，我们在武侠小说中经常会见到“金钟罩”这个词，其实也就是“刀枪不入”的能力。这种神奇的力量就是通过拳民的仪式获得的，他们相信在战斗前念咒可以抵御来自西方火枪的

义和团扒铁路，图片来自《朝圣者报》

伤害。

另外，“降神附体”也是义和拳仪式的核心，相关记载大量出现在北京和天津两地的有关史料中。拳民首先要祈祷，先向东南方向磕头、烧香、喝清水，然后双目紧闭、凝神运气，祈祷招来一位神灵；当神灵附体，他们便会进入恍惚的状态，手舞足蹈、挥舞刀枪，达到降神的状态。“降神附体”或许是为了“刀枪不人”，或许是为了治病。

正是义和拳仪式的神秘性使得它的传播非常普遍，吸引了许多年轻人，年轻人听到有练义和拳的就跑去看热闹。这些仪式有非常大的娱乐性，在农村的庙会上，让观众惊喜不断，从而迅速向外传播。

义和拳有着相当广泛的群众基础，通过宗教性的降神仪式获得年轻人的关注和加入，又和传统拳民的勇武结合在一起，加上社会中教民与拳民之间不断发生利益冲突，暴乱就发生了。

由于屡次出现当地的传教士被拳民抢劫，甚至被杀的案件，天主教徒便到各国公使那里控告拳民纵火、偷盗和杀人，继而各国公使到总理衙门陈情，总理衙门再把责任推到当地总督、巡抚，政府或者严惩或者敷衍。在这样的恶性循环之下，终于爆发了 1899—1900 年的义和团运动。拳民们以“扶清灭洋”为口号，试图以暴力的方式重新从教民手中夺回自己以及国家的利益。

义和拳在非常短的时间内，动员了千万农民，不仅震惊了朝廷，也吓坏了当时的在华外国人。清政府以为可以利用义和团驱逐外国人，遂向各国宣战。然后是八国联军进京，太后、皇上仓皇西逃，后来拳民被剿灭。这些都在中国历史上留下了浓墨重彩的一笔。①

---

① 本节参考文献：周锡瑞．义和团运动的起源［M］．南京：江苏人民出版社，1998；佐藤公彦．义和团的起源及其运动［M］．北京：中国社会科学出版社，2007.

教门：是邪教异端还是农民革命？

白莲教和义和拳这种秘密宗教团体，其实我们还可以用另外一个名称来称呼它们，那就是秘密教门。

秘密教门是我国传统社会中重要的社会组织。这种社会组织可以追溯到魏晋南北朝时期出现的佛教结社。这是一种带有宗教性质的民间结社，由佛教僧尼与在家佛教信徒结成，它的主要活动也是与正统佛教相关的建造佛像、修建佛寺、诵念经文等。

秘密教门的“异端化”大概出现于宋元时期。我们前面讲过白莲教发端于南宋茅子元，此后各种秘密教门发展迅速，通过汲取并改造宗教教义，创造出对弥勒降生和“劫”的新阐释，吸引了大量教徒，成为明清时期让统治者“头痛不已”却无法铲除的一支独特的社会力量。

秘密教门虽然与民间宗教有关，但似教非教，故此常常被统治者戴上“异端”的帽子；它同时又是与农民起义、反抗有重要关联的“叛乱”组织。

自从汉代“罢黜百家，独尊儒术”之后，儒家思想成为统治者进行社会教化的主要工具。而对主流的宗教，如佛教、道教等，历代统治者也大多采取比较宽容的态度，这也让佛教思想和道教思想成为辅助儒家思想的教化工具。宗教信仰者大多是为了获得心灵的超脱，极少有反抗社会的行为。

秘密教门与宗教的关系非常密切。有些秘密教门的创始人本身便是和尚或者道士，这些教门的经卷大多杂糅佛、道两教的教义。

例如在明中期出现的罗教，其创始人罗清是佛教禅宗临济宗教徒。这个又被称为“罗祖”的创始人著有“无为经”六册，这些经卷教义以佛教教义为基础，将阿弥陀佛与无生老母信仰结合起来。罗教的经卷教义后来成为众多秘密教门的经典，前面我们讲到的白莲教信奉无生老母就是吸收了罗教教义。

罗教是少数没有参加反抗朝廷活动的秘密教门，仅有一例支派的起兵事件。可以说，这种情况是绝无仅有的。罗教的活动以斋堂为中心，教徒出香火钱，作为教内经费。教徒的修行以坐功为主，显示出与禅宗的关联。

除了罗教，在明清时期流传甚广的黄天教则更多吸取了道教思想和儒家思想。黄天教注重“内丹”的修炼，用道家的阴阳学说解释修炼丹法的重要性。

发展到清朝，黄天教吸取了宋元以来理学家的儒学思想，将王阳明的“明心见性”、李二曲的“静坐炼功”等理学观念加入教义之中，使“儒修”成为修炼法门。大概是由于自称“儒门”使秘密教门有了一种“正名”的感觉，许多影响甚广的秘密教门也纷纷加入“儒门”，成为一种风尚。

不过，大多数秘密教门对佛道教义的改造是为了反抗现实社会。比如秘密教门中非常盛行的弥勒信仰。在佛教信仰中，弥勒信仰是一个理想化的天堂乐土，信徒们信仰弥勒是相信可以借此摆脱尘世间的苦难，死后可以升入天堂。

经过了秘密教门的改造，弥勒信仰成为反时政、反社会的思想依据。例如有教门以“新佛出世，除去旧魔”为口号起义，或者起义者自称是“弥勒佛”降世，举兵造反。这与传统佛教引渡众生的弥勒信仰大相径庭。

除了改造佛道教义，秘密教门还发展出自己的宗教仪式以消灾避难，逐渐成为正统所谓的“异端”。

比如清朝道光年间在四川活动的青莲教，为了引诱人们入教，教首李一源宣称将会出现水火刀兵和瘟疫等大劫，那时青莲教的教主便会成佛，以渡世人，只有虔诚入教的人才有可能从大劫中死里逃生。他绘制了许多符录给教徒，说是可以抵御灾难，并且自制木剑一柄，称可以降妖除魔。

这些秘密教门从正统中“异化”出去的目的是什么呢?

其实，秘密教门是许多创始人和教徒满足自己权力与金钱欲望的工具。例如嘉庆年间天理教起义时，教徒在教首林清的领导下，袭击了紫禁城。林清非常了解起事教徒的心理，于是在动员他们的时候许诺，事成之后根据个人功劳分官位，做大官是对教徒最大的诱惑。

而对于秘密教门创始人来说，发起农民起义并不是真的要解放农民，打破不平等的社会状况，而是为了改变自己的阶级和地位。

上面提到的天理教首领林清，本来是药铺的学徒，后染上性病被逐，生活难以为继。可他入教成为教首之后，不仅买了房子和地，还有了自己的仆人，哪怕是想通过造反当皇帝，也是出于对极端权力的仰羡。

所以通过改造佛教中“弥勒降世”以及“劫”的观念，把身处社会底层、饱受社会不公的普通人吸纳进教门，再通过对起义反抗之后的完美世界的宗教描绘以及现实的利益许诺，秘密教门的首领便能纠集大量的教徒参加起义。

基于此，我们可以看到秘密教门与农民起义的关系。

首先，秘密教门发动农民起义并非为了农民的利益着想，而是利用农民的力量去达成自己的目的。

秘密教门内部实行着严格的家长制和等级制，教首的意愿是教门的核心。同样，参加秘密教门的教徒也并非像传统的宗教徒那样出于虔诚的信仰，而是为了保护自己的切身利益，通过秘密教门的组织力量，摆脱社会上的不公和剥削。

比如曾有教门提出“教内所获资财，悉以均分”，甚至“不持一钱，可周行天下”这样的口号，这种口号与太平天国运动提出的“无处不均匀，无人不保暖”的口号在本质上是相同的，这种倡导绝对公平和平等的理念对教徒极有吸引力，故此起义才对农民有号召力。

此外，我们也不能把秘密教门当作发动农民起义的“农民革命组织”，教首起义的目的并非革除皇帝的“命”，革除不平等的社会制度，而是想取而代之，成为下一个集天下权力于一体的皇帝。也正是因为起义首领的局限，秘密教门的起义虽然此起彼伏、接连不断，但并没有形成真正的燎原之势，撼动统治者的地位。

秘密教门与中国传统社会儒、释、道三教的关系联系紧密，利用了儒、释、道的教义经典并对其加以改造，使之成为能为己所用的信条，成为吸引教徒入教、煽动教徒起事的根据。秘密教门既不是单纯的宗教组织，更不是单纯的农民革命组织，而是一种具有反社会性质的民间秘密结社，通过宗教教义与农民诉求的结合，以期达到首领的意愿。①

秘密会党的起源和发展

歃血为盟、反清复明：从天地会看中国秘密会党的形成

清代以及民国时期出现的会道门都可以看作秘密会党或者秘密会社。秘密会党不同于秘密教门。

秘密教门通过改造宗教中的“末世”说，引诱人们加入其中，对信徒进行精神控制，再利用群众的力量反对政府，试图建立以教主为首的神权统治。

而秘密会党可以看作下层群众的互助组织，成员之间互济互助，必要时形成自卫组织进行暴力反抗。他们提出的反对政府的口号，实际上反映了底层群众的要求。

另外，从组织方式上来说，秘密教门将宗教仪式中的“超能

① 本节参考文献：秦宝琦，谭松林．中国秘密社会：第一卷［M］．福州：福建人民出版社，2002；秦宝琦，孟超．秘密结社与清代社会［M］．天津：天津古籍出版社，2008；曹新宇，宋军，鲍齐．中国秘密社会：第三卷［M］．福州：福建人民出版社，2002；梁庚尧．中国社会史［M］．台北：台大出版中心，2017；秦宝琦．中国传统社会中秘密教门与其他社会群体的关系［J］．清史研究，1997（2）：45–56.

力”作为吸引信众的方式，而秘密会党以异姓兄弟结拜、歃血为盟等更具“江湖气”的组织方式招徕成员。所以两者虽然都是秘密组织，特点却不同。

清初，天地会的出现可以看作秘密会党形成的标志。

关于天地会起源的说法非常多，其中有一个是我们非常熟悉的，就像《鹿鼎记》中所描绘的，天地会是一个反清复明的秘密组织。

这种观点认为天地会是明朝遗老在康熙时期秘密创设的，会内多是前朝的忠臣烈士，以“反清复明”为宗旨。这一点可以从对“天地会”名称的解释看出来。

天地会又名“三合会”，对内则自称洪门。这个名称来自会内的八拜入会仪式，即“拜天为父，拜地为母，日为兄，月为姊妹，复拜五祖及始祖万云龙为洪家之全神灵”。

拜天地作为父母的入会仪式将异姓变为同姓，与会内异姓结拜的组织方式相符合。而“洪门”的由来，有的学者认为是受《水浒传》中“四海九州尽姓洪”等观念的影响；也有的学者认为是反清复明要假托朱姓，这个“洪门”便是从朱洪武来的。

有学者对会内流传的文字资料的解释形成了另外的起源说。

《西鲁序》中提到天地会创始人万云龙，居住在福建云霄高溪。而乾隆五十四年（1789）闽浙总督关于天地会创立的奏折是这样表述的：“查天地会节，经查明起于提喜，该犯俗名郑开，僧名提喜，又名涂喜，又号洪二和尚。”

道光、光绪年间天地会会内的《天地会秘籍》《锦囊传》中也写着“始祖姓万名提起，法号云龙”。结合起来看，天地会应是福建云霄高溪的万提喜、万提起（万云龙化名）所创立的。

而关于万提喜创立天地会的目的，与反清复明相去甚远。内部流传的说法是：有婚丧之事，天地会可以资助钱财；与人打架，可以出人出力；碰到抢劫，抢劫者听到会名便不相犯。可以说，这些符合了底层人民的生存需求。

天地会内部是如何构建以及相互沟通的呢?

天地会创造了一套独特的结盟仪式和联络方式，结盟仪式可以加强组织的核心凝聚力，而特殊的联络方式让组织内部的沟通非常紧密。这套行之有效的组织方式被后来的其他秘密会党所模仿。

天地会的结盟仪式主要是“歃血、饮酒、钻刀”：先将手指刺破，滴血入酒，大家共饮；再由仪式主持人手持双刀，令入会者依次从刀下钻过；最后在神前发誓“有忠有义刀下过，不忠不义剑下亡”。可见，这样的仪式是为了激发入会者产生对组织的忠诚，从异姓到同姓，兄弟情义增强了组织的凝聚力。

天地会以暗号为沟通的方式也非常奇特。暗号用于同会人之间相互识别与联络，只要是同会之人，见到暗号便可知道是自己人。

会内经常用“五点二十一”或者“三八二十一”指代“洪”字，亮明自己的出身。此外，三指按胸，即右手中指与无名指拳起，表示是“自己人”；右手三指伸直用来取物，接茶递烟都用

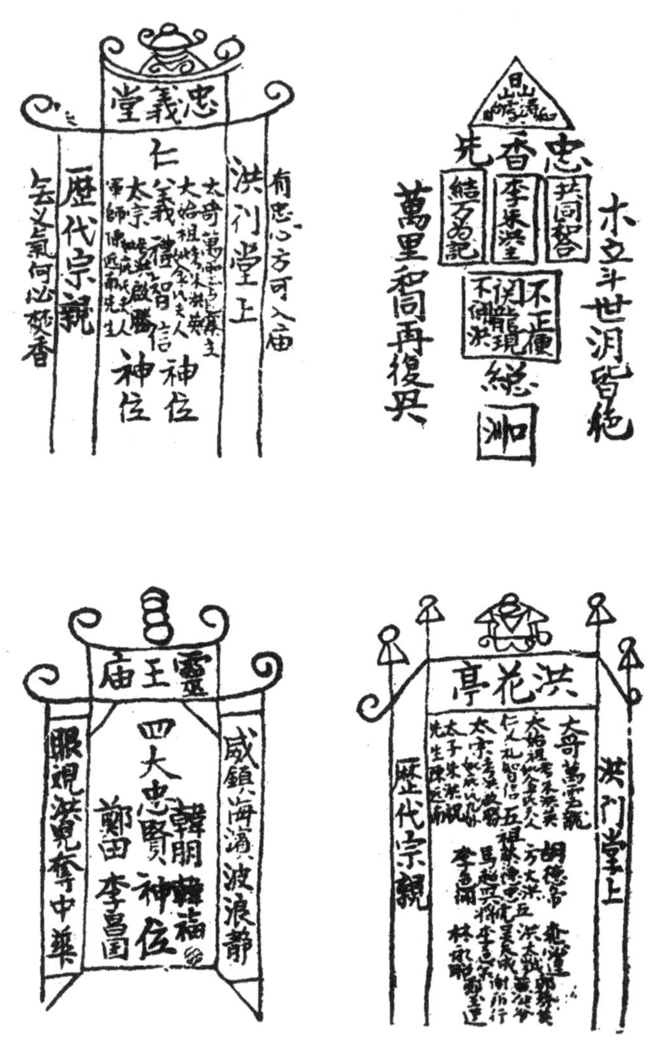

洪门标识，上海书店根据《民国丛书》（1940年版）第1编第16集影印，图片来自李子峰《海底》

三指，表明是会内兄弟，要相互帮助。

天地会最有名的是“三把半香”，这是一种见面礼，即与人相见，食指弯曲，拇指与其他三指伸直，三指指尖向上，将该手势贴于胸前行礼鞠躬。如果对方为同会中人，便会以同样动作作为回答。这些就是天地会最基础的联络暗号。

天地会宣扬互助抗暴，并不时组织暴动。

1840 年鸦片战争后，天地会也多次发起反抗政府、夺取政权的暴动。1849 年，广西南宁的天地会首领为张嘉祥，据说他“拥众数万”，在左江一带焚劫村庄、抢掠财物。但有史料称，这个匪首抢劫与其他群贼不同，他举着大旗，上面写着“杀官留民，劫富济贫”。

在率众到广西贵县时，他碰到地主富商趁机囤积居奇，以致米价高涨，穷人难以过活，于是张嘉祥提出：“上等之人欠我钱，中等之人得赏钱，下等之人跟我去，好过租牛耕瘦田。”在这样的号召下，许多底层农民加入了他的队伍。

天地会起义军自称“红兵”，又称“洪兵”，两广地区爆发的起义也称为“红兵起义”。起义军以燎原之势在广东境内纷纷响应，合力围攻广州城二百三十二天。其间与驻守广州城的清政府多次交手。虽然天地会红兵起义最后并没有占领广州城，但是给统治政权带来了重击。

随着广东的天地会成员转入广西，这里的起义暴动更加势如破竹。天地会首领陈开、李文茂攻占了浔州府城，并且建立了“大成国”政权，改元“洪德”。这个政权虽然短暂，但也设立了官职，并且造炉铸币，还下令蓄发易服。

可以说天地会的起义已经超过了许多过去的农民起义，不仅建立了小范围的政权，还实施了带有“民族主义”特征的政令，与最终推翻清朝统治、号召“驱除鞑虏，恢复中华”的辛亥革命有着承继关系。

天地会作为清朝出现的秘密会党，与传统的秘密教门是有很大区别的。关于天地会的起源有不同的说法，无论是“反清复明”，还是下层民众互助抗暴，它都具有反抗统治政权的特征。天地会的活动延续了有清一代，它的发展也为晚清民国时期大量会党的出现做了铺垫。①

啯噜、《海底》和湘军：哥老会的形成和发展

要了解哥老会，先得从四川的啯噜讲起。

前面我们讲到移民的历史背景，清初由于频繁的战争，四川地区人口急剧减少，于是发生了后来大规模的“湖广填四川”移民运动。移民当中有大量的流民和无业游民，他们进入一个新的地区，在没有足够耕地可以获得温饱的情况下，势必要设法生存。

所谓的啯噜，就是指从外省移民到四川的流棍与本地流氓相结合而形成的恶棍集团。据说“啯噜”一词是“孤窭”的转音，少无父为“孤”，穷不能为礼为“窭”。啯噜最初的成员多是无父

---

① 本节参考文献：秦宝琦，谭松林．中国秘密社会：第一卷［M］．福州：福建人民出版社，2002；秦宝琦、孟超．秘密结社与清代社会［M］．天津：天津古籍出版社，2008；萧一山．近代秘密社会史料［M］．文海出版社，1980.

无家的少年，他们作案后被官府捉拿，禀报写为“啯噜”。随着移民潮的加入，啯噜便成为外省入川流民和本省无业游民组成的组织。

哥老会的来源一直是模糊不清、多有争议的。不过啯噜和哥老会都把首领称为老帽、帽顶，两者又都产生于四川，看上去似乎有渊源关系。加上左宗棠曾断言哥老会是川黔旧有啯噜匪的别名，可见哥老会有可能是从啯噜演变而来的。

“哥老会”这个名称，大概出现于咸丰末年。同治以后，哥老会开始发展壮大，到光绪初年，已经从长江流域蔓延到山西、甘肃及华北地区。19 世纪中叶以后，随着沿江沿海的对外贸易增加，无业流民组织哥老会也向长江下游发展。

从啯噜到哥老会的转化经历了一个非常复杂的过程。

这个转化也与天地会有关。哥老会的秘籍《海底》记载了哥老会的由来。郑成功到台湾之后，在金台山与人结盟，后秘密派出人员到中原、福建的少林寺为僧，此后才有天地会的发展之盛。郑经（郑成功长子）死后，其子郑克塽于清军占领台湾时，将天地会秘籍《金台山实录》装入铁箱，沉入海底。

1845 年，一个叫郭永泰的四川人到福建游历，自称偶然在一个渔民家中发现了《金台山实录》。后来他将其编辑印行，最终变成了哥老会的秘籍《海底》。这样的记叙似乎反映了哥老会继承了天地会的“衣钵”。

其中，秉承天地会“反清复明”的号召这一点最突出。作为反清复明的秘密组织，哥老会也逐渐创造了自己独特的联络沟通手段，其中既有黑话也有隐语。比较有代表性的是“汉留”和“汉流”，是其反满意识的表达。“汉”是汉族，区别于满人；“留”是汉人之遗留，“流”是汉人之流臣，所以肩负着反清的使命。

哥老会在其后的发展中，某些分支甚至与天地会相融合。据光绪二十年（1894）的广西《玉林县志》记载，此地的天地会又称“添弟会”，是哥老会的变名。由此可见，哥老会与天地会之间的关系是比较复杂的。

此外，哥老会的崛起与湘军也有密切关系。

1852年，太平天国起义军进入湖南后，以不可抵挡之势横扫长江中下游。为了对抗太平军，清廷命令曾国藩在长沙负责团练事务。湘军前期招募的多是湖南籍壮丁，以地缘关系结成了非常有战斗力的军队。此后湘军逐渐壮大，招募的兵丁中出现了大量来自四川的兵勇，其中就有不少哥老会成员。

哥老会成员本为流民或无业游民，当他们到军营中谋生时，军中出现了结拜的风气。当时的闽浙总督英桂以及左宗棠都发现了这个现象，他们在上报朝廷的奏折中，多次提及官兵驻扎之处，多有江湖会匪潜入其中，聚党结盟，是变相的哥老会组织。

太平天国起义失败后，曾国藩为了打消朝廷的猜忌，主动裁撤湘军。不料，正是这一举动为清廷造成了无穷后患。

被裁撤的湘军有三十万之众，这些拼死上阵杀敌的年轻士兵并没有获得预期的高官厚禄、辉煌前程。被裁撤后，他们既不能适应原来农民的生活方式，也没有其他技能，“流而为匪”成为必然情势，许多人加入了哥老会，这使哥老会的势力在短时间内迅速膨胀。随着湘军的衰败，哥老会迅速崛起，成为晚清与青帮、洪门齐名的三大帮会之一。

哥老会的仪式中，开山立堂是最隆重的，也标志着哥老会新组织的成立。所谓的“开山”，就是设立某某山名，就好像寺院在某某山；而“立堂”就是设立堂名，就像《水浒传》梁山之上设立的忠义堂。后来，又增加了“香”和“水”来进一步细化这些仪式。例如湖南益阳的哥老会仪式是“顺天山，洗平堂，仁义香，来江水”。

开山堂，即新的哥老会组织的成立仪式，组织要设立于深山古庙之中、人迹罕至之处，选择黄道吉日举行。仪式要设五祖、关帝的神位祭拜。此外，还要准备红纸书写进山柬和出山柬。进山柬类似于昭告天地的誓文，里面有详细的成员等级以及会内条例。出山柬是通知天下各山主的檄文。柬文内容由该哥老会的龙头老大诵读，读完之后会员行礼就算仪式完成了。

开香堂则是吸收新会员加入哥老会的仪式。想要加入哥老会的人，必须具备相应的资格，也就是要完成“引、保、承、恩”四道手续，才能举行开香堂的仪式。“引”是引见，由入会介绍人负责；“保”是担保,“承”是承担，要由会内的三排当家负责；“恩”是恩准，即由执事大爷决定。

有趣的是，哥老会不允许理发匠和裁缝加入。相传是因为当年清军入关改头换服与这两个职业紧密相关，哥老会认为他们帮助清廷剃发换服，所以不允许他们加入哥老会这个反清组织。

开香堂的仪式也可以称为“行抖海式”。新成员行礼，跪在神前，与管事大爷进行一大段的“问答”，像是对哥老会组织的忠义宣誓。例如：问“为何入会”，则答“为忠义故”；问“入会之后可能会被官方追杀，是否愿意”，则答“一人做事一人当，决不连累兄弟”。

对答完之后，入会者还要再对神宣誓：“如若三心二意，私卖梁山，日后甘死于刀剑之下。”此时，管事斩一白雄鸡，然后说：“有如此鸡。”宣誓完，起立行洪家之抖腕式请安礼。新会员还需缴纳会费，并拜见会内大哥小弟，彼此道贺，至此入会仪式就完成了。[①]

袍哥的神秘世界

袍哥其实就是四川地区的哥老会，是从清朝到民国时期在四川社会影响最大的秘密组织。

我们先来看一个有关袍哥的真实发生的故事。这个故事的前半部分我们之前讲过，就是讲“父权”时讲到的雷鸣远的故事。雷鸣远是当地袍哥的“副舵把子”，手里有枪杆子和一帮袍哥兄弟，土匪横行时曾带头镇压，是个英雄人物，在江湖上很有地位。

他曾将自己的女儿和与其相恋的小裁缝枪杀在河边，而自己

① 本节参考文献：王笛 . 跨出封闭的世界：长江上游区域社会研究（1644—1911）［M］. 北京：北京大学出版社，2018；王笛 . 袍哥：1940 年代川西乡村的暴力与秩序［M］. 北京：北京大学出版社，2018；秦宝琦，孟超 . 秘密结社与清代社会［M］. 天津：天津古籍出版社，2008；平山周 . 中国秘密社会史［M］. 北京：商务印书馆，1941；蔡少卿 . 中国秘密社会概观［M］. 南京：江苏人民出版社，1998.

居然不用负任何法律责任，这就是一个地方袍哥狠辣无情的一面。雷鸣远后来的故事，又展现了袍哥首领的另一面。

雷鸣远以租佃地主的 40 亩田地为生。1945 年，他没能按时交租，地主丝毫未顾及他袍哥首领的身份，将田转租。失去了主要的收入，雷家的经济情况越来越糟糕。加上雷鸣远挥霍无度、抽食鸦片，没有经济收入来支付犒劳小弟的花费，他最终失去了领导地位。

这是一个非常复杂的袍哥形象，正如袍哥群体一样，展现的是这个群体的多样性。

有关“袍哥”的称呼来源，有两种说法。

一种说法与“桃园结义”有关。关羽被曹操留在帐下，曹操赐予他许多华丽的衣服，但他总穿一件旧袍。这旧袍是结拜兄弟刘备所赐，关羽十分珍惜。故此，后来人们称结拜兄弟为“袍哥”。

另一种说法是“袍哥”一词来源于《诗经》中的“岂曰无衣，与子同袍”，有着“同一袍色即为哥弟”的意思。

上面两种说法，都强调了异姓兄弟结拜情义的特征。袍哥把“桃园三结义”的刘、关、张视为他们的鼻祖。此外，袍哥是“反清复明”的组织，而关羽作为“汉”的代表，对他们而言有着强烈的政治凝聚力。

关羽的凝聚力和号召力体现在袍哥的仪式中。他们采取了传统中国风俗中的“招魂”模式，想象仪式能够把他们心中的战神和保护神请到现场，赋予他们力量、正义，从而凝聚成员、同仇敌忾。

袍哥成员大致可分为“清水袍哥”和“浑水袍哥”。

早期参加袍哥的人大都来自下层社会，不过也有不少士绅。清水袍哥有一定社会地位，遵守纪律，有正当的职业，代表了袍哥的正面形象。他们可能也杀人，但是杀富济贫、罗宾汉式的人物。

而浑水袍哥更类似社会上的危险分子，包括土匪、小偷、骗子、江湖人士等等。他们以袍哥为职业，从事违法活动。因此，浑水袍哥经常成为民国政府镇压的一个口实。

但总的来讲，在民间传说中，袍哥一直是作为正面形象出现的。尤其是在辛亥革命中，袍哥扮演了重要角色。他们参加了反清斗争，在推翻清王朝的革命中出过一分力，在地方相当有威望，受到老百姓的尊敬，这种情形一直持续到民国时期。

到了抗战时期，袍哥中的代表人物也积极参加抗战。出川抗日军队中的袍哥英勇善战，著名的川军将领范绍增就是袍哥舵把子。他参加淞沪抗战，回来以后变卖家产，组织八十八军出川抗日，立下赫赫战功。

袍哥是晚清民国时期四川地区最有势力的组织。

根据20世纪40年代的资料统计，有人估计袍哥人数达到了四川人口的一半，也有人说达到了三分之二。根据袍哥范绍增的估计，四川成年男子的90%以上是袍哥，可见其势力范围之大。

不仅如此，袍哥还进入政府、军队、警局等主要机关和部

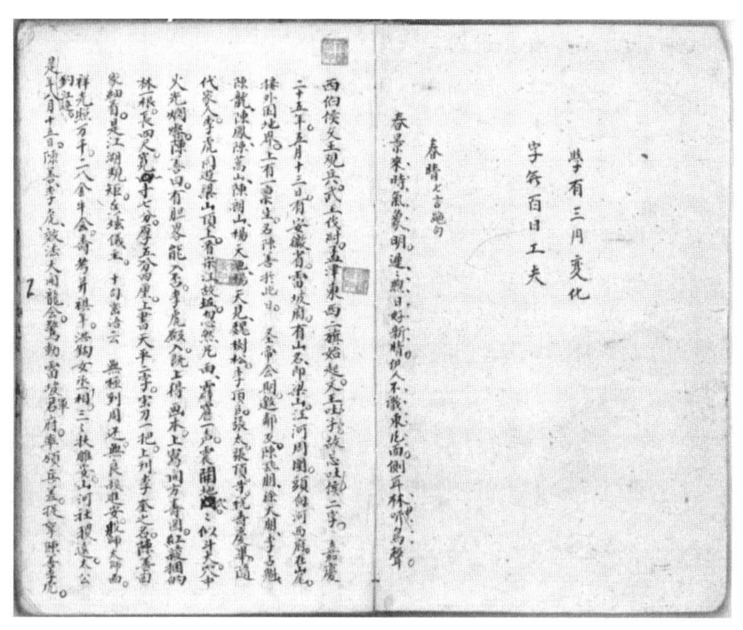

學有三月變化
字無百日工夫

春晴七言絕句
春景來時氣象明，連連烈日好新晴，伊人不識東風面，側耳林中聽鳥聲。

袍哥的手抄秘密文件，王笛藏

门，各乡的乡长、保甲长几乎全是袍哥。也就是说，地方政府要收税、实施新的法规、维系地方治安，如果没有袍哥的参与，这些目标几乎无法实现。所以，袍哥成为地方管理的一个主要力量。

比如中国民主同盟主席张澜，民国时期当过四川省长、成都大学校长，地位这么高的知识分子也参加过袍哥。20世纪40年代参加议会选举，没有袍哥背景根本就无法选上。

当时的报纸曾报道这样一件事，重庆有个政客瞧不起袍哥，他为人清高，认为袍哥是三教九流之辈，不屑与其来往。他去参加重庆市议会选举，才发现没有袍哥的帮助是不可能获胜的。事后，他不得不去投靠袍哥。结果，袍哥对他反唇相讥：过去你瞧不起我，现在来临时抱佛脚！这些事例足见袍哥在川渝地区的影响力。

袍哥之所以能在民国时期的四川快速发展，与当时特殊的历史背景有关。辛亥革命以后，军阀混战，直到 1935 年四川才真正被纳入了中央政府的管辖。在此之前，四川实行的是防区制，就是军阀割据、分区管制。这种缺乏中央集权的政治格局，给了袍哥一个非常好的扩展机会。而且辛亥革命之后，传统社会中承担地方管理的机构都被摧毁了，例如前面我们讲过的社区的清醮会、土地会，地方上的宗教团体、慈善团体等等。这些组织的分崩离析在地方社会留下权力真空，为袍哥提供了巨大的发展空间。

袍哥有自己独特的地方管理方式，那就是“吃讲茶”。

所谓“吃讲茶”，是人们在茶馆中解决纠纷的一种方法。人们之间有了冲突，一般不是上法庭，而是先到茶馆评理和调解。

一般程序是冲突双方邀请一个在地方上有名望的人进行调解，双方先陈述自己的理由，然后由调解人进行裁判。调解人一般都是有影响力的袍哥大爷或保甲团防的首领。

当时有篇文章说，茶馆是“最民主的法庭”，陷入纠纷的人经常会说“口子上吃茶”，意思就是去街角茶馆解决争执，而输的一方总是心悦诚服、付茶费，还会当众向对方赔钱赔礼。

这个说法虽然有些夸张，但显示了裁判还是有相当权威性的。在当时，“吃讲茶”即使有人不服，也一定会按判定的执行。

无论是袍哥个体雷鸣远，还是袍哥群体，都是复杂的，不能以简单的好或坏、进步或落后来定义。但有一点是一以贯之的，他们始终是一个和国家权力对抗的群体，并且成为地方管理的重要力量。[①]

黑帮与民国政治

青红帮：青帮还是红帮？

青红帮在晚清民国时期影响非常大。什么是青红帮呢？

有的学者把青红帮分为青帮和红帮，青帮的起源比较明确，红帮的起源说法就比较多样了。

主流说法认为，红帮是哥老会的正统，由“洪家”一名转来，洪家也就是洪门、天地会；而青帮是乾隆时代漕运上的结社，从罗教发源而来，由潘德林等以洪门余绪组织起来，也叫潘门。青帮和红帮是长江流域最强的两个秘密会党，两者之间既有争斗也有合作。在清中期以后，为了抵制朝廷的镇压，出现了“青红不分家”的局面，两者合流而成为青红帮。

也有学者认为红帮也发源于罗教，在漕运水手中传布，青红两帮是粮船上的恶势力与械斗团体，只不过青帮的力量比红帮大，在相互竞争中，红帮最终依附于青帮。

---

① 本节参考文献：王笛．袍哥：1940 年代川西乡村的暴力与秩序［M］．北京：北京大学出版社，2018.

还有一种说法认为，青红帮就是从粮船水手行帮演化而来的青帮，不过是因为青帮不同派系经常发生械斗，为了标记不同派系，有的帮派以红色为标记，有的帮派以青色为标记，所以“青红帮”是青帮的统称。

我们主要以第一种说法为参考，来看看青红帮的发展。

青帮的起源与罗教有紧密的联系。

罗教的传播特点之一就是自北向南，沿着运河漕运线及内河水运网，通过漕船水手传播。

罗教对水手的吸引力主要在两方面，其一是精神上的。罗教宣扬劫难将至，信“无生老母”可以获得拯救，过上理想的美好生活。这对常年漂泊无依、辛苦劳作的水手是一个理想的“承诺”，加上漕运与天气、风浪等自然因素密切相关，人们常有生死未卜之感，需要精神上的慰藉，来面对生活上极大的不确定性。

此外，水手大多无家可归，即使上岸也无处可去。罗教在杭州建立庵堂，庵堂在无粮可运时向水手提供居住之所，照顾看管年迈无依的老水手，等他们死去，还负责操办后事。罗教庵堂承担了水手这个行业的社会福利，让生者可以有所依托，死者有地掩埋。因此，罗教在水手中有众多的信徒。

漕运水手行帮形成青帮，有着特定的历史背景。

其一是清廷的查禁。水手联合秘密教门组织起来的行帮力量不可小觑。1848 年，有英国传教士在传教发“善书”时与水手发生了冲突，并且打伤了水手，闻讯而来的水手聚众反击，将三名传教士打伤。

英国领事馆出面讨要说法，清政府不得不逮捕了十名水手从重处罚。水手行帮群情激愤，纷纷组织起来到县府要说法，直到有官员出面劝解，事情才平息下来。

各地水手行帮的滋扰使得朝廷将其认定为潜在的祸患，为了巩固朝廷的统治，查禁罗教、拆毁庵堂的官方行动频繁发生。

其二，更为重要的是道光年间，清政府将漕运从河运改为海运，这一改变严重危害了以漕运为生的水手的生计，他们虽然反对，但无法改变朝廷的决策。

太平天国起义以后，运河全面停止，漕运船帮完全失去了生计，原来的水手行帮为了谋生逐渐瓦解，产生了新的帮会，也就是青帮。

青帮不是传统的行业帮会，有着秘密会党的特征。

向帮会的转化，弱化了原来罗教作为秘密教门的宗教性，增加了帮会成员之间的团结互助，帮会的“帮”，本意便是帮助，有团结互助的意思。最早向帮会转化的是安徽的安庆帮。

由于政府在岸上查禁罗教，水手们便开始在船上设立“香堂”，供奉祖师牌位。此外，他们还制定帮规、入会仪式、江湖暗号等帮会必要的组织要素。

为了获取新的谋生手段，这些由水手组成的帮会，许多从事贩卖私盐活动。他们平日集资贩盐，以两淮盐场为基地，在淮盐各分销码头活动，长江流域成为青帮最活跃的地区。

除了贩卖私盐获利，他们还参与其他勾当，比如在朝廷稽查严格之时聚众赌博，甚至还会抢劫。

需要说明的是，虽然漕运网络是一体的，但不同地域的青帮组织有各自的地盘和利益范围。不同地域的青帮组织成为不同的派系，相互之间因利益瓜葛而械斗的事情不胜枚举。

青帮成员大多是粮船水手，要组织起帮会的严密架构，等级关系是不可避免的。青帮最为看中师徒关系，讲究论资排辈，每个成员都有自己的辈分，师徒关系也是青帮不同于其他会党的特征之一。

加入青帮称为“进家”，师父作为家长，有着神圣不可侵犯的权力，尊师是青帮成员必须遵守的原则。除此之外，青帮组织也体现着互助的原则，所以也强调平辈之间的关系，要求“有福同享，有难同当”。纵向的师徒关系和横向的兄弟关系使得青帮的内部架构比较严密，同心力也更强。

借助严密的组织架构以及贩卖私盐的谋生手段，青帮成为清末民初长江中下游一带最具影响力的帮会。

长江上游的红帮与长江下游的青帮既有利益冲突，也有合作。

虽然在湘军裁撤之后，长江中下游的哥老会曾与青帮在贩卖私盐业务中产生利益争斗，发生激烈的冲突，不过当双方想进一步拓展利益时，合作便是更有利的选择。

红帮以在长江上游贩卖鸦片为主业，青帮以在长江下游贩卖私盐为主业，各有自己的势力范围。当青帮想将业务向上游拓展，红帮想将业务向下游拓展时，双方都需要彼此的照应和协作。

于是在大趋势之下，各自加入对方帮会成为一种通行的范例。另外，还有更具号召力的人同时将青红帮的人纳入麾下，开设新山堂。如此一来，“青红不分家”促成了青红帮的产生。

青红帮平时的活动主要是获得维持帮会成员生活和帮会发展的经济收入，其中最主要的就是走私食盐和鸦片。他们打通了长江上下游的渠道，下游的私盐进入上游，上游的鸦片流入下游。

此外，赌博、开设妓院、抢劫也成为帮会谋生的手段。这些经济活动为青红帮聚敛了大量的社会财富，使得帮会力量日渐强大。民国时期，其影响力堪用“如日中天”来形容。①

黄金荣与杜月笙：青帮最后的岁月与消亡

民国成立之后，由于部分帮会直接参与了辛亥革命，并且发挥了重要作用，因此帮会凭借实力和声势成为社会上的公开势力。不过，帮会所带来的问题也逐渐成为严重的社会问题。

20 世纪 20 年代，中国的诸多城市中，上海已然成为帮会活动最活跃的大都会。历史数据显示，20 世纪二三十年代，大约有十万人是帮会分子，占据了当时上海城市人口的 3%，可见帮会的发达。

在派系林立的帮会之中，青帮是上海当时最大的、兼有黑社

① 本节参考文献：周育民，邵雍．中国帮会史［M］．上海：上海人民出版社，1993；秦宝琦，孟超．秘密结社与清代社会［M］．天津：天津古籍出版社，2008；梁庚尧．中国社会史［M］．台北：台大出版中心，2017.

会性质的秘密结社组织，也是上海滩最具影响力的帮会。

为什么上海成为帮会活动最活跃的地区？

第一，前面我们讲过晚清政府把漕粮转为海运，这种改变的结果之一就是上海成为重要的港口，江苏和浙江的进贡粮都要经过上海转运。码头的兴起带来了越来越多的船只和运输工人，以漕运水手起家的青帮在上海重新聚集起来。

第二，20 世纪初期，上海已经成为中国最重要的商业和工业城市，因为苏北的大量农民和全国其他地方的人纷纷来到上海谋生创业，上海的总人口在 1910 年到 1930 年间增长了 3 倍，大量的移民群体中许多本来就是帮会成员，他们将自己的组织也带到了上海。苏北作为青帮的活跃区，其移民也大多是青帮分子。

第三，也是非常重要的一点，上海是半殖民地，分为中国控制区、公共租界和法租界，三个不同的区域有着各自的行政、立法和治安体制，因此在治安管理方面，三方互不干涉，这也导致该地犯罪活动猖獗，以及镇压犯罪方面的松懈。正是因为三个不同的治安机构存在冲突与分离，帮会分子才有扩展的空间。

这里以黄金荣为例，来看帮会与租界治安机构的复杂关系。

黄金荣在成为青帮大亨之前，以巡捕的身份在法租界巡捕房工作。最初，黄金荣只是一个三等巡捕，地位比较低，但他广泛结交帮会中的各种关系，又利用巡捕房维持治安的权力，左右逢源地成为法租界和青帮中的重要人物。

他先是利用流氓、小偷到法租界作案，然后安排人到法租界巡捕房告密，再由他报告给法租界的上级，以此获得破案的头功。流氓、小偷被关进监狱，他又设法将他们解救。如此连续设局破案，黄金荣成为法租界巡捕房的重量级人物。他在从巡捕升到督察长的过程中，也逐渐纠集起上千人的流氓队伍，几乎可算作自成一体的帮会。

虽然早期并未加入青帮，黄金荣却经常以帮会名义下帖收徒。曾有人质疑他这种破坏帮规的行为，但他凭借自己在上海帮会中的名声，并未招来惩戒。直到人生晚年退休之时，他才托杜月笙呈请青帮辈分较高的人物张镜湖收自己为徒，最终成为青帮“通”字辈的人。

民国时期的帮会从事规模庞大的非法经营活动，赌场、妓院、鸦片都是帮会大量财富的来源，这些非法生意要想持续经营，必须得到官方的支持。黄金荣在租界当局的默许下，与杜月笙、张啸林开办“三鑫公司”，公开运售鸦片获利，积累了大量财富。

我们很难说黄金荣是一个什么身份的人，他是法租界治安的执行者，却又包庇帮会犯罪分子，最终依靠法租界政府以及帮会分子的力量，聚财富与权力于一身。他的复杂性其实也反映了民国时期上海青帮的复杂性。

青帮与政界的交往过从甚密，展现出其与政局错综复杂的关系。

黄金荣的年龄较大、发迹较早，杜月笙是黄金荣一手提拔起来的，成为黄金荣之后又一举足轻重的青帮头子。

杜月笙家境贫寒，十几岁时在黄金荣开的大世界游乐场门口以摆水果摊为生。他善于给人出主意，卖水果的时候，经常有小流氓找他出主意去敲诈勒索，渐渐在帮会中有了“诸葛亮”之称。

他的名声慢慢传到了黄金荣老婆那里，于是便被收为所用，成为黄金荣的重要帮手。在黄金荣手下的几年，他一方面为黄金荣出主意，一方面为自己筹谋。他利用黄金荣的关系大肆结交帮会和官方势力，等到羽翼丰满之时便自立门户了。

杜月笙先拜青帮头子陈世昌为师，后又努力结交南北军阀、政客、外国商人等各方势力。因此，杜月笙在上海的“发家史”与民国政治密不可分，他本人与蒋介石、孔祥熙、戴笠的交往也都非常频繁。对于想要结交的人，杜月笙都非常阔绰，“一分钱要花出十分钱的效果”来。

抗战时期，蒋介石提倡“航空救国”，杜月笙立即响应，买了一架飞机送给上海飞行社。杜月笙为国送飞机这种稀罕事，在报纸上被大吹特吹，一时风靡街头巷尾。他做“善事”的名声也越来越响。

无论是军阀还是政客，杜月笙都乐于结交，行贿的方式使得各方非常领情。在 20 世纪 30 年代的上海，他周旋于法租界、军阀、外国资本家、上海工人之间，可以说长袖善舞，左右逢源。他用金钱去解决问题，结交权贵，反过来又从中获得名利。

民国时期可谓是帮会最后的黄金时期，黄金荣、杜月笙，他们在风云际会的上海滩，从籍籍无名的小人物，借着机缘巧合和各自的聪明智慧，利用帮会的势力、网络和声名，在历史大背景的推动下，一步一步成为帮会历史上叱咤一时的传奇人物。

正如到达顶点之后只能走下坡路，经历过租界、日伪统治之后的上海在随后的四年之中也经历了国民党政权的败落。随着新政权的到来，曾经名噪一时的上海青帮被逐渐瓦解，青帮大佬或失势或寄居他乡，在郁郁寡欢中走向生命的终结。至此，传统中国社会的秘密会党也在历史中落下帷幕。①

扶乩、敛财、称王：秘密道门

晚清民国时期，社会上除了有大量帮会，还有许多秘密道门。与帮会强调互助团结不同，秘密道门更强调其宗教特征。

秘密道门得到广泛发展与晚清民国时期天灾人祸频发有关。进入民国之后，军阀混战，百姓流离失所，再加上灾荒连年不断，人们处于饥寒交迫之中。广大群众为躲避祸乱，转而去寻求精神上的慰藉。于是，以倡导宗教力量为主的秘密道门蓬勃发展。

为了迎合老百姓想求神拜佛消灾弥祸的需求，秘密道门多摘取不同宗教的观点，杂糅成自己的教义，加以宣扬，以吸引信众。这一时期的秘密道门承继了秘密教门供奉无生老母、宣扬末世劫难说的传统，利用这些教义和信徒进行反抗统治者的活动。

除此之外，民国时期的秘密道门还增加了新的内容，即类似于巫术的扶乩。所谓扶乩是一种古代的巫术，“乩”即木制的丁

---

① 本节参考文献：中国人民政治协商会议上海市委员会文史资料工作委员会，编．旧上海的帮会［M］．上海：上海人民出版社，1986；蔡少卿．中国秘密社会概观［M］.南京：江苏人民出版社,1998；布赖恩·马丁.上海青帮［M］.上海：上海三联书店，2002；周育民，邵雍．中国帮会史［M］．上海：上海人民出版社，1993.

字架，将其放入沙盘中，由两个人各扶一端，在仪式中请神降临，以乩在沙盘中写成的文字作为神的启示。

这样的宗教仪式增加了道门的神秘性，每当教门中有重要事务，例如宣讲教义、吸收信徒，都要举行扶乩仪式。

而秘密道门吸引大量信徒，最主要的目的是聚敛钱财。

秘密道门骗取钱财的名目很多，以民国时期影响最大、人数最多的秘密道门一贯道为例，一贯道特别强调道徒要做到“施三施”：施财，出钱办道；施法，出力办道；还有无畏施，就是要舍身办道，而施财是首要义务。除了入道缴纳会费，还要不定期设立节日、举办聚会，会员要贡献香金、供果费等等。

除了这些“常规”收费，一贯道还利用扶乩骗钱。道门内部欺骗道徒为死去的亲友超度亡灵，扶乩显示亡灵要从地狱超度至天堂，于是道徒要付超拔费。镇江一家绸布店老板为其双亲超度亡灵，光超拔费就要黄金一两之多。

此外，一贯道“师母”孙素贞别出心裁，想出一个叫“渡大仙”的名目骗钱。所谓渡大仙就是“三期末劫”快要来的时候，天上的神仙也无法幸免，一贯道道徒要捐出黄金搭救天上落难的神仙，日后如果你遇到劫难，只要念你所渡大仙的名字，他就会来搭救你了。

这样荒谬的说辞，在当时的信徒中却颇有分量。数据显示，大多数参加秘密道门的道徒文化素质较低，文盲占88%；而且大多数人加入道门都是求神拜佛以躲避灾祸，消灾降福是人们的普遍心愿。

而一道贯的“超度亡灵”和“渡大仙”正满足了人们的这一心愿，成为教徒“逢凶化吉”的良方。虽然捐资不菲，每渡一位神仙要捐金十两，解放前仅上海一地，便有道徒“渡”了六百多个大仙，一贯道从中谋获黄金六千余两，可见秘密道门利用神仙救劫的名目诈骗来的财产有多么惊人。

秘密道门为获得持续发展，也开始结交不同的政治势力。

1927 年国民党掌权后，大多数秘密道门被划为宗教组织、慈善组织、福利组织等，只有极少数被当作反动组织而被禁。

1937 年卢沟桥事变以后，秘密道门向日本公开示好的行为也多起来。日军为了制造武器急需铜铁，得悉我国民间所藏铜钱甚多，便在占领区到处搜刮铜钱，以作制造军火之用。

一贯道为了迎合日寇的需要，用尽方法骗取民间铜钱。首领张光璧在天津一带对道徒宣称，道内的绿豆是神仙所赐，可以治百病，上天慈悲，特意恩赐给道徒，一颗绿豆标价十五个铜钱，而且每个道徒只能买一粒。如此宣传之后，道徒争相购买。只天津一地，就有道徒十多万人，共搜集铜钱一百五十万枚，而这些铜钱后被日本人制成侵略中国的武器。

因此，1945 年抗战胜利后，一贯道以汉奸罪被起诉，国民政府下令解散一贯道。为了缓和与国民政府的关系，一贯道首领在各地选出 24 名代表，向国民党政府及重要政治人物发出呼吁书，试图辩解。国民政府内政要员颇有为其说情之人，连上层官员中的孙科、白崇禧、蒋经国等都与一贯道拉上了关系。

彼时国民政府正在从重庆搬回南京，大量官员回迁，导致南京住房紧缺。其中，负责办理一贯道案件的社会部科长佘燕云就没分到房子。一贯道听说之后，立即委托中间人租赁了房子给佘燕云住。在上下运作下，1947 年国民政府撤销了此前对一贯道的查禁。

此后，设法争取国民党政权的支持便成为一贯道的行事主张。他们先是发展了一批与国民党上层官吏有关系的道徒，并将其发展为道内首领，然后通过这些人逐渐拉拢地位更高的政治人物。在政治势力的庇护下，一贯道又重新招揽信徒，秘密发展。

秘密道门总是具有反对统治政权的性质。

各方政治势力与秘密道门都是相互利用的关系，民国以后经历了相当长一段时期的军阀混战，“称王称帝”依然是秘密道门的政治目标。

民国初期，同善社经北洋政府批准，在全国发展道徒。经过十余年的准备，其首领觉得实力雄厚，达到了登基称帝的程度，便自称真龙天子，还制作了皇袍，组织暴乱，最后被国民政府取缔。

虽然我们前面讲到一贯道为了生存，广泛结交国民党高层，但到了国民党政权崩溃的前夕，它却策划谋反，假造天意，炮制了一份所谓的“天机碑文”，内容包括“弓长领命下天堂，十八小子为帝王”“二七夺天下，一贯遍中华”等等。

意思就是一贯道十八代祖张光璧是神仙降世，是为了收拾当时中国混乱的局面，而下一任李姓的一贯道首领就是皇帝。

为了迎合这份“天机碑文”，一贯道内推举出“皇帝”和

“皇太后”，各地的负责人均为省长、县长等，还被允诺为朝廷大员。这样的密谋造反当然不会成功，但却反映出秘密道门的反政权性质。

民国时期的秘密道门与秘密帮会一样，在风云动荡的历史时期，凭借组织的特点以及攀附政治势力获得生存之道。可以说，当时中国四分五裂的政治和军事状况为秘密社会组织的繁殖提供了养料，秘密道门和帮会也成为民国历史上不可忽视的社会力量。不过，随着国民党政府的解体，经历了漫长发展历程的秘密社会组织也走到了尽头，最终消逝在历史的长河里。[①]

---

① 本节参考文献：陆仲伟 . 中国秘密社会：第五卷［M］. 福州：福建人民出版社，2002；蔡少卿 . 中国秘密社会概观［M］. 南京：江苏人民出版社，1998.

本章小结

秘密宗教团体是传统中国社会中的一种重要组织。从宗教的角度来看，许多秘密会社与佛教、道教，以及大量的民间宗教有关。从政治的角度来看，秘密会社经常是农民起义反抗政权统治的组织，是对政权的一种潜在威胁，所以许多秘密会社被政府称为“异端”，为政治权力所不容。本章讨论了白莲教、义和拳、天地会、哥老会、青红帮以及各种秘密会社，由此看到江湖与庙堂的复杂关系。

第一，各种所谓异端的兴起是社会矛盾激化的反映。

白莲教的起源与佛教的关系十分紧密。白莲教利用当时的民族矛盾大力发展，并且吸收了弥勒信仰，以“天下大乱，弥勒降生”为号召，组织民众进行反元斗争。这时的白莲教还吸收了摩尼教的信仰，以“明王出世”、拯救世人于水火为号召获得大量信徒。“真空家乡，无生父母”这八字真诀是白莲教的中心思想，以彼岸世界否定现实世界，用极乐世界与弥勒救世来吸引贫苦大众皈依。

随着国内传教变得合法和自由，天主教及教士积极吸纳农村教民，教民的利益受到外国人的保护，与本地拳民的利益发生冲突，双方的摩擦也逐渐增多，反洋教的拳民组织发展成为义和拳。“降神附体”也是义和拳仪式的核心。拳民首先要祈祷，然后双目紧闭、凝神运气，祈祷招来一位神灵；当神灵附体，他们便会进入恍惚的状态，手舞足蹈、挥舞刀枪，达到降神的状态。他们相信降神附体就可以“刀枪不入”。

秘密教门是一种带有宗教性质的民间结社。宋元时期，各种秘密教门发展迅速，在明清时期成为与国家对抗的社会力量。其信徒信奉弥勒信仰，相信可以借此摆脱尘世间的苦难。经过了秘密教门的改造，弥勒信仰成为反统治、反社会的思想依据。这些教门或以“新佛出世，除去旧魔”为口号起义，或者起义者自称弥勒佛降世，举兵造反。教门起义的目的并非革皇帝的命，革除不平等的社会制度，而是想取而代之。

第二，早期秘密会社的出现是以“反清复明”为宗旨的。

天地会是康熙时期秘密创设的，会内多是前朝的忠臣烈士，以“反清复明”为宗旨。天地会创造了一套独特的结盟仪式和联络方式，结盟仪式可以增强组织的核心凝聚力，而特殊的联络方式让组织内部的沟通非常紧密。这套行之有效的组织方式被后来的其他秘密会党所模仿。天地会又名三合会，后来的哥老会、青红帮都与其有关。天地会是对外宣布的名称，对内自称洪门。

关于哥老会的起源也有许多争论，其中之一认为啯噜是其前身。啯噜最初的成员多是无父无家的少年，随着移民潮的加入，啯噜成为外省入川流民和本省无业游民的组织。而哥老会的秘籍《海底》则认为哥老会继承了天地会的“衣钵”，也是以“反清复明”为宗旨。作为反清复明的秘密组织，哥老会也逐渐创立了自己独特的联络沟通手段，其中既有黑话也有隐语。太平天国运动被镇压之后，被裁撤的湘军有三十万之众，许多人加入了哥老会，哥老会的势力在短时间内迅速膨胀。

哥老会在四川称“袍哥”，其成员把“桃园三结义”的刘、关、张视为他们的鼻祖，这对他们而言有着强烈的政治凝聚力。他们利用其独特的仪式，把心中的战神和保护神请到现场，赋予他们力量，从而凝聚成员、同仇敌忾。辛亥革命后军阀混战、缺乏中央集权的政治格局，给了袍哥一个非常好的发展机会。由于传统社会中承担地方管理职能的机构都被摧毁了，给地方社会留下一个权力真空，于是袍哥在此期间获得巨大的发展空间。

第三，秘密帮会与政治有着千丝万缕的联系。

青帮和红帮是长江流域最强的两个秘密会党，两者之间既有争斗也有合作。在清中期以后，为了抵制朝廷的镇压，出现了“青红不分家”的局面，两者合流成为青红帮。主流说法认为，红帮是哥老会的正统，由“洪家”一名转来，洪家也就是洪门、天地会，而青帮是乾隆时代漕运上的结社，从罗教发源而来。向帮会的转化，弱化了原来罗教作为秘密教门的宗教性，增加了帮会成员之间的团结互助。由于政府查禁罗教，水手们便在船上设立香堂，供奉祖师牌位。

上海能成为帮会活动最活跃的地区，是因为晚清政府把漕粮转为海运，上海成为重要的港口，来自苏北的大量农民和全国其他地方的人纷纷来到上海谋生创业，再加上上海是半殖民地，分为中国控制区、公共租界和法租界，这些都为帮会发展创造了条件。黄金荣在成为帮会大亨之前，是法租界巡捕房中的重要人物，在从巡捕升到督察长的过程中，逐渐纠集起上千人的自成一体的帮会。而杜月笙则利用黄金荣的关系结交帮会、南北军阀、政客、外国商人等各方势力。

进入民国之后，军阀混战，百姓流离失所，再加上灾荒连年不断，人们处于饥寒交迫之中。广大群众为躲避祸乱，转而去寻求精神上的慰藉。于是，以倡导宗教力量为主的秘密道门蓬勃发展。秘密道门骗取钱财的名目繁多，以一贯道为例，其强调道徒要做到出钱办道、出力办道、舍身办道，施财是首要的义务。秘密道门与秘密帮会一样，凭借组织的特点以及攀附政治势力获得生存之道，成为民国历史上不可忽视的社会力量。

第十二章

道不尽、说不清的文人社会

本章主要问题

1 明朝中后期商品经济已经非常发达，为什么有时候给教书先生的工资还是会以实物形式支付？为什么经师和蒙师之间的收入差距如此之大？他们之间的收入差距反映出中国古代怎样的社会风气？明末清初的江南地区出现了闺塾师，原因是什么？

2 幕僚在中国历史上的存在非常久远，为什么清朝是幕僚制度最为发达的时代？既然师爷在实际的政治行政中作用非常大，那为什么科举考试中没有这类题目让即将成为官员的文人提前学习这方面的知识呢？

3 中国园林是如何表达中国的文化传统和文人审美的？为什么中国园林会承载与文人相关的如此多的功能，却又不可避免地走向颓败了呢？江南地区为什么会形成文人的交游文化呢？文人雅集的传统到底是如何形成的？茶和酒在文人雅集中起到怎样的作用？

4 文人之间的相交经常留给后世许多文学遗产，我们从这个群体的交往形式中可以看到他们在历史中的哪些作用？雅致的文人世界为什么是令人向往的？上层文人的交际模式和下层文人的交际有哪些不同呢？

5 科举成为绝大多数文人的上升通道，为什么依然有一小部分文人选择“不出仕”呢？为什么上层文人和下层文人之间的地位差别如此之大？下层文人谋生艰难，为什么依然让自己的后代走科举之路？

现实当中的文人世界

教书先生是科举落第文人的一种职业选择

中国传统社会中的教书先生可以分为两种，一种是“蒙师”，也就是“启蒙老师”的意思。顾名思义，这种教育针对的是“从0到1”开始识字读书的年龄偏小的学生。蒙师主要负责教学生认字、断句以及一些基本的礼仪等等。

与蒙师相对的是“经师”，主要教学生学习四书五经，是专门教授科举考试内容的老师，为学生日后科举考试打基础。

教书先生的收入与学生的学费相关。古时候人们用“束修”来指代学费，这个词来源于孔子所说的“自行束修以上，吾未尝无诲焉”。意思是只要给我肉干的学生，我没有不教他的。在孔子的时代，束修只指肉干，后来这个词成了一个典故，专门指给教书先生的学费。

在中国古代，学费的支付方式有两种。一种是实物，就像上面提到的束修；明清时期商品经济发展之后，现金支付也比较常见，但在下层社会，实物支付更常见，更富裕的人家往往两者兼而有之。

比如，《醒世姻缘传》中记载了明朝一位有钱人狄员外，他为儿子请的第一位教书先生非常不认真，以至于儿子从8岁学到 12 岁，居然还不会写字。于是，他下重金聘请了第二位教书先生。狄员外承诺，只要这位先生来教书，不仅可以免费吃饭，还可获得“一年二十四两束修，三十驴柴火”。在重金聘请之下，教书先生便答应了。

这里的“一年二十四两束修，三十驴柴火”就是给教书先生的工资。其中，“一年二十四两束修”是现金，“三十驴柴火”是实物。这里的“驴”是量词，指的是一头驴拉的柴火，“三十驴柴火”就是要用三十头驴拉的柴火，可见这个教书先生的薪资不薄了。

需要指出的是，经师和蒙师的收入差距非常大。

上面《醒世姻缘传》中的例子属于比较特殊的，事实上，在明代万历年间，江南地区很多蒙师一年的工资不到二十两银子。

在北方经济不太发达的地方，比如直隶，也就是今天的河北，以及陕西、甘肃等地区，教书先生的工资只有十两银子左右。

而经师的工资就高得多了。在明朝中叶，江南地区的经师平均年收入在三十两银子以上。到了明朝末年，江南地区的经师工资可达到四五十两，比蒙师高了一倍还多。

至于北方地区的经师工资，由于资料缺乏，我们还不太清楚，但一定也比蒙师高。经师的收入基本可以养活一个 5~8 人的家庭。如果一家出了一位经师，其他人都不用工作，生活也能过得去。

蒙师的工资若仅仅是用来买粮食，还是可以喂饱家人的。但考虑油、盐、酱、醋、衣服等日常支出，以及婚丧嫁娶的支出，那么蒙师家庭必须有其他成员也出来工作。否则仅靠蒙师的工资，基本上是处于入不敷出的状态。

经师还可以靠着自己的工资买一些古玩玉器，或外出旅游。蒙师若仅靠自己的收入，不可能过这种奢侈生活。

除了蒙师和经师，明清时期还有一类专教女性的教师。

在《红楼梦》中，林如海为林黛玉请了贾雨村作为启蒙老师。当时林黛玉只有 5 岁，贾雨村只是教她读书写字，工作清闲极了。

在这类针对女性的教师中，有一类非常特殊，又称为“闺塾师”。她们是高门贵族为家中的女儿请来的职业女塾师，专门为上流社会家庭的女孩讲授儒家经典、诗歌艺术或者绘画。

什么样的女性才有资格成为闺塾师呢？首先，她们都是有着女性学问传统的文人家庭的女儿，比如袁枚就曾提到他的一位族姑母曾经被一个高官聘请，与高官的女儿生活在一起，并且教授她们。

不仅如此，许多闺塾师甚至还是文学或艺术领域的知名人士。她们或者是知名画师，或者是在文坛上颇有声望的女作家、女诗人。例如清朝一位叫曹冰鉴的诗画塾师，不仅与其祖母出版了诗歌合集，还写过传奇戏剧。还有一位叫苏畹兰的女作家，虽然嫁给了一个穷塾师，但自己做塾师非常成功，还开办了女“家塾”。

相对来说，闺塾师的教育是短期的，教育的主题有时只是基础的识字和绘画，通常情况下是诗歌艺术。需要指出的是，这种短期教育服务的报酬可能很高，甚至某些贵族高官曾经“千金”聘请闺塾师。

虽然女塾师违背了传统社会中女人“三从四德”的儒家女性规训，但在明清时期的江南地区，女塾师是受文人尊敬的职业，这也证明了江南地区对女性教育的重视。

作为教书先生，他们在地方社会上肯定有着重要的教育功能。不论是基础的识字还是比较高深的儒家经典，都是由他们来教的。除此之外，教书先生还有什么社会功能呢?

首先，教书先生对于地方上的宗族来说至关重要。可以使族人的下一代接受一些基本的教育。除了在宗族学堂教孩子读书，修族谱、族规的工作往往也都是由教书先生来完成的。

其次，教书先生也是地方官员的重要合作者。明清时期，地方官员来到一个县城或府城之后，往往会立马拜访地方上的重要人物。教书先生游走于基层社会，社交广泛，对于地方民情十分了解。

同时，他们又读过儒家经典，能够和地方官沟通。可以说，教书先生是基层社会官、民之间的一个中介。不过，各乡各村的教书先生总数很多，地方官员不可能对每一个教书先生都同样重视，他们结交的都是有一定声望的教书先生。

做教书先生，是中国传统社会科举落第文人非常普遍的一种职业选择。作为接受过教育的知识分子，他们一方面是受社会尊敬的，但另一方面由于微薄的薪水，也难免落入被人嘲笑的尴尬境地。

无论是经师还是蒙师，抑或是专门针对上流社会女学生的闺塾师，都承担了社会上的教育功能。此外，他们也是家族中体面的文人，承担着宗族事务，负责地方官员与民众之间的接洽，是不可忽略的一种文人类型。[①]

师爷："佐人为治，势非得已"

师爷是另外一个古代文人普遍从事的职业。

要想明白师爷是做什么的，我们首先要理解"幕僚"这个概念。

幕僚，也叫幕友、幕客等，是官员聘请的帮手、参谋，在中国有很长的历史。战国时代，很多游士周游列国，被各国的国君和大夫招为食客，他们可以算是幕僚的雏形。

到了三国时期，幕僚制度开始成形了。我们都很熟悉的曹操、刘备、孙权，他们每个人手下都有很多谋士，也就是幕僚。

宋朝，为了控制地方势力，加强中央集权，地方官的幕僚是由中央任命的。明朝中后期一直到清朝，各省不同层级的官员，比如总督、巡抚，会聘请大量的私属幕僚人员，这些人就是"师爷"。

清朝是中国幕僚制度最为发达的朝代。清朝有 1358 个县、

---

① 本节参考文献：刘晓东 . 明代的塾师与基层社会［M］. 北京：商务印书馆，2010；蒋纯焦 . 一个阶层的消失［M］. 上海：上海书店出版社，2007；高彦颐 . 闺塾师：明末清初江南的才女文化［M］. 南京：江苏人民出版社，2005.

124 个州、245 个府，再加上 18 行省的布政使司、按察使司、巡抚、总督等地方衙门，以及大量中央机关衙门，每个衙门都会有三四个到十几个师爷，全国的师爷总数有一两万之多，可见这个文人群体的数量之众，其作用也不可小觑。

官员为什么要聘请师爷呢？

首先，明清两代，大多数官员都是通过科举考试而取得做官资格的。他们十分通晓八股文写作，四书五经背得滚瓜烂熟，但对于法律、财税等行政事务毫无经验。

他们当了地方官之后，又不得不去断案、征税，所以必须依靠有专业法律知识、财政知识的人来帮助他们，而师爷恰恰是法律和财政方面的专家。

其次，在清朝，特别是清朝初期，很多满族官员的汉语水平很差，也不了解汉人的习俗，但又必须去处理汉语的文书，也得管理地方上的汉人百姓。这时候，师爷就派上用场了。

此外，明清两代有很多有钱人，通过捐纳的方式获得官位，说白了就是买官。他们虽然有钱，但没有什么文化，很多人甚至看不懂公文，所以也必须依靠师爷来帮他们做文书工作。

那什么样的人会成为师爷呢？

清代有一本关于幕僚的名著叫《佐治药言》，开篇便点明：“士人不得以身出治，而佐人为治，势非得已。”这句话的意思就是，读书做学问的士人没有考上功名，只能把辅佐官员当作事业，这是退而求其次的选择。

在科举制度达到顶峰的清代，全国几百万读书人中，只有一万左右的人能通过科举取士，而那剩下的绝大多数“跳不进龙门”的文人，只剩下教书先生和师爷两条门路可供选择。

值得一提的是绍兴师爷。江南地区文风最盛，长江下游和钱塘江地区读书人也比较多，清朝统治者为了压制吴越之地的士大夫集团，规定该区域文人科举取士的录取比例要低于全国平均水平，因此也降低了该区域读书人做官的可能性。于是，落第的学子文人便转而做幕僚，加上亲戚、同乡的举荐，江南吴越地区的幕僚遍布官场内外。

江南地区的绍兴是全国著名的文化中心，明朝时期的著作《广志绎》曾记载，绍兴地区的文人非常机巧敏捷，人数众多的绍兴文人在做官这条道路以外，还积极参加朝廷的“选吏”。

吏员不属于官，官员做行政决定，吏员负责具体的行政事务，比如抄写、管理犯人、保管文案等等。

以“吏学”见长的绍兴文人，到了清朝自然具有成为师爷的优势，形成了绍兴师爷遍及全国的局面。甚至在雍正时期，皇帝特意下诏命令中央六部不能专用绍兴人，以此打压绍兴师爷的气势。

那师爷到底可以为官员做些什么呢?

我们可以从不同类型的师爷了解他们各自的工作。一般来说，最重要的师爷是刑名师爷和钱谷师爷，除此之外，还有账房师爷、挂号师爷、征比师爷、戎幕师爷、阅卷师爷、漕粮师爷等十几种不同类型的师爷。这里我们只介绍最重要的刑名师爷和钱谷师爷。

刑名师爷是帮助官员处理司法事务的师爷。从立案到探案，再到听取原被告讼词，以及断案、拟定罪刑等各种和司法有关的事务，都是刑名师爷的职责。

清代的法律十分复杂，最基础的法律文件是《大清律例》。律是法律，例是皇帝颁布的法规，基本每个皇帝都会颁布一些新的“例”。

例和律之间、例和例之间，互相又有复杂的矛盾冲突。此外，还有一些不写入法条的司法惯例。这一整套体系极其复杂，刑名师爷往往是跟专门研究法律的老师学过多年，才掌握了处理法律事务的技巧。

钱谷师爷的主要职责包括四项：一为户籍，二为婚姻，三为田赋，四为土地。所谓户籍就是户籍登记；所谓婚姻就是和结婚、离婚有关的事务；田赋就是征收土地税；土地则是指与土地丈量、地产纠纷有关的事务。

除此之外，钱谷师爷还负责赈灾救荒、管理储备粮、兴修水利等事务。这些实际政务非常繁多而且相当复杂，可见师爷不是好当的。

师爷的收入与他们的种类直接相关。

我们之前讲过，教书先生的收入十分低微，和教书先生相比，师爷的收入可以说是很高了。师爷的收入主要分成两部分，一部分是官员给的工资，另一部分是贿赂。贿赂能拿到多少，不同的师爷差异很大。就是官员给的工资，也是因人而异的。

刑名师爷和钱谷师爷因为职位重要，所以工资很高。乾隆年间，四川地区道、府、县的刑名师爷、钱谷师爷的工资最高可达每年1440两银子，最少也有360两。不过，其他类型的师爷收入就低多了。

比如同样是在乾隆年间，安徽地区的征比师爷只有60两银子的工资，挂号师爷只有35两银子的工资。可就算是收入最少的师爷，也可以凭借一人的薪水供给全家的衣食。

师爷比较高的收入显示了官员在工作中对其的依赖。因此与教书先生相比，师爷是落榜文人更倾向选择的职业。

总而言之，幕僚是中国非常传统的职业，从春秋战国到清朝，科举制度的竞争催生了幕僚和师爷这种非常“实用”的、与官府相关的文人，在地方官员不熟悉当地政务的情况下，师爷的出谋划策和政策执行为管理所属地解决了许多实际问题，因此其薪资也远远高于教书先生。

所以，师爷是中国历史上比较特殊的一个文人群体，也是传统中国政治特性的一种显现。①

巾帼奇才：中国历史上的才女

前面我们讲了中国的古代文人，主要谈的都是男性文人，谈女性比较少，即使是讲闺塾师和妓女，也都是从男性角度去讲的。

---

① 本节参考文献：李乔．中国的师爷［M］．北京：商务印书馆国际有限公司，1995；李治安，杜家骥．中国古代官僚政治［M］．北京：中华书局，2015；郭建．师爷当家［M］．北京：中国言实出版社，2007.

我们再从女性的角度来谈一谈中国古代的女性文人，也就是才女。

回到历史的境况下去看中国历史上的才女，我们会发现一个矛盾之处，中国传统的儒家价值推崇“女子无才便是德”，即使是读书识字的上流社会女性，也是以女德、女诫为主要阅读主题，女人少读书甚至不读书才是一个社会的常态。我们应该如何去定义传统社会中的“才女”呢?

中国历史上有两位非常著名的才女：卓文君和李清照。

卓文君是西汉人，她的父亲是大商人。她从小饱读诗书，不仅长得漂亮，而且擅长创作诗歌，也很喜欢音乐。她与大文人司马相如因一首《凤求凰》而私奔的爱情故事流传千年。

卓文君的爱情故事固然让人赞叹她的勇敢决绝，然而更能凸显她才情的是她在得知丈夫有意纳妾之后，心灰意冷之际写下的《白头吟》《诀别书》。

我们今天非常熟悉的“愿得一心人，白头不相离”便是出自《白头吟》。“朱弦断，明镜缺，朝露晞，芳时歇，白头吟，伤离别，努力加餐勿念妾，锦水汤汤，与君长诀！”出自《诀别书》，也是我们常见到的诗句。

卓文君的千古才情，就是通过经久不息的故事和文学作品，流传给一代又一代人。

到了宋代，出现了中国历史上最著名的才女李清照。

之所以被称为最著名的才女，是因为她为后世留下了大量优秀的词作。李清照出身于文学世家，她的父亲李格非是宋朝著名的文学家，她的母亲是状元王拱辰的孙女（一说是宰相王珪长女），也是一位才女。

良好的家教使得李清照自幼就表现出非同寻常的才华，她早年的才情更多地展露在与丈夫赵明诚的互动之中，例如他们夫妇二人喜欢收集金石文物，研究青铜器。他们两个人学富五车，连平时的休闲娱乐也很有文化气息。比如每天饭后，两人要玩这样一种游戏，一个人说出一件古书中记载的事，另一个人说出记载这件事的古书的书名和页码。

命运的遭际使李清照的人生发生重大改变，她把身世之感寄托到词作当中，才有了流传至今的文学佳作。北宋末年的靖康之变导致赵李夫妻颠沛流离，先后南下。

赵明诚在路上去世了。李清照就只身一人四处漂泊。她晚年孤苦无依，独自死去。正是有了这些悲苦的人生体验，她才写出这样的感慨："梧桐更兼细雨，到黄昏，点点滴滴。这次第，怎一个愁字了得！"

虽然李清照的文学成就可以说是当时女性中最高的，但是宋代有才华的女性并不止她一位。当时很多大家闺秀都认字，并且能够创作文学作品。《岁时广记》就记载了这样一个故事。

话说宋徽宗在上元节送酒给汴梁的市民喝，结果有一位女子把皇上的金杯给偷了。被发现之后，这位女子当即作了一首词来给自己辩解："灯火楼台处处新，笑携郎手御街行。回头忽听传呼急，不觉鸳鸯两处分。天表近，帝恩荣。琼浆饮罢脸生春。归来恐被儿夫怪，愿赐金杯作证明。"

故事中描绘了一位出口成词的普通女性，可见能吟诗作对的女性在当时也比较常见了。

可惜的是，当时的社会文化认为男主外、女主内，女性的作品属于“闺阁之内”的东西，不适宜拿出来给大众欣赏。因此除了李清照，大多数宋代女性创作的诗词最终都散佚了。

对于中国的才女来说，明清是她们的黄金时期。

首先，明清时期印刷业快速发展，活字印刷技术逐渐推广开来，印刷成本大大降低，不仅女性成为通俗文学的读者，而且明朝成为中国历史上首个有相当数量女性在有生之年出版作品的时代。

这些出版的作品不仅有个人诗集，还有女性专门编纂女性作者的作品集，比如沈宜修编选的《伊人思》、王端淑编选的《名媛诗纬》等等。

也许更重要的是思想层面上的变化。在明代中后期出现了这样一种社会思潮，许多人开始认为，自己的家乡出现一些才华超群的女性诗人是一件值得骄傲的事情。

比如在当时的杭州，一位本地人在为自己姐姐的著作写序言的时候，就罗列了许多杭州女性作家，然后说“若文皆闺阁秀丽，垂艳流芳……钱塘山水蜿蜒磅礴之气，非缙绅学士所能独擅”，表达出了对女性才华的赞赏。

当然，才女不局限于卓文君、李清照等巨贾文人家庭出身的“良家妇女”，以才情出众为个人特征的妓女也有出版作品的机会，并且借着女性的文名，受到了整个文人圈子的接纳。

柳如是是晚明江南最有成就的名妓之一，她最大的成就便

《人物山水册》，明代柳如是作，美国弗利尔美术馆藏

体现在她的文学才情上。虽然我们不知道柳如是的出身，但她从小受教育的过程非常奇特。在她还很小的时候，有一位姓周的宰相把她作为婢妾买下来。她的机灵和才智赢得了周姓宰相的喜爱，他教她读书写字，可以说是她的启蒙老师。

等到柳如是被卖入妓院，在与当时著名的文人、诗人交往的过程中，这些文人给了她第二次教育启蒙。此后，她凭借出版的诗集和书信集，以书法家和诗人的身份在江南文人圈中赢得了声誉。

明清时期，才女们也以结社的方式相互交往。

商景兰是著名的忠明烈士祁彪佳的遗孀，明朝陷落之后，祁彪佳自杀殉国。在此后三十余年的孀居生活中，她教授女儿、儿媳，与她们作诗唱和，结成诗社。商景兰的诗社还吸引了当时许多女性作家前往拜访。从诗社记录的大量诗歌中，我们可以看到她们结社的日常生活。

她们经常到家乡附近的山上结伴郊游，或者到园林中远足，留下的诗作记录了她们如何拓石碑、摘桃子、赏花观雨，重要的节日或者聚会也是她们作诗的理由。商景兰的诗社不仅受到当时女性文化人的青睐，而且不自觉地成为女性文化教育传统的延续。

就像有学者指出“女状元”本身就是一种思想的矛盾一样，在传统男权社会中，女性文人或者才女是个很难被简单定义的群体。她们脱离了传统道德观和文化观念，或者靠家庭的文化滋润，或者靠后天奇特的受教育经历，再加上自身的才情，最终才成为留在历史上的中国才女。她们的诗作和文人故事不仅让我们看到一个才情卓绝的特殊群体，还让我们多了一分对传统社会的思考。[①]

---

① 本节参考文献：高彦颐．闺塾师：明末清初江南的才女文化［M］．南京：江苏人民出版社，2005；艾朗诺．才女之累：李清照及其接受史［M］．上海：上海古籍出版社，2017；江民繁，王瑞芳．中国历代才女小传［M］．杭州：浙江文艺出版社，1984.

闲情雅致：诗、园林和琴棋书画

诗意的栖居：江南私家园林的文人生活

我们进入中国文人的生活空间，看看他们在园林中的私人生活。

中国园林是多种艺术形式的综合，山、水、花、木，亭、台、楼、阁，在有限的空间创造出无限的情趣，供人们观赏、游览、休憩、居住。

园林对绝大多数传统中国社会的文人来说是一种奢侈，无论是豪华的还是朴素的，要想拥有一座属于自己的园林，绝非易事。

而园子也不仅仅承担着居住的功能，对于中国的文人来说，“园林是土木写成的文学，文学则是用语言材料砌成的一座园林”，这个对园林与文学关系的概括可谓相当准确。

以《红楼梦》中的大观园为例。虽然大观园是为了省亲而建，从贾政带领一众文人为不同风格的建筑题写楹联，可以看出园林不仅承载居住等基本功能，更体现了文人的交游喜好，甚至影响文人的文学风格。

“绕堤柳借三篙翠，隔岸花分一脉香”，园林内情与景的交融，汇合到文字当中才成为一个整体。

大观园的富丽堂皇也为我们展示了生活在其间之人的日常生活。贾宝玉与众姐妹在园中结海棠诗社，为了符合“诗翁”的身份，每个人都取了雅致的别号。他们定期以不同的主题来作诗，先是以“海棠”为题纪念结社，后又在秋季时节，吃螃蟹、赏桂花，以“菊花”为题来作诗应景。由此看来，家庭生活与文化生活是不分离的。

《红楼梦》中的大观园虽然是虚构的，但我们可以在历史中找到其存在的痕迹。以《随园诗话》《随园食单》而闻名的清代文人袁枚，曾提到他所居住的随园，正是曹雪芹的祖父曹寅所建。袁枚认为《红楼梦》中的大观园，正是他所居住的随园。

随园是在曹家败落之后，几经辗转才成为袁枚居所的。最初的随园可以说是一片颓败，于是袁枚自己造园，前后历经六次大的改造。或许他诗作当中“性灵”的特征，也是与这所园子分不开的。

他将自己造园的过程写成《随园记》。该园的前任主人是江南织造隋赫德，袁枚借用“隋”字的读音，为这所园子起名“随”园，这样一来没有改变园子的旧音，二来充分显示了“随”的基调，可以充分借景。

身居自己设计建造的园林，可享受到极大的感官之美。在袁枚的记述中，随园的春天有“清流回洑”，也有如绿海一般的竹子；冬天可以隔着玻璃窗，“目有雪而坐无风”；春秋间，还有“梅百枝，桂余丛”；有月亮的时候，花影更加明亮；有风来的时候，香气扑鼻；更可以在园中闲坐、抚琴、读书、雕刻玉石。可以说，这是非常美好的文人生活了。

当然，园林并不总是如袁枚所写和随园一样美好。

文人被贬之后也会通过园林来抒发内心的郁结。柳宗元被贬永州之后，曾经买过一块地来建造园林，为园中不同景点命名的过程也被他记录在《愚溪诗序》之中。

园内的溪水原来称作冉溪，但柳宗元觉得自己因为“愚”而获罪、被贬至此，所以将这条溪水改名为“愚溪”。不仅如此，他还把溪水之上的一个小丘改名为“愚丘”，将附近的泉改名为“愚泉”，各处的景点，都与“愚”字相关。这正是因为园林主人对现实不满，借着为园林景点命名，来抒发自己内心的愤懑。

柳宗元不仅借“愚”字来展现自己的内心世界，还留下与此相关的非常多的著作。柳宗元先作《八愚诗》，后又作《愚溪对》，好友刘禹锡曾作《伤愚溪三首（并引）》来描写柳宗元去世三年之后，自己重游愚溪，但不复往日的哀伤情景。

对于文人来说，一个美好的园林还有避世的功能。

明清交替之际，天下大乱，明朝“遗民”冒辟疆与董小宛的故事就发生在如皋的水绘园。水绘园遂成为隐逸世界的代名词。

水绘园本来是冒辟疆的曾叔祖所营建，后归于冒辟疆的父亲名下。明末清初之际，冒辟疆在接掌水绘园之后进行了一系列经营和文化活动，才使得这个园林流传后世。

水绘园中有逸园和洗钵池，冒辟疆和董小宛经常邀请友人一起游园，“水绘庵前一池水，花发芙渠香十里”就是对水绘园中水的描述。“南北东西，皆水会其中”，于是称为“水绘园”。

始建园子的人，即冒辟疆的曾叔祖十分好客，也非常喜欢喝酒，从床头到门外摆满了酒具，常常喝到半夜。冒辟疆虽然不喝酒，但是继承了在园中款待宾客的传统。

《随园图》，袁起，引自赵丹苹等著《清代南京随园复原研究》）

朝代的兴亡更替，中断了冒辟疆的仕宦之路，他转而在水绘园中寻找慰藉，经营出了一个充满雅致、逸乐气息的世外桃源。他邀请朋友喝酒作诗，欣赏丝竹管弦，在水绘园中聚会，“四十载宾朋之盛，甲于大江南北”。

这些宾客，上至达官贵人、风流名士，下至贫贱子弟，有的是短暂探访，有的是常住于此，例如陈其年就曾在水绘园居住十年之久，他和冒辟疆的两个儿子一起读书，又结识了冒辟疆心爱的歌童，缔造了一段风流韵事。

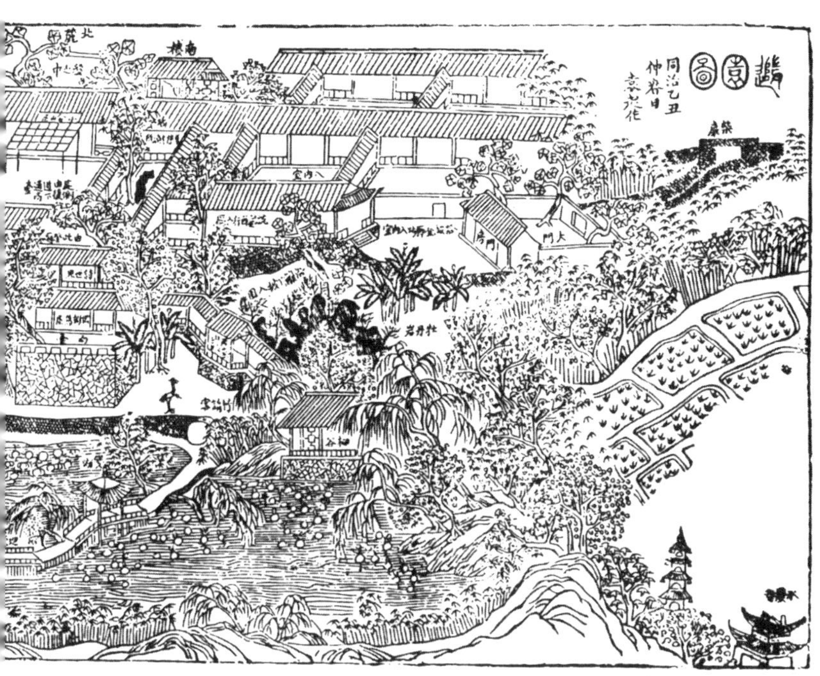

美酒、佳肴、丝竹管弦、山光水色，过往文人留下了许多关于水绘园的记载。王士禛这样记载在水绘园中的游园，“每当月明风细，老夫与佳客各刺一舟，舟内一丝一管一茶灶，青簾白舫，烟柁霜蓬……”可见文人的雅致。

那文人在隐逸的园林世界中，可以过着桃花源一般的生活吗？

答案当然是否定的。如同时代的巨变所带来的精神巨变那

袁枚像，清代罗聘作。罗聘为“扬州八怪”之一，与袁枚的私交很好。这幅画像中，袁枚侧身持菊，上有袁枚300余字的题跋，款曰：“乾隆辛丑十月二十三日，随园老人子才戏题。”日本京都国立博物馆藏

董小宛像，清代周序作，南京博物院藏

样，在历史的流荡中，这些园林或者因为无法维持原本的乐逸生活而逐渐败落，最终流转于他人之手，或者因为战争等不可抗因素而彻底毁灭。袁枚的随园就是在太平天国时期，被杀入南京城的太平军所毁。一座园林的毁灭，不仅意味着空间的消失，也代表着某一种生活消失了。

“静坐西溪上，春风白日斜。吹来香气杂，不辨是何花。”这种散淡的、宁静的文人生活也被时代的巨浪再次打破了。

再来看水绘园，

十多年的宴客游乐，使得冒辟疆的现实生活日渐窘迫，回忆往昔胜景，对照今日的衰落，冒辟疆不禁感慨自己的际遇。

可见随着园林败落的，不光是文人之间的交游，还有恬淡闲适的生活。看似隐逸安乐的“诗意栖居”，不过是由金钱打造出来的短暂梦境，随着时代交替和社会动荡，最后化为一个时代的记忆。①

传统中国文人的“朋友圈”：文人之间的社交应酬

中国文人爱好社交应酬，并且名声在外。早在 1584 年，传教士利玛窦就曾在给西班牙税务司司长写的一封信中这样说：

> 有些人可能整天企图在浪费金钱，彼此拜访，相互宴请，饮酒作乐，这对士子都是平常的事，人们都很爱好吃喝声色之乐，且有专门书籍，记载弹琴的姿势与举行的季节，整年有舞蹈和音乐，还有作乐的处所、钓鱼的池塘和其他消遣的处所等等。

可见，利玛窦已经发现了明后期中国士人热衷于社交应酬的

---

① 本节参考文献：李浩．唐代园林别业考论（周秦汉唐研究书系）［M］．西安：西北大学出版社，1996；喻学才．袁枚的造园思想和造园实践［J］．华中建筑，2008，26（8）：197–201；曹雪芹．脂砚斋全评石头记［M］．北京：东方出版社，2006；李孝悌．昨日到城市：近世中国的逸乐与宗教［M］．台北：联经出版社，2008.

现象。

中国文人如何看待自己圈子的社交应酬呢？

这些在外国人看来“浪费金钱”“喜好声色”的交游活动，真的是没有任何价值的吗？

首先，对一些文人来说，彼此之间的应酬交游是对科举考试的“反叛”和反抗，他们不愿意把自己的眼界和知识框定在狭窄的“四书五经”之中，深信通过文人之间的沟通和交流，能够拓宽自己的眼界，使自己的人生志向跳脱出传统的“科举取士”的范围，转而拥有“大丈夫当友天下”的豪迈，这是一种舒张生命力的表现。

其次，文人之间的交际应酬并非只有精神作用，也有助于他们在文人圈子中建立名声，以诗文之名获得主流社会的认可。

明代中期，有一个叫王仲房的文人，他不以科举取士之途为然，而是将自己的人生投向一个更高远广阔的场域，选择了一种豪放不羁的生活态度：宴饮、骑射、郊游。这种“不务正业”的生活被他的母亲嗤之以鼻，希望他走科举正途、光耀门楣的母亲，斥责王仲房所得不过是无用的“虚名”。

王仲房虽然没有在科举上成功，但他的诗文让其在文人圈子里有相当声望，以至于朝廷中不同品级的官僚都把他当座上客，被主流社会所接纳。可见，科举、声名、交游等之间的关联是错综复杂的,“外行人”利玛窦只看到了“热闹”，没有看出“门道”。

文人之间通过作诗或作文，记录下彼此之间的情谊。

扬州的王士禛和汪琬是好友，有着深厚的友谊。顺治十八年（1661）秋天，汪琬罢官回苏州，途经扬州，因为天气不好，滞留了一晚。王士禛知道后，特地出城相迎，“芜城暮雨闻君到，急访扁舟出郭来”，急切想见老友的心情跃然纸上。

汪琬在诗中记叙了宴饮的情形，描述了他们大家一边喝酒，一边聊文学、聊哲理，是一种高谈阔论的愉快心境。

“扬州鹤甲天下”，而王士禛刚好养了十只鹤，就将其中两只送给汪琬，以鹤来衬托他耿介孤高的品质。可见在文人的交往中，品质之间的“惺惺相惜”是很重要的因素。

中国传统文人与和尚、道士相交的也不在少数。

扬州的郑板桥可算作一例。他一生所做的两百多首诗中，有近三十首都是以和尚或寺庙为对象的，但他们的交往内容并非参禅论道，而是与日常生活紧密相关。

扬州城的茶叶非常有名，郑板桥曾题写一副对联：“从来名士能评水，自古高僧爱斗茶。”这样闲情逸致的生活，是他们交往的内容。

与郑板桥交游的最有名的和尚就是文思和尚，淮扬菜中的文思豆腐就是来自此人。文思和尚不仅文笔好、会作诗，而且擅长做美食，其中豆腐羹、甜浆粥是他最拿手的。后人仿效他的做法，将这种豆腐羹命名为文思豆腐。

文人之间的应酬交往非常讲究闲情雅致。

在生活领域内，文人的交往形式有评书、品画、品茗、焚香、弹琴、看戏等等。

品赏金石古玩是文人雅士交游时一项不可或缺的内容。例如明朝有一本专门讲解文人生活物品的书，叫《长物志》，这本书的作者是文震亨，他是“江南四大才子”之一文徵明的孙子。

这本书分十二卷，分别介绍了房子、花木、水石、禽鱼、书画、几榻、衣饰、舟车、香茗等等，有人评论此书：凡是跟休闲游戏相关的事物，这本书里都有记载。可见当时的文人，对这些事物的爱好不浅。

这种欣赏不是一味觉得古物都是好的，他们尝试改变古物的用途。比如有人将作为食器的上古铜器变为焚香的器具，还有人把酒器变为插花的花瓶，甚至有人把从前用来殉葬的大铜伏虎变成镇纸。文人之间不仅相邀观赏古物，还把彼此对古物的使用分享出来。

品香也是文人经营其文雅生活的重要元素。

文人之间不光讲究香品如何，还注重焚香的器具、操作的步骤，香的品种与气候的搭配，等等。前文提到在水绘园中隐居的冒辟疆和董小宛，与江南文人雅士结交甚广。他们在“品香”方面更是讲究。读者可以从这些上等香品的名字中，感受一下焚香品香的氛围：蓬莱香、真夕阳香、黄熟、生黄香、女儿香等等。

我们再来看一下他们是如何品香的。如上面提到的蓬莱香，十分珍贵，点燃之后不会出烟，但又有风吹过伽楠香的感觉，伽楠香是沉香中最珍贵的一种。蓬莱香不仅有伽楠香的味道，还混合着蔷薇的味道。还有一种叫黄熟的香，取自茶根。这种香适合

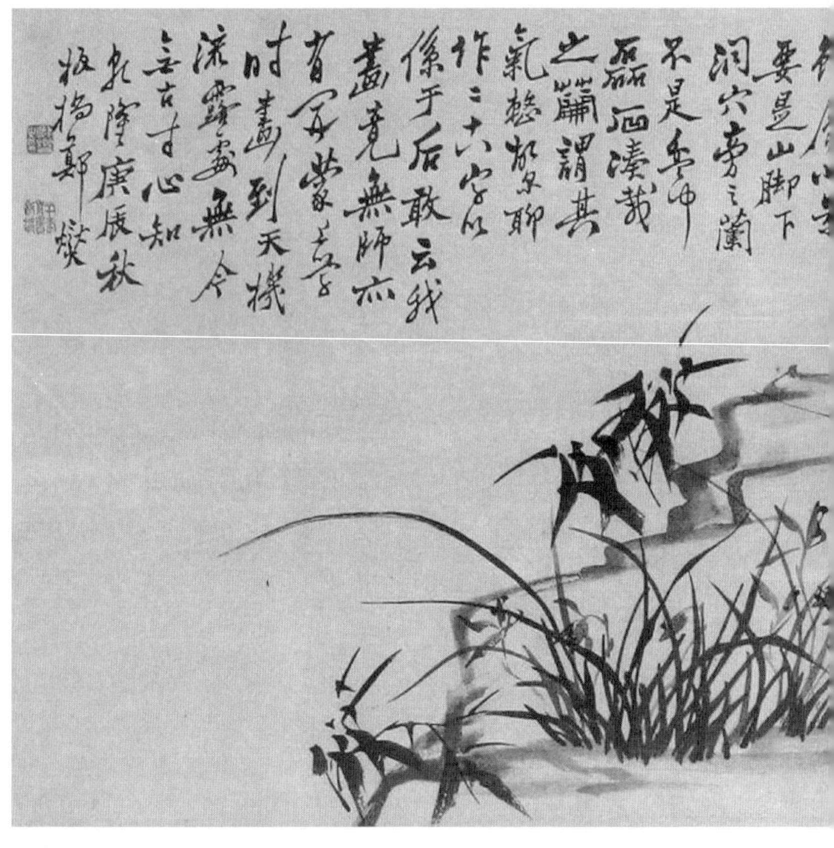

兰草，郑板桥作

天寒的季节，在宣炉中用火加热，颜色金黄，香甜中夹杂着梅花和蜜梨的气味，焚香时让人好似置身于“蕊珠众香深处”。

除了品香，丝竹管弦的演出也深受文人的喜爱。

《红楼梦》中曾描写，为了方便高门大户之中老爷、太太、小姐、公子们欣赏戏曲的需要，他们特意买了小名伶、优伶来练

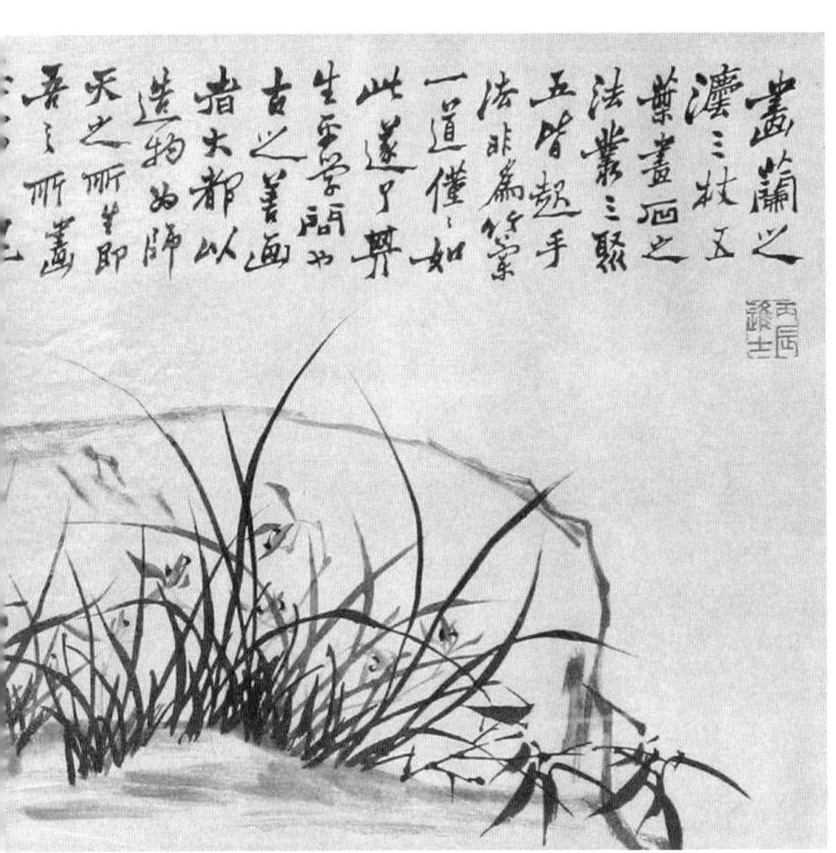

习表演、唱歌等等。江南的文人钟爱昆曲，《紫玉钗》《牡丹亭》等是文人欣赏的必备曲目。

亭台楼阁、初生明月，悠长冷绝的韵律回旋在江南的园林之中，这些呜咽的曲调或者让文人感慨凄然，或者让他们为剧中的人物命运感到哀痛，成为传唱一时的佳作。

这种交往应酬在外部看来是耽于享乐、浪费金钱，但也有其

闺中礼佛图，清代任颐作，南京博物院藏

存在的依据，是士人“反叛”科举取士的一个途径。

文人交往，通过诗文记叙，将他们与好友、僧道的交游记录下来。他们或者品玩古董，或者品香，再或者沉溺于丝竹管弦之中，创造了一个独特的文人世界。[①]

书画琴棋诗酒花：遥想传统文人的雅致世界

“江南四大才子”之一的唐伯虎有一首脍炙人口的诗：“书画琴棋诗酒花，开门七件人人夸。而今有酒独自饮，奈何无人对诗话。”

我们读这首诗会感慨，文人没有可以交心的朋友，是一件很遗憾的事，如果有一起觥筹交错的朋友，那么“书画琴棋诗酒花”这七件事就是必不可少的。

茶与泡茶的水总是被文人津津乐道，并且不断创新。

不同的茶拥有不同的香气，而最重要的是泡茶的水，好水才能与好茶相得益彰。《红楼梦》第四十一回“贾宝玉品茶栊翠庵”中就描写，众人品茶时，第一个问题便是这泡茶的水是什么水，可见水的重要性了。妙玉给老太君的老君眉配的是旧年的雨水，比雨水更好的是旧年冬天在梅花上收的雪，难怪宝玉喝完这

① 本节参考文献：王鸿泰．闲情雅致——明清间文人的生活经营与品赏文化［J］．故宫学术季刊，2004，22（1）：69–97；李孝悌．昨日到城市：近世中国的逸乐与宗教［M］．台北：联经出版社，2008；李孝悌．中国的城市生活［M］．台北：联经出版社，2005.

明刻本《牡丹亭》

样的水泡出来的茶，觉得“轻清”无比。

明朝文人张岱也对茶和水相当有研究，他与叔叔对比了多处名泉煮出的茶水，才找到了最相配的茶和泉水。他们发现把取来的泉水放置三个晚上，这样的水最能带出茶的香气。

张岱不光研究水，还创新多种吃茶的方法来招待友人，其中一种就是我们今天非常熟悉的奶茶。

张岱曾养过一头牛。他取来牛乳，放置一个晚上，让乳与脂分离，然后取牛乳一斤、茶四小杯，放到铜壶当中煮，煮至黏稠，像“玉液珠胶”一般，放凉之后就可以享用了。不知道他的这款奶茶与今天奶茶的味道有何区别。

对茶的相同喜好也成为文人相交的理由。张岱从南京一个朋友处听说，南京有一个姓闵的老者茶艺过人，便亲自前往南京拜访。

然而这位闵老人态度傲慢，对茶叶的产地和煮茶用水的来源刻意欺瞒，其实就是想试探出谁才是真正的“茶中之友”，而不是沽名钓誉之徒。张岱尝过茶之后，一一说出了正确的茶名和水源，让闵姓老人深深折服，后来他俩就成为以茶相交的好友。

文人除了爱品茶，还爱喝酒。他们开心要喝酒，不开心更要喝酒。

大文豪苏轼被贬到杭州后，经常与弟弟子由、老友张方平酒饭相聚。张方平喜欢豪饮，他的酒量是一百杯，而苏东坡的酒量则小得多。张方平在开始喝酒时，不向友人说要喝多少杯，而是说要喝多少天。在豪饮当中，他们有感而发，成就了多少借酒抒情的千古诗词。

苏轼与好友喜欢一边夜游，一边饮酒。他被贬黄州之后，一次两个好友来访，正碰上月白风清之夜，好友相聚，有酒有菜，他们携带着酒和鱼，到赤壁之下泛舟夜游。在月色之下，他们攀爬到赤壁之上，这悲从中来的怀古气氛也催生了苏东坡写《赤壁赋》《后赤壁赋》的才思。

以酒交友，尤其是在对方落魄之时，酒更能显示出情的珍贵。苏轼老年被贬岭南，山高水远，他在惠州发现一种很不寻常的酒，叫作“桂酒”。他在给同乡友人陆惟谦的信中写道，这桂酒就像仙露一样，还开玩笑说，桂酒一端，足以抵消他千里迢迢的跋涉之苦。

于是，陆惟谦不顾两千里之遥的路途，特意来看他，真的是因为这桂酒吗？陆惟谦只是想借喝酒的名义，来看望被贬至异乡的老友，互诉衷肠。这杯里是酒，更是情。

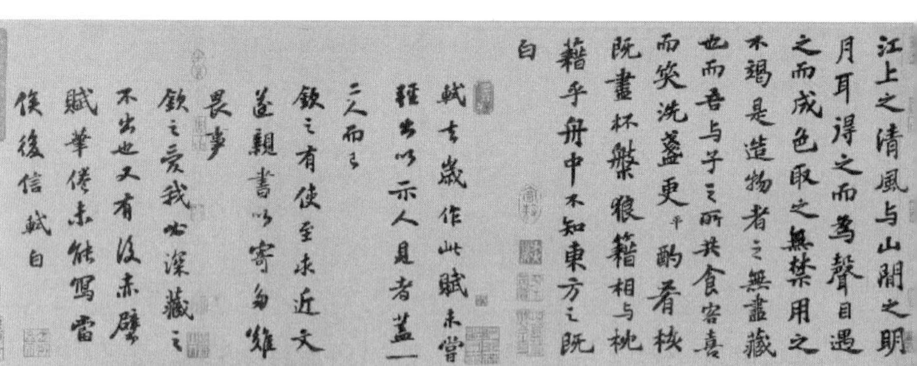

苏东坡《赤壁赋》

清朝康熙年间，苏州有一个文人叫顾嗣立，此人以宴饮觞咏出名，不仅喜欢交友，更喜欢以酒交友。据说他家里有“饮器三”，名字叫作“三雅”，这“三雅”中最大的一个可以装十三斤酒，其余两个依次少几两。他在大门上写明，凡是想要以酒交友的人，要先喝完“三雅”的酒，才能与之相交。豪情与豪饮在他的自述诗中一览无余：“爱客常储千日酒，读书曾破万黄金。”

琴棋书画诗酒花，很多时候对文人来说是不分离的。

文人们共同构建了一种文化雅集的形式。历史上最有名的文人雅集就是王羲之的兰亭雅集。流传于后世的《兰亭集序》，就是王羲之为聚集于兰亭的文人所作的诗文集子写的序。序中简单描述了文人们在茂林修竹之地的相聚，流觞曲水、畅叙幽情，相聚于此的有二十六人之多，其中有十五人因不会作诗被罚酒三斗。此后，类似于兰亭雅集的聚会成为后世文人所追慕的对象。

到了清朝，京城冬天寒冷，饮酒消寒的文人聚会也是必不可少的。到了冬月，文人们相约围炉饮酒，依次做东，还将这样的聚会固定下来，取个名字叫“消寒社”。他们饮酒赋诗，有时候还提笔作画。主人备酒备纸，文人们携带着各自的砚台前来。画的主题也没什么限制，山水、花鸟、人物，都可以。画完之后，还要在画上署上作者的名字或者盖上印章。最后将所有的画张贴于四壁之上，大家边喝酒边欣赏画作。

消寒社因为诗文唱作，发展成消寒诗社，宴饮赋诗这样的文人传统便一直流传下来。聚会所作的诗，很多时候会编成诗集出版，流传四方。

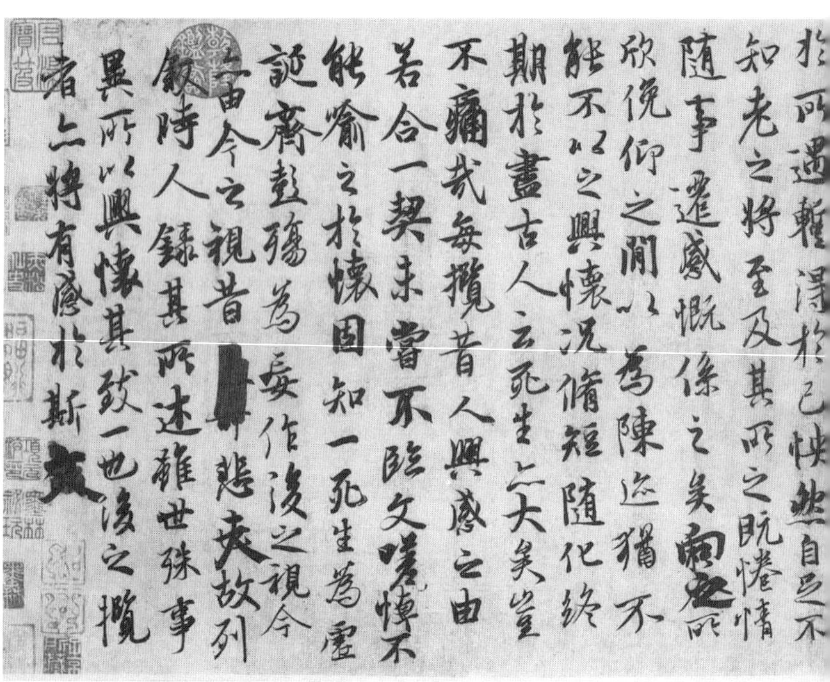

《兰亭集序》

后代文人为了纪念先贤，也会在消寒聚会时，以这些人物为主题进行诗文唱和，比如清朝北京的文人有一个传统节目，就叫“为东坡寿”。

这种传统是怎么来的呢？乾隆年间，有一个文人叫翁方纲，他非常倾慕苏轼的才华，后来偶然得到一本宋版的《施顾注苏诗》，高兴得不得了，还把自己的书斋改名为“苏斋”，在书斋中兴奋地召集友人，为苏东坡庆祝生日。

此后每年的十二月二十九，翁方纲都在“苏斋”举办“为

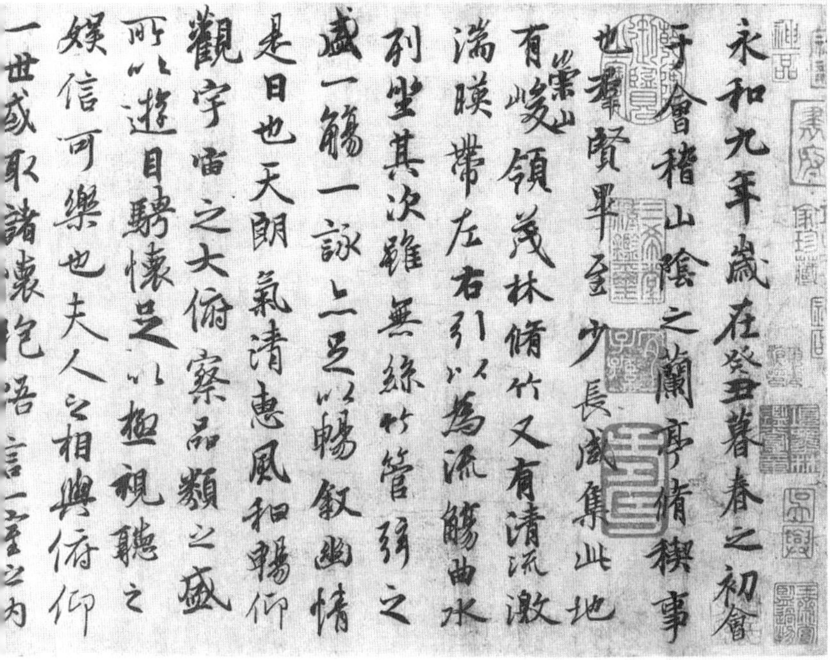

东坡寿”。所以在这天前，主人就要下贴邀请友人前来。苏斋的室内还要敬设苏东坡像，焚香之时大家或者以某个主题作诗，或者观赏、临摹苏轼的手帖。碰到腊月下雪的时候，室内兰花盛开，香气迷人。此后如有可能，还要编辑出版“为东坡寿”的诗作。

这场维持了将近半个世纪的文人雅集，不光由翁方纲之后的弟子流传下去，还散播到全国不同地区，由不同的文人共同“为东坡寿”。除此之外，还开启了乾隆时期的文人为黄庭坚、王士禛等过寿雅聚的文人传统。文人与文人之间跨越时间和空间的对话和传承，也成为中国文学史上的一段佳话。①

经典文学中的文人社会

《儒林外史》：讽刺笔触下的科举文人

中国文学作品中也有很多文人形象。我们先通过《儒林外史》，来看受制于科举制度的中国传统文人的交际和交往。

《儒林外史》是我们都熟悉的讽刺小说，作家吴敬梓从小经历了家道中落，体会到人情冷暖，一生坚持不出仕做官。作为文坛盟主的他一生中见到非常多的文人，这些人物后来成为《儒林外史》人物的原型，他们的故事便成为小说中的情节。

作者通过这些人物和故事，描写科举制度下文人的生活，他们或者被制度逼疯，或者成为利用制度的圆滑世俗之人，当然也有一些远离世俗的奇人和雅士。我们就从这三类人来看看中国传统社会中不同的文人。

我们从范进中举开始讲起。范进考中举人之后，乡绅张静斋

① 本节参考文献：林语堂．苏东坡传［M］．西安：陕西师范大学出版社，2006；史景迁．前朝梦忆：张岱的浮华与苍凉［M］．南宁：广西师范大学出版社，2010；魏泉．士林交游与风气变迁：19世纪宣南的文人群体研究［M］．北京：北京大学出版社，2008；李孝悌．昨日到城市：近世中国的逸乐与宗教［M］．台北：联经出版社，2008；李孝悌．中国的城市生活［M］．台北：联经出版社，2005.

突然来拜访。这位曾经做过知县的乡绅先跟范进寒暄了两句，紧接着看了看范进的破房子，送给范进五十两银子当作贺礼，并且要把自己一处三进三间的房子送给范进。范进不好意思收下，结果张乡绅却说："你我年谊世好，就如至亲骨肉一般；若要如此，就是见外了！"范进只得收下。

张乡绅前来向范进道贺，正是因为范进中了举人。在明清时期，中了举人就有机会做官了。虽然通常而言举人只能做主簿、巡检这样的九品小官，官职比县令还小，但就算这样的小官，在地方社会上也是值得攀附的重要人物了。

更具讽刺意味的是，范进母亲去世后，张乡绅和范进一同去拜访知县，知县得知范进正在服丧期内，马上把吉服换成常服。

酒席间，用的都是银制杯筷，范进看见豪华的用具吓得不敢拿筷子，而张乡绅则像相当了解范进似的，对知县说，丁忧期间不能用这么奢华的筷子。知县听了之后命人换了象牙筷，范进还是不敢用。张乡绅替他解释说，这个也不能用，最后换了白色的竹筷子，范进才用了。最妙的是知县害怕自己准备的酒宴是荤的而得罪丁忧中的范进，直到看到范进夹了燕窝碗里的大虾圆子送进嘴里，他才放心了。

作者对三个人不同的心理描画，非常讽刺地描写了在科举制度下处于不同立场的文人：穷怕了的范进以及急于讨好范进的张乡绅，还有害怕得罪未来"科举新星"的知县老爷。

《儒林外史》中还描画了另一类文人——书呆子。

他们身上可以反映出科举制度和人的情感的矛盾性。一个叫王玉辉的文人，是个在县学做了三十年的老秀才。他的三女儿刚出阁一年，丈夫就重病去世了，三姑娘为了不让自己成为娘家和婆家的负担，要为丈夫殉节。

这个王老秀才居然觉得殉节是青史留名的事，根本不反对女儿自杀。而王玉辉的妻子知道之后却说他是书呆子，怎么会同意女儿殉节？

但女儿心意已决，经过八天绝食一命呜呼，妻子知道之后大哭不止。王秀才却说她是呆子，女儿这样殉节是死得好，自己将来恐怕都不能像她一样有个好名目死去。王秀才的文人朋友听说了他女儿的节烈事迹，纷纷来祭拜，还为其建了牌坊，牌位送入烈女祠。

失去女儿的父亲看到在家悲伤不已的妻子，心生不忍，才感觉到伤心，于是出游散心去了。他在外面见到一个穿着白衣的少妇，想起殉节的女儿，热泪才滚出来。

作者吴敬梓在该回结尾处点评，说王玉辉以为妻子是呆子，妻子以为王玉辉是书呆子，这两相对照，便是科举制度的教育思想与人的情感互为矛盾的地方，是传统儒教所倡导的节妇观对人性的摧残。

小说还描写了那些受过科举教育却最后堕落，甚至犯罪的文人。

匡超人就是典型的例子。他小时候读过几年私塾，后因刻苦学习、孝敬父母的事迹被李知县知晓。李知县十分感动，帮助他考中了童生，接着又资助他路费，让他去考秀才。果然，匡超人又考中了。没想到李知县被人诬陷，匡超人为了避免被殃及，便离家去了杭州。

刚开始，匡超人与一帮附庸风雅的“名士”交往。他们表面上结诗社、刻诗集，假装不在乎功名利禄，实际上是希望通过刻印诗集炒作自己的名气。这些假名士一味追求成功的行为方式影响了匡超人，他从一个朴素的人变成一个以利益为导向的人。

真正的改变是匡超人认识潘三之后。潘三不仅是一个讼棍，还从事拐带人口、代考科举等非法营生。潘三劝匡超人跟他一起发家致富。一开始，他让匡超人替他写假的卖身契，以便于他拐卖人口，后又安排他代考科举，以便从中谋利。

匡超人通过这些不法勾当获得越来越多的钱，也越陷越深。更让人没想到的是，当潘三犯罪勾当败露、被逮捕之后，匡超人马上翻脸不认人，溜之大吉。

曾经的文人学子不仅成为“不法分子”，其品德也被磨去。后来，他逼妻子离开自己回老家住，当得知自己的恩师李知县此时已经平反并升官之后，马上去投靠李知县并娶了他的外甥女。

匡超人前后的形象差异非常明显，从最初的刻苦学习、孝顺父母之人到背信弃义、罔顾国家法律、自私虚伪的利己主义者，可以看出当时文人圈子内的不良风气对人的影响。

《儒林外史》虽然不乏对文人的讽刺，但也描述了一类奇人。

作为对科举制度的反叛，他们不屑与科举取士的主流为伍。他们或者是市井裁缝，或者是开茶馆的，或者是会写字、画画的无名之辈。他们用一技之长谋得安身立命的职业，但也保持自己儒雅的爱好：喝茶、弹琴、下棋。

比如《儒林外史》中最先出场的王冕，他谢绝了高官，进山当了隐士。对比追名逐利的科举文人圈，这些奇人虽是当时的少数群体，但寄托了作者对理想文人生活、交际的期待。

这些奇人形象也高度契合作者吴敬梓的人生选择，在受到赏识并获得官衔时，他并未赴职，而是举家迁移到金陵。在这里，他召集有志同人一起修先贤祠，而且将所看所识都记录到《儒林外史》中，这才成就了这部意义非凡的小说。[①]

从“三言二拍”看文人的生计和爱情

所谓“三言二拍”，指的是明末出版的五本小说集：“三言”是冯梦龙写的三本小说集——《喻世明言》《警世通言》《醒世恒言》，二拍是凌濛初写的《初刻拍案惊奇》《二刻拍案惊奇》。

鲁迅在《中国小说史略》中称“三言二拍”为明代拟写宋代的市人小说。所谓的市人小说，可以理解为描述世态人情、写尽悲欢离合。小说中的故事，既有唐宋时流行的传闻故事，也有元明时戏文改编的故事。作为类型相似的小说，我们把“三言二拍”放到一起，选取其中的故事来看文人的生计和爱情。

所谓生计问题就是文人靠什么谋生。

我们这里讨论的文人不包括考中举人、进士之后去做官的官

---

① 本节参考文献：吴敬梓．儒林外史［M］．北京：人民文学出版社，2002；鲁迅．中国小说史略［M］．北京：中华书局，2014.

员，因为他们的生计问题无须探讨，他们有俸禄，生计是不成问题的。做买卖的“儒商”我们也不讨论，这类人的生计也不成问题。除了这两类人，普通的文人靠什么谋生呢？

“三言二拍”中的《警世通言》记载了这样一个故事。话说明朝天顺年间，有一个叫马万群的官员。他因为得罪了当权的太监王振，被削职为民。从此，马万群和他的儿子马德称就回到老家生活了。一开始，他们的生活水平还可以，但不久，马万群曾经的一个在朝中做官的学生又得罪了王振。

王振疑心是马万群指使的，就栽赃陷害他贪污。马万群是个清官，受到这样的不白之冤，一怒之下气死了。没想到，人已经死了，本地的官员还是要找马家敲诈勒索，说是要收回赃款，把马家的家产都没收卖掉了。

从此，马德称就过上了颠沛流离的生活。他曾经想要教书，但别人看他十分落魄，觉得他是个浪荡之徒，不肯让自己的孩子跟他学习。幸好，一位管粮食运输的武将愿意让他当“门馆先生”。

所谓“门馆先生”，主要的任务就是陪这位武将聊天、代写公文，可以认为和幕僚差不多。没想到，这位武将押运的粮船遇上了大水，失踪了，武将本人也生死不明。

马德称认为这是天要亡他，准备跳河自杀。有一位老者看他可怜，把他救了下来，又给了他五钱银子。马德称就利用这五钱银子买了笔墨，靠写字卖字为生。他没有遇到能赏识他的文人墨客，只能卖字给一些没有文化的人，也没赚太多钱，只能是饥一顿饱一顿。

从这个故事我们可以看出，一般文人的谋生手段有两种：其一是教书，其二是当幕僚。这两种职业其实是中国古代底层文人主要的谋生手段。

故事里的马德称与这两种谋生手段无缘，只能从事第三种营生，也就是卖字。卖字、卖画是古代文人重要的谋生手段。我们都知道的清代著名画家郑板桥，晚年就是以卖画为生。还有一些人通过算命、行医挣钱。

总而言之，以上各种谋生手段，除了当幕僚，其他基本上只能糊口。在明清时期，文人不同于一般的劳动者可以出卖体力赚钱，由于缺乏收入来源，绝大多数文人生活都十分贫寒、困苦。

小说《生绡剪》里面有这么一句话，嘲讽了当时文人的境况："若是秀才，儿子又读书，美名是接续书香，其实是世家穷鬼……若今日诗云，明日子曰，指望天上脱落富贵来，不怕你十个饿死九个哩！这叫作：腹中藏著五车书，饥来一字不堪煮。"

中国历史上的绝大多数时期，儒家的伦理道德在人们的心目中都占据统治地位。明清时期，在儒家伦理道德的观念束缚下，女性在出嫁之前是"大门不出，二门不迈"的，更别说拥有恋爱的自由权。那么，古代文人的浪漫爱情故事是如何谱写的呢？

答案很简单，在中国古代，有一类边缘化的女性群体是有谈恋爱的"特权"的，那就是妓女。

我们在前面讲人口买卖和城市边缘群体的章节，分别讲过妓女苏三和李香君的故事，这两则妓女与文人的爱情故事既有喜剧也有悲剧。在"三言二拍"的故事中，还有一则非常悲壮的爱情悲剧，就是我们熟悉的“杜十娘怒沉百宝箱”。

话说南京国子监的一个叫李甲的太学生，有一天，遇到了名妓杜十娘，才子佳人的两个人情投意合。很快，李甲的钱越来越少了，老鸨就和杜十娘商议，把李甲赶出去。杜十娘不肯放弃李甲，和老鸨约定，只要李甲给妓院三百两银子，就可以给杜十娘赎身。杜十娘用自己的一百五十两银子，再加上李甲从朋友处借到的一百五十两银子赎了身，妓院的妓女们还为他俩办了结婚仪式。

哪知这李甲虽是文人学子，却品质低下，当盐商弟子孙富垂涎杜十娘的美色，提议把杜十娘卖给他时，李甲为了钱财竟然不顾夫妻之义同意了。

杜十娘知道之后，心灰意冷的她当着两个人的面，把自己珍藏多年的许多箱首饰和金银珠宝全都倒入江中。这些东西的价值远远超出了李甲卖杜十娘所能得到的钱。接着，杜十娘跳江自尽了。

其实，古代文人和妓女的爱情，确实不容易有好的结果，而且往往是文人抛弃了妓女。这是因为妓女的社会地位低，在一个重视礼教的社会中被人歧视，处于十分弱势的地位。但就算处于弱势地位，她们英勇为爱献身的悲壮对比文人男子的怯弱贪婪无耻，更显得品格高尚。

从“三言二拍”的故事，我们可以看到一般文人的艰难谋生。明清时期，他们的命运往往被社会所裹挟，稍有不慎便从小康沦落到贫寒。作为特殊的受过教育的阶层，他们并没有获得额外的社会上升空间，潦倒的命运表现了科举制度的残酷竞争性。

此外，我们也能从“三言二拍”中的男女爱情来看文人，男性与妓女的恋爱故事往往更凸显女性的决绝和牺牲，以此反衬出所谓文人雅士的自私虚伪，可谓呈现了文人的另一种面相。[①]

从《浮生六记》看文人的衣食住行

《浮生六记》的作者沈复生于乾隆二十八年（1763），苏州人。他年轻时曾担任幕僚，后来从商。从经济角度看，沈复是一个中层文人，既不像《儒林外史》里面中举之前的范进那样完全穷困潦倒，也不像《玉堂春》里面的王景隆那样可以在妓院里面豪掷百万。他的经济地位足够支撑他拥有安乐富足的家庭生活。

《浮生六记》是一本自传体散文集，以沈复的真实生活经历为基础写成。所以，它不但具有文学价值，也有史料价值。《浮生六记》真实地反映了清代江南地区中层文人日常生活的方方面面。

家庭生活首先离不开“食”。沈复的妻子叫陈芸，是他的表姐，他在《浮生六记》中称妻子为“芸娘”。《浮生六记》里面记载：沈复的妻子芸娘非常喜欢吃臭豆腐和虾卤瓜。臭豆腐我们都熟悉，直到今天很多人也还喜欢吃。虾卤瓜是在江南地区非常流行的臭冬瓜，是一种腌制发酵的冬瓜，今天不太常见了，可见古人的口味也是很奇特的。虽然沈复很不喜欢这两样东西，但与妻子长期共同生活，沈复慢慢爱上了虾卤瓜。

除了臭豆腐和虾卤瓜，《浮生六记》中还记载了芸娘在家中

---

① 本节参考文献：冯梦龙．三言二拍［M］．北京：人民文学出版社，2002；程国赋．论三言二拍嬗变过程中所体现的文人化创作倾向［J］．社会科学研究，2002（4）：149–154；鲁迅．中国小说史略［M］．北京：商务印书馆，2014.

下厨的情形，以及家中餐食。可以看出，沈复家里的食物主要以腌制品、蔬菜、鱼虾为主，这也非常符合江南地区的饮食习惯。

《浮生六记》里面从来没有提到沈复和妻子吃猪肉、牛肉、羊肉、鸡肉，可能他们确实很少吃这些东西。实际上，这也反映了清代江南地区中层文人的典型饮食结构。今天人们经常吃猪肉、鸡肉，这是因为规模化养殖让这两种肉变得便宜。但在古代，这两种肉还是比较贵的，中层文人的经济水平让他们不可能经常吃到。不过在江南地区，水网密布，鱼虾是比较便宜的，因此可以经常吃。

而对于腌制品的偏好，反映出古代社会缺乏长期保存食物的技术，因此通过腌制的方式保存食物。同时，江南地区人们的口味也比较清淡，清淡的菜品一般不太下饭，这时候腌制品就派上大用场了。

根据《浮生六记》的记载，陈芸和沈复的衣服基本都是陈芸自己和家里的仆人缝制的。有时候，有些旧衣服穿得时间长了，有了破洞，陈芸就打上补丁继续穿。不过，这可能仅仅是因为陈芸勤俭持家，比较简朴。

事实上，在清朝中期，江南地区的文人生活非常奢靡。这种奢靡之风主要就体现在对华丽衣服的追求上。清代商品经济高度发展，出现了很多成衣店。很多人不在家自己做衣服，而是购买成衣。一些文人甚至用一年的收入来买一件衣服，穿朴素的衣服是要被人鄙视的。

陈芸和沈复这样的生活状态，在当时的社会环境下，实在是难能可贵。实际上，在和陈芸结婚之前，沈复曾经去陈芸家，当时就看到陈芸的家人都穿着华丽，只有陈芸穿着非常朴素，只有一双鞋是新的。所以，芸娘的朴素穿着可能只是个人喜好，与家庭经济情况的关联性不大。

清代，在江南地区的大城市，房价是很贵的，因此中层文人不可能买太大的房子。

根据《浮生六记》的记载，沈复在苏州仓米巷附近居住时，他们的房子只有一个很小的院子。他们对此很不满，于是租了金母桥地区的一个房子。这个房子只有两间，一间房东住，一间他们夫妻两人住。

房间不大，但有比较大的院落，可以种菜，而且沿河，可以钓鱼。后来，他们又在篱笆边种上了菊花，以便九月赏菊。这样一来，他们的生活已十分惬意了。

沈复喜欢盆栽，经常在家里面弄一些盆景。陈芸也经常跟他一起在野外收集盆景素材。可以看到，以沈复为代表的江南中层文人，虽然买不起高屋广厦，但对于院落的需求非常高，院落中的活动，例如种花、料理盆景等琐事，也是生活中的闲情逸致，为他们的生活增添了许多情趣和艺术气息。

根据《浮生六记》的记载，沈复和陈芸经常去旅游。他们往往选择一定的特殊时令去旅行。比如，在八月十五中秋节的时候，他们带着仆人一起去苏州著名景点沧浪亭游玩。他们在沧浪亭席地而坐，煮茶来喝。月亮升起后，他们就一起赏月。

此外，关于陈芸和沈复的出行，还有一个值得一提的地方，那就是陈芸经常在出行的时候女扮男装。比如他们去水仙庙旅游的时候，陈芸就曾经穿着男装，没人认出来她是女性。

为什么陈芸要这样做呢？实际上，在清代中期，社会上对女性的限制还是非常多的。作为文人妻子的陈芸，被认为是不适宜公开抛头露面的。《儒林外史》中就讲了这样一个故事：有一个人叫杜少卿，他拉着妻子的手在一个叫清凉岗的地方走了一里路，结果路人纷纷侧目而视。

可见，对于女性而言，哪怕是跟着自己的丈夫一起在外出行也被认为是不妥的，应该待在深闺之中。像陈芸这样喜欢出行的人，只好采用女扮男装的办法。

不过，这也从另一方面反映出，沈复虽然作为文人熟知儒教对女性的限制，但敢于为了心爱的妻子打破禁忌，无怪乎许多人都把《浮生六记》中沈复和妻子芸娘的故事当作古时候最温暖的爱情了。

《浮生六记》虽然侧重于“闺中之乐”，我们依然可以从中看出清代江南中层文人生活的衣食住行：沈家厨房中的腌制品、鱼虾反映了当时江南地区独特的饮食习惯；妻子芸娘在日常中缝缝补补，为我们展现了他们朴素的生活，但其实清代中期江南文人崇尚奢华，衣着简朴反而会被人鄙视；虽然沈复和芸娘居住的房屋比较狭小，但他们十分看重生活情趣，从对院落的打理中获得生活的艺术；经常出行的夫妻二人，为了旅途的方便，妻子经常异装而行。沈复敢于打破社会禁忌，为后世读者描摹了二人的温情故事。[①]

---

① 本节参考文献：沈复 . 浮生六记［M］. 北京：人民文学出版社，2010.

本章小结

这一章我们考察了中国文人的方方面面，从他们的职业和日常到他们的精神生活，以及文学作品中对他们的描述和形象塑造。我们可以看到，虽然有科举制度为文人提供上升的阶梯，但是他们中的大多数并不能进入官场，而是作为教书先生、幕僚等，在地方教育和政治中扮演角色。他们对文化和精神生活的追求，也为中国园林、文学、艺术等做出了重要贡献。

第一，不同阶层的中国文人之间有着巨大的差距。

教书先生可以分为经师和蒙师两种。蒙师主要负责教学生认字、断句以及一些基本的礼仪等等。经师主要教学生学习四书五经，为日后参加科举考试打基础。经师和蒙师的收入差距很大。在明末清初的江南地区，有一类教书先生非常特殊，被称为“闺塾师”，是高门贵族专门为家中的女儿请来的职业女塾师。她们都是有着女性学问传统的文人家庭的女儿，甚至是文学或艺术领域的知名人士。

中国古代的幕僚制度，在战国时期出现雏形，到三国时期成形。从明朝中后期一直到清朝，各省的总督、巡抚，乃至知府、知县，都会聘请大量的幕僚，这些人被称作“师爷”。地方官员聘用师爷主要出于两个原因：一是大多数官员都是通过科举考试取得做官资格的，对于法律事务、财政事务毫无经验，必须由专业的师爷来帮忙处理；二是有些官员，比如清初的满族官员和通过捐纳取得官位的官员，不懂文书工作，也需要师爷帮助。师爷的类型众多，其中最重要的是刑名师爷和钱谷师爷两类。

中国传统的儒家价值推崇“女子无才便是德”，即使是读书识字的上流社会女性，也是以女德、女诫为阅读主题，女人少读书甚至不读书才是一个社会的常态，所以传统社会中的才女是一个特殊的群体。社会文化认为女性的作品属于“闺阁之内”的东西，不适宜拿出去出版来给大众欣赏，因此大多数宋代女性的诗词都散佚了。明清时期印刷业快速发展，印刷成本大大降低，女性不仅成为通俗文学的读者，而且有相当数量的女性在有生之年印行了自己的作品。

第二，文人的交游创造了他们的雅文化。

中国文人创造的雅文化包括园林、文学和琴棋书画等。中国的园林是多种艺术形式的综合，包括山水、花木、亭台、楼阁等等，一座园子就是园林与文学、绘画等艺术形式的综合展现。园子不仅承担着居住的功能，对于中国的文人来说，也是土木写成的文学。对于文人来说，一个美好的园林还有避世的功能。有些文人中断了仕宦之路，转而在园林中寻找慰藉，经营出了一个充满雅致、逸乐气息的世外桃源。

中国士人热衷于社交应酬，也是出于对科举考试的“反叛”和反抗，他们不愿意把自己的眼界和知识框定在狭窄的四书五经之中，深信通过文人之间的沟通和交流，能够拓宽自己的眼界。文人之间交游的时候，经常要吟诗作画，文坛上留下了许多此类杰作。这些作品表达了他们的情怀、思想，记录了彼此之间的情谊，以及他们的日常生活。

文人之间的应酬交往非常讲究闲情雅致。在生活领域内，他们评书、品画、品茗、焚香、弹琴、看戏等等。他们或者品玩古董，或者品香，或者沉溺于丝竹管弦之乐中，创造出一个独特的文人世界。书画琴棋诗酒花是传统文人世界不可缺少的，茶也是文人最经常用的待客之物。这些东西很多时候对文人来说并不是分离的，而是共同构成一种文化交游的氛围。无论是兰亭雅集，还是消寒诗社，或者“为东坡寿”，文人与文人之间跨越时间和空间的对话和传承，也成为中国文学史上的一段佳话。

第三，文学作品是文人世界的真切反映。

中国历史上有不少以文人为中心的文学作品，这些作品往往反映了文人的生活和内心情怀。如《儒林外史》的作者吴敬梓从小经历了家道中落，体会到人情冷暖，一生坚持不出仕做官。作为文坛盟主的他阅人无数，这些文人后来成为《儒林外史》人物的原型，他们的故事也成为小说中的情节。作者通过这些人物和故事，展现了科举制度下文人的生活。这部小说还对科举制度有着辛辣的讽刺。

从“三言二拍”的故事我们可以看出，一般文人的谋生手段是教书、当幕僚、卖字、卖画、算命、行医。除了当幕僚，以上各种谋生手段基本都挣不了大钱。明清时期，由于缺乏收入来源，绝大多数文人生活都十分贫苦。在古代，特别是明清时期，社会对女性的束缚很严，女性在结婚之前跟别人谈爱情，在古人看来是非常“伤风败俗”的事情，而妓女却几乎不受那些传统的约束，所以才上演了不少令人唏嘘的爱情故事。

而《浮生六记》给我们展示了文人生活的另一面。清代江南地区中层文人常吃的食物主要有腌制品、蔬菜、鱼虾、米饭，对于腌制品的偏好反映出古代社会缺乏长期保存食物的技术。清代商品经济高度发展，但一些中层文人还是在穿衣和住宿等方面保持了俭朴的习惯。中层文人居住的房屋比较狭小，但他们十分看重生活情趣和生活中的艺术气息，通过种菜、钓鱼、盆景等方式来增添生活的趣味。这部小说还表达了在传统社会受到压抑的文人的感情世界。

第十三章

艰难的上升之路

本章主要问题

1 科举制度从隋唐一直沿袭到明清时期。科举考试制度为什么能够长久实施，这个制度怎样影响了中国的教育与文化？科举考试不仅是教育制度，也是官员选拔制度，以培养官员为目的的科举考试制度有什么弊病？这个制度为什么在清末被取消了？

2 科举考试的内容与官员治理社会的能力是相关联的吗？为什么选拔官员的考试要以写作文的方式来进行？从提高官员对国家和社会的治理能力的角度看，你觉得传统中国选拔人才的方式有何优势和劣势？

3 儒家经典是科举教育、考试制度的核心内容，为什么？儒家经典教育和官员治国理政能力之间存在很大差异，在传统中国社会，政府官员到底具备什么能力才有可能治理好所管辖的地区？

4 中国儒家经典在书籍的流行上扮演了什么角色？书籍内容的发展与材质的变迁必然是有关联的，这种关联体现在哪里？图书的普及、流通与人们知识水平的提高有必然联系吗？

5 在不同的历史时期，人们对大众读物的兴趣也是不同的，这种差异是如何形成的？中国图书所使用的书面语经历了从文言文到白话文的转变，这种变化的意义体现在哪里？图书的印刷和流通只是一种文化和教育行为，还是与商业的发展有关？图书的广泛流通和传播产生了怎样的影响？

6 历朝历代的官学系统都分为中央和地方两个部分，为什么会形成这种结构？为什么说唐代官学进入了一个新的历史发展阶段？宋代官学对平民子弟进一步开放，这反映了什么社会趋势？书院制度为什么在宋代形成？为什么在明清时期，官学逐渐衰落？官学和私学在古代分别承担着什么职能？它们之间有什么关系？

7 为什么东林党在与政敌的斗争中屡屡落败？明朝的文人在政治上的地位与清朝的文人是不同的，为什么会发生这样的变化？清代书院的“官学化”对社会有什么影响？

8 在中国传统社会，针对男性的教育体系和针对女性的教育体系是完全不同的，二者为什么会有如此大的区别？清末，女性解放思潮的发展推动了新式女子学堂的诞生，新式女子学堂为什么会受到顽固派的抵制？

9 新式教育，即基督教学校的出现打破了传统教育的垄断，传教士办的学校对中国社会有怎样的影响？新学与旧学的博弈怎样反映了中国社会的演变过程？在新式教育的冲击之下，传统的私塾、书院教育处于什么样的境况？

唯有读书高

科举制度：传统中国社会的官员选拔

耶鲁大学的中国史教授芮乐伟出版过一本书，叫作《开放的帝国》(*The Open Empire*)。这和我们所了解的古代中国是“封闭的帝国”形成了鲜明的对照。

她为什么说古代中国是“开放的帝国”呢？因为中国有科举制度，给下层人留下了上升的空间，这与封建制度的中世纪欧洲和前现代的日本是根本不同的。所以从社会流动的角度来说，古代中国是“开放”的。

科举制度有一个非常明显的特征，那就是它不仅是教育制度，还是官员选拔制度，两者合二为一，为接受教育的学子指明了一条道路：学得好，考得好，便拥有了成为政府官员的通行证。

为什么会形成这样的特征呢？

因为在魏晋南北朝时期，世家大族掌握着教育资源和官员升迁的“垄断权”，世族子弟的父亲或兄长已经在朝为官，通过结交引荐，这些世族子弟很容易获得政治地位，贫寒子弟毫无“上升”的可能性。

为了打破这样的垄断，隋唐以后，科举成为一种普遍流行的考试制度。这个制度不仅可以教育学子，更重要的是可以选拔政府想要的人才。不论社会上的读书人出身如何，科举考试都为他们社会地位的上升提供了一条通道。

比如唐朝诗人、剧作家、《莺莺传》的作者元稹，他幼年丧父，母亲和兄弟靠行乞维生。但元稹少时聪明过人，发奋读书，15 岁便通过明经科取士，后来成为官员以及文学大家。科举制度成为改变元稹人生轨迹的重要途径，这在魏晋南北朝时期是不太可能出现的。

科举制度其实比较复杂，虽然从隋唐至明清，每一个朝代都沿袭了科举取士的制度，但是每个朝代都会有不同的变化。下面，我们以清代的科举考试为例来看看。

清代的科举考试要考三场。考试试题主要选自儒学经典中的议题。以 19 世纪的试题为例，第一场考四书文和试帖诗，第二场考经文，第三场考策问。

作文必须遵循确定的八股格式，字数也是限定好的。皇帝的名讳不可以使用，还要另起一行抬写，以表示对提到的人物的尊敬。违反此类规定的考生，不仅不能中举，还要惩罚他不能参加后面的考试。

试帖诗要讲究格律，考生抄写诗作的书写也很重要，小楷是最受欢迎的形式，尤其是在殿试当中，要呈给皇帝阅览的。诗词要华丽，卷面要整洁，这是必须遵守的基本规则。

策问考一些现实的政治、社会治理问题，比如吏治、河工、赈济等等，可能是关于国计民生的探讨，也有可能是讨论哲学问题。

科举考试的难度很大，是层层递进式的考试，一般分为县试（即考生员）、乡试（即省试，考举人）和会试（即全国统考，考进士）。

学子首先要通过考试成为最低一级的生员，也就是官办学校的学生，比如州学、县学、府学里的学生。生员是进入更高层级考试的通行证。

我们可以从应试考生的人数来看最低等级的生员有多难考。19 世纪的清朝，河南南阳的县试中，将近 2000 名考生竞争 16 个文生员和 16 个武生员的名额，可谓是“百里挑一”了。

此后，生员要准备乡试。过了乡试，考生就有了举人的士绅身份。乡试每隔三年于同一日期在省会举行，不中就得等下一个三年，许多人屡试不第，这也难怪范进中举之后，喜极而发疯了。

乡试过了之后还有会试，会试一般在京城举行，每三年一次，会试及第即为“进士”。获得进士头衔的学子社会地位就很高了，凭借这个功名，他们可以直接进入官场，被授予官职。

以 1889 年会试中额来看，全国只有 318 人通过了考试。一个学子从生员升到进士，平均要花十年以上的时间，大多数人努力一辈子，也没有得到这个头衔。

清末状元张謇，花了 35 年读书才荣登科举考试的顶端，前后在考场里就共计度过了 160 天。对于绝大多数学子来说，即便花费半生的时间寒窗苦读，也不敢奢望能获得科举的最高荣誉，可见科举考试是残酷且艰难的。

坐到科场里考试是什么感受呢？明代文人张岱曾经记载过一个叫艾南英的考生在贡院考试的详细情形。

天刚破晓，一群年轻学子挤在贡院门口签到。这些学子一手拿着笔砚，一手托着床被。监考官要一个一个搜身，以防考生夹带小抄。搜身检查过后，考生就可以进去找自己的考棚。

考棚一般都很简陋，夏天尘土飞扬，考生挥汗作答。碰到突降大雨，简陋的屋顶可能抵挡不住大雨，考生就要拼命用衣服护住试卷。

连续几天的考试，考生要一直待在考棚中，无故不得离开。数千考生如厕就成为一大难题，更别提洗澡了。这么多考生浑身汗臭，挤在贡院里，气味浑浊，甚至恶臭难散，考试环境十分恶劣。

科举考试还有一些特殊的规定。了解这些细节可以让我们对科举考试有更深的理解。按照传统，父母去世，考生必须要守丧两年三个月。守丧期间，既不能做官，也不能参加科举考试，这无形中延长了考生获取功名的时间。

为了防止考生作弊，朝廷还想出了多种方法。比如将考卷糊名密封，这样主考官就看不到考生的姓名，只能通过他们的试卷内容来评定；或重新誊录考卷，让主考官认不出考生的字迹，从而公平判定。为了防止作弊，朝廷可谓煞费苦心。

为了回避朝廷官员的子弟参加科举考试可能会产生的不公平，清朝时还有不成文的规定，那就是官员的儿子即使考中，也不能放在榜首。

在这方面，历史上最著名的案例应该是宋徽宗的三皇子赵楷，假托其他名字参加科举考试。放榜之后，赵楷把自己夺得状元的事情告诉了宋徽宗。为了避免全国参加科举考试的学子觉得不公平或者包庇，宋徽宗最后还是决定把当时的榜眼提为状元，而赵楷只能屈居第二名了。

从关于科举考试的讨论，我们可以看到这是中国传统社会的一个最重要的制度，影响着中国的政治结构、成千上万人的日常生活、文化和教育。可以这样说，不了解科举制度，就不了解传统中国。①

金榜题名时：那些赶考的书生

中国传统社会的科举考试制度是层级制的，从生员到举人，再到进士。传统社会流传一句谚语："子午卯酉，辰戌丑未。"

按照次序来说，前面四个字代表乡试的年份，后面四个字代表会试的年份，在十二年的轮转之中，除去乡试、会试的八年，剩下的四年就是小考（考秀才）的年份。可见在传统中国，每一年都是要举行科举考试的。

虽然科举制度是隋唐时期的产物，但到明清时期，它的考试

① 本节参考文献：史景迁．前朝梦忆：张岱的浮华与苍凉［M］．南宁：广西师范大学出版社，2010；伊沛霞．宋徽宗［M］．南宁：广西师范大学出版社，2018；梁庚尧．中国社会史［M］．台北：台大出版中心，2014；张仲礼．中国绅士：关于其在十九世纪中国社会中作用的研究［M］．上海：上海社会科学出版社，1991.

形式、内容才固定下来。所以，我们还是以明清时期的科举考试为主要探讨对象。

小考是国家在民间选拔人才的第一步，非常慎重。考生考中后便得到生员的头衔，也就是我们更熟悉的名字“秀才”。

参加小考的考生需要满足什么条件吗？当然，他要找到一个“廪生”来作保。“廪生”就是在过往的小考中成绩最优秀的生员，可以凭借成绩获得政府的津贴。有了保人，考生就有资格参加考试了。

因为清代中国在治理上实行县、府、省三级，所以最低层级的选拔考试也是跟地理空间有关的。

考生要先参加本县的县试，由知县来主持考试。考试通过之后，他们就可以获得“童生”的资格，进而参加由知府主持的府试。同理，通过府试的人，才能进一步参加院试。院试是最关键的一场考试。

前文我们提到科举考试都是关于儒家经典的考试，那我们就来看一个府试的题目。因为府试会有三四个县的考生一起参加，所以即使每个县的题都不一样，也要考虑到题目的难易不能相差太大。

比如这个考题：“三十 四十 五十 六十”。今天的人看到这个考试题目，大概是不知其所以然的。题目出自《论语》中孔子所说的“三十而立、四十不惑、五十知天命、六十耳顺”。

作文难的地方在于，考生即使知道题目的出处，也不能带出原文，在作文中更不可提及，但是还必须表现出原文的意思。

县、府、院考试，都要封门进行。早晨天不亮开始点名，落日之后必须交卷，不允许点灯答题。那些提早交卷的，要凑够十个，才能开门放出。

考生离开考场，门口有吹鼓手，吹打恭送。天黑之后所有考生交卷离开考场，那些没有做完试卷的，监考官就放弃了。

每一场放榜只张贴前十名的名字，放榜之后，还要派吹鼓手前去吹打报喜。

通过小考获得生员头衔的考生要继续参加乡试。

乡试一般在省城的贡院举行，主考官有时是皇帝钦派的大臣，有时是某个翰林。在文风较盛的省份，会派三品以上的大员。考官虽然官位不高，但因为是皇帝钦派，所以到省城之后，全城的官员都要出来迎接，并且恭请圣安。

明清的乡试按例在八月举行，所以也称秋闱；会试在春天举行，所以称春闱。

考生进场之前，必须要准备足够三天的吃食，以及锅炉、碗筷、木炭等等，被褥衣服也不可少。到了考场门前，经过点名，得到一支签，这支签叫领卷签，拿着签进入考场，找到自己的考号，再经过点名，凭借领卷签，就可以领到试卷了。

贡院的考场是专为考试服务的，条件极为简陋，屋子都是“立着不能直腰，躺着不能伸腿”，考生便在这样不方便、不舒适的环境中考试。

点完名，进完场，便要封门。夜晚的子时，每个考生都会得到一张写有题目的纸，之后开始作答。考试内容是三篇文章一首诗。答得快的考生第二天的半夜就可以做完，这样第三天一早就可以出考场，答得慢的考生第三天日落之前也可以做完。草稿纸最后也要附在试卷的后面，方便考官稽查。

乡试有三场，上面描述的是第一场的考试内容。为什么还有第二场、第三场呢？就是为了那些在第一场中出现错误的考生，不至于因为一点错误再等三年。通过了第一场考试的，就不允许参加后面的考试了。后两场考试其实就是第一场的“补考”。

举人放榜更加隆重，要在公堂之上进行，既有主考官，也有其他同考官，从第六名开始拆起，拆完把姓名写在一张纸条上，然后交给榜吏写到榜上。依照惯例，前五名也要有人去报喜。

需要注意的是，“举人”这样一个学衔并不是只能通过乡试获得，也有一些是皇帝“特批”的。比如乾隆皇帝有一次巡幸天津，贡生王苏、生员吴镕在御前献赋，得到乾隆皇帝的嘉奖，被授予举人衔。不过，这种事情很少见。

获得举人的头衔之后，士子将进入“鲤鱼跃龙门”的会试。

会试在京城举行，全国各地的举人都要到京城参加考试。由于有较高的科举“身份”，他们可以受到政府的优待，从家中到京城，沿路都有公家的车船供应。

我们熟悉的历史事件“公车上书”，即 1895 年以康有为为首的参加会试的举人上书光绪皇帝，反对签《马关条约》的活动，这里的“公车”就是负责接各省学子进京参加会试的车。所以，举人参加会试也叫“上公车”。这些车、船上面都会高挑一面黄旗，上面写着“奉旨会试”四个字。

会试的题目往往会风靡全国，因为是全国学子都“期待”的题目。会试和乡试一样，也有三场，第一场的考试内容是八股文三篇、试帖诗一首。林则徐在他的日记中曾多次提到会试的考题，我们来看一下道光十八年的题目。

三篇八股文的题目分别是：“言必信、行必果”“万物并育而

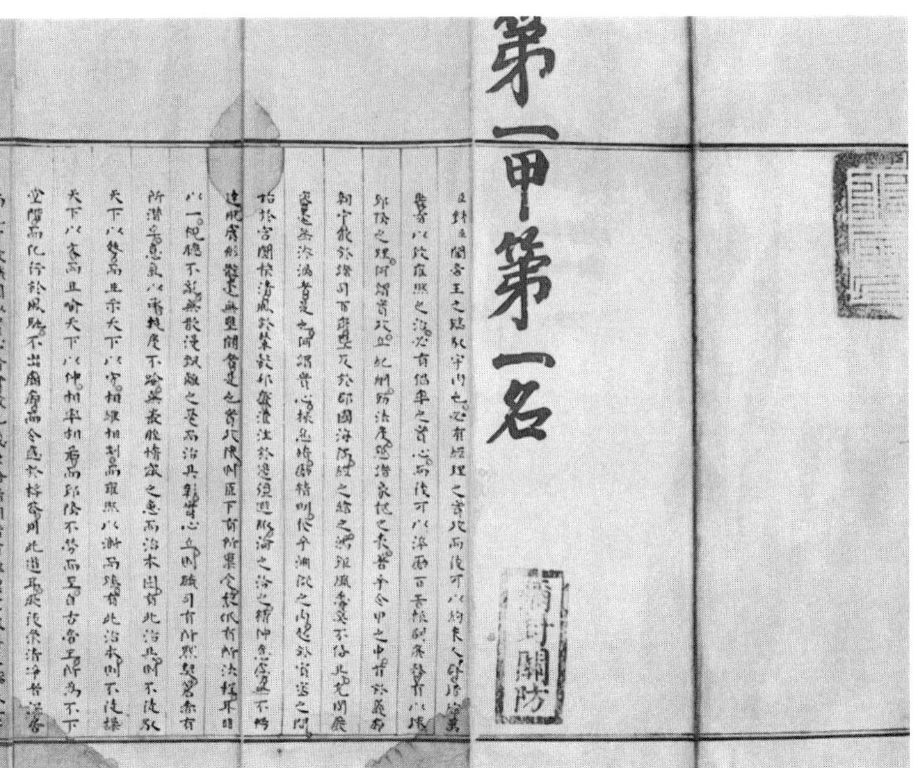

明朝状元赵秉忠殿试卷。明万历二十六年，卷首顶天朱书“第一甲第一名”六字，为明皇帝朱翊钧御书，下钤“弥封关防”长印，山东青州博物馆藏

不相害，道并行而不相悖”“诵其诗，读其书，不知其人可乎？是以论其世也，是尚友也”。

这三个题目分别从人的品格、人生哲学、交友方式三个方面考察考生的论证能力，文章的形式是八股文。会试之后榜上有名的考生，可以进入殿试，进而选出三甲来。

纵观中国的科举考试，既有在考试中一帆风顺的，也有一再蹉跎的。北大校长蔡元培，二十二岁中举人，二十五岁中进士，可谓“年少得志”。而《越缦堂日记》的作者李慈铭，二十一岁成秀才，直到第十二次乡试才考中举人，之后又经过几次会试，前后历经三十年，中进士时已经五十一岁了。

科举考试的坎坷与执着，是传统中国社会士子必经的人生历程。我们今天重新回顾科举考试的详细经过，不免去思考科举考试的影响和作用。[①]

书生治国：科举制度能选出真正的人才吗？

科举制度的产生打破了世家大族对知识和官员上升路径的“垄断”，贫寒的子弟有机会通过科举考试成为官员，从而实现阶层的跨越。

明清时期，取得了功名的人构成了一个特殊的群体，这就

---

① 本节参考文献：邓云乡．清代八股文［M］．石家庄：河北教育出版社，2004；齐如山．中国的科名［M］．沈阳：辽宁教育出版社，2006；张仲礼．中国绅士：关于其在十九世纪中国社会中作用的研究［M］．上海：上海社会科学院出版社，1991.

是我们前面提到过的中国士绅阶层。他们在地方社会承担着非常重要的作用，成为上层统治阶级和下层民众之间的“缓冲地带”，调和了两者之间的矛盾。

他们也热衷于地方上的公益事业。例如晚清时期湖南的曾家，曾国藩的父亲曾毓济热心公共事务，不光汇集民众续修庙宇，捐建贞节孝烈牌坊，还为湖南的双峰书院捐赠田地十六亩作为学生的膏火钱；曾国藩的二弟曾国潢同样致力于地方上的公益事业，组办团练防范土匪的进攻，还约集众人捐修码头、石路、桥梁等等。

这些地方上的公益事务，大多是由政府或士绅出钱，然后号召地方百姓出力，共同来完成。士绅阶层在两者之间的协作，使保障百姓利益的地方事务顺利地完成。

那凭借八股文而成为官员的文人，真的可以治理好国家吗？通过学习四书五经，参加科举考试，所学有多少是实用的呢？

八股文作为清代科举考试中必须严格遵守的“作文形式”，饱受诟病，早在明末清初，当时的文人就曾探讨以八股文作为科举考试的衡量标准是否合适。

徐大椿在《道情》中有一段文字，认为八股文的写作与治国理政的才能没有任何关联。我们来看一下：

读书人，最不济。烂诗文，烂如泥。

国家本为求才计，谁知道变作了欺人技。

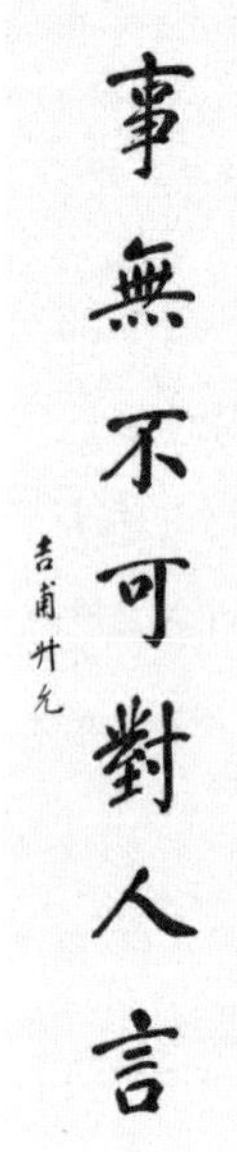

曾国藩

三句承题，两句破题，摇头摆尾，便道是圣门高弟。

可知道，三通四史，是何等文章？

汉祖唐宗，是哪一朝皇帝？

……

辜负光阴，白白昏迷一世，

就教他骗得高官，也是百姓朝廷的晦气！

从徐大椿对八股文和士子的讥诮嘲讽可看出，到了清代，即使是高中的士子也未必有真才实学，更遑论治国的才能。

从清代的数据分析来看，1745 年，44.6% 的县官来源于进士，

22.3% 来源于举人。由此可见，科举考试制度与中国官员之间的关系是密不可分的。

根据“皇权不下县”的不成文规定，县官是传统中国与百姓阶层距离最近的官僚，而且也是数量最多的基层官员。

政府官员所需的才能与科举考试内容之间有多大的差异呢？我们以清代的县官为例来对比一下二者之间的差异。

县官需要负责一个县的所有事务，既是法官、税官也是行政长官，此外还要维持辖区内的安全和秩序。根据《清史稿》的概括，一个县官负责的事务包括：邮驿、盐政、保甲、警察、公共工程、仓储、社会福利、教育、宗教和其他礼仪事务。其中最重要的职责是税收和司法。

上述各项与学子所学的儒学经典和八股取士的方式没有任何相关之处。可以这样说，科举考试的内容和形式几乎不会增加士子成为官员之后的理政能力。

为了完成一个县的行政事务，勤勉的县官每天要亲理所有公务，阅读所有官犊、诉讼案卷。例如曾经在晚清做过知县的王凤生，每天早晨要阅读公文，下午要检阅案卷，退庭之后还要阅读当天的全部卷宗，为了完成“任务”，即使外出办公，也要利用舟车上的旅途时间阅读。

显然，一个县官是无法完成这些繁重公务的，于是其所雇的幕、吏、役、仆便成为关键“助手”，协助他收税、抓人、押运、出谋划策等等。

《红楼梦》中，贾雨村刚刚补上应天府的缺，便碰上了薛蟠的官司，一介书生要按律法秉公办理，还是一个小门役告诉他官场的门道，一张“护官符”成为解决诉讼的依据，这更是与儒家经典所倡导的道德伦理大相径庭了。

科举也是培养人才的教育制度。

传统中国社会的私塾教育是从认字开始的，之后是读书教育，四书五经这样的儒家经典，是启蒙时期学生的必读内容。

俞平伯先生曾经叙述，他从三周岁开始读《大学》，那时候并不懂，到了八十几岁再翻看《大学》，还是不大懂。可见，这些熟读背诵的名篇都是为了在八股文中熟练引用的，“不求甚解”的教育如何能真正地启蒙学生呢？

“脱节”的学习与实践，在社会和政府体系的惯性运行中，一开始并不会出现大的问题，但是当社会和国家因为外部势力而产生动荡时，这个问题就非常明显了。

陈旧的知识和考试方式，让中国知识分子在面临西方的坚船利炮时忽然觉醒。1901 年，科举改制，经学不再是学习和考试的主要范围，八股文也不再是最重要的作文形式。

学校、财赋、商务、兵制、公法、刑律、天文、地理等西学的内容成为考试内容。另外，算术、制造、声、光、化、电等实用性非常强的学科也进入考试的范围。这些考试内容与政府官员治国理政的能力、社会发展的动力关联更大。

在有些学者看来，清代科举考试虽然因为内容和形式的僵化而遭人诟病，但科举取士是选官入仕的预备，儒家经典的熏陶培育出道德高尚且能作文的通人，这些士子虽然可能不具备直接治国理政的实践能力，但有驾驭深谙办事门道的师爷、胥吏等人员的能力，而且科举考试可以引导整个社会的风气和趋向，让重视教育成为传统文化的一部分。儒家所倡导的家庭纲常伦理对于家庭秩序的维护起到重要的作用，修齐治平的学人目标也使更多的"知识分子"拥有广阔的志向和抱负。

科举制度对学人和社会的道德规范作用，在其被废除之后的社会表现得更明显。在西学的影响下，家庭伦理道德规训逐渐消失，传统知识文化所阐释的价值观念受到冲击，文人不仅要试着从新的知识体系中学习、重构自身，也要尝试新的考试途径，获得安身立命之本。[①]

印刷文化的流行

儒家经典和应试资料：图书的制作和传播

宋代时，科举制度趋于稳定，印刷技术逐步提高，这直接促进了与儒家经典相关的书籍的流通和传播。

① 本节参考文献：邓云乡．清代八股文［M］．石家庄：河北教育出版社，2004；齐如山．中国的科名［M］．沈阳：辽宁教育出版社，2006；张仲礼．中国绅士：关于其在十九世纪中国社会中作用的研究［M］．上海：上海社会科学院出版社，1991；梁庚尧．中国社会史［M］．台北：台大出版中心，2014；桑兵．科举、学校到学堂与中西学之争［J］．学术研究，2012（3）：81–96；安劭凡．晚清学制变动中学官仕宦生态与西学体认——以叶昌炽初任甘肃学政为中心［J］．史学月刊，2018（8）：59–74.

由于科举考试的内容限定在“四书五经”之内，所以“四书五经”成为传统中国社会的学生读书识字必不可少的书籍。

“四书”包括《大学》《中庸》《论语》《孟子》，“五经”包括《诗经》《尚书》《易经》《礼记》《春秋》。对于今天的人来说，《论语》和《诗经》应该是比较熟悉的。

在孔子以前的时代，《尚书》《诗经》《易经》已经出现。

《尚书》可以说是与政治相关的记录，记载着不到二十篇商周两代的重要政治文献，我们无法确认这些记录是否真的是商代文献，但确实是研究中国古代上层统治阶级宗教观念和政治观念的上好史料。记载中的统治者敬畏祖先、敬畏民众，相互之间有很多严格的界限，代表了中国政治上的最古风范。

《诗经》是中国第一部有关伦理的诗歌集，三百首诗歌大多是轻灵的抒情诗。孔子以一句“思无邪”概括了《诗经》的总体特征。孔子倡导的“诗教”，就是让人们在诗歌的世界中，感受真挚诚笃的境界。

《易经》是一部当时的人用来占卜人事吉凶的书，但也与此后中国的人生哲学有很大的渊源。中国古人想要借此把握宇宙人生的秘密，并指导人类在某些方面趋吉避凶。

《礼记》和《春秋》与孔子有非常大的关联。

在孔子的教化中，“诗”与“礼”并重。“礼”是当时贵族阶级的一种生活习惯或生活方式。孔子对当时的各种“礼”有很深入的研究，并且把“礼”从古代贵族一直推演到平民社会中。

《春秋》这部史书记录了非常多的日常礼仪。例如春秋时代各国的卿大夫在进行外交活动的时候，用“赋诗”代替“外交辞令”，用赋诗的方式进行外交事务的讨论，显得非常睿智，也非常风雅。

除了“礼书”，中国古人还非常注重另一类典籍，那就是史书。在孔子以前，中国各地便出现了大量史书。

孔子根据鲁国史官记录修订了中国第一部编年体史书《春秋》，后来鲁国的左丘明继续孔子的写作，写出了《春秋左氏传》，这是中国古代第一部最翔实、最生动的史书，详细展示了将近三百年内，几十个大国之间错综复杂的历史。

“四书”就比较简单了。《论语》和《孟子》分别是记录儒家两位圣哲孔子、孟子及其学生言行的集子，是可以集中体现儒家思想的两部著作。《论语》中的“仁”是人道的意思，“孝悌”则体现了儒家的家庭伦理，“忠恕”则是对朋友而言的。

《大学》和《中庸》都是南宋时期的大儒朱熹从《礼记》中单独摘出来的，相对来说是“四书”中儒家经典入门读物。由“四书”到“五经”的学习，是传统社会学生发蒙的顺序。

与书籍内容并行发展变化的，是书写材料的改变。

中国的书写材料历史中，纸张的发明是一个非常重要的转折点。在纸张发明之前，正式书籍的书写材料是从简牍开始的，这是书籍发展的第一个历史阶段。看“简”字就可以知道，简是竹片制成的，将若干片简编连起来，就是“册”；牍是木板制成的，以竹和木为书写材料，合称为“简牍”。“简”一般长三尺，“牍”的长度与“简”相同，宽度是“简”的五倍，所以可以写五行以上的文字。

后来者发明了帛书。帛质地柔韧，可根据文字内容的长度来裁剪。相对于简牍的笨重，帛轻巧、便于携带，唯一的缺点是价格高昂，不易普及于世。所以，帛书无法取代简牍。

纸张其实出现的时间比较早，西汉时就有一种质地粗糙的纸，但不适于书写，经东汉蔡伦改进之后，纸的产量和质量都提高了。但直到魏晋之后，纸还是比较贵的材料。

一直到了唐代，纸作为书籍的材料才比较普及了。此时的纸张，价格低廉、质地轻软、便于携带，非常适于书写，于是取代了原来的简、帛，成为通用的书写材料。

纸的通行，还为雕版印刷的发明提供了前提。在雕版印刷之前，手工书写、传抄是书籍主要的制作方式。雕版印刷代替了人工抄写，使书本的大量复印成为可能，极大地满足了人们对书籍和知识的渴望。

随着雕版印刷技术的成熟，图书的品种和数量也迅速增长，手写书籍的时代也趋于结束。这个过程在宋代完成。有研究称宋代刻本有数万部，明代权相严嵩被抄家的时候，在其家中发现了宋版书籍六千八百五十三部。

在传统社会中，书籍是如何流通的呢？

在相当长的时期内，书籍就和知识一样，是一种“奢侈品”，一种社会上少数人才拥有的“稀缺资源”。统治者和贵族、官员是书籍的生产者、持有者。

春秋战国之后，书籍开始突破官府秘藏而走向社会，从王室专有演变为上层社会成员私有。由于书籍的制作全靠手工抄写，费工费时，所以作为商品的书籍，并不是普通人可以拥有的。

但隋唐时期书肆出现了，那些无法购买书籍的穷人子弟，经常会去书肆看书。书肆的出现，说明书籍的制作已具备一定的规模，复本也大量存在了。

雕版印刷的印本书价格仍比较高，贫寒之家依旧负担不起，写本的传抄仍然是图书流通的主要方式。

即使在印刷技术非常成熟的宋代，农村家庭的孩子还是要依托地方的官办学校，才可以获得官刻图书。

明代以后，随着商业的发展，书籍的买卖更为频繁，除了正统的儒家经典，还出现了非常多的大众读物，并且有大量的书籍投入印刷。

明清时期，对于藏书家来说，藏书万卷不再是梦想。明朝后期，江南藏书之家的私人藏书达到三四万甚至五万卷。杭州学者沈维镜所建的藏书楼，进深就有九间房。藏书家茅坤为了数万册的藏书，专门盖了一座有数十间房的藏书楼。中国学人对书籍的热爱，可见一斑。[①]

---

① 本节参考文献：卜正民．纵乐的困惑：明代的商业与文化［M］．南宁：广西师范大学出版社，2018；钱穆．中国文化史导论［M］．北京：商务印书馆，2012；李瑞良．中国古代图书流通史［M］．上海：上海人民出版社，2000.

大众读物：不同时代的畅销书都有什么？

宋代以后，随着纸张和雕版印刷的普及，图书的种类增多，大众读物开始兴起。

大众读物包括许多与生活有关的内容。大文豪苏东坡对日常生活也很感兴趣，他有一本叫作《物类相感志》的书，这本书专门记述了生活中的许多“小常识”，方便人们的生活。例如薄荷可以去除鱼的腥味，油手可以用盐搓洗，以此代替肥皂，甚至还有去除大蒜臭味的方法，那就是跟姜一起食用。这本书非常类似今天的“生活小百科”。

在与生活情趣相关的读物中，有一些是与花卉审美相关的花卉指南，涉及的花卉包括牡丹、芍药、梅花、菊花等。这一类花卉指南，始于欧阳修的《洛阳牡丹记》。这些指南探讨花卉的历史与培植方法，也记录了许多与花卉相关的民间传说。

在欧阳修完成《洛阳牡丹记》之后的数十年间，他的朋友、著名书法家蔡襄根据自己家乡福建的荔枝，写了一篇《荔枝谱》。可见在当时，许多文人脱离了传统的儒家经典，进入与日常生活有关的大众读物写作。

年历是一种大众非常关注、与生活相关的读物。

明朝时有一个叫余象斗的书商，发现了一个庞大的读者群体需求，有很多人想通过书籍来知道如何占卜未来，于是余象斗的年历就诞生了。年历里面记载了很多“天文祥异”的内容，以此来预示灾难。例如彗星的位置可以预示是否有战争和瘟疫发生，还有其他的灾害，都记载在年历中。

这些灾难的征兆随着月份的改变而改变，例如月食期间出现彗星，这一现象如果出现在正月或六月，预示着要发生旱灾；若是发生在三月，说明谷价要上涨。

除了月食、日食、彗星出现等星相可以预示灾祸，风也是一种征兆。清明节刮风表示纸价要上涨，中秋节刮风则意味着粮价上涨。虽然我们不知道这些预兆是从何而来，很有可能是一直流传在民间的秘密知识，但通过这些年历记载，我们可以知道传统社会中的老百姓最害怕哪些灾难降临。

大众读物很多时候也是与大众娱乐联系在一起的。

在宋代，杂剧和话本的兴起，一方面与文学发展有关，另一方面与艺术表演有关。两者相结合，使得下层百姓使用的口语化语言出现在文学作品中。

我们今天比较熟悉的是董解元的《西厢记诸宫调》，这是一部非常珍贵的流传于世的完整戏文，根据唐朝元稹的《莺莺传》改编而来，增加了许多戏剧化的情节，更符合大众对日常娱乐的期待。这种“诸宫调”介于故事和戏剧之间，在撰写戏文时要注意韵脚，因为这不光是给读者看的，更重要的是要唱出来为观众表演的。

宋代，话本也开始流行，职业说话人是宋代大都市勾栏里的重要娱乐群体。所谓话本，就是职业讲话本的人表演的底本，非常像“说书”的情形。这些话本一般都是用非常简单的语言，来讲述民间耳熟能详的传奇或历史故事。话本的题材也非常丰富，

《西厢记图页》，明代仇英依据元代作家王实甫创作的杂剧《西厢记》(又名《崔莺莺待月西厢记》)而绘，美国弗利尔美术馆藏

历史、佛经、传奇、爱情、公案、英雄以及穷人发迹等，都是普通大众喜欢的故事。著名的话本还有《大唐三藏取经诗话》，叙述的是唐僧前往印度取经，一路的旅行故事。这个宋代的话本，成为明代著名小说《西游记》的先驱。

到了明清时期，以大众市场为目标的图书包含了各种类型：启蒙读物、道德说教、法律条文、汇编、小说、色情读物、幽默故事、导游手册、外国风物介绍等等。只要有读者，就有销路。其中，最受大众读者欢迎的就是小说这个类别了。

这些白话小说到底受欢迎到什么程度呢?

除了我们非常熟悉的文学四大名著，明朝早期的一部小说集《剪灯新话》，早在 15 世纪就已经流传到了中国的邻邦地区，如日本、朝鲜和越南。

大众读物不仅传播范围广，而且种类繁多。在 1762 年朝鲜的一部书目上，我们可以看到上面著录了七十四部以汉语写成的小说，其中大量的章回小说就是从中国介绍到朝鲜的。

在东南亚地区，泰国也成为受中国大众读物影响的国家。最早传入泰国的通俗小说《三国演义》，在清朝嘉庆时期被译成泰文在当地流传，受到许多大众读者的追捧，几乎家喻户晓。以至“三国文体”和“三国人物”的描写方法还被泰国作家所仿效，移植到泰国文学作品中。

从明末到清初，中国的戏曲、小说也不断流入西方。1736 年，法国人狄哈德编纂的《中国详志》中，收录了元曲《赵氏孤儿》。《赵氏孤儿》在当时的欧洲影响很大，伏尔泰还根据《赵氏孤儿》

改写了一部名叫《中国孤儿》的剧本。

在中国，最能代表“畅销书”被大众读者追捧的就是《红楼梦》的刊行。在乾隆末年的时候，程高版本的《红楼梦》一经推出就大受欢迎。五年之后，图书市场推出了一部《红楼梦》的续书，续书包括续尾、补写、吸仿等各式各样的小说作品。

接下来的三年，图书市场又接连推出好几种续书，《红楼梦》续书的激增很快成为一个全国性的现象。《红楼梦》的续书已经成为一个产业，迄今为止，陆续出版的续书已经达到百余部，而且数量还在增长。

五四运动时期，报刊成为最普遍的大众读物。

在白话文运动和五四运动的推动下，报纸和期刊逐步普及到大众。报纸和期刊相对于书籍来说更便宜，更容易得到，而且类型也比较多，所以成为市民喜爱的读物。

《东方杂志》是面向都市读者的“中层”读物，在四十年的创办过程中，单期销量最高时达到一万五千册。这种流行杂志涵盖面最广泛，政治、文学、时事、商业、新闻，甚至百科，尽量去迎合读者的多种需求。

《小说月报》作为流行文学鸳鸯蝴蝶派的阵地，每期发行也有六千多册，为都市中的家庭妇女消遣时光提供了素材。

从宋代到民国时期，大众读物在不同时期也经历了发展和变迁，从生活逸趣的记载、大众生活不可缺少的年历，到与大众娱乐相关的文学和戏剧，再到白话小说的流行、杂志报纸的普及，我们看到了随着印刷技术的提高而改变的大众阅读世界。[①]

印刷与贩卖：古人比我们更爱读书吗？

中国古代的书籍，最开始的时候更象征着文化，而不是一种商品，在纸张普及和印刷术发明之前，图书的稀缺性使得它们仅在一小部分人中间流通。

图书作为一种商品，进入流通渠道，最晚应该出现在秦汉时期。图书作为商品出现离不开两个机构：一个是出版商，也是与印刷技术紧密相关的；另一个就是书市或书肆，也就是书店，读者在这里可以购买图书，获取他们想要的内容。

作为当时中国的文化中心，长安的书业发展非常快，书肆遍布大街小巷，各类图书应有尽有。

《太平广记》中记载，有一次荥阳公子与名妓李娃坐车出游，路过一个书肆，便从中拣出许多书买下，费用有百金之多。一次买书就动用“百金”，可见图书市场上存在着许多可以满足读者的图书。

---

① 本节参考文献：卜正民．纵乐的困惑：明代的商业与文化［M］．南宁：广西师范大学出版社，2018；李瑞良．中国古代图书流通史［M］．上海：上海人民出版社，2000；李欧梵．上海摩登——一种新都市文化在中国（1930—1945）［M］．杭州：浙江大学出版社，2017；谢和耐．蒙元入侵前夜的中国日常生活［M］．北京：北京大学出版社，2015；孙康宜，宇文所安，主编．剑桥中国文学史（上、下卷）［M］．北京：生活·读书·新知三联书店，2014.

为了调解书业纠纷，长安还出现了书市经纪人，经纪人是图书买卖双方的中间人，要协调买卖双方的意愿。这个职业的产生也是京师长安书市繁荣的标志。

到了宋代，全国的书业中心集中在汴梁、临安、成都等地。汴梁有多家刻书单位，也就是今天的“出版机构”，有官方的国子监、崇文院、印经院等，民间也有更多私人坊刻，进行图书的印刷出版。

北宋时期，活字印刷术的发明使得印刷的效率大大提高。

我们可以从沈括的《梦溪笔谈》中了解毕昇活字印刷的具体方法。首先要制作单个活字，也就是可以自由组装拆卸下来的一个个汉字，将用胶泥做成的单字用火烧硬；其次就是准备容纳一个个单字的铁板，上面布满一个个铁框，按照书上的字，将排列好的单字依次放入铁框中，整个铁框全部装满之后，再用纸墨进行印刷，一整页的文字就出现了。

这种活字印刷与现代采用的印刷原理基本相同，不同的是活字印刷还要依靠手工，现代的印刷是机械化运作了。

到了南宋时期，书坊印卖图书已经成为全国性的行业。

这一时期，书坊中出版和售卖的图书多集中在启蒙读物、科举应试读物和日常用书上。比如我们今天非常熟悉的《三字经》《百家姓》《千字文》等等，其实在南宋时期就已经是家喻户晓的儿童启蒙读物了。诗人陆游曾经在他的诗《秋日郊居》中提到“儿童冬学闹比邻”一句，还注释说，农家十月，孩童入学，《百家姓》等是村中儿童启蒙的“村书”。

宋代的福建建阳是书业最为繁盛的地区之一，与浙江、四川并称全国三大刻书中心。建阳麻沙是离城三十公里的集镇，是一个远近闻名的刻书业基地。仅仅在麻沙这一个镇上，有牌号可考的书坊就有三十六家之多。到了明代，建阳书坊有近百家。朱熹就曾说过，建阳麻沙版本的图书，“行四方者，无远不至”。

《建阳县志》中记载道，建阳的书市设在崇化，一家家挨着的都是卖书的店铺。天下各地的客商纷纷来建阳采购，每月逢一、六是专门售卖图书的日子，这当时在全国都是独一无二的盛况。

建阳的出版“奇迹”可以说是“地利、人和”的结果。

这个地区山多林密，盛产竹子，为雕版印刷以及印书所用的纸张提供了原材料，资源条件优越。同时，建阳的刻书业与圣儒朱熹有非常紧密的联系。朱熹晚年定居在福建建阳，一边讲学，一边著述。为了讲学授徒，朱熹及其弟子先后兴建了许多书院，许多文人学子慕名而来，求学切磋，使得这里成为学者、文人、学子的文化交流基地。

有那么多学生，就需要大量的“教科书”。为了满足这个庞大的需求，建阳附近的刻书坊便“应运而生”。可以说，建阳刻书业的繁盛与朱熹在此创建的书院密不可分。

除了私人刻书坊，官家的官刻也成为图书市场的有力角逐者。宋朝的国子监既是出版管理机构，也是朝廷主要的刻书机构，这里所刻并出售的书称为“监本”。

那官家出版的书，好不好卖呢？宋代的笔记中记载了许多文人争相购买监本的情况，出现了多次“尽买国子监书以归”的记述。大家争相购买的原因就是，这里的书都是朝廷组织专门的人才进行校勘的，所以质量较高，就像有了“权威”保障一样，是图书中的精品。

到了明清时期，“家刻”也成为一种社会风气。

明代的家刻是和藏书的兴盛结合在一起的，藏书家大多也是刻书家。能够成为藏书家的人，都有一定的经济地位，同时具备相当高的文化水平。只有具备这两个条件，才能支持藏书家挑选最好的版本，长时间精心校勘、印刷出品质和工艺都非常精湛的图书。所以有明一代，家刻之书的质量超过了官刻和坊刻。

明朝嘉靖年间，宁波有一个大藏书家叫范钦，他的藏书楼就是著名的天一阁，他在世时，藏书七万余卷。在藏书之余，他还校订并刻印了一批图书。在今天留存的天一阁刻书中，我们可以看到当时在那里工作的写刻工人的名字，这里的写工、刻工就有四十名。由此可见，天一阁的家刻已经具备相当的规模。

明代的毛晋是著名的藏书家、刻书家，他先后藏书八万多卷，光是刻书的书板就有十万多块。他的刻书有两个特点：一个是他不惜高价收购善本，所以选择的版本都特别好；另一个就是图书质量特别高。单说图书的纸张，他每年到江西定制纸张，有薄厚两种，厚的叫“毛太”，薄的叫“毛边”，这个叫法一直沿用到今天。

西方的现代印刷术促成了中国图书印刷行业的变革。

宁波天一阁藏书楼

中国图书印刷行业的下一次变革发生在19世纪末，从西方传来的现代印刷技术进入中国，上海的租界当仁不让地成为印刷工业的中心。

上海的主要出版机构都在中国实业家的掌控之中，书籍不再是最主要的印刷品种。随着印刷效率的极大提高，中国的文人利用这种新的传播技术，开启了报纸和杂志成为大众读物的新时代。

同时由于科举制度的废除，新的教育系统诞生，催生了新的教科书出版。出版报纸和教科书成为出版机构最主要的收入来源，因为抓住了时代给予的历史机遇，中国三大出版机构——商务印书馆、中华书局和世界书局获得了空前的成功，直到今天我们还可以在不少新旧图书上看到它们的名字。[①]

有教无类是优良传统

官学：国家投资教育是中国的传统

说到教育，古代文人是非常重视“官学”的。所谓“官学”，就是官府设置的教育体系。

“官学”的起源非常早。早在商周时期，“官学”就已经出现了。商代和西周，教育仅对贵族开放。到了春秋战国时期，由于频繁的战争和周王室权威的衰落等原因，官学衰败，私学兴起。

秦吞并六国之后，废除了私学。汉朝建立后，承认了私学的地位，同时也建构了一整套官学系统。从汉代开始到明清，官学一直与私学并存。

汉代的官学分为两个体系，其一为中央官学。中央官学的机构有太学、鸿都门学、宫邸学三类。另一个体系在地方上，郡一级的官学称为“学”，县一级的称作“校”，乡一级的称作“庠”，乡以下的官学则称作“序”。

汉武帝“罢黜百家、独尊儒术”以后，官学仅仅教授儒家

① 本节参考文献：曹之．中国古代图书史［M］．武汉：武汉大学出版社，2015；李瑞良．中国古代图书流通史［M］．上海：上海人民出版社，2000；孙康宜，宇文所安，主编．剑桥中国文学史：下卷［M］．北京：生活·读书·新知三联书店，2014.

思想。汉代的官学，不仅贵族、官僚子弟可以进入，平民也可以进入。

唐宋时期，官学进入了一个新的历史发展阶段。

唐朝的中央官学体系庞杂，教授内容十分丰富，不限于儒家思想。比如礼部下属的崇玄馆就讲解《老子》《庄子》等玄学思想，太常寺下属的太医署则教授针灸、按摩、药物学等与医学有关的技能和知识。

隋唐的地方官学分为州学、郡学和县学。地方上的官学教授的内容也是既包含了儒家思想，也包括了玄学、医学。虽然中央官学也允许平民进入，但其学生还是以世家大族子弟为主，地方官学中则是平民子弟占多数。

宋代的官学制度也分为地方和中央两大体系。中央层面的官学机构有国子监下属的国子学、太学、广文馆等等，还有直属于中央朝廷的王宫学、宗学、道学等机构。地方上有府学、州学、县学等。

相比唐代，宋代的官学有了很多新的发展。比如，宋代官学体系对中下层官僚和平民更加开放，唐代的国子学只对三品以上官员的子弟开放，而宋代的国子学对七品以上官员的子弟开放。此外，宋朝官学的授课内容进一步多元化了，除了玄学、医学，还教授画学和武学。

宋代官学的经费十分充足，除了政府直接对官学机构拨款，还赐予官学机构“学田”，也就是专属官学学校的地产。这类地产由学校独立经营，以充实经费，而唐朝并没有类似制度。

到了明清时期，官学又发生了新的变化。

首先，明代科举制度较之从前更加完备，所以明代的官学与科考的关系非常密切，官学中教授的内容变得极为狭窄，只剩下了儒学思想以及律法。

其次，明代官学体制也比较完备，一直维持到清代，三百多年未曾大改。明清时期的官学同样分中央与地方两大体系，中央有国学、宗学、武学，地方有府、州、县学以及社学。国学为国子监，相当于大学性质，府、州、县学类似中学性质，社学则属于小学性质。

当然，清朝官学与明朝也有一些不同之处。因为清朝的统治集团是满蒙贵族，因此有专门为满蒙贵族服务的官办学校。这类学校提供骑射技术的教学，以及满语、蒙古语的教育。

国子监是最重要的中央官学机关。

国子监教学一般设立在京都，在明朝刚刚建立的时候，是一个在中国乃至东亚地位十分崇高的高级学府。国子监的学生称为“监生”，很多监生是由地方官学中选拔而来的。高丽、日本、琉球、暹罗等国都会派遣留学生来国子监学习。

在国子监学习，要经受严苛的考试制度，里面分为初级、中级、高级三个等级。学生要通过学习和考试一级一级往上升，到了高级还要通过不同考试的积分才能获得毕业证。

考试以季度为周期循环进行，每个季度的三个月分别有不同的考试科目。考试内容有文有理，这里的“理”不是今天意义上的“理科”，而是理学。文理皆优得一分，理优文劣得半分，文

国子监

理俱劣则是零分，更为严苛的是要在一年之内积满八分才算及格，准予毕业。获得毕业证书的学子可以被派充一定的官职，不及格的仍要继续学习、考试、积分。

除了学习，国子监对监生的日常生活也实行严格管理，不仅严格规定了起居饮食，对告假外出也有规定，只有省亲和完婚才能获得一定的假期。对于触犯规定的学生，将给予不同程度的惩罚措施。

本着培养人才的目的，监生们经历着严苛的考试和紧张的日常生活，但政府也向其提供了优厚的待遇，不仅膳食由国家提供，他们的衣服、被子也都是国家按时拨发的，到了节令还有赏钱。等到监生回家探亲的时候，学校会另发一套衣服，并且赐一锭银子作为探亲路费。

优秀的监生还可以获得更多的权益，例如已经婚配的，政府会“养及其妻”，未婚的政府赐给钱财让其婚聘。由此可见，监生的生活水平还是有保障的。

府州县学是官办教育的基础。

明朝府州县学的数量要比元朝多得多，最盛的时候合计有1700多所地方学校。学生主要学习礼、射、书、数四类：礼就是经史、律诰、礼仪等，学生必须要精通；射就是射箭，每月的硕望两日演习射发；书就是书法，临摹字帖；数是算术，一般都学习《九章算术》。

地方官学的学生也要经历繁多的考试，有月考、岁考、科考三种，其中重要的是后两种。考官是提学官，掌管一省教育大权，任期一般为三年，三年内要举行一次岁考、一次科考。岁考成绩分为六等，前两等奖励，后两等降级。科考是针对岁考前两等学生的“复试”，其结果分为三等，获得第一等的学生有资格直接参加科举考试的“乡试”，不用再回官学学习了。

相比监生的待遇，地方官学学子的待遇会少一些，但足够他们的日常开销。地方上的府州县学既有自己的学田，又有地方政府的拨款。洪武初年，府州县学的学子每月可以领到六斗廪米，还有专门供给的鱼肉。

总的来说，中国的官学起源很早，其中有两个重要的节点。一是宋代官学体系对中下层官僚和平民更加开放，授课内容进一步多元化，同时还有配套的学田制度。二是到了明清时期，科举制度与官学的关系更为紧密，官学教授的内容单一化，但官学体制一直稳定地延续到清末。[①]

私学：民间力量办学投入超过了官方

只讲“官学”，我们无以了解中国古代教育的全貌，中国古代教育还有另一个面向，那就是“私学”。

东汉的王充写了一本书叫作《论衡》，里面讲了这样一个故事。话说，孔子在鲁国讲学的时候，有一个叫少正卯的人，也公开讲学，招收弟子，少正卯的课堂多次把孔丘的学生都吸引过去听讲，只有颜回没有去。

长此以往，少正卯名气大了起来，成为鲁国的著名人物，被称为“闻人”。鲁定公十四年，孔丘任鲁国大司寇，上任后七日就把少正卯杀死在两观的东观之下，暴尸三日。这就是著名的“孔子诛少正卯”的故事。

《论衡》是在东汉时写出来的，距离孔子生活的时代已经很久了。这个故事很可能不是真的，甚至连少正卯是否存在也是未

① 本节参考文献：毛礼锐，沈灌群．中国教育通史［M］．济南：山东教育出版社，2005；陈青之．中国教育史［M］．上海：上海书店出版社，2013.

定之事。不过，就算如此，这个故事也反映出了一个现象，就是在孔子生活的春秋时代，私人讲学的风气已经兴起了。

在商代和西周，只有官学，没有私学。但是到了春秋战国时期，因为频繁的战乱和周王室权威的衰落，官学衰退，私学兴起。很多人在社会上自由地讲学，公开招收弟子，这些人的授课内容不受官方意识形态的限制。

就这样，社会上出现了各种各样的学派，形成了百家争鸣的局面。其中最有名的当然就是孔子及其所创立的儒家学派了。此外，还有墨家学派、道家学派、法家学派等等。

到了秦朝，私学被完全禁止，而汉朝又复兴了私学。汉代的私学主要有两种：其一为书馆，主要教识字和书法；其二为经馆，汉武帝独尊儒术以后，大多数经馆都会讲授儒家经典。著名的董仲舒以及前文提到的王充，都在经馆待过。

到了魏晋南北朝时期，国家长期处于战乱之中，官学时兴时废，而私学成为占主导的教育形式。在隋唐时期，隋文帝、唐高宗、唐玄宗等都鼓励民间办学，私学得到了进一步的发展。

在宋代，私学进入了一个新的阶段，出现了两个重要现象。

其一是民间出现了不少流传至今、脍炙人口的启蒙读物。古代的官学不可能接受平民人家的启蒙教育，启蒙教育主要是由私学负责的，因此启蒙读物也主要是民间编写的。

早在汉代，就出现了《急就篇》《仓颉篇》等用来识字的启蒙书。到了唐朝，又出现了《开蒙要训》《太公家教》等等。我们今天觉得这些书很陌生，是因为它们很多失传了。流传至今的、我们今天依然耳熟能详的启蒙读物《三字经》和《百家姓》，都是宋代民间人士编写的。

其二就是书院制度的形成。

书院在唐朝就出现了，最初是“修书”的地方，并不讲学，到了宋代性质发生了变化，开始延师授学。宋初，战乱刚刚结束，朝廷需要大量治国人才，可是缺乏建设学校的经费，因此朝廷鼓励私人办学，一大批书院开始兴起。

比如我们非常熟悉的湖南岳麓书院，在当时与白鹿洞书院、嵩阳书院、应天府书院并称为“北宋四大书院”。南宋的书院比北宋初年还兴盛。宋代的书院，75% 以上都是南宋时期兴建的。南宋的书院不仅数量多，规模也大。

一般的书院，不但有大量的图书，还有供学生居住的宿舍。学生可以住在里面学习，遇到问题可以很方便地找到老师探讨。

很多书院都依山傍水，学生们可以一面学习，一面寄情山水，修身养性。有些学者认为，书院是古代私学教育的最高级形态，甚至与欧洲中世纪的大学有一些相似之处。

一般来说，书院都是私人创办并主持的，所以有非常强的个人性质和地域性。这种个性体现在书院创始人的思想以及创立的学派上，比如朱熹在岳麓书院讲授理学，陈白沙在岭南学界倡导“默坐观心”的玄风等。

这里值得注意的是官学与书院之间的互动关系。首先，书院作为民间教育的一种，弥补了官学的不足，到了清代，县一级的地方也有书院，它成为一般民众步入官学之门的阶梯。

其次，正因为书院有着极强的个人色彩，所以其强调的思想有时候与官方倡导的主流儒家思想不相符，这也导致书院流失了许多以科举考试为主要目的的学子。而且政府倡导的主流教育通过御赐经书、匾额，以及皇帝召见加勉等方式对书院进行渗透，使私人书院越来越呈现“非民间化”，甚至“官学化”的趋势。

明朝初年的官学教育十分发达，到明朝中后期，随着官学制

岳麓书院

度的衰败，书院渐渐兴起。明朝中期最著名的从事私学教育的人物就是王阳明。他一个人就办了四个书院，他的弟子及再传弟子又创设了数不胜数的书院。

有一天，王阳明的学生王艮从外面旅游回来。王阳明问他："你有没有什么见闻？"王艮说："我看满街都是圣人。"王艮这么说有点挑衅的意思。王阳明主张每个人都有一颗善良的心，也都有成为圣人的潜质。王艮这么说，可能有点想讽刺王阳明。没想到，王阳明却说："你看满街人都是圣人，满街人看你也是圣人。"

这个故事的哲理十分深奥，反映了王阳明倡导的"心学"思想。在明朝，宋代产生、重视道德教条的程朱理学已成为一种官方意识形态，而以书院为讲学基础的王阳明则提出了与之相对的"心学"。

心学重视人的心灵，认为所有的道理都可以从自己的心中得到。这种强调人的心灵的思想，是对主流思想价值的补充，他从另一方面让学子从儒家思想"唯我独尊"的束缚中有所解脱。

中国的官学和私学出现得都比较早。一般情况下，国家战乱之际，也是官学衰败、私学兴盛之时；而国家发展稳定时，则官学发达、私学萎靡。在私学的发展中，宋代书院制度的出现是非常重要的。

私人教育的发达不仅补充了官学的社会功能，而且发展出了具有个人特色和地域性的学术思想流派和体系。这些思想体系是对主流儒家思想形态的补充，为文人提供了不同于科举取士的思想成长途径。[①]

胸怀大志的书生不怕洒热血：东林书院、东林党和复社

东林书院和东林党反映了明代私学的发展状况。谈到东林书院，我们不得不先说一下东林书院的创始人顾宪成。

顾宪成的父亲是一位无锡商人。他曾经破产，不过后来又赚到了钱。他喜欢读《水浒传》和《庄子》以及各类小说，而且经常和朋友讨论国家大事。顾宪成日后不仅对知识有兴趣，而且热衷于政治事务，很可能是受到他父亲的影响。

万历四年（1576），顾宪成考上了举人。四年之后，他又考上了进士，先被分配在户部，后又被调到吏部。他这一生所到的最高职位是从五品的吏部员外郎，可见在仕途上并没有“飞黄腾达”。

在党派林立、互相倾轧的明代官场，顾宪成依旧秉持着文人的操守面对政治事件，不为利益和威权所动。明朝万历年间发生了“国本之争”，到底立万历皇帝的长子朱常洛为太子，还是立万历皇帝宠幸的郑贵妃的儿子朱常洵为太子，两方势力发生了尖锐的冲突。

朝廷里面很多官员都赞成立长子朱常洛，因为这符合明朝的

---

① 本节参考文献：毛礼锐，沈灌群 . 中国教育通史［M］. 济南：山东教育出版社，2005；杨念群 . 儒学地域化的近代形态——三大知识群体互动的比较研究［M］. 北京：生活 · 读书 · 新知三联书店，1997.

祖制，但万历皇帝想立朱常洵。要维持礼制还是取悦皇帝，是官员面对的常态，顾宪成就属于赞成立朱常洛为太子的这一派。

在众多官员的反对声中，万历皇帝想出这样一个对策：先把自己的三个儿子都封为王，这样就可以把朱常洵与长子朱常洛的地位拉平，然后再立朱常洵为太子。这件事被称作“三王并封”。

顾宪成很清楚万历皇帝的目的，他上疏反对“三王并封”，并且跟同意“三王并封”的朝臣反复辩论。正是相持不下的正反辩论，让这件事情不了了之。因此顾宪成引起万历皇帝的不满，被削职为民。他回到了老家无锡，正式开启讲学、开书院的生涯。

早在顾宪成回乡之前，书院就开始在江南地区复兴了。

在顾宪成创办东林书院之前的万历年间，正值首辅张居正掌权时期，他曾以书院的自由思想动摇朝廷统治为由，下达了关于书院讲学的禁令。不过在张居正死后，全国各地的讲学之风迅速兴起，书院逐渐恢复。正是在这样的背景下，东林书院的故事开始了。

1594年，顾宪成回到家乡之后，身体不好，卧病在床。两年后，他养好了身体，许多学子开始去他家造访，想要跟他学习。顾宪成家附近的寺院已经被慕名而来的学生住满了，可是还有人没地方住。于是，顾宪成和弟弟一起组织修建了数十栋教室。据说，在这些教室里面，白天和夜里都有人在读书。

顾宪成在自己的书斋东面，又建了一个叫作“同人堂”的建筑，其功能类似于我们今天学校里面的宿舍和自习室。顾宪成的弟弟顾允成每个月给在同人堂学习的学子搞两次科举考试的模拟考。当时在同人堂学习的有许多日后的知名人物，比如缪昌期、马世奇等。他们日后都成为东林党的重要人物。

1604 年，顾宪成又在老家兴建了东林书院。从此，愿意来跟顾宪成学习的人越来越多，东林党也就逐渐形成了。

东林书院为什么有那么多求学者?

究其原因，是东林书院有两个独特之处。第一，东林书院是对一般平民百姓和儿童开放的，就算是没有学问的人也可以去学习。这是因为东林书院会讲授一些连普通百姓都能晓得的“日常事务”，包括关于经商的事务、乡村的治理等等。东林党人认为做学问不能把老百姓挡在门外，而是要和普通百姓广泛接触。

第二，东林书院和附近的书院形成了一个网络体系。顾宪成及其弟子不仅在东林书院讲学，也会去其他的书院交流。同时，他们也欢迎其他书院的人来东林书院讲学，从而形成了一个书院网络体系。因此，东林党人不仅包括在东林书院读书的人，也包括在其他书院读书的人，他们都是受到东林书院思想影响的人。

东林书院的兴建，也得到了当地士绅和地方官的帮助。无锡知县、常州知府从财政收入中分别拿出 300 多两和 100 两银子来帮助东林书院建设祭祀先贤的祠堂。而地方上的士绅一共凑了 300 两银子，用来给东林书院建设讲堂。

另外，东林书院还有自己的“祀田”，也就是属于书院的地产，这些地产是县令捐赠的。从这里我们就可以看出，包括顾宪成在内的东林党成员，并非自高自大、自命清高、脱离地方社会的狂生，而是与地方基层社会、地方官员有着深刻、密切、有机

东林书院

的联系的。

万历皇帝死后，大量东林党人士进入了朝廷，与以魏忠贤为代表的阉党展开了激烈的政治斗争。不少东林党人在斗争中被免职，甚至被残忍杀害。关于这一部分内容，由于本书主要讲社会史，就不详述了。有兴趣的读者可以了解一下明朝末年的三大案——梃击案、红丸案和移宫案，特别是后两个大案集中体现了东林党与阉党的斗争。

东林党在万历皇帝死后又进入了朝廷，但很快他们就在与魏忠贤势力的斗争中落败，不少东林党人被害、被杀。正在这一时期，张溥、张采在常熟地区成立了复社的前身“应社”。应社继承了东林党的精神，和东林党一样，应社里面的人也喜欢相互交流学术和政见。

不过和东林党不同的是，应社的组织力更强。在魏忠贤集团抓捕东林党人周顺昌的时候，应社组织了五百个学生去游行抗议，后来朝廷抓捕了其中的五个人。张溥为这五名牺牲者写下了千古名篇《五人墓碑记》。

崇祯初年，魏忠贤集团倒台。张溥、张采将常熟的应社与江北的匡社、江西的则社等全国各地的文人社团统合起来，成立了复社。和东林党不同，参与复社的人数更多，而且涉及的地域更广，基本可以认为复社是一个全国性组织。

复社的组织性也非常强，全国各地每一个有复社地方组织的州府，都会选出一个社长负责社友间的联络、沟通以及行政事务。而且复社的组织比较严密，有严格的社规和退出机制。

复社还组织了多次有各地社员参加的大会，比较出名的有尹山大会、金陵大会、虎丘大会等。最能体现其强大组织力的是，在清军入关以后，复社还曾组织过武装抗清运动。因此，有些学者认为复社已经是近代政党的雏形。当然，这在学术界还存在争议。

明代的东林书院不仅为平民提供了教育，而且其政治组织东林党、复社等秉持文人当政的理念，与朝廷中长期把持朝政、腐败的派别展开了激烈斗争，为我们展现了中国传统社会书院教育与文人政治的紧密联系。[①]

教育必须脱胎换骨

欧风美雨吹拂：旧学的没落与新学的兴起

在近代，中国的教育又出现了新的变化，那就是新式教育的产生。我们通过新学与旧学的对比，来考察洋务运动之前，本土的传统教育以及从西方舶来的新式教育的情况。

首先讨论清朝文人的地位以及书院的变化。

乾隆皇帝曾经六次下江南，纪晓岚认为，乾隆这样做是劳民伤财，所以多次劝阻。面对纪晓岚的上书反对，乾隆非常不高兴，骂纪晓岚道："于我，倡优也。天下事岂汝能言之者！"意思就是"对我来说，你就像是被我养起来的戏子。国家大事，哪有你说话的份儿"！

可见，在清朝时，文人再也不复明朝时的政治地位。在皇帝面前，他们的地位和皇帝豢养的其他戏子、仆人差不多。加上清朝前期的多次文字狱，许多文人因此而死，受到统治者的政治打击之后，文人再也不敢像明末那样组建政治性的社团，更不用说直接与皇帝对抗了。

---

① 本节参考文献：丁国祥．复社研究［M］．南京：凤凰出版社，2011；小野和子．明季党社考［M］．上海：上海古籍出版社，2013.

纪晓岚

文人的政治地位也决定了私人讲学的衰败。

在清朝，书院也不复往日风采，出现了“官学化”的趋势，朝廷通过各种各样的手段对书院加以控制。首先，乾隆朝以后，不允许私人随意设立书院，就算是私人出资、没有得到官府资助的书院，也必须通过官府审批才能成立。

其次，私人书院的山长也由官府任命，同时学生只有通过官府的举荐才能进入书院学习。可见，书院的人事权已经完全被政府掌控，以前那种各个书院互相串联，书院的老师和学生到各处自由讲学的局面一去不复返。

同时，书院中教学的内容也发生了变化。明朝末年，东林书院以及遍布江南的各类书院，会讲授一些“经世致用”的知识，比如和经商或者乡村治理有关的事务。到了清朝，绝大多数书院教授的内容都以八股文写作为主,“经世致用”的学问基本消失了。违背官方意识形态的“异端学问”，更是为官府所不容。综上所述，清代的书院与其说是“私学”的一部分，不若说是被吸纳到了“官学”的架构之中。

道光年间“新学”进入中国，教育的局面发生了变化。

这里所说的“新学”，是指与中国传统教育相对的，教授物理、化学、政治、经济、法律、外语等近代化学科的新式教育系统。中国的“新式学堂”最开始是由来华传教的外国传教士和商人承办的。

1830 年，美国公理会传教士裨治文在广州创办了“贝满学校”，收留了几个穷人家的小孩。这是近代基督教新教传教士在中国本土建立的第一所学校。

传教士为什么要在中国创办学校？这是因为传教士进入中国后，发现直接传教很难吸引到教徒。传教士对中国的风土人情、语言文字了解得不够，于是另辟蹊径，希望能够通过不收费的教育来吸引一些穷人家的小孩，把他们逐渐培养成基督徒，他们长大之后，就可以作为华人传教士传教。

澳门马礼逊学校在早期基督教学校中比较有代表性。

1836 年，在广州的英国商人和美国传教士为了纪念 1834 年死于广州的英国传教士马礼逊，组建了“马礼逊教育协会”。这个协会在 1835 年就成立了临时委员会，并于当年在澳门创立了“马礼逊学校”。马礼逊学校既招中国学生，也招收世界各地的学生。不过，这个学校很快就因为中英关系紧张而停办了。

1839 年，马礼逊学校在澳门大三巴附近复校。马礼逊学校教授的科目既有数学、地理学等近代学科，也有中国传统的儒家经典。同时，这个学校还用中文来教学生《圣经》。

鸦片战争之后，香港受英国殖民统治，马礼逊学校也在 1842 年迁往香港。迁往香港后，港英政府开始资助马礼逊学校，但在 1850 年停止了资助，马礼逊学校也停办了。

马礼逊学校只办了 15 年，进入这个学校读书的学生也很少，1839 年，刚刚重建时，只有 6 个学生入学。到了 1841 年，学生增加到 17 人。迁往香港之后的第二年，也就是 1844 年，马礼逊学校也只有 32 名学生。

虽然这个学校存在的时间短、招收的学生少，但它对中国教育的影响是长远且十分巨大的。这个学校培养出了一个在中国教育史上至关重要的人才——容闳。容闳从马礼逊学校毕业后，到美国的耶鲁大学读书。

回国之后，在曾国藩和李鸿章的支持下，容闳组织了一个美国留学计划。从 1872 年到 1875 年，该计划输送了 120 个学生到美国留学，这 120 个留学生是中国第一次面向近代教育尝试和学习的结果，他们回国后成为中国经济、外交、政治各界的重要人物，开启了中国学生向西方教育学习的新阶段。

澳门马礼逊墓地

除了马礼逊学校，西方人在中国创立的学校还有 1844 年建立的宁波女塾、1860 年建立的上海清心书院等等。这些新式学校打破了传统“旧学”对教育的垄断，在当时成为传授近现代知识的唯一机构。

虽然教会学校开启了中国的近代教育，但在 19 世纪上半叶，其对中国社会的影响还很有限，毕竟它们处于一种游离于中国教育体系之外的状态，不被绝大多数中国人所关注。

一直到了 19 世纪 60 年代的洋务运动时期，才有一些中国人参考这些西式学校创办新式学堂。

在清代，文人的政治地位不再似前朝，私人讲学和书院也被朝廷控制，出现了“官学化”的趋势。就在旧学逐渐走向没落之时，在清朝道光年间，西方传教士和商人创办的学校，将新式教育传入了中国。早期的教会学校开启了最早一批中国人投身西方进行现代教育学习的新阶段。①

“女子无才便是德”的终结：从“三从四德”到女子学堂

前文在讲文人职业的时候我们提到过专门教育贵族女性的闺塾师，现在我们着重来看女子教育的发展变化。

虽然中国古代的传统认为“女子无才便是德”，但是许多贵族家庭仍然为女儿专门寻找闺塾师，来教她们吟诗作画，或者像《红楼梦》中林如海为林黛玉聘请蒙师学认字。可以看出，中国传统社会中能接受教育的女性一般都是官宦人家的女子。

《儒林外史》中也有一个类似的故事。明朝有一位姓鲁的翰林，他只有一个女儿，从小把女儿当儿子来教育，五六岁就教她四书五经，十一二岁就教她写八股文。这位鲁小姐每日钻研八股文，后来成为一个八股文大师。

---

① 本节参考文献：王立新 . 美国传教士与晚清中国现代化［M］. 天津：天津人民出版社，2008；高时良 . 中国教会学校史［M］. 长沙：湖南教育出版社，1994.

从上面的例子我们可以看出，首先，女性教育是在家庭中完成的，一般情况下有学识的父母、专门请来的闺塾师和启蒙教师是主要负责女性教育的人。

其次，女性教育的内容并不像专门针对科举考试的男性教育那么“规范”，鲁小姐只是一个独特的例子，而且读书识字、吟诗作画也不是女性教育的根本目的。其实在中国古代，绝大多数受教育的女性要接受一整套价值体系，这种针对古代女性的教育被称为“女教”。

“女教”的核心就是“三从四德”。

“三从”即“未嫁从父，即嫁从夫，夫死从子”，源自《仪礼》。意思就是，作为一个女性，嫁人之前要服从父亲，嫁人之后要服从丈夫，丈夫死了要服从儿子。可见，“三从”的意思是女性不论在人生的任何阶段，都要服从男性。

“四德”则是“妇德、妇容、妇言、妇功”，源自《周礼》。汉代的女性文学家班昭曾经对此加以阐释，按照她的解释，妇德就是“清闲贞静，守节整齐，行己有耻，动静有法”，妇言就是“择辞而说，不道恶语，时然后言，不厌于人”，妇容就是“盥浣尘秽，服饰鲜洁，沐浴以时，身不垢辱”，妇功就是“专心纺织，不好戏笑，洁齐酒食，以奉宾客”。

直白一点来说，“四德”就是要求女性老实，守规矩，不要说三道四，重视卫生，做好家务。班昭的这种诠释，后来被历朝历代的人认为是权威解读。

“三从四德”加在一起，形成了一种维护男尊女卑社会架构的意识形态。从秦汉到明清，对女性的教育方式发生了许许多多的变化，但万变不离其宗，在绝大多数时候，女子教育的主流，其核心思想还是“三从四德”。

在汉代，“女教”的两部基础经典教材已经成形。他们是刘向写的《列女传》和班昭写的《女诫》。

《列女传》记录了从远古到西汉100个女性的故事。其中分为两个大类。一类是被认为正面典型的女性，比如孟子的母亲。这类女性往往遵守妇道、安分守己、相夫教子，或者在丈夫死后守寡。另一类则是被抨击的负面典型，比如妲己、褒姒等等。这类女性以色侍君王，搬弄是非，祸乱朝纲。

与《列女传》不同，班昭的《女诫》则是通过简短的语言，直接阐发“三从四德”男尊女卑的思想。

汉朝之后，后人又写了各种各样的女教图书，比如隋唐的《女论语》《女孝经》，明代的《女范捷录》《内训》《女小儿语》等等。到了清朝，女教图书更是蔚为大观，清代的顺治皇帝就命人编写了一部《内则衍义》。

民间更有教刚刚嫁人的新娘如何做媳妇的《新妇谱》，以及《改良女儿经》《闺门女儿经》《闺训千字文》等各种女教著作。这些女教图书基本上都是以“三从四德”为中心思想。

女性教育一直到清末女学堂的出现才发生了根本的变化。

基本上从汉代开始，一直到清朝中期，女子教育的主轴都是“三从四德”。就算到了洋务运动时期，官方的洋务学堂一般也不收女学生，所以女子还是只能接受传统教育。

一直到戊戌变法之后，以梁启超为首的维新派将女性解放作为倡导的旗帜，不仅重新阐释“贤妻良母”，使女性跳脱出“三从四德”的传统教育观念，增加了新的“国民”责任属性，而且强调了女性接受新式教育的必要。

1898 年，上海诞生了中国人自办的第一所女学堂“经正女学”，许多女性闻名而来。很快，沿海地区的一些城市也开始创设女学堂，比较有名的有广州移风女学校、山东女学校、天津民立第一女学堂、北京豫教女学堂等等。

这些女学堂里面教授的内容往往不再是传统的“三从四德”，而是算术、几何、体操、英语、地理、图画等近代化的学科。

新式女学的诞生与当时的女性解放思潮紧密相关。

为了声援女性教育，许多觉醒的女性还创办了女子团体、女性报刊等，如康有为的女儿康同璧，梁启超的妻子李蕙仙等，她们不仅号召妇女接受新式教育，而且提倡女性参政，宣传男女平等，整体的社会解放风潮也促进了新式女学的接受程度。

不过，这些新式女学在地方上也饱受非议。与女性进步思潮伴随而来的是顽固派的抵制和批判。许多传统士绅看到有人让自己的妻子出任女教习，就说这是“大伤风化”。他们认为女子学堂应该被查封，那些女校长、女教员不应该抛头露面，而是应该回归家庭，接受丈夫的管教。

至于地方政府，有些支持女学堂，有些则查封了女学堂。直到 1907 年清廷颁布《奏定女子学堂章程》之后，女子学堂才有了法律依据，逐渐开始繁荣发展。到民国时代，全国已经出现了大量的新式女子学堂。

整体看，中国古代女性教育都是在家庭中完成的，除了基础的读书认字、吟诗作画，女性教育的核心思想其实是“三从四德”。同时为了配合这种价值体系的教育，也出现了很多女教图书，这些女教图书也都是以“三从四德”为中心思想。

女性教育的状态一直到了清末新政时期才发生重大改变，在女性解放思潮的影响下，社会运动先驱不仅提倡全新的女性价值，而且强调了女性接受新式教育的必要性，逐渐出现的新式女子学堂成为女性解放的前沿阵地。

不少人为此摇旗呐喊，但同时也有一些顽固派对此抵制。不过在时代的发展潮流之下，新式女学最终还是繁荣发展，“女子无才便是德”的陈词滥调被世人彻底抛弃。[①]

废科举，兴学堂：中国亘古未有的大变局

中国新式教育的萌发不是一个内在自然发展的过程，而是与西方文明碰撞的结果。

鸦片战争之后，面对西方的入侵，清政府才开始注重对西方的学习，谋求国家富强的实用教育逐渐取代了传统的科举教育，新式学堂也应运而生，特别是1905年废除科举以后，近代学堂

---

① 本节参考文献：杜学元.中国女子教育通史［M］.贵阳：贵州教育出版社，1995；熊贤君.中国女子教育史［M］.太原：山西教育出版社，2006；郑永福，吕美颐.近代中国妇女与社会［M］.郑州：大象出版社，2013.

如雨后春笋般建立，为新式人才的培养创造了条件。

首先需要说明的是，在晚清新政时期，中国现代学校系统已经通过政府正式颁布。在最开始的时候，这个系统中只有横向、并立的各式专门学校，例如下面我们讲到的江南水师学堂、矿务学堂、船政学堂、电报学堂、方言馆等等，这些学校是为快速培养国家所需的各种实用人而设立的。此后在不断的改进中，才出现了纵向的不同层级的学堂，例如分小学堂、中学堂、大学堂，层层递进考入。地方则根据行政层级建设相应的学堂，县的书院为小学，府城的书院为中学，省会书院为大学，而大学堂又分为政、文、商、农、致、工、艺、医各科。现代的教育体系和教育内容才算完备。

先以江南水师学堂为例来看看新式学堂的特点。江南水师学堂是清末两江总督曾国荃在 1890 年创设的。因为学校是地方官办的，自然而然，经费主要来自官府，为了吸引学生就读，学校不像传统私塾一样收学费，而是免学费，还给学生津贴。

从某种程度上来说，新式学堂为家境贫寒的学子提供了新的机会。比如我们非常熟悉的大文豪鲁迅，也是因为家里没钱，才去了免学费且有补贴的南京江南水师学堂。鲁迅读书时，前三个月就收到了 500 文钱的津贴。

新式学堂的教学内容也不同于传统教育。鲁迅在《朝花夕拾》中提到，江南水师学堂教学的内容可谓是中西合璧，既有传统的汉文教育，也有外语、几何、代数等近代学科。英语部分非常简单，只是教类似“It is a cat”这种非常初级的英文，而所谓汉文的部分则是要学《左传》以及文言文写作。

需要注意的是，不同类型的新式学堂也提供不同类型的实用技能。比如江南水师学堂主要是为了培养军事人才而创办，因此也有一些实用的军事技能，比如如何升起船帆、测量风向等等。

其他地方上的洋务派官员办的新式学堂，比如天津武备学堂、浙江武备学堂、贵阳的贵州武备学堂等等，这些学校或是培养翻译人才，或者培养军事、工业人才，总之都是为洋务派的“洋务运动”服务的。

这样以某种实用专业技能为主的新式学堂有点像“技校”，因此，习得技能的毕业生可以直接进入相对应的政府部门工作，比如江南水师学堂毕业的学生可以去海军工作。

这一时期新式学堂的问题可以从鲁迅在江南水师学堂求学的记录中窥探一二。

正如教学内容中的中西杂糅一样，东西方价值观念上的冲突也反映在学校当中。江南水师学堂曾经有一个游泳池，但鲁迅入学的时候这个游泳池已经被填平了。这是怎么回事呢？原来，早在鲁迅入学之前，有学生在游泳池溺水身亡，于是学校不仅把游泳池填平了，还在上面建造关帝庙。每到中元节，学校还会请和尚到操场做法事。

这种非常矛盾的现象出现在新式学校中，可以反映出当时的人们虽然承办了新式教育，但没有理解真正的西方教育科学和观念，传统价值观念在办学中仍旧居主导地位。

鲁迅对江南水师学堂不太满意，又去考了矿路学堂。鲁迅读到二年级的时候，学校来了一个新派的总办。这位总办会自己出汉文题目，不过他出的题目十分新颖，和传统的四书五经不太相关。比如他出过一个题目叫作“华盛顿论”，结果却让汉文教员都摸不着头脑，原来汉文教员根本没听说过华盛顿，当然不知道如何就“华盛顿”进行论述了。这也足以见得当时新式学堂中的教育虽然极力与西方接轨，但教师的水平却不达标。

除此之外，新式学堂也受到来自社会上的抵制和批判。

鲁迅曾经提到，当时在他的老家绍兴，还有一所叫作“中西学堂”的学校，教授汉文、外语和算学，结果成了地方上的众矢之的。当地的秀才还写了一篇八股文来讽刺这个学校，这篇八股文的开头大概讲的是：只听说过中国改变外国人，没听说过有外国人改变我们中国；如今可不是这样，那些外国人像鸟叫一样的语言，也被当作正经的语言来看待了。可见，这些人把新式学堂看作另类，是对传统文化和传统教育系统的一种冲击，十分瞧不起新式教育。

连同被批判的还有从新式学堂接受的新的价值观念。在江南水师学堂，鲁迅第一次读到了赫胥黎著、严复翻译的《天演论》，从各类图书中认识到了苏格拉底、柏拉图等西方历史上的重要人物。

这些全新的教育内容使鲁迅的思想渐渐改变，但这让他的家人十分不满，甚至有一位长辈专门让他去看一篇反对康有为变法的文章，以图转变鲁迅的思想，可是鲁迅不为所动。这种新旧价值观念的冲突和新旧教育方式的冲突在本质上是一致的。

总的来说，从洋务运动时期为国家所需创办的各类专门的新式学堂，到清末新政时期现代教育层级的逐步建立，对中国现代教育体系的创建发挥了非常关键的作用。

这一时期，新式学堂的教学内容偏向于实用的专业技能，在教学资源和价值观念上跟西方教育有一定的出入，并且遭到一些守旧派人士的反对，他们把新式教育看成对传统教育和传统文化的冲击。这种新式教育并没有实现中国传统教育模式向现代教育模式的转变，直到清末新政，近代学堂在全国普遍设立，从旧到新的转型才算是完成了。①

① 本节参考文献：毛礼锐，沈灌群．中国教育通史［M］．济南：山东教育出版社，2005；周予同．中国现代教育史［M］．上海：上海书店，1989.

本章小结

这一章主要讨论中国的教育问题。在传统中国，教育是围绕科举制度而开展的，读书人基本上都是围绕这个目标来接受教育的，当然这种制度带来的影响是复杂的，虽然为帝国选拔了人才，但是也有许多弊病。不过，科举考试也促使了儒家经典，书院、官学、私学等教育机构以及印刷文化的发展。

第一，科举制度本身就是一把双刃剑。

在传统中国社会中，科举不仅是教育制度，还是官员选举制度，两者合二为一，为接受教育的学子指明了道路。科举考试试题主要选自儒学经典，考试内容包括四书文和试帖诗、经文和策问。科举考试是层层递进式的，学子首先要参加县试成为最低一级的“生员”，然后参加乡试、会试。由于会试在京城举行，全国各地的举人都要到京城参加考试，由于有较高的科举“身份”，他们可以受到政府的优待，从家中到京师，沿路都有公家的车船供应，这些车船被称为“公车”。会试的题目经常风靡全国，因为是全国学子都“期待”的题目。

科举制度的产生，打破了世家大族对知识和官员上升路径的“垄断”，贫寒的子弟有机会通过科举考试成为官员，从而实现阶层的跨越。到了明清时期，这些参加科举考试并取得功名的人，构成了一个特殊的群体，就是中国的士绅阶层，在地方社会上承担着非常重要的作用，甚至成为上层统治阶级和下层民众之间的“缓冲地带”，调和了两者之间的矛盾。不过，虽然科举这种选拔人才的途径给予读书人公平竞争的机会，但僵硬的考试内容和形式无法使学子获得实际的行政管理能力。

一个县官负责的事务包罗万象，其中最重要的职责是税收和司法，但这两项完全与学子所学的儒学经典和八股取士的方式没有任何相关之处，可以这样说，科举考试的内容和形式几乎不会增加士子成为官员之后的理政能力。当社会和国家因为外部势力而产生动荡时，这个问题就非常明显了。20 世纪初科举改制，学校、财赋、商务、兵制、公法、刑律、天文、地理等西学科目成为考试内容。这些考试内容与政府官员治国理政的能力、社会发展的动力更相关联。

第二，科举促进了图书和印刷文化的发展。

在孔子以前的时代，中国各地便有写史书的传统。孔子根据鲁国史官的记录修订而成了《春秋》，后来鲁国的左丘明继续写作，出现了《春秋左氏传》，这是中国古代第一部最翔实、生动的历史著作。在纸张发明之前，正式书籍的书写材料是从简牍开始的，这是书籍发展的第一个历史阶段。后来发明出了帛书，帛质地柔韧。到了唐代，把纸作为书籍的材料才比较普及了。在历史上相当长的时期内，图书就像知识一样，是一种“奢侈品”，一种社会上少数人才拥有的“稀缺资源”。明代以后，随着商业的发展，图书的买卖更为频繁。

图书作为一种商品进入流通渠道，最晚出现在秦汉时期，出版商和书市（书肆）都出现了。宋代出现了很多与生活逸趣相关的大众读物，包括许多生活中的“小常识”，还有一些是与花卉审美相关的花卉指南，砚石、墨、玉、香等方面研究的图书也出现在市面上。在宋代，杂剧和话本兴起。所谓话本，就是职业说话人在表演时的底本，这非常像“说书”的情形。明清时期白话小说非常受大众欢迎，而且流传非常广。

宋朝的书业发达，包括官刻和坊刻。宋朝的国子监既是出版管理机构，也是朝廷刻书的主要机构。到了明清时期，除了官刻、坊刻，“家刻”也流行起来。明代的家刻是和藏书的兴盛结合在一起的，藏书家大多也是刻书家。能够成为藏书家的人，要有一定的经济实力，同时具备相当高的文化水平，这样才能挑选最好的版本，经过长时间的精心校勘，印刷出品质和工艺都非常精湛的图书。所以有明一代，家刻之书的质量超过了官刻和坊刻。

第三，古代教育是官方和民间的共同行为。

早在商代和西周就已经有官学。商周时期，教育仅对贵族开放。然而，到了春秋战国时期，由于频繁的战争和周王室权威的衰落等原因，官学衰败，私学兴起。秦废除了私学。从汉朝到明清，官学一直与私学并存。宋代官学授课内容进一步多元化，明代的官学与科考的关系非常密切，官学教授的内容变得极为单一，只剩下了儒学思想以及律法。明清时期的官学同样分中央与地方，中央有国学、宗学、武学，地方有府、州、县三级学校，此外还有社学。国学为国子监，相当于大学性质，府、县学校类似中学性质，社学则属于小学性质。

在春秋战国时期，随着周王室权威的衰落，有很多人开始在社会上自由地讲学，公开招收弟子。这些人的授课内容不受官方意识形态的限制，因此形成了百家争鸣的局面。到了秦朝，私学被完全禁止。汉朝建立后允许私学存在，汉武帝“独尊儒术”以后，大多数私学都会教授儒家经典。在宋朝，私学的发展进入了一个新的阶段，形成了书院制度。明朝初年，书院处于沉寂状态，到了明朝中期，随着官学制度的衰败，书院渐渐兴起。

东林书院的兴建，得到了当地士绅和地方官的帮助。东林党的领袖人物基本出身于江南的商人或者工匠家庭。这个在明朝中后期迅速崛起的社会阶层，最能感受到明朝社会内部的矛盾和危机。东林书院和附近的书院形成了一个网络体系，包括在其他书院读书但受到东林书院思想影响的人。应社和复社的理念和东林党类似，但人数更多，涉及地域更广，组织力也更强。

第四，中国教育的转型是西方冲击的结果。

在清朝道光年间，西方传教士和商人创办的教会学校将新式教育传入中国。教会学校打破了传统“旧学”对教育的垄断，在当时成为传授近现代知识的唯一机构。在 19 世纪上半叶，教会学校对中国社会的影响是有限的，但是 19 世纪下半叶乃至 20 世纪上半叶，教会学校对中国的教育发展产生了重大影响，在推动中国教育现代化的过程中，扮演了不容忽视的角色。

到了清末新政时期，逐渐出现新式女子学堂，抛弃了中国古代“女教”的核心思想“三从四德”，冲击了维护男尊女卑的社会架构的意识形态。当然，新式女子学堂的创办也不是一帆风顺的，也不断遭受挫折，某些地方士绅和地方政府反对建设女子学堂。清廷在废除科举后，颁布了《奏定女子学堂章程》，女子学堂有了法律依据。女子学堂最终还是得到繁荣发展。到民国时代，全国已经出现了大量的新式女子学堂。

中国新式教育的萌发不是一个内在自然发展的结果，而是与西方文明碰撞的结果。从明末到清初，统治者对西方而来的新文明、新事物都抱持着新奇接纳的态度，但这并没有改变中国传统教育的实质，直到鸦片战争之后的屡次战败，面对西方的入侵，清政府才开始注重对西方的学习，谋求国家富强的实用教育逐渐取代了传统的科举教育，新式学堂也应运而生。洋务运动时期创办的新式学堂，教学内容中西合璧，但是新式学堂遭到守旧派的反对，他们把新式教育看成对传统教育和传统文化的冲击，因此新式教育的发展不是一帆风顺的。直到清末新政，近代学堂在全国才普遍设立。

第十四章

远离国家的社会自治

本章主要问题

1 官员、商人都是会馆主要捐助人，他们建立会馆的动机有什么共同点和不同点？海外会馆的特性和国内会馆有什么不同？会馆在中国明清时期的社会中扮演怎样的角色？

2 账局、票号等传统商业组织有什么共同点，有什么区别？为什么票号、账局大都是由山西商人经营的？山西商人在中国明清社会中有怎样的特点？

3 钱庄和票号在外国资本的影响下有不同的发展，两者的不同体现在哪里？钱庄和票号、账局都是传统中国社会的金融机构，它们之间是怎样的关系？

4 明末清初时期出现了民办的慈善机构，这反映了中国历史发展的什么趋势？民间慈善机构的出现弥补了官方慈善机构的不足，为什么官办的慈善机构不如民间慈善机构的效果好？

5 "清醮会""土地会"这类组织在地方社区有哪些作用？里甲制度在明朝中期开始逐渐崩溃，为什么当时没有废除里甲制度？保甲制度和里甲制度的根本区别是什么？为什么保甲能取代里甲？

6 民国时期，除了政府的支持，促进农会发展的因素还有哪些？共产党的农会有哪些不同于以前农会的特点？中国其他地方的商会和上海商会有什么区别，有什么共同点？为什么民国时期商会可以发挥比清末时更大的作用？近代职业团体与传统中国社会的行业团体有何相似和不同之处？

7 为什么工人组织出现了从传统到现代的转变？在民国时期，各方政治力量都企图介入工人组织之中，出现了国民党和共产党领导的不同的工会，如何看待不同类型的工会组织？

8 清末民初出现许多不同的教育主张以及教育团体，这些团体为什么会在此时出现？不同的教育团体为教育改革和现代化做出了各自的贡献，如何看待此时民间组织的教育团体有如此惊人的力量？

9 从维新到革命，为什么知识分子的政治主张会变得越来越激进？政治团体最开始建立时人数较少，持续时间也比较短，行动都受到了政府的阻挠，如何看待它们对中国政治产生的影响？

跨越地域，连接银钱

老乡见老乡，两眼泪汪汪：会馆

传统中国社会有很多“民间会社与民间组织”，会馆就是其中一种。

在本书的前面，曾涉及会馆，比如提到过清代的徽州商人在汉口成立的非常有名的徽州会馆，这时候的会馆是作为商业组织出现的，其实在最开始的时候，会馆是作为同乡组织出现的。

会馆最早出现在明代。它的出现与传统中国社会所形成的地域观念有紧密关系。中国地域辽阔，不同地区的语言和文化有非常大的差异，加之统治者不鼓励人口流动，以及主流价值观念强调“安土重迁”，这些都造成了地理上的区隔。

另外，中国的官员就任制度遵循一定的“回避原则”，即官员任职所在地要避免是自己的家乡，这在一定程度上又加深了人们的区域观念。

还有就是科举制度。科举考试是不同行政区域的层层选拔考试，从县到府和省城，再到京城，每一级考试都要求考生注明籍贯，籍贯不实将会被严惩。不同省府对考生的不同奖励政策也使人们对区域差异有了更深的理解。

正是因为人们来自地域广阔的天南海北，在京城以及某些大城市建立同乡会的要求就更迫切。

目前有文献可考的中国历史上最早的会馆，是明代永乐年间成立的芜湖会馆。最初，一个叫俞谟的芜湖人在北京做官，其间他买下了几套房子。后来他告老还乡，就把这些房子捐了出来，交给一位同是京官的名叫晋俭的同乡来管理。他让晋俭把这些房子作为来北京做官的芜湖人居住的一个场所，这些房子就被称作“芜湖会馆”。

从这个例子我们可以看出：首先，会馆是官员或绅商捐赠而来，是私立性质的；其次，会馆被当作同乡官员的暂居地。其实，这也印证了上面所讲的官员回避制度之下，在同一地区任职的同乡官员之间的慰藉和帮助。会馆最初的功能之一就是让同乡的同僚能聚在一起，共叙乡情，因此有学者称最初的会馆具有“同乡仕宦俱乐部”的属性。

明中叶以后，会馆越来越多地服务于进京赶考的同乡士子。

会馆为士子提供方便，一来是因为大多数学子家贫，备考期间的食宿是一项重大的支出，同乡会馆为士子提供食宿，可以为他们免去后顾之忧，由此可以看出中国传统乡土社会中对“乡缘”“乡情”的重视。二来参加会试的学子已经是“学有所成”，一朝高中，仕途可期，而官绅又是会馆的主要捐赠人，两者可谓相得益彰。

到明朝中叶的时候，会馆分化成了三种类型。第一种会馆专门为官绅服务；第二种会馆除了供官绅居住，还给进京赶考的同

重庆湖广会馆

乡士子居住。这两种会馆往往设置在北京的内城。而第三种则是专门给士子居住的会馆，这些会馆往往都设在城外。由于官绅少而士子多，因此第三种会馆数量也就比前两种多。

有趣的是，随着会馆服务于官绅和士子，为了迎合他们之间迎来送往的交际，一些经常性的宴饮、娱乐活动也成为会馆具备的功能。

其中最明显的就是很多会馆都建有戏台，这也在前面的大众娱乐部分提到过。每当有同乡的士子在会试中高中，会馆中便开宴演戏，庆祝他们荣登榜单。到了清朝，每有即将赴任闽浙总督、福建巡抚的官员启程，在京当官的福建同僚们总要到京城的福建会馆内为新任总督饯行，设宴款待，这都成为一时的社会风俗。

从明朝中后期到清朝，出现了专门服务商人的商业性会馆。

如果说京城中的各省会馆大多服务于官绅、士子，那些在商业大城市所建的会馆则更趋向于商业性质。

商业性会馆主要就是供在外地经商的同乡商人居住的，这种会馆最早出现于明朝万历年间的苏州。明清时期的苏州是商业重镇，到了清乾隆年间，苏州已经有供广东商人居住的岭南会馆、供山西商人居住的全晋会馆等许多商业会馆。

商业会馆首先在贸易重镇苏州出现，继而又出现于北京和全国各地，是明清时期数量最多的一类会馆。哪怕是在东北、台湾、新疆、甘肃这些在当时看来比较偏远的地方，也有商业性会馆。

甚至海外也出现了许多商业会馆。在日本，18 世纪末期，福建人就兴建了八闽会馆。在新加坡，广东人、福建人创设的各类会馆数不胜数。

海外会馆与国内会馆不同的地方在于，海外会馆有一定程度上的司法权。由于海外没有类似明清官府那样的州官、县官，很多海外华人商人之间出现了商业纠纷，都会去找会馆的华人领袖裁决。

在清朝，会馆的制度和管理方式也日益完备、严密。

会馆的经费来源和支出、内部行政管理制度都有了成文的系

重庆湖广会馆内，左为戏台

统性规定。会馆不再像明朝初年那样依赖不稳定的官员临时捐款，而是依靠房租作为稳定的收入来源。

各省的寓居商人纷纷兴建会馆，这就为地域性商帮的发展创造了条件。比如山西商人就在全国各大商埠先后建立会馆。山西商人在外地遇到困难，很容易就能得到居住在当地会馆的山西商帮的支持。徽商、江西商人也是如此。

他们有时候会借钱给做生意失败的商人，同乡的商人遇到了法律诉讼，他们还会帮忙贿赂官员、疏通关系，或者找讼师。商业性质的会馆在一定程度上维护了各省商人的利益。

总而言之，京城会馆具有私人同乡会性质，它服务于官绅和士子，与传统中国社会中的官员回避制度和科举制度有非常密切的关系。商业性会馆不但促使会馆的管理制度更加严密，而且为不同区域的商帮出现提供了条件，在很大程度上，商业性质的会馆维护了同乡商人的利益。[①]

汇通天下：账局和票号

明清时期，中国社会与经济相关的金融机构是钱庄和账局。

我们知道，金、银、铜钱是明清时期的主要货币，日常生活中铜钱是最常见的，银子需要根据重量和成色来定价，人们还需要把大额的银锭换成小额的铜钱供日常使用，这时候钱庄就出现了，主要负责银、钱之间的兑换。

随着经济的发展，存款和借款的业务也逐渐被更多人需要，于是账局就出现了。账局大概是雍正末年、乾隆初年出现的，当时，经营账局生意的主要是山西商人，而账局的主要业务便是信贷。

清朝时期，山西商人从福建、浙江购买茶叶、烟草、绸缎、布匹等，经过汉口北上进入张家口，销往俄国，再从俄国商人手中买来毛皮等内地稀缺的商品，再转卖到国内，其间获利巨大。

这些都是大宗贸易，属于长途贩运，商品流转周期很长，来

---

① 本节参考文献：王日根．乡土之链——明清会馆与社会变迁［M］．天津：天津人民出版社，1996；邱澎生．十八、十九世纪苏州城的新兴工商业团体［M］．台北：台湾大学出版委员会，1990；何柄棣．中国会馆史论［M］．台北：台湾学生书局，1966.

往一次需要一年的时间，所以很多商人需要借贷来缓解资金紧张，这便是以信贷为主要业务的账局产生的背景。

因为账局是山西商人为了解决中俄贸易中资金周转问题而开设的，所以一般都开设在北方的商业城市，如太原、张家口、北京、天津等。

账局面对的主要客户是商人，无论是从事大宗货品交易的商人，还是城市中的铺户，都是借贷的对象。贷款通常以一年为期，许多常年做生意的商人会在熟悉的账局持续借贷。他们在债务到期时带着本金和利息到账局，账局的人看到之后只收取利息，然后给他们换一张借贷的券，让他们继续借本金去做生意，周而复始。

关于账局有趣的一点是，京中的账局对北京的一些候选官员放贷时，纯属高利贷盘剥。这是因为在京中等候上任的官员，有可能等了好几年才等来一个空缺，在等待的几年中，很多人已耗尽家财，而走马上任又是急事，需要打点行装、购买礼物送人，这些都是急需现款尽快完成的，无奈之下他们只能找账局借贷，而账局就是看准了这一点，所以暴利盘剥，候补官员们再无奈也只得接受了。

乾隆时期，全国范围内的长途贸易越来越发达，不同区域内的贸易城市彼此之间联结得更加紧密，如何解决不同城市地区之间的收借现金和清偿债务等问题变得十分迫切。

最开始，商人们依靠镖局押运现金，但是这种方式既不方便又十分危险，于是一些经营非常好的商铺在各地分铺中兼营汇兑业务。一些兼营汇兑业务的商铺发现这比主营业务还要赚钱，于是专门负责汇兑业务的票号便产生了。

票号的汇兑业务，就是发行一种叫“会票”的凭证，客户把银子给票号，票号给他们“会票”。客户拿到会票之后，可以到另外一个城市的同一家商铺用“会票”换回现银，这就叫“汇兑”。

票号的发展与中国的命运紧密相关。

票号产生后差不多10年，在北京、天津、张家口、平遥、西安、重庆、开封、苏州等地，各大票号广泛开设分号。鸦片战争后，票号发展迅速，在19世纪50年代，光是日升昌、蔚泰厚、日新中这三家票号就已经有35处分号，分布在23个不同的商业城市。票号资本雄厚，分号多，分号、总号往来密切，而且信誉高。

与此同时，票号还逐渐开始经营存款、贷款的信贷业务。这是因为有时候商人到票号汇款的时候，想先不付清钱款，让票号给他们垫付一些钱，过一段时间之后再还钱给票号。也有一些商人希望延迟一段时间再从票号提款，让票号给他们一些利息。这种存款、贷款和汇兑结合的业务，在票号界的术语中叫“逆汇”。

到了太平天国运动时期，票号的发展受到了重大打击。战争阻碍了南北交通，商品的流通渠道被破坏。因此，长途商业贸易活动也就中断了。自然地，没有了长途贸易，对汇兑的需求也会减少。这时候许多票号开始撤回散在各个分号的资本，收缩业务。据说，当时经营票号的商人可能一共撤走了数千万两白银。

太平军攻打天津失败之后和清政府陷入僵持状态。这时贸易逐渐开始恢复，票号的传统业务也开始复苏。值得注意的是，此时票号的业务开始和清政府产生了紧密的联系。

由于太平军控制了南方各省，南方的税收无法运到北京，又加上打仗非常耗钱，清政府面临极大的财政困难。于是，清政府开始利用票号汇兑税款。比如在福建某地收上来一些税款，本来这些钱是要运到北京去的，但现在福建到北京途径的浙江、江苏、安徽等地都被太平军占领了，于是福建的官员就把钱给本地的票号，然后清政府再从北京的同一家票号取钱。

此后，清政府和票号的关系越来越密切。有时候，票号还会贷款给清政府。洋务运动时，清政府要办许多企业，需要的钱越来越多，也就越来越依赖票号了。

许多清朝官员开始和票号商人勾结。有些官员将公款存入票号，而且不要利息，或者只要很少的利息。这样票号就得到了可以周转的大量无息资金，而官员以此换取票号帮他们保存贪污所得的赃款。票号严守秘密，不会把官员贪污的事情说出去，而且还给他们的赃款高额利息。

账局、票号等金融机构的产生，对中国经济发展影响非常大，尤其是票号，在解决了异地汇兑的问题之后，中国不同区域之间的贸易更加频繁，货币流通也更快速，可以说票号的产生对清朝经济发展起到过至关重要的作用。

从鸦片战争直到清末，中国的贸易市场和金融市场逐渐向外国资本开放，外国的银行业也进入中国，在与本地票号的竞争中，它们从势均力敌到全面胜利，控制了中国的金融界。而票号则从银根短缺逐渐衰败到破产关店，最后消失在历史长河之中了。①

银元宝与孔方兄：钱庄

明朝刚建立的时候，以纸币为法定货币，用白银是违法的。但后来，明朝政府滥发货币，导致严重的通货膨胀，纸币越来越不值钱，所以民间就主要用白银和铜钱来交易。一开始，明朝政府还禁止民间使用白银，但慢慢地也承认了白银的货币地位。

明代万历年间，张居正主持了"一条鞭法"改革。从此以后，政府向农民征税的时候改收白银，朝廷也以白银作为工资发放给官员，商人们从事大宗商品贸易的时候也是使用白银，可见，银的用处非常广泛。不过，一般老百姓在日常消费的时候大多是使用铜钱的，因为小额交易使用白银会非常不方便。

比如在明朝正德年间的南京城，1 两银子可以买 30 担柴；在崇祯初年的松江府，1 两银子可以买 625 斤盐。如果只想买一两担柴、一斤盐，那么用铜钱来支付就足够了，这样一来，就出现了要将白银兑换成铜钱的需要，由此也产生了"钱桌""钱庄"这个行业。

除了银钱兑换，钱庄还具有其他功能。

比如银两兑换的功能。银子作为流通货币，有不同的成色

① 本节参考文献：黄鉴晖 . 山西票号史［M］. 太原：山西经济出版社，2004；张国辉 . 晚清钱庄和票号研究［M］. 北京：社会科学文献出版社，2007.

和重量、形状的分别。银两一般有银元宝、银锭、碎银几种形式，元宝重 50 两，银锭有 10 两、5 两之分，于是将大额的元宝、银锭兑换成小额的碎银也是人们生活所必需的。

到了乾隆后期，钱庄的业务发生了明显的变化，开始从事信贷活动。不同于票号的借贷，钱庄发明了钱票，作为信用货币在一定的范围内流通。钱票最开始在京城出现，后在江南和山西这些商业贸易发达的地区也十分流行。

钱票的流行源于商人之间的交易，因为惧怕现金押运的麻烦，商人都愿意用钱票来支付。发行钱票的钱庄都有一定的信誉度，所以钱票才能作为信用货币流通。

钱庄为经济发展做出了贡献，但也有一定弊端。

上面提到的钱庄都是私营性质的，因为涉及银钱这种对国家经济产生重大影响的特殊交易物品，所以官方在最初对钱庄是持“批评”态度的。

一般来说，明朝的铜钱都是政府铸造的，但是有一些“钱桌”“钱铺”和一些私铸铜钱的商人勾结在一起，“钱桌”“钱铺”负责把私自铸造的“假币”贩卖出去。这样一来,“钱桌”“钱铺”获利颇丰，而“假币”充斥市场，导致物价飞涨。

因此明朝政府经常下令禁止铜钱和白银之间的交易，以避免假币的流通。但这种政策的效果并不好，毕竟民众还是有兑换需要的。

到了清朝钱票产生之后，官员对钱票所带来的货币信用的过分膨胀也有所警惕。钱票的签发都是以钱庄账面上的银子数额为依据的，这样人们在兑换现银时，钱庄才能有钱可出。可是当交易都是以钱票为主，不涉及现银之后，有些钱庄便会出现虚发钱票的“造假行为”，这带来的直接后果就是钱票泛滥但无法兑换现银，进而导致信用体系破产，甚至会造成局部的金融危机。

清朝时期出现了官方性质的“官钱桌”。

禁止“钱桌”行不通，清朝政府换了个思维，创办了由官府经营的“官钱桌”。“官钱桌”的业务和私人办的钱桌一样，主要也是银钱兑换。

同样是一两银子，在官钱桌能换到一千文铜钱，在私钱桌可以换到多于一千文的铜钱。按理来说，老百姓应该是不愿意在官钱桌换钱的，但衙门收税的时候要求纳税者只能缴纳从官钱桌换来的铜钱，因此民众也没有办法，交税之前只能在官钱桌换钱了。

外国资本进入中国给票号和钱庄带来了巨大的影响。

鸦片战争之后，随着外国洋行在中国的设立，为洋行工作的买办行业也兴起。洋行对买办的依赖程度很大，没有资深的买办，他们无法到内陆购买茶叶、丝绸、瓷器等大宗商品。比如在太平天国运动时期，怡和洋行仍然能够从战区附近购买生丝，就是依靠它雇用的买办深入战区购买的。

买办作为洋行的代理人，与钱庄、票号的关系也很紧密，有时候他们还要充当保证人，或者替洋行借贷资金进行周转。这就促使他们自己开设钱庄，从中谋利。

比如唐廷枢，他本来是上海怡和洋行的买办，负责收购茶叶，并且在各大通商口岸推销洋货，后因表现出色，升任怡和洋行的总买办。在此后的十年中，他分别与同伙开设了四家钱庄，其中有三家是为洋行在内地收购茶叶融资而专设的，可见其中利润颇丰。

在此时期的中外贸易中，钱庄签发的钱票行使了重要职能，外国商人和洋行承认钱票的信用。在货物交易时，他们有时候接受钱票作为替代现金的一种方式，有时候也使用钱票向中国商人支付。

需要注意的是，洋行不断展开新业务，钱庄越来越无法与洋行抗衡。

随着洋行在1860年以后逐渐开展存放款业务，钱庄与洋行的“蜜月期”便结束了。洋行通过让利的方式多方吸纳存款，掌握了大量的流动资金，而钱庄相对来说经营比较分散，即使是大钱庄也无法与洋行的资金量相比。

尤其是在外国银行开始接受钱票作为抵押，资金量本来就小的钱庄需要向洋行“拆借”现金才能支付自己签发的钱票。长此以往，钱庄对洋行的依赖度便越来越大，洋行对钱庄的掌控也越来越紧了。

钱庄从明代到清末的出现、发展，也经历了名称从钱肆、钱桌到钱铺、钱庄的改变，它的出现解决了人们日常生活中的银钱兑换、银两兑换需求。在此后的经济发展中，也出现了信贷业务，钱庄签发的钱票、庄票作为信用货币为国内地区间的贸易和中外贸易都曾起到积极的作用。

直到第二次鸦片战争之后，在通商口岸设立的洋行吸收大量资金的状况下，分散经营的钱庄对洋行的依赖越来越严重，钱庄的辉煌历史便一去不复返了。[①]

地方社会稳定的基石

积善之家，必有余庆：善堂与慈善事业

中国历史上的会馆、票号、钱庄等商业组织都是为有钱的商人或者士绅服务的，传统中国社会也有很多为弱势群体和社会边缘人士服务的慈善组织。

在传统中国社会，“鳏寡孤独废疾者”是慈善事业帮扶的对象。鳏，就是鳏夫，也就是年老无妻的男性；寡，就是寡妇；孤，就是孤儿；独，就是我们今天说的空巢老人，家里没有孩子的老人；废疾，就是残疾人。

这些人很难自食其力，生活十分凄惨，所以需要政府和社会的力量存活下去。

慈善组织在中国历史上很早就出现了，在南北朝时期，这种机构被称作孤独园、六疾馆、别坊。不过，这些机构仅仅设置在都城。

---

① 本节参考文献：黄鉴晖．山西票号史［M］．太原：山西经济出版社，2004；张国辉．晚清钱庄和票号研究［M］．北京：社会科学文献出版社，2007.

到了唐代，东都洛阳出现了悲田养病坊。在宋朝，则有养济院、慈幼局、安济坊等等。这些机构都是由政府经营的。

国家对无法养活自己的人有救济的义务，甚至在明代的法律中已经规定地方政府要在每月向鳏寡孤独者发放粮食，违反规定的官员会受到法律的惩罚。

这其实是儒家思想中仁爱的体现，政府创办地方慈善机构也是为了体现“民之父母”的当政理念。

不过，正是因为地方慈善事业对地方官的业绩没有大的功用，因此地方慈善机构形同虚设。以明朝时期的养济院为例，各地地方官对养济院并不关心，实际负责处理养济院有关事务的是胥吏。

养济院收养的人之中，又有一个“甲头”的职位，负责统一领取救济金，再分发给其他人。胥吏和甲头狼狈为奸，贪污了大量的救济款。真正需要帮助的人，往往得不到帮助。

明朝官员吕坤提倡的养济院政策，在明代慈善救助史上独树一帜。

吕坤在他的《去伪斋集》中记载了这样一个故事。在嘉靖年间，吕坤的母亲眼睛失明了，变得着急、难过、生气，吕坤不知道怎么办好，便找了一些眼盲的歌女来给母亲疏解心情，过了几天，吕坤的母亲终于开始吃饭了。

后来，这些歌女为吕坤的母亲唱歌、讲故事，如此陪伴着她过了几年，吕坤的母亲才渐渐接受了失明这件事。为了报答这些眼盲的歌女，吕坤一直让她们生活在自己的家中。

这件事对吕坤造成了很大的影响。母亲的失明让他开始变得非常同情盲人，在他看来，这些盲人通过学习唱歌、说书等技艺，是可以自食其力的，比起正常人更应该受到尊敬，而不是歧视。但在他所生活的明朝却不是如此，盲人的地位低到连奴仆也可以随便欺负，地方官不仅没有救助这些盲人，还把他们当作废人，不予理睬。这与孔子所说的仁爱精神，实在是差了十万八千里。

面对这样的社会现状，吕坤实行了一些救助措施。

在任济南参政道时，他便非常关照残疾人，让他们有机会学习各种自力更生的生存方式，比如盲人可以学习乐器和说书，尤其是学习那些劝人向善的故事。

对于一些不善于学习音乐的盲人，还会安排他们学习算命占卜的生存技能。除此之外，对于腿脚有残疾的人，让他们学习纺织。这样，不仅国家省了钱，残疾人也有了生活技能，可以自食其力了。

无论是教习盲人音乐的教师，还是教习盲人学习算命卜卦的先生，他们的薪资都由政府负责。除此之外，学习时所需的乐器、丝竹、管弦、鼓板等也由地方公费开支。这样地方政府便培养了盲人的生存技能，不用把他们当作“无生存能力”的残疾人永远供养。

而对于那些没有工作能力的、50 岁以上 60 岁以下的残疾人，则由“冬生院”来帮助他们。冬生院每年冬季开设，为这些残疾人提供取暖的火炕和衣服。吕坤在济南首创的这些养济院政策，有一定的效果，很多盲人都来找他帮忙。

吕坤后来当了山西巡抚，就试图在山西全省推广这种政策。可惜，他手下的官员糊弄他，不好好执行他的政策。从吕坤的事例我们可以看出，政府兴办的慈善事业有其局限性。虽然吕坤本人十分热衷于帮助弱势群体，可是区区一个吕坤还是斗不过整个官僚机构的惰性。

明末清初，善堂弥补了官方慈善机构的不力。

到了明末清初，由私人创办的慈善组织善会、善堂开始出现。其中明代的同善会创立最早，对后世产生的影响也非常大。

同善会的创立与东林党有着密切的关系，而且同善会大多设立在长江三角洲地区，同善会创始人杨东所写的《同善会序》显示，同善会的重点放在教化和善举方面，使“寒者得衣，饥者得食，病者得药，死者得槥（音同慧，‘棺材’的意思）”，足可见民间慈善机构的志向和功能。

在清朝康熙年间，北京和苏州出现了由僧侣和普通民间人士成立的善堂“普济堂”。之前我们所说的官方慈善机构“养济院”，除了贪污腐败，还有一个重大缺点，就是只救济本地人，对于外地逃难、逃荒而来的穷人、病人，根本不管，任凭他们自生自灭。

而普济堂则帮助所有的弱势群体。不管他们的户籍是不是在本地，普济堂都向他们提供帮助。同时，普济堂由民间人士创办，自然也由民间人士管理、运营。北京的普济堂送给穷苦人吃的米，也来自民间组织“米会”。米会由 60 户人家组建而成，每家每年捐出 10 石小米。

除了普济堂，明末清初还有一种在全国范围内都非常普遍的民间慈善机构——“育婴堂”，或者叫“育婴社”。这类机构负责抚养被遗弃的婴儿、孤儿。

虽然育婴堂是民间机构，但有时官方势力也会参与其中。比如康熙时期的刑部尚书姚文然等人就曾帮忙扩建了北京的育婴堂，雍正皇帝本人也向育婴堂捐过款。

不过，这些官方的善举不能改变育婴堂的私人性质。皇帝和官僚都是以私人身份来帮助育婴堂，他们不会用国家行政力量来干预育婴堂的经营。

所以在本质上，育婴堂不是由政府来经营的官营机构，避免了官员对慈善事业的怠惰。本着为民服务宗旨的民间机构工作效率更高，使得育婴堂成就斐然。

赵吉士所写的《都门育婴堂募疏》记载，在该书写成之时，北京育婴堂已救助了数十万幼儿。

对鳏寡孤独者的责任，显示了儒家思想中的仁爱精神，以及当政者的“爱民之心”，因此，官方慈善组织在中国历史上很早就出现了。不过，政府兴办的慈善事业因为官僚机构的惰性而有着局限性。此后，民间慈善机构善会、善堂兴起，如普济堂、育婴堂等等，弥补了官方慈善机构的不足。①

---

① 本节参考文献：夫马进．中国善会善堂史研究［M］．北京：商务印书馆，2005；梁其姿．施善与教化［M］．北京：北京师范大学出版社，2013.

远亲不如近邻：传统社区组织

“传统社区组织”也是一种具有服务性质的组织。前文在讲“生活空间”的时候曾分析过邻里、社区之间人与人的关系，尤其是在一些社区组织中可以看到，社区组织存在的目的不是营利，而是给基层社会的街坊服务，提供一些可以让生活在社区里面的居民普遍受惠的“公共服务”。

传统社区组织，很多是以对神的崇拜这样的形式出现的。社区成员共同参与神的生日庆祝，反映了对社区的认同，因此拜神属于社区的集体活动。以相邻街道为单位的庆典活动存在于中国的许多地方，不过它们的组织方式各有不同。

比如在 19 世纪台湾的一个小城，城内一条主要街道由街的栅门分为若干区域，每年各区轮流负责组织敬神活动，街中各户都参与其中。

同样，在清代，成都也划分为若干区，每区设有一个“领役”，总司该区事务；“领役”之下又设“街班”，负责一条或几条街的民事；此外，还设有“海察”，维持街道治安。

居住在同一条街的人有一种特殊的“街坊情结”，传统社区组织正是依靠这样的情感，才能完成社区的集体活动。

在四川的南部县，清明节举办的祭祀活动称“清明会”。除了祭拜祖先，清明会还有其他功能。南部县和成都不一样，不在平原上，而是处于丘陵地带。

多山的地区，往往比较容易出“山贼”。同时因为古代官府对于山上的人管制得比较松，所以盗抢频发是居住在山区的人经常面临的问题。

清朝光绪年间，南部县就是一个经常受到山贼侵扰的地方。南部县的县官对于这些匪徒基本上也无能为力。为此，老百姓不得不依靠清明会的力量来对付山贼。南部县临江乡的清明会，就将自己本来用于祭祀的钱，挪用于修建堡垒，以防御山贼的侵犯。

除此之外，南部县的清明会还承担了其他的地方职责。

例如参与地方办学。清明会通过抽钱办学，其抽款资金的多少由其规模及会内资金的多寡决定，虽然清明会办学的资金无法与地方政府提供的资金相提并论，但也体现了对地方的支持。

此外，清代南部县的清明会还参与调解地方纠纷、开堰凿塘、修建道路等其他地方事务，在地方社会中起着重要的作用。

除了宗教祭祀，传统社区组织中还有一种专门负责地方治安的组织——官方的雇佣兵称为“勇”，而负责地方自卫的队伍则称为“团练”。

沿海因为常年遭受海盗的侵袭，地方社会不得不组织团练来进行自保，故此，广东省的地方团练有着悠久的历史。

例如在1809年时，海盗张保集中力量袭击顺德、番禺等沿河的富庶地区，但都被当地农民自己的武装击退。

团练组织在第一次鸦片战争期间还是重要的民间军事力量。

1841年，在广州的三元里地区，有13名读书人筹划把该地区的团练组织起来。他们歃血为盟，然后分头去附近各村动员。

他们组织的团练以“旗”为单位，旗帜上通常写有“义民”和所属村庄的名字，参加团练的乡勇们以本村的旗帜为号令。团练中还有一面号令全员的黑旗，是从三元里的寺庙中拿来的，为的是驱魔。

此外，人们准备了许多铜锣，一旦某村出现紧急情况，只要鸣锣，其他村的团练就会前来支援。

1841 年 5 月，中英两军在广州城对峙。驻守城外的英军在附近的三元里巡防时，闯入一个名叫张绍光的人家中，并企图侮辱这家的妇女，于是有了一场冲突。

村民看到英军的暴行后，拿起锄头武装自己，并且鸣锣示警，召集附近村子的农民。到次日上午，已经有超过 5000 名乡村团练聚集起来，并且有越来越多的团练赶来。在英军与地方团练的对峙中，团练获得了胜利。他们杀死一名英军士兵，并且有十数英军士兵受伤，这著名的三元里抗英斗争与传统的地方社区组织团练有着不可分割的联系。

传统社区组织是地方社会不可或缺的组成部分，它们的存在不仅是为了酬神祭祀。通过邻里、社区之间的互动，人们形成了社区意识，共同参与社区的公共服务。无论是庆贺宴席，还是清塘修路，甚至是抵御外来侵略、共同维护地区治安，传统社区组织都曾发挥过重大作用。[①]

---

① 本节参考文献：代容.《南部档案》所见清代地方社会的清明会［J］. 四川档案，2014（4）：46–47；王笛.街头文化：成都公共空间、下层民众与地方政治（1870—1930）［M］. 北京：中国人民大学出版社，2006；魏斐德.大门口的陌生人［M］. 北京：新星出版社，2014.

县官不如现管：里甲和保甲

里甲和保甲在历史上有着重要的地位。明清时期，这两个组织在中国各地广泛存在，从大城市到小市镇、到农村，都有这两类组织。

元朝末年，天下大乱，老百姓为避战乱，逃离家乡，有些村庄在战争中被烧毁，农民被屠杀。这样一来，大面积的土地被抛荒了。明朝建立以后，朝廷招募流离失所的流民耕种荒地。这时候，土地的丈量、清查是比较容易的。这就为明朝推行里甲制度创造了条件。

里甲制度创始于明初洪武年间。根据里甲制度的规定，在社会基层，一百一十户为一个“里甲”。这一百一十户里面，家里人丁、粮食最多的十户，出十个里长。剩下一百户，每十户为一“甲”，每甲由人丁、粮食最多的家庭出一个甲首。

每十年，甲首就要统计自己的甲里面各户每个人丁的姓名、籍贯、年龄、田产，然后每一户的统计结果都要写成一个册子。甲首把写好的册子交给里长，里长审核好之后，把全部的册子订在一起，这个大册子就叫“里册”。

里册一式四份，分别交到县里、府里、省里，以及中央的户部。交给户部的用黄纸包上封皮，因此被称为“黄册”。

朝廷用这个册子，根据每户的人丁、田产数量来定收税的指标。每年里长、甲首要负责去每家每户收税，然后再把税交上去。所以“里甲”制度的建立，最主要的功能就是收税。

里甲制度还有其他功能。

功能之一是记录人口。我们在前面讲到人口统计时，很多时候就是依据黄册的记录推算的。黄册虽然提供了户口依据，但由于它更注重纳税人口，也就是成年男子的人数，忽视女性和儿童的人数，所以也导致了古代人口统计模糊的问题。

另外，里甲制度还限制人口流动。明代法律规定，农民擅自搬离里甲的所在地是违法的。如果有农民逃跑，里长、甲首必须捉拿，否则一并治罪。

此外，里甲还有“教化”和处理民事纠纷的功能。平时，里长、甲首要教育普通百姓，让他们遵守道德规范。如果百姓之间出了一些小矛盾，里长、甲首也要居中调解。

整齐划一的里甲制度，随着明代的社会经济发展逐渐崩溃了。明朝中期以后，土地交易越来越频繁，人口迁移也越来越普遍。很多人不在自己的里甲所在地住，也有很多人在自己的里甲所在地之外有地产。

地方上的豪族仗着自己的势力，瞒报人丁、土地数量，逃避赋税徭役。土地人口统计越来越困难，“黄册”里面的记载跟真实的土地、人口状况差异越来越大，里甲制度逐渐开始失灵了。

到了清初，顺治和康熙都试图重振里甲制度，但并不是很成功。到了乾隆年间，里甲制度在全国范围内彻底被保甲制度所取代。

保甲制度起源甚早，我们可以把保甲看作一种地方治安机构，宋代王安石变法第一次用到“保甲”时，它唯一的功能就是侦查和举报犯罪。到了明清时期，保甲成为一种辅助性的军事体系——地方自卫队。

从明中期开始，全国各地基本都建立了保甲。里甲是整齐划一的，一里一定是一百一十户。但保甲不同，每个保甲都是各地的地方官根据当地具体的人口、土地情况分别创设的。

因此不同的保甲，管的户数也不同。大多数保甲分为三个层级：最基层的是“牌”，十户为一牌，主管牌的是牌长；十牌为一甲，归甲长管；十甲为一保，归保长管。但也有的地方是十户为一保，五保为一团。

保甲要组织每家每户出人巡夜，防止有人夜间犯案，有时还要协助地方官缉拿强盗、小偷，维护地方治安。参加保甲的家庭一般都会配备刀枪棍棒，以对抗贼人；还配有铜锣，以召集保甲内的乡亲一同抓贼。

明朝中后期以后，由于受到北方的蒙古人和东南沿海的倭寇的侵扰，北方边疆和东南沿海的保甲除了抓捕盗贼，还要承担抵御侵略的职能。正因为如此，北直隶（也就是今天的河北省）的一些保甲，还配有火铳作为武器。

保甲制度承担了很多过去里甲制度的职能。

比如对村民进行教化、调解纠纷、催征钱粮。小说《阿Q正传》中，多次提到阿Q和地保打交道的事情。“地保”其实就是保长的俗称，无论是阿Q被赵老太爷打，还是调戏尼姑、骚扰女仆，最后都是地保出面给他解决。可见地保要负责调解纠纷、维持治安。

在《阿Q正传》里面，地保比县官的出场率还高。其实，对于一般的底层老百姓来说，如果没有什么大事，可能绝大多数人一生都不会见到县官，但地保肯定是隔三岔五会见到的。这就是我们标题里说的“县官不如现管”。

清朝雍正年间，朝廷开始推行“顺庄法”。顺庄法不再试图将人们固定在自己的里甲所在地，而是要求地方官清查、登记人们真正的居住地。同时，顺庄法也正式承认了人可以拥有里甲所在地之外的田产。

乾隆年间，朝廷把清查户口的权责正式交给了保甲，同时要求保甲登记迁入迁出的人口，这就等于承认了人口迁徙的合法性。此时，里甲制度已经完全丧失其所有功能，保甲制度彻底取代里甲制度。

里甲制度和保甲制度是传统中国社会的基层组织，里甲制度与人口登记、纳税制度紧密相关，而保甲制度则是地方治安组织，邻里之间“守望相助”、维护地方治安、缉拿盗贼、抵御侵略、稽查犯罪是其主要功能。

这两个地方基层组织共同为政府的基层控制、管理做出贡献。不过随着明清社会经济的发展，保甲制度开始逐渐取代里甲制度。在清朝乾隆年间，里甲制度彻底丧失功能，由保甲取代。[①]

---

① 本节参考文献：赵涤贤．试论北宋变法派军事改革的成功［J］．历史研究，1997（6）：142–159；陈宝良．明代的保甲与火甲［J］．明史研究，1993（1）：59–66，134；孙海泉．论清代从里甲到保甲的演变［J］．中国史研究，1994（2）：59–68；萧公权．中国乡村：论19世纪的帝国控制［M］．台北：联经出版社，2014.

组成团体，保护自己的利益

一切权力归农协：农会

传统中国社会中的农会、商会、行会都是行业组织。

说起农会，我们首先就应该提到衙前农民协会。1921年9月在浙江萧山建立的衙前农民协会，是中国共产党领导创建的第一个新型农会组织，不过早年一般简称为“农协”。早期共产党人在衙前首先致力于对农民的宣传、教育和发动。

他们先创办了衙前农村小学，将其作为开展农民运动的阵地。1921年9月26日，经过半年的酝酿和筹备，沈定一腾出自家10多间房子作校舍，举行了衙前农村小学开学典礼，并向社会正式发布了开学通告，规定学校只接收农民子弟入学，免收学费，学习用品全由学校免费供给。

受到共产党影响的学校“左派”教师，先后来到衙前进行演讲，向农民讲解城市工人运动、学生运动等情况，以及抗租抗息、抗捐抗税的道理，号召农民团结组织起来和地主阶级做斗争。他们同农民建立密切的联系，农民的阶级觉悟迅速提高，出现了一大批积极分子。

1921年9月27日，衙前农民在本村东岳庙召集全村农民举行大会，宣告中国现代史上第一个新型农民团体——衙前农民协会正式成立。大会推举李成虎等6人为农协委员，李成虎为领导人。

《衙前农民协会宣言》指明了农民的历史地位和作用，揭露了地主阶级压迫剥削农民的罪恶："我们农民，从小没有受教育的机会，长大时做了田主地主不用负担维持生存条件的牛马奴隶，老来收不回自己从来所努力的一米半谷来维持生活。"

农民协会成立后，便开展了抗租减租斗争。根据农协章程规定和当时的实际情况，农协做出了"三折还租"的决定，即按原定租额的三折交纳，并用公斗（每斗 15 市斤）代替地主的大斗，取消了地主下乡收租时强加于农民的"车脚费"。

在进行抗租减租斗争的同时，各地农会还率领农民开展了捍卫自身利益的斗争，譬如，捣毁了奸商任意抬高米价的米店，迫使粮商恢复原价粜粮；通过和绍兴县知事评理，争得了原被绍兴县官绅把持的萧绍公河西小江的养鱼权和捕鱼权，等等。同时，衙前等地农民协会还提出了破除迷信、扫除文盲、解放妇女、反对旧礼教等革命口号，把五四新文化运动的科学、民主精神传播到了乡村农民中。

还有一些不同性质的农会，例如清末新政时期成立的农会。

清末，跟欧美国家比，中国的农业技术还十分落后。农业技术的落后导致中国农作物的产量低下，农民的生活也很贫困。自然地，工商业也因为农业发展不好而受到一定制约。

早在 1890 年，孙中山就曾经写文章指出，中国"农桑不振"，应该效仿欧美国家，成立农会，以促进农业技术的推广、研究。清朝的一些地方官员，比如湖广总督张之洞等人也上奏折，请求成立农会。

1896 年，罗振玉等人在上海成立了"上海农学会"。有些学者认为这个团体是中国最早的农会。不过，这个团体里面主要是知识分子，没有农民加入。他们的主要工作是编印农学刊物，翻译外国农书。

1907年，清廷下令在直隶成立直隶农务总会。接着，各省分别成立了自己的农务总会，而府、县、乡镇成立了农务分会、分所。到了1911年，清朝灭亡前夕，全国有19个省成立了农务总会，各府、县成立的分会有276个。

清末时成立的农会是纯粹的经济组织。

它们的主要功能是教育农民，推广农业技术，促进农业改良。当时，农会办了很多农业报纸，翻译了许多外国农书，成立了教授农学知识的农业学堂。很多地方都开设了“农业试验场”。

它的主要作用是种植优良品种的农作物，并向农民推广。农会还创办了农产制造所，以制造农具。此外，农会还主持了一些开垦荒地、兴修水利、植树造林的工程，还负责帮助农民调解民事纠纷。

绝大多数农会的开办经费来自入会会员的捐款，但也有一些农会不能完全自给自足，需要官府拨款。同时，清廷的农工商部有权督查各地农会，并且各农会自设的办事章程也需要上交农工商部来核准。

这时候的农会成员比较复杂，基层农会的成员中可能有普通农民，但数量极少，农会的成员以地主、商人、士绅等为主。农会定期开会，参会的总理、协理和会董都是经选举产生的。可以说，清末时期的农会具有一定的民主性。

民国初期，袁世凯主导的北洋政府十分重视农业问题。他下令成立了全国农会联合会，以联络全国农业机关、调查全国农业状况、规划劝导全国农业改良。农会组织在民国初年迅速发展。1913 年，直隶省已经有了 80 多个县级农会，山西省有了 72 个农会。

这一时期，农会的组织结构更加完善，农会中除了相当于清朝农会的总理、协理的会长、副会长，还出现了评议员、会计、书记、调查员等职位。全国农会联合会还设有外国通信员。

农会的成员大多是士绅和知识分子，普通农民极少加入农会。此外，关于农会选举的法律规章也更加完善。总而言之，民国初年的农会基本是在清末的基础上有所发展，但没有什么根本性的变革。

20 世纪 20 年代，中国共产党创办了新型的农会。除前文提到的 1921 年浙江萧山成立的农会，中共在广东海陆丰地区、湖南衡山岳北地区都成立了农会。

国民革命时期，国民党和共产党合作，这类农会在全国各地普遍建立。这一时期的农会，主体成员不再是地主、商人、知识分子，而是自耕农、佃农等底层农民。这时候农会的主要工作是支援北伐军作战、从事阶级斗争。

北伐军的很多战役都有农会成员帮忙运输物资，甚至直接参战。在农村内部，农会主要从事阶级斗争。很多农会建立了农民武装，推翻了地主的军事力量对农村的统治。

总而言之，最早的农会在清末成立，成立的目的是推动农业科学技术进一步发展和传播。到了民国初年，农会有了进一步的发展，农会的组织结构更加完善。到了 20 世纪 20 年代，共产党创办了新型的农会，具有革命性质的农会逐渐成为决定中国命运的一支重要力量。①

商人的力量：商会

在清末以前，中国只有传统的商业组织，也就是我们前文讲的会馆以及行会。商会则是晚近的产物，是清末从欧美传到中国的。欧美的商会和中国传统的会馆、行会有什么区别？

首先，起源自欧美的商会完全是由工商业者组织起来的，而中国的会馆里面很多人其实是士绅。其次，欧美商会内部的运转遵循民主选举的程序，会长、副会长都是会员选举产生的。最后，欧美的商会可以参与到国家对于商业事务的立法过程中来，甚至可以代行一些政府职能。

第一次鸦片战争后，中国在沿海地区开放了五个通商口岸，更多的外国商人进入了中国。1834 年，英国商人就在广州设立了商会。1847 年，上海的各国商人成立了上海洋商总会。此后，外国商会在中国越来越多。

1902 年，朝廷封盛宣怀为会办商约大臣，让他帮助商约大臣吕海寰与英美等国谈判商务条约的修订。在谈判过程中，盛宣

---

① 本节参考文献：李永芳．近代中国农会研究［M］．北京：社会科学文献出版社，2002；李风华．衙前农民协会：中共领导的第一个新型农会组织述论［J］．求索，2013（3）：80–82.

怀感到，洋人有一个总商会，而中国人只有行帮、会馆，这导致华商很难团结起来参与到条约修订中，而洋商则很容易通过商会来形成集体意志，让商会领袖代表洋商参与谈判。

这样一来，洋商占尽了先机，而华商很难保护自己的利益。从这一点，我们可以看出近代商会和传统会馆、行会的另一个区别，那就是近代商会可以将更多的商人组织起来。

在盛宣怀的倡导下，上海成立了“上海商业会议公所”。

这是中国近代第一个华人主办的商会。加入上海商业会议公所的商人来自全国各地，其中人数最多的是浙江籍商人。此外，还有广东、福建、江苏、安徽、江西、山西、四川等地的商人。

入会商人从事的行业也很广泛，包括银行业、丝业、茶业、洋布业、铁业、煤业等等。中国的商会综合了会馆的地域性和行会的行业性，打破了传统商业组织只能组织起来某一籍贯或者某一行业商人的局限。

因为入会商人的籍贯多元、从事的行业各有不同，所以这个组织是一个比较松散的组织，内部帮派林立。上海总商会派系林立的传统其实在清末就已经出现了，这个商会并不能像欧美商会一样让商人团结一致。

清政府开始推行“新政”之后，在朝廷成立了商部，颁布了《商会简明章程》。1904 年，上海商业会议公所根据这一章程，改名为“上海商务总会”，并修改了自己的组织章程。后来，在清政府的提倡和鼓励之下，上海以外的全国各地也成立了许多商会。

从这里我们可以看出，清末中国的商会虽然和欧美国家的商会有相似之处，但仍有一定差异。最明显的差异就是，中国的商会不是商人自主成立的，而是在政府的督导下成立的。

清朝灭亡，进入民国后，上海商务总会改名为“上海总商会”。上海总商会参与了“全国临时工商会议”，借此机会，提高了民国政府与经济相关法律的立法效率。

1921 年，上海总商会创立了期刊《上海总商会月报》。这个刊物邀请了许多国内的经济学家、企业家撰文，分析产业经济形势；此外，还开辟了一个叫作“商学”的专栏。这个专栏发表了不少外国著名经济、商业著作的中文翻译文章，以及很多关于中国商业社会的研究文章。

商会也涉足政治，表达自己的政治观点。

比如，1923 年，曹锟通过贿选当上了民国总统。上海总商会通电表示不承认其总统地位，并且领导了“上海自治运动”，在上海成立了一个独立于北洋政府的政府性质机构“民治委员会”，可见其团体的声音可以通过政治行动让更多人听到。

商会作为经济团体对政治的牵涉，可以通过五四时期的“佳电风波”反映出来。第一次世界大战之后，中国作为协约国的成员，北洋政府派代表参加巴黎和会。中国外交的失败导致许多青年学生不满，这就是五四运动爆发的直接原因。

有些商会是支持五四运动的，上海总商会就是其中之一。五四运动爆发后，上海总商会给北洋政府发了一封电报，这封电报被称为“佳电”。“佳电”中，上海总商会作为国民团体之一，指出中国在巴黎和会的失败与驻日大使章宗祥有关，建议撤换中国驻日大使。"佳电"中还建议中国政府直接与日本政府磋商原德国租界山东青岛的归属问题。

单纯从一封电报的角度来讲，这封"佳电"其实可以反映出民国时期的商人作为一个整体，对政治提出自己的见解，并且通过"发声"的方式希望可以对当时的政治产生影响。

不过，这封"佳电"后来牵涉出的一系列事件反而证明了民国时期的商会是一个非常复杂并且不成熟的团体。

虽然今天很多学者都认为这封电报不过是提出了一个与日本交涉的建议，但是当时社会各界人士，特别是商界人士纷纷唾骂这封电报，称与日本直接交涉收回青岛是媚日卖国。

上海总商会穷于应付社会各界对这封电报的批判，日常工作陷入停顿。改组总商会、罢免正副会长的声浪越来越高。

上海总商会有两大派系，江苏、浙江商人的江浙帮，以及福建、广东商人的闽粤帮。前者实力雄厚，垄断了商会大部分的领导职务，后者一直感到受前者的打压。"佳电风波"时期，上海总商会的会长朱葆三是浙江定海人，属于江浙帮。

正当"佳电风波"在风口浪尖上，会长受到外部攻击时，闽粤帮的商人以及其他小派系的商人也参与了攻击。在商会内部争执了一个多月后，最终会长朱葆三无奈宣布辞职。他的辞职固然与外界的抨击有关，但与上海总商会内部的派系斗争有直接关系。

商会作为西方的舶来品，与传统中国社会中的行会区别非常大。它注重商人阶级整体的利益，并且把利益诉求直接带进社会、法律，甚至政治之中。商会也是中西方交往和冲突的产物，作为政府督导下成立的商业组织，它在近代中国的经济和政治方面都产生了影响。[①]

自由结社时代的来临：职业团体的博兴

民国时期的自由职业者和职业团体的产生，有特殊的历史背景。

传统中国社会以“士农工商”四民来划分普通人的阶层，四民的身份同时也是职业的粗略划分。我们前面提到过的“上九流、下九流”与此相同，既是阶层划分，也是职业划分，只是所涉及的职业更多了。

民国时期自由职业的产生与传统“四民”社会的解体是相对应的。当时的自由职业不同于今天的含义，指那些需要接受高等教育及特殊训练，进而获得特定从业资格的专门职业，也就是律师、会计师、医生、新闻记者、教授等等。

自由职业和自由职业团体的兴起，与近代社会大变局的总体格局有关。旧有的职业划分被打破，现代教育知识和教育体系的建立，都为自由职业的产生奠定了基础。

此外，社会对新的职业专业度的需求也发生了变化。前面讲到票号的时候，提到民国时期西方银行最后“瓦解”了票号，随

---

① 本节参考文献：马敏，付海晏．中国近代商会通史［M］．北京：社会科学文献出版社，2015；朱英．近代中国商会、行会及商团新论［M］．北京：中国人民大学出版社，2008；李培德．近代中国的商会网络及社会功能［M］．香港：香港大学出版社，2009.

着社会的变化，账房先生逐渐退出历史舞台，会计师这一职业因整个行业的新需求而产生。同理，状师与律师、郎中与医生之间的转换也如此。

民国初期，作为新兴的社会力量，自由职业者出于共力发展的意图组织职业团体。值得注意的是，自由职业者与传统职业者有时还存在矛盾，例如医生和中医。于是，对于自由职业者来说，成立职业团体、扩大行业影响、提高行业竞争力便十分紧迫了。

下面分别从律师和医生两种自由职业团体来看它们的特点和作用。我们先来看律师公会。

民国时期，随着新的法律制度的建立，律师制度也产生了。1912 年 10 月，北京律师公会诞生，这是第一个经司法部认可的律师组织。北京律师公会中，既有当时民国时期立法、司法、行政部门的核心人物，例如曹汝霖、唐宝锷等，还有许多海外名校的留学生，他们成为北京律师公会的核心力量，其人员构成反映了律师职业从业者的法律专业素质非常高。

不过，民国早期律师公会成员全部由男性组成，《律师暂行章程》明确规定了“中华民国人民满二十岁以上之男子”才具有成为律师的资格。随着女性受教育程度的提高，直到 1927 年该章程取消了关于性别的限制，女律师才出现在历史的舞台。

律师公会不仅保证了从业人员的专业素质，而且明确了其宗旨是为司法制度的独立而努力。

以 1913 年宋教仁被刺案为例。作为意图制约袁世凯权力的国民党领导人，宋教仁被暗杀于上海火车站。宋教仁死后两个星期之内，犯罪嫌疑人应桂馨和武士英被上海公共租界警察署逮捕。

该案引起强烈的社会公愤，加上中国政界不同派系之间的利益关系，虽然两名犯罪嫌疑人在关押期间聘请了律师，但当时的一些政界人物主张证据确凿，嫌疑人不需要律师。不久，武士英在关押地秘密死亡。

作为唯一活着的犯罪嫌疑人，应桂馨每天都在报纸上被唾骂。不过，上海律师公会会员律师杨景斌却顶着巨大的舆论压力，坚持为犯罪嫌疑人辩护。杨律师抗议未经合法程序就关押应桂馨的做法，而且要求当局保证应桂馨的人身安全，只有经过了独立的司法审判，对犯罪嫌疑人而言才是合法的。

不过，事情出现了转折。1913 年 7 月二次革命爆发，上海发生战乱，应桂馨趁机逃脱，对他的司法审判未能进行。作为其代理律师的杨景斌受到了指控，称他为应桂馨的代理行为侮辱了法官，应吊销律师执照。

在此关键时期，上海律师公会站出来为其成员律师提供支持。公会决定，如果司法部门要审判杨景斌，公会便派律师为其辩护。最后，对杨景斌的指控无法证实，司法部恢复了杨景斌的律师执照。

在这个复杂的案件中，上海律师公会不仅保障了司法制度的独立，拒绝个人对犯罪嫌疑人的制裁，而且坚决维护会员律师的立场，为其提供了道义上的支持。由此可见，职业团体的力量非同一般。

我们再来看医生职业团体。民国时期的医生职业团体更能反映出职业团体在当时的“中国特性”。

中医在中国的历史非常久远，西医出现时，两者之间的竞争非常激烈。西方医学把中医当作迷信和伪科学，在追求民主科学的民国时期，对中医带着“天然”的敌意。

成立于1925年的上海医师会是上海西医精英的组织，他们反对中医，甚至提出要废除中医，该西医职业团体的意见也影响了当时卫生部关于医师行业的规定，他们的观点被采纳。1929年2月，中央卫生委员会通过决议：1930年底停止中医的注册，并且禁止中医学校和中医出版物。

上海医师会和国民政府卫生部的倡议和决议引发了全国中医团体和中药行业团体的抗议，以上海市商民协会药业分会为首的中医药职业团体公开反对上海医师会和中央卫生委员会的决定。

不仅如此，他们还联络了多个公共社团，让其站在中医药这边。这些公共社团中比较有名望的全国商会联合会便致电国民政府相关部门，公开声称要求保护中医药。

在与西医团体针锋相对的抗争中，支持中医药的全国医药团体还联合各大商业团体召开会议。他们确定了国医节，发表演说支持中医药，并且决定给中医和中药店捐款来抵制西医的打击。

此后，他们派代表游说政府，拜会支持或同情中医药境遇的党政要人，中央卫生委员会的决议才没有生效。

虽然看上去中医职业团体获得了胜利，但其后中西医之间的抗争和拉锯并未停止。中医虽然取得了合法地位，但受到西医的攻击之后，整个行业也受到质疑。

中西医职业团体在民国时期的针锋相对一方面体现了传统与

现代的摩擦，另一方面也体现出职业之间的竞争超出了商业范畴，与当时的国家政治、国家精神面貌紧密联系在一起，显示了当时中国社会的特殊性。

作为晚近历史产物的职业团体与民国时期整体的变化有复杂的关系，无论是教育制度、知识体系，还是社会风潮、政治舆论，都影响了职业团体的产生和发展。①

进入政治舞台

劳工的政治觉醒：从行会、工会到工党

工匠或手工业者在中国历史上存在的时间非常久远，但下文讲到的清末及民国时期的工匠与工人与此有较大的差异，这种差异主要体现在两方面。其一，中国的手工业者大多以家庭为单位，直到近代资本主义进入中国，在沿海地区兴办工厂，才出现了大量产业化工人。

其二，工匠或手工业者在传统中国的地位相对低微，但近代以后，随着工人作为一个阶级登上历史舞台，并且发挥了巨大的

① 本节参考文献：徐小群. 民国时期的国家与社会——自由职业团体在上海的兴起（1912—1937）[M]. 北京：新星出版社，2007；邱志红. 民国时期北京律师群体探析［J］. 北京社会科学，2008（4）：57–65；朱英. 近代中国自由职业者群体研究的几个问题——侧重于律师、医师、会计师的论述［J］. 华中师范大学学报，2007，46（4）：65–73.

群众力量，作为一个群体，其影响力超过以前任何一个时代。

我们就从这种转变来观察工人或工匠组织的变化。

在晚清民国时期，工匠或者手工业者大多是因为地缘或行业聚集成为一个组织的。例如我们前面提到过的会馆、行会，以及带有地缘性质的帮会，都属于传统的工匠组织。晚清时期，作为通商口岸的上海有许多同乡行会，其中广东木业行会是非常大的组织。

这一行会最开始的发起人是在上海造船厂工作的木匠，他们经常往返于上海和广东之间，招来大量的学徒和手工匠人。由于人员众多，每人捐铜钱 3 枚筹建了木业行会，这里后来既成为广东人的聚居中心，也成为来上海找工作的广东人寻求机遇的地方。这个行会保证成员的就业机会，在成员生老病死时，提供一定的救助。

行业公所还起着凝聚工人的作用。例如上海的各大行业公所每年都会举行宴会，邀请所属工匠参加宴席，印刷公所的宴会在每年中秋节前后举行，商务印书馆、中华书局的技师、排字工人都被邀请来参加，先听和尚念经，再吃一餐丰盛的素宴，饭后看戏，还可以打麻将娱乐。这样一年一度的聚会是每个行业公所特别看重的。

这种宴会虽然看上去很温馨，但其实在沿海大城市，资本家和产业工人的矛盾是非常激烈的，工人不仅经济地位低下，在政治上也没有任何权利和地位。在工厂内，监工头拿着木棒或鞭子来回巡视，任意殴打工人。

在日本人经营的纱厂，工人因工资太低要求略加工资而被扇耳光，就连生病请假都会遭到痛打，甚至还有女童工遭到毒打的事件，工人的恶劣遭遇不胜枚举。

工人如何提高自己的待遇？如何获得更多的权利？罢工显然是比较常见的方式，但早期的工人罢工运动大多是自发的，而且多是经济斗争，目的是反对克扣工资、要求减少工时、反对开除工人等等。罢工没有体现出更多的组织性、团结性，工人面对的现实问题是传统工人组织无法解决的。

工人组织由地缘性、同业性转向政治性有两个重要节点。

这两个节点分别是辛亥革命和五卅运动。辛亥革命后，各政治党派开始介入工人运动。其中，陈其美成立的共进会的成员便是工人与工头。随后出现的中华民国工党，其成员包括各行各业的工匠。

此时期的工党举行了一些大规模的罢工，要求增加工资、减少工时。这些罢工有些取得了胜利，也有一些在警察和政府的干预下虎头蛇尾地结束。随着政局趋向不稳，工党也遭到查禁，上海工人争取政治自由的运动也昙花一现。

一直到五四运动，工人阶级作为一个强有力的群体，才再一次被全社会正视，各方政治力量试图重新介入工人运动之中。

1920 年，国民党政客和工厂工头为了自身利益开始建立工会，例如中华全国工界协进会就得到了国民党政要胡汉民、戴季陶等的支持。该工会发行报纸，创办工人学校，以期提高工人的福利，可惜一些很好的设想没能够实现。

1921年，中国共产党成立，在颁布的第一纲领中，便明确指出“党的基本任务是成立产业工会”。此后，积极深入工人群众，开办工人报纸，创办工人补习学校，进而吸引工人加入工会成为共产党的主要工作。

前种性质的工会以缓和劳资矛盾为主，属于保守派；后种性质的工会以解决阶级矛盾为主，罢工方式也比较激烈，属于激进派。两者方式不同，既有合作也有冲突，一直到1924年国共第一次合作期间，中国的工会发展达到高潮。

1925年发生了中国有史以来最大的工人大罢工——五卅运动。

1925年5月15日，上海日商纱厂内外棉七厂的男工顾正红与厂方对峙时被枪杀，该事件极大地引起了人们对牺牲工人的同情，群众反日的情绪十分高涨。全市举行顾正红的公祭大会，有工人、学生和各界代表万余人参加，公祭之后学校和团体分头演讲，人们群情激愤。

日本商人联合政府在租界出动巡捕搜查，禁止中国报纸报道新闻，并且要求中国政府禁止工人运动，集会人群与日本政商之间的对峙和冲突愈演愈烈。

5月30日，上海的学生、工人进入租界的中心地带南京路进行演讲示威。他们发传单揭露顾正红牺牲的真相，揭露巡捕房的恶行，前来听演讲的人越来越多。巡捕前来镇压，随后开枪打死群众13人，受伤者众多，被捕者150余人，这就是五卅惨案。

事件发生后的下午，成群结队的学生、工人涌向上海总商会，敦促总商会发布罢市命令。随后，上海工人在上海总工会的带领下，进行反帝大罢工。到 6 月 13 日，总罢工的地点约有 107 处，共 13 万人参加。作为对罢工的支持，学生罢课、商人罢市也随之而来。

十里洋场的上海，由于工人们的反抗，货物无法入港、市内交通停顿，日常生活完全被打乱，也给上海的商人们以重击。工会作为工人的领导组织展现了不同于以往组织的现代性，工人阶级作为一个整体显示出空前的力量，就像罢工中喊出的响亮口号："工人阶级大联盟万岁！"

总的来讲，晚清至民国时期，工人组织从传统的行会、会馆转变为现代的工会、工党，其性质也从传统的地缘性、行业性转变为政治性。在历史的舞台上，工人在工会的领导下发挥出前所未有的力量，这种力量为近代以来中国的对外抗争，以及中华人民共和国的建立起到了强大的支持作用。[①]

教育救国：中国文人的新使命

清末新政废除科举制度以后，新的教育体系和制度开始出现。到了民国时期，"改良社会，先改良教育"的观念深入人心，改革家晏阳初甚至以为"中国亡不亡则在教育"。

---

① 本节参考文献：沈以行，主编 . 中国工人运动史（上）[M] . 沈阳：辽宁人民出版社，1991；裴宜理 . 上海罢工——中国工人政治研究 [M] . 南京：江苏人民出版社，2001；马超俊 . 中国劳工运动史（上）[M] . 北京：商务印书馆，1942.

尤其是五四运动之后，关于教育变革的呼声越来越高。正是在这样的历史背景之下，从 1901 年到 1949 年，全国成立了许多教育社团。这些教育团体的成立都是为了中国教育的改革和现代化。

清末民初的教育变革，和教育团体有关的几个历史人物扮演了重要角色。

民国时期的教育总长蔡元培便是许多教育团体的发起人，他在 1902 年创办的中国教育会是中国历史上最早的新式教育社团。该团体成立的目的是“开发知识而增进国家观念，以作为恢复国权之基础”。

还有前面我们讲清末商业变革时提到的状元张謇，他作为一个实业家提倡职业教育，曾去日本学习纺织技术，回到中国开办职业学校。

后面我们还会讲到农村改革实验家晏阳初提倡的平民教育以及他所创办的教育机构。在风云激荡的民国时期，推动教育进步是很多知识分子看重的事业。通过对比不同创始人的倡导，我们也可以看出不同的教育团体与创始人的教育理念密切相关。

民国时期，最普遍的教育提倡有女子教育、留学教育和平民教育。我们来看看与此相关的教育团体，首先是女子教育。

妇女解放无疑是民国时期社会变革的重要主题，其关键就在于女子教育。较早的女子教育团体有 1906 年成立的中国留日女学生会，该会组织起在日本留学的女同学七十余人。

该会在成立通告书中提到，中国女界不能独立于社会，一在于无教育，二在于无团体，这是她们成立留日女学生会的目的——“聚谋拯救祖国女同胞之策”，这足以看出女子教育团体成立的必要性。此后该会创办杂志，提倡女性独立意识、改良婚姻、享受教育权利等进步思想。

民国初年，女子教育会、女学维持会相继设立，大都主张扩张女学、提高女性受教育机会、男女平等，加上当时政府对女学非常重视，所以大力提倡女学团体，不光设置了初等小学男女同校，还出现了女子学校。

如女子法政学校为的是提高女性在争执中的参与权利，女子工业大学为的是女性的职业教育，女子师范学校也为女性教育提供很好的典范。这些女子教育会、协进会的设立，为女子教育的兴起以及女性地位的提高起到很大作用。

清末民初，留学教育成为一种趋势，学习西方以图中国之强也是当时社会的主流。不过，只有少数人有机会获得官方留学资格。为了鼓励和帮助青年赴欧美留学，当时的有识之士成立了留法勤工俭学会、留美勤工俭学会等民间留学团体。

这些团体先在国内开设预备学校，招收学生学习语言及相关课程，待考试合格之后，将他们送往欧美勤工俭学。这些学生出国之后以半工半读的方式完成学业，往往夜间上课、白天工作。

这种勤工俭学的方式一来提供了工作机会，青年可以通过工作获得经济独立，二来也提供了求学的机会，只不过相较官费留学辛苦许多。

可以说，留学团体改变了许多人的命运，也深刻地影响了中国政治的变局。

留学打开了眼界，促进了晏阳初的平民教育。

有一天，晏阳初收到一封信，这封信是一位在法国的劳工寄来的，信中说他在法国才学会识字，经常买晏阳初办的报纸，因为他的报纸便宜，能买得起。这位劳工怕晏阳初赔钱太多不能继续办报，将在法国工作三年节省下来的 365 法郎随信寄上。

这一举动震撼了晏阳初，底层无法受教育的人太多，而他们却对知识如饥似渴，要想改善他们的教育状况，就要大力提倡平民教育。

后来作为农村改革实验家，晏阳初在河北、湖南等地开展试验时，成立了平民教育促进会。到 1923 年，有 21 个省成立了平民教育促进会，中华平民教育促进总会也成立了。

他提倡平民教育要开启民智，让民众知道文字应是大众都要学习的，通过学习文字扫除文盲，让他们获得更多的工作机会，还要通过学习教育大众的品德。

1922 年 8 月，平民教育试验在湖南长沙展开时，仅用两个下午，便招收了 1400 多名学生。到 1925 年秋天，在湖南省注册的学生已超过 15 万，可见民国时期平民教育的发展很快，成果也很大。

无论是提倡女子教育、留学教育还是平民教育，清末民初的教育团体可谓百花齐放。它们通过不同的教育理念和实践方式，让更多人获得受教育的机会，增长了人们的知识，改变了个体的命运，在某种程度上也使当时的社会焕然一新，聚集了此后社会变革的新力量。[①]

暗杀、牺牲和流亡：从维新到革命的政治派别发展

晚清的戊戌时期，在改良变法思潮的冲击下，为探求社会变革的道路，知识分子开始形成群体意识，进而在组织上联合起来，形成各种政治团体，以实现自己的政治抱负。

从晚清到民国，知识分子对中国政治变革的主张也经历了从相对温和到趋向暴力，从维新派主张清政府变法图强到辛亥革命前兴中会强调“驱除鞑虏”的反清革命，再到新文化运动中风行的激进的“无政府主义”的转变。

不同时期的政治派别展现了知识分子对国家命运前途的不同看法。我们以维新派的强学会、革命派的兴中会，以及新文化运动时期的无政府主义为典型代表，来看看此时的政治团体。

1895 年，主张维新变法的康有为最早创立了强学会。为了传播维新思想，他同时创办了强学会的机关刊物《万国公报》。《万国公报》主要传播西方思想，每天托京师的送报人跟官方邸

① 本节参考文献：傅高义．邓小平时代［M］．香港：香港中文大学出版社，2012；李华兴，主编．民国教育史［M］．上海：上海教育出版社，1997；谈社英，编著．中国妇女运动通史［M］．上海：妇女共鸣社，1936；舒新城．中国近代教育史资料（下）［M］．北京：人民出版社，1961；宋恩荣，编．晏阳初文集［M］．北京：教育科学出版社，1989.

报一起分送至在京官员宅第。办报一个月，即发送报纸两三千份，其内容在京师的学人和官员中引起极大关注。

可以说，强学会初期办得很成功，会员包括许多当时的官员，例如总督张之洞、刘坤一，户部尚书翁同龢、皇帝的老师孙家鼐，甚至李鸿章也在其中。它也获得了西方的认可，当时的英国公使以及传教士李提摩太都非常支持该学会。

这些人都大力帮扶维新派。翁同龢作为户部尚书专管钱粮，允许从户部拨出银两对其予以资助，还为强学会买来印刷机器。孙家鼐将自家花园借出作为强学会办会之所。

会员每十天定期集会一次，会议内容是有关时政的公开讲演。上面提到的传教士李提摩太多次在强学会中发表关于改革中国的演说，对支持维新的知识分子影响颇大，梁启超称他为“维新运动的一位良导师”。

维新派鼓吹君主立宪制，对当时的政府积弊提出改革倡议，在当时的学者、官僚中引起了极大的震动。不可避免地，强学会遭到了保守派的抵制，在成立仅仅五个月后就遭到政府取缔。不过，维新思想在知识分子群体中唤起民族危机感离不开强学会的推动。

晚清时期知识分子在思索求存之路时，无一不思考“向西方学习多少以抗拒西方”这个问题。维新变法的失败使继起的革命者坚信要用革命的手段彻底推翻清廷的统治，建立革命的新政权。

兴中会是最早的以革命为宗旨的团体。早年在国外的生活经历以及接受的西式教育，让孙中山立志搞共和革命。1894 年，孙中山在檀香山建立了兴中会。两个月后，他和几位旧友在香港成立了分会。

兴中会是相对松散的联系，没有完备的训练和组织。孙中山积极与秘密会社联系，希望联合秘密会社举行反政府行动。惠州起事的领导人之一陈少白就曾加入三和会以联络广州会党，又加入哥老会以联络长江会党，而哥老会首领杨洪钧等此时都与兴中会建立了联系。

兴中会还有一位成员叫史坚如，也曾多次加入不同的秘密会党，联系各方势力，而且策划了暗杀广东巡抚德寿一事，该事件也成为兴中会历史上第一次暗杀。

此外，孙中山积极寻求士绅、境外政治势力、华侨，甚至朝廷大员的支持，常年奔走在欧美、日本、香港地区，努力扩大革命联盟。

兴中会一面传播革命的救国思想，一面武装练习，准备在广州和惠州起事。虽然两次武装起事都以失败告终，革命者或被朝廷捕杀，或逃亡香港、澳门、东京等地暂避风头，在当时看无疑是失败的，但其提出的“驱除鞑虏，恢复中华”，通过革命建立共和政体的政治思想随着越来越多的革命团体的成立，获得更广泛的支持。

到了20世纪初，无政府主义风行一时。

19世纪的西方，无政府主义的倡导者鼓吹技术进步可以使社会获得解放，从而打造一个类似于“乌托邦”的理想主义社会。20世纪初年，在法国、日本留学的中国学生广泛接受了这种思想，并且成立了巴黎小组和东京小组以传播无政府主义。

辛亥革命后，无政府主义思想在中国自由传播。他们吸取了欧洲激进分子的经验，把鼓动性的活动看作社会革命教育，提倡群众大会、暗杀、罢工等激烈的反抗活动。

作家巴金在青年时期通过《新青年》等新潮杂志接触到无政府主义，此后也翻译过与无政府主义相关的重要著作，还到过无政府主义发源地法国，并且将其重要的人生经历写进小说当中。

他曾说，当他读《告少年》这本介绍无政府主义的书时，书中的内容震撼了他的灵魂，“我得到了爱人类爱世界的理想，得到了一个小孩子的幻梦，相信万人享乐的社会就会和明天的太阳同升起来，一切的罪恶都会马上消失”。

这一时期对社会影响较大的无政府主义团体有刘师复的心社。刘师复创建心社的经历也非常传奇，他因为参与无政府主义者的暗杀而被捕，在狱中服刑时更加坚定自己是无政府主义的信徒，立志为无政府主义献身。出狱后，他与旧识在杭州白云寺集会，成立了心社。

心社的主要活动以妇女教育、废除家庭并建立代替家庭的公共机构为宗旨。他们希望结束等级区分，瓦解等级制度，创造人人平等的社会。

相对来说，无政府主义能在思想解放的新文化运动时期获得如此大的关注，一方面是因为它强调了一个非常理想化的社会，另一方面是因为它以极端手段对抗现有制度，对青年革命者非常有吸引力。

三种不同政治派别的团体是不同历史时期的产物，虽然从团体成立初期及其从事的活动来看，都没能真正改变中国的政治制度，但它们就像革命的火种，为最终改变的到来提供了动力。①

① 本节参考文献：张玉法．清季的立宪团体［M］．“中央研究院”近代史研究所，1971；张玉法．清季的革命团体［M］．北京：北京大学出版社，2011；陈琼芝．还巴金以历史的公正——论巴金与无政府主义［J］．鲁迅研究月刊，1998（5）：47–56；费正清．剑桥中华民国史：上卷［M］．北京：中国社会科学出版社，1994；费正清．剑桥中国晚清史：下卷［M］．北京：中国社会科学出版社，2006.

本章小结

本章讨论了中国的各种社会组织。所谓社会组织，就是在国家政权之外的自发的社团。它们不一定像秘密会社那样与国家权力进行对抗，而是经常与国家在社会和经济问题上进行合作。从传统到现代，我们可以看到社会经济、职业、慈善乃至政治组织的产生、发展和演变。而在新浪潮的冲击之下，有的则演变为推翻现存体制的政治团体。

第一，同乡情谊是地域组织出现的基础。

中国最普遍的同乡组织就是会馆，最早出现在明代。最开始，会馆仅供官绅居住，后来演变成专门为官绅服务、既供官绅居住也给进京赶考的同乡居住，以及专门给士子居住三种类型。很快，这类会馆出现在全国各地，就连比较偏远的地方也有。商业性会馆也开始出现，甚至在海外也出现了，这些会馆其有一定的司法权。会馆的制度和管理方式日益完备，其经费来源、支出、内部行政管理制度都有了成文的系统性规定。商业性会馆为地域性商帮的发展创造了条件。

账局在雍正末年、乾隆初年时出现，主要由山西商人经营，主要从事信贷，但不搞汇兑业务。账局的产生和中俄贸易有很大关系，主要设在北京、天津、张家口、太原等北方商业城市。票号是从兼营汇兑业务的商铺发展而来的，专营汇兑，也由山西商人经营。鸦片战争后，票号发展迅速、资本雄厚，后来甚至经营存款、贷款等信贷业务。太平天国战争使票号的发展受到了重大打击，在业务复苏之后，票号发生了一个重大转变，即帮助清政府汇款和贷款。

不同于票号的借贷，钱庄发明了钱票，钱票作为信用货币在一定范围内流通。钱票的流行缘于商人之间的交易，为避免现金押运的麻烦，他们愿意用钱票来支付。发行钱票的钱庄都有一定的信誉度，所以钱票才能作为信用货币流通。钱票的签发都是以钱庄账面上的银子数额为依据的，这样人们在兑换现银时，钱庄才能有钱可出。随着外国银行的进入，它们掌握了大量的流动资金，而钱庄相对来说经营比较分散，无法与外国银行进行竞争，钱庄对银行的依赖度便越来越大。

第二，社区组织弥补了官方管理的不足。

慈善组织在中国有很长的历史，至少在南北朝时期就有孤独园、六疾馆、别坊，但这些机构仅仅设置在都城。在唐代，东都洛阳出现了悲田养病坊。在宋朝，则有养济院、慈幼局、安济坊等等。这些机构都是政府经营的。养济院一直到明朝依旧存在，不过这时运作出了很大问题。政府兴办的慈善事业因为官僚机构的惰性而有着局限性，民间慈善机构，如普济堂、育婴堂的运作比官方的慈善机构有效得多。

传统社区组织，很多是以对神祭拜的形式出现的。社区成员共同参与神的生日庆祝，反映了社区的认同，因此拜神被称为社区的集体活动。以相邻街道为单位的庆典活动存在于中国的许多地方，不过它们的组织方式各有不同。像清明会、清醮会、土地会这些传统的社区组织，负责组织这些节庆活动，同时也负责公共服务。除了宗教祭祀，传统社区组织中还有专门负责地方治安的，就是负责地方自卫的队伍——“团练”，当发生动乱的时候，它们往往能够担负地方自保的责任。

里甲是明代中国基层社会的基本组织单位，朝廷用里甲编写的土地人口黄册来定收税的指标。每年里长、甲首要负责去每家每户收税，然后再把税交上去。此外，里甲还有限制人口流动、教化和处理纠纷的功能。保甲不再像里甲一样限制人口流动，但有着“守望相助”的职能。随着里甲制度的崩溃，保甲也承担了催征钱粮、教化和处理纠纷的职能。但是随着明代社会经济的发展，土地交易越来越频繁，人口迁移也越来越普遍。很多人不在自己的里甲所在地住，也有很多人在自己里甲所在地之外有地产，土地和人口统计越来越困难。“黄册”里面的记载跟真实的土地、人口状况差异越来越大。里甲制度逐渐失灵了，保甲制度取代了里甲制度。在清朝乾隆年间，里甲制度彻底丧失功能。

第三，近代社会组织发生了巨大转折。

这个转折表现在农会、商会以及其他现代职业组织的出现上。1907 年，清廷下令在直隶成立直隶省农务总会。接着，各省分别成立了自己的农务总会。清末时成立的农会，主要功能是教育推广农业技术，促进农业改良。这时候的农会成员比较复杂。基层农会的成员可能有普通农民，但数量极少，农会的成员以地主、商人、士绅等为主。民国初年，农会有了进一步的发展。到了 20 世纪 20 年代，共产党创办了新型的农会。国民革命时期，国民党和共产党合作，这类型的农会在全国各地普遍建立。

中国最早的华人商会，是清末成立的上海商业会议公所。清政府开始推行“新政”之后，在朝廷成立了商部，颁布了《商会简明章程》。1904 年，上海商业会议公所根据这一章程改名为“上海商务总会”。在清政府的提倡和鼓励之下，全国各地也成立了许多商会。近代商会与传统商业组织最大的区别就是打破了只能组织某一籍贯或者某一行业的局限。民国初期，改组后的上海总商会参与了“全国临时工商会议”，借此机会提高了民国政府与经济有关的法律的立法效率。

自由职业和自由职业团体的兴起与近代社会大变局的总体格局有关，旧有的职业划分被打破，现代教育知识和教育体系的建立，都为自由职业的产生奠定了基础。自由职业在民国时期是指那些需要接受高等教育及特殊训练，进而获得特定从业资格的专门职业，也就是那时的律师、会计师、医生、新闻记者、教授等等。作为新兴的社会力量，他们组织起来，扩大了行业影响，提高了行业竞争力和规范化。

第四，20 世纪是政治组织成为主流的时代。

撇开国民党和共产党这些主要政党不论，许多劳工、教育等社团在 20 世纪都逐渐政治化，这是因为中国正处在转折的关键时期。从传统的行会、会馆到现代式的工会、工党，工人组织的性质也从传统的地缘性、行业性转变为政治性。工人如何提高自己的待遇，获得更多的权利？罢工显然是比较常见的方式。工人体现出更多的组织性和团结性。在历史的舞台上，工人作为一个整体在工会的领导下发挥出前所未有的力量，这种力量为近代以来中国对外的抗争以及社会进步起到了强大的支持作用。

废除科举制度以后，新的教育体系和制度开始出现，“改良社会，先改良教育”的观念深入人心。尤其是五四运动之后，社会变革中关于教育方面的呼声越来越高。正是在这样的历史背景之下，全国成立了许多教育社团，推动了中国教育的改革和现代化。妇女解放无疑是教育变革的重要议题，其关键就在于女子教育。留学教育也成为一种趋势，学习西方以图中国之强也是当时社会的主流。由于只有少数人有机会获得官方留学资格，为了鼓励和帮助青年赴欧美留学、工作，民国初年有识之士成立了留法勤工俭学会、留美勤工俭学会等民间留学团体，改变了许多人的命运，也深刻地影响了中国的政局。

知识分子对中国政治变革的主张也经历了从相对温

和到趋向暴力的转变，从维新派主张清政府变法图强到辛亥革命前的兴中会强调“驱除鞑虏”的反清暴力革命，再到新文化运动风行的激进的“无政府主义”，不同时期的政治派别展现了知识分子对国家前途命运的不同看法。从维新派鼓吹君主立宪制到革命党要推翻专制王权，以及思想和政治革命，都预示着那时的中国进入了一个风云变幻、跌宕起伏的剧烈变革时代。整个中国和所有中国人，无论是主动的还是被动的，都被卷入了时代的大潮之中。

结论
怎样认识中国社会？

在结论部分，我将对中国社会进行一个比较宏观的总结。我们将从中国社会的演变、中国社会的结构和中国社会的动力三个大的主题来概括传统中国社会的特征。

结论中所谈到的一些问题，反映了我对中国历史的一些宏观层面的看法，可能超越了中国社会史的范畴，希望这些看法能够引发读者对中国历史和中国社会史的深入思考，对这本书的学习也有所帮助。

中国社会的演变：王朝更迭不是没有进步

仔细观察中国社会的历史，我们可以看到，从时间线上来看，中国有一个非常明显的特点，那就是许多历史学家曾经认为的，中国的历史是停滞不前、周期性循环的。

朝代循环论不仅是西方学者研究中国历史时得出的结论，其实中国古代也有相同的说法，例如孟子的一治一乱五百年必有王者兴等等，这些说法都在强调朝代循环论。

所谓的“朝代循环论”，狭义上是指朝代兴亡相继，广义上则是指与朝代兴亡有关的其他类似的循环现象。

朝代循环论是我们探究传统中国社会的一个重要切入点，对这个问题的追索可以回答中国社会的演变——中国的历史是循环往复的吗？

明确的回答：显然不是。朝代循环论逐渐被进化史观所取代。越来越多的西方学者认为，中国的历史是不断发展的，而非黑格尔所称的“无历史的文明”。

他这里所谓“无历史的文明”，就是说没有进步，只是在王朝更迭中循环。虽然是王朝更迭，但是中国的政治、经济和文化，都是在不断发展的，只是与西方走的是不同的道路。

第一，中国的文化是不断发展的。

汉代，佛教东来是一个重要的变化。从佛教进入中国，到魏晋南北朝时期知识分子吸收印度佛教，加之庄子、老子的思想，形成魏晋玄学之风，对当时以及后代的文人学者产生了巨大影响。

此后，唐朝统治者对佛教的支持，使佛教愈加兴盛。融合儒家思想、道家思想的佛教，既有悲天悯人的宗教精神，又兼具中国传统人文的理智清明，造就了中国文化前所未有的新典型。

唐宋时期，对于中国文化和文学来说，平民文学和艺术诞生了。在唐朝之前，文学和艺术都是贵族化的，文学和艺术的创作者也大多来自贵族阶层。唐以后，平民出身的文学家、艺术家越来越多。

他们创作了很多反映平民生活的艺术作品，很多平民家里也会挂几幅字画，人们在日常生活中接触到的艺术和文学都已经平民化。

尤其是宋代以后，养鱼、喝茶、赏花不再是贵族专属的休闲活动，也成为普通人的生活日常。

除此之外，唐宋也是重要的对外文化交往时期。通过中亚的丝绸之路，中国的纸张、印刷术、瓷器传入欧洲，欧洲的基督教、犹太教，西域服饰、农作物也传入中国，还形成了流行的“胡风”。

与西方的文化交流到明朝初期又形成一个新的局面，以利玛窦为代表的西方传教士带着宗教、几何、西方艺术、西方武器等进入了中国。

第二，中国经济从来没有停止过演变。

在经济发展历史上，宋代是一个不可忽略的时代。纸钞在宋代开始使用，经济活动非常频繁，有研究者称有宋一代是中国经济的大发展时期，甚至可以称之为中国的“商业革命”。

这里的商业革命首先是指技术的进步。一年两熟占城稻的引入，使得粮食产量大大提高，丝织品、陶制品的技术进步使得宋代瓷器的品质臻于完美，印刷术的普遍应用使书籍的传播空前地广泛，这些技术进步带给宋以后中国社会的影响是巨大的。

宋朝以后的米、茶、纸、瓷器，明朝以后的棉花、番薯、玉米等作物，生产和消费总量一直在增加，人均消费也是增加的。

贸易的发展使当时的中国城市不再以行政为主导，而是以贸易活动为主要动力。海上贸易的规模日益扩大，关税也成为宋代政府收入的重要来源，广州、泉州成为当时中国最大的贸易城市。

明朝是中国经济发展的另一重要阶段。国内商业的发展促使地区的行会、会馆大量出现。这种官商结合性质的组织为商人之间互相交往和互相帮助提供了便利。

国内的长途贸易兴起，官方修建的运河水系和长江水系成为主要的贸易路线，这也促使经济市场不断扩大，不同规模的贸易城市逐渐产生。

16 世纪，从南美洲引进农业作物也是对中国经济和社会产生最大影响的事件之一。正是玉米、番薯等农作物的引入，才部分地解决了人口快速增长引起的温饱问题。这些作物不仅解决了当时的社会问题，直到今天还对中国社会产生着影响。

此外，对中国社会影响最深的经济变化来自清中叶以后。西方全方位进入中国，其带来的商业制度、工厂制度、银行制度、税收制度等给中国经济社会带来翻天覆地的变化。

最直接的刺激是促进了近代中国工商阶层的诞生。沟通中国市场和外国商人的买办是晚清新兴的商人类型。传统的士绅也进入工商界，公开地经营近代企业，产生了商、绅结合的社会现象。工人阶级也在新式工商业中诞生，他们在力量积累和意识觉醒的过程中，登上历史舞台，并且成为下一个时代的变革者。

第三，朝代循环论无法全面概括历史。

中国历史上有很多朝代，这些朝代有长有短，统治者有汉族有少数民族，有的统治中国的全境，有的只统治一小部分。

“朝代循环论”所说的朝代，指的是那些主要朝代，而像战国时期、五代十国这些特殊历史时期的小朝代则被忽略掉了。

最典型的是魏、蜀、吴三个国家并存的三国时期。西晋时期，魏被当作正统，因为它从汉朝皇帝手中接过皇位，其后又将政权转移给晋朝，这种上下承续的关系符合“朝代循环”的特征。而到了东晋，前朝的观点受到质疑，重新以血统关系来衡量一个朝代是否是正统，偏安东南的东晋王朝与偏安西南的西蜀有着“同病之怜”，于是东晋将西蜀作为三国政权的正统。而到了宋代，朱熹重新评定历史，也将正统归于蜀，因为他觉得西蜀是汉王朝的继承者。

由此可见，单是对“王朝”的定义便如此复杂，人们的依据也各不相同。所以，我们不能只看到朝代循环这种看似规律的普遍性，更应该洞察其中的特殊性。

谈“朝代循环论”，其实就是将皇帝当作朝代兴亡的中心。

皇帝对一个王朝的兴亡固然有着重要影响，但是我们也不能忽视人口、土地、士绅、农民、赋税、经济、气候、灾难等综合因素。过分强调皇帝角色的重要性，很容易丧失对历史全局的考虑，因为即使是精力最旺盛的皇帝，也无法独自统治中国这样庞大的帝国。

只有综合多方面的因素，我们才有可能找到中国历史的特征。也只有这样，我们才能够指出在多大的意义上，一个朝代接续上一个朝代是一种循环，或是一种发展。

朝代的兴衰就像人的生死一样，都是在所难免的，重要的是从朝代的兴衰历程中学到有益的东西。

王朝更迭往往是民族的大灾难。

纵观中国历史，大一统集权体制带给中国的灾难多于稳定，几乎每个朝代都有波及全国的大动乱。当权力和资源过分集中的时候，一旦帝国的某一点被突破、某一个链条断裂，混乱和崩溃就是全国性的，死亡动辄数以百万或千万计。

根据维基百科世界战争列表，世界历史上 10 个死亡千万人以上的战争，中国就独占了 5 个，任何一个民族都没有中华民族所遭受的战争苦难那么多、那么惨烈。

本来地大物博应该给中华民族提供更多的幸福保障，但事实却恰恰相反。究其终极原因，正是我们经常引以为傲的集权和庞大的王朝。

庞大的王朝，无非满足了帝王的野心。他们开疆拓土，其成就建立在累累白骨之上，百姓是最大的代价。我们今天对他们歌功颂德，不过是站在帝王的立场上。我们如果换一个位置，站在一个遭受苦难的百姓的立场，会怎样思考？

有时候，哪怕是星星之火，也可能燎遍整个国家。从秦末带领一个村庄的劳役去戍守渔阳的陈涉，到元末修黄河水利的民工韩山童，再到近代拜上帝的书生洪秀全……

最新的记忆就是太平天国运动，造成几千万人死亡。而且每次一个大帝国走向崩溃，给中华民族和文化带来的几乎都是灭顶之灾。

对一个只想好好过日子的老百姓来说，如果他有选择，强大无比的集权体制可能是最坏的选项了。因此，学习和研究中国历史，我们一定要跳出帝王史观，把我们的注意力放到社会、放到民众、放到日常生活上来。[①]

中国社会的结构：集权的社会结构是不稳定的

金观涛先生在20世纪80年代出版了一本非常有影响的书——《在历史表象背后——对中国封建社会超稳定结构的探索》。他认为中国有着绵延两千多年、停滞的、周期性的超稳定结构。

但是我认为中国社会并没有停滞，而且是一个不稳定的结构。其实本书中也涉及对传统中国社会结构特征的分析，下面我们就中国社会结构中比较重要的方面进行简要的总结。

对社会结构影响最深刻的是中国的政治体制。

从秦汉到明清时期，郡县制行政区划让中央政府逐步集权专政。郡县制度的基本原则就是地方政府长官都是中央政府的代理

---

① 本节参考文献：杨联陞．中国制度史研究［M］．南京：江苏人民出版社，2007；杨联陞．国史微探［M］．北京：新星出版社，2005；魏斐德．中华帝国的衰落［M］．北京：民主与建设出版社，2017；费正清．中国：传统与变革［M］．南京：江苏人民出版社，2012；钱穆．国史新论［M］．北京：生活·读书·新知三联书店，2001；吉尔伯特·罗兹曼．中国的现代化［M］．上海：上海人民出版社，1989；梁庚尧．中国社会史［M］．北京：东方出版中心，2016；王笛．历史的微声［M］．北京：人民文学出版社，2022.

人，有利于君主作为最高统治者掌握独断的权力。不过，郡县制允许有志之士进取入仕，不是完全仰赖世袭，这也为社会中阶层的流动提供了机会。

在官员选拔制度上，隋唐以后，科举制度逐渐兴起，平民百姓出身的知识分子通过科举升迁至重要官员的例子比比皆是。宋明两代的宰相，不少是贫寒人家出身的。世袭贵族和门第的势力逐渐被平民知识分子所取代，社会阶层之间的鸿沟逐步消融。

唐以后的中国社会，我们也可以称之为科举社会。由代表学术理想的知识分子来主持政治，再由政府来领导社会，政府的行政力量不断新陈代谢，形成了领导社会的中心力量。

不过，传统中国的政治制度也有自身的弊端，那就是往往历经多年不变。一个制度出了毛病，再制定一个制度来仿制它。久而久之，病上加病，制度也越来越繁复，在其中的人受到更多的束缚。这也导致了传统中国社会的人治传统。中央集权太甚，导致地方力量薄弱。

传统中国社会以小农经济为主，重农抑商是历代政府的政策。农业被奉为“本业”，从理论上讲，农民的社会地位远高于工匠和商人。他们不仅是赋税的主要来源，也是社会安定的主要因素。

由于土地、租佃和赋税制度，大部分农民无法依靠土地养活家人，家庭手工业成为人们积极赚取额外收入的产业。对于农民来说，旱灾、洪灾、蝗灾等自然灾害的威胁是巨大的，经历灾难的农民很容易成为起义的参与者。

虽然在儒家重农主义者眼中，商人的社会地位是最低的，但这正与社会现实相矛盾。商人之所以地位低下，是因为统治者不想让农民偏离本业。从唐宋时期商业逐渐发展到明清时期资本主义萌芽，商业和商人在中国社会中产生的影响逐步加深。

明清时期，中国的集贸中心数量大大增加，无论是在大城市还是小城镇，甚至是乡村的市集，贸易和商品流通激增，进入商业领域的物流运输人员、劳动力、小商贩、牙商、店铺业主也逐渐增多，对外贸易让中国成为数以百万计白银的净流入地。

不过，商业贸易的不确定性非常大。政府没有为商人带来社会保证，商人也没有建立起拥有自治权的商业组织。虽然在清朝的各大商业城市中会馆林立，但它们的存在对商人来说更多是为了结交达官显贵，不是为了拥有组织自治的权力。这也是中国没有发展出资本主义的重要原因。

在传统中国社会的结构中，家族制度也是不可忽略的一部分。家族是单系亲属所组成的社群，在结构上包括了家庭，但在功能上超出了家庭的范畴。家族既包括生育的功能，也可以被看作一个事业单位，具有政治、经济、宗教、道德等复杂的功能。

在维护乡土社会秩序上，家族起到了重要的作用。家族强调礼治，推崇道德楷模的行为可以让乡村社会更趋于“管教”。在邻里之间的协调上，家族也经常起到中介的作用。

家族还承担了孤寡族人的教养职责，以及子弟的教育职责。提出“先天下之忧而忧，后天下之乐而乐”的范仲淹，便是这种制度的推行者之一。他将此制度推行于士族之中，同族孤儿寡母的教养之责均由义庄公田负责。

由士族承担本门孤寡的福利职责从北宋开始，历经元、明、清三朝而日盛，该制度成为民间公领域承担社会责任的代表。

在小农社会中，家庭手工业和商业对经济的影响越来越重要，家族作为地方社会的基本结构单位，在维护地方秩序和负责地方公益方面也起着举足轻重的作用。

四民社会，是以士人和士绅为主的中坚阶层。

战国时期已经明确提出了“士农工商”四阶层，在两千余年的历史中，四民社会逐渐演化，到明清时期，成为传统中国社会重要的组织架构。

士农工商，以士为首，士人进取入仕可以从政，进而影响政府和社会，退一步可以主持教育，鼓舞民间学术风气，可以说是社会结构的中坚力量。士人阶层的存在使传统中国社会的政治领导、教育成为一套完整的系统，孔孟儒家思想成为其共通的内在精神。

到了帝制晚期，中国社会发展出士绅群体，它是处于地方官员和农民之间的地方精英群体。“绅”是通过科举考试获得功名的体现，它展示了这个群体的官僚特质；而“士”则是指具有孔孟儒家精神内涵的知识分子。作为“士”的“士绅”基于财富、教育、权力和影响力，拥有属于自己的独立地位。

本书在讲士绅的时候指出，士绅在传统中国社会具有众多特权，包括经济特权、司法特权等等。另外，士绅也是地方公共事业的倡导者，努力协调本地农民与地方官府利益之间的平衡。士绅的性质非常复杂，反映了帝制晚期中国社会阶层的多样性。

在现代国家政权建立之前，中国是一个士绅社会。

由于科举制度的发展，每年各地有大量学子通过各级科举考试。但是清代实行的是小政府的政策，正式职位非常少，大部分有功名的士人并没有机会加入到官僚体制当中，甚至一辈子都没有机会获得任何实职。不过，他们却有另外一条出路，即积极参与到地方事务中，成为地方事务的领导者，也享有一定的特权。如他们可以免于劳役，陷入官司也不会被上刑。

清政府的正式权力机构实际上在县衙门一级就结束了，虽然近些年有学者对“皇权不到县”的说法提出了不同的看法，但其本质和我们对清代县级政权的认识并不矛盾，仍然是费孝通等前辈学者已经研究过的士绅社会，即由地方精英所主导的地方社会。

士绅（或者地方精英）是清朝统治的基石，是国家稳定的基础，是传统社会的领导者。一旦士绅自治和统治者与士绅所达成的妥协（即地方社会由士绅和精英自己管理）遭到了破坏，整个王朝便失去了社会的稳定性。清末新政对社会组织的摧毁，打破了过去社会所建立的稳定性，对清朝改革抱有希望的士绅对清王朝彻底失望。

法国年鉴学派代表人物布罗代尔指出，政治革命是由社会决定的，也就是说，短时段的政治波澜是由中时段的社会潜流所决定的。

这里我要强调的是，不要迷信所谓的“大一统”。

我们应该从多种角度观察历史，归纳起来，无非两种史观：一是帝王史观（或者英雄史观），二是民众史观（或者日常史观）。

不少历史学家其实秉持的是帝王史观，在他们的眼中，只有开疆拓土、大国声威、万方来朝、皇恩浩荡、宫廷谋略、严刑峻法……

在他们的历史书写中，这些帝王的基业带给那个时代普通老百姓的是什么几乎是可以忽略不计的，他们看不到也不关心那些血淋淋的历史：横尸遍野，妻离子散，家破人亡，生灵涂炭……

西方历史学家也给这种集权神话的流行做出了贡献。如卡尔·魏特夫（Karl Wittfogel）在其《东方专制主义》（*Oriental Despotism*）一书中，便证明要实现大规模水利工程的建设和管理，必须建立一个强大的中央集权，以统治那片广袤的大地，因此君主专制便是必然选择了。欧文·拉铁摩尔（Owen Lattimore）的《中国的亚洲内陆边疆》（*Inner Asian Frontiers of China*）认为北方和中亚的“蛮族”对中原的入侵，也是建立强大专制政权的推动力。

这些历史学家对历史事实却视而不见：在专制集权的统治下，中华民族一代又一代付出了惨痛的代价，在治水和戍边两方面都是失败的。反反复复的黄河水患，北方游牧民族的不断入侵，就是活生生的历史教训。

表面上看来，一个政权如果能够调动一切资源，就可以有效地解决国家面临的危机，但历史证明恰恰是相反的。

中国历史反复证明了大帝国并没有给人民带来幸福和稳定。人民生活相对安定和稳定的时期，如汉代的“文景之治”、唐代的“开元盛世”等本来应该是常态，但在几千年的中国历史上，却是少之又少。

如果一个社会只存在两个极端，一个是官（或政府），一个是民（或个人），中间缺乏社会的缓冲地带，失去中间社会的支撑，那这个社会就是最缺乏稳定的。

托克维尔指出，由于资源都在政府手中，那么政府将要对发生的一切不幸事情负责，人民对现状有任何不满意的地方，都会“指责政府”，即使是“那些最无法避免的灾祸也归咎于政府，连季节气候异常也责怪政府”。因此 ，社会中没有其他途径可以吸收和消化负面因素，一切错误和不幸都要由政府来承担。

权力高度集中，掌权者得到了满足，最后却发现正是高度的权力集中，把自己推向了绝境。所以，托克维尔说：“想到这种几乎无止境的划分，我便明白，既然法国公民比任何地方的公民更缺乏在危机中共同行动、相互支持的精神准备，所以，一场伟大的革命就能在一瞬间彻底推翻这样的社会。”

地方缺乏多样性，社会变得死板，没有自我修复和调节的能力。托克维尔总结道：“各省特有的生活已经消失，这就促使一切法国人彼此极为相似。透过依然存在的各种差异，国家的统一已经明显可见；立法的一致性是国家统一的表现。”

一个健康和繁荣的社会，一定是自由的、自治的、多元的，而且民间社会是充分发展的。

这本书所呈现的历史和故事，反反复复为这个观点提供了依据。其实，这不过是阐明了常识，我们对历史的理解通常是违反常识的。站在统治者的立场对大一统的迷信，就是其中最突出的例子。[①]

中国社会的动力：强社会才是唯一出路

在本书的最后，我想强调的是，在专制集权下，不能建立一个稳定的政权。塞缪尔·亨廷顿在其《变化社会中的政治秩序》（*Political Order in Changing Societies*）中也表达了类似的观点："完全仰仗某一个人的政治体制是最简单的政治体制。同时，这种体制也是最不稳定的。"

就是说，金字塔式的统治结构似乎能达到令行禁止，看起来很有效率，然而正如亨廷顿指出的："着眼于研究稳定问题的经典政治理论家们"的结论是，"形式简单的政府最易衰败，而'混合的'政府形式则稳定得多"。

用一句简单的话来表述，就是高度集权的政府反而是不稳定的，让社会和个人充分介入和发挥作用的体制才是最持久、最坚固的。我想，懂得中国社会的历史、强调社会的作用，也是国家长治久安、人民幸福安康的需要。

---

① 本节参考文献：杨联陞．国史微探［M］．北京：新星出版社，2005；魏斐德．中华帝国的衰落［M］．北京：民主与建设出版社，2017；费孝通．乡土中国［M］．上海：上海人民出版社，2006；钱穆．国史新论［M］．北京：生活·读书·新知三联书店，2001；钱穆．中国历代政治得失［M］．北京：生活·读书·新知三联书店，2014；金观涛．在历史的表象背后——对中国封建社会超稳定结构的探索［M］．成都：四川人民出版社，1984；王笛．历史的微声［M］．北京：人民文学出版社，2022.

我以清王朝的灭亡为例来阐述这一点。

当时，西方记者就看到了清王朝这个政治结构的致命弱点。辛亥革命爆发后，英国人埃德温·丁格尔（Edwin J. Dingle）作为上海《大陆报》的记者前往汉口进行报道，便觉察到清朝体制存在的严重问题："中国特有的行政机构既是清朝的中流砥柱，也是清王朝最薄弱的地方。这个机构需要完全听命于一个严格、正直而又不缺乏机敏的皇帝。"

皇帝本人也知道这个体制的弱点，"不止一次考虑去寻找有效的补救方法。但是，当问题被提出来时，就连皇帝最能干、最忠实的大臣也坚持说，没有补救的方法"。

也就是说，无论这个皇帝多么英明或者有才干，这种金字塔结构本身，即皇帝大权独揽，就是一个致命的弱点。更可怕的是，哪怕皇帝意识到这个问题，仍然是无法补救的，"皇帝本人也无能为力，弊端无处不在"。

为什么会这样呢？丁格尔认为，"由于皇帝具有无上的权威，因此所有官员都对他隐瞒事情的真相"。因此，皇帝看不到出现的问题，从上到下都敷衍，都回避现实问题，无人愿意承担责任。皇帝本人也被蒙蔽。

"毫无疑问，皇上看不到骚乱和民怨沸腾的场面，而这更导致所有官员更肆无忌惮地搜刮民脂民膏。下层的地方官吏为了保住职位，也会向上司行贿。而皇帝却被告知一切都很好，即使每件事都很糟糕，穷人们正在饱受压迫。"

通过正常的官僚机构，皇帝难以得到真实的信息，几乎不得不完全依靠他的"耳目"。如果皇帝能"亲自做和考察每一件事情，好倒是好，但是，在一个像他的帝国那样大的国家里，事实上这是办不到的”。因此，严酷的事实就是，就算皇帝精力充沛、非常勤勉、绝顶聪明，还关爱百姓、做出许多努力，他的属下也忠实并恪守他们的职责，也是无济于事的。如果是一个智力、能力和人品都有问题的皇帝，那情况会变得更加糟糕。

像中国这样的大国，只依靠一个大脑做出决策，犯大的错误就是不可避免的了。

因此，我们发现了帝国危机的深层原因。

因为在这种体制下，下面人的所作所为都是做给皇帝一个人看，让皇帝一个人高兴，任何事情的出发点都不是考虑是否合乎百姓（或者民族）的利益，而是考虑是否能得到皇帝的首肯，受到皇帝的青睐，而非选择于国于民最有利的方案。

此类的错误选择如果只是偶尔发生，还无伤大雅，但如果长时期都在做出错误的抉择，那一个王朝衰落甚至覆没就是不可避免的了。

清末的权力体系是最不稳固的。士绅被剥夺了对地方社会的领导权，也是他们反对清王朝的原因之一。传统社会所形成的社会中间阶层是一个王朝稳定的基石，当这个中间阶层被抽出以后，底层社会与官僚集团之间缺乏了缓冲地带，社会就变得很不稳定。

对统治阶级来讲，最关心的是权力是否都掌握在自己手中，以为手中的权力越大就越能巩固其政权，但事实却相反，权力分散才能产生稳定。

太平天国运动时期应该是清王朝最虚弱的时候，却因为分权拯救了清王朝。当时八旗和绿营不能有效地镇压起义，曾国藩、李鸿章通过编练湘军、淮军而掌握了军权，使中央集权大大削弱。

这种权力的下移是清统治者不得已而为之，地方督抚不仅控制了地方的经济，而且还掌握了军队，军事权力被转移到地方，并主导了洋务运动，中国从而开始了生机勃勃的所谓“同治中兴”。但是，晚清新政是中央收权的一个过程，这个努力不但没有强化清王朝，反而削弱了清廷的统治。

清末新政虽然取得了不错的成绩，但是在其后期，清王朝却试图收回曾经下放的权力，川汉铁路收归国有就是压倒骆驼的最后一根稻草。各阶层普遍不满，清朝也失去了政权稳定的社会支柱。

最后我要指出的是，即使再大的政府，也不可能无所不能。

由于秦以后的中国古代史，总是有强大的中央集权存在，因此给人们造成了一种理解的误区，认为既然国家权力无所不在，那么一个强大的政府就可以无所不能。这就造成了一个恶性循环：既然要依靠强大的政府管理一切事务，首先这个政府就需要掌握越来越大的权力，控制越来越多的资源，干预人们生活和社会的方方面面。

那么，为了执行这些权力，运用这些资源，就需要雇用越来越多的官员，设置越来越多的机构，结果造成机构臃肿、权力寻租、腐败滋生、人民负担加重、办事效率低下。这其实就是政治权力的内卷化，也就是说国家掌握的资源越多，参与的事务也越多，但社会管理的效能反而降低了。

因此，要治理好中国，就必须调动社会的能动性。从一定程度来讲，特别是在经济发展和社会管理方面，政府克制自己的权力，给人民更多的自主权，反而是对社会稳定和经济增长最有利的。所以我们说，有的时候，权力不作为，反而是最好的作为。

中国人，特别是中国的农民，勤劳、聪明、肯吃苦、善于经营。往往他们有更多自由的时候、权力退出的时候，也就是中国历史文献上经常说的“与民休息”的时候，就是他们好日子到来的时候。其实，如果我们仔细观察和思考就会发现，中国改革开放以后，由一个贫穷落后的国家变为世界第二大经济体，其实就是这样一个过程。

总而言之，中国要长期稳定地发展，必须要让社会充分发挥活力，要蓄富于民，要让每一个公民有义务、有责任、有权利参与国家和社会的管理，而不是一切由国家来包办。只有一个充分发展的社会和全民参与的社会，才是正常的、能够持续发展的社会。我想，这就是这本中国社会史能够给我们的最大启发吧。[①]

---

① 本节参考文献：魏特夫．东方专制主义［M］．徐式谷，奚瑞森，邹如山，译．北京：中国社会科学出版社，1989；拉铁摩尔．中国的亚洲内陆边疆［M］．唐晓峰，译，南京：江苏人民出版社，2008；托克维尔．旧制度与大革命［M］．冯棠，译．北京：商务印书馆，1997；塞缪尔·P. 亨廷顿．变化社会中的政治秩序［M］．王冠华，刘为，等译．北京：生活·读书·新知三联书店，1989；王笛．历史的微声［M］．北京：人民文学出版社，2022.

后记

本书的完成，首先应该感谢著名经济学家、香港大学教授陈志武老师。早在 2018 年，陈教授和我联系，邀请我参与他所主持的一个通识教育的音频课程，希望我能讲授中国社会史。我很认同把历史研究与通识教育结合起来的想法，让更多的读者和听众，特别是青年人了解中国，感觉这是一件非常有意义的事情，所以欣然同意承担这个任务。

2018 年 12 月，我刚好到香港开会，陈教授赶在晚上上飞机之前过来看我，我们又对这个项目进行了进一步的商讨。后来我在设计这个课程的总体结构时，又与陈教授进行了反复地讨论，最后决定从微观的方面切入，然后扩大到整个中国社会，来讲述这门课程。刚好我手里有 1944 年杨树因在燕京大学的学位论文《一个农村手工业的家庭：石羊场杜家实地考察报告》，于是决定把这个报告所描写的杜二嫂的家庭作为这个课程的开始。

这个音频课程最后确定分为三个大的部分。第一部分：人口、农村与城市；第二部分：日常生活、家庭和文化；第三部分：宗教、社会组织与法律。总共有156课。这个课程主要是针对中国大专院校的学生，目前有许多大学都引进了这门课程。

虽然这个课程体现了我对中国社会史，特别是微观角度的中国社会史的结构、风格、语言、观点和内容的思考，并根据这些思考付诸实践，但本书实际上是集体努力的成果。这个通识课历时两年多，作为课程实际组织方的贝湾教育公司提供了多方面的支持，包括为此设立了一位专职助手。吴玉莹是我在澳门大学的硕士研究生，毕业以后便加入了贝湾的这个通识课团队，专门负责这门课的工作。在我与贝湾的沟通，本书的资料收集、整理、讲稿的起草等方面，她都付出了非常多的劳动。另外，我的学生苏家贤和付奕雄也参与了本书的部分资料收集和讲稿的起草。贝湾公司还有一个课程内容团队，对每一课都进行了仔细的打磨。这里，向为这个课程做出贡献的每一位参加者致以诚挚的感谢！

音频节目结束以后，贝湾和中信出版集团签订了协议，决定将全部讲稿汇集出版。我也利用正式出版这个契机，对内容进行进一步的打磨。2021年的夏秋，我花了几个月的时间，将整个书稿重新整理，确立了一个新的结构，又将全部内容通改了一遍，最后成为上下两卷，共14章。目前书中的第三级标题（在书中行文一般称为“本节”）下的内容，就基本上是一讲课程的内容。为了帮助读者更好地阅读和理解这本书，每章的前面列出主要涉及的问题，后面则提供要点总结。

需要特别指出的是，这本书是在过去学者研究的许多成果基础上完成的，吸收了学术界关于社会和文化论著的最新成果。可以说没有这些前期的研究，就不会有这本内容综合的中国社会史的完成。本书不是运用原始资料的原创性学术研究，而是充分使用了二手研究资料的普及性读物，基本的形式类似于教科书。由于这本书的对象是大众，所以并没有在每条材料的引用下面做注，而是在每一小节（即过去的每一讲）的最后列出了参考文献。这个参考文献一方面是表明资料来源，另一方面可以作为读者扩展阅读的指引。在此，向本书引用文献的所有作者致谢！

最后，感谢中信出版集团的编辑们对本书的出版所付出的精力，对于文字编辑、内容核对、排版装帧等方面，皆严谨认真，并及时和我沟通，提出了许多专业方面的建议，保证了这本书从内容到外观的高质量，还精心挑选补充了本书使用的部分插图。最后的书名也是他们经过仔细讨论、集思广益确定的，对本书的主旨和内容有很恰当和生动的表达。

王笛

2022 年 6 月 6 日